Die andere Kraft

Acta humaniora

Schriften zur Kunstwissenschaft
und Philosophie

Die andere Kraft

Zur Renaissance des Bösen

Herausgegeben von Alexander Schuller
und Wolfert von Rahden

Akademie Verlag

Titelbild: Ausschnitt aus Matthias Grünewalds „Versuchung des heiligen Antonius“
(rechter Flügel der dritten Schauseite des Isenheimer Altars, 1512–1515,
Musée d'Unterlinden Colmar)

Die Deutsche Bibliothek – CIP-Einheitsaufnahme

Die **andere Kraft** : zur Renaissance des Bösen / hrsg. von
Alexander Schuller und Wolfert von Rahden – Berlin :
Akad. Verl., 1993
(Acta humaniora)
ISBN 3-05-002366-X
NE: Schuller, Alexander [Hrsg.]

Der Akademie Verlag ist ein Unternehmen der VCH-Verlagsgruppe.

Gedruckt auf chlorfrei gebleichtem Papier.
Das eingesetzte Papier entspricht der amerikanischen Norm ANSI Z.39.48 – 1984 bzw.
der europäischen Norm ISO TC 46.

Satz: Werksatz Marschall, Berlin
Druck: GAM Media GmbH, Berlin
Bindung: Verlagsbuchbinderei Dieter Mikolai, Berlin
Einbandgestaltung: Ralf Michaelis, Berlin

Printed in the Federal Republic of Germany

Inhaltsverzeichnis

Zur Renaissance des Bösen. Vorwort VII

I. Der Lauf des Bösen

Christoph Schulte: Unde malum? Notizen zu Herkunftsbestimmungen des Bösen im okzidentalen Menschenbild 3

Moritz Schuller: Zeus oder die Transformation des Bösen 11

Wolfert von Rahden: Orte des Bösen. Aufstieg und Fall des dämonologischen Dispositivs 26

Heinz Dieter Kittsteiner: Die Abschaffung des Teufels im 18. Jahrhundert. Ein kulturhistorisches Ereignis und seine Folgen 55

II. Verfremdungen

Norbert Kapferer: Die Pathologisierung des Bösen. Über die problematische Umsetzung eines moralisch-theologischen Begriffs in den Sozialwissenschaften 95

Wolfgang Schild: Vom Un-Menschen zur Unrechts-Tat. Der notwendige Abschied vom Bösen im Rechtsstaat 116

Falk Wagner: Verantwortung des Bösen. Theologisch-philosophische Überlegungen zum Subjekt des Bösen 134

Tilman Krause: Selbstfindung im Zeichen des Bösen. Umrisse einer Psychologie des Verräters: Pierre Drieu La Rochelle 149

III. Verkörperungen

Hans-Richard Brittnacher: Der Leibhaftige. Motive und Bilder des Satanismus 167

Angelika Ebrecht: Das Objekt des Horrors und der Begierde. Zur Psychoanalyse der bösen Frau am Beispiel von Pierre Louÿs' Roman „La femme et le pantin“ 193

Hans Körner: Helenas Himmelfahrt. Die Femme fatale im Werk Gustave Moreaus . . 227

Susanne Scharnowski: Grausame Liebschaften. Zum literarischen Typus des Verführers 251

IV. Verletzungen

Norbert Bolz: Böse Theorie 279
Alexander Schuller: Der böse Blick 288
Armin Adam: Die Bekämpfung des Bösen. Eine Anmerkung zur Lehre vom gerechten Krieg 303

V. Der letzte Schrei

Manfred Maengel: Die unreine Quelle. Zu einer Ontologie der Hybris 313
Erik Grawert-May: Die guten und die bösen Winde. Über Goethe, Max Weber, Heavy Metal und die vietnamesische Polizei 326
Alexander Schuller: Gräßliche Hoffnung. Zur Hermeneutik des Horror-Films 341

Anhang

Autorenverzeichnis 357
Personenverzeichnis 359

Zur Renaissance des Bösen

Die Moderne leugnet das Böse. Das ist ihre Lebenslüge. Immer, wenn sie vom Bösen redet – und davon redet sie durchaus –, redet sie in ihrer jeweils falschen, aber herrischen Sprache: als ginge es um mißglückte soziale Konstellationen, um Unterprivilegierung oder Sozialisationsschäden. Ihre „political correctness" demonstriert die Herrschaft der Lüge und die Lüge der Herrschaft. Unter dem Schutz dieses Schleiers, auf der Flucht vor dem Bösen stürzt sich die Moderne in stets neue Kategorien des Äußerlichen. Wer aber die Metaphysik abgeschafft hat, darf über den Verlust der Ontologie nicht klagen. Gott und Teufel, Gut und Böse werden als Reste des Fortschritts „auf den Kehrichthaufen der Geschichte" gefegt. Dagegen steht aber doch der ganz offensichtliche Befund, daß die Moralisierung des Bewußtseins, also die Unterscheidung von Gut und Böse, eine historisch, vielleicht sogar evolutionär generierte und spezifisch menschliche Sensibilität darstellt. Das hat die Moderne selbst immer wieder, wenn auch verschleiert, vorgeführt. Denn noch nie war und noch nie gab sich die Menschheit so böse wie im 20. Jahrhundert. Die von Nation und Religion, von Rasse und Klasse konstruierten Feindbilder bestimmten und bestimmen unser politisches Weltbild und treiben noch immer unzählige Opfer in den ideologisch legitimierten Tod. Das alles ist das bekannte und fortwährend publizierte „große Böse", das es zwar tatsächlich, aber nicht begrifflich gibt. Denn die Feindbilder werden mit kühlen Konstrukten nicht als das Böse, sondern als das Obsolete, das Minderwertige, das Reaktionäre, als das längst Überwundene, als theoretische Belanglosigkeit eingeordnet.

Selbst der Auschwitz-Diskurs führte zu kaum mehr als jener dialektischen Ahnung des Bösen, zur zaghaften, aber folgenlosen Selbstbesinnung. Das Projekt der Moderne schreitet weiter blind voran. Wir schwärmen von Freiheit, Gleichheit, Brüderlichkeit und betreiben doch täglich das Böse. Unser Diskurs ist vom Bösen bestimmt: indem wir es leugnen, indem wir es feiern, indem wir es in immer neuen Masken verkleiden. Kein Preis ist zu hoch, um der Konfrontation mit der eigenen Lebenslüge zu entgehen. Daß jetzt vom Bösen wieder gesprochen wird, daß die Verdrängungen aufbrechen, ist nicht nur ein Wahrheits-, sondern auch ein Realitätsgewinn. Dieser Realitätsgewinn ist allerdings erst durch die erschreckende Diskreditierung des Gesellschaftlichen erreicht worden. Gesellschaft als abstrakte, alles verschleiernde, letztlich un-menschliche Kategorie hat ihr Erklärungs- und Legitimationspotential offenbar erschöpft. An die Stelle von Gesellschaft tritt der Mensch. Die Soziologie wird von der Anthropologie, die Anthropologie vom Essay, der Essay von der Biographie abgelöst. Das Leiden und das Glück des einzelnen sind nicht mehr nur Funktionen oder gar Ärgernisse des historischen Prozesses, sondern dessen – möglicherweise unverrückbarer – Mittelpunkt. Das beendet nicht die Politik, den Kampf und das Böse – im Gegenteil: Wir blicken unserer Wirklichkeit nunmehr ins Auge, werden handlungsfähig.

Das Böse ist also wieder da. Seine Rückkehr ist nicht mehr zu leugnen und nicht mehr zu verhindern. Was anachronistisch erschien, ist omnipräsent und auf der Höhe der Zeit. Aber nicht als Bedrohung der Tugend oder des Guten – deren Begriffe ohnehin entleert sind – zeigt sich uns das Böse, auch nicht als Sünde, als Schuld oder Verdammnis, sondern als Gegenmacht, als der große Gegenspieler unserer von Sinn und Gott gesäuberten Wirklichkeit, als neue Verheißung. Das Scheitern der Aufklärung im dialektischen Dilemma, ihre Vollendung in der Banalität entweder des Sozialismus oder des Konsums verleihen dem Bösen seine kontrafaktische, seine befreiende Kühnheit. Nicht mehr der Fortschritt und die Vernunft okkupieren unseren Alltag und unsere Phantasie, sondern das Böse. Jede Grausamkeit und jeder Schrecken, alle Brutalitäten und alle Katastrophen dieser Welt formulieren uns – wenn auch in radikaler Negativität – ihre stumme Utopie. Sie gilt es zum Sprechen zu bringen.

Schon längst haben die Massenmedien diesen latent mit Hoffnung getränkten Markt entdeckt. Im Action-, Horror-, Thriller- und Science-Fiction-Genre kommt das Böse mächtig daher: nicht nur abstrakt und fern, sondern auch überwältigend und nah. Das Böse ist intim geworden. In der schreckenerfüllten Sinnlichkeit des elektronischen Bildersturms schwindet die Differenz von Fiktion und Fakt, verschwindet aber auch die sprachlose Sehnsucht nach dem Anderen. Nirgends demonstriert die Ästhetik ihre Herrschaft über den Diskurs brutaler als im imperial expandierenden Bösen.

Denn je mehr dichotome Weltbilder das Böse verschleiern und je stärker strukturalistische oder liberale Weltbilder die Differenz zwischen Böse und Gut zum Verschwinden treiben, desto lauter gerät der Schrei nach irgendeinem – letztlich beliebigen – Guten. Hier hat das Gerede von einer vermeintlich nötigen Orientierungswissenschaft seinen Ort. Ähnliche Ansprüche werden auch an die Politik oder die Kunst gestellt oder von ihnen selbst erhoben. Diese Antworten auf den Schrei nach dem Guten bleiben hilflos. Seine angemessene, wenn auch bescheidene Antwort erhält dieser Schrei in der von keinem Dogma und keiner Hoffnung pervertierten Suche nach den uns verbleibenden Fragmenten des Bewußtseins. Das Auswuchern der gesellschaftlichen Komplexitäten läßt sich immer weniger im Modell der Aufklärung abfangen und legitimieren.

Anders als bereits vorliegende Bearbeitungen des Themas – die jeweils theologische, philosophische, wissenschaftliche oder politische Einzelaspekte systematisch beleuchten – zielt die Konzeption des hier vorgelegten Sammelbandes darauf ab, die Reflexion über das Böse eklektisch zu führen und auch mit jeweiligen Alltagserfahrungen zu verknüpfen. Die geheime Verheißung des Bösen, seine funktionale Kraft wird in seinen vielfältigen Maskierungen aufgezeigt. In diesem Sinne soll das Böse „ernst“ genommen werden: als Provokation – als Fehdehandschuh gegen die Banalität der Moderne und der von ihr strukturierten Welt.

Berlin, im Februar 1993

Alexander Schuller, Wolfert von Rahden

I. Der Lauf des Bösen

Christoph Schulte

Unde malum?

Notizen zu Herkunftsbestimmungen des Bösen im okzidentalen Menschenbild

Philosophie hat stets sich noch bemüht, *Genese* und *Geltung* auseinanderzuhalten. Beim Bösen war das meist vergeblich. Denn das verschiedenste Religionen, Kulturen und Ethnien bedrängende Fragen nach dem Bösen hielt sich selten mit analytischen Unterscheidungen auf. Zum anderen aber hat auch die philosophische Analyse Schwierigkeiten, beides streng zu sondern. Denn die Definition und Geltung dessen, was als böse gilt, wirkt darauf zurück, wo Ursprung und Genese dieses Bösen im Menschen lokalisiert werden müssen. Und umgekehrt legt die Bestimmung des Ursprungs und Ortes auch fest, was als böse gelten kann und was nicht.

Das heißt nicht, daß die Trennung von Genese und Geltung nicht richtig und sogar wünschenswert wäre. Das heißt nur, daß im Fall des Bösen das eine selten ohne das andere bestimmt wurde und wird. Der Ursprung des Bösen läßt sich eben nicht orten, ohne zu wissen, *was* böse ist. Und wenn wir wissen wollen, was böse ist, folgt die klassische Frage nach Ursache und Ursprung des Bösen auf dem Fuße: *unde malum*? Denn wer gegen das Böse etwas unternehmen will, tut gut daran, dessen Herkunft herauszufinden und es an seiner Wurzel zu bekämpfen.

Die Ortsbestimmung des Bösen ist also entscheidend. Sie hat sich mit ungeheuer starken Auswirkungen auf das Menschenbild in der okzidentalen Geschichte mehrfach verändert. Dem soll hier „von Jonien bis Jena" (jetzt Bundesrepublik Deutschland) nachgegangen werden.

Dieser Versuch steht allerdings vor dem Paradox, mit der griechischen Antike beginnen zu müssen, ohne dort einen adäquaten Begriff des Bösen vorzufinden. Denn einerseits liefert uns die griechische Antike die Basis aller okzidentalen Theorie-Sprache. Andererseits aber kennen die Griechen und ihre Theorie-Sprache keinen Begriff für ein moralisch Böses. Natürlich kannten sie das Verbrechen, sogar das vorsätzliche,[1] aber das moralisch nicht Tugendhafte und dem Glück Abträgliche galt ihnen nicht als Böses, sondern als Dummheit.

Das Böse wird erst mit dem frühen Christentum Gegenstand theoretischer Diskurse im Okzident: als Sünde. Das hatte zur Folge, daß es bis in die Neuzeit letztendlich in Begriffen und Konzepten der Theologie verstanden und verhandelt wurde, während die Philosophie, ebenfalls bis in die Neuzeit, als *ancilla theologiae* ihrer Herrin Theologie in Sachen Böses das

1 Richard Maschke, *Die Willenslehre im griechischen Recht*, Darmstadt 1968.

Licht immer hinterhertragen mußte. Böse ist für die christliche Tradition – bis in die Gegenwart – die Sünde. In dem wegen seiner Lehre von der Unsterblichkeit der Seele im Christentum sehr viel gelesenen und folgenreichen Dialog *Phaidon* des Platon gibt es hingegen nur das *kakon*, das der Tugend und der Erkenntnis abträgliche Schlechte. Ursache dieses *kakon* ist dort der Leib, *soma*, weil dessen Begierden und Bedürfnisse des Menschen Seele, *psyche*, von wahrer Erkenntnis abhalten und die Erkenntnis des Wahren stören (*Phaidon* 66c).

Diese erste große Ortsbestimmung des Bösen im Okzident beschreibt demnach den Leib als Ort und Ursprung alles Schlechten. An einer Stelle des *Phaidon* bezeichnet Platon den Leib selber sogar als *kakon*, als ein Schlechtes (66b). Der Dialog *Phaidon* bildet sonach ein Dispositiv jener okzidentalen Leibfeindlichkeit, die sich daraus speist, daß im Leib der Quell aller Übel, des Schlechten, der Sünden und des Bösen gesehen wird. Damit ist zugleich nicht nur die Dichotomie von Leib und Seele, *soma* und *psyche* installiert. Damit wird auch die Seele zum eigentlichen Kern des neuentdeckten Selbst und zum Zentrum der Erkenntnis und Selbsterkenntnis im Namen des „gnothi sauton" gemacht, während der Leib gegenüber der unsterblichen Seele zum endlichen, sterblichen und mißachteten irdischen Gefäß alles Negativen degradiert ist – vielleicht das fragwürdigste Erbe griechischer Philosophie im westlichen Denken.[2]

Der Platonischen Ortung vom Ursprung alles Schlechten im Leib öffnet der *Römerbrief* des Paulus den Weg in das christliche Menschenbild. Denn im siebenten Kapitel dieses Briefes, jenem ersten prägenden Selbstbekenntnis eines christlichen Ich, identifiziert Paulus das griechische *kakon*, das der Tugend abträgliche Schlechte, mit dem jüdischen Konzept der Sünde (*Röm* 7,19 ff.). Ursprünglicher Ort der Sünde aber ist wiederum der Leib. Das „Gesetz der Sünde, das in meinen Gliedern ist" (*Röm* 7,23), so wie es Paulus beschwört, bedrängt fortan das christliche Ich, sogar gegen den guten, aber ohnmächtigen Willen des Christenmenschen. Und während das *kakon* des Platon das Problem einer kleinen Elite von Philosophen bleibt, wird die Sünde durch Paulus zum Kennzeichen aller Menschen in einer Weltreligion. Sie wird universalisiert.

Die *Paulus-Briefe* sind die *Magna Charta* der Gnostiker.[3] Diese Gnostiker sind – was die Sünde und ihre Lokalisierung angeht – überkonsequente Platoniker. Denn im gnostischen, namentlich im marcionitischen Dualismus,[4] werden Leib und Geist extrem weit auseinandergerissen. Der sündige, sterbliche „Leib des Todes" (*Röm* 7,24) gilt als ein Erzeugnis des *Demiurgen*, des schlechten Weltschöpfers einer ebenso schlechten, beängstigenden und übelvollen Welt. In diese schmutzige Welt der Fremde ist das lichthafte, unsterbliche *Pneuma*, der Geist des Gnostikers herabgeworfen. Das *Pneuma* als der wahre Kern des Selbst ist in der ihm fremden Welt umkleidet mit einem bresthaften Leib und kann nur auf-

2 Eric Robertson Dodds, *Christian and Pagan in an Age of Anxiety*, New York 1970, S. 29.

3 Elaine Pagels, *The Gnostic Paul*, Philadelphia 1975. Zur Gnosis allgemein: Hans Jonas, *Gnosis und spätantiker Geist*, Göttingen 1934; ders., *The Gnostic Religion*, Chicago 1963; Kurt Rudolph, *Die Gnosis*, Leipzig 1977.

4 Adolf von Harnack, *Marcion. Das Evangelium vom fremden Gott*, Leipzig 1924.

grund seines Wissens durch die Gnade des dem Demiurgen überlegenen Vater- und Erlösergottes aus der Fremde wieder ins Reich des ewigen Vaters errettet werden. Der Leib wird lediglich als das Gefäß der Sünde und des Todes, als verrottetes „Fleisch" betrachtet und soll mit der verachteten Welt zugrunde gehen. Er ist schlechthin nicht erlösungsfähig.

Gegen diesen extremen gnostischen Dualismus von Schöpfergott und Erlösergott, Gut und Böse, Geist und Fleisch, protestieren die Kirchenväter. Sie rehabilitieren den Leib. Zwar ist Platon, nicht Aristoteles, ihr zentraler philosophischer Bezugspunkt.[5] Aber gegen den gnostischen „Platonismus" muß die Patristik aus ganz starken theologischen Beweggründen antreten. „Caro salutis cardo" heißt es polemisch bei Tertullian zu Beginn des 3. Jahrhunderts (*De resurrectione carnis*): Das Fleisch ist sündig, aber auch die Achse des Heils.[6]

Im Rückgang auf biblische Konzepte des Menschen wird argumentiert, der Mensch sei leiblich geschaffen. Er sei gerade auch in seiner Leiblichkeit Ebenbild Gottes. „Und Gott sah, daß es gut war", wie es im Schöpfungsbericht mehrfach heißt. Jesus Christus ist leiblich menschgewordener Gott, wird den Doketisten vorgehalten: „Und das Wort ist Fleisch geworden" (*Joh* 1,14). Der Mensch sündigt im Fleisch, aber deshalb hat Christus als fleischgewordener Gott am Kreuz gelitten und so die Menschen erlöst, auf daß sie am Jüngsten Tag leiblich von den Toten auferstehen werden (1. *Kor* 15, 35-53). Kurz: Der Leib ist, so die verbreitete patristische Auslegung der heiligen Schriften, nicht nur erlösungsfähig, sondern sogar erlösungsnotwendig. Zwar vererbt sich, so Augustinus' Erbsündenlehre, die Sünde leiblich weiter, aber Christi leiblicher Tod und leibliche Auferstehung haben ebenso auch den Weg der Erlösung von der Sünde eröffnet.

Die Patristik rehabilitiert gegen die Gnosis und den Doketismus den Leib so weit, daß die Dichotomie von Leib und Seele nicht mehr allein auf Kosten des „bösen" oder „sündigen" Leibes aufgelöst wird. Deswegen ist die christliche Person seit der Patristik, im Gegensatz zu Platons Philosophen-Ich, im Kern stets Leib *und* Seele. Dieser Dual von Leib und Seele wird in der Scholastik mit dem Sieg des Aristotelismus um den Intellekt erweitert. Ursprünglich als *intellectus agens* die geistige Erkenntnisfähigkeit innerhalb der Seele bezeichnend, übernimmt nach Descartes' Teilung der Welt und des Menschen in die *res cogitans* Vernunft und die *res extensa* Leib der Intellekt die Funktion der Seele als Erkenntnisvermögen.

Neuzeitlich wird danach, Leibniz' *Monadologie* (1714) zum Trotz, die Aufgabe der Seele, vermindert um ihre kognitiven Qualitäten, schrittweise auf die einer Platzhalterin fürs Gewissen und, als „schöne Seele", für das Gefühlsleben und die ästhetische Empfindsamkeit reduziert, bevor sie dann im 19. Jahrhundert zur *Psyche* der Psychologie und Psychopathologie mutiert.[7] Als solche allerdings bleibt sie trotz des anhaltenden Booms der Psycho-Wissen-

5 Endre von Ivánka, *Plato Christianus. Übernahme und Umgestaltung des Platonismus durch die Väter*, Einsiedeln 1965.

6 Tertullian, *De resurrectione carnis*, London 1960, S. 24, Z. 8; vgl. Gedaliahu G. Stroumsa, „Caro salutis cardo. Shaping the Person in Early Christian Thought", in: *History of Religions*, vol. 30, no. 1, August 1990, S. 25–50.

7 Béla Révész, *Geschichte des Seelenbegriffs und der Seelenlokalisation*, Stuttgart 1917.

schaften allen auf neuzeitliche Naturwissenschaften Eingeschworenen bis heute der Nicht-Existenz verdächtig, hatte doch schon Kants *Kritik der reinen Vernunft* (1781) keinen Platz mehr für sie vorgesehen und die *Kritik der praktischen Vernunft* (1788) ihre Unsterblichkeit nicht mehr beweisen, sondern nur noch postulieren können.

Die Dreiteilung des Menschen – Leib, Seele und Geist – in immer neuen Variationen und Gewichtungen vom Mittelalter bis mindestens Kierkegaard[8] erschwerte natürlich die zuvor einlinigen Zuweisungen des Bösen oder der Sünde zu einer dieser drei Instanzen. In den katholischen Lehren von der Sünde, die durch das ganze Mittelalter hindurch in immer feineren Distinktionen weiterentwickelt werden, tauchen eine Unmenge von Sünden auf, die sich ihrem Ursprung nach sicher nicht dem *corpus*, sondern allein dem *intellectus* zuordnen lassen. Zwar vererbt sich die *concupiscentia*, so die Kirche mit Augustinus, seit Adams Sündenfall leiblich weiter, aber es gibt eben neben den leiblichen auch rein geistige Begierden und Lüste und Sünden.

Viele der läßlichen Sünden *(peccatum veniale)*, ebenso wie viele Laster *(peccatum habituale)* lassen sich noch als leibverursacht denken, aber andere Sünden, etwa Todsünden *(peccatum mortale)* wie Neid oder Hoffart, entspringen eindeutig geistiger Aktivität. Thomas von Aquin widersetzt sich vehement der Verortung einer „Sünde wider die Natur" *(peccatum contra naturam)* wie der „Sodomie" im Leib: Die natürliche Bonität des Leibes veranlaßt ihn, das Erfinden von Perversionen gegen die Natur allein dem menschlichen Intellekt zuzuschreiben.[9]

Gleiches gilt von der unverzeihlichen „Sünde wider den Heiligen Geist" *(peccatum contra Spiritum Sanctum)*, dem trotzigen Sich-Verweigern gegen die göttliche Gnade, der Reuelosigkeit im Stand der Sünde, welche den Sünder geraden Weges in die Hölle bringt – diese ist eine rein intellektuelle Sünde.

Je nach Art der Sünde und nach persönlicher Vorliebe und Überzeugung des jeweiligen Theologen schwankt sonach in der scholastischen Tradition die Lokalisierung des Ursprungs der Sünde zwischen Leib und Intellekt.

Eines allerdings ist dem gesamten theologischen Diskurs, inklusive des Protestantismus, gemeinsam: Er identifiziert Böses mit Sünde und behauptet, daß der Mensch aus eigener Kraft sich von der Sünde und vom Sündigen nicht befreien könne. Das jedoch ist gerade die Voraussetzung jeder Moralphilosophie ohne Einschluß von Theologie, wie dann etwa Kants auf Autonomie bauender praktischer Philosophie – der Mensch könne aus freien Stücken und eigener Kraft das Gute oder das Böse wählen und auch tun.

---

8 Sören Kierkegaard, *Die Krankheit zum Tode* (1849), übersetzt und herausgegeben von E. Hirsch, Düsseldorf-Köln 1954, S. 8.

9 Zum Bösen bei Thomas von Aquin vgl. Bernhard Welte, *Das Böse. Eine thomistische Untersuchung*, Freiburg 1959.

10 Hans Jonas, *Augustin und das paulinische Freiheitsproblem. Ein philosophischer Beitrag zur Genesis der christlich-abendländischen Freiheitsidee*, Göttingen 1930, bes. Anhang I: „Über die hermeneutische Struktur des Dogmas".

Der theologische Diskurs um Sünde, von Augustins Streit gegen Pelagius[10] bis in die dialektische Theologie,[11] macht immer wieder die Voraussetzung geltend, kein Mensch könne, wie Pelagius ganz im Sinne der Moralphilosophen meinte, kraft eigenen freien Willens die Sünde loswerden. Denn sonst könnten die Gläubigen im Prinzip sich selbst erlösen, indem sie aus eigener Kraft das Gute tun. Damit aber wären der Kreuzestod und die Auferstehung des Christus zwecks Erlösung der ganzen *massa damnata* einer hoffnungslos sündigen Menschheit eigentlich überflüssig gewesen. Christologie und Rechtfertigungslehre erzwingen so theologisch die Behauptung der unüberwindlichen Sündhaftigkeit aller Menschen, welche den Opfertod Christi erforderlich machte. In der Theologie bedingen Erbsünde und Erlösung einander und kommen ohne einander nicht aus.

Das Böse der Philosophen und die Sünde der Theologen unterscheiden sich sonach weniger hinsichtlich ihrer Qualität, sie unterscheiden sich vielmehr darin, daß die Philosophen meinen, Böses aus eigener Kraft vermeiden und Gutes tun zu können, während die Theologen, wenn sie denn als Theologen etwas taugen, genau dies kategorisch verneinen. *Non posse non peccare*, nicht nicht sündigen zu können ist die Grundbestimmung theologischer Anthropologie im Westen. Selbst Heilige sind Sünder, aber solche, die allein mit Hilfe der für alle Menschen heilsnotwendigen göttlichen Gnade Gutes wirken konnten.

Diese Differenz zwischen Philosophen und Theologen besteht bis auf den heutigen Tag, auch wenn Theologen und Philosophen längst nicht mehr den herrschenden Diskurs dirigieren oder wenigstens orchestrieren. Schuld daran ist u.a. Jean-Jacques Rousseau, der nicht nur wie Augustinus seine Konfessionen schrieb, sondern dessen zweite berühmte Schrift *Discours sur l'origine et le fondemens de l'inégalité parmi les hommes* (1754) in Antithese zu Augustins Erbsündenlehre am Anfang jenes modernen Selbstverständnisses steht, das da besagt, der Mensch sei von Natur gut und nur durch Kultur und Gesellschaft, besonders Eigentum und soziale Ungleichheit, verdorben worden. Der Streit, ob das Böse nun seinen Ursprung in Leib oder Intellekt des Individuums habe, wird für den modernen Rousseauisten dadurch beinahe müßig. Denn das Individuum ist ja durch allerlei Kollektivursachen des Bösen ökonomischer und sozialer Art entschuldigt. „Die Gesellschaft" als letztschuldiger moderner Sündenbock ward entdeckt.[12] Gegenüber dem internen Ursprung des Bösen im Menschen übernimmt sie funktional die Rolle der traditionellen, nunmehr veraltenden, dem Menschen externen Ursache des Bösen: des Satans.

Dagegen reagierten de Sade und Kant heftig und bestanden, jeder in seiner Weise, auf der individuellen Bosheit. De Sades *La Philosophie dans le boudoir* (1795) ist der philosophische Erziehungsroman einer Erziehung zum Bösen, nach Begriffen seiner Zeit: zu sexueller Libertinage. Kants These vom „Vernunftursprung" des „radikal Bösen"[13] ist das bis heute kräftigste philosophische Dementi der Platonischen Annahme eines Leibursprungs des Bösen. Sie ist, *nolens volens*, die moderne Revision der Platonischen, aber auch in Christentum und

11 Karl Barth, *Der Römerbrief*, München ²1922.

12 Paradigmatisch: Arno Plack, *Die Gesellschaft und das Böse*, München ⁶1969.

13 Immanuel Kant, *Die Religion innerhalb der Gränzen der bloßen Vernunft*, Königsberg 1793, S. 40.

Stoizismus tradierten, leibfeindlichen antiken Position. Und de Sades Heldinnen und Helden planen individuell, ökonomisch und mit Vernunft ihre Untaten ebenso wie ihre Lust. Aber das Beharren auf dem Vernunftursprung des Bösen beim Individuum hält sich im Diskurs der Moderne nur bis zur Mitte des 19. Jahrhunderts.[14] Ab dann wird weithin nach dem Ursprung und Ort des Bösen nicht mehr im Individuum, sondern ‚außen' gesucht. Es geht fortan um seine sozialen und ökonomischen Ursachen. Soziologie, Psychopathologie und Kriminologie werden fast gleichzeitig zu Wissenschaften und zur wissenschaftlichen Heimat eines neuen Diskurses über das Böse.

Schlachtfeld der widerstreitenden Meinungen wird der Gerichtssaal. Denn anders als in den akademischen Disputen der Universitäts-Fakultäten über Individual- versus Sozialursprung des Bösen – über: „Der Mensch ist von Natur böse" versus „Der Mensch ist von Natur gut" – steht die Justiz unter Entscheidungsdruck, da sie es ganz konkret mit Übeltätern zu tun hat und über Schuld bzw. Schuldfähigkeit befinden muß. Dieses Schlachtfeld Gerichtssaal betritt mit den bahnbrechenden Arbeiten Morels, Lombrosos und Krafft-Ebings die Psychopathologie: die kranke Psyche wird als Ursache des Bösen ausgemacht.[15] Der Übeltäter wird seiner kranken Psyche wegen vor Gericht entschuldet und entschuldigt. Denn der Mensch ist von Natur gut, aber Störungen aller Art, individuell oder kollektiv auftretende, ererbte oder erworbene – das ändert sich je nach Variation des Psyche-Diskurses – beschädigen die Seele. Sie wird, spätestens mit der Entdeckung der Zwangsneurose, zur dauergestörten Psyche.[16] Diese gestörte Psyche ist der spezifisch moderne Ursprung des Bösen.[17]

Natürlich ist dieser moderne Psyche-Diskurs von Psychopathologie, Psychologie und Psychoanalyse agnostisch in doppelter Hinsicht: Theologie und Sünde sind neutralisiert oder wie Religion insgesamt durch Freud als „Illusion" disqualifiziert,[18] während die (gestörte) Psyche *via* Über-Ich zur Platzhalterin des schlechten Gewissens avanciert. Zum anderen repräsentiert die moderne, dauergestörte Psyche schlechthin das Gegenteil der *psyche* Platons. Dort war der Leib der Ursprung des Bösen, die Seele hingegen Kern der Persönlichkeit und ihr höchstes Gut. Umgekehrt die Moderne: Seele verliert mit ihrer Unsterblichkeit – trotz Kants Postulat – auch ihren Nimbus. Sie bleibt als *psyche* Kern der Persönlichkeit, aber sie wird, unter umgekehrten Vorzeichen, Quelle von Übeltat und Unbehagen. Die gesunde Psyche, Platon sei's geklagt, geriet zuletzt zum Utopicum.

Oder sie wird zur Zwangsvorstellung von Psychohygienikern und Menschheitsrettern auf ihren Kreuzzügen gegen das „sogenannte Böse". Gegen das Böse, welches aus der Psyche resultiert, in der Hauptsache alle möglichen Variationen von Aggression, empfehlen die Uto-

---

14 Christoph Schulte, *radikal böse. Die Karriere des Bösen von Kant bis Nietzsche*, München 1988.

15 Benedict Augustin Morel, *Traité des dégénérescences*, Paris 1857; Cesare Lombroso, *L'Uomo delinquente*, Turin 1878; Richard von Krafft-Ebing, *Psychopathia sexualis*, Stuttgart 1886.

16 Vgl. Georges Canguilhem, *Le normal et le pathologique*, Paris [2]1966.

17 Neuerlich: „Le mal", *Nouvelle Revue de Psychanalyse*, no. 38, automne 1988 (die ganze Nummer ist der Problematik des Bösen gewidmet).

18 Sigmund Freud, *Die Zukunft einer Illusion*, Leipzig-Wien-Zürich 1927.

pisten Entschränkung der Libido;[19] die Kompensationisten und Psychohygieniker, die wie Konrad Lorenz Aggression für unvermeidlich halten,[20] empfehlen als Kur für die Menschheit internationale Friedenskonferenzen und viel Sport. Platoniker und Kantianer, die für individuelle Selbstbesserung optieren, sind eben selten geworden.

Trotzdem stehen heute innerhalb der okzidentalen Topologie des Bösen grundsätzlich drei Möglichkeiten der Ursprungs-Verortung offen: Leibursprung (z. B. Platon), Vernunftursprung (z. B. Kant) und Seelenursprung (z. B. Freud). Daran lassen sich Ursprungs-Kombinationen und -Modalitäten (individuell/sozial/kollektiv) anschließen. In jedem Fall zeichnet sich die heutige Situation dadurch aus, daß ZeitgenossInnen, wollen sie überhaupt eine Auffassung des Bösen benennen, auf die Wahl einer dieser Möglichkeiten verwiesen sind. Sie können nicht mehr wie ehedem ungefragt auf eine bestimmte, religiös oder gesellschaftlich vorgegebene Tradition zurückgreifen, die für sie Ort und Art des Bösen definiert. Dadurch bekommt die Bestimmung des Bösen eine bisweilen erschreckende Beliebigkeit. Will frau/man diesen Umstand positiv kennzeichnen, dann ist dies Pluralismus *vis à vis* des Bösen. Negativ betrachtet, ist genau das Nihilismus.

Literatur

Barth, Karl, *Der Römerbrief* (1919), München ²1922

Canguilhem, Georges, *Le normal et le pathologique* (1943), Paris ²1966

Dodds, Eric Robertson, *Christian and Pagan in an Age of Anxiety*, New York ²1970

Freud, Sigmund, *Die Zukunft einer Illusion*, Leipzig-Wien-Zürich 1927

von Harnack, Adolf, *Marcion. Das Evangelium vom fremden Gott*, Leipzig 1924

von Ivánka, Endre, *Plato Christianus. Übernahme und Umgestaltung des Platonismus durch die Väter*, Einsiedeln 1965

Jonas, Hans, *Augustin und das paulinische Freiheitsproblem. Ein philosophischer Beitrag zur Genesis der christlich-abendländischen Freiheitsidee*, Göttingen 1930

Jonas, Hans, *Gnosis und spätantiker Geist*, Göttingen 1934

Jonas, Hans, *The Gnostic Religion*, Chicago 1963

Kant, Immanuel, *Critik der reinen Vernunft*, Riga 1781

Kant, Immanuel, *Critik der praktischen Vernunft*, Riga 1788

Kant, Immanuel, *Die Religion innerhalb der Gränzen der bloßen Vernunft*, Königsberg 1793

Kierkegaard, Sören, *Die Krankheit zum Tode* (1849), übersetzt und herausgegeben von E. Hirsch, Düsseldorf-Köln 1954

von Krafft-Ebing, Richard, *Psychopathia sexualis*, Stuttgart 1886

Leibniz, Gottfried Wilhelm, *Monadologie* (1714), neu übersetzt, eingeleitet und erläutert von Hermann Glockner, Stuttgart 1979

„Le Mal“, *Nouvelle Revue de Psychanalyse*, no. 38, automne 1988

Lombroso, Cesare, *L'Uomo delinquente* [...], Torino 1878

Lorenz, Konrad, *Das sogenannte Böse*, Wien 1963

19 Wilhelm Reich, *Die Funktion des Orgasmus*, Wien 1927.

20 Konrad Lorenz, *Das sogenannte Böse*, Wien 1963.

Maschke, Richard, *Die Willenslehre im griechischen Recht* [...] (1926), Darmstadt 1968
Morel, Benedict Augustin, *Traité des dégénérescences*, Paris 1857
Pagels, Elaine, *The Gnostic Paul*, Philadelphia 1975
Plack, Arno, *Die Gesellschaft und das Böse* (1967), München [6]1969
Platon, *Phaidon*, übersetzt von Friedrich Schleiermacher, Nachwort von Andreas Graeser, Stuttgart 1992
Reich, Wilhelm, *Die Funktion des Orgasmus*, Wien 1927
Révész, Béla, *Geschichte des Seelenbegriffs und der Seelenlokalisation*, Stuttgart 1917
Rousseau, Jean-Jacques, „Discours sur l'origine et les fondemens de l'inégalité parmi les hommes" (1754), in: ders., *Œuvres complètes*, I, Basel 1795, S. 7-146
Rudolph, Kurt, *Die Gnosis*, Leipzig 1977
Marquis de Sade, Alphonse Donatien François, „La philosophie dans le boudoir" (1795), in: ders., *Œuvres complètes*, 25, Paris 1970
Schulte, Christoph, *radikal böse. Die Karriere des Bösen von Kant bis Nietzsche*, München 1988
Stroumsa, Gedaliahu G., „Caro salutis cardo. Shaping the Person in Early Christian Thought", in: *History of Religions*, vol. 30, no. 1, August 1990, S. 25-50
Tertullian, *De resurrectione carnis*, edited by Ernest Evans, London 1960
Welte, Bernhard, *Das Böse. Eine thomistische Untersuchung*, Freiburg i. Br. 1959

Moritz Schuller

Zeus oder die Transformation des Bösen

Das Griechische ist das Gefährdete, von Anfang an: zerrissen und zwiespältig, ausgespannt zwischen dem Schrecken und der Sehnsucht nach jenem Maß, das wir längst klassisch nennen. Das Griechische ist ideologisch, bis in seine mythischen Tiefen. Der Abgrund, den es nicht zur Sprache bringt, ist der Grund, auf dem alles entsteht: aus dem Vatermord, dem Brudermord, dem Gattenmord, aus Blut und aus dem Geheul der Erinnyen. Aber seine Rede ist das Gute und das Wahre, die Sorge um sich und die Polis. Dieser Riß, diese Anstrengung, die die Identität des Griechen, seine Mythen und seine Geschichte durchziehen, verwirren und faszinieren: das Griechische als Abwehrkampf, Kultur als Verdrängung. Schon am Anfang der Geschichte steht für den Griechen der Verfall, das Ende jenes Goldenen Zeitalters, das Hesiod beschreibt. Das Gute und Schöne ist immer auch katastrophal. Der Kampf im und mit dem Ursprungsmythos ist erfüllt von der Sehnsucht nach der verlorenen, stets gefährdeten Ordnung: Erinnern und Vergessen, Stolz und Scham als Konstanten und als Triebkräfte des mythischen Erbes. Dieser geradezu ursprüngliche Zusammenhang von Gut und Böse im Griechentum machte es viele Jahrhunderte lang unmöglich, verbindliche Regeln zu finden. *Nomoi agraphoi*, ungeschriebene Gesetze, ließen die Grenze zwischen gutem und bösem Verhalten, zwischen guten und bösen Menschen erst im Rückblick deutlich werden. Diese Unsicherheit prägt die klassische Literatur Griechenlands, mehr noch, sie ist die produktive Kraft, die an der Wurzel des Griechentums steht. Literatur, Naturwissenschaft und Philosophie als Ergebnis dieser Suche nach ethischen Kriterien: ob Verdrängung, Flucht oder Beschreibung – es ist immer auch ein Ordnungsversuch.

Diese Unsicherheit ist auch der Grund, warum Homers Werke, vor allem in der späteren schriftlichen Fassung, eine Rolle zugesprochen bekamen, die sie überfordern mußten. Als „Erzieher Griechenlands", wie ihn Platon sehen wollte, sollen seine Epen nicht bloße Gesänge, sondern ein Verhaltenskodex für die Zuhörer gewesen sein. Die ‚Ilias' und die ‚Odyssee' – verstanden als „Oral Bibles", nicht nur als Heldenlieder – werden diesem Anspruch kaum gerecht.[1] Die Erwartung, daß Homer, der zum klassischen Curriculum gehörte, und mit ihm

1 R. B. Rutherford, „The Philosophy of Odyssey", in: *JHS cvi*, 1986, S. 145: „Ancient critics demand from Homer not merely entertainment but enlightenment on moral and religious questions, on good and evil, on this life and the after-life. When they fail to find what they seek, they follow Platon and find him wanting."

die präklassische griechische Literatur Kriterien für Gut und Böse liefern müßten, Normen oder gar biblische Gebote, überfordert seinen Text und seine Rolle. Auch die Tragödie und der Sophismus, der einen fundamentalen Wertewandel bewirkte, sind noch Versuche, im Kampf um Kriterien von Gut und Böse Pflöcke in das Ungewisse einzuschlagen. Erst im späten 5. Jahrhundert kann man vom Entstehen einer abstrakten Moralphilosophie reden, wenn der Wandel eingesetzt hat, den Karl Popper als einen Öffnungsprozeß der griechischen Gesellschaft beschreibt[2] – nicht zuletzt durch die „physische" Hinwendung der Stadtstaaten zum ehedem verhaßten Meer. Während bei Homer das Meer eine Metapher für das Fremde ist und selbst die Helden keinen Fisch essen,[3] ungern im Meer baden[4] und den Tod in der Tiefe fürchten,[5] schreibt Thukydides beeindruckt über Themistokles: „Als erster wagte er es auszusprechen, daß man sich ans Meer halten müsse."[6] Den späteren Sieg der Griechen über die Perser bei Salamis nennt Albin Lesky der Griechen „Hochzeit mit dem Meer", in dessen Folge es zum Handel und Austausch mit anderen Mittelmeerländern kommt und die Kolonisation, die schon vor dem 5. Jahrhundert eingesetzt hatte, fortgeführt wird.[7] Doch noch im 5. Jahrhundert, als die Griechen längst von der sicheren Küstenschiffahrt abgekommen waren, schreibt der Komiker Archippos noch: „Wie fein ist's doch, das Meer vom Lande aus zu schauen, O Mutter, ohne daß zu Schiff man fahren muß."[8]

Popper meint, daß dieser Öffnungsprozeß politisch die Demokratie etabliert und die traditionelle Gesellschaftsform beendet habe. Die homerische „geschlossene" Gesellschaft macht einer anderen Platz, „in which individuals are confronted with personal decisions" – der sogenannten „offenen" Gesellschaft.[9] Die Pentekontaetie, die glücklichen 50 Jahre zwischen 2. Perser- und Peloponnesischem Krieg hätten den Aufstieg und die Blüte Athens als internationalen Mittelpunkt gesehen, und das „gute" demokratische Athen vom barbarischen „bösen" Ausland abgegrenzt.

Die andere einflußreiche Analyse der gesellschaftlichen Entwicklung Griechenlands im 5. Jahrhundert stammt von E. R. Dodds. In Anlehnung an eine Terminologie von Ruth Benedict unterscheidet Dodds zwischen der homerischen Schamkultur und der Schuldkultur der klassischen Zeit.[10] Als Beispiel für diesen Wandel gilt die Odysseusrezeption: Bei Homer wird

2 K. R. Popper, *The Open Society and Its Enemies*, vol. 1, London ⁴1962, S. 183 und S. 177.

3 Homer, *Od.* 12.323 und *Od.* 4.368.

4 Homer, *Od.* 10.572: Dem Bad im Meer folgt das angenehmere in der Badewanne.

5 Homer, *Od.* 5.306 ff.

6 Thukydides, *Historiae* 1.93.

7 H. C. Baldry, *The Unity of Mankind in Greek Thought*, Cambridge 1965, S. 17.

8 Zit. nach August Meineke, *Fragmenta Poetarum Comoediae Antiquae*, Berlin 1889, Vol. II, Bd. 1, S. 727.

9 Popper 1962, S. 173.

10 In ihrem Buch *The Chrysanthemum and the Sword*, London 1972, vergleicht Benedict die amerikanische und die japanische Gesellschaft und kommt im 10. Kapitel zu folgendem Ergebnis: „In anthropological studies of different cultures the distinction between those which rely heavily on shame and those that rely heavily on guilt is an important one. A society that inculcates absolute standards of morality and relies on man's developing a conscience is a guilt culture by definition. [...] True

Odysseus' Verschlagenheit und Einfallsreichtum noch als kriegsentscheidend gelobt, in Sophokles' Drama ‚Philoktet' werde sie als Hinterhältigkeit kritisiert. „Homeric man's highest good is not the enjoyment of a quiet conscience, but the enjoyment of *time*, of public esteem",[11] der Schein zählt mehr als das Sein. Erst im 5. Jahrhundert, so Dodds, würde der durch Sokrates und die Sophisten auf sich gestellte Mensch Selbstbestimmung erlangen und damit moralische Verantwortung verinnerlichen.

Sowohl Popper als auch Dodds stützen ihre Thesen auf die großen Veränderungen, die das 5. Jahrhundert für Griechenland gebracht hatte. Doch vergleicht man die beiden Epen Homers mit den Tragödien oder auch noch mit den ethischen Schriften des Platon und des Aristoteles aus dem 4. Jahrhundert, so stößt man auf Konstanten des Verständnisses vom moralisch richtigen Verhalten und von Gut und Böse.

Der homerische Mensch ist noch darauf angewiesen, seine Umwelt „im Auge zu behalten". Bruno Snell hat auf die Vielzahl der Worte bei Homer hingewiesen, die den Prozeß des visuellen Wahrnehmens beschreiben.[12] Zwei Augen, die symbolisch jeweils die Vor- und Nachteile einer Entscheidung feststellen, die beobachten und die Umstände einer Situation abwägen. Der einäugige Zyklop zum Beispiel, der diese Fähigkeit des Abwägens nicht besitzt, kann keine „second thoughts" haben und ist auf eine einseitige Wahrnehmung angewiesen.[13] Der Skandal des Riesen ist nicht, daß er die wichtige Regel des Geschenkeaustauschs verhöhnt – er erwidert ja das Geschenk des Odysseus –, sondern daß er blind ist für „the proper course of conduct".[14] Indem er Odysseus das „Geschenk" macht, ihn als letzten zu verspeisen, reagiert Polyphem in unangemessener Form und zerstört damit die formalisierte, wenn auch inhaltlich undefinierte Basis, auf der zwischenmenschlicher Kontakt im Epos stattfindet. Danach braucht sich auch Odysseus an keine Abmachungen zu halten.

Doch den „proper course" kann der homerische Mensch nicht kennen. Er muß sich darauf verlassen, seine Rolle im gesellschaftlichen und metaphysischen Gefüge richtig zu interpretieren und ihr entsprechend angemessen zu agieren. Was als angemessen gilt, ist weder eindeutig noch rational. Oft gibt es nur das jeweils Angemessenere: Polyphem zu blenden rettet zwar Odysseus das Leben, doch verärgert es dessen Vater, den Gott Poseidon. Dieses Rätseln und Abwägen über das Angemessene birgt sowohl tragische Elemente als auch solche des Zufalls in sich, wie Moses Finley erklärt: „Chance, not merit, determined how the gifts fell to a man. And since it was not in his power to influence the choice, man could neither atone nor sin."[15]

---

shame cultures rely on external sanctions for bad behaviour, not, as true guilt cultures do, on an internalized conviction of sin. Shame is a reaction to other people's criticism."

11 E. R. Dodds, *The Greeks and the Irrational*, Berkeley-Los Angeles-London 1951, S. 17.

12 B. Snell, *Entdeckung des Geistes*, Hamburg ²1948, S. 1.

13 Im 9. Buch der *Odyssee* wird an keiner Stelle erwähnt, daß der Zyklop nur ein Auge besitzt. Es ist daher nicht eindeutig, ob Odysseus vielleicht nur eines von zwei Augen zerstört. Die Scholiasten und auch antike Darstellungen scheinen für die weitläufige (und viel eindrucksvollere) Vorstellung des einäugigen Riesen verantwortlich zu sein.

14 J. B. Russel, *The Devil*, Ithaca 1977, S. 130: „This blindness is called *ate, ate* being personified as the eldest daughter of Zeus." Daher auch Polyphems Hohn für Zeus in *Od.* 9.277 f.

15 M. I. Finley, *The World of Odysseus*, London 1956, S. 138.

Ein fast Schmittscher Dezisionismus war das Ergebnis, bei dem es weniger auf die Kriterien einer Entscheidung ankam als auf die Entscheidung selbst.[16] In den Epen, und auch noch in der Tragödie des 5. Jahrhunderts, gibt es keine Diskussion, kein Abwägen von Argumenten, keine begründete Entscheidung.[17] Menschliche Affekte werden von Homer nicht aus einem Interesse an der menschlichen Regung beschrieben, sondern als Auslöser für eine bestimmte Handlung.[18] So ist es nur im Zusammenhang der jeweiligen Entscheidung möglich, einen Menschen zu bewerten. Das schließt die Umstände und die Situation, in der die Entscheidung gefallen ist, notwendigerweise mit ein. „All this amounts to saying that it is ‚right' or ‚just' for gods or mortals or suitors or exiles to do so and so",[19] aber eben nur unter den jeweiligen Umständen.

Dieses Phänomen ist auch ein Resultat einer aristokratischen Gesellschaft, in der Autorität als Entscheidungs- und Befehlsgewalt auftritt. Vor allem aber ist es eine Folge der „overdetermination" des homerischen Menschen. Nicht nur die eigene Motivation ist für das Handeln verantwortlich, sondern auch ein göttlicher Wille, der Achill und Odysseus sogar gegen ihren eigenen Willen handeln läßt. Das eigene Tun ist dem homerischen Menschen letztlich entfremdet, vorherbestimmt, und der wahre Grund ihres Handelns den Menschen unbekannt. Die Götter haben das letzte Wort, „and their purpose was usually inscrutable to human minds".[20] Doch konnte man das Wort an sie richten, vor allem: Man konnte opfern. Das religiöse Opfer ist ein Versuch, an das Goldene Zeitalter zu erinnern, als Menschen und Götter noch zusammen aßen und tranken. Durch das Opfer unterwirft sich der Mensch den Göttern in Erwartung einer Gegenleistung – die allerdings niemals einklagbar sein wird, deren Fehlen jedoch die Einheit zwischen Mensch und Gott, die Zeus am Anfang seiner Herrschaft geschaffen hatte, zerstören würde. Das Opfer ist ein Ritual, das Regeln schaffen möchte. Es zeigt, daß die homerische Welt nicht prinzipiell irrational ist, sondern nur, daß die Ursachen und Gründe seines Daseins dem Menschen verborgen sind. Mit jedem geschlachteten Schaf wurde die eigene Selbstbestimmung geopfert, im festen Glauben, damit einen Pakt mit jenen Mächten eingegangen zu sein, die das Schicksal bestimmen. Aber da diese Mächte untereinander zerstritten sind, ist auch auf das Opfern kein Verlaß, im Gegenteil: Das Opfer für den einen Gott kann den Neid des anderen erwecken.

Das scheinbar Zufällige oder auch Tragische im homerischen Konzept der „Angemessenheit" hängt also auch mit dem metaphysischen Pluralismus der Griechen zusammen. Es gibt mehrere Mächte, und ein Pakt mit der einen bedeutet oft genug Feindschaft mit der anderen.

---

16 In der *Politischen Theologie*, München-Leipzig ²1934, formuliert Schmitt die These, daß in der Entscheidungsgewalt der Souveränitätsbeweis liege.

17 Finley 1956, S. 114: „The significant fact is that never in either Iliad or the Odyssey is there a rational discussion, a sustained, disciplined consideration of circumstances and their implications, of possible course of action, their advantages and disadvantages."

18 R. Heinze, *Virgils epische Technik*, Stuttgart ⁴1957, S. 288.

19 E. A. Havelock, *The Greek Concept of Justice*, Cambridge/Ma. 1978, S. 182.

20 H. Lloyd-Jones, *The Justice of Zeus*, Berkeley-Los Angeles-London 1971, S. 162.

Soll Priam den Krieg vor Troja gewinnen oder Agamemnon, soll Odysseus nach Ithaka zurückkehren oder auf dem Meer sterben? – Die Gesänge erhalten ihre epische Länge nicht zuletzt durch die Uneinigkeit der Götter, eine Uneinigkeit, die auch unter den Menschen für Verwirrung sorgt.[21] Obwohl der Götterrat auf Drängen Athenes beschlossen hatte, Odysseus in seine Heimat und zu Penelope zurückzuführen, läßt ihn der Gott des Meeres tagelang im Sturm zappeln – als Strafe für das Blenden seines Sohnes Polyphem. Erst nach einem „angemessenen" Ausgleich ist die Balance wiederhergestellt, Rückkehr ja, doch nur unter Leid:

> Poseidon selber, der elementare Feind des Odysseus, denkt in Äquivalenzbegriffen, indem er immer wieder Beschwerde darüber führt, daß jener auf den Stationen seiner Irrfahrt mehr an Gastgeschenken erhalte, als sein voller Anteil an der Beute von Troja gewesen wäre, wenn er ihn ohne Behinderung durch Poseidon hätte transferieren können.[22]

Es ist ein solches Äquivalenzdenken, das einem vermeintlichen Verhaltenskodex bei Homer am nächsten kommt, wie Snell erläutert:

> Right (dike) and honour (time), which are cardinal in Homer's social order, have to be distributed in appropriate 'portions'. Everybody must preserve or attain the portion of honour and right which falls to his share, but on the other hand, he must take care that he does not infringe upon the due portions of others. Crime, hubris and insult are encroachements on the property of others.[23]

Das klassische Beispiel für eine solche „transgression" ist Prometheus, der in beiden Epen Hesiods den Göttervater Zeus mit einem falschen Gastmahl täuscht, und dafür mit dem Gegen-„Geschenk" der Pandora eine angemessene Strafe erhält.[24]

Diese Vorstellungen vom angemessenen Handeln sind eingebettet in ein statisches Verständnis von Gesellschaft.[25] Sind Verhaltensmuster an eine bestimmte Rolle in der Gesellschaft geknüpft, folgt zwangsläufig, daß die Gesellschaft (und damit die verschiedenen Rollen) sich nicht verändern kann. In diesem Sinne beschreiben die homerischen Epen eine uniforme Welt: Die ‚Ilias' ist der Bericht vom zehnjährigen Kampf zwischen den griechischen

---

21 H. Lloyd-Jones 1971, S. 160: „It follows that it is often difficult to determine whether a particular desire is wrong."

22 M. Horkheimer/T. W. Adorno, *Dialektik der Aufklärung*, Frankfurt/M. ^{2}1969, S. 56.

23 B. Snell, *Scenes from Greek Drama*, Berkeley-Los Angeles-London 1964, S. 33 f.

24 Hesiod, *Werke und Tage*, Verse 45-105 und *Theogonie*, Verse 535-616.

25 Finley 1956, S. 134: „The basic values of society were given, predetermined and so were a man's place in society and the privileges and duties that followed from his status." Siehe auch Alisdair Macintyre, *After Virtue*, London 1981, S. 115: „Every individual has a given role and status within a well-defined and highly determinate system of roles and statuses. The key structures are those of kinship and of the household. In such a society a man knows who he is by knowing his role in these structures; and in knowing this he knows also what he owes and what is owed to him by the occupant of every other role and status."

Landsleuten des Sängers und einer ausländischen Stadt. Doch in Lebensstil, Verhalten oder Sprache unterscheiden sich beide Seiten nicht. Sogar moralisch verwischt sich jegliche Differenz.[26] Griechen und Trojaner leben in der gleichen Welt. Erst in der historisch späteren ‚Odyssee' erfährt Odysseus, wie groß und unterschiedlich die Welt wirklich ist. Die ‚Odyssee' wird damit nicht nur zu einer Reise durch eine magische Welt, „une voyage au bout de la nuit", und schließlich eine Rekonstituierung und Wiederentdeckung der Wirklichkeit, wie Vidal-Naquet sie liest,[27] sondern auch zu einer Absage an eine andere, utopische Welt, welche die Einheit der homerischen zerstören könnte. Es ist die den damaligen Griechen fremde Welt des Meeres: Das Unerträgliche dieser fremden Welt ist ihre Unbegrenztheit,[28] weil sie sich so der Abwägbarkeit entzieht. Damit präsentiert die ‚Odyssee' eine durch und durch widersprüchliche Welt, die den homerischen Menschen und seine traditionellen Verhaltensmuster an seine Grenzen stoßen läßt. Odysseus, wie auch Jason und Theseus, sind auf der Flucht, getrieben von der Angst vor dem Fremden, das die Ordnung der Polis und das ihr Angemessene nicht kennt. Wenn moralisches Verhalten nicht kodifiziert ist, wie in der homerischen Welt, darf es nicht an der Bereitschaft mangeln, Ausgleich und Kompromiß zu finden.[29] Es ist aber genau diese Bereitschaft, die in der magischen Welt der ‚Odyssee' fehlt. Dort treten Gegensätze auf, die nicht gelöst werden können: Der Zyklop ißt nur Käse, und doch verschlingt er Odysseus' Kameraden ungekocht, das Gegengift zu Kirkes Verzauberung ist schwarz und zugleich weiß,[30] und sie selbst personifiziert die Zweideutigkeit als Tochter des Helios *(Feuer)* und der Enkelin des Okeanos *(Wasser)*. Kalypso ist unsterblich und trotzdem dem Willen anderer Götter untertan, und wenn Odysseus schließlich ans Ufer gespült wird, findet er Schutz unter einem Olivenbaum, der halb wild gewachsen und halb domestiziert ist.[31]

In dieser Welt der Paradoxien kann Odysseus den angemessenen Weg nie finden, es gibt keinen Kompromiß der Gegensätze. Es ist eine in sich zerrissene Welt, in der eine für das Erkennen des Angemessenen so wichtige gesellschaftliche Einheit nicht existiert. Die daraus sich ergebende Ablehnung einer Utopie des Maßlosen und des Unkontrollierbaren ist Homers Absage an die Dialektik des Mythos. Der Mythos vermag nämlich zu leisten, wozu Homer schon nicht mehr in der Lage ist: Er kann ein paradoxes und zugleich einheitliches Weltbild vermitteln. Der Mythos verdeckt und versöhnt Gut und Böse. Man denke an die Grün-

26 Havelock 1978, S. 150 ff.: „The Iliad may intend to suggest that the Achaeans have some moral advantage over the Trojans, but the listener has difficulty remembering this as the two sides maneuver, negotiate or do battle." – Siehe Homer, *Ilias* 4.66/7, 4.71/2.

27 P. Vidal-Naquet, „Land and Sacrifice in the Odyssey: a Study of religious and mythical meaning", in: *Myth and Society in Ancient Greece*, herausgegeben von R. L. Gordon, Cambridge 1981, S. 80-94.

28 Bei Homer ist *apeiros* („unbegrenzt") ein Standardadjektiv für das Meer.

29 Havelock 1978, S. 180: „Both epics [...] are very far from identifying 'justice'as a principle with a priori foundations, whether conceived as the necessary 'rule of law' or as a moral sense in man. These ‚justices' [...] are processes, not principles, solving specifics, not applying general laws; they express themselves in negotiated settlement of rival claims."

30 *Od.* 10.304.

31 *Od.* 5.477, dazu: C. P. Segal, „The Phaeacians", in: *Arion 1.4*, 1962, S. 17-63.

dungsmythen antiker Städte,[32] die häufig im Schatten von Verbrechen und Verbrechern stehen und so das Böse integrieren und sozialisieren. Indem Homer den Mythos verarbeitet und ihm einen Namen gibt, ist er der erste, der diese Einheit aufbricht.[33] Erst die Reflexion des Mythos dichotomisiert, wie Kolakowski bemerkt: „[...] kein Mythos ist der Dichotomie von Wahrheit und Falschheit unterstellt. Wahr oder falsch kann etwas nur im Hinblick auf den Mythos der Vernunft sein.“[34] Diese Kraft des Mythos, seine eigene Einheit zu zerstören, sobald er erzählt wird, überwindet Homer, indem er den Mythos ausgrenzt. Wo das Einheitsdenken gefährdet wird, utopisiert Homer das Paradoxe und verwirft es wegen seiner Widersprüchlichkeit. Er kann das Dichotome nicht in sein Lied integrieren, wie das mythische Denken es konnte: Der Zyklop und seine Welt müssen draußenbleiben. Doch damit ist der erste Schritt getan, das einheitliche Denken, das Denken in unauflösbaren Gegensätzen in Frage zu stellen. Mit Homer gibt es zum ersten Mal ein „wir“ und ein „die“, auch wenn „die“ sich noch durch ihr Verhalten so sehr gesellschaftlich disqualifizieren, daß man ihre Existenz bezweifeln muß. Wer sich wie Kirke verhält, den gibt es nicht, möchte uns Homer sagen und vernachlässigt dabei, daß sie erst durch seinen Gesang lebendig geworden ist.

In der Tragödie des 5. Jahrhunderts findet sich diese Bedrohung durch das Maßlose und Unabwägbare im Auftreten des Barbaren wieder. Der traditionelle Barbaros, wie sein lautmalerischer Name deutlich machen soll, spricht kein Griechisch, er ist anfangs nur Nichtgrieche. Nach dem Krieg gegen die Perser wird der Barbaros jedoch zum Feind, zum Gegenbild, zu allem, was ein Grieche nicht sein will und nicht sein darf. Der Barbaros sprengt das Gleichgewicht, das Götter und Menschen als entgegengesetzte Pole aufrechterhalten. Aeschylos entwirft in seinen ‚Persern‘ ein Bild von dem alten Feind, das diesem kritischen Mittelweg zwischen Gottheit und Untermensch nahekommt: Reich und verschwenderisch sind sie und zugleich unzivilisierte Wilde, mächtig, undemokratisch, brutal und „emotional wie Frauen“. Sie sind blind vor Gier und getrieben von der Hybris:[35] Der Versuch des Xerxes, den Hellespont mit einer Brücke zu überqueren, also zu verbinden, was nicht zusammengehört, zerstörte die geographische Balance zweier Kontinente. Xerxes tat es, da „er nicht wußte, was die Götter für die Zukunft geplant hatten“ – ein sogar sprachlich dem homerischen naher Gedanke.[36] Die Griechen entdeckten ihre Identität also auch in der Abgrenzung zum Barbaren, man könnte von einer negativen Abhängigkeit sprechen.[37] Doch die Perser sind nicht böse, weil

32 Ein Hinweis, den ich Gert Mattenklott verdanke.

33 Wie schon in dem Zitat von Rutherford angedeutet wird, besteht in der Antike keine Trennung zwischen Sänger, Lied und Quelle. Homer wird persönlich für das verantwortlich gemacht, was er verbreitet. Sobald er die mythischen Geschichten erzählt, werden sie „seine“ Geschichten. Nur so sind auch die persönlichen Attacken Platons auf Homer zu verstehen. Daß Homer sich die Geschichten nicht ausgedacht hat, spielt keine Rolle. Er hat sie im wörtlichen Sinne ins Leben gerufen.

34 L. Kolakowski, *Die Gegenwärtigkeit des Mythos*, München 1973, S. 58 f.

35 Aeschylos, *Perser*, Verse 354, 472, 724 f.

36 Aeschylos, *Perser*, Vers 373.

37 Anders ist auch die anhaltende, von Athen oft als Vorwand gebrauchte Angst vor einem erneuten Angriff der Perser nicht zu verstehen. Die Hochrüstung Athens steht im Gegensatz zu dem offensichtlichen Desinteresse der Perser am Westen.

sie sich nicht an bestimmte Regeln halten, sondern weil sie in ihrem Übermut die Regeln sprengen und das einheitliche Weltbild zerstören. Die Bösartigkeit der Perser liegt nicht in ihrem Verhalten, sondern in ihrer Bösartigkeit an sich. Die Perser stehen außerhalb des griechischen Wertesystems, das Fremde ist noch immer draußen und unintegrierbar und kann diesem Wertesystem keine Dichotomie von Gut und Böse aufzwingen. Wie schon in der ‚Odyssee' bleiben die Welten getrennt.[38]

Zugleich wird in der Tragödie ein Menschenbild entworfen, das dem homerischen nahekommt. Ödipus ist vor allem ein Dezisionist, der – von der Situation zur Entscheidung getrieben – erkennen muß, daß er schuldlos schuldig geworden ist. Es ist das tragische Element der homerischen Epen, unter dem schon Odysseus hatte leiden müssen. Und es ist nicht ein Schuldgefühl, aus dem heraus er sich selbst blendet, sondern die ungeheure Scham, seinen Mitmenschen in die Augen sehen zu müssen.

In der ‚Orestie' von Aeschylos ist Agamemnon gezwungen, in tragischer Weise die Einheit seiner Familie zu zerstören: Er muß seine Tochter opfern, damit die griechische Flotte Wind erhält. Er geht damit einen Schritt „zu weit" und maßt sich eine Rolle an, die ihm nicht zusteht. Unfreiwillig begeht er einen Akt der Hybris. Auch sein Verhalten vor Troja, das Morden im Krieg, die Zerstörung der Tempel und das Betreten des seidenen Teppichs, den Clytemnestra ihm bei seiner Rückkehr ausbreitet, werden als Akte der Hybris gedeutet. Schlimmer aber noch ist seine geerbte Schuld: Agamemnons Vater, Atreus, hatte seinem Bruder Thyestes, der als Bittsteller zu ihm kam, dessen eigene Kinder in einem Festmahl serviert. Als Thyestes erfährt, wessen Fleisch er gegessen hatte, verflucht er das Haus seines Bruders und flieht. Das tragische Element der Hybris wird in der Person des Agamemnon besonders deutlich, der hilflos seine Rolle spielt, nur ahnend, was um ihn herum geschieht. Wie Russel bemerkt, wäre es für ihn auch sinnlos, den Gang des Schicksals verstehen zu wollen: „It is dangerous to offend the gods, that is clear, but it is not at all clear why one thing and not another should offend them."[39] Die ‚Orestie' verbindet damit den Gedanken der Einheit (und ihrer Zerstörung) mit der damit möglich werdenden Maßlosigkeit menschlichen Verhaltens. Maßlosigkeit aber muß, wie schon bei Homer, ausgeglichen werden. So ist die Trilogie auch ein Beispiel für die Notwendigkeit des Ausgleichs. „Hinter jedem Positivum menschlicher Erfahrung, Haltung, Handlung, Urteils zeigt sich ein verborgenes, alsbald offenbar werdendes Negativum."[40] Alles findet ein Gegengewicht. Agamemnon stirbt für seine Hybris, Clytemnestra muß für den Mord und den Ehebruch an ihrem Mann büßen, und Orest verfolgen die Rachegöttinnen wegen des Mordes an seiner Mutter. „Pathein ton erxanta",[41] heißt es in der ‚Orestie': Wer handelt, muß leiden. Es ist die Gerechtigkeit des Gleichgewichts, bei der es we-

38 Im Militärischen lag die Überlegenheit der Griechen gegenüber den Persern in der Phalanx, der blockartigen Anordnung der schwerbewaffneten Hopliten, der die individuellen Bogenschützen der Perser nichts entgegenzusetzen hatten. Auch hier in verwandelter Form der Einheitsgedanke.

39 Russel 1977, S. 132.

40 K. Reinhardt, *Aischylos als Regisseur und Theologe*, Bern 1949, S. 79.

41 Aeschylos, *Agamemnon*, Vers 1564.

der auf die konkrete Tat ankommt noch auf ein Bewußtsein der Schuld. Agamemnon wußte, daß er etwas Verbotenes tat,[42] als er seine Tochter opferte, aber er wußte auch, daß er sich seiner genealogischen Urschuld nicht entziehen konnte. Erst im dritten Drama der Trilogie, wenn die chthonischen Rachegöttinnen gezwungen werden, ihre Macht mit dem menschlichen Gericht des Areopags zu teilen, kommt die Ringkomposition des „Auge um Auge", das Generationen schuldig gemacht hatte, zu einem versöhnlichen Ende. Gut zu handeln bedeutet also auch immer, den Ausgleich zu suchen und das Maß zu halten, „nichts zu sehr" eben, wie das Sprichwort sagt.[43] Grube spricht vom griechischen Gefühl „that too much might, too great a strength and power is in itself a dangerous thing".[44] Jemand aber, der gut handelt, handelt nicht dadurch gut, daß er sich an Regeln hält, sondern dadurch, daß er in einer guten Art und Weise handelt. Das bedeutet, bestimmte Grenzen einzuhalten und Kompromisse zu schließen, wie Anne Carson ausführt:

> The Greeks seem to have been even more sensitive than we are to [...] such transgressions and to the crucial importance of boundaries, both personal and extrapersonal, as guarantees of human order. Their society developed a complex cultural apparatus, including such rituals as supplication, hospitality and gift-exchange [...]. Civilization is a function of boundaries.[45]

Als besonders bedrohlich wurden deshalb Personen empfunden, die diese nicht fixierten gesellschaftlichen Grenzen übertreten, ein Schritt, den nur von der Hybris Befallene vollziehen.[46]

Die Veränderung im 5. Jahrhundert liegt nicht in der plötzlich möglichen und einforderbaren Begründbarkeit einer Entscheidung. Sie liegt in der Verschiebung der Verantwortung und damit auch der Schuld für eine Tat, die nun ausschließlich beim Handelnden liegt. In diesem Sinne ist die „Aufklärung" des 5. Jahrhunderts anti-metaphysisch, sie stellt die Dominanz der Götter in Frage. Sie ist nicht rationalistisch,[47] sie produziert keine Normen oder Kriterien für Entscheidungen. „Greek culture continued to be a shame culture until well after the 5th century", wie Lloyd-Jones betont.[48] Auch die ethischen Philosophien Platons und Aristoteles' aus dem 4. Jahrhundert zeigen, daß es immer noch nicht zu einer Verinnerlichung der moralischen Werte gekommen ist, sondern nur zu einer Verinnerlichung des Entscheidungsprozesses. Im Gegensatz zur Aufklärung in der Moderne wurde der Grieche nicht sein

---

42 Aeschylos, *Agamemnon*, Vers 211: „ti tond' aneu kakon."

43 „Meden agan". Aristoteles führt diese Maxime auf Chilon zurück, einen der sieben Weisen Griechenlands (*Rhet.* 1389 b 4).

44 G. M. A. Grube, *The Drama of Euripides*, London 1941, S. 255 f.

45 A. Carson, „Putting her in her Place: Woman, Dirt, and Desire", in: *Before Sexuality*, edited by D. Halperin/J. J. Winkler/F. I. Zeitlin, Princeton 1990, S. 153.

46 *Hybris* ist der *Sophrosyne* entgegengesetzt und beschreibt den Größenwahn, gewaltsames und der Realität entfremdetes Verhalten. Theognis beschreibt es als das „erste Übel" (*Elegiae*, I. 379).

47 Dodds macht diese wichtige Unterscheidung in seinem Essay „Euripides the Irrationalist", in: *The Ancient Concept of Progress*, Oxford 1973, S. 78 ff.

48 Lloyd-Jones 1971, S. 26.

eigener Gott, sondern seine eigene Götterwelt: Das Pluralistische herrscht weiter und damit steht statt einer normativen Dichotomie von Gut und Böse der moralische Entscheidungsprozeß weiterhin im Mittelpunkt, wie man an den Schriften Platons und Aristoteles' sehen kann:

Platon, dessen ‚Staat' Popper als Rückfall in homerisch „geschlossene" Zeiten bezeichnet, war geprägt von Athens militärischer Niederlage, der Herrschaft der Tyrannen und vom Tod des Sokrates. Die Fundamente der athenischen Gesellschaft waren erschüttert, die Einwohner ihrer Stadt entfremdet, Platon selbst so sehr, daß er einen neuen ‚Staat' entwirft. Platon suchte jene Uniformität und Geschlossenheit, die Athen nicht mehr bieten konnte, und fand sie in der Utopie. In einer Analogie zwischen dem gerechten Menschen und dem gerechten Staat kommt er zu dem Ergebnis, daß Gerechtigkeit der Ausgleich zwischen allen Teilen der Seele bzw. der Gesellschaft sein muß. Der gelegentlich erhobene Vorwurf des Totalitarismus ist also so lange verfehlt, wie er eine Normativierung einschließt. Der Mensch im ‚Staat' wird eine „Harmonie in seinem Körper schaffen, um seine Seele im Einklang zu halten".[49] Er wird zwar eingeschränkt und gelenkt in seinem beruflichen und sozialen Werdegang, doch in Platons Gesellschaft ist letztlich nur das Individuum selbst in der Lage, die eigene psychische Harmonie, die die Voraussetzung für gerechtes Leben ist, herzustellen. Psychische Harmonie ist erreicht, wenn die drei Teile der Seele – Rationalität, Begierde und Emotion – ihre „Aufgabe" erfüllen und im richtigen Verhältnis zueinander stehen, d.h. sich gegenseitig regulieren.

„Sein eigenes Ding zu machen" ist eine moderne Formulierung – und zugleich wörtliche Übersetzung – vom platonischen „to ta hautou prattein".[50]

Aristoteles' Ethik ist in ähnlicher Weise auf die Selbsterkenntnis des Individuums angewiesen, wenn er schreibt, daß man „die Mitte wählen müsse, nicht das Übermaß und den Mangel".[51] Den richtigen Weg zwischen Übermaß und Mangel zu finden, ist das notwendige Ergebnis eines Verhaltens, das nicht durch Normen bestimmt wird,[52] sondern durch das jeweils richtige Verständnis („ho logos ho orthos") der Lage. Das schließt nicht nur Abwägen der Umstände und Möglichkeiten ein, sondern auch eine Einschätzung der eigenen Fähigkeiten und Wünsche.

> Such choices demand judgement and the exercise of the virtues requires therefore a capacity to judge and to do the right thing in the right place at the right time in the right way. The exercise of such judgement is not a routinisable application of rules.[53]

Die Entscheidung krönt hier den Vorgang des rationalen Abwägens. Das endgültige Ergebnis dieses Prozesses ist das persönliche Glück *(eudaimonia)*, wohin – nach Aristoteles – alles

49 Platon, *Politeia*, 591 c-d.

50 Platon, *Politeia*, 433 a 8.

51 Aristoteles, *Ethica Nichomacheia*, 1138 b 17 f.

52 Macintyre 1981, S. 141: „There is relatively little mention of rules anywhere in the 'Ethics'."

53 Ebd.

strebt.[54] Demnach kann jemanden nur Unwissen über diesen extrem rationalen Ablauf des Entscheidungsprozesses vom guten Handeln abhalten.

Es wird also klar, daß sich der ideengeschichtliche Wandel nicht zwischen Homer und den Autoren des 5. Jahrhunderts auftut, wie Popper und Dodds vermuten, sondern später: Die Dichotomie von Gut und Böse ist stoisch und christlich, nicht klassisch-griechisch. Bis zum Hellenismus herrscht im griechischen Raum moralisch ein gegensatzloses Denken vor. Das Gegenstück zum Guten fehlt, das Böse ist höchstens denkbar als das, was sich dem zum Guten strebenden Prozeß verweigert. Doch damit ist das Böse keine moralische Kraft, es steht außerhalb und unabhängig vom Guten. Aber wer in solcher Weise außerhalb der gesellschaftlichen Kräfte steht und durch Hybris die Einheit aus der Balance bringt, wie Alkibiades oder Sokrates, der muß aus der Gesellschaft entfernt werden, dem droht Exil oder Tod.

Innerhalb der Einheit der Agora herrschte zwar die Macht des rhetorischen Wortes. Sprache, Dialog und Rede waren akzeptierte Instrumente der Entscheidungsfindung und damit auch Widerspruch und Gegensatz. Doch im Unterschied zum Christentum, das in der Dichotomie von Gott und Teufel das Böse als wirklichen und notwendigen Teil einer Gesellschaft erklären kann, muß das Böse in der Antike als Angriff auf die Einheit der Agora an sich ausgegrenzt werden. Es ist nicht, wie im Christentum, eine allseits gegenwärtige Kraft, sondern tritt plötzlich und unberechenbar auf, rational zwar und konsequent, aber nicht vorhersehbar. Die Genealogie des Bösen, die sich als Miasma durch Generationen hindurchziehende und unabwaschbare Schuld, die Agamemnon, Ödipus oder Phädra verfolgt, zeigt, daß das Böse niemals zufällig ist. Das Böse ist ein sich fortsetzender Prozeß, der auf vergangene Generationen verweist: ein Rückführungsversuch, der letztlich nichts anderes bedeutet als die Verdrängung und Ausgrenzung des Bösen aus der Gegenwart und der Polis.

Führt man diese Genealogie an ihren Ursprung, so gelangt man zu Zeus und seiner Tochter Dike. Zeus, dessen Geschwister vom Vater Kronos verschlungen werden, entkommt und macht sich selbst zum Vater der Götter. Um eine solche – nämlich seiner eigenen gleiche – illegitime Machtergreifung für die Zukunft zu verhindern, schafft er in seiner Tochter Dike zum ersten Mal einen Rahmen des Rechts und der Moral für das Menschengeschlecht. Dike, so Hesiod, soll die Menschen daran hindern, sich wie Tiere gegenseitig zu verspeisen. Wer also diesen Rahmen in Frage stellt, wer Dike mißachtet, erinnert zwangsläufig an das Verbrechen des Gründungsmythos. Der Böse schützt das Recht, und dadurch kann das Böse, das wie in Zeus' Fall überbrachte Strukturen zerstört hatte, für immer verschwinden. Damit ist das Uniformitätsdenken ideologisch. Es steht zwar auf den tönernen Füßen einer künstlich und unrechtmäßig geschaffenen Einheit, die aber gerade aus diesem Grund streng eingehalten werden muß. Jeder Verstoß würde an den Gründungsmythos erinnern und ihn als illegitim enttarnen. Es ist das Unrechtmäßige, das ihrer Inthronisation vorausgeht, das Dikes Position so stark macht. Prometheus irrt also, wenn er in Aeschylos' „Prometheus in Fesseln" verkündet, daß Zeus noch von dem Fluch seines Vaters eingeholt werden würde. Im Gegen-

54 Aristoteles, *Ethica Nichomacheia*, 1094 a 1.

teil, statt sich ihrer zu entledigen wie noch sein Vater, benutzt Zeus die nächste Generation, um seine eigene Position zu stärken. Sowohl Tragödie als auch Komödie wagen es, dieses Legitimitätsdefizit anzusprechen, doch nur flüchtig, um – wie Hesiod selbst – bloß anzudeuten, wie gefährdet die durch Dike zu sichernde Einheit ist.[55]

Politisch hat dieses Selbstverständnis der Polis als eigener Einheit ihren Untergang zur Folge. Athen ist unfähig, Philipp von Makedonien eine offene und flexible Politik entgegenzusetzen. Was sich schon nach dem Krieg gegen die Perser gezeigt hatte, als die Griechen sich untereinander fremd geblieben waren, wiederholt sich auf internationaler Ebene: Aus Angst, ihre Uniformität zu verlieren, d.h. ihre demokratische und besondere athenische Identität, setzen sich die Athener dem aufkommendem Reich Philipps entgegen und verlieren damit den letzten Rest just jener Identität, die sie zu sichern bemüht waren. Doch das athenische Demokratieverständnis, das einem Gesellschaftsvertrag ähnelt, setzte eine Gleichheit voraus, die Nicht-Athener nicht haben konnten:

> Those who made up the city, however different in origin, rank and function, appeared somehow to be 'like' one another. This likeness laid the foundation for the unity of the polis, since for the Greeks only those who were alike could be mutually united by philia, joined in the same community.[56]

Und Dike konnte für ein Equilibrium unter diesen gleichen Athenern sorgen, doch nur unter ihnen, womit Dike zwangsläufig nur für „uns", nicht jedoch für „sie" sorgen kann.

Das zweite Element, das sich als Konstante erwies, ist das Äquivalenzdenken. Ethik in der Antike war immer auch Diätetik, ein systemimmanentes Suchen nach Ausgleich. Das Gute war jenes „Angemessene", das weder die gesellschaftliche Einheit in Frage stellte noch die in einer bestimmten Situation als richtig erkannte Handlungsweise. Man mußte, wie Thukydides es in der Grabrede des Perikles formuliert, das Passende, Notwendige, Angemessene erkennen: „gnonai ta deonta".[57] Diese Fähigkeit kann jedoch nicht normiert werden, vor allem auch, weil das Angemessene dem historischen Prozeß unterworfen ist. Alkibiades' Wandern zwischen den Fronten am Ende des Peloponnesischen Krieges zeigt, wie flexibel sich diese ungeschriebenen Gesetze gestalten können, vor allem für jemanden, der wie Alkibiades ein ausgezeichnetes Gespür für „ta deonta" hat. Auch die Sophisten, die gemeinhin als destruktive Gegenspieler von Sokrates gesehen werden, versuchen nichts weiter, als die Grenzen des Erlaubten gedanklich auszuloten. Helena von der Schuld für den Trojanischen Krieg freizusprechen, wie es Gorgias gewagt hat, ist eben nicht nur (oder überhaupt keine) Provokation, sondern die ganz typisch griechische Suche nach „ta deonta". Das Angemessene ist nicht zuletzt durch die Pluralität des göttlichen Willens grundsätzlich unbekannt. Während Opfer und Rituale das Spiel sowohl zwischen Menschen und Göttern als auch zwischen den Menschen

---

55 Aeschylos, *Eumeniden*, Vers 640; Aristophanes, *Die Wolken*, Vers 904 ff.

56 Jean-Pierre Vernant, *The Origins of Greek Thought*, London 1982, S. 60.

57 Thukydides, *Historiae* 2.60.5.

untereinander ordnen helfen, bleiben sie doch Regeln im Ungewissen. Sie sind der Versuch, Orientierungshilfen für das richtige und angemessene Verhalten zu schaffen, Möglichkeiten, sich der Erkenntnis anzunähern. Insofern erinnern sie an Calvins sehr viel späteres, aber ähnliches Dilemma: Gottes Willen nicht erkennen zu können, ihn aber um des eigenen Seelenheils willen erkennen zu müssen. Auch für Calvin ergibt sich daraus die Mißlichkeit, aus vermeintlichen Zeichen den göttlichen Willen erraten zu müssen. Aristoteles versucht, indem er den Weg zum Guten als formalisierten Handlungsablauf analysiert, eine solche Hilfe zu bieten. Für ihn muß das Gute zugleich auch Produkt eines bestimmten Handlungs- und Entscheidungsprozesses sein, das kritischen Fragen standhalten kann.

Gesellschaftlich, politisch und auch ethisch, wie man mit Platon und Aristoteles sehen kann, sind die Griechen von der „Sorge um sich selbst" geprägt.[58] Sowohl das Ausgleichsdenken wie auch der Einheitsgedanke sind Konzepte, die das Leben des einzelnen mit dem Rest der Welt in Einklang zu bringen versuchen. Nur in einer abgegrenzten, einheitlichen Gesellschaft, sei es der homerische Oikos oder die klassische Polis, ist es möglich, einen Überblick über das in dieser Gesellschaft gültige Maß zu behalten. Wie die griechische Medizin den Ganzheitsanspruch erhebt und den Körper als ein System sich ausgleichender Säfte beschreibt, ist auch die Ethik einem solchen Ausgleichsdenken unterworfen. Das Gute ist „eine strategische Kunst, insofern sie erlauben soll, auf die Umstände in einer ständigen, also nützlichen Weise zu antworten".[59] Und was das für den einzelnen bedeutet, kann nur derjenige wissen, der sich und die Gesellschaft kennt, der sich „um sich sorgt". Konstruiert man also das Böse als das Gegenteil des Guten, ist es die Kraft, die die Welt verhöhnt in ihrem Versuch, Kompromisse zu finden: das Böse als der Antipode zur Zivilisation, das ewig an das Chaotische und Unrechtmäßige im Ursprung des Menschen erinnert. Es ist das fern der Zivilisation, das in der Düsternis des Ursprungs liegende Maßlose, die häßliche Fratze längst vergangener Zeiten, die plötzlich auf der Agora erscheint.

Die griechische Vorstellung vom Bösen entwickelt sich also aus Homer, der die Wurzeln für Uniformitäts- und Äquivalenzkonzepte vorgibt und der damit deutlich macht, daß das Böse in der zivilisierten Welt keinen Platz hat: Polyphem, der Zyklop, wird verlacht, während die Felsen, die er Odysseus blind hinterherwirft, dessen Boot weit verfehlen. Und um das gegensatzlose Denken auf die Spitze zu treiben: Nicht das Gute, sondern „Niemand" besiegt das Böse.

---

58 M. Foucault, *Sexualität und Wahrheit*, Bd. 2, Frankfurt/M. ^{4}1991, S. 125 ff.

59 Foucault 1991, Bd. 2, S. 137.

Literatur

Adkins, Arthur W. H., *Merit and Responsibility*, Oxford 1960
Aeschylos, *Septem Quae Supersunt Tragoediae*, edited by D. Page, Oxford 1972
Aristophanes, *Nubes [= Die Wolken]*, edited by K. J. Dover, Oxford 1968
Aristoteles, *Ethica Nicomachea*, edited by I. Bywater, Oxford 1957
Aristoteles, *Ars Rhetorica*, edited by W. D. Ross, Oxford 1959
Baldry, Harold C., *The Unity of Mankind in Greek Thought*, Cambridge 1965
Benedict, Ruth F., *Chrysanthemum and the Sword*, London 1972
Burkert, Walter, *Homo Necans*, Berlin 1971
Burkert, Walter, *Structure and History in Greek Mythology*, Berkeley-Los Angeles-London 1979
Carson, Anne, „Putting her in her Place: Woman, Dirt, and Desire“, in: *Before Sexuality*, edited by David Halperin/John J. Winkler/Froma I. Zeitlin, Princeton 1990, S. 135-169
Dietrich, Bernard C., *Death, Fate and the Gods*, London 1965
Dodds, Eric R., *The Greeks and the Irrational*, Berkeley-Los Angeles-London 1951
Dodds, Eric R., *The Ancient Concept of Progress*, Oxford 1973
Dover, Kenneth J., *Popular Greek Morality in the Time of Plato and Aristotle*, Oxford 1974
Edmunds, Lowell, *Chance and Intelligence in Thucydides*, Cambridge/Ma. 1975
Ferguson, John, *Morals and Values in Ancient Greece*, London 1958
Ferguson, John, *Utopias in the Classical World*, London 1975
Finley, Moses I., *The World of Odysseus*, London 1956
Foucault, Michel, *Sexualität und Wahrheit*, deutsche Übersetzung von Ulrich Raulff und Walter Seitter, 3 Bde., Frankfurt/M. [4]1991
Greene, William C., *Moira – Fate, Good and Evil in Greek Thought*, Cambridge/Ma. 1948
Grube, Georges M. A., *The Drama of Euripides*, London 1941
Griffin, Jasper, *Homer on Life and Death*, Oxford 1980
Hall, Edith, *Inventing the Barbarian*, Oxford 1989
Havelock, Eric A., *The Greek Concept of Justice*, Cambridge/Ma. 1978
Heinze, Richard, *Virgils epische Technik* (1903), Stuttgart [4]1957
Hesiod, *Theogonia. Opera et Dies*, edited by F. Solmsen, Oxford 1970
Hirzel, Rudolf, „Agraphos Nomos“, in: *Abhandlungen der königlich-sächsischen Gesellschaft der Wissenschaften, philosophisch-historische Classe*, 20, Leipzig 1903, S. 1-100
Homer, *Opera*, Band I-II *[= Ilias]*, edited by D. B. Munro and T. W. Allen, Oxford 1902
Homer, *Opera*, Band III-IV *[= Odyssee]*, edited by T. W. Allen, Oxford 1908
Horkheimer, Max/Adorno, Theodor W., *Dialektik der Aufklärung*, Frankfurt/M. [2]1969
Jaeger, Werner, *Paedeia: The Ideals of Greek Culture*, translated by G. Highet, Oxford 1944
Kolakowski, Leszek, *Die Gegenwärtigkeit des Mythos*, München 1973
Lesky, Albin, „Göttliche und menschliche Motivation im Homerischen Epos“, in: *Sitzungsberichte, Heidelberger Akad. der Wiss., phil.-hist. Klasse*, Vol. 45, 1961, 4. Abhandlung
Lloyd-Jones, Hugh, *The Justice of Zeus*, Berkeley-Los Angeles-London 1971
Macintyre, Alisdair, *After Virtue*, London 1981
Meineke, August, *Fragmenta Poetarum Comoediae Antiquae*, Vol. II, Bd. 1, Berlin 1889
Nilsson, Martin P., *A History of Greek Religion*, translated by F. J. Fielder, Oxford 1925
Nilsson, Martin P., *Greek Piety*, translated by H. J. Rosen, Oxford 1948
Nippel, Wilfried, *Griechen, Barbaren und „Wilde“*, Frankfurt/M. 1990
North, Helen H., *Sophrosyne, Self-knowledge and Self-restraint in Greek Literature*, Ithaca 1966
Onians, Richard B., *The Origins of European Thought*, Cambridge/Ma. 1954

Ostwald, Martin, „Was there a Concept agraphos nomos in Classical Greece?“, in: *Exegesis and Argument*, edited by E. N. Lee/A. P. D. Mourelatos/R. M. Rorty, 1973 (= Phronesis Supplementarband 1), S. 70-104
Parker, Robert, *Miasma – Pollution and Purification in Early Greek Religion*, Oxford 1983
Platon, *Res Publica [= Politeia]*, edited by J. Burnet, Oxford 1902
Popper, Karl Raimund, *The Open Society and Its Enemies*, vol. 1, London [4]1962
Reinhardt, Karl, *Aischylos als Regisseur und Theologe*, Bern 1949
Rohde, Erwin, *Psyche*, translated by W. B. Hillis, London 1925
Russel, Jeffrey Burton, *The Devil*, Ithaca 1977
Rutherford, Robert B., „The Philosophy of the Odyssey“, in: *Journal for Hellenic Studies* cvi, 1986, S. 145-162
Schmitt, Carl, *Politische Theologie*, München-Leipzig [2]1934
Segal, Charles P., „The Phaeacians and the Symbolism of Odysseus' Return“, in: *Arion* 1.4, 1962, S. 17-63
Snell, Bruno, „Aischylos und das Handeln im Drama“, in: *Philologus Supplementarband* 20, 1, 1928, S. 1-164
Snell, Bruno, *Die Entdeckung des Geistes*, Hamburg [2]1948
Snell, Bruno, *Scenes from Greek Drama*, Berkeley-Los Angeles-London 1964
Theognis, *Theognidis et Phocylidis Fragmenta*, edited by M. L. West, Berlin-New York 1978
Thukydides, *Historiae*, edited by H. S. Jones, Oxford 1963
Vernant, Jean-Pierre, *Myth and Society in Ancient Greece*, translated by J. Lloyd, Bristol 1980
Vernant, Jean-Pierre, *The Origins of Greek Thought*, London 1982
Vidal-Naquet, P., „Land and Sacrifice in the Odyssey: a Study of religious and mythical meaning“, in: *Myth and Society in Ancient Greece*, edited by R. L. Gordon, Cambridge 1981, S. 80-94

Wolfert von Rahden

Orte des Bösen

Aufstieg und Fall des dämonologischen Dispositivs

Das Gute eine Vorstufe des Bösen;
eine gelinde Dosis des Bösen: –
Friedrich Nietzsche[1]

1. Changing Places

Wo hat das Böse seinen Ort? Die biblische Topographie kennt Babel, Sodom und Gomorrha, die pagane die Büchse der Pandora. Der Mythos erzählt, daß die Büchse geöffnet wurde, so daß sich die Übel – die zuvor in ihr eingeschlossen waren – über die Welt verbreiten konnten. Der christliche Kartograph lokalisiert das Böse in der Hölle, aber auch er weiß, daß es zwischen Hölle und Erde mehr Wege und Eintrittspforten gibt, als unsere Schulweisheit sich träumen läßt.

Wenn das Böse die Hölle verlassen hat, so ist ihm nur der Einlaß in den Himmel verwehrt. Seitdem es also nicht mehr unter uns wohnt, wohnt es mitten unter uns. Wenn der Teufel und die Hexen nicht mehr ausreichen, um die Verkörperung des Bösen sichtbar zu machen; wenn der versiegte Brunnen, der verdorrte Obstbaum und der verfluchte ewige Fährmann oder andere verwunschene Plätze des Märchens als Orte des Bösen versagen, dann ist das Übel – so scheint es – der überkommenen christlichen und volkstümlichen Hegung beraubt und bedarf einer neuen Ortsbestimmung.

Die Frage nach dem „Sitz“ des Bösen hat ihre eigene Geschichte. Philosophie und Wissenschaften verdächtigten Leib, Vernunft und Seele – in dieser historischen Reihenfolge – als verantwortliche Ursprungsregionen.[2] Juristen orteten im Laufe der Zeit je nach Wissenschaftsparadigma oder „herrschender Meinung“ Eigenschaften, Absichten, Handlungen und/oder sprachliche Äußerungen als suspekte Orte. Der moderne Rechtsstaat identifiziert als „böse“ Tat den Akt der „Übertretung“ der normativ „gesetzten“, also per Gesetz festgelegten Grenzen, deren Einhaltung und gesellschaftliche Effektivität durch Sanktionen gesichert werden sollen. Als letzte Orientierung für den moralisch Orientierungslosen bleibt das Böse als das – gesetzlich – Verbotene. Den Weg vom „irgendwo“ zum „nirgendwo“ gingen sozial-

1 Nietzsche, *KSA* 11: Nachgelassenes Fragment 34 [174], S. 478.

2 Vgl. hierzu Christoph Schultes Beitrag, der im vorliegenden Band der Frage „unde malum?“ nachgeht. Siehe auch Schulte (1988).

wissenschaftliche und ethologische Fährtensucher in der Lokalisierung des Bösen: indem sie es auflösten, blieb nach der Aufklärung über die „Dressur zum Bösen" die Aggression (so der neue Name in einigen sozialpsychologischen Theorien) als bloße Schwundstufe, als Sekundäreffekt von Milieu, Erziehung und Schicht- oder Klassenzugehörigkeit, und die Utopie einer Emanzipation vom Bösen vertraut darauf, daß der Mensch nicht von Natur aus, sondern erst durch die Gesellschaft böse gemacht worden sei – während die Gegenposition einen *Aggressionstrieb* oder die Macht der Gene namhaft machen zu können glaubt. Verhaltensforscher „entlarvten" das Böse als „das sogenannte Böse" und hoben die entscheidende Rolle von Konditionierung und „Prägung" hervor.[3] Zog man indes die Strategie der Individualisierung vor, wie in der Psychologie, so führte dies folgerichtig häufig zur Pathologisierung – das Böse also, wenn es denn außerhalb des Kompetenzbereiches des theologisch-moralischen und normativ-juristischen Diskurses verhandelt wird: sollte es nur ein therapeutisches Problem für Medizin und Psychiatrie sein? Oder allenfalls ein obsoleter Trick aus der Mottenkiste der schwarzen Pädagogik: der „böse" bzw. „schwarze" Mann, der bestenfalls Kindern im Vorschulalter noch einen fragwürdigen „heilsamen" erzieherischen Schrecken einzujagen verspricht?[4] Dem Bösen gehört in der Humangeschichte offenbar kein ein für allemal fixierter Platz. Und gegen die These einer „Entbösung des Bösen" (Marquard 1986) kann eine gegenläufige Tendenz zur „Wiederverbösung", zur „Remalorisierung", konstatiert werden, die zunehmend politische Diskurse besetzt. Vor allem religiös-fundamentalistische und politisch-aggressive Universalideologien bedürfen offenbar um ihrer eigenen Stabilität willen eines „Reichs des Bösen" als Opponenten, den es ideologisch, politisch und militärisch zu bekämpfen gilt.

Werfen wir einen Blick zurück, und zwar in genealogischer Rücksicht: Die Geburt des Bösen als „Dispositiv" (Foucault) – d.h. als eines politisch effektiven Machtfaktors im gesell-

3 Diese Debatte kann eine gewisse Anciennität auch für gegenläufige gesellschaftstheoretische Begründungstraditionen geltend machen – kurzum: Hobbes oder Rousseau? „Ist" der Mensch böse von Anfang an – „einer des anderen Wolf" – oder „wird" er erst durch die Gesellschaft böse „gemacht"? Je nach Antwort fällt die Begründungs- oder Verwerfungsstrategie etwa des Gesellschaftsvertrages oder eines staatlichen Gewaltmonopols unterschiedlich aus. Unter anderen Vorzeichen haben Wilhelm Reich und Sigmund Freud diese Streitfrage kontrovers diskutiert. Reich kritisierte vor allem die Theorie vom Aggressionstrieb und attackierte damit auch die These vom Todestrieb, die der späte Freud vertrat. Insbesondere von Ethnologen präsentierte Beispiele – die jedoch stets umstritten blieben – galten als empirischer Beleg dafür, daß eine aggressionsfreie Gesellschaft möglich sei, wenn man nur die gesellschaftlichen und ökonomischen Ursachen der Aggression erkenne und beseitige: Die ideologisch aufgeladene Debatte – der Mensch: „böse" aus Anlage oder erst durch die Umwelt? – erfuhr fortan stete Neuauflagen (vgl. z.B. Plack 1979). Aus ethologischer Sicht argumentiert Lorenz (1974) auf der Basis einer „Naturgeschichte der Aggression". Vgl. auch Drewermanns voluminöse Deutung der „Strukturen des Bösen" (1988); mit der Kernthese „Angst macht böse" unternimmt der Autor in psychoanalytischen Kategorien eine Reinterpretation des Bösen aus biblischer Sicht und kritisiert eine klerikale Institution, welche die Angst erst produziere, aus der sie dann ihr Kapital schlage.

4 Zur durchaus kontrovers diskutierten Rolle des Bösen im kindlichen Entwicklungsprozeß vgl. etwa Bettelheim (1977) sowie Lutz (1980).

schaftlichen Kontext – erfolgte aus dem Geiste des christlichen Fundamentalismus *qua* Inquisition. Es ist historisch das erste Mal, daß *expressis verbis* das personifizierte Böse als Hauptfeind der Menschheit nicht nur religiös-moralisch gebrandmarkt wird, sondern auch als ein expliziter Focus der Verfolgung den organisatorischen und ideologischen Aufbau eines Machtapparates rechtfertigen muß, der in vielen Regionen und für lange Zeit effizient zur Aufrechterhaltung und Festigung der traditionellen Herrschaftsstrukturen beitrug. So zeigten die „Orter“ des Bösen, die Vertreter der Inquisition, ihr Janusgesicht: das Antlitz der Moral und die Fratze der Macht.

2. Die Identitätsfeststellung nach Art des „Hexenhammers“ als Ausgangspunkt einer genealogischen Topographie des Bösen

Gott erschuf die Welt,
doch Satan sie am Laufen hält.
Tristan Bernard, *Contes, répliques et bons mots*
(eigene Übers. des Zitats)

Die erste grenzüberschreitende und langandauernde Massenjagd nach dem Bösen beginnt am Ende des 15. Jahrhunderts. Die Lawine von Verfolgung, Verdächtigung und Denunziation wird losgetreten durch eine päpstliche Bulle, die durch eine umfangreiche Kommentierung nebst „Durchführungsverordnungen“ zweier bemühter Geistlicher ihre durchschlagskräftige Wirkung entfaltet. Kriege und Seuchen, Klimaeinbrüche und katastrophale Mißernten waren als Geißel der Menschheit bereits bekannt und gefürchtet: Nun aber wurde das Übel, jene dunkle Kraft selbst – die Ursache all dieser Geißeln – in „purer“ Personifikation an das Tageslicht gezerrt. Der Pesthauch des Bösen verdichtet sich – die Wurzel allen Übels wird identifiziert in der Gestalt der „Bündnispartner“ des Leibhaftigen selbst: der Hexen und Zauberer, der Kundigen und Künder der schwarzen Magie.

Im Jahre 1487 erscheint „Malleus maleficarum“, bekannt als „Der Hexenhammer“, verfaßt von den Dominikanerpatres Jakob Sprenger und Heinrich Institoris.[5] „Der Hexenham-

5 Die deutsche Übersetzung erschien erst 1906 in der Übertragung von J.W.R. Schmidt. Im folgenden wird „Der Hexenhammer“ zitiert als *MM*. Der philologische Streit darüber, wem von beiden Autoren welche Anteile am Werk zugeschrieben werden müssen, kann im hier erörterten Kontext vernachlässigt werden. Vgl. hierzu Schmidt (Einleitung *MM*, S. XLI ff.). Der Titel des Werkes – der in der Erstausgabe nur aus dem Text des Vorworts, der „Apologia auctoris“ hervorgeht – nimmt eine bekannte patristische theologische Tradition auf. Bereits „Kirchenvater“ Hieronymus Sanctus (ca. 347–420?) hatte den Beinamen „Malleus haereticorum“, der „Häretikerhammer“. Seitdem führten einige besonders energische Inquisitoren im 13. Jahrhundert ebenfalls diesen „Titel“, wie Hugo von Auxerre, Robert le Bougre und Bernhard von Caux sowie später – am Ende des 14. Jahrhunderts – Gerhard Groot. Der Inquisitor Johann von Frankfurt (de Francfordia, ca. 1380–1440), eigentlich J. Lagenator (Flaschner) – bisweilen nach seinem mutmaßlichen Geburtsort auch J. von Dieburg genannt –, wählte in Analogie hierzu um

mer" schuf für die Verfolgung gewissermaßen eine allgemeine Grundlage durch ideologische Richtlinien und durch einen kodifizierten exekutiven Rahmen. Nicht zuletzt dadurch erreichte der Kampf der Inquisition gegen die „Malefikanten" eine neue Stufe der Militanz. Die beiden Verfasser dieser Schrift – die konzipiert war unter der orientierungsleitenden Frage: woran erkennt man die „Teufelspaktierer" und wie sind sie zu vernichten? – wirkten selber mit mehr oder weniger großem „Erfolg" als engagierte Inquisitoren. Da zunächst ihre Bemühungen im Suchen und Bekämpfen des „Hexenunwesens" allerdings nur mit minder zufriedenstellenden Ergebnissen verliefen – will sagen: die beiden Hexenjäger fanden in der Bevölkerung nicht die Akzeptanz, die sie sich erhofft hatten, schlimmer noch: sie trafen gar auf Widerstand –, wandten sie sich an den Papst, um sich der Unterstützung von seiten der Autorität der höchsten kirchlichen Instanz zu vergewissern.

Innozenz (*nomen non semper est omen*) VIII. erließ am 5.12.1484 die besagte Bulle „Summis desiderantes", in der er der „Lehre vom Hexenwesen" die endgültige päpstliche Sanktion und Legitimation verlieh und den Kampf gegen die „Teufelspaktierer" *ex cathedra* absegnete.[6] Das Autorengespann Sprenger/Institoris – „erprobt" in Theorie *und* Praxis der Hexenidentifikation (und beide in der Bulle auch namentlich erwähnt) – verfaßte im Anschluß daran jene dreiteilige Programmschrift, die als autorisierter Kommentar zur Bulle gelesen werden kann. „Der Hexenhammer" kompiliert einerseits das „theoretische" Schrifttum zur „Dämonologie" – sucht also zu belegen, daß Hexen tatsächlich existieren (denn Zweifler gab es auch weiland allemal genug) –, anderseits gibt er den kleinen und großen Inquisitoren exakte Ausführungsanweisungen an die Hand, mit welchen Fragen und „hochnotpeinlichen" Verhörmethoden, d.h. Folterinstrumenten und Torturen, die Verdächtigen überführt, zum Geständnis gebracht und schließlich „eingeäschert" werden sollen.[7]

Die „Search and destroy"-Trupps des Bösen waren nunmehr sowohl von höchster Stelle autorisiert als auch quasi instrumentell gewappnet mit einem Kompaß, der das Übel unbeirrt aufzuspüren versprach: „Suchet, so werdet ihr finden." Das Handbuch der Hexenjäger

---

420 für eines seiner Werke den Titel „Malleus iudeorum" („Judenhammer"). Der „Hexenhammer" knüpft also bewußt an eine offensive und aggressive Tradition der Ketzerverfolgung an. Selbst im 19. Jahrhundert – als anonyme Kampfschrift gegen die „Altkatholiken" – feierte ein „Malleus haereticorum" fröhliche Urständ mit dem Ziele „zu gründlicher Abfertigung der schrecklich um sich greifenden altkatholischen Ketzerei" (Knauer 1872).

6 Daß der Erlaß der Bulle allein noch nicht hinreichend war, wurde Institoris allerdings bald klar. So erwähnt Schmidt (in seiner Einleitung zu *MM*, S. XVI), daß Institoris „am eigenen Leibe hatte erfahren müssen, daß selbst die Bulle Innozenz' VIII. nicht imstande gewesen war, ihn vor einem bösen Fiasko zu bewahren, indem er bei dem Versuche, in Innsbruck die Vollmachten dieser Bulle ins Praktische umzusetzen und (Juli 1485) einen Hexenprozeß in Szene zu setzen, nur Spott und Hohn erntete [...]."

7 Die drei Teile des „Hexenhammers" gliedern sich wie folgt: „1. Teil: Was sich bei der Zauberei zusammenfindet. 1. Der Teufel. 2. Der Hexer oder die Hexe. 3. Die göttliche Zulassung. – 2. Teil: Die verschiedenen Arten und Wirkungen der Hexerei und wie solche wieder behoben werden können. – 3. Teil: Der Kriminal-Kodex: Über die Arten der Ausrottung oder wenigstens Bestrafung durch die gebührende Gerechtigkeit vor dem geistlichen oder weltlichen Gericht".

sollte sich als überaus wirkungsmächtiger Leitfaden durch drei Jahrhunderte hindurch erweisen – die letzten Hexenverbrennungen in Europa fanden noch am Ende des 18. Jahrhunderts statt, als das Zeitalter der Aufklärung seinen Zenit bereits überschritten hatte: 1782 in Glarus und 1793 in Posen.[8]

3. Die Wurzel allen Übels: das „böse Weib" im allgemeinen und die „boshafte Hebamme" im besondern

Bis zum letzten Viertel des 15. Jahrhunderts hatte es, zumal in Deutschland, nur vereinzelt Hexenprozesse gegeben. Anklagen und Verurteilungen beruhten zumeist auf dem Vorwurf der Ketzerei, d.h. Abweichungen von Glaubens- und Lehrsätzen des kirchlichen Dogmas waren Anlaß für das Einschreiten klerikaler Instanzen. Erst mit der Bulle von 1484 rückt der „Pakt mit dem Teufel" – „ex pacto enim cum inferno" – in den Vordergrund: Die direkte Verschwisterung der Hexen oder Verbrüderung der Zauberer mit dem Beelzebub *qua* Bündnis ist fortan der eigentliche „casus belli". Daß der Ort, der Hort des Bösen, vor allem beim „Weibe" zu suchen sei, verwundert freilich kaum. Die akribischen Begründungen im „Hexenhammer" für das „Faktum", warum justament die Frauen für das Böse bzw. den Bösen besonders „anfällig" sein sollen, erscheinen den heutigen Leserinnen und Lesern allerdings wie ein bizarres Konglomerat aus Fremdem und vertrauten Vorurteilen. Die „Beweisführung" erfolgt dabei wohlgemerkt in der Regel durch Textbelege aus der Bibel oder aus den Schriften „anerkannter" Autoritäten; insofern kann der „theoretische Teil" des Werkes durchaus als – wenn auch nicht ausgewogenes – Dokument des Frauenbildes der Theologie im ausgehenden 15. Jahrhundert gelesen werden. Denn Sprenger und Institoris pflegen sich – vor allem im ersten, dämonologischen Teil – hinter einem Gebirge von Zitaten zu verstecken, das sie dem taktischen Zwecke entsprechend mit eifernder und brutaler Interessiertheit auftürmen. Warum also – so fragen die Verfasser – ist das doch „so gebrechliche Geschlecht" als bevorzugter Sitz des Bösen, der Hexerei, anzusehen? Der Hammer zielt dabei besonders auf die Hebammen, da sie „alle andern an Bosheit übertreffen" (*MM* I, S. 93).

Warum bilden gerade die Hebammen ein prominentes Angriffsziel der Hexenhatz? Eine prononcierte These macht eine Allianz von Klerus und Adel dafür verantwortlich: in einer umfassenden Strategie aus bevölkerungspolitischem Kalkül habe sie den Vernichtungsfeldzug gegen die „weisen Frauen" eingeleitet, da diese mit ihrem Wissen um schwangerschaftsverhütende und -unterbrechende Mittel der intendierten „unbeschränkten Menschenproduktion" im Wege gestanden hätten.[9] Versteht man diese These als monokausalen

8 Auch wenn vielerorts die weltliche Gerichtsbarkeit die Prozeßführung übernahm, da es auch um den „Schadenzauber" ging (Vernichtung von Ernte und Viehbestand, Verletzung von Menschen), blieb die Aufgabe der Inquisition – Hexen aufzuspüren und zu überführen – davon unberührt. Vgl. die Dokumentation von Zaubereiprozessen weltlicher Gerichte von 1304-1540 bei Hansen (1963, S. 516-613).

9 So Heinsohn/Steiger (1985) in ihrer in erster Linie demographisch-politisch argumentierenden Studie. Zur Hexenverfolgung als Unterdrückung der Frau allgemein und der Strategie der sozialen Ächtung der „wissenden" Frauen im besonderen vgl. z.B. Bovenschen (1977) oder Keller (1986).

Begründungszusammenhang – d.h. als allein entscheidende Erklärung dieses Massenmordens –, so greift sie indes zu kurz: In diesem Falle unterschlüge sie, daß *im Prinzip* fast jedermann und vor allem jede Frau der Inquisition zum Opfer fallen konnten; zudem hatten bestimmte Bevölkerungsgruppen, die überhaupt nicht in dieses Erklärungsschema passen, zu gewissen Zeiten und in gewissen Regionen besonders unter der Verfolgung zu leiden, etwa Kinder und Jugendliche.[10] Vielerorts wurden ganze Familien, ja gesamte Dörfer ausgerottet.[11] Die Kirche profitierte, wie man weiß, in besonderem Maße materiell von der Vernichtung, da sie das Hab und Gut der Delinquenten in vielen Fällen konfiszieren konnte; daß sie jedoch ein manifestes Interesse an der gesteigerten Menschenproduktion gehabt haben sollte, ist nicht unbedingt plausibel, zog sie doch eher daraus ihren Nutznieß, daß Familien ohne leibliche Nachkommen ihr Vermögen häufig der Kirche vermachten.[12]

Gleichwohl bleibt in machtanalytischer Perspektive zu konstatieren, daß die „weisen Frauen" mit ihrem medizinischen und heilkundlichen Wissen als „Gegenautorität von unten" zunehmend als Gefahr empfunden wurden: sowohl die Kirche als auch die Schulmedizin sahen sich offenbar in ihrem Wissensmonopol bedroht und befürchteten starken Autoritätsverlust.

Der *epistemokratische* Alleinvertretungsanspruch der Herrschaft durch Wissen, den die klerikale Instanz stellte, führte in der Folgezeit denn auch zu Konflikten mit „etablierten" mundanen Instanzen, etwa in Philosophie und Wissenschaften.[13]

Und warum also „mutiert" die Frau aus der Sicht vieler Klerikalautoritäten besonders leicht zum „bösen Weib"? Aus der Phänomenologie der Archetypen im Märchen ist uns dieser Topos ja durchaus vertraut: Nicht etwa der Hexer, sondern die Hexe lehrte Hänsel und Gretel das Fürchten (und starb den „verdienten" Feuertod). Immerhin erscheint diese Stig-

10 Vgl. paradigmatisch die Untersuchung der „Würzburger Hexenbrände" von 1629 (Roskoff 1987, S. 337ff.): unter den 163 hingerichteten Personen befindet sich eine einzige Hebamme bzw. Frau, die als Hebamme bezeichnet wird; die Berufs- und Standesangaben zu den Opfern (82 männliche, 81 weibliche) lesen sich fast wie ein repräsentativer Querschnitt der städtischen Bevölkerung. Es fällt jedoch auf, daß neben den als „fremd" stigmatisierten (26 Fälle) vor allem viele junge und sehr junge Menschen – „Knaben" und „Söhnlein" (22 Fälle), „Mägdlein" und „Töchterlein" (14 Fälle) – zu den Abgeurteilten zählen ebenso wie etliche „Vicarii" und „Alumni" (16 Fälle). Insofern übersieht eine ausschließlich feministische „Vereinnahmung" der Hexenverfolgung die Vielzahl und die Unterschiedlichkeit all der anderen Opfer, denn die inquisitorische *Praxis* blieb keineswegs auf Frauen oder Hebammen fixiert. Zwar reproduziert der zeitgenössische Chronist der „Würzburger Hexenbrände" *ideologisch* durchaus die „Hexenhammer"-Identifikation der Inkarnation des Bösen mit der Anmerkung: „Hebamme. NB. Von der kommt das ganze Unwesen her" (Roskoff 1987, S. 337) – das *empirische* Argument wird dadurch jedoch keineswegs entkräftet.

11 Es sei hierzu auf die umfangreichen Materialsammlungen und die Dokumentationen von Prozeßakten bei Soldan/Heppe (1969) und Hansen (1963) verwiesen. Vgl. auch van Dülmen (1987); zum Leib-Seele-Problem in diesem Erörterungszusammenhang („Bestrafung des sündigen Leibes, um die Seele zu retten") siehe e.g. Bleibtreu-Ehrenberg (1991) und Treusch-Dieter (1991).

12 Vgl. etwa Soldan/Heppe (1969, S. 400ff.) und Goody (1983).

13 Wie wir wissen, scheiterte auch Bacons früher Integrationsversuch von Wissenschaft und Gesellschaft. Bacon suchte seine Erkenntnis „Wissen ist Macht" in eine aufklärerisch-pädagogische, institutionell

matisierungshypothese auch den beiden Inquisitoren begründungsbedürftig, denn sie äußern sich ausgesprochen weitschweifig zum Thema. Nach einem Sammelsurium von Zitaten der Kirchenväter, wie sie die Frauen sehen, geben die Kompilatoren drei Gründe für ihre Hypothese an: Die Frauen seien erstens „leichtgläubig", deswegen kollaboriere der Dämon lieber mit ihnen als mit den Männern; sie seien zweitens „von Natur wegen der Flüssigkeit ihrer Komplexion leichter zu beeinflussen"; und schließlich drittens sei „ihre Zunge schlüpfrig", und sie suchten sich, „da sie keine Kräfte haben, heimlich [...] durch Hexenwerke zu rächen" (*MM* I, S. 97 f.).

Die taktische Findigkeit der beiden Handbuchverfasser mutet schier unerschöpflich an, wenn es darum geht, die Affinität des weiblichen Geschlechts zum Bösen zu belegen. Selbst die Etymologie wird als Kronzeugin der Anklage vor das Tribunal gerufen: Die bemühten theologischen Wortherkunftsforscher legen die Wurzeln des Begriffs „femina" mit inquisitorischer Unerbittlichkeit bloß. Die ursprünglichen Schichten des Wortes „femina" werden filigran freigehämmert: das Kompositum sei gebildet aus „fe", d.h. „fides" („Glaube") und „minus" („weniger"); als Bedeutung von „femina" ergebe sich also – so die etymo-"logische" Schlußfolgerung –, „die weniger Glauben hat" (*MM* I, S. 99). (Betrachtet man die gesellschaftliche Rolle, welche die patriarchalisch strukturierte Kirche der Frau zuwies – und z.T. immer noch zuweist – und berücksichtigt man, wie spät der körper- und sexualfeindlich gesinnte Klerus der Frau eine Seele zubilligte und damit überhaupt erst über das Tier stellte, mag es allerdings auch nicht verwundern, wenn die Frau *tatsächlich* „weniger Glauben hat".) Daraus folge, das feminine Geschlecht sei weitaus anfälliger für die Versuchungen Satans als

wirksame Praxis umzusetzen. Seine programmatische Volte gegen bloßes Herrschaftswissen, die er in seinem Utopie-Entwurf *Nova Atlantis* vorgestellt hatte, blieb indes allenfalls ein literaturphilosophisches Korrolar wissenschafts- und gesellschaftspolitischer Historiographie. Anders als etwa Giordano Bruno und Galilei, die durch die *theologische* Instanz bekämpft wurden, traf Bacon mit seinem umfassenden gesellschaftlichen – und nicht bloß wissenschaftsimmanenten – Kritikbegriff und seiner alternativen Wissenschaftsauffassung vor allem den Nerv und auf den Widerstand mundaner Instanzen. Galilei wurde 1633 von der Inquisition verurteilt; immerhin behielt er Leib und Leben und wurde sogar von der Kirche offiziell rehabilitiert, wenn auch mit 359 Jahren Verspätung. Noch 1783 – ein Jahr vor der Publikation von Kants Programmschrift „Beantwortung der Frage: Was ist Aufklärung?" – wurde ein Inquisitionsverfahren gegen spanische Automatenkonstrukteure eingeleitet. Zentrale Konfliktthemen zwischen Theologie einerseits sowie aufgeklärter Philosophie und empirischen Wissenschaften andrerseits entwickelten sich fast zwangsläufig ab ca. Mitte des 18. Jahrhunderts. Nach der Erschütterung der christlich-theologischen Kosmologie durch Astronomie und „Himmelsmechanik" entzündete sich der Streit vor allem an den brisanten Fragen nach dem Alter der Erde, dem Ursprung der Sprache und der Entstehung und Evolution der Arten. Von den neuen aufstrebenden Wissenschaftsdisziplinen im Zeitalter der Aufklärung, die sich selbstbewußt dem Prinzip der beobachtenden Vernunft verpflichtet hatten, sah sich die Theologie mit Recht als entscheidende Welterklärungsinstanz in Frage gestellt. Insbesondere die Geowissenschaften („Geognosie"), die physische Anthropologie, die vergleichende Anatomie und später die Paläontologie sowie die Biologie präsentierten in wachsendem Maße Forschungsergebnisse, die in immer krasserem Widerspruch zu den Aussagen der Bibel gerieten und die sich nicht mehr physikotheologisch integrieren, will heißen: entschärfen oder kaschieren ließen. Zu dieser Diskusssion vgl v. Rahden (1989, 1992, 1993b).

das maskuline Geschlecht. Diese Argumentation wird gestützt durch die Beantwortung der Frage „unde malum?". Die Genealogie des Bösen führt zur ursprünglich Schuldigen, zu Eva als Urbild der Sünde. Die erste Frau tritt im ersten Akt der Menschheitsgeschichte zugleich als „erste Sünderin" auf. Die Verfasser des Alten Testaments stigmatisieren die Mutter der menschlichen Gattung mit jener frevelnden Tat, die den Menschen den Aufenthalt im Paradiese kostet: die Verführung Adams. Der Biß in den Apfel vom Baume der Erkenntnis ist femininer Leichtgläubigkeit geschuldet, mangelnder Festigkeit im Glauben eben („femina"). Den Einflüsterungen der Schlange erlegen, trägt das erste Weib die eigentliche Verantwortung dafür, daß das gesamte Menschengeschlecht mit der Erbsünde belastet wurde.

Und – so könnte man im bösen Sinne einer theologischen Misogynie hinzufügen – dieser sündige Akt geschah in der Chronologie der Bibel bereits vor dem Auftritt des Teufels, der später als *der* Inbegriff, d.h. als letzte *äußere* Ursache des Bösen auf der Bühne des christlich-moralischen Lehrstücks erscheinen wird. Innerhalb dieser Logik wird denn auch das Frauenbild aus theologischer Sicht zum Schreckgemälde und Feindbild ausgemalt, vor allem der „drei weiblichen Hauptlaster" wegen, die *in summa* dieses Bild arrondieren: Ungläubigkeit, Ehrgeiz und „Üppigkeit", eine Umschreibung für „böse Lüste" und ungezähmte Wollust (*MM* I, S. 107). Im Zentrum des vorgestellten Satanspaktes stand vor allem die „Teufelsbuhlschaft" mit ihren verschiedenen Sexualpraktiken, nach denen die Inquisitoren ja im Verhör auch aufs beharrlichste forschten, etwa nach der Art der körperlichen Vereinigung mit dem Satan als „Incubus" oder „Succubus". Da der Teufel selbst in der Regel als männliche Gestalt gedacht wurde und die Frau den Kirchenvätern als sexuell eher verführbar galt als der Mann, war damit der Weg zum „bösen Weib", der Hexe[14] als der Inkarnation des Bösen gewiesen.[15]

Die *praktischen* Folgen dieser *ideologischen* Feindbestimmung zeigen sich denn auch in drastischer Deutlichkeit. Die meisten Schätzungen gehen davon aus, daß mindestens dreiviertel der Opfer Frauen gewesen sind, aber der Sog der Verfolgung riß *alle* Barrieren mit sich, so auch die Geschlechter- und Altersschranke gemäß der Logik: Vorm Satan ist im Prinzip keiner gefeit – das Böse lauert überall.[16]

---

14 Sprenger/Institoris sprechen im *MM* auf deutsch nicht von „Hexen", sondern von „Unholden". Vgl. zur Geschichte des Wortes „Hexe" J. Franck (in: Hansen 1963, S. 614-670).

15 Darüber hinaus gab es freilich auch andere sündige sexuelle Ausschweifungen, wie die „Sodomie", die sowohl homosexuellen Verkehr bezeichnete wie auch das Delikt z.B. „der Bestialität mit einer Kuh, einer Gemse und einer Ziege" (Prozeßakte aus Fribourg von 1457, in: Hansen 1963, S. 569).

16 Die Zahl der Opfer insgesamt ist nicht festzustellen: Die Schätzungen gehen z.T. sehr weit auseinander – für Westeuropa von „mindestens 100 000" (Brockhaus 1973) über neun Millionen (Hauschild et al. 1979, S. 43) bis hin zu 30 Millionen Verfolgten in ganz Europa (Heinsohn et al. 1979, S. 54).

4. Ubi malum? – Ubi malum, ibi inquisitio!

Die Grundfrage der inquisitorischen Philosophie – wie erkenne ich das Böse *in persona*? – war im „Hexenhammer" aufs penibelste erörtert und dortselbst ebenso aufs allerhochnotpeinlichste beantwortet worden. Doch *wann* wurde der Inquisitor im konkreten Fall tätig? Das „Manifest" zur Bekämpfung des Bösen nennt drei Möglichkeiten: *Anklage* und *Denunziation* (aus dem Kreise der Bevölkerung) sowie *eigenes Einschreiten des Inquisitors* auf Grund von „Gerüchten" (*MM* III, S. 32 – „Über die Art, den Prozeß zu beginnen").

Der erste Fall – die *Anklage* – kam am seltensten vor, denn der Ankläger mußte namentlich und öffentlich auftreten. Weil bei Freispruch des Angeklagten der Kläger das Risiko trug, Schadenersatz für zu Unrecht Beschuldigte leisten zu müssen, bestand bereits von vornherein eine hohe Hemmschwelle, einen Prozeß anzustrengen.[17]

Der zweite Fall – die „freiwillige" *Denunziation* – ereignete sich zwar häufiger als der erste, jedoch auch hier ließ offenbar aus der Sicht der Inquisition die Mitwirkung der Bevölkerung zu wünschen übrig, obwohl die Denunzierung unter gewissen Bedingungen auch anonym erfolgen durfte. (Die spanische Inquisition etwa ließ die anonyme Denunzierung *prinzipiell* zu.) Zudem bestand eine Denunziationspflicht, auf die der Klerus an der Glaubensfront in Predigt und Beichte unermüdlich hinzuweisen angehalten war. Kam jemand erwiesenermaßen dieser Anzeigepflicht nicht nach, drohte er selbst ob dieser Unterlassungssünde in die Fänge der Inquisition zu geraten.[18] „Erfolgreicher" war jedenfalls die *erzwungene Denunziation*, die dann ihre folgenreichen Kreise zog, wenn die Verdächtigen unter der Folter die Namen von weiteren angeblichen Malefikanten preisgaben. Am häufigsten erfolgte zu dieser Zeit die Anfangsintervention auf Grund von *Gerüchten*, die den Inquisitoren „zu Ohren" kamen, so daß sie „von Amts wegen" die Untersuchung begannen (also Fall 3).

Wie der Inquisitionsmechanismus in Gang gesetzt wurde, schildern die beiden Hexenjäger aus eigener Erfahrung am Beispiel einer „Untersuchung" in der Diözese Konstanz, wo an einem Orte durch Hagelschlag die gesamte Ernte vernichtet worden war:

---

17 Vgl. den von Hansen (1963, S. 556) erwähnten Fall, der die Risiken einer erfolglosen Zauberei-Beschuldigung dokumentiert: der Ankläger – da er seine Vorwürfe „nicht beweisen" konnte – wurde kurzerhand selbst ertränkt. Zugleich belegt der Fall, daß ein „guter" Leumund („ehrliche stattliche Weiber", die fälschlich beschuldigt wurden) bis zu einem gewissen Grade auch Schutz vor Verfolgung zu gewähren imstande war. Da dieser Fall allerdings zeitlich sehr früh (1451) und innerhalb der Rechtsbefugnis der weltlichen Gerichtsbarkeit lag, ist es zumindest zweifelhaft, inwieweit er auch für die Praxis der Inquisitionstribunale als repräsentativ gelten kann.

18 Das päpstliche Glaubensedikt „Coena Domini" verpflichtete jedes Kirchenmitglied unter Androhung schwerer Strafen, alle Fälle von Ketzerei zur Anzeige zu bringen. Hroch/Skýbová (1985, S. 147) verweisen darauf, daß erst im Laufe des 17. Jahrhunderts die Zahl der anonymen Denunzierungen stark zunahm; dies kann als Indiz dafür gewertet werden, daß das Dispositiv erst relativ spät auch eine gewisse Verankerung „von unten", d.h. durch die Bevölkerung bzw. Teile derselben erfuhr.

> Als nun dies Geschehnis [der Hagelschlag] durch den Notarius der Inquisition bekannt geworden war und wegen des Geschreis des Volkes Inquisition nötig wurde, indem *einige, ja fast alle* Bürger dafür hielten, daß solches durch Behexungen geschehen sei, so wurde [...] von uns inquiriert [...] (*MM* II, S. 157 – Hervorh. W.v.R.).

Der Ausgangspunkt kann als typisch angesehen werden: eine Mißernte, für die nach einem Grund gesucht wird. Im Dunstkreis von Verdächtigungen, in dem für Seuchen, Krankheit und Tod, für Impotenz und Mißernten, für sauer gewordene Milch und Blitzschlag, für mißgestaltete Kälber, abgeblitzte Liebhaber und liebesieche Hagestolze eine letzte äußere Ursache namhaft gemacht wird, beginnt die Suche nach dem verantwortlichen Täter für die Missetat. Die signifikante Formulierung „als wegen des Geschreis des Volkes Inquisition nötig wurde" komplettiert das Legitimationsschema von unten: Wenn das Volk ruft, dürfen sich die Inquisitoren nicht länger die Ohren zuhalten. Im konkreten Fall wurde sodann „gegen zwei Personen wenigstens vorgegangen, die vor den anderen [...] in üblem Ruf standen". Auf zwei Frauen, durch Gerede und Gerücht vorverurteilt, war der Verdacht der Schadenzauberei gefallen, und mit ihnen machten die Inquisitoren denn auch kurzen Prozeß: Sie wurden „am dritten Tage eingeäschert" (*MM* II, S. 160).

Unter einer machtanalytischen Deutungsperspektive eröffnet sich die vertikale Rechtfertigungsstruktur: Sollte sich die Praxis der Inquisition als legitimierte und institutionalisierte durchsetzen können, bedurfte sie nicht nur der Autorisierung von „ganz oben", also der klerikalen Zentralinstanz nebst der Unterstützung weltlicher Herrschaftsinstanzen; dem „militanten Arm" des Klerus an der Glaubensfront mußte auch an einer – zumindest stillschweigenden – Akzeptanz „von unten", also in der Bevölkerung, gelegen sein. Den Riß zwischen der Autorisierung von oben und dem Legitimationsdruck von unten bzw. der brüchigen Akzeptanz von seiten der Bevölkerung (zumindest zu Beginn der organisierten Hexenverfolgung) macht die bereits zitierte Rechtfertigungsformulierung deutlich, mit der sich Sprenger/Institoris auf „Volkes Stimme" berufen („indem einige, ja fast alle Bürger dafür hielten, daß solches durch Behexungen geschehen sei"). Die bitterböse historische Ironie zeigt sich indes *post festum*: Der „Hammer" *gegen* das Böse erweist sich als Hammer *des Bösen selbst* – *ubi malum, ibi inquisitio.*

5. Die Massenhatz nach dem Bösen

> – sondern erlöse uns von dem Bösen
> (aus dem *Vaterunser* christlicher
> Religionsgemeinschaften)

Erinnern wir uns der Vorgeschichte des „Hexenhammers", und zwar als Teil der Geschichte einer institutionell verankerten Verfolgung des Bösen. Es ist dies zugleich die Geschichte des Kampfes um die Definitionsmacht dessen, was als „böse" zu bewerten sei, und des Kampfes darum, diese Definitionen auch gesellschaftlich wirksam und folgenreich durchzusetzen. Bis zum Ende des 12. Jahrhunderts waren von klerikalen wie auch von weltlichen Instanzen nur vereinzelt Häretikerprozesse geführt worden. Als Papst Innozenz III. (*memento: nomen non semper est omen*) am 11.11.1215 das IV. Laterankonzil in Rom eröffnet, ist dieser Akt der erste Schritt zu einer neuen Stufe der Militanz in der Durchsetzung klerikaler Machtpolitik; denn auch für Institutionen gilt: gefährliche Situationen erfordern oftmals neue Antworten, und genau die wurden verlangt angesichts einer massiven Bedrohung des religiösen und moralischen Interpretationsmonopols der Kurie. Diese Bedrohung entstand durch zwei junge Massenbewegungen von unten: zum einen durch die südfranzösischen Katharer – daher: „Ketzer", eigentlich: die „Reinen" – oder Albigenser, wie man sie nach ihrer „Hochburg", der Stadt Albi, auch nannte, sowie zum andern durch die Waldenser, benannt nach Petrus Waldes, einem reichen Kaufmann aus Lyon. Nicht von der Bevölkerung isolierte Ketzer noch vereinzelte Zauberer, keine Einzeltäter also, sondern größere Gruppen – in der Terminologie der Kurie: „Sekten" –, die zunehmend an Einfluß gewannen, stellten die Interpretationshoheit und damit den Herrschaftsanspruch der Kirche in Frage, indem sie die Ideale der christlichen Urkirche einforderten und die klerikale Hierarchie ablehnten. Wenn sie gar, wie die Waldenser, ihr Hab und Gut verschenkten, um in Armut zu leben, empfand der feudale Klerus, der begüterte zumal, das nicht nur als Provokation, sondern als reale Bedrohung der eigenen Autorität und Machtstellung.

In dieser historischen Situation also wurden auf dem IV. Laterankonzil taktisch und strategisch die institutionellen Voraussetzungen für eine *ecclesia militans* geschaffen. Die Beschlüsse galten zum einen der Koordination und dem Arrangement in der Gewaltenteilung zwischen theologisch-klerikalen und mundanen Instanzen, vor allem die Kooperation im Kampf gegen die erstarkende Häresie stand auf der Tagesordnung. Da eine ungewöhnlich große Anzahl von Prälaten vertreten war, konnte die Kurie mit Recht darauf hoffen, daß die verabschiedeten Maßnahmen durch weite Verbreitung und einen hohen Verbindlichkeitsgrad die intendierte Wirkung nicht verfehlen würden.[19] Zum andern galt der Dringlichkeitskatalog der Effektivierung der Binnenstruktur der Kirche selbst: Die kirchliche Organisation und Gesetzgebung sollte dergestalt umgebaut und erweitert werden, daß sie den aktuellen Herausforderungen offensiv zu begegnen vermochte.

Wie also formiert sich das theologisch-klerikale Dispositiv, um das religiös-moralische Machtmonopol zu konsolidieren und um an Wirksamkeit zu gewinnen? Zu den Maßnahmen gehören im einzelnen: die Aufwertung der Beichte durch die Einführung der „Beichtpflicht" – die Gläubigen sollten zur häufigeren Teilnahme angehalten werden, mindestens jedoch einmal jährlich zur österlichen Beichte und zur Eucharistie –, so daß die Beichte verstärkt als Observations- und Disziplinierungsmittel der Rechtgläubigkeit instrumentalisiert werden konnte; die Kontrolle der Predigtinhalte, insbesondere nationalsprachig abgefaßter Predigten, und die Überwachung der Prediger; die effektivere Organisation der Erziehung

19 Eine ganze Reihe von Ländern hatte zum ersten Mal überhaupt Prälaten entsandt, wie das ungarische, böhmische und das polnische Königreich sowie noch weitere, entfernter gelegene Staaten (vgl. Hroch/Skýbová 1985, S. 11ff.).

des Klerus; die regelmäßige Einberufung von Synoden der einzelnen Orden; die Überwachung der Verbreitung von Heiligenreliquien; die verbindliche Festlegung der Pflichten der Basis, d.h. der einzelnen Gläubigen (zusätzlich zur Beichtpflicht, deren Stellung im Dispositiv fortan von überragender Bedeutung sein sollte); die Bestimmung diverser bischöflicher Pflichten, die der Stärkung der Kontrollfunktion dienten, wie etwa regelmäßige Diözesanvisitationen; die eindeutige Festlegung des Inhaltes der Sakramente; die zentrale Kontrolle und Organisation der Wallfahrten, und vor allem die Präzisierung der kirchlichen Glaubenslehre, um konkurrierende Interpretationen von Anfang an aus dem akzeptierten theologischen Diskurs auszugrenzen und sie „kriminalisieren" zu können, sowie darüber hinaus noch ein ganzes Bündel weiterer Beschlüsse.

Auf dieser Grundlage gelingt Papst Gregor IX. dann ein entscheidender Schachzug im Prozeß der klerikalen Militarisierung, als er die Inquisition im Jahre 1232 als päpstliche Institution autorisiert. Die Wahrnehmung dieser doppelten Aufgabe von „ideologischer" Überwachung und „exekutiver" Durchführung wurde dem bereits 1216 gegründeten Dominikanerorden nun auch offiziell übertragen. Diese Institutionalisierung der Inquisitionstribunale kann als machtpolitisch folgenreicher „Coup" angesehen werden, da es die Kurie verstand, ihre militante Eingreiftruppe außerhalb aller Zugriffsmöglichkeiten der weltlichen Obrigkeiten und auch außerhalb der Rechtskompetenz lokaler Ordinarien zu stellen. Zugleich erhielt die Inquisition die Befugnis zur Verhängung auch härtester Strafen.

> An Bischöfe und weltliche Herrscher erging nur die Anordnung, die Inquisitionsgerichte allseitig zu unterstützen und das von der Inquisition gefällte Urteil kompromißlos zu vollstrecken, sofern sie selbst nicht in den Verdacht der Häresie geraten wollten (Hroch/Skýbová 1985, S. 11).

Im Laufe des 13. Jahrhunderts wurden die Waldenser weitgehend und die Albigenser nahezu vollständig ausgerottet, nachdem Innozenz III. zum „Kreuzzug gegen die Provence" aufgerufen hatte. Der „Kreuzzug" stand unter der Führung Simon de Montforts, der quasi noch „im alten Stil" mit einem militärischen Heerhaufen von Landsknechten und Abenteurern brandschatzend und plündernd durchs Land zog und es verwüstete. Im Anschluß daran bestanden jedoch die soeben gegründeten Inquisitionstribunale ihre erste „Feuerprobe", als sie mit der „ideologischen Nachbearbeitung" des Gebietes betraut wurden. Diese Verfolgungen, so grausam und massenhaft sie auch gewesen waren, unterschieden sich jedoch in doppelter Hinsicht signifikant von der späteren Massenjagd nach Art des „Hexenhammers": sie waren regional überschaubar und zeitlich enger begrenzt. Ob Häretiker, ob Zauberer: beiden fehlte noch jene „Qualität", die ihnen später der *dämonologische Diskurs* zuschreiben sollte, der die neue Phase der universalisierenden aggressiven Militanz einleiten wird.

Die *neue* Massenjagd nach dem Bösen etablierte sich über fast alle Grenzen hinweg: die zeitliche Schranke wurde niedergerissen – über zehn Generationen hinweg dauerten die Verfolgungen an; selbst die konfessionelle Spaltung gebot ihr keinen Einhalt, auch in den neuen protestantischen Regionen gab es zahlreiche Hexenverbrennungen; und die Inquisition hatte ebenfalls nationalstaatliche Grenzen überschritten; eine Lawine war losgetreten worden, die fortan jene Eigendynamik entwickelte, die erst in der Spätaufklärung zum Stillstand gebracht wurde.

Die „klassische“ Ursachenforschung dieses Phänomens hat insbesondere drei Argumente dafür genannt, warum der Funke zum langandauernden Flächenbrand entfacht werden konnte: Das *juristische* Argument betont den neuen Modus der Strafverfolgungspraxis, die durch den „Hexenhammer“ verbreitet und institutionalisiert wurde: die entscheidende Rolle des Geständnisses in der Überführung von Verdächtigen und der Zulassung der Folter, um dieses Ziel zu erreichen.[20] Das *ökonomische* Argument hebt hervor, wie mit der Etablierung der Inquisitionspraxis nicht nur klerikale Agenten, sondern auch weltliche Interessengruppen von der Verfolgung wirtschaftlich profitierten und damit jene Praxis zementierten. Das *sozialpsychologische* Argument verweist auf die Wirksamkeit von „psychischen Epidemien“ bzw. „Massenhysterien“, die gleichsam zum Bodensatz normaler Alltagsideologien absinken können und somit als alltägliche Praxis akzeptiert werden.

Im Lichte einer *machtanalytischen* Deutungsperspektive konstituiert sich das beschriebene inquisitorische Machtdispositiv hochgradig effektiv allererst mit der Durchsetzung des *dämonologischen Diskurses.* Und dieser vermochte sich als *dämonologisches Dispositiv* – genauer: als Teil des klerikalen Dispositivs – nicht zuletzt auch deshalb zu etablieren, weil ein autorisierter Hexenjägerleitfaden – eben der „Hexenhammer“ – existierte, der durch die *erste technische Medienrevolution* (die Gutenbergsche Erfindung lag knapp vierzig Jahre zurück) seine durchschlagskräftige Verbreitung erfahren konnte. Die Episteme des Diskurses setzen sich um in die Strukturen eines Macht-Dispositivs. Mit anderen Worten: Erst in dem Maße, wie sich die ursprünglichen Zaubereiprozesse und „klassischen“ Häretikerprozesse in Hexenprozesse verwandelten, etablierte sich ein anfänglich nur vereinzeltes oder allenfalls „sektenmäßig“ auftretendes Phänomen als eine Massenerscheinung.[21] Wirkten die Zauberin

20 Zur Rolle der Folter im Inquisitionsverfahren und zur juristischen Argumentation siehe den Beitrag von W. Schild im vorliegenden Band (dort auch ausführliche Literaturhinweise). Erinnert sei in diesem Kontext vor allem an Christian Thomasius und Spee von Langenfeld mit ihrem couragierten und frühen öffentlichen Widerstand gegen die Tortur als Mittel der juristischen Wahrheitsfindung; beider Schriften leisteten einen entscheidenden Beitrag zu dem historischen Prozeß, der die Transformation des juristischen Diskurses einleitete.

21 Ein frühes Zusammenspiel weltlicher und klerikaler Instanz zeigte sich auch am Beispiel des begüterten Templerordens, von dessen Zerschlagung der französische König Philipp IV., auch „der Schöne“ genannt, doppelt profitierte. So nimmt es nicht wunder, daß in diesem Falle die weltliche Instanz die Ketzer-Anklage nicht nur unterstützte, sondern forcierte: Der beim Templerorden hochverschuldete König war mit einem Schlag nicht nur seine Schulden los, sondern konnte zudem das Vermögen der Templer einziehen. (Der Orden wurde 1312 aufgelöst, sein Großmeister Jacques Bernard de Molay 1314 in Paris bei „langsamem Feuer“ verbrannt. Damit begann eine berühmte Legende vom Fluch des Bösen: Sie berichtet, daß der Templer-Großmeister auf dem Scheiterhaufen einen Fluch gegen all jene schleuderte, die sich wider den Orden verschworen hatten, um sich dessen Reichtümer anzueignen. Binnen eines Jahres nach der Verbrennung Molays starben nicht nur der französische Großsiegelbewahrer Guillaume de Nogaret, der im Auftrag des Königs die intrigante Anklage maßgeblich betrieben

oder der Zauberer noch als selbständige Einzeltäter, so waren die Hexen oder Hexer bereits „Kollektivverschwörer" im Dienste des Satans. Diese Transformation des Hexenbildes – von der „bloßen" Schadensstifterin zur Teufelsanbeterin – bedeutet aber auch, daß der Abfall von Gott schwerer wiegt als die Schadensverursachung. Eine paradoxe Pointe dieses Prozesses liegt darin, daß erst durch die Integration von volkstümlichen, also „heidnischen" Elementen der Hexenvorstellung die theologische Instanz ihr Konzept des Kampfes so effektiv gestalten konnte. Wenn die Hexe also nicht mehr nur selbst als Täterin anzusehen war – durch eigene Kraft oder Künste –, war der eigentliche Feind nunmehr der Teufel selbst, der sich der Menschen bloß als Werkzeuge bedient. Und in der Verurteilung der ihm Dienenden bekämpfte man das Prinzip des Bösen selbst in Gestalt des Widersachers Gottes. Der Kampf galt mithin nicht mehr „bösen" Einzelpersonen, sondern den Agenten des Bösen, den „Verschwörern" gegen das Christentum, der „Hexensekte", die *per definitionem inquisitionis* keinen regionalen oder zeitlichen Beschränkungen unterliegt: denn das Böse ist ubiquitär.[22]

Die Aufgabe bestand also darin, das Heer der „Undercover"-Agenten aufzuspüren, das noch unenttarnt im Dienste der anderen Macht stand, „alle Beteiligten" zu identifizieren, welche sich – in Umkehr und Verkehrung der christlichen Werte – der Macht des Bösen unterworfen hatten und ihr im Ritual des Satanskultes wie der „schwarzen Messe" huldigten, zu deren Tages-, genauer: Nachtordnung – so die Anschuldigung – etwa die Verhöhnung christlicher Symbole ebenso wie sexuelle Exzesse und Orgien gehörten.

Diese dämonologische Uminterpretation macht also als Ort des Bösen nicht mehr eine Einzelperson namhaft, sondern eine „offene" Gruppe, die als Agenten des Bösen die christliche Lebenswelt unterwandern. Durch diese neue Feindbestimmung kann sich das Machtdispositiv mit einer offensiven Strategie effektiv universalisieren. Die christlichen Normen werden gesellschaftlich „konsequent" durchgesetzt, andere Lebensformen unterdrückt. Durch den Rekurs auf das böse Prinzip – verkörpert in und durch Satan selbst – wird auch die Semantik des Bösen universalisiert: Der anfänglich engere Begriff („Böses tun" im Sinne von „Schaden stiften" oder „Irrlehren" verbreiten) wird verallgemeinert und auch beliebiger interpretierbar. Nunmehr gilt derjenige als „böse", der von Gott abfällt, kein „gottgefälliges" oder ein „unordentliches" Leben führt. Die fundamentalistische Durchdringung und Okkupation aller Lebensbereiche mit christlichen Normen drängt das magische Weltbild zurück und leitet die „erste Entzauberung" der Welt ein; das universelle dichotome Welter-

---

hatte, sondern auch Papst Clemens V., der den Orden aufgelöst hatte, und – die Dramaturgie hätte nicht perfekter erfunden werden können – auch der Hauptverantwortliche selbst, also Philipp IV. Geboren war jener dunkle Mythos, der die Jahrhunderte überdauerte und der davon kündet, die Templer würden dereinst wiederkehren, um Vergeltung zu üben.)

22 Dabei ist zu berücksichtigen, daß neben und in Kombination mit den Anschuldigungen der Hexerei freilich auch die altbekannten Vorwürfe aus den traditionellen Ketzer- und Zaubereiprozessen als Anklagepunkte ins Feld geführt werden, nunmehr jedoch in der Regel in *dämonologischer* Interpretation.

klärungsmuster lautet: Was immer der Mensch an Heil oder Unheil vermag – er vermag es nur im Namen Gottes oder des Teufels. *Tertium non datur.*

6. Der Großinquisitor

> Der böse Gott ist der *nützlichste* Gott, der je war. Hätten wir ihn nicht zur Hand, wohin würde unsere Galle rinnen? Jedweder Haß wendet sich letztlich gegen ihn.
>
> E.M. Cioran, *Der böse Demiurg*

In der bildenden Kunst ebenso wie in der Dichtung hat das Böse seine Faszination nie eingebüßt. Auch – und vielleicht gerade – nach der „Abschaffung" des Teufels[23] durch die Aufklärung blieb der Böse in der Dichtung in der Figur Satans, Luzifers und Mephistos oder eines Dämons vereinzelt noch präsent – von Jacques Cazotte, M.G. Lewis, E.T.A. Hoffmann, Adelbert von Chamisso und Charles Robert Maturin über Goethe und Lord Byron bis zu Bulgakow, Thomas Mann, Valéry und Peter Ackroyd.[24] Die multidisziplinären wissenschaftlichen Deutungsversuche des Hexenverfolgungssyndroms füllen mittlerweile ganze Bibliotheken (und einige typische Argumentationsstrategien sind auch in den vorangegangenen Abschnitten vorgeführt worden). Während aber die wissenschaftlichen Analysen *per definitionem* jeweils nur partielle Aspekte eines Phänomens auswählen, je nach Restriktion durch Wissenschaftsobjekt, Fragestellung, Terminologie und Methode, unterliegt die literarische Lokalisierung des Bösen *diesen* Beschränkungen nicht. Die entsubjektivierte, diskursive wissenschaftliche Welterschließung folgt bekanntlich anderen Regeln als die Welterschließung

---

23 Vgl. zu dieser Entwicklung, die mit einem Internalisierungsprozeß christlicher Normen und der Ausbildung des Gewissens einhergeht, den Beitrag Kittsteiners im vorliegenden Band sowie Kittsteiner (1991).

24 Zur Aufnahme vom Satansmotiv in den Künsten siehe Crispino et al. (1986). Gleichwohl bleibt zu konstatieren, daß seit der Aufklärung auch in Literatur und Dichtung der Personifikation des Bösen in Gestalt des „Leibhaftigen" keine prominente Rolle mehr eingeräumt wird (von den z.T. erwähnten Ausnahmen einmal abgesehen) und ernsthaft allenfalls die infantile Phantasie noch beschäftigt. Die „modernen" bösen Mannsbilder der Literatur, wie etwa der Seriensexualmörder Harry White in Hubert Selbys „The Demon", agieren in der Regel weder als Satan noch als dessen Agenten. Anders die weibliche Inkarnation des Bösen: sie gewann in den Künsten nicht nur an Bedeutsamkeit, sondern sie wird überdies zumeist direkt in die Tradition des Mythos von der Hexe gestellt. Die „böse Frau", die „Hexe", die „Femme fatale" als „Überweib" und als „Domina", die den Mann beherrschen und ihm zum Verhängnis werden, faszinieren und irritieren in ihrer Verschwisterung von Erotik und Macht die Imaginationswelten, die männlichen zumal (vgl. hierzu auch die entsprechenden Beiträge im vorliegenden Band über Louÿs, Sacher-Masoch und Moreau). Insofern könnte man – Goethe und Hegel variierend – bilanzieren: „Den Bösen sind sie los, die Böse ist geblieben."

durch die Kunst. Im Spiel der Imagination vermag die Kunst einen eigenen fiktiven, sinnlich-anschaulichen Pfad zu den Orten des Bösen zu bahnen.[25]

Die Aufklärung hatte einen doppelten Emanzipationsprozeß eingeleitet: Einerseits begann sich die Philosophie aus der Vormundschaft der Theologie zu befreien, andrerseits begannen im Schatten dieser Entwicklung eine Reihe von Einzelwissenschaften sich als eigenständige Disziplinen zu konstituieren; die *Dämonologie* als „ancilla theologiae" hatte das Böse über Jahrhunderte quasi „wissenschaftlich" verwaltet. Aufgeklärte Philosophie und Wissenschaften hingegen entzogen nunmehr der Dämonologie den „wissenschaftlichen" Boden, grenzten sie aus dem Wissenschaftsdiskurs aus. Die metaphysische und ethische Schärfe der Frage nach dem „Malum" blieb der Theologie, zum Teil auch Philosophie und Jurisprudenz, vorbehalten. Aber auch wenn die dämonologische Frage wissenschaftlich „erledigt" schien, sie beschäftigte gleichwohl das Alltagsbewußtsein, die Phantasien und die Träume. Nach der Vertreibung des Bösen aus den Wissenschaften durch die Wissenschaften haben die Künste ihm Zuflucht gewährt.

Vergegenwärtigen wir uns nochmals den geschichtlichen Lauf: In dem Maße, wie sich die inquisitorische Praxis historisch durchsetzt und verfestigt, schwindet der Legitimationsbedarf für eben diese Praxis. Wird die Ethik selbst auf die Folter gespannt, beginnt die topographische Drift des Bösen. In der gegenstrebigen Fügung vertauschen sich die Orte. Die List des Bösen liegt etwa in seiner wirkungsvollen Mimikry: es tarnt sich mit Vorliebe als seinen eigenen Gegenspieler.

Dostojewskij demonstriert eine Variante der literarischen Annäherung an das Problem – die Inquisitoren als die Spezialisten des Bösen – und veranschaulicht als ein „Goya des Wortes" das dämonologische Dispositiv. Seine grandiose Parabel vom Großinquisitor entfaltet die Vielschichtigkeit der im Prinzip dualistischen Ausgangssituation, wenn er die Spannung von Glaube und Wissen, von Moral und Macht in den Gestalten von Christus und vom Inquisitor verdichtet: Im Sevilla des 16. Jahrhunderts erscheint Christus und wird vom Kardinal-Inquisitor erkannt, der ihn zum Tode verurteilt; denn Christus verdiene „mehr als alle Ketzer" die Hinrichtung auf dem Scheiterhaufen, weil er dem Menschen mit seiner Botschaft von der Freiheit, Gutes oder Böses zu tun, eine unerträgliche Last aufgebürdet habe. Aus diesem Grunde – so der Großinquisitor – müsse dem einzelnen die „verfluchte Erkenntnis des Guten und Bösen", die Freiheit der Wahl genommen werden. Die Bürde dieser

25 Das Auftreten des Bösen als ästhetische Kategorie wird häufig als der Beginn der literarischen Moderne gewertet; vgl. zur neueren Diskussion etwa Bohrer (1985). Baudelaire und Nietzsche, Bataille und Genet z.B. entwarfen jene ästhetischen Wahrnehmungsräume, in der mögliche Welten jenseits von Gut und Böse imaginiert werden. Eine Bruchstelle in der Geschichte des *Malum* liegt in dem Skandal eines ästhetisch „befreiten" Bösen, das sich seiner ethisch „gebändigten" Rolle entzieht. Das Böse schöpft seine „Legitimation" nicht mehr nur daraus, das Gute um so stärker zur Geltung zu bringen, ein Dasein „ad maiorem boni gloriam" zu fristen. Die neuen Protagonisten des „le mal pour le mal" agieren „grundlos", d.h. abgrundtief böse. Sie handeln nicht mehr auf Grund und mit Begründung einer Zweck-Mittel-Relation: Nicht um ein konkretes Ziel zu erreichen, verhalten sie sich böse, sondern sie tun Böses allein um des Bösen willen.

Freiheit könnten nur wenige starke „Märtyrer" tragen und ertragen; sie seien es, die den Fluch des Wissens auf sich nehmen, um die Masse des Volkes zu erlösen, und zwar im Namen Christi, aber auf der Grundlage eines revidierten, sozusagen praktikableren Programms, das man bereits vor „acht Jahrhunderten" vom Gegenspieler, dem „Versucher" übernommen habe. Als der greise asketische Großinquisitor seine Anklagerede beendet und das Todesurteil verkündet hat, harrt er der Antwort des verurteilten Christus, der jedoch lange Zeit nichts erwidert:

> Doch Er steht plötzlich auf, tritt an den Greis heran und küßt ihn sanft auf dessen blutlose Lippen. Das war seine Antwort. Der Greis erbebt. Seine Mundwinkel bewegen sich. Er geht zur Tür, öffnet sie und spricht zu Ihm: „Gehe hinaus und kehre nicht wieder – kehre nie wieder – nie, nie!" Er läßt ihn hinaus auf die „dunklen schweigenden Plätze" der Stadt. Der Gefangene geht hinaus (Dostojewskij, *Der Großinquisitor*, S. 42).

Der wohl „rätselhafteste Kuß in der ganzen Weltliteratur" (Lavrin 1991, S. 141) symbolisiert in seiner dramatischen Intimität von Täter und Opfer vor allem auch die notwendige Verkettung von Gut und Böse, von Christus und dem Anti-Christen, und beglaubigt insofern die dichotome bipolare Denkfigur, die insbesondere die abendländisch-christliche Tradition bestimmt hat und großenteils noch bestimmt. Auch wenn die moralische Orientierungsgewißheit dahin sein mag, weil die Kartographierung des Bösen nicht mehr eindeutig gelingt – die Macht der Logik des binär-oppositionellen Systems bleibt erhalten, wenn die bipolaren Positionen besetzt werden. Mag sich der Aufrechte ruhig den Kopf darüber zerbrechen, wer die Plätze belegt hat – Christus oder der Anti-Christ? – und wo die Demarkationslinie zwischen dem Reich des Guten und dem Reich des Bösen denn verlaufe.

7. Eine späte Apologie des Teufels

Gott ist widerlegt, der Teufel nicht
Friedrich Nietzsche[26]

Kant hatte konsequent die Wende von der Physikotheologie zur Ethikotheologie vollzogen. Nach seiner Widerlegung der Gottesbeweise kraft „reiner Vernunft" rehabilitierte er den Gottesgedanken in ethischer Rücksicht: Das Postulat der „praktischen Vernunft" erfordert Gott als Garanten des Sittengesetzes. Kants „radical Böses" muß in Hinsicht auf den Entwurf einer Ethik verstanden werden, die dem Menschen die Freiheit der Wahl läßt zwischen guten und bösen Handlungen. Das „radical Böse" hat seinen Begründungsort diesseits der Erbsünde und jenseits von Natur. Dispositiv und Diskurs der Dämonologie waren durch die Aufklärung desavouiert und nicht nur aus dem theoretischen Diskurs der Wissenschaften, sondern

26 Nietzsche, *KSA* 11: Nachgelassenes Fragment 39[15], S. 626.

auch aus dem praktischen Diskurs der Ethik verbannt worden. Allenfalls eine orthodoxe Theologie beharrte und beharrt hartlehrig auf der Dämonologie, da sie nach wie vor nichts an Gültigkeit und Aktualität verloren hätte.

Einen heute fast vergessenen, spätaufklärerischen Versuch, den Teufel nach dessen Abschaffung zumindest „ethikodämonologisch" – wie ich es nennen möchte – zu retten, unternimmt Johann Benjamin Erhard. Bekannter wurde er als Verfasser der Schrift „Über das Recht des Volks zu einer Revolution" (1795), in der er – ganz unter dem Eindruck der Französischen Revolution stehend – die Lehren Kants politisch radikalisiert, gleichsam als ein „kantischer Jakobiner" (so H.G. Haasis in seinem Nachwort zu Erhard 1970). Erhards Pointe liegt darin, mit Kant bei dessen gleichzeitiger „Umkehrung" moralische Maximen aus der „Idee der Existenz des Teufels" zu begründen. In Umkehrung der Kantischen Forderung der praktischen Vernunft, die Gott als Garanten des Sittengesetzes verbürgen soll – nachdem ihn die reine Vernunft ja „abgeschafft" hatte –, sucht Erhard mit dem Primat der theoretischen Vernunft die Idee des Teufels zu legitimieren. In der Schrift „Apologie des Teufels" (1795) werden aus dieser Idee moralische Maximen abgeleitet, deren „kürzesten Ausdruck" Erhard – in Konkurrenz zum „kategorischen Imperativ" Kants – „im Moralgesetz schlechthin" präzisiert: „Handle so, daß die Maxime, nach der du handelst, von allen andern Menschen zu allen Zeiten ohne Kollision befolgt werden kann" (Erhard 1970, S. 118).[27] Indes – wie wir wissen – konnte auch diese Variante, die noch einmal provokant für einen ethisch „gerechtfertigten" dämonologischen Diskurs plädiert, den Niedergang der Satanologie nicht aufhalten. Das Böse in Gestalt Satans war in eine historische Sackgasse geraten – „the dark twin" (Morrish 1980) mußte sich fortan andere Wege bahnen, um eine Renaissance zu erleben.

---

27 Etwas mehr als achtzig Jahre nach Erhards „Apologie" – nahezu zeitgleich mit Dostojewskijs Parabel vom Großinquisitor und etwa zwanzig Jahre nach Baudelaires „Les Fleurs du mal" – bringt ein Zeitgenosse und Gegenspieler Nietzsches eine andere verblüffende Umkehrungsfigur zur Letztbegründung von Ethik ins Spiel: Eduard von Hartmann formuliert die These, Gott bedürfe der Erlösung durch des Menschen Tod (und nicht etwa umgekehrt). Gott könne die Welt nur erlösen, indem er selbst durch sie erlöst wird. Die Welt indes finde die Erlösung nur durch „Beendigung des Weltprocesses". Das „Moralprincip der Erlösung" bestehe just darin, aus „Mitleid mit Gott" den Leidensweg des „Absoluten" abzukürzen; *Sittlichkeit* sei ebendiese Mitarbeit an der Abkürzung des göttlichen Leidens- und Erlösungsweges (v. Hartmann 1879, S. 870f.). Nietzsche höhnt bekanntlich über diese Konstruktion vom Opfer der menschlichen Gattung um Gottes willen und kanzelt sie kurzerhand ab, wenn er den „pünktlichen" Massenselbstmord der Menschenheit *à la* Hartmann ironisiert (vgl. zur Polemik Hartmann vs. Nietzsche und *vice versa* v. Rahden 1984). Mittlerweile scheint die Vorstellung des kollektiven Suizids der Gattung indes nicht mehr gänzlich abstrus, deuten doch viele Indizien auf die reale Möglichkeit hin, daß das Hartmannsche Postulat tendenziell – wenn auch anders als gedacht – eingelöst werden könnte. Entlarvt sich der *Homo sapiens* mithin als „Irrläufer der Evolution" (Koestler), als das einzige Lebewesen, das nicht auf Selbsterhaltung, sondern „in letzter Instanz" auf Selbstvernichtung der Gattung fehlprogrammiert ist? Oder fällt die menschliche Spezies letztlich ihrer „Antiquiertheit" (Anders) zum Opfer, weil sie weder kognitiv-praktisch, geschweige denn evolutionär Schritt zu halten vermag mit dem beschleunigten Umweltwandel, den sie selber hervorgebracht hat und weiter hervorbringt?

8. Der geborene Verbrecher

Der Engel unterscheidet sich vom Teufel bloß durch eine Überlegung, die ihm noch bevorsteht
Paul Valéry, *Windstriche*

Zu Beginn des 19. Jahrhunderts war also die Dämonologie – als der Theologen Theorie vom Bösen – ihrer Reputation weitgehend beraubt. Der Siegeszug der beobachtenden Vernunft, mit der das „Buch der Natur" neu gelesen wurde, erreichte auch die Wissenschaften vom Menschen, wie Anatomie, Physiologie, Physiognomik, Psychologie und Anthropologie.[28] Für die Beschreibung und Begründung des Phänomens vom Bösen hatte der Sturz der Dämonologie indes eine gewisse Theorie-Lücke hinterlassen, die jetzt die sich formierenden Humanwissenschaften – zunächst vorsichtig und noch unsicher – besetzten. Frühe Versuche in dieser Richtung sind z.B. Lavaters Ausdruckslehre oder des Organologen Gall Schädel- und Gehirnlehre („Kraniologie" und „Phrenologie"). Der neue kriminologische Diskurs erscheint anfangs unter Bezeichnungen wie Kriminal-Psychologie, -Physiologie, -Anthropologie und -Physiognomik. Das Bemühen dieser neuen kriminalwissenschaftlichen Disziplinen gilt der zweifelsfreien Identifikation des „Verbrechermenschen", des „delinquenten Menschen", wie ihn Lombroso später nennen wird.

Einen entscheidenden Konstitutionsschritt zur Kriminologie unternimmt Johann Christian August Heinroth, Professor der psychischen Therapie an der Universität Leipzig von 1811-1843, der 1833 seine Programmschrift vorlegt, die den Titel trägt: „Grundzüge der Criminal=Psychologie; oder: Die Theorie des Bösen in ihrer Anwendung auf die Criminal=Rechtspflege".

> Nicht ohne Grund und Absicht haben wir, als den *Träger* der *Schuld*, wie der *bösen That*, die *Person* bezeichnet und festgehalten. Nun ist die Person das *Innerliche* und *Aeußerliche* des Menschen *zugleich* und *in Einem*. Der *innere* Mensch ist die Person *ihrem Wesen nach*, der *äußere* Mensch ist *dieselbe* Person, *ihrer Erscheinung nach*. Wir können demnach im voraus den Satz feststellen [...]: Wie die Person ist, so muß sie *erscheinen* (Heinroth 1833, S. 235).

Äußere Erscheinung und inneres Wesen des bösen, verbrecherischen Menschen entsprechen einander, äußerer Eindruck und innerer Ausdruck stimmen überein, so daß sie den „Charakter der anschaulichen Evidenz und folglich der Gewißheit" annehmen. Mimik, Gebärde und Physiognomie sind als untrügliche *Zeichen* zu bewerten, so daß der Richter als beobachtender Psychologe den Verbrecher unweigerlich entlarvt, mag dieser auch noch so hartnäckig leugnen. Diese anschauliche Evidenz hatte bereits Lavater ins Spiel gebracht, als er eine forensi-

28 Der spätaufklärerische Blick auf vernunftbedrohende Phänomene wie „Verbrechen" und „Wahnsinn" führt zu unterschiedlichen Reaktionen im Sinne einer Logodizee; zu diesen differenten Antwortstrategien am Beispiel von Kant und Karl Philipp Moritz vgl. v. Rahden (1993a).

sche Physiognomik entwarf, welche er in den Dienst der Strafrechtsreform stellt, denn die Physiognomik sollte „die Tortur ersparen". Für Lavater waren vor allem die anatomische Gestalt, d.h. die „Architektur" des Skeletts und die feinen Unterschiede der Gesichtsformen ganz entscheidende Zeichen, die es zu lesen galt, also die festen Teile des Schädels und des Knochenbaus. Heinroths semiotische Pathognomik hingegen entziffert vornehmlich aus den beweglichen Teilen des Körpers die Affekte, Gefühle und Leidenschaften, um den abgefeimten Bösewicht zu erkennen.

Die Entstehung der Kriminologie als empirischer Disziplin im Laufe des 19. Jahrhunderts schließt jene Lücke, die es nach dem Verschwinden des obsoleten dämonologischen Diskurses gab. Die neue „Theorie des Bösen" formuliert den Anspruch, daß man mit ihrer Hilfe den „geborenen Verbrecher" auf den ersten – und spätestens auf den zweiten – Blick erkennen könne. (Einige Jahrzehnte später werden sich allerdings biologisch „argumentierende" Völkerkundler unter anderem auch auf die Vorarbeiten der Kriminologie berufen, wenn sie etwa bestimmte „Rassen" von vornherein als „minderwertig" einstufen.)

Die Wissenschaft vom Verbrechen tritt an, „um das Böse zu bannen", und sie bleibt gerade dadurch „einer Archaik verhaftet, die das Verbrechen als Totalität des Bösen faßt" (so die These von Strasser 1984).[29] Die dämonologische Erzeugung des Bösen hat sich in die „kriminalwissenschaftliche Erzeugung des Bösen" transformiert. Der kriminalwissenschaftliche Diskurs beginnt die „Kriminalrechtspflege" zu bestimmen, seine Elemente drängen verstärkt in die verschiedenen Rechtsinstitutionen. Das kriminologische Dispositiv etabliert sich: Im Fadenkreuz des Bösen steht nicht mehr die Hexe, sondern der „geborene Verbrecher".

9. „Böse" Sprache?

> Then my verse I dishonour, my pictures despise,
> my person degrade, and my temper chastise;
> And the pen is my terror, the pencil my shame;
> All my talents I bury, and dead is my fame.
>
> William Blake
> (Brief an Thomas Butts v. 16.8.1803)

Das „Faktum" der Hexe und des „geborenen Verbrechers" gab es also „in der Tat". Die offenbare Evidenz quasi-argumentativer rhetorischer Partikeln, wie „faktisch", „tatsächlich", „in der Tat" und Verwandten dieser Sprachfamilien rekurriert auf ein gewisses soziales Basisverständnis, ein sedimentiertes Alltagswissen, das als allgemein akzeptiert und anerkannt unter-

29 Zu dieser Diskussion vgl. vor allem Foucault (1976, 1977), Strasser (1984, 1989), Stingelin (1991) und Barbos (1989); zu den Problemen der physischen Anthropologie und Rassenkunde von 1750 bis 1850 siehe Mann/Dumont (1990).

stellt wird.[30] Ein allgemeines Vorwissen und Vorverständnis wird in dieser Redeweise mit jenen Stereotypen reklamiert und vorausgesetzt – linguistisch gesprochen: semantisch und pragmatisch präsupponiert. Das bedeutet zugleich, daß etwas, was als „faktisch" benannt wird, im allgemeinen keiner besonderen Begründung mehr bedarf, weil Einverständnis suggeriert wird; im Kommunikationshaushalt einer Sprachgemeinschaft wie eines einzelnen haben derartige Partikeln ähnlich wie Stereotypen, Topoi und Basismetaphern eine entlastende Funktion, die sie im übrigen erst dann verlieren, wenn sie selber thematisiert, d.h. problematisiert werden.[31] Der böse Ort: er zeigt sich auch in der Sprache. Es ist müßig, die Frage nach der „wirklichen Existenz" von Hexen oder „geborenen Verbrechermenschen" als bloße Absurdität abzutun: Das „Faktum" ist das „Gemachte". Haben „absurde" Fragen und ebenso absurde Antworten reale Wirkungen, so haben sie auch Wirklichkeit. Entscheidend ist immer die Macht der Interpretationsinstanzen. Die „Hexe", der „geborene Verbrecher", der „Untermensch" oder der „Volksschädling" werden interpretatorisch gemacht, und die implizierten Handlungsaufforderungen (die pragmatischen Handlungspräsuppositionen) sind von bewußtseinsbildender und handlungsanleitender Macht. Des Marienkäfers Freud ist des Ohrwurms Leid. Den einen schützt schon die Hand des Kindes, weil er als Glücksbringer gilt – mit der Heiligen Maria als Namenspatronin –, der andere löst Abscheu aus, und er wird zertreten, weil er, gestraft mit seinem Namen – zu Unrecht – verdächtigt wird, des Menschen Ohr diene ihm als bevorzugter Aufenthaltsort.

---

30 Die Instanz des „common sense" birgt, wie man weiß, durchaus ihre Tücken: Besonders deutlich demonstriert dies das Beispiel des häufig ins Feld geführten „gesunden Volksempfindens", das weder *a limine* als „gesund" anzusehen ist noch stets „vom Volke" ausgeht, da es im Standardfall eher von Machteliten gegen Machtkonkurrenten oder Minderheiten – die sich für die „Sündenbock-Rolle" eignen – machttaktisch in Szene gesetzt und mobilisiert wird.

31 Abtönungspartikeln wie „eigentlich", „einfach" oder „also" funktionieren im Prinzip wie Weltbildaxiome: Die Partikel „eigentlich" rekurriert in einer unterstellten Dichotomie von Wesen vs. Erscheinung, Sein vs. Schein, Tiefe vs. Oberfläche u.ä. auf das „Eigentliche", das „Wahre", das „Wesentliche", kurz: das „Nicht-Kontingente". Die Partikel „also" unterstellt die Vernunft der „logischen" Schlußfolgerung selbst dann, wenn weit und breit kein Argument zu finden ist. Eine vergleichbare kommunikative Funktion von impliziter Plausibilitätsheischerei erfüllen Abtönungspartikeln wie „eben", „halt" oder „man" („das ist eben so") oder auch Formeln wie „im Grunde", „natürlich", „selbstverständlich", „praktisch" und andere. Sie reklamieren eine Basisphilosophie, Wesensphilosophie, Evidenzphilosophie oder Praxisphilosophie als unmittelbar einleuchtend, ohne sie argumentativ auszuweisen. Ein Basiskonsens wird „einfach" per Partikelsignal unterstellt, der jedenfalls dann die Gefahr der „Subreption" von Rechtfertigung und Begründung, also der „Erschleichung" von Argumenten birgt, wenn er nicht auch argumentativ expliziert und damit überprüfbar wird. Um Mißverständnissen vorzubeugen: „Natürlich" haben auch diese Partikeln ihre notwendige und wichtige Funktion in der Kommunikation, zumal in der verbalen – nur: sie ersetzen keine Argumente. Und zumindest die Texttypen philosophischer, wissenschaftlicher, ethischer, juristischer und politischer Diskurs – oder allgemeiner: alle theoretischen und praktischen Diskurse (hier verstanden im normativen Sinne von Habermas, nicht im deskriptiven Sinne von Foucault) – sollten auch argumentativ strukturiert sein. (Wobei sich dann über die Qualität der Argumente trefflich streiten läßt.)

Insbesondere in die Sprache der Politik kehren Elemente des dämonologischen Diskurses zurück, etwa in der personifizierenden Verteufelung des politischen Gegners und in Gestalt einer topographischen Stigmatisierung, die vom „Reich des Bösen" redet. Dämonologische Diskursbruchstücke – gleichsam vervielfältigt und verstreut, da ihrer einstigen effektiven Verankerung beraubt – durchsetzen auch die Gegenwartssprache, obgleich die theologische Instanz ihr universelles Interpretationsmonopol für unsere Weltbildstrukturierung weitgehend eingebüßt hat. Auch wenn eine Wiederkunft des historischen dämonologischen Dispositivs auf der Basis des christlichen Fundamentalismus nicht auf der Tagesordnung steht, beobachten wir nach der Krise und dem Zusammenbruch säkularer Fortschrittsideologien in globaler Perspektive das Erstarken fundamentalistischer religiöser und nationalistischer Weltbilder.

So kann sich, wenn gewisse Bedingungen erfüllt sind, durchaus ein Dispositiv etablieren, dessen Mechanismen analog zum beschriebenen dämonologischen Dispositiv „funktionieren". Forciert wird die Entwicklung eines solchen Macht-Dispositivs, wenn es verankert ist in einem Diskurs „totaler Ideologie" (Mannheim), der imperial und aggressiv ausgerichtet ist und das Weltbild fundamental dichotom nach dem Freund-Feind-Schema per Propaganda und durch institutionelle Maßnahmen polarisiert, gleichviel ob nach der „Logik" des Rassen-, Klassen-, Volks-, National- oder Religions-Feindes, den es „zu vernichten" gilt. Der Ideologisierung bzw. „ideologischen Gleichschaltung" aller Lebensbereiche, Institutionen und Medien entspricht eine Militarisierung nach innen und nach außen. Die Organisationsstrukturen sind zumeist streng hierarchisch, und zwar ebenso in den Elite- wie in den Massenorganisationen. Eine wichtige Funktion erfüllt die ideologische Überwachung sowohl „von unten" (durch die Basis) wie auch „von oben" (z.B. durch verschiedene, geheim oder offen agierende, jedenfalls mit weitgehenden Befugnissen ausgestattete Spezialorganisationen).

Überdies verankert sich das Dispositiv in einem System von Ritualen, zu denen häufig auch das Ritual des „Geständnisses" von ideologischen Abweichlern bzw. „inneren Feinden" vor den Tribunalen gehört. Die Beschreibung dieser Strukturen erhebt natürlich keinen Anspruch auf Vollständigkeit – sie soll vielmehr einige typische Mechanismen verdeutlichen, kraft deren sich der Diskurs einer totalen Ideologie mit seinem Dispositiv verbinden kann, um sich gesellschaftlich wirkungsmächtig durchzusetzen.

Kehren wir zurück zu den Indikatoren der „bösen Sprache", um deren Rolle in der Verschränkung von Diskurs und Dispositiv auf die Spur zu kommen. Die offen und unverhüllt „böse" Sprache interveniert durch direkte und indirekte Handlungsaufforderungen zur psychischen und physischen Vernichtung des Gegners – des Anderen, des Fremden, des Feindes. Besonders imperiale und aggressive Ideologien bedienen sich dieser Sprache der Gewalt, die als öffentliche Rede und Schrift in Politik, Medien, Verwaltung und Justiz und anderen gesellschaftlichen Institutionen, aber auch als Alltagsgerede den *direkten* Bezug zum gesellschaftlichen *Handeln* herstellt, als ein Sprechakt, der selber eine Handlung vollzieht oder sie rechtfertigt oder dazu auffordert.[32] Dadurch wird zugleich die Differenz zu einer Sprache

32 Zur Sprache des Nationalsozialismus vgl. vor allem Sternberger/Storz/Süskind (1967), Klemperer (1957),

des Bösen in der Kunst, in Literatur und Dichtung markiert, die „unter dem Kunstvorbehalt" diese direkte Handlungsverknüpfung mit institutionellem oder politischem Handeln *im Prinzip* nicht herstellt,[33] sondern das Böse als mögliche Erfahrung des Ästhetischen in einem eigenen Wahrnehmungsraum vorführt.

Die Sprache des Bösen, des Terrors erfuhr in diesem Jahrhundert erschreckende Höhepunkte, weil vor allem durch die Möglichkeiten der Massenmedien die Wirkungsmächtigkeit von Sprache und Bild neue Dimensionen erreicht hat. Sprachliche Feindmarkierungen, die den anderen ausgrenzen, ihn dehumanisieren, setzen Hemmschwellen herab: Wie die nationalsozialistische Rassenideologie die „Ausmerzung" des „Volksfeindes" propagierte, so die stalinistische Klassenideologie die „Liquidierung" des „Klassenfeindes". Orte wie *Auschwitz, Babi Yar, Katyn* stehen stellvertretend für diese Topographie des Terrors.

Hinterhältige, weil verdeckte taktische Varianten des „newspeak" (George Orwell) sind Verharmlosung, Schönfärberei, Irreführung, Verschleierung und Verkehrung der Bezeichnung politischer Absichten und Handlungen ins Gegenteil. Als eine der jüngsten Varianten zum Thema „Semantik des Hinterhalts" – hier: aus dem Anwendungsgebiet der öffentlichen Sprache von Politik und Presse – erweist sich etwa jene vielgebrauchte vage und stereotyp verharmlosende Wendung, die von „Übergriffen" oder „Ausschreitungen" gegen Ausländer und Asylanten spricht – oder noch schlimmer, weil ganz „neutral" zwischen Tätern und Opfern überhaupt nicht mehr unterschieden wird, von „Krawallen" oder nur von „Vorfällen" redet –, wenn doch recht eigentlich Terroranschläge, Brandstiftungen, Volksverhetzung, Vergewaltigung, ja selbst Mord und Totschlag den Tathergang ausmachen. Und wenn im Kontext dieses Terrors gegen Ausländer in offiziellen Stellungnahmen nicht etwa die bedingungslose Gewaltverurteilung die entscheidende Botschaft ausmacht, sondern „die Gefahr des massenhaften Asylmißbrauchs durch Scheinasylanten" beschworen wird, der es zu begegnen gelte, so wird das Täter-Opfer-Verhältnis viktimologisch geradezu in sein Gegenteil verkehrt: Die Verantwortung für die böse Tat wird nunmehr den Opfern selbst untergeschoben. Doloser und perfider noch ist die Rede von den „ethnischen Säuberungen", welche die Vertreibung, Einsperrung und Ermordung ganzer ethnischer bzw. religiöser Gruppen sprachlich nicht nur verschleiert, sondern gar suggeriert, daß eine positiv zu bewertende Aktion vorliege, denn eine „Säuberung" bezieht sich, wie ein jeder Reinigungsvorgang,

Brackmann/Birkenhauer (1988) und Arendt (1978); zur Sprache des Antisemitismus im deutschen Sprachgebiet siehe Bering (1988).

33 „Im Prinzip" deshalb, weil es durchaus Kunstkonzeptionen gab und gibt, die diese direkte Intervention auf gesellschaftlichem Felde propagieren und praktizieren. Gleichwohl vertrete ich die These, daß die Kunst ihren Raum *sui generis* als Spiel des Möglichen bewahren muß, wenn sie sich nicht selbst aufgeben will. Auch ihre provokatorische Kraft nicht nur *innerhalb* der Ästhetik, sondern auch *und gerade gegen andere* Lebensbereiche kann sie nur dann bewahren und geltend machen, wenn sie sich der Zudringlichkeiten und Zumutungen gesellschaftlicher und politischer Vereinnahmung so weit wie möglich erwehrt, um ihre eigene Kritikinstanz zu retten. Nur dann entgeht Kunst der Gefahr, zu einer bloßen Erfüllungsgehilfin von Ideologien – welcher Art auch immer – entmächtigt zu werden.

semantisch auf Objekte wie „Dreck" oder „Schmutz" – und namentlich im deutschen Sprach- und Kulturraum gilt Sauberkeit bekanntlich allemal als ein hohes Gut und als geschätzte Tugend.

Vor allem die *Sprache des Militärs* bietet bestürzend reichhaltiges Anschauungsmaterial dafür, wie die Terminologie ihre Referenzorte – militärische Handlungen, Ziele und Angriffs-„Objekte" – zu verharmlosen oder zu verschleiern vermag. Die militär- und medienterminologisch häufig verbreitete Rede etwa von den „chirurgischen Eingriffen" bzw. den „mit chirurgischer Präzision durchgeführten Operationen", die der *high-tech-war* ermögliche, unterstellt die Machbarkeit eines „klinisch-sauber" zu führenden und jederzeit zu kontrollierenden Krieges, der imstande sei, die „bösartige Geschwulst" zu entfernen, ohne das „gesunde Gewebe" in Mitleidenschaft zu ziehen.[34] Insbesondere durch die US-amerikanischen Militärtraumata „böser Orte" von Pearl Harbor (Opfer) und Hiroshima (Täter) bis Vietnam (Täter und Opfer) wurde das Konzept einer räumlichen und zeitlichen „Hegung des Krieges" (Carl Schmitt), kraft dessen sich die Kampfhandlungen im wesentlichen auf die kämpfende Truppe unter Beachtung allgemein anerkannter Kriegskonventionen beschrän-

34 Die *etymologische* Fährte leitet den Sprachdetektiv zu jener ursprünglichen konkreten Grundbedeutung des moralischen Wertungsbegriffs, die auf „böse" als etwas verweist, das eine Verletzung oder Krankheit des Körpers oder Leibes bezeichnet (vgl. *Duden*: *Etymologie*). Das althochdeutsche (ahd.) „bōsi" („hinfällig, nichtig, gering, wertlos, böse") und mittelhochdeutsche (mhd.) „bœse" („gering, wertlos, schlecht, schlimm, böse") sind im germanischen Sprachbereich nahe verwandt mit der nordischen Sippe von norwegisch „baus" („stolz, heftig"; eigentlich „aufgeblasen, geschwollen"); vgl. die Ableitung „erbosen" („erzürnen"), der mhd. „(er-)bōsen" („schlecht werden oder handeln") und ahd. „bōsōn" („gotteslästerlich reden") entsprechen. Die eigentliche Grundbedeutung „aufgeblasen, geschwollen" erscheint noch in den verwandten Bildungen „Bausch", „Busen", „Pausback" und vor allem „Beule". Das westgermanische Wort bedeutet ursprünglich „Schwellung", also eine körperliche Verletzung, herbeigeführt durch Schlag oder Stoß, oder eine Krankheit, verursacht durch eine Entzündung, Infektion o.ä. Aus dem germanischen Sprachbereich gehört z.B. „Pocke" („Blatter") zu dieser Wurzel, aus dem außergermanischen etwa lateinisch „bucca" („die aufgeblasene Backe"), zu der „Buckel" als Lehnwort gebildet ist. Die etymologische Genealogie zeigt *in summa*: „Böse" meint ursprünglich „geschwollen", „Beule" bedeutet „Schwellung" als Resultat der „bösen" Tat, die Gesundheit und Leben gefährdet, also den Körper verletzt, oder als Folge einer „bösartigen" Krankheit oder bedrohlichen Seuche („Pocke", „Pestbeule"). Auch die moderne medizinische Terminologie bedient sich dieser Konnotation, wenn sie von der „Malignität" einer Erkrankung spricht. Von dieser Semantik des „bedrohten Leibes" führt der etymologische Weg (über ahd. „bōsōn") auch zum Akt der Gotteslästerung, so daß jene historischen Erklärungs- und Rechtfertigungsversuche nicht verwundern, die einen direkten Zusammenhang herstellen etwa zu den „Pocken" als einer Strafe Gottes für gotteslästerliches – i.e. anmaßendes, grenzüberschreitendes und hybrides – Verhalten des Menschen. (Vgl. zur Etymo-Logik von „böse" als „grenzüberschreitend" im Sinne von „gotteslästerlich" auch die wahrscheinliche Herkunft des altgermanischen Adjektivs „übel": Vermutlich gehört es zu der indogermanischen Wortgruppe von „auf" und bedeutet folglich ursprünglich etwa „über das Maß hinausgehend, überheblich"; siehe ebenfalls das hiermit eng verwandte ahd. „uppi" mit der Bedeutung „bösartig".) In der Ikonographie des Bösen schließlich nimmt die „böse Schwellung" gar einen exponierten Platz ein: der „Buckel" avancierte zu einem der signifikanten Hexenmale schlechthin.

ken ließe, zunehmend als Illusion entlarvt. In dem Maße, wie die Anzahl der eigenen Opfer wächst und die Anzahl der Opfer unter der Zivilbevölkerung die Zahl der Opfer unter den Kombattanten übersteigt, sinkt die Bereitschaft zur Fortsetzung eines (Interventions-)Krieges (und natürlich auch die Bereitschaft, in einen neuen Krieg einzutreten), weil sich dann der ökonomische, moralische und politische Druck zur Beendigung der militärischen Auseinandersetzung rasch verstärkt (zumindest unter den politischen Bedingungen von Demokratien westlichen Typs).

Der „chirurgisch exakte und saubere" Krieg, den die Alliierten unter Führung der US-Streitkräfte gegen den Irak um das kuwaitische Öl führten, schien den Trend des fortgeschrittenen US-Volkskriegsalptraumes erstmals umzukehren: hohe Zerstörungseffektivität, konzentriert auf militärisch und logistisch wichtige Feindobjekte, bei minimalen „Verlusten" nicht nur auf eigener Seite, sondern auch unter der „gegnerischen" Zivilbevölkerung. Diese Faszination der Präzision unterschlägt jedoch bei dieser Bilanzierung die Folgewirkungen, die auch solch gezielte „dosierte Schläge des Guten gegen das Böse" zeitigen: Krankheit, Seuchen und Hungerkatastrophen unter der Bevölkerung, grenzüberschreitende und langfristige ökologische Schäden sowie *last but not least* die unvermeidlichen eigenen Opfer, für deren Mehrzahl in diesem konkreten Fall als Todesursache angegeben wurde: „died in friendly fire". (Wo blieb da die vielgepriesene Präzision?)[35]

Und die „killing boxes" benennen mit distanziert-nüchterner Sachlichkeit jene Planquadrate, die als Ziele für Bomben und „intelligente" Raketen ausgewählt sind und innerhalb deren sich das Inferno der Vernichtung abspielt. Das visuelle Komplement dazu liefern die Bilder, durch welche die mit einem Kameraauge bestückten Raketen und Marschflugkörper ihren Vernichtungsflug dokumentieren. Im trügerisch nahen TV-Medium, in der kalten Nahwelt des Fernsehens gewinnen die Bilder des Schreckens die Realität eines Videofilmes oder einer Computersimulation: TV-Dokumentation *via* Satellit, Kriegsfilm oder Video-Spiel? Die Massenmedien bringen die Differenz zwischen *fact* und *fiction*, zwischen Visualisierung und Vision tendenziell zum Verschwinden – das Böse in Bild und Wort erscheint als bloße Simulation. Die Substituierbarkeit der visuell-akustischen Eindrücke wächst im direkten Verhältnis zur Häufigkeit des „zapping" oder „channel-hopping": der unermüdliche Druck der Fernbedienungstasten als der letzte Versuch, das Bessere – oder das Bösere? – zu bekommen, also stets das, was man *noch* nicht sieht und hört, das Abwesende.

35 Die Aktualität eines fest verankerten dämonologischen Dispositivs zu belegen blieb allerdings in erster Linie dem Kriegsgegner vorbehalten, rief er doch in der „Mutter aller Schlachten" vor allem zur „Vernichtung des Bösen" auf.

Literatur

Ackroyd, Peter, *Hawksmoor*, London 1985
Anders [Stern], Guenter, *Die Antiquiertheit des Menschen*, 2 Bde., München 1980 (Bd.1, [1]1956)
Arendt, Hannah, *Eichmann in Jerusalem. Ein Bericht von der Banalität des Bösen* (1978), mit einem Essay von Hans Mommsen, übersetzt von Brigitte Granzow, München [3]1991
Barbos, Mario Portigliatti, „Cesare Lombrosos delinquenter Mensch", in: *Wunderblock*, Wien 1989, S. 587-590
Bataille, Georges, *Die Literatur und das Böse*, übersetzt von Cornelia Langendorf, München 1978
Baudelaire, Charles, *Les Fleurs du mal*, Paris 1857
Baudelaire, Charles, „Der schlechte Glaser" (1864), in: *Riten der Selbstauflösung*, herausgegeben von Verena von der Heyden-Rynsch, München 1982, S. 155-157
Baudrillard, Jean, *Transparenz des Bösen. Ein Essay über extreme Phänomene*, übersetzt von Michaela Ott, Berlin 1992
Bering, Dietz, *Der Name als Stigma. Antisemitismus im deutschen Alltag 1812-1933*, Stuttgart [2]1988
Bernard, Tristan, *Contes, répliques et bons mots*, édition établie et préface par Patrice Boussel, Paris 1964
Bettelheim, Bruno, *Kinder brauchen Märchen*, übersetzt von Liselotte Mickel und Brigitte Weitbrecht, Stuttgart 1977
Blake, William, *Letters*, edited by O. Keynes, Oxford [3]1980
Bleibtreu-Ehrenberg, Gisela, „Der Leib als Widersacher der Seele. Ursprünge dualistischer Seinskonzepte im Abendland", in: Jüttemann/Sonntag/Wulf, *Die Seele*, Weinheim 1991, S. 75-93
Bohrer, Karl Heinz, „Das Böse – eine ästhetische Kategorie?", in: *Merkur. Deutsche Zeitschrift für europäisches Denken*, Heft 436, 1985, S. 459-473
Bovenschen, Silvia, „Die aktuelle Hexe, die historische Hexe und der Hexenmythos", in : *Aus der Zeit der Verzweiflung. Zur Genese und Aktualität des Hexenbildes*, Beiträge von Gabriele Becker u.a., Frankfurt/M. 1977, S. 259-312
Brackmann, Karl-Heinz/Birkenhauer, Renate, *NS-Deutsch. „Selbstverständliche" Begriffe und Schlagwörter aus der Zeit des Nationalsozialismus*, Straelen 1988
Bulgakow, Michail A., *Der Meister und Margarita* (1928-1940), übersetzt von Thomas Reschke, Hamburg 1990
Lord Byron [Byron, George Gordon Noël Byron, Baron], „Cain. A Mystery" (1821), in: *Riten der Selbstauflösung*, herausgegeben von Verena von der Heyden-Rynsch, München 1982, S. 88-154
Cazotte, Jacques, *Le diable amoureux* (1772), nouvelle édition, Paris 1844
von Chamisso, Adelbert, *Peter Schlemihls wundersame Geschichte*, herausgegeben von Friedrich Baron de La Motte-Fouqué, Nürnberg 1814
Cioran, Emile M., „Der böse Demiurg", in: ders., *Die verfehlte Schöpfung*, Frankfurt/M. 1979, S. 7-19
Crispino, Anna Maria/Giovannini, Fabio/Zatterin, Marco, *Il libro del diabolo*, Bari 1986
Dostojewskij, Fjodor M., *Der Großinquisitor* [aus: *Die Brüder Karamasov* (1879/1880)], übersetzt von Rudolph Kassner, Frankfurt/M.-Leipzig 1991
Drewermann, Eugen, *Strukturen des Bösen*, 3 Bde., Paderborn 1988
Duden „Etymologie", Herkunftswörterbuch der deutschen Sprache (Der Duden, Bd. 7), 2., völlig neu bearbeitete und erweiterte Auflage von Günther Drosdowski, Mannheim-Wien-Zürich 1989
van Dülmen, Richard (Hg.), *Hexenwelten. Magie und Imagination*, Frankfurt/M. 1987
Erhard, Johann Benjamin, *Über das Recht des Volks zu einer Revolution (1795) und andere Schriften*, herausgegeben und mit einem Nachwort von Hellmut G. Haasis, München 1970
Foucault, Michel, *Mikrophysik der Macht. Über Strafjustiz, Psychiatrie und Medizin*, Berlin 1976
Foucault, Michel, *Überwachen und Strafen. Die Geburt des Gefängnisses*, übersetzt von Walter Seitter, Frankfurt/M. 1977 *(Surveiller et punir. La naissance de la prison*, Paris 1975)

Gall, Franz Joseph, *Sur les fonctions du cerveau* [...], 6 Bde., Paris 1822-1825

Gessinger, Joachim/von Rahden, Wolfert (Hg.), *Theorien vom Ursprung der Sprache*, 2 Bde., Berlin-New York 1989

von Goethe, Johann Wolfgang, *Faust* [ab 1790], herausgegeben von Georg Witkowski, 2 Bde., Leipzig 1906/1907

Goody, Jack, *The development of the family and marriage in Europe*, Cambridge 1983

Habermas, Jürgen, *Theorie des kommunikativen Handelns*, 2 Bde., Frankfurt/M. 1981

Hansen, Joseph, *Quellen und Untersuchungen zur Geschichte des Hexenwahns und der Hexenverfolgung im Mittelalter* (1901), mit einer Untersuchung der Geschichte des Wortes Hexe von Johannes Franck, Hildesheim 1963

von Hartmann, Eduard, *Phänomenologie des sittlichen Bewußtseins. Prolegomena zu jeder künftigen Ethik*, Berlin 1879

Hauschild, Thomas/Staschen, Heidi/Troschke, Regina, *Hexen.* Ausstellungskatalog, Hamburg 1979

Heinroth, Johann Christian August, *Grundzüge der Criminal=Psychologie; oder: Die Theorie des Bösen in ihrer Anwendung auf die Criminal=Rechtspflege*, Berlin 1833

Heinsohn, Gunnar/Knieper, Rolf/Steiger, Otto, *Menschenproduktion. Allgemeine Bevölkerungstheorie der Neuzeit*, Frankfurt/M. 1979

Heinsohn, Gunnar/Steiger, Otto, Die Vernichtung der weisen Frauen, Herbstein 1985

Hoffmann, Ernst Theodor Amadeus, *Die Elixiere des Teufels. Nachgelassene Papiere des Bruders Medardus, eines Capuziners* (1813-1816), 2 Teile, Berlin [2]1827

Hroch, Miroslav/Skýbová, Anna, *Die Inquisition im Zeitalter der Gegenreformation*, übersetzt von Wolf B. Oerter, Stuttgart-Berlin-Köln-Mainz 1985 *(Ecclesia militans*, Leipzig 1985)

Jüttemann, Gerd/Sonntag, Michael/Wulf, Christoph (Hg.), *Die Seele. Ihre Geschichte im Abendland*, Weinheim 1991

Kant, Immanuel, „Critik der reinen Vernunft" (1781/1787), in: ders., *Werke*, Bd. III, IV

Kant, Immanuel, „Critik der practischen Vernunft" (1788), in: ders., *Werke*, Bd. VII, S. 103-302

Kant, Immanuel, „Beantwortung der Frage: Was ist Aufklärung?" (1784), in: ders., *Werke*, Bd. XI, S. 53-61

Kant, Immanuel, *Werke in zwölf Bänden* (1958), herausgegeben von Wilhelm Weischedel, Frankfurt/M. 1968 [zitiert als *Werke*]

Keller, Evelyn Fox, *Liebe, Macht und Erkenntnis. Männliche oder weibliche Wissenschaft?*, München-Wien 1986

Kittsteiner, Heinz Dieter, *Die Entstehung des modernen Gewissens*, Frankfurt/M. 1991

Klemperer, Victor, *LTI. Notizbuch eines Philologen* (1946), Leipzig [10]1975

[Knauer, Vincenz], *Malleus haereticorum, das ist: Römisch-katholische Briefe zu gründlicher Abfertigung der schrecklich um sich greifenden altkatholischen Ketzerei*, Prag 1872

Koestler, Arthur, *Janus. A summing up*, London 1978

Lavater, Johann Caspar, *Physiognomische Fragmente zur Beförderung der Menschenkenntniß und Menschenliebe*, 4 Bde., Leipzig-Winterthur 1775-1778

Lavrin, Janko, *Fjodor M. Dostojevskij* (1963), Reinbek bei Hamburg 1991

[Lewis, Matthew Gregory], *The monk: a romance*, 3 vols., London 1796; 2 vols., Dublin 1796

Lombroso, Cesare, *L'Uomo delinquente, studiato in rapporto alla antropologia, alla medicina legale ed alle discipline carcerarie*, Milano 1876

Lorenz, Konrad, *Das sogenannte Böse. Zur Naturgeschichte der Aggression*, München 1974

Lutz, Christiane, *Kinder und das Böse. Konfrontation und Geborgenheit*, Stuttgart-Berlin-Köln-Mainz 1980

Mann, Gunter/Dumont, Franz (Hg.), *Die Natur des Menschen. Probleme der physischen Anthropologie und Rassenkunde (1750-1850)*, Stuttgart-New York 1990

Mann, Thomas, *Doktor Faustus. Das Leben des deutschen Tonsetzers Adrian Leverkühn, erzählt von einem Freunde*, Stockholm 1947

Marquard, Odo, *Apologie des Zufälligen*, Stuttgart 1986
Maturin, Charles Robert, *Melmoth the Wanderer* (1820), a new edition from the original text with a memoir and bibliography of Maturin's works, London 1892
Morrish, Ivor, *The Dark Twin. A Study of Evil – and Good*, Plymouth-London 1980
Nietzsche, Friedrich, *Sämtliche Werke. Kritische Studienausgabe in 15 Bänden*, herausgegeben von Giorgio Colli und Mazzino Montinari, Berlin-New York 1980 [zitiert als *KSA*]
Orwell, George, *1984*, Zürich 1950
Plack, Arno, *Die Gesellschaft und das Böse. Eine Kritik der herrschenden Moral* (1967), Frankfurt/M. 1979
von Rahden, Wolfert, „Eduard von Hartmann ‚und' Nietzsche. Zur Strategie der verzögerten Konterkritik Hartmanns an Nietzsche", in: Montinari, Mazzino/Hillebrand, Bruno (Hg.), *Grundfragen der Nietzsche-Forschung. Internationales Nietzsche-Seminar Wissenschaftskolleg zu Berlin 1982* (Nietzsche-Studien, Bd. 13), Berlin-New York 1984, S. 481-502
von Rahden, Wolfert, „Sprachursprungsentwürfe im Schatten von Kant und Herder", in: Gessinger/von Rahden, *Theorien vom Ursprung der Sprache*, Bd. 1, Berlin-New York 1989, S. 421-467
von Rahden, Wolfert, „Ein fast vergessener Aktualist: Georg Christian Füchsel zu Ursprung und Entwicklung der Erde und der Sprache", in: Naumann, Bernd/Plank, Frans/Hofbauer, Gottfried (eds.), *Language and Earth*, Amsterdam-Philadelphia 1992, S. 289-322
von Rahden, Wolfert, „Sprachpsychonauten. Einige nicht-institutionelle Aspekte der Entstehung einer ‚Sprachbetrachtung in psychologischer Rücksicht' im letzten Drittel des 18. Jahrhunderts am Beispiel der Diskurskonkurrenz zwischen Immanuel Kant und Karl Philipp Moritz", in: Dutz, Klaus D. (Hg.), *Sprachwissenschaft im 18. Jahrhundert. Fallstudien und Überblicke*, Münster 1993a
von Rahden, Wolfert, „‚Ich bin ein Thier gewesen'. Herder's Concept of Evolution in the Context of His Time", in: Droixhe, Daniel/Grell, Chantal (éds.), *La linguistique entre mythe et histoire. Actes des journées d'étude organisées les 4 et 5 juin 1991 à la Sorbonne en l'honneur de Hans Aarsleff*, Münster 1993b
Rathgeb, Eberhard/Steinfeld, Thomas, „Der gute Mensch", in: *Merkur. Deutsche Zeitschrift für europäisches Denken*, Heft 522/523, 1992, S. 899-909
Ricœur, Paul, *Symbolik des Bösen. Phänomenologie der Schuld* II (1971), übersetzt von Maria Otto, Freiburg-München ²1988
Rosenkranz, Karl, *Ästhetik des Häßlichen* (1853), herausgegeben und mit einem Nachwort von Dieter Kliche, Leipzig 1990
Roskoff, Gustav, *Geschichte des Teufels. Eine kulturhistorische Satanologie von den Anfängen bis ins 18. Jahrhundert* (1869), Nördlingen 1987
Schulte, Christoph, *radikal böse. Die Karriere des Bösen von Kant bis Nietzsche*, München 1988
Selby, Hubert, *The Demon*, New York-London 1976
Soldan, W[ilhelm] G[ottlieb]/Heppe, H[einrich], *Geschichte der Hexenprozesse* (1843), neu bearbeitet und herausgegeben von Max Bauer, 2 Bde., Darmstadt 1969
Sprenger, Jakob/Institoris, Heinrich, *Der Hexenhammer (Malleus maleficarum)* (1487/1906), übersetzt und eingeleitet von J.W.R. Schmidt, München ¹⁰1991 [zitiert als *MM*]
Sternberger, Dolf/Storz, Gerhard/Süskind, W.E., *Aus dem Wörterbuch des Unmenschen* (1945/1967), Frankfurt/M.-Berlin 1986
Stingelin, Martin, „Der geborene Verbrecher. Physiognomik, Kriminalpsychologie und Kriminalanthropologie", in: *Basler Magazin*, 22, 1.6.1991, S. 6-7
Strasser, Peter, *Verbrechermenschen. Zur kriminalwissenschaftlichen Erzeugung des Bösen*, Frankfurt/M. 1984
Strasser, Peter, „Die Bestie als Natur", in: *Wunderblock*, Wien 1989, S. 593-600
Thomasius, Christian, *Über die Folter. Untersuchungen zur Geschichte der Folter* (1705), übersetzt und herausgegeben von Rolf Lieberwirth, Weimar 1960
Treusch-Dieter, Gerburg, „Hexe – Seele – Dämon. Zur Transformationsproblematik der Seele zwischen 15. und 17. Jahrhundert", in: Jüttemann/Sonntag/Wulf, *Die Seele*, Weinheim 1991, S. 145-164

Valéry, Paul, *Windstriche. Aufzeichnungen und Aphorismen*, ausgewählt und übertragen von Bernhard Böschenstein/Hans Staub/Peter Szondi, Frankfurt/M. 1971

Wunderblock. Eine Geschichte der modernen Seele. Katalog zur Ausstellung der Wiener Festwochen [...] 27.4. bis 6.8.1989, herausgegeben von Jean Clair/Cathrin Pichler/Wolfgang Pircher, Wien 1989

Heinz Dieter Kittsteiner

Die Abschaffung des Teufels im 18. Jahrhundert

Ein kulturhistorisches Ereignis und seine Folgen

1. Die Verinnerlichung des Bösen

Die Hexe freut sich. Tanzend spricht sie: „Sinn und Verstand verlier' ich schier, seh' ich den Junker Satan wieder hier!“ Doch Mephistopheles verbittet sich den alten Titel. „Er ist schon lang ins Fabelbuch geschrieben; allein die Menschen sind nichts besser dran: Den Bösen sind sie los, die Bösen sind geblieben.“ Und zwar im Plural. Es ist so, als hätte er geradewegs Kants „Religion innerhalb der Grenzen der bloßen Vernunft“ gelesen. Außerhalb des menschlichen Willens existiert nichts „Böses“ in der Welt; vormalige metaphysische Daseinsmächte und ihre symbolischen Gestaltungen sind in den Menschen hineingenommen. Eine radikale Verinnerlichung hat stattgefunden: Der autonom gewordene Mensch nimmt die Schuld für den Zustand der Welt auf sich. Der aufgeklärte Hintergedanke dabei: Nur wenn er selbst schuld ist, kann er hoffen, durch eine „Revolution in der Gesinnung“ auch selbst zur Ursache der Besserung zu werden. Für Kant wäre der Goethesche Satz: „Den Bösen sind sie los, die Bösen sind geblieben“ die notwendige Grundlage für eine mögliche Umwandlung aus eigener Kraft.[1] „Das Böse“ jedenfalls scheint verschwunden zu sein. Doch Vorsicht. Es ist ja Mephisto, der spricht. Verändert hat er sich: Hörner, Schweif und Klauen sind von ihm abgefallen, den Hinkefuß kaschieren künstliche Waden. Aber hellsichtig nennt er sich selbst wiederum ganz im Sinne der Aufklärung: „Ein Teil von jener Kraft, die stets das Böse will, und stets das Gute schafft.“ Faust fragt nach dem Sinn dieses Rätselwortes; auch er könnte sich Auskunft bei Kant holen, zwar nicht in der Religionsschrift, wohl aber in der Geschichtsphilosophie oder in den Reflexionen zur Anthropologie, wo Kant kurz und knapp notiert: „Das Böse ist die Triebfeder zum Guten.“[2]

Offensichtlich verfolgt die Aufklärung eine doppelte Strategie im Umgang mit dem Bösen. Einerseits wird es subjektiviert; es verliert seine Qualität als eine fremde Macht außerhalb des Menschen. Doch der so mit dem Bösen infizierte Mensch muß sich in seinem Kampf um die moralische Besserung nicht allein gelassen fühlen. Sein Streben ist eingebettet in einen über-

1 Johann Wolfgang Goethe, „Faust. Erster Theil“, in: ders., *Werke,* I. Abt., 14. Bd., Weimar 1887, S. 122 (V 2503–2509). – Immanuel Kant, „Die Religion innerhalb der Grenzen der bloßen Vernunft“, *Kants Werke, Akademie-Ausgabe* (im folgenden zit. *AA*), Berlin 1902 ff., Bd. 6, S. 47.

2 Kant, „Reflexionen zur Anthropologie“, *AA*, Bd. 15, S. 790.

greifenden Prozeß, in dem – strukturbedingt – „böse" Handlungen fungieren, die letztlich gegen ihre Intention zum Guten führen müssen. Diese Gewißheit verdankt sich aber nur einer teleologischen Geschichtskonstruktion, die das Böse in ihren Dienst nimmt, und die zur Voraussetzung hat, daß moralische Zwecke in der Welt verwirklicht werden *sollen.*[3] Das vormalige Böse wird aufgespalten. Ein Teil wird verinnerlicht, bildet aber in dieser neuen Lokalisierung nur die Voraussetzung, um desto besser bekämpft werden zu können. Ein anderer Teil bleibt äußerlich, wird aber geschichtsphilosophisch gebändigt. Zu fragen bleibt, was geschieht, wenn beide Strategien, die so eng aufeinander angewiesen waren, mißlingen.

Es ist die Absicht dieses Aufsatzes, zunächst einige Stufen auf dem Weg dieser Verinnerlichung des Bösen nachzuzeichnen und die kulturhistorischen Dimensionen hinter den moraltheologischen und moralphilosophischen Problemen des 18. Jahrhunderts deutlich zu machen. Dies ist der Prozeß, in dem ein personal gedachtes, von außen auf den Menschen einwirkendes Böses seine Gestalt verliert; dem Teufel kommen Hörner und Klauen abhanden. Die Aufklärung ist kein isoliertes theologisches oder philosophisches Ereignis, sie ist eine auf Praxis bedachte Bewegung in der Tradition der „inneren Mission", in der eine gebildete Elite auf die Masse der Bevölkerung einzuwirken versucht.[4]

Die Bilder vom Teufel in ihrer Wandelbarkeit artikulieren nicht nur tradiertes Wissen, sondern sie sind in diesem Dialog zwischen gebildeten und ungebildeten Schichten strategisch eingesetzt – und zwar von beiden Seiten. Wir untersuchen daher in einem ersten Schritt eine Predigt des in Leipzig wirkenden Pietisten Adam Bernd, der für größere Willensfreiheit in der Wahl zwischen Gut und Böse und auf diesem Wege für eine Abschwächung der Macht des Teufels plädiert. Denn der Teufel wird gerade in der Argumentation der unteren Schichten immer wieder herangezogen, um Abweichungen vom gesellschaftlich geforderten Verhalten zu entschuldigen.

Nun ist Adam Bernd ein Einzelgänger und Außenseiter; es ist zweckmäßig, einen Blick auf den Artikel „Teufel" im Zedlerschen Lexikon zu werfen, das die Auffassung der protestantischen Orthodoxie ausbreitet und zugleich die theologische und philosophische Heterodoxie bekämpft. Den Übergang zur Aufklärung bildet der Teufelsstreit vor dem Hintergrund der Neologie in den 60er und 70er Jahren des 18. Jahrhunderts, in dessen Verlauf der Teufel zumindest aus dem Gesichtskreis der gebildeten Schichten verschwindet. Wo aber gerät er hin? Die Ideengeschichte ist an die Parallelität der philosophischen Diskussion um „das Böse" und die theologische Debatte um den „Teufel" gewöhnt; kulturhistorisch aber macht es einen gro-

---

3 Kant, „Idee zu einer allgemeinen Geschichte in weltbürgerlicher Absicht", *AA*, Bd. 8, S. 20 f. – Die teleologische Einhüllung dieses Antriebsmotors der Geschichte bezieht theoretisch ihre Legitimation aus der Frage nach der Überbrückung der Kluft zwischen Naturbegriff und Freiheitsbegriff. Kant, „Kritik der Urteilskraft", *AA*, Bd. 5, S. 176. Historisch ist sie aus einer Analogiebildung zwischen Physikotheologie und einer Teleologie in moralischer Absicht entstanden. Vgl. Kant, „Preisschrift über die Fortschritte der Metaphysik", *AA*, Bd. 20, S. 307.

4 Heinz Dieter Kittsteiner, *Die Entstehung des modernen Gewissens*, Frankfurt/M.-Leipzig 1991, S. 293 ff.

ßen Unterschied, wenn nun über das Böse nachgedacht wird, ohne daß noch gleichzeitig ein Teufel geglaubt wird, der auf dem Erdboden herumgeht als ein brüllender Löwe „und sucht, wen er verschlinge" (1. *Petr.* 5 v. 8).

Die Frage nach der neuen Lokalisierung des Bösen sprengt den Rahmen einer nur historischen Untersuchung, diese Ausweitung erscheint aber aus der Sicht des späten 20. Jahrhunderts unerläßlich. Wir betrachten Kant als den abschließenden und zusammenfassenden Philosophen der Aufklärung; es ist genauer nachzusehen, wo er das Böse im Menschen und in der Geschichte verortet. Aus guten Gründen hat er „Natur" und „Sinnlichkeit" vom Bösen entlastet und zugleich eine teleologische Klammer um die Auswirkungen des Bösen in der Geschichte gelegt. Diese doppelte Bändigung wird prekär, wenn zugleich mit der Einsicht in die Triebnatur des Menschen die teleologische Überlagung vom historischen Prozeß abfällt. Die subjektive Seite der Weiterexistenz eines „Bösen" wird häufig so ausgedrückt: „Es ist, als ob eine fremde Macht den Menschen in ihrer Macht hätte."[5] Das gleiche gilt aber auch für die Geschichte in ihrer nur begrenzten Machbarkeit, wobei die Frage nach der Verantwortung gerne als Paradox formuliert ist: „Die Menschen sind für ihre Geschichten, in die sie verstrickt werden, verantwortlich, gleich ob sie schuldig sind an den Folgen ihres Tuns oder nicht."[6] Ist das die anthropologisch-historische Konstellation, die den Ruf nach einer Theorie des „mundanen Bösen" zumindest plausibel macht?[7] Oder begibt man sich damit – ob man will oder nicht – auf den abschüssigen Weg, an dessen Ende nicht nur die Wiederkehr des Bösen, sondern sogar die Wiederkehr des Teufels steht? In einer für mein Empfinden erschreckenden Weise geht der amerikanische Historiker J. B. Russell mit solchen Fragen um; er sei hier deshalb als Symptom erwähnt. Trotz einer Reihe von wissenschaftlichen Absicherungen unterlaufen ihm immer wieder Formulierungen, ob nicht der Teufel Interesse daran habe, die Atomraketen in ihre Silos zu placieren, und ob er nicht in Auschwitz als Schreibtischtäter anwesend war.[8] Das Insistieren auf den unleugbaren Schwächen der Aufklärung ist heute vielfältig in Mode. Das bedeutet aber nicht, daß wir einen Rückfall hinter ihre Leistungen mitmachen müssen.

---

5 Johan B. Hygen, Art. „Das Böse", in: *Theologische Realenzyklopädie*, herausgegeben von Gerhard Krause/Gerhard Müller, Berlin-New York, Bd. 7, 1981, S. 8-17, hier S. 11.

6 Reinhart Koselleck, „Über die Verfügbarkeit der Geschichte", in: Reinhart Koselleck, *Vergangene Zukunft. Zur Semantik geschichtlicher Zeiten*, Frankfurt/M. 1979, S. 276.

7 Christoph Schulte, *radikal böse. Die Karriere des Bösen von Kant bis Nietzsche*, München [2]1991, S. 350 ff.

8 Jeffrey Burton Russell, *Mephistopheles. The Devil in the Modern World*, Cornell University Press, Ithaca-London 1986, S. 251 f. „If the Devil does exist, what is he? If the concept has any meaning, the Devil is the traditional Devil. He is a mighty person with intelligence and will whose energies are bent on the destruction of the cosmos and on the misery of its creatures. The Devil puts the child in the oven and the nuclear weapons in their silos. We must strive against this evil with every syllable of our sanity." Ebd., S. 301. – Zur Kritik der ersten beiden Bände seiner Tetralogie zur Geschichte des Teufels vgl. Peter Habermehl, „Rez. J. B. Russell, *The Devil* und J. B. Russell, *Satan*, Cornell UP 1977 und 1981", in: *Gnomon. Kritische Zeitschrift für die gesamte Altertumswissenschaft*, Bd. 62, 1990, S. 193-202.

2. Adam Bernd: „Teufel" und „Culpabilisation"

In seiner 1738 verfaßten „Eigenen Lebens-Beschreibung" gibt Adam Bernd einen interessanten Rückblick auf seine Kindheit und Jugend als Sohn eines „Kräuters" aus der Breslauer Vorstadt. Man erfährt Leben, Taten und Meinungen aus dem Milieu der armen Ackerbürger, eine Vertrautheit mit der Mentalität der kleinen Leute, die ihm später geholfen hat, eine Zeitlang zum beliebtesten Prediger in Leipzig zu werden. Er kennt die Vorstellungswelt seiner Zuhörer aus eigener Erfahrung und kann seine Katechisierung auf sie ausrichten. Zugleich schildert er auch, wie er selbst allmählich aus diesen Gewohnheiten herausgewachsen ist. Eine Episode aus seinem zwölften Lebensjahr, eine Erinnerung an seine frühen „Anfechtungen", kann das belegen. Es sei bekannt, daß die meisten Leute in ihrem Reden, sobald sie nur das Maul auftun, „den Teufel im Munde haben, bei demselben, als ob er ihr Gott wäre, schwören, und sich erklären, daß er sie holen solle, woferne sie nicht die Wahrheit redeten". Sie sind es gewohnt, zur Bekräftigung ihrer Meinung eine formelhafte, bedingte Selbstverfluchung auszusprechen. Wenn er ihn hört, erschrickt der Prediger Adam Bernd vor diesem Fluch, doch muß er eingestehen, daß er ihn als Knabe selbst gebraucht habe, ja daß ihm bei vielen Handlungen „wie ein Pfeil so schnell" und gegen seinen Willen der Satz einfällt, daß ihn der Teufel holen sollte, wenn er dieses oder jenes täte oder nicht täte. Er beginnt unter dieser Gemüts-Plage zu leiden und versucht, diesen unwillkürlichen Zusatz wegzudrängen – mit dem Erfolg, daß dann seine Rede ins Stocken geriet. Heute nun, als gelehrter Mann, könne er solche Ereignisse leicht unter philosophischem Gesichtspunkt auflösen und nach der Natur, den Kräften der Imagination und den speziellen Plagen eines melancholischen Temperaments erklären. Damals aber habe er nicht anders denken können, als daß der Satan ihn mit solchen unwillkürlichen Gedanken quälte. Nach dieser Einsicht folgt allerdings die Versicherung, daß er auch jetzt noch die Mitwirkung des Teufels bei diesen Dingen nicht in Zweifel ziehen wolle.[9]

Die Mitwirkung, aber auch die Begrenzung der teuflischen Macht über die Menschen, ist das Thema seiner Predigt mit dem Titel: „Der Teufel hat mich verführet, Oder: Die eitle Ausflucht der Sünder, Welche, wenn sie gesündiget, Die Schuld ihrer Sünden Bloß auf den Teufel schieben, und also ihre Sünden damit entschuldigen wollen." Der Titel zeigt: Im Grunde handeln die Menschen immer noch wie Adam und Eva, nachdem sie vom verbotenen Baum der Erkenntnis gegessen hatten. Adam schiebt die Schuld auf Eva, Eva aber sagt: „Die Schlange betrog mich also, daß ich aß." Eben so entschuldigen sich heute alle Sünder: „So soll es bald die Jugend, bald die böse Welt und böse Gesellschaft, bald die Erb-Sünde, und ihr sündliches Fleisch und Blut, bald der Zorn, bald die Trunckenheit gethan haben; und wenn sie sich damit noch nicht genug weißgebrennet, so soll endlich der Teuffel alles gethan haben; dieser soll die eintzige Ursache ihrer Sünde seyn, mit dem wollen sie verkauffen, der soll das Stichblat seyn, zu dem wollen sie unsern HERR GOTT hinweisen, wenn er sie der

9 Adam Bernd, *Eigene Lebens-Beschreibung*, herausgegeben von Volker Hoffmann, München 1973, S. 39 f.

Sünde wegen belangen will, mit dem soll er's ausmachen." Mit dem soll er's ausmachen. Diese letztere Bemerkung zeigt, daß sich Adam Bernd in der Psyche seiner Zuhörer wirklich gut auskennt, denn tatsächlich neigen sie dazu, sich selbst in die Mitte eines Kampfes zwischen Gott und den Teufel um ihre Seele zu stellen, die eigene Verantwortung für ihr Handeln aber geringzuschätzen.[10] Selbstverantwortung aber soll eintrainiert werden, denn die Einsicht, selbst schuld zu sein, gilt als die Voraussetzung für die Buße nach einem Vergehen, die Buße aber als der erste Schritt auf dem Weg zur Besserung.

Deswegen will Adam Bernd sich nicht zufrieden geben mit Ausflüchten, man habe sich „den Teufel reiten lassen".[11] Da er aber zugleich den Anteil des Satans an der Sünde nicht leugnet, unternimmt er eine Grenzziehung zwischen innen und außen: Dem Teufel soll gegeben werden, was des Teufels ist, der Mensch aber soll sich sagen lassen, was ihm „mit Recht kan zugeschrieben werden". Diese Abgrenzung von äußerlicher Beeinflussung und selbst zu verantwortender Willensfreiheit vollzieht sich in drei Schritten. Adam Bernd weist nach, erstens, daß „der Teufel keinen Menschen mit Gewalt zur Sünde zwingen könne", zweitens, daß er allerdings nicht darauf verzichten werde, zur Sünde zu „reitzen und zu locken", drittens aber, daß die Menschen eine gewisse Kraft haben, dem Satan zu widerstehen, und daß sie sich daher die meiste Schuld selbst zuschreiben müssen. Mit dieser Argumentationslinie stellt sich der Pietist in die Bemühungen der „inneren Mission" des 17. und 18. Jahrhunderts um eine „Culpabilisation", um das Einschärfen einer größeren Selbstverantwortung für das Handeln und seine Folgen, um die Abwehr von Denkgewohnheiten, die alle physischen und moralischen Übel den Teufeln, Dämonen und ihren Helfershelfern, Hexen und Unholden zuschreiben.[12]

10 Bernd, „Der Teufel hat mich verführet [...]", Leipzig ²1730 (die Predigt ist als Nr. 21 eingebunden in Adam Bernd, *Predigten Von Mancherley Art, Über die gewöhnlichen Sonn- und Festtags Evangelien [...]*, Leipzig 1735, S. 5. – Vgl. zu dieser Argumentationsstruktur Kittsteiner, *Die Entstehung des modernen Gewissens*, S. 337 und S. 310.

11 „Ist etwa eine Weibes-Person in die Sünde der Hurerey gefallen, und sie wird genöthiget ihre begangene That zu gestehen; so ist nicht gemeiners, als daß sie sagt: Der Teufel hätte sie verführet, oder sie hätte sich den Teufel reiten lassen. Wird einer von seinem gifftigen, rachgierigen Hertzen gereitzet, den Nächsten an seinem Leibe zu verletzen und wohl gar zu tödten; siehe, so soll der Satan die eintzige Ursache gewesen seyn." Bernd, a.a.O., S. 7 f. – Es wäre interessant zu untersuchen, ob bei dem Sprichwort „sich den Teufel reiten lassen" eine selektive Rezeption einer Argumentationsfigur vorliegt, die Luther in „De servo arbitrio" benutzt (*Luthers Werke in Auswahl*, herausgegeben von Otto Clemen, Bd. 3, S. 126.). Dort wird der Wille mit einem Reittier verglichen, um dessen Besitz sich Gott und Satan streiten. Unter selektiver Rezeption verstehe ich die Zerlegung des Predigttextes in Sentenzen; was mit der eigenen Lebenserfahrung übereinstimmt, und zur Entschuldigung von „Gewohnheiten" brauchbar ist, wird aufgenommen, der Rest abgewehrt. Beispiele für diese Rezeptionstechnik bei Kittsteiner, a.a.O., S. 296 ff. Daß die Bauern mehr „dem servo arbitrio als dem libero" das Wort reden, ist den Landaufklärern eingestandenermaßen ein Dorn im Auge. Kittsteiner, ebd., S. 475, Anm. 21.

12 Bernd, a.a.O., S. 8 ff. – Zu den Begriffen „innere Mission" und „Culpabilisation" vgl. Kittsteiner, a.a.O., S. 17 u. S. 94 ff.

Was also kann Satan tun, was kann er nicht tun? Der Teufel kann niemanden gewaltsam zur Sünde zwingen. Etwas anderes dagegen sind „leibliche Besitzungen“ und physikalische Einflüsse auf den Körper. Solange Gott es zuläßt, kann er mit den Gliedern eines solchen Menschen machen, was er will. Der Körper ist „mere passive“, aus „natürlichen Kräften“ kann er dem Teufel keinen Widerstand entgegensetzen. So konnte Satan selbst den Heiland bald auf die Zinnen des Tempels, bald auf einen hohen Berg stellen; er konnte Hiob mit Blattern und mit allen Übeln schlagen – töten aber durfte er ihn nicht.[13] Solche Macht findet aber nicht statt, wenn der Teufel Einfluß auf die Seele zu nehmen sucht, denn der Mensch hat „libertatem a coactione, oder Freyheit vom Zwange“, von Gott erschaffene Willensfreiheit. Sie ist aber als solche kein natürliches Vermögen, sondern die Menschen verdanken sie dem göttlichen Heilsplane. Denn wären sie nach dem Sündenfall ohne Gnade und Erbarmen geblieben,

> so würde freylich der Teufel mit seinen bösen Würckungen in allen Menschen so mächtig gewesen seyn, daß alle seine Tentationes und Versuchungen, wo nicht physicae Coactiones und natürlicher Zwang, doch einem natürlichen Zwange gantz nahe würden kommen seyn.

So aber hat sich durch Christi Opfertod unter dem Schutz der Gnade die Willensfreiheit entfalten können. Christus hat den Satan überwunden, und durch seine Kraft werden auch die Menschen ihn überwinden.[14] Was ist daher dem Teufel an Macht verblieben?

---

13 Bernd, a.a.O., S. 9 ff.

14 „Es streitet ferner auch mit der Natur des menschlichen Willens, daß derselbe solte können von dem Teufel mit Gewalt zur Sünde gezwungen werden [...]. GOTT hat seinen menschlichen Willen so erschaffen, daß er von niemandem kan gezwungen werden; Voluntas Hominis non potest cogi, scilicet quoad Actus elicitos, & internos, nach seinen innerlichen Handlungen.“ Bernd, a.a.O., S. 11. – Die „Freiheit“ ist für Bernd derart wichtig, daß er in seinem 1728 unter dem Pseudonym „Melodius“ erschienenen Traktat (vgl. Anm. 21) eine eigene Kraft der Seele aus ihr macht und statuiert: „Es ist mir genug, wenn mir so viel eingeräumet wird, daß der Mensch im Urtheilen vielfältigmal frey sey, und daß er zu seinen Urtheilen nicht allemal durch eine natürliche Nothwendigkeit getrieben wird.“ Bernd, zit. nach Johann Georg Walch, *Historische und Theologische Einleitung in die Religions-Streitigkeiten der Evangelisch-Lutherischen Kirche* (Faksimile-Neudruck der Ausgabe Jena 1733-1739), Bd. III.2, Stuttgart-Bad Canstatt 1984, S. 614. Da er die Frage der Freiheit des Willens mit der Zurechnung verbindet, wird auch deutlich, was er mit dieser Operation bezweckt: Der in Anfechtungen erfahrene Melancholiker sucht nach einem System, um die sich durch Introspektion eingestandenen „bösen Lüste“ nicht zurechnen zu müssen. J. G. Walch dagegen verkündet ungerührt: „Wir wissen, und sind aus heiliger Schrifft überzeuget, daß uns GOTT die Sünde der Ungewißheit und die wider Willen geschehen, zurechnet; dergleichen Zurechnung aber nicht anginge, wofern nach des Melodii Principio alle und iede Zurechnung die menschliche Freyheit voraus setze. Um deswegen mercken unsere Theologen an, daß in dem göttlichen Gerichte auch eine böse Neigung, die sich bey einem Subiecto befinde, einen Grund zu der Zurechnung abgebe, sofern dergleichen Neigung aus einer gewissen Beschaffenheit desselbigen Subiecti nothwendig entstehen müsse.“ Ebd., S. 618.

> Mit einem Wort, alle Versuchungen des Teufels sind nichts anders, als nur Persuasiones und Suasiones Morales, sittliche Beredungen, und Beschwatzungen, in Ansehung der bösen Gedancken, von welchen die Heilige Schrift sagt, daß er sie den Menschen eingiebt; oder auch nur Repraesentationes peccati, und sündliche Vorstellungen; wenn er auf eine uns unbekannte Weise auf die menschliche Imagination würcken, und ihr allerhand Dinge vorstellen kan. So viel kan er tun, so offt er unmittelbar in die Seele würcket.[15]

Eine wichtige Unterscheidung wird sogleich mitgeliefert: Über eine „eigene böse Lust" verfügen die Menschen auch ohne daß der Teufel dafür verantwortlich wäre; er verstärkt aber das Böse in den Menschen durch Wort und Bild.[16] Wie diese Reizungen und Lockungen zustande kommen, weiß Adam Bernd nicht zu sagen: „Rem scimus, modum ignoramus." Daß es so ist, wissen wir aus der Bibel, „die nicht triegen kan." Wie aber stellt er es an? Man merkt, hier forscht der oft angefochtene, von Selbstmordgedanken geplagte Melancholiker im eigenen Interesse. Wirkt der Teufel direkt auf die Imagination? Oder auf dem Umweg über den Körper? Hat er durch Gottes Zulassung die „Lebens-Geister" in seiner Gewalt, und arbeitet durch sie auf das Gehirn ein? Macht er sich die Lehre von den vier Temperamenten zunutze und verstärkt nur die natürlichen Neigungen, versucht also die Phlegmatiker mit Faulheit, die Choleriker mit Zorn und Hochmut, die Melancholiker mit Furcht und Angst, die Sanguiniker aber mit Unzucht und Hurerei? Kann er das Herz zusammenpressen, die Milz verstopfen, die Galle erregen und so auf die Gedanken wirken?[17] Doch wie sehr Adam Bernd als ausgesprochener Hypochonder auch unter diesen Dingen leidet – als Prediger verkündet er die tröstliche Zuversicht, daß der Teufel „Causa peccati nicht Physica, sondern nur Moralis sey, wie man in Schulen redet."[18] Er mag mit seinen Überredungskünsten und Bildeingaben

15 Bernd, a.a.O., S. 15. – Zu den Grundlagen der Einwirkung des Teufels auf die Menschen in der Literatur der lateinischen Väter vgl. Art. „Geister (Dämonen)", C. III, Sp. 750 ff. im *Reallexikon für Antike und Christentum*, Bd. 9, 1976.

16 Diesen Grundsatz betont Bernd auch in anderen Arbeiten. Böse Gedanken kommen auch aus dem eigenen Herzen, sie steigen auf wie Dünste, wenn der Magen voller Bier oder Wein ist: „Der fleischlich Wollüstige, der ein unreines Hertze hat, trägt sich gantze Stunden gantze Gassen lang mit hurerischen und unreinen Phantasien; er stellt sich die Lust des Fleisches in Gedancken vor, ehe er noch zur That kommt. Er fühlt seine Gedancken gar wohl, aber er ist keineswegs gesonnen, denselben zu steuren, und ihm seine Lust zu zerstören." Ebenso verfährt der Zornmütige: „Er übet den Actum reflexum aus, er fühlet gantz wohl, was er denckt, aber er mag dieses innere Zorn-Feuer nicht löschen, sondern sich lieber bey diesen Flammen wärmen." Bernd, „Böse Gedancken/ Wie ferne dieselben Eine schwere Sünde, Oder Eine sündliche Schwachheit/ Oder auch eine hohe Anfechtung [...] sind", Leipzig ^{2}1731 (vgl. Predigtsammlung in Anm. 10). – Die „Freiheit" ist dann die Kraft der Seele, sich von diesen Bildern wieder abwenden zu können: „Sie ist diejenige Krafft, vermöge welcher sich die Seele kan zu gewissen Dingen wenden, dieselbigen betrachten, von ihrem Zusammenhang urtheilen, und darnach sich wieder von denselbigen mit den Gedancken wegwenden und sie fahren lassen." Bernd, zit. nach Walch, a.a.O., S. 607.

17 Bernd, „Der Teufel hat mich verführet", S. 17 f.

18 Bernd, ebd. Von dem frei gefällten Urteil über den Zustand der Seele verspricht sich Bernd dann einen „influxum physicum" auf den Willen, der dann „durch eine natürliche Nothwendigkeit zum geurtheil

noch so sehr bedrängen, vermöge der „himmlischen Gnaden-Kräffte" bleibt dem Menschen doch immer die Freiheit zum Widerstand.

Dieses Verhältnis von Gnade und Freiheit wird im dritten Stück eingehend untersucht. Noch einmal: „Von sich selbst haben wahre Christen keine Kräffte den Satan zu überwinden; solte es auf sie allein und ihre natürliche Kräffte ankommen, so dürffte der Satan wohl selten vergebens an sie ansetzen; seine sittliche Persuasiones würden vom Physicalischen Zwange nicht viel unterschieden seyn." Die Christen – die im Glauben Wiedergeborenen natürlich stärker als die noch „Unwiedergeborenen" – kämpfen nicht mit eigenen Waffen gegen den Teufel, sondern mit den Gnadengaben Gottes. Die übernatürliche Anfechtung kann nur durch ebenso übernatürliche Gegenmittel überwunden werden. Indes kann Bernd nicht umhin, eine seltsame Asymmetrie dieser Kräfte zu konstatieren. Da durch den Sündenfall alle ursprünglichen Vermögen geschwächt sind, muß auch Gott mit seinen Gnadenmitteln erst von außen in die Herzen eindringen, nicht anders als der Satan. Er hat es aber ungleich schwerer.

> Soll GOTT in der Menschen Hertzen kommen, und durch seinen Geist in ihnen wohnen, so muß er sich selbst die Wohnung bestellen, zubereiten, kehren, schmücken und zieren; und der Teufel findet alles schon geschmückt, parat und fertig.

Durch den Fall der Ureltern gibt es etwas im Menschen, das den Einflüsterungen Satans eher entgegenkommt als den Geboten Gottes.[19] Trotz dieses Hindernisses aber bleibt es dabei: Wenn man sagt, der Teufel „stürze" uns in diese oder jene Sünde, so ist der geläufige Wortgebrauch falsch. Denn der Satan stürzt uns eben nicht, er vollzieht keine unwiderstehlichen Handlungen an uns. Der Christ soll lernen, den inneren und äußeren Anteil an der Sünde selbst zu gewichten. Bestehen bleibt die Erbsünde, bestehen bleibt auch die Mitwirkung eines personal gedachten Bösen bei sündlichen Gedanken und Handlungen. Doch sie bilden nur den kleineren Teil des Verderbens, den größeren muß der Mensch sich selbst zuschreiben, denn er hat die Freiheit, den Verführungen nicht zu folgen. Letztlich ist auch noch diese Eigenleistung bedingt durch die Gnade Gottes. „Selbst schuld" an seiner Sündhaftigkeit ist der Mensch, wenn er das Heilmittel des Glaubens nicht ergreift. Aus eigener Kraft sündlos zu sein, erscheint Adam Bernd als nicht verlockende, eher als gefährliche Perspektive. Dann nämlich würden die Menschen „sicher und vermessen", sie würden beginnen, die Kraft des Teufels zu unterschätzen. Am sichersten erscheint es ihm, zu Gott zu beten, „daß er aus grosser Güte und Gnade dem Teufel nicht wolle zulassen, daß er uns versuche, oder so er ja solches zuläßt, daß er mit seiner Gnade, Hülffe und Beystand uns nicht verlasse, sondern mache,

---

ten Gute gerissen, und von dem beurtheilten Ubel mit Gewalt abgezerret" werde. Bernd, zit. nach Walch, a.a.O., S. 668.

19 Bernd, a.a.O., S. 21. – Sicherlich sei es so, daß der Satan bei den „nassen Brüdern" eine bessere Stätte finde, als bei den gleichsam dürren und trockenen Frommen. Doch das Bußlied mit dem Text: „Die Sünde hat uns verderbet sehr, der Teufel plagt uns noch viel mehr" will er nur noch bedingt anerkennen. Denn immer komme es darauf an, „das meiste sich selbst zuzuschreiben". Ebd., S. 22 f.

daß die Versuchung doch zu unserm Besten ausschlage, und wir endlich doch gewinnen, und des Sieg behalten. Amen!"[20]

Ein erster Überblick zeigt: Für den Pietisten Adam Bernd steht der Mensch inmitten der Auseinandersetzung zwischen Gott und Teufel; beide sind äußere Mächte, die in sein Inneres hineinwirken und es zum Guten oder Bösen bestärken können. Trotz der Präokkupation für den Satan nach dem Sündenfall betont er aber energisch die Rolle der Selbstverantwortung. Sein wichtigster Punkt bleibt die Möglichkeit, sich aus freiem Willen der Sünde zu widersetzen. Diese Lehre hat er 1728 in einem unter dem Pseudonym „Melodius" erschienenen Traktat noch weiter ausgebaut und damit die „melodischen Lehrstreitigkeiten" mit der protestantischen Orthodoxie vom Zaun gebrochen, in deren Verlauf er seine Predigerstelle verliert. Von seiten der Orthodoxie werden ihm Indifferentismus und Eingriffe in die Lehre von der Rechtfertigung vorgeworfen; an den Polemiken gegen ihn erkennt man, daß vor allem seine Weigerung, nach der geläufigen Redensart sich „Christi Gerechtigkeit zurechnen", das heißt, ohne ersichtliche eigene Anstrengung auf die Gnade zu vertrauen, Anstoß erregt hat.[21] Diese Einwände kommen vor allem aus dem Umkreis Valentin Ernst Löschers. Der Artikel „Teuffel" des Zedlerschen Lexikons stammt mit Sicherheit aus dem gleichen Kreis, denn Löschers Periodikum, die „Unschuldigen Nachrichten" werden dort als unumstößliche Autorität zitiert. Dem Einzelgänger Adam Bernd läßt sich so die vorherrschende Amtsmeinung des Protestantismus aus der ersten Hälfte des 18. Jahrhunderts gegenüberstellen. Da die Orthodoxie aber bereits in heftige Abwehrkämpfe verstrickt ist, kommen auch die Wandlungen und Neuerungen in der Lehre vom Teufel ins Bild.

---

20 Bernd, ebd., S. 24.

21 Zur Selbstdarstellung seines Falles vgl. die *Eigene Lebens-Beschreibung*, S. 354 ff. – Zur Übersicht über die gegen ihn aufgefahrene Literatur vgl. Art. „Willen (Einfluß der Wahrheit in den)" im Zedlerschen *Universal-Lexicon Aller Wissenschafften und Künste*, Leipzig-Halle 1748, Bd. 57, Sp. 116 ff. Dort ist auch der Brief vom 23.X.1728 abgedruckt, den Adam Bernd in demütiger Haltung an Valentin Ernst Löscher geschrieben hat, und in dem er sich für die geistlichen Fußtritte bedankt, die ihm von orthodoxer Seite zukamen: „Ich bin verbunden vor die gute Information, so Melodius von Ew. Hochw. bekommen, und wünschte, daß noch mehr dawider geschrieben würde, dem Scandalo zu remediren, das von mir causiret worden." Ebd., Sp. 115. – Adam Bernd hatte nicht nur Toleranz gepredigt („Die Liebe gegen diejenigen, So nicht unserer Religion sind, samt beygefügter Frage: Ob eine Vereinigung der Christlichen Religionen wohl möglich und zu hoffen sey", Leipzig ^{3}1737), sondern auch in seinem Traktat von 1728 die praktische Gleichrangigkeit der großen Konfessionen nachzuweisen versucht. Das Mißtrauen in die zur Floskel gewordene Redensart von der Zurechnung „Christi Gerechtigkeit" geht natürlich zusammen mit der im Pietismus üblichen Betonung der größeren Eigenverantwortlichkeit bei der Besserung der Menschen, denn sonst müßte „man ja alles der Gnade GOTTES, und dem Verdienst Christi, welcher solche Gnade verdienet, zuschreiben". Ebd., Sp. 107 (die Argumentation ist wörtlich aus Walch, a.a.O., S. 582 f. übernommen).

3. Für und wider die Existenz des Teufels

Natürlich gibt ein umfangreicher Lexikon-Artikel einen umfassenderen Überblick über die Lehre vom Satan, als eine nur auf die Katechisierung ausgerichtete Predigt. Der erste Kernpunkt nach der Namenserklärung des Teufels,[22] der Abschnitt über seine Existenz, ist wörtlich aus dem „Philosophischen Lexikon" (1726) von Johann Georg Walch übernommen. Es geht um die Frage, wie das Dasein des Teufels nach der Vernunft zu begründen ist, denn nach den Zeugnissen der Hl. Schrift steht er ohnehin nicht in Zweifel. Es ist nicht uninteressant zu sehen, daß dieser Nachweis mit einem Gegenstandsbereich beginnt, den Adam Bernd völlig ausgeklammert hatte. Dem Pietisten geht es vornehmlich um die moralische Einwirkung des Satans auf die Seelen; der orthodoxe Lutheraner dagegen stellt die physischen Übel an den Anfang, die schädlichen Naturphänomene, die vom Satan verursacht sein müssen. Denn von Gott können sie nicht kommen, ebensowenig von den abgeschiedenen Seelen. Es sind übernatürliche Wirkungen, die „von außen" geschehen; daraus schließt die Vernunft im Modus der Wahrscheinlichkeit, „daß noch besondere Geister müssen vorhanden seyn, denen die Würckungen als Urhebern beyzumessen sind".[23] Von diesen Wirkungen weiß man nur durch historische Berichte; es ist daher in jedem Fall die Glaubwürdigkeit der Quelle zu untersuchen, was durch natürliche Kräfte, was durch Eingriff des Teufels geschehen kann. Zwischen den beiden Extremen, die Wirkung Satans ganz zu leugnen, oder – wie es die abergläubischen Menschen tun – ihm zuviel zuzurechnen, zieht nun auch die Orthodoxie ihren Mittelweg.

Die viel erörterte Streitfrage, wie eigentlich der Fall jener ursprünglich guten Engel zu denken ist, umgehen beide Lexika, der Walch kurz angebunden, der Zedler weitläufig; beide ziehen sich auf die Position Luthers zurück, es sei genug zu wissen, daß es gute und böse Engel gebe. Über den Ursprung der letzteren habe die Schrift nichts Deutliches offenbart.[24] Mit

22 Der hebräische Name „Satan" (*Hiob* 1 v. 7) wird mit „Widersacher aus erbittertem Hasse" wiedergegeben. Daher kann auch ein widerwärtiger Mensch (*homo adversarius*) ein Satan genannt werden; so erklärt sich die Stelle bei *Matth.* 16 v. 23, wo Christus Petrus einen Satan nennt. Gewöhnlich aber wird damit der „abgesagte Feind GOTTES" bezeichnet. Das griechische „Diábolos" wird etymologisch auf „diabállo" zurückgeführt, „welches eigentlich heißt transfigo, telis transjico, einem einen Wurfspieß durch den Leib jagen; metaphorisch aber heißt es aliquem calumnari & accusare, einen verlästern und anklagen". So heißt der Teufel, weil er Gott bei den Menschen verleumdet und umgekehrt die Menschen bei Gott verklagt, schließlich, weil er die Menschen untereinander zusammenhetzt. Mit Hohn dagegen wird eine scholastische Etymologie abgelehnt, der Name komme von „duo" und „bolus", weil er den Menschen in zwei Bissen verschlinge, erst die Seele und dann den Leib. Art. „Teuffel" im Zedlerschen *Universal-Lexicon*, Leipzig-Halle 1744, Bd. 42, Sp. 1543 f.

23 Ebd., Sp. 1545 ff. – Johann Georg Walch, *Philosophisches Lexicon*. Mit einer kurzen kritischen Geschichte der Philosophie von Justus Christian Hennings, Nachdruck, Hildesheim 1968, Bd. 2, Sp. 1111 ff.

24 „Darum bleibet es bey dem Ausspruche Luthers [...] ‚Es ist genug, daß wir wissen, daß gute und böse Engel seyn, und daß alle von GOTT gleich gut geschaffen worden; so ist auch gewiß, daß die Engel gefallen, wie es aber geschehen, weiß man eben so genau nicht; die Schrifft hats nicht angeführet, und

der Behandlung des Wesens der Teufel und ihren Wirkmöglichkeiten auf der Erde bindet dann der Walchsche Artikel sogleich mit dem stärksten Teufelsgegner vom Ende des 17. Jahrhunderts an: mit dem niederländischen Calvinisten und Anhänger Descartes', Balthasar Bekker, der den Satan, wenn vielleicht nicht gänzlich geleugnet, so doch in seinen Wirkungen auf ein Minimum beschränkt habe. Diesem Feind ist der größte Teil der Einlassungen gewidmet.[25] Der Autor des Artikels im Zedler macht noch einen Umweg, bevor auch er bei Bekker als dem Hauptgegner anlangt; die Berücksichtigung der „Strafe der Teuffel" gibt ihm Gelegenheit, gegen die Vertreter der Lehre von der „Apokatastasis Panton", der Wiederzurechtbringung aller Dinge am Ende der Zeiten zu Felde zu ziehen. Denn in diesem Lager, das in Deutschland vor allem von J. W. Petersen und seinem Anhänger Ludwig Gerhard vertreten wird, glaubt man an die endliche Erlösung auch der Teufel, „damit Gott sei alles in allem".[26]

Was nun die „Würckungen der Teuffel" betrifft, so wird vorausgesetzt, daß die bösen Geister nach *Joh.* 1 v. 7 und nach 1. *Petr.* 5 v. 8 auf dem Erdboden umhergehen.[27] Ihre Macht

---

Christus und die Apostel habens auch nicht offenbaret." Art. „Teuffel", *Zedler*, Sp. 1558. – Abgelehnt wird als Ursache des Falls die Vermischung der „Kinder Gottes" mit den Töchtern der Menschen nach *Gen.* 6 v. 2. Ebd., Sp. 1552. – Für wahrscheinlich gilt dagegen in Übereinstimmung mit Luther und Augustinus (*De Civ. Dei*, Buch XII c. 1) der Hochmut, die Selbstüberhebung gegen Gott, als Ursprung des Abfalls. Ebd., Sp. 1556.

25 Walch, *Philosophisches Lexicon*, Sp. 1113 ff. Walch äußert die Vermutung, daß Balthasar Bekker nur durch äußeren Druck und die sofort einsetzende Verfolgung seines Buches davon abgehalten worden sei, den Teufel gänzlich zu leugnen, „wie mich denn auch ein gelehrter und glaubwürdiger Mann, welcher viele Jahre mit Bekkern gemeinsam umgegangen, versichern wollen, daß er in der That keine Teufel glaube, und nur aus Furcht vor Menschen solche Meynung öffentlich zu behaupten unterlassen habe." Ebd., Sp. 1118.

26 Zu den kulturhistorischen Auswirkungen der „Apokatastasis"-Lehre im 18. Jahrhundert in Zusammenhang mit der Abschaffung der Hölle, vgl. Kittsteiner, *Die Entstehung des modernen Gewissens*, S. 134 ff. – Als Kernpunkt der auf Origenes zurückreichenden Kontroverse schält sich eine veränderte Auffassung von der Liebe Gottes heraus: Liebt Gott vor allem sich selbst, dann wird er die Widersacher gegen seine Majestät hassen; liebt er aber in erster Linie seine Kreaturen, dann ist nicht auszuschließen, daß Christus auch für die Erlösung der Teufel gestorben ist. Art. „Teuffel", *Zedler*, Sp. 1576. – Vgl. zu diesem Punkt auch die „Ausführliche Widerlegung Von Herrn M. Ludwig Gerhards vollständige[m] Lehr-Begriff des ewigen Evangelii von der Wiederbringung aller Dinge" bei Walch, *Historische und Theologische Einleitung in die Religions-Streitigkeiten der Evangelisch-Lutherischen Kirche*, Bd. III, 1, S. 351 ff.

27 Art. „Teuffel", *Zedler*, Sp. 1581. – Das war auch die Auffassung Luthers. Denn erst mit dem Gericht des Jüngsten Tages werden die Teufel in die endzeitliche Feuerhölle geworfen. Zur Zeit aber sind sie noch nicht in der Hölle, „sondern, wie Petrus sagt, ‚mit stricken zur hellen verbunden'. So heyst sie S. Paulus ‚der Wellt regenten und gewaltigen, die droben ynn der lufft schweben', Christus auch den teuffel ‚der welt fursten' nennet. Und ja nicht seyn kundte, wenn sie ynn der hellen weren, das sie die welt regierten und so viel buberey und jamer trieben." D. Martin Luther, „Der Prophet Jona ausgelegt", *Luthers Werke. Kritische Gesamtausgabe (WA)*, Weimar 1883-1983, Bd. 19, S. 225 ff. – Die Vorstellung von den „bösen Geistern unter dem Himmel" bezieht sich auf Paulus, *Eph.* 2 v. 2 und *Eph.* 6 v. 12. – Zur Dämonologie der nachpaulinischen Briefe vgl. Art. „Geister (Dämonen)" C. I im *Reallexikon für Antike und Christentum*, Bd. 9, 1976, Sp. 696 f.

erstreckt sich – wie auch bei Adam Bernd – auf „Unwiedergeborene“ und „Wiedergeborene“; auch für die ersteren gilt aber, daß Satan niemanden mit Gewalt zur Sünde zwingen kann, ohne daß hier die Rolle der Willensfreiheit besonders betont würde. Auch seine Vorgehensweisen sind vergleichbar: Mit seinen Überredungskünsten reizt er die Menschen unter dem Schein des Guten zum Bösen, er stellt ihnen den guten Gewinn aus der Sünde vor Augen, die Lust, den Nutzen und die Ehre.[28] Den Weg zur Erlangung dieser Güter läßt er als leicht und praktikabel erscheinen, und schließlich verkleinert er die Gefahr, die solche Handlungen für Leib und Seele mit sich bringen. Bei den „Wiedergeborenen“ streut er Zweifel und blasphemische Gedanken aus. Im geistlichen Stand erweckt er Ketzereien und Irrtümer, im weltlichen Stand Krieg und Zwietracht – letzteres auch im häuslichen Stand zwischen Eheleuten. Darüber hinaus glaubt der Autor auch an die Möglichkeit des Teufelspaktes und an die schwarze Magie.[29] Erklärt werden diese Wirkungen aus einer Kombination von „Wissenschaft“ und „Macht“. Denn der Teufel ist alt; er hat eine lange „Praxis und Erfahrung“, zugleich ist er eine „Potentia activa“. Den Leib des Menschen kann er besitzen und krank machen; in das Gehirn kann er „Bilder“ eindrücken. Er beeinflußt die Träume und hat – was ja auch Adam Bernd betonte – „einen freyen Zugang zu der Phantasie“, die er in vielfältiger Weise „afficieret, flattieret oder erschrecket“.[30]

Die Orthodoxie begnügt sich aber nicht damit, die eigene Position darzustellen; in ihrer Streit- und Widerlegungssucht sind die Orthodoxen ungewollt zum Transporteur der abweichenden Meinungen geworden. Nun werden säuberlich durchnumeriert die „Rationes dubitandi“ aufgeführt, die dem Satan die Wirksamkeit bestreiten. Von den sechs Hauptpunkten stammen drei aus dem moraltheologischen Diskurs selbst: Gott hat die gefallenen Engel ge-

---

28 Art. „Teuffel“, *Zedler*, Sp. 1586. – An solchen Punkten zeigt sich, daß S. Freuds Einsicht über das Böse keineswegs neu ist: „Das Böse ist oft gar nicht das dem Ich Schädliche oder Gefährliche, im Gegenteil auch etwas, was ihm erwünscht ist, ihm Vergnügen bereitet. Darin zeigt sich also fremder Einfluß; dieser bestimmt, was Gut und Böse heißen soll.“ Sigmund Freud, „Das Unbehagen in der Kultur“, *Gesammelte Werke*, herausgegeben von Anna Freud/Edward Bibring u.a., Frankfurt/M. 1963 ff., Bd. 14, S. 483.

29 Art. „Teuffel“, a.a.O., Sp. 1586 f. – An der Aufzählung der Wirkung des Teufels in allen Ständen zeigt sich noch eine gewisse Nähe zu den in der zweiten Hälfte des 16. Jahrhunderts beliebten „Teufelsbüchern“, an Lasterkatalogen, die alles und jedes der Macht des Teufels zuschrieben. Legion war daher auch die Anzahl der arbeitsteilig organisierten Spezialteufel, deren Treiben von Autoren wie Jodokus Hockerius, Andreas Musculus, Cyriacus Spangenberg, Andreas Hoppenrod u.a. beschrieben wurde. Der Sammelband „Theatrvm Diabolorvm, Das ist Wahrhaffte eigentliche vnd kvrtze Beschreibvng/ Allerley grewlicher/schrecklicher vnd abschewlicher Laster [...]“, Frankfurt/M. 1575, zählt auf: den heiligen, klugen und gelehrten Teufel, den Bann-, Zauber-, Fluch-, Tanz-, Gesinde-, Jagd-, Sauff-, Ehe-, Huren-, Geitz,- und Wucher-Teufel, den Schrap-Teufel, den Faul-, Hoffarts-, Pluderhosen-, Spiel-, Hof-, Pestilenz-, den Sabbaths-, Eyd- und den Sorge-Teufel (daß Heidegger ihn doch gelesen hätte! H. D. K.) und schließlich den Melancholischen Teufel.

30 Art. „Teuffel“, a.a.O., Sp. 1597. Die Einlaßpforten zur Phantasie sind die äußeren Sinne. Vgl. zu den Grundlagen dieser Auffassung Art. „Geister (Dämonen)“, C. III im *Reallexikon für Antike und Christentum*, a.a.O., Sp. 750 ff.

bunden, Christus hat dem Teufel alle Macht genommen, und schließlich sei es eine Gottlosigkeit, dem Teufel zu große Gewalt einzuräumen. Die anderen drei sind philosophischer Herkunft. 1. Ein Geist kann nicht auf einen Körper einwirken. 2. Ein Geist, und also auch der Teufel, kann keinen Körper annehmen. 3. Was von Zauberei und Gespenstern gesagt wird, sind entweder Fabeln, Auswirkungen einer verderbten Phantasie, Betrügereien oder natürliche Dinge.[31] Sobald dieses Verhältnis von Geist und Körper anvisiert wird, kommt Balthasar Bekker ins Spiel, der die Cartesianische Trennung von „res cogitans" und „res extensa" benutzt, um die „Bezauberte Welt" (so der Titel seines 1691 erschienenen Buches) zu entzaubern, den Hexen- und Aberglauben zu zerstören und die Macht des Satans zu negieren.[32] Der Text des Zedlerschen Lexikons ist hier wieder ganz aus dem Walch genommen; in beiden wird jene Anekdote erzählt, die über Pierre Bayle weitergereicht wurde: Bekker habe des öfteren „in Conversation diese Worte von sich hören lassen: Ich habe diesen ganzen Winter mir angelegen seyn lassen, wider die Gewalt, so man dem Teuffel zueignet, zu schreiben. Hätte er die geringste Krafft, so würde er mich wohl darüber gestöret haben; allein weil er es nicht gethan, so habe ich daraus den Schluß gemacht, daß seine Gewalt eine bloße Chimere sey."[33] Neben allgemeinen Einwänden gegen Descartes wird gegen Bekker vor allem seine Art und Weise vorgebracht, den Text der Bibel mit seiner philosophischen Grundauffassung in Einklang zu bringen, d.h. den Teufel mehr oder minder aus ihr herauszudisputieren. Solange aber die Offenbarung den Orthodoxen als Gewißheit, eine philosophische Meinung aber nur als wahrscheinlich gilt, wird das hermeneutische Spiel durchexerziert, klare und unbestreitbare Schriftstellen gegen ihre philologischen Verdrehungen in Schutz zu nehmen. Als solche „klaren Sprüche" gelten z.B. die Verse des Paulus, *Eph.* 6 v. 12.13,

> worinnen er allerdings gewisser Substanzen gedenket, wenn er diese Geister nennet Fürsten und Gewaltige, Herren der Welt, die in der Finsterniß herrschen; böse Geister unter

31 Art. „Teuffel", a.a.O., Sp. 1588 ff. Die sechs „Rationes dubitandi" sind noch von 34 „Ausflüchten" flankiert, die die Teufelsgegner anführen. Sie werden siegreich widerlegt unter Zuhilfenahme der Schrift von Christoph Matthias Pfaffen, *Quaestio theologica de operationibus diabolicis in hoc mundo*, Tübingen 1733.

32 Um die Vorstellung der Einwirkung eines Geistes auf die Materie zu destruieren, betont Bekker die Trennung von beiden nach Descartes: „So verstehen wir nun durch Geist ein Wesen/das in allem unleiblich ist/und die geringste Gemeinschaft mit dem Leibe nicht habe." Etwas später schreibt er: „Darumb halte ich mich hieran/daß ein Geist eine denkende/und der Leib eine ausgestreckte Selbständigkeit ist." Balthasar Bekker: *Die Bezauberte Welt: Oder Eine gründliche Untersuchung Des Allgemeinen Aberglaubens [...]*, Amsterdam 1693, Buch II, S. 6 und S. 8. – Seine vernichtende Schlußfolgerung lautet: „Da ist kein Teufel/Engel noch Geist/durch menschliche Vernunfft außzufinden/noch daß sie gewiß im Wesen seyn; vielweniger/ was ein solcher thun kan/ und am allerwenigsten noch/ was er thut." Ebd., Buch III, S. 155. Als Entstehungsgrund des Dämonenglaubens gibt er an, zuerst habe das gemeine Volk aus Unverstand diese Dinge für wahr genommen, darauf hätten die Gelehrten den Aberglauben systematisiert, also „ihnen selbst den Kopff zerbrochen/ Ursache davon zu geben." Ebd., Buch III, S. 189.

33 Art. „Teuffel", a.a.O., Sp. 1599. – Walch, *Philosophisches Lexicon*, Sp. 1114.

> dem Himmel, auch zugleich ihre bösen Wirkungen anzeiget, wenn er meldet, daß man mit ihnen zu kämpfen habe, folglich müssen sie unsere wirklichen Feinde seyn.

Bekker dagegen verstehe unter diesen „Feinden" die Juden und Heiden, welche die Seelen der Christen anfechten. Schlägt man allerdings bei Bekker nach, so zeigt sich, daß diese Auslegung der Schrift noch ein anderes Argument zur Voraussetzung hat. Und diesen Punkt ignorieren beide Kritiker: Bekker glaubt nämlich nicht mehr, daß es so etwas wie „böse Geister unter dem Himmel" überhaupt geben kann. Denn diese Lesart setzt die Integration des Paulus-Briefes in den aristotelischen Kosmos voraus, in dem diese „Fürsten in der Luft" ihren festen Platz im mittleren Bereich der sublunarischen Elementarsphäre hatten. Dort konnten sie – nach Maßgabe von Gottes Zulassung – sich in bestimmte Naturphänomene einmischen (Gewitter, Hagelschläge, Regen, Reif, Schnee) und ihnen eine schadenstiftende Wirkung verleihen. Der tiefere Hintergrund, vor dem Bekker seinen Kampf gegen den Aberglauben aufnimmt, ist die Mechanisierung des Weltbildes, in der weder neuplatonisch noch aristotelisch gedachte Einwirkungen von Geist auf Materie einen Platz haben.[34]

---

34 Walch, ebd., Sp. 1119. – Art. „Teuffel", *Zedler*, Sp. 1603. – Den für gewiß gehaltenen Zusammenhang zwischen den Paulus-Stellen *Eph.* 2 v. 2 und *Eph.* 6 v. 12 mit der aristotelischen Kosmologie führt Bekker im ersten Buch seines Werkes an, und zwar im Rahmen einer allgemeinen Polemik gegen die Vorherrschaft antiker Autoren an Schulen und Hochschulen: „Diese Himmels-Gewölbe achtet er/ daß sie durch Krafft beygefügter Geister/ jähr-monatlich und täglich/ rund umb uns her gehen. Wer dieses vor wahr oder wahrscheinlich hält/ der wird auch leichtlich glauben/ daß sich die bösen Geister in der Lufft enthalten/ weil die andern Theile dieser Runde vor sie alzu rein seyn. Lieset ein solcher denn in der Schrifft von dem Fürsten, der in der Lufft herrschet/ *Eph.* 2 v. 2 oder von bösen Geistern unter dem Himmel/ *Eph.* 6 v. 12, so zweifelt er nicht/ Paulus müsse des Aristoteles Meynung sein/ und daß der Teufel oder die bösen Geister durch diese Worte zu verstehen seyn." Bekker, a.a.O., Buch I, S. 130. – Die beiden Autoren beziehen sich offensichtlich auf das 31. Kapitel des III. Buches mit der Überschrift: „Die übrigen Oerter der Schrifft/die man gemeiniglich auff den Teufel ziehet/sein bequem von bösen Menschen zu verstehen." Bekkers eigene Auslegung der schwierigen Textstellen hat aber die neue Kosmologie zur Prämisse: Die Teufel *können* nicht gemeint sein, und in der Luft halten sie sich schon gar nicht auf. Diese „zweyerlei Vorurtheile" nennt er bei den herkömmlichen Interpreten noch einmal ausdrücklich. Erst dann deutet er „die Macht von dieser Lufft" als die bösen Triebe des Herzens. Der Fürst oder Oberste aber ist „die gantze Regierung/ so der Mensch durch allen solchen Trieb und Reitzungen in seinem Hertzen hält." Praktisch führt er eine Verinnerlichung des Teufels vor. Bekker, a.a.O., Buch III, S. 223. – Bei der Passage *Eph.* 6 v. 12 zitiert er Coccejus: „Was sind die Epourania (himmlischen Dinge) anderes als unser himmlischer Zustand/ darinnen wir unter dem Neuen Testament sind." Nicht recht ist ihm aber, daß Coccejus in diesen Zustand den Satan noch „pneumatikos" hineinwirken läßt. Denn er habe doch schon Buch III Kap. 17 § 5 nachgewiesen, daß mit dem Wort „Satan" die Verfolger der Kirche gemeint seien. So kommt er auf den Sinn, „daß der Apostel seinen Christen einen Streit vorstellet/den sie von den Unchristen/es seynd Juden oder Heyden/zu leiden hatten; nicht so sehr durch leibliche Verfolgung [...] sondern durch geistliche Bestreitung des Gemühts; [...] Also ist dem hier nicht mehr als in den anderen Orten/das den Teuffel zu einem solchen grossen Meister und Herrn in der Welt machet." Bekker, a.a.O., Buch III, S. 224 f. Man sieht: Was in einem dämonologischen Weltbild selbstverständlich war, wird ihm zum hermeneutischen Problem. – Übrigens schlägt auch Kant in der Religionsschrift eine Umdeutung der Passage *Eph.* 6 v. 12 vor. Er liest sie als Bestätigung seiner Argu-

Überschlägt man den hier nur in Auszügen referierten Artikel – er enthält z.B. auch noch einen Abschnitt über Sprichwörter und Redensarten vom Teufel[35] –, so zeigt sich, daß der Teufel seine Kraft als eine äußere Macht noch behält. Was die Einwirkung auf die Seelen betrifft, so ist die Differenz zu Adam Bernd gar nicht so groß, wie man vielleicht annehmen sollte. Auch für die Orthodoxen wirkt er auf die Phantasie ein, ohne daß allerdings zusätzliche Überlegungen angestellt werden, wie diese Macht zu denken ist. Und natürlich wird der Freiheit des Willens kein so großer Raum gelassen. Andererseits gilt noch die biblisch belegte umfassende Dämonologie; Abweichungen werden erbittert bekämpft und lang und breit (wenn auch nicht immer zutreffend) referiert. Der bis dahin wirkungsvollste Angriff auf den Teufelsglauben wird von Balthasar Bekker vorgetragen; allerdings erweist sich seine enge Bindung an Descartes auch als ein gewisses Hindernis bei der Rezeption. Deutlich wird das an der Position des Christian Thomasius, der vor Bekker große Hochachtung bezeigt, seinen Cartesianischen Grundlagen aber nicht folgen will.[36] Sein vorsichtiger Teufels-Kompromiß sieht so aus: Er setzt, daß „zwar ein Teufel ausser dem Menschen sey, und daß derselbe gleichsam von aussen, jedoch auf eine innerliche und unsichtbare Weise in den Gottlosen sein Werck treibe". Dagegen leugnet er aber, „daß der Teuffel Hörner, Klauen und Krallen habe, daß er wie ein Pharisäer, oder ein Mönch, oder ein Monstrum, oder wie man ihn sonst abmahlet, aussehe". Denn einen Leib kann er nicht annehmen, noch sonst in irgendeiner Gestalt den Menschen erscheinen. Ebensowenig kann er mit Menschen ein Bündnis abschließen. All das sind Erfindungen und „Catechismus bilderchen", die sich in finsteren Zeiten in den Glauben eingeschlichen haben.[37]

---

mentation gegen die Stoiker, der Mensch habe nicht gegen seine „(an sich unschuldigen) Neigungen" zu kämpfen. „Wir haben nicht mit Fleisch und Blut (den natürlichen Neigungen), sondern mit Fürsten und Gewaltigen – mit bösen Geistern zu kämpfen" (Kant, „Die Religion innerhalb der Grenzen der bloßen Vernunft", a.a.O., S. 59) – eben mit der bösen freien Willkür, die den „Grund aller Maximen" verdirbt (ebd., S. 37). Kant deutet in diesem Zusammenhang auch an, es sei „einerlei, ob wir den Verführer bloß in uns selbst, oder auch außer uns setzen", weil uns die Schuld in jedem Fall treffen würde. Ebenso ist ihm das von Adam Bernd betonte Problem der Asymmetrie der Kräfte geläufig, denn wir würden von ihm nicht verführt werden, „wenn wir mit ihm nicht im geheimen Einverständnisse wären" (ebd., S. 60). Aber alles dies spielt sich eben nicht in der Naturanlage, sondern im Willen ab.

35 Allerdings fehlt hier gerade die für den Pietisten Adam Bernd so anstößige Redensart, man habe sich „den Teufel reiten lassen". Statt dessen prüft der gelehrte Verfasser, ob es für einen Christen zulässig ist zu sagen „dummer Teufel" oder „armer Teufel" oder „Der Teufel hat die Arbeit erdacht". Art. „Teuffel", a.a.O., Sp. 1613 ff.

36 Was den Erfolg von Bekkers Buch betrifft, so weiß Walch zu berichten, daß 1691 innerhalb von zwei Monaten 4000 Exemplare verkauft worden sein sollen. Walch, *Philosophisches Lexicon*, Sp. 1114. – Zum Verhältnis von Bekker und Thomasius vgl. Kittsteiner, „Spee–Thomasius–Bekker: ‚Cautio Criminalis' und ‚prinzipielles Argument'", in: *Die politische Theologie Friedrich von Spees*, herausgegeben von Doris Brockmann und Peter Eicher, München 1991, S. 191-218, hier S. 205 ff.

37 Christian Thomasius, *Vom Laster der Zauberei. Über die Hexenprozesse*, herausgegeben von Rolf Lieberwirth, München 1986, S. 45, S. 71 und S. 221 ff.

4. Die „Non-Existenz" des Teufels

Trotz dieser Einschränkung bleibt Thomasius aber dabei, daß er sehr wohl verstehen könne, wie der Teufel, als ein „Fürst in der Lufft, das ist, ein geistliches oder unsichtbares Wesen" existiere, und wie er „auff eine geistliche oder unsichtbare Weise vermittelst der Lufft, oder auch wässeriger und erdener Cörperchen in den gottlosen Menschen seine Wirckung hat".[38] Eine neue Stufe auf dem Weg zur Abschaffung des Teufels wird erst beschritten, als mit der historisch-philologischen Textkritik an der Bibel neue Möglichkeiten entstehen, die Überlieferung mit dem moralischen Empfinden und mit der neuen Kosmologie in Einklang zu bringen, Unvereinbares aber auszuscheiden. In Deutschland leistet diese Arbeit die neologische Theologie um Jerusalem, Semler, Ernesti, Michaelis und Teller; sie ist es auch, die sich bei gegebenem Anlaß in den letzten großen Teufelsstreit stürzt.[39] Dieser Anlaß ist ein eher marginaler Fall von „Besessenheit", der 1759 von dem Kemberger Propst Gottlieb Müller in der „Gründlichen Nachricht von einer begeisterten Weibesperson" veröffentlicht wurde. Es geht um die Visionen der Dienstmagd Anna Elisabeth Lohmann, aus der bald Engel, bald Teufel sprechen. Da in dieser Geschichte das nicht ganz zu klärende Verhältnis zu einem Jägerburschen eine Rolle spielt, ergeht sich der Böse in handfesten Andeutungen: „Ha, ha, ha, ha! nu habe ich sie wacker gequälet! nu habe ich ihr rechte Schande gemacht! Sie darfs nicht einmahl sagen, wo ich sie alle gequälet habe! Sie darfs nicht sagen! Sie darfs nicht sagen! ha, ha, ha ha!" In einer Serie von Antwortschreiben prasseln daher Hohn und Spott auf die Lohmannin und ihren Propst hernieder.[40] Auch Johann Salomo Semler beteiligt sich an der öffentlichen De-

---

38 Thomasius, ebd., S. 47. – 1699 hatte Thomasius einen „Versuch vom Wesen des Geistes" herausgegeben, in dem er gegen Descartes mechanische Philosophie eine vom Geist durchdrungene und bewegte Materie annimmt. Der Geist ist jene Kraft, die die Materie „ausspannet, zertheilet, vereiniget, zusammen drucket, anziehet, von sich stösset, erleuchtet, erwärmet, erkältet, durchdringet, mit einem Wort, in die Materie würcket und ihr die gehörige Gestalt giebt". Thomasius, zit. nach Walch, *Historische und Theologische Einleitung,* Bd. III, 1, S. 44. Walch beklagt, daß man von orthodoxer Seite im Streit mit Thomasius um die Möglichkeit der Hexerei diese Schrift nicht gebührend berücksichtigt habe, obwohl sie die Grundlage seiner Auffassung darstelle. Denn da er die Luft für einen Geist halte, konnte er „allezeit drauf bestehen, der Teuffel kan keinen Leib annehmen, indem dieses vermittelst der Lufft geschehen müste; die aber kein Cörper; sondern ein Geist sey." Ebd., S. 46.

39 Karl Aner, *Die Theologie der Lessingzeit,* Halle/Saale 1929, S. 202 ff. und S. 234 ff.

40 Gottlieb Müller, *Gründliche Nachricht von einer begeisterten Weibesperson Annen Elisabeth Lohmannin von Horsdorf in Anhalt-Dessau [...],* Wittenberg ²1760. – Ders., *Anhang zur gründlichen Nachricht von einer begeisterten Weibesperson [...],* Frankfurt-Leipzig 1760. In der erstgenannten Schrift teilt Müller mit, der Jägerbursche sei einen Kreis um die Magd geritten und habe gesagt, „daß er wohl was könne," worüber sie erschrocken sei. Ebd., S. 17 f. Obwohl er beteuert, „er habe nichts mit ihr vorgehabt," scheint es sich eher um eine sexuelle Anspielung zu handeln, die sie als Bezauberung auffasst. Ebd., S. 48 f. Vgl. auch S. 116, wo der „Böse" aus ihr spricht. Da er sie „wacker gequält" habe, sei sie zum Ehestande untauglich gemacht. Vgl. Anonym, *Das bezauberte Bauernmägden: Oder Geschichte von dem anjetzo in Kemberg bey Wittenberg sich aufhaltenden Landmägden Johannen Elisabeth Lohmannin; aufgesucht von einem vom Vorurtheil Befreyeten, und mit Anmerkungen eines Rechtsgehalten versehen,* Breslau

batte; die Sache mit dem „Ehestande“ und mit „gewissen Gliedern“ will er auf sich beruhen lassen. Er ergreift die Gelegenheit, um zu zeigen, daß alle Fälle von „Besessenheit“ – und das gilt auch für das Neue Testament – entweder erfunden sind oder sich natürlich erklären lassen. In einer Abgrenzung gegen Balthasar Bekker läßt er allerdings noch die Möglichkeit zu, daß es zu Christi Zeiten gottgewollte Ausnahmen von diesem Grundsatz gegeben haben mag. Auch den moralischen Einfluß der bösen Geister will er zugestehen, nur die leibliche Besitzung durch den Satan wird als unchristlich verworfen.[41]

Einen anderen Weg schlägt Georg Friedrich Meier in seinen „Philosophischen Gedanken von den Würkungen des Teufels auf dem Erdboden“ (1760) ein. Er erneuert die alte Vorstellung, daß der Teufel einen „subtilen Körper“ habe, der in den menschlichen Körper von außen eindringen kann. Er verwahrt sich allerdings entschieden dagegen, den Satan zum „Packesel“ für alle Sünden zu machen. Nichts sei gewöhnlicher, als daß die Prediger selbst die Schuld der Sünde auf den Satan schöben, man müsse sich daher nicht wundern, wenn das Kirchenvolk dies nachspräche. Er selbst hält eine psychologische Erklärung bereit: Während des Sündigens, solange der Mensch noch durch „die Süßigkeit der Sünde berauscht ist“, fällt ihm gar nicht ein, sich für ein Werkzeug des Teufels zu halten. Erst wenn er zur Besinnung gekommen ist und die moralische Norm sich wieder etabliert hat, will man es nicht glauben, daß man imstande gewesen sein soll, so schlecht zu handeln: „Er bürdet die ganze Schuld dem Teufel auf, und hält seine Ehre nunmehr für hinlänglich gesichert.“[42]

1760: „Dißmal ist die Jungfer Lohmannin offenherzig gewesen, und hat zu verstehen gegeben, wo es ihr eigentlich fehle. Es hätte sich die Mühe verlohnt, sie genau auszufragen, worinnen diese Quaal bestanden? Allein diese Untersuchung hätte kein Wasser auf des Herrn Propstes Mühlen gegeben.“ Ebd., S. 103. – Vgl. mit demselben Tenor: Antidämoniacus (i. e. Johann Gottlieb Bobbe), *Vermischte Anmerkungen über Sr. Hochwürden des Herrn Probstes und Superintendenten in Kemberg Herrn Gottlieb Müllers gründliche Nachricht [...]*, Bernburg 1760, S. 40 f.

41 Johann Salomo Semler, *Abfertigung der neuen Geister und alten Irrtümer in der Lohmannischen Begeisterung zu Kemberg nebst theologischem Unterricht von dem Ungrunde der gemeinen Meinung von leiblichen Besitzungen des Teufels und Bezauberungen der Christen*, Halle 1760, S. 116. – Das Zentrum seiner Argumentation: Alle leiblichen „Besitzungen“ sind erfunden. Ebd., S. 289 ff. Interessant ist Semlers Verhältnis zu Balthasar Bekker; er beruft sich mehrfach auf ihn, S. 196, S. 247 und vor allem im Zusammenhang mit *Eph.* 6 v. 12, S. 256 f., grenzt sich aber gleichzeitig vorsichtig von ihm ab. Vgl. den Anhang über Bekker, S. 317-328.

42 Georg Friedrich Meier, *Philosophische Gedanken von den Würkungen des Teufels auf dem Erdboden*, Halle 1760. – Meier wiederholt die auch bei den Kirchenvätern bekannte Auffassung, der Teufel sei kein reiner „Geist“, sondern verfüge über einen „subtilen Körper“. Ebd., S. 105. Vgl. Art. „Geister (Dämonen)“ C. III im *Reallexikon für Antike und Christentum*, Sp. 729. Zur Kritik an der üblichen Kanzelsprache schreibt er: „Nichts ist bey vielen Predigern gewöhnlicher, als daß sie, wenn sie das Gewissen lasterhafter und gottloser Leute rühren wollen, beynahe nichts weiter sagen, als: daß sie sich von dem Teufel haben blenden lassen, daß sie Sclaven des Teufels sind, daß sie Teufelskinder sind, daß sie der Teufel gleichsam am Stricke führe, und was dergleichen Redensarten mehr sind.“ Ebd., S. 132. Man müsse sich daher nicht wundern, wenn die Pfarrkinder dies nachsprächen und zu ihrer Entschuldigung anführten. Ebd., S. 133 und S. 136.

In seinem „Wörterbuch des Neuen Testaments“ (1772) bezeichnet Abraham Teller die Lehre von den Teufeln als einen Teil der „höhern speculativen Philosophie der Juden“; ihnen schrieben sie alles physische und moralische Unglück in der Welt zu. Diese Lehre sei aber sehr mißbraucht worden, und weder Jesus noch die Apostel hätten sie zu einem „Erkänntnißstück der allgemeinen Religion“ gemacht. Die Quelle alles Guten sei vielmehr Gott; die Frage nach dem Ursprung des Bösen aber habe der Mensch bei sich selbst zu suchen.[43] Inzwischen war im Zusammenhang mit den Wunderkuren des Johann Joseph Gaßner ein neuer Teufelsstreit entbrannt; als Verfechter des orthodoxen Standpunkts tat sich M. G. H. Köster aus Gießen hervor mit seiner „Demütigen Bitte um Belehrung an die großen Männer, welche keinen Teufel glauben“. Im Verlauf dieser Debatte wurde auch – fast hundert Jahre nach dem ersten Erscheinen – Balthasar Bekkers „Bezauberte Welt“ noch einmal neu übersetzt.[44]

Zu den bemerkenswerten Arbeiten in dieser Auseinandersetzung gehört die Schrift eines kleinen Landgeistlichen aus der Mittelmark, Christian Wilhelm Kindleben. Er drückt so etwas wie den aufgeklärten *common sense* aus, wenn er gleich eingangs postuliert, „daß es keinen Teufel gebe, wiefern man darunter eine Substanz, oder ein geistiges Wesen, dem eine Persönlichkeit zukommt“ verstehe; vielmehr sei alles, was in der Bibel unter diesem Namen vorkomme, nur die uneigentliche Vorstellung von jenem abstrakten Begriff, „den wir in der Philosophie das moralische Uebel, und das leibliche Böse überhaupt zu nennen pflegen“. Er beruft sich auf Semler, Nösselt, Michaelis und Teller. Der „Fürst, der in der Luft herrscht“ (*Eph.* 2 v. 2) bedeutet dann eben nur „eine mächtig herrschende oder dikke Finsterniß, und dann, wenn wir den Tropus weglassen, Unglauben, Unwissenheit und herrschende Laster“.[45] Auch auf dem Gebiet der praktischen Moral werden Staat und Gesellschaft vom Verschwinden des Teufels nur profitieren: „Ists nicht weit besser und faßlicher, wenn ich dem gemeinen Mann gerade heraus sage: Die Hauptsache, darauf es bey dem Christenthum und bey der Erlangung des göttlichen Wohlgefallens ankommt, ist rechtschaffene Besserung und thätiger unermüdeter Fleiße im Guten“ – anstatt ihn auf den langen Umweg von Buße, Glauben, Gnadenwahl, Bekehrung, Wiedergeburt, Erneuerung, Erlösung und Heiligung zu schicken. Was soll man ihn noch mit jüdischen Fabeln vom Teufel behelligen? Vor nichts anderem soll der Christ sich fürchten, als vor Gott und seinem eigenen Gewissen. Der Teufel existiert nur in den Gehirnen von veralteten Theologen und in den Herzen böser Menschen; leuchtet man dessen „verborgene Tiefen“ aus, so wird es nicht mehr möglich sein, sich mit der Ausflucht

43 Wilhelm Abraham Teller, *Wörterbuch des Neuen Testamentes zur Erklärung der christlichen Lehre*, Berlin ²1773, Art. „Satan, Teufel“, S. 229 ff. In einem Anhang wendet er sich vor allem gegen die Auffassung vom Teufel „als dem Urheber sündlicher Einbildungen und Begierden“. Ebd., Anhang, S. 89.

44 Aner, *Theologie der Lessingzeit*, a.a.O., S. 241. Vgl. auch Gustav Roskoff, *Geschichte des Teufels*, Leipzig 1869, Bd. 2, S. 501 ff.

45 Anonym (i. e. Christian Wilhelm Kindleben), *Ueber die Non-Existenz des Teufels. Als Antwort auf die demüthige Bitte um Belehrung an die großen Männer, welche keinen Teufel glauben*, Berlin 1776, S. 4 f. und S. 17 f.

zu entschuldigen, Satan habe alles Böse eingegeben. „Suche den Teuffel nicht ausserhalb, suche ihn nicht in der Bibel; er ist in deinem Herzen."[46]

Dem armen Kindleben ist diese Abschaffung des äußerlichen Teufels nicht gut bekommen; wie schon Adam Bernd mußte auch er zu Kreuze kriechen, da man ihn für unwürdig erklärt hatte, jemals in dieser Welt glücklich und vor allem „versorgt" zu werden. Viel geholfen scheint ihm sein Widerruf nicht zu haben.[47] Aber die neue Grundlage wird deutlich: Aus dem personalen Teufel wird „das Böse", ein psychologisch-philosophisches Prinzip nicht außerhalb, sondern innerhalb des Menschen. Es ist nun interessant zu sehen, daß mit dieser vollzogenen Verinnerlichung auch Erklärungen auftauchen, die nun umgekehrt den Satan als eine „Projektion" deuten; etwas, das im Grunde immer schon „in" dem Menschen war, ist nur in den Zeiten des Aberglaubens zu einer Macht „außer" ihm gemacht worden. Es entstehen frei spekulierende, projektiv-genetische Erklärungen, die sich auch nicht mehr an das Wort der Schrift gebunden fühlen. Wie ist wohl die Idee des Teufels entstanden, fragt 1776 ein Anonymus, und er antwortet:

> Mir dünkt, es ging so zu! – Man that Dinge, die üble Folgen hatten, – wie wir Menschenkinder alle gethan haben, thun, und thun werden, [...] man fühlte doch in sich den Wunsch wohl und glücklich zu seyn; – den Wunsch entgegenstehend zu handeln; – konnte diesen Wunsch mit dem entgegenstehenden Betragen nicht reimen, keine Ursache vom Bösen in sich finden – man suchte sie ausser sich. – Hier schuf der Mensch eine Ursache alles Bösen außer sich. – Sein Stolz – nicht irren, nicht fehlen zu können, gab ihm das Argument. – Da stand der Teufel.[48]

---

46 Kindleben, ebd., S. 35 f. und S. 24. – In die gleiche Richtung argumentiert ein anonym gebliebener Schüler Semlers in seiner Schrift: *Versuch einer biblischen Dämonologie, oder Untersuchung der Lehre der heil. Schrift vom Teufel und seiner Macht. Mit einer Vorrede und einem Anhang von Johann Salomo Semler*, Halle 1776. In der Aufklärung fällt die dämonische Seite von Gott ab, die ihm im Alten Testament durchaus noch zukam. Vgl. dazu: Herbert Haag, „Der Teufel in Judentum und Christentum", in: *Saeculum* 34, 1983, S. 248-258. Jetzt dagegen ist ein von Gott abgespaltener Teufel unter moralischem Gesichtspunkt überflüssig geworden: „Wir werden Gott ohne Furcht dienen und uns unseres Heilandes ruhig freuen. Das Evangelium sagt nicht, daß der grundgütige Gott, einem durchaus verderbten und bösen Geist, Macht und Gewalt gegeben habe, uns arme schwache Menschen zu Sünden und Lastern zu reizen, sein Reich zu hindern, seinen Segen aufzuhalten, den Glauben und dessen Uebung zu hindern und schwer zu machen, und bey dem allen uns noch zu schrecken, zu plagen, zu peinigen, und über das alles uns noch bey ihm anzuklagen und zu verleumden." *Versuch einer biblischen Dämonologie*, S. 311.

47 Kindleben, *Der Teufeleien des achtzehnten Jahrhunderts letzter Akt [...]*, Leipzig 1779. Der glatte Widerruf: „Wer die Existenz des Teufels und seine Persönlichkeit läugnet, der verstößt zuerst wider die Philosophie und hernach wider die Bibel" (ebd., S. 20), und sein Bedauern über seinen „unzeitigen Eifer" (ebd., S. 50) gegen die Orthodoxie hat ihm die Predigerstelle nicht zurückgebracht. 1781 veröffentlicht er wieder eine Schrift gegen Köster in Gießen, den Rest seines Lebens (gest. 1785) schlägt er sich als freier Publizist durch.

48 Anonym (i. e. Whaeret), *Doch die Existenz und Würkung des Teufels auf dieser Erde, gründlich und ausführlich erwiesen*, Nürnberg 1776, S. 32.

5. Zwischenbilanz: „Verinnerlichung" und „Projektion"

Diese aufgeklärte Lösung des Problems, den Teufel als „das Böse" in den Menschen hineinzunehmen und umgekehrt seine historische Entstehung als „Projektion" zu erklären, ist bis heute folgenreich geblieben. Dabei gilt die Haltung, „das Böse als seine eigene Sache zu akzeptieren", als die einzig mögliche Position der Verantwortlichkeit, die „Projektion" dagegen als eine bedenkliche Entlastungsstrategie. Wie geht der Mensch mit dem Bösen um?

> Grundsätzlich gibt es dafür zwei Möglichkeiten: Entweder akzeptiert er das Böse als sein eigenes Problem oder aber er projiziert es aus sich heraus auf eine außerirdische, transzendente Welt. [...] Diese anderen waren in der Regel Götter, Dämonen, Teufel, böse Geister, welcher Art auch immer.[49]

Mit dem Modell der „Projektion" arbeitet auch Sigmund Freud in seinem Aufsatz über eine „Teufelsneurose" aus dem 17. Jahrhundert, wenn er erklärt:

> Die Dämonen sind uns böse, verworfene Wünsche, Abkömmlinge abgewiesener, verdrängter Triebregungen. Wir lehnen bloß die Projektion in die äußere Welt ab, welche das Mittelalter mit diesen seelischen Wesen vornahm; wir lassen sie im Innenleben der Kranken, wo sie hausen, entstanden sein.

Ebenso klar und eindeutig ist seine Bestimmung des Aberglaubens:

> Aberglaube ist zum großen Teil Unheilserwartung, und wer anderen häufig Böses gewünscht, aber infolge der Erziehung zur Güte solche Wünsche ins Unbewußte verdrängt hat, dem wird es besonders nahe liegen, die Strafe für solches unbewußtes Böses als ein ihm drohendes Unheil von außen zu erwarten.

In beiden Fällen liegen die wirklichen Ursachen „innen", sie sind aber nach „außen" projiziert, herausgeschleudert, und bringen dann jene Phänomene hervor, von denen umgekehrt eine Einwirkung auf das Innere erwartet oder befürchtet wird.[50]

Eine Überlegung des Altphilologen Bruno Snell gibt zu bedenken, ob mit diesem Modell ein Historiker versuchen sollte, kulturelle Gestalten wie Götter oder Dämonen zu erklären. Er macht eine kurze Bemerkung zu einem Satz Goethes, die auf die historische Variabilität der Grenzlinie zwischen Innen und Außen hinweist. Der Goethe-Vers lautet: „Was der Mensch als Gott verehrt, ist sein eigenstes Innere herausgekehrt." Snell, im Hinblick auf die Homerische Zeit und den Glauben an die olympischen Götter, setzt dagegen, historisch könne man genau umgekehrt sagen: „Das Innere des Menschen ist das Göttliche in den Men-

49 Haag, „Der Teufel in Judentum und Christentum", a.a.O., S. 248 u. S. 258.

50 Freud, „Eine Teufelsneurose im siebzehnten Jahrhundert", *GW*, a.a.O., Bd. 13, S. 318. – Freud, „Zur Psychopathologie des Alltagslebens", *GW* Bd. 4, S. 289.

schen hineingenommen. Denn was später als ‚Innenleben' interpretiert wird, stellt sich ursprünglich als Eingriff der Gottheit dar."[51] Eine solche Umkehrung würde nicht mehr und nicht weniger bedeuten, als daß der Mensch im Verlauf seiner Entwicklung sich erst allmählich jene Gestalten einverleibt, die zunächst außer ihm existiert haben, und die von außen her auf ihn einwirken, fremde Mächte, fremde Kräfte, die nach und nach zu eigenen Vermögen oder Trieben werden und die in ihrer Gesamtheit schließlich das bilden, was wir heute als unsere „Psyche" betrachten. Der Satz Goethes wäre dann historisch lokalisierbar: Er wird überhaupt erst möglich, wenn ein solcher Prozeß der Verinnerlichung zu einem gewissen (vorläufigen) Abschluß gekommen ist, wenn die äußere Existenz von Göttern oder Dämonen nicht mehr geglaubt wird, umgekehrt das „Ich" sich aber als so reich empfindet, daß es diese ganze Welt zu seiner Projektion erklären kann.

Daß der psychologischen Deutung von Religion und Mythos eine bestimme Auffassung der „Subjektivität" zugrunde liegt, betont auch K. Hübner. Erst mit der Cartesianischen Unterscheidung von Subjekt und Objekt sei eine Trennung von Innen und Außen hervorgebracht worden, die eine psychologische Erklärung ermöglicht. Dem Selbstverständnis früherer Zeiten vor diesem Einschnitt werde man damit nicht näherkommen. Andererseits dürfe man sich nicht verhehlen, daß etwa eine „numinose" Deutung des Mythos eine nicht zu unterschätzende Zumutung mit sich bringt:

> Wenn der Mythos als in einer numinosen Wirklichkeit verwurzelt betrachtet, ja erlebt wird, dann bedeutet das doch nichts anderes, als daß man ihn in irgendeiner Weise für wahr hält. Wie aber läßt sich eine solche Auffassung vor unseren heutigen, von der Wissenschaft geprägten Vorstellungen von Wahrheit rechtfertigen?[52]

Mit anderen Worten und auf unser Thema bezogen: Wenn es ein Anachronismus ist, den Teufelsglauben der Menschen des 16. und 17. Jahrhunderts mit dem Begriff der „Projektion" erklären zu wollen, wie kann man dann einem Verständnis ihrer Denk- und Verhaltensweisen näherkommen, ohne nun umgekehrt ihre Denkvoraussetzungen in unsere Zeit zu transportieren?

Etwas vom Schwanken zwischen Zustimmung und Verwerfung des aufklärerischen Begriffs der „Projektion" wird im Werk C. G. Jungs deutlich. Zum einen nimmt er an, daß Denken einmal wesentlich „Offenbarung" war, Götter also nichts Erfundenes, sondern „Aufgenötigtes oder durch seine unmittelbare Tatsächlichkeit Überzeugendes". Solche Wesen waren zunächst Naturkräfte, und beim „Primitiven" tummeln sie sich auch noch „fröhlich projiziert auf weiter Flur". Doch dann hält er inne und bemerkt: „Das Wort ‚Projektion' paßt eigentlich schlecht, denn es ist nichts aus der Seele hinausgeworfen worden, sondern vielmehr ist die Psyche durch eine Reihe von Introjektionsakten zu der Komplexität geworden, als die wir sie

51 Bruno Snell, *Die Entdeckung des Geistes. Studien zur Entstehung des europäischen Denkens bei den Griechen*, Göttingen [4]1975, S. 36.

52 Kurt Hübner, *Die Wahrheit des Mythos*, München 1985, S. 57, S. 86 und S. 82.

heute kennen."[53] Er benennt auch die historische Zäsur, in der sich dieses Verhältnis verändert hat:

> Beim naiven Menschen waren diese Dinge natürlich nie vom Individualbewußtsein getrennt, weil ja die Götter, Dämonen usw. nicht als seelische Projektionen und damit als Inhalte des Unbewußten verstanden waren, sondern als selbstverständliche Realitäten. Erst in der Aufklärungsepoche fand man, daß die Götter doch nicht wirklich existierten, sondern Projektionen waren. Damit waren sie auch erledigt. Aber die ihnen entsprechende psychologische Funktion war keineswegs erledigt, sondern verfiel dem Unbewußten, wodurch die Menschen selber vergiftet wurden durch einen Überschuß an Libido, der vorher im Kult des Götterbildes angelegt war.[54]

In anderen, gegenläufigen Passagen betrachtet Jung die Götter als Resultat einer urtümlichen Projektion, die als äußere Form durch Religion und Kult außerhalb der Psyche erhalten wurde. Verfallen die Kulte der Kritik, dann kehren die Archetypen wieder in die menschliche Seele zurück, von der sie einmal ausgegangen waren.[55]

Nun geht es uns weder um eine Diskussion des „Archetypus" noch um die sowohl bei Freud als bei Jung vorausgesetzte enge Beziehung der Götter/Dämonen zu einem „Unbewußten". Ein Historiker, der sich mit Kultur- und Mentalitätsgeschichte des 17. und 18. Jahrhunderts befaßt, befindet sich in der glücklichen Lage, derartige Fragen nach dem Ursprung der Vorstellungen von Gott und Teufel nicht lösen zu müssen.[56] Vielmehr hat er es mit traditionell anerkannten Realitäten zu tun, die über einen bestimmten Zeitraum hinweg eine feste, ikonographisch beschreibbare Gestalt angenommen haben.[57] Thomasius' Hinweis auf die Auswirkungen der „Catechismus bilderchen" (vgl. S. 14) ist zu beherzigen: Der Teufel

---

53 Carl Gustav Jung, „Die Archetypen und das kollektive Unbewußte", *Gesammelte Werke*, Bd. 9,1, Olten-Freiburg i. Br., S. 34 f. Vgl. zu diesem Problem bei Jung: Georg Baudler, „Zum Ursprung der religiösen Symbolik: ‚Archetypen der Seele' (C. G. Jung) oder wahrgenommene Wirklichkeit?", in: *Mnemosyne. Festschrift für Manfred Lurker zum 60. Geburtstag (= Bibliographie zur Symbolik, Ikonographie und Mythologie. Internationales Referateorgan.* Ergänzungsband 2), Baden-Baden 1988, S. 71-91.

54 C. G. Jung, *Über die Psychologie des Unbewußten*, Zürich [5]1943, S. 168 f.

55 Jung, „Die Archetypen und das kollektive Unbewußte", a.a.O., S. 22 und S. 38. – Baudler, „Zum Ursprung der religiösen Symbolik", a.a.O., S. 73.

56 Unter Rückgriff auf E. B. Tylors These von „survivals", d.h. „solcher Phänomene, die sich [...] aus einer Kulturstufe in eine oder mehrere spätere erhalten haben, ohne dort noch wirklich begründet oder verstanden zu sein", kommt C. Colpe zu dem Schluß, daß Vorstellungen von Dämonen als traditionell anerkannte Realitäten genommen werden können, „ohne daß eine Theorie über ihren Ursprung mitbedacht zu werden braucht". Art. „Geister (Dämonen)" im *Reallexikon für Antike und Christentum*, a.a.O., Sp. 549 f.

57 Zum kurzen Überblick vgl. den Art. „Teufel" im *Lexikon der christlichen Ikonographie*, herausgegeben von Engelbert Kirschbaum SJ, Rom-Freiburg-Basel-Wien, Bd. 19, S. 295-300. – Um ein Detail zu nennen: zur Herkunft der Fledermausflügel in den Teufelsdarstellungen seit der zweiten Hälfte des 13. Jahrhunderts vgl. Jurgis Baltrusaitis, *Das phantastische Mittelalter. Antike und exotische Elemente in der Kunst der Gotik*, Frankfurt/M.-Berlin-Wien 1985, S. 192 ff.

entsteht nicht jeweils neu aus Projektionen, sondern er ist immer schon da, sowohl als Bestandteil der sogenannten „Volkskultur" als einer Kultur der Gelehrten, zwei Ebenen übrigens, die keine klar voneinander abgeschotteten Bereiche bilden, sondern die durch die Bemühung um eine „innere Mission" vielfältig miteinander verbunden sind. Allenfalls könnte man sagen, daß sich Projektionen an diese schon vorfindliche Gestalt anlagern. Aber auch das trifft den Sachverhalt nur bedingt. Es ist auffällig, daß Freud bei seiner Bestimmung des „Aberglaubens" betont, durch die „Erziehung zur Güte" dürften sich böse Wünsche nicht offen äußern und bildeten dann die Grundlage für eine Unheilserwartung von außen (vgl. S. 76). Aber wer sagt denn, daß eine solche Erziehung vor allem bei den unteren Schichten in der Frühen Neuzeit schon im nennenswerten Maß stattgefunden hat? Sofern ein Bund mit dem Teufel die Kraft für einen Schadenszauber gibt, werden solche Angriffe auf die „Nahrung" unnachsichtig verfolgt und die vermeintlichen Verursacher mit einer offenen Schuldzuweisung bedroht.[58] Es läßt sich gut verfolgen, wie an solchen Punkten zumindest Teile des Gelehrtenstandes eingreifen; das theologische Wissen vom Teufel tradiert einerseits die Vorstellung von ihm, andererseits kann es aber auch auf die Einschränkung seiner Gewalt über die Menschen ausgerichtet sein. Die Vertreter der „gemäßigten Hexenlehre" in der Nachfolge des schwäbischen Reformators Johannes Brenz beispielsweise nehmen einen solchen Eingriff vor. Unter Berufung auf das Buch Hiob stärken sie den Begriff der göttlichen „Zulassung" und setzen zugleich den Einfluß des Teufels auf die Materie herab. Gott ist der Herr des Gewitters – auch des schadenstiftenden Unwetters, in dem er seinen Satan wirken läßt. Dessen Anteil besteht aber nur noch darin, seine Anhänger, Unholde und Hexen zu verblenden, so daß sie glauben, sie hätten mit ihren Sprüchen und Vorkehrungen den Schaden bewirkt. Er läßt sie also eine falsche kausale Zurechnung erleben. Letzter Zweck dieser Hexenlehre ist wiederum die Einübung der „Culpabilisation"; die Menschen sollen lernen, daß nicht die „Hexen", sondern sie selbst in ihrer Sündhaftigkeit der Grund dafür sind, daß Gott diese schweren Wetter schicken mußte.[59]

An solchen Knotenpunkten verändert sich das Bild des Teufels; dieser Wandel ist aber kein nur theoretischer oder psychischer Prozeß, sondern er wird vorangetrieben im Rahmen eines Dialogs zwischen einer gebildeten Schicht und einer gleichsam zu einer experimentellen Akkulturation freigegebenen Masse der Bevölkerung. Dieser Dialog ist aber nicht gewaltfrei; hinter der „normsetzenden Schicht" steht der Prozeß der von G. Oestreich so genannten frühneuzeitlichen „Fundamentaldisziplinierung"; die derartig zur Räson Gebrachten setzen diesem Eingriff in ihre Lebenswelt aktiven, vor allem aber passiven Widerstand entgegen.[60]

58 Kittsteiner, „Das Gewissen im Gewitter", in: ders., *Gewissen und Geschichte. Studien zur Entstehung des moralischen Bewußtseins*, Heidelberg 1990, S. 53 ff. – Kittsteiner, *Die Entstehung des modernen Gewissens*, a.a.O., S. 396.

59 Kittsteiner, ebd., S. 51 ff.

60 Vgl. zum Gesamtproblem die beiden Aufsatzsammlungen: Gerhard Oestreich, *Geist und Gestalt des frühmodernen Staates. Ausgewählte Aufsätze*, Berlin 1969. – Ders., *Strukturprobleme der frühen Neuzeit. Ausgewählte Aufsätze*, herausgegeben von Brigitta Oestreich, Berlin 1980. – Zum Widerstand gegen diese Disziplinierungsversuche: Kittsteiner, *Die Entstehung des modernen Gewissens*, S. 293 ff.

Insofern drückt die jeweilige symbolische Ausgestaltung des „Guten" oder des „Bösen" zugleich eine gesellschaftliche Machtkonstellation aus; sie verweist auf den Zustand des sozialen Zusammenlebens und auf das Verhältnis der Gesellschaft zur Natur. Da der Wandel in diesem Beziehungsgeflecht im 18. Jahrhundert (zumindest in der gebildeten Schicht) erheblich ist, bietet es sich für eine Untersuchung der Abfolge von Akkulturationsdiskursen geradezu an.

Die zu Beginn noch gültige Position kann so umschrieben werden: Es gibt außerhalb des Menschen personal zu denkende gute und böse Substanzen, deren Kraft an ihren Auswirkungen in der Natur und den Einwirkungen auf die Seele des Menschen erfahren werden kann. Dabei ist das Innere des Menschen keineswegs leer; er verfügt über eine Triebausstattung und über eine gewisse Kraft zur Affektkontrolle. Da aber das natürliche Vermögen zum Guten als durch den Sündenfall geschwächt gilt, werden die von außen kommenden Beeinflussungen als eine Art von *Kraftverstärkung* aufgefaßt, wobei von vornherein einleuchtet, daß für die Hinneigung zum Guten größere Kräfte aufgewendet werden müssen, da die verbliebenen natürlichen Anlagen ohnehin zum „Bösen" inklinieren. Nur in Buße, Glaube und Gebet kann der Christ die seine eigenen schwachen Mittel verstärkende Gnade Gottes auf sich herabziehen und die Mächte des Bösen zurückdrängen. Aber in den letzten Dezennien des 17. und vor allem dann im 18. Jahrhundert hellt sich diese pessimistische Anthropologie allmählich auf. Aus dem noch ambivalenten Gott des Zorns und der Gnade, der seine Christen durch die „Zulassung" des Bösen erschreckt oder im Glauben prüft, wird der gleichmäßig-liebende Vatergott, der seine Schöpfung auf die Glückseligkeit der Menschen hin ausgerichtet hat. Auf der anderen Seite wird die Gewalt des Satans kontinuierlich eingeschränkt. Aus den schädlichen Naturphänomenen, in denen er bislang unter den Auspizien Gottes seine Macht demonstrierte, wird er von den neuen Naturwissenschaften vertrieben. Und auch sein negativer Einfluß auf die Seele scheint im Rückgang begriffen. Die „normsetzende Schicht" ist erfüllt von dem Glauben, aus eigenen Kräften im Guten bestehen zu können; im Hinblick auf die unteren Schichten hat sich die Argumentation durchgesetzt, daß Satan dort ohnehin nur als Alibi benutzt wurde, um sich der Zurechnung für das eigenverantwortliche Handeln zu entziehen. In der gebildeten Schicht schwindet die Auffassung, von äußeren Kraftzuflüssen im eigenen Verhalten abhängig zu sein; den unteren Schichten wird diese neue Einsicht als Norm oktroyiert. In beiden Fällen wird das verbleibende „Böse" verinnerlicht. Genau besehen ist diese von der Aufklärung geleistete Verinnerlichung des Bösen zunächst nur eine kulturelle Forderung, die ihre Bewährungsprobe noch gar nicht bestanden hat. Man muß daher fragen, ob nicht die innere Lokalisierung des Bösen so gelagert war, daß sie den Anforderungen an eine Selbstkontrolle aus eigener Kraft genügen mußte. Hat man es sich mit dem Bösen zu leicht gemacht? Ja und nein. Denn auf der anderen Seite – wir hatten es eingangs betont – bleibt „böses" Handeln für den Fortgang der Geschichte notwendig; teleologisch gebändigt dient es geradezu als Antriebsmotor für den Prozeß der Zivilisierung der menschlichen Gattung. Diese beiden Komponenten verbinde ich zu einer Schlußthese: Die spezifische innere Lokalisierung des Bösen, wie Kant sie in der „Religion innerhalb der Grenzen der bloßen Vernunft" vornimmt, war notwendig, um zusätzliche Argumente für die teleologische Einhüllung der Geschichte zu finden. Erst mit dem Zusammenbruch der Geschichtsteleologie in der zweiten Hälfte des 19. Jahrhunderts wurde auch wieder der Blick frei für eine realistischere Anthropologie.

6. Das Böse im Menschen und in seiner Geschichte

„Den Bösen sind sie los, das Böse ist geblieben" variiert Hegel den Vers Goethes.[61] Die philosophische Frage nach dem Bösen bleibt bestehen, auch wenn das personal gedachte Böse in Theologie und Volksreligion von der Aufklärung überwunden ist. „Es fallen also übern Haufen" – notiert Herder in Kants Vorlesung über Pneumatologie – alle „Kobolds und Poltergeister", alle Erscheinungen von abgeschiedenen Seelen, alle Zauber- und Hexengeschichten, Verschwörungen mit den Teufeln, und auch die „Besitzungen, da der Mensch nicht willkürlich handelt, sondern sein leib ein organischer leib des Teufels ist", ein Themenbereich, bei dem Kant zeigt, daß er natürlich Semlers Polemik gegen die „Lohmannin" sehr wohl kennt.[62]

In seiner Religionsschrift führt Kant eine konsequente Einordnung des Bösen in den freien Willen vor; er bringt damit eine Tendenz zum Abschluß, die wir am Beispiel von Adam Bernd in der Bewegung hin zu einer „Culpabilisation" aufgezeigt haben. Jetzt aber gibt es keinen Dualismus mehr, es geht nicht darum, die Anteile eines äußeren und eines inneren Bösen gegeneinander abzuwägen, sondern der Mensch und nur der Mensch ist die Ursache alles Bösen, und zwar in seinem Vorsatz, bewußt böse zu sein. Diese Haltung ist an die Stelle der vormaligen „Unbußfertigkeit" getreten, sie ist aber jetzt von ihrer alten Grundlage, der Annahme oder Nicht-Annahme der „Gnade Gottes" abgetrennt.[63] Und doch bleibt Kants Lösung, so sehr sie in der Logik der Entwicklung liegt, zugleich auch fragwürdig. Denn wenn er sagt, der Mensch sei „von Natur böse", dann sind zwei fremdbestimmte Möglichkeiten von vornherein ausgeschlossen: Als Grund des Bösen kommt nicht die „Sinnlichkeit" in Frage, ebensowenig die daraus entspringenden „natürlichen Neigungen"; sie gelten ihm als an sich selbst schuldlose Naturanlagen.[64] Auch ist keine grundsätzlich pervertierte „boshafte Vernunft" an-

---

61 Georg Wilhelm Friedrich Hegel, *Enzyklopädie der philosophischen Wissenschaften im Grundrisse* (1830), herausgegeben von Friedhelm Nicolin und Otto Pöggeler, Hamburg [6]1959, S. 5 (Vorrede zur zweiten Ausgabe).

62 *Kants Vorlesungen*, Bd. 5. *Vorlesungen über Metaphysik und Rationaltheologie, AA* Bd. 28, S. 148 f.

63 Christoph Schulte, *radikal böse. Die Karriere des Bösen von Kant bis Nietzsche*, München [2]1991, S. 327 und S. 335. Zum kulturhistorischen Hintergrund der Verweigerung des Abendmahls für „offenbar Unbußfertige" vgl. Kittsteiner, *Die Entstehung des modernen Gewissens*, S. 221 ff.

64 Kant, „Die Religion innerhalb der Grenzen der bloßen Vernunft", *AA*, Bd. 6, S. 21 und S. 35 f. – Die von der physikotheologischen Bewegung und ihrem Gottesbild eingeleitete Milderung in der Bewertung der Naturgrundlage des Handelns mag durch einen Vergleich mit Hobbes deutlich werden. Während Hobbes als grundsätzliche Neigung aller Menschen postuliert: „A perpetual and restlesse desire of Power after power, that ceaseth onely in Death" (Thomas Hobbes, *Leviathan*, edited by C. B. Macpherson, Harmondsworth 1977, S. 161; 1. Teil, Kap. 11), spricht Kant, als er in der Religionsschrift an den systematisch gleichen Punkt kommt, nur noch von einem von der Natur gewollten

zunehmen, denn eine solche könnte nur für ein teuflisches, nicht aber für ein menschliches Wesen in Betracht kommen.[65] So bleibt als Wurzel des Bösen nur die zurechenbare freie Willkür übrig, als die Möglichkeit des bewußten Abweichens vom gewußten moralischen Gesetz. Daß es einen „Hang" zu diesem Abweichen gibt, erklärt Kant aus der Erfahrung, sofern man die menschliche Gattung betrachtet. Es ist also keine unentrinnbare, sondern gleichsam nur eine „zweite Natur", die ihn so hat werden lassen. Kants berühmtes „radical Böses", so schreckerregend es auch klingt, ist von Anbeginn so gedacht, daß der Mensch – wenn auch mit erheblichem Kraftaufwand – aus ihm auch wieder soll heraustreten können. Denn als Grundsatz gilt: „Was der Mensch im moralischen Sinne ist oder werden soll, gut oder böse, dazu muß *er sich selbst* machen oder gemacht haben."[66]

Kant, der Natur und Erbsünde als Ursachen zur Begründung des Bösen ausschaltet, betrachtet die Historie vom Sündenfall als Urkunde für eine zweimalige große Wende in der Geschichte der menschlichen Gattung, einer bereits geschehenen und einer noch möglichen. Beide Umwendungen aber resultieren aus dem freien Willen. Denn daß ein – der Anlage nach – guter Baum arge Früchte gebracht hat, ist um nichts begreiflicher, als ein mögliches „Wiederauferstehen aus dem Bösen zum Guten". Kant handelt in seiner Religionsschrift von nichts Geringerem als von der Rückgängigmachung des Sündenfalls aus eigener Kraft; woher diese Kräfte allerdings kommen sollen, bleibt ein Problem. Einerseits arbeitet er mit moralphilosophisch transponierten theologischen Begriffen: Ein „Keim des Guten" ist im Menschen übriggeblieben; diese schwache Kraft, die der Verstärkung bedürftig wäre, ist aber nichts anderes als die alte „syntéresis", die ursprüngliche Neigung zum Guten im Gewissen.[67] Andererseits will Kant aber auf die traditionellen Verstärkungs-Instanzen nichts mehr geben; Gnade, „Gnadenwirkungen" und „Gnadenmittel" werden bei ihm radikal verworfen.[68] Es bleibt ihm daher nichts anderes übrig, als die Mysterien der „Wiedergeburt" in eine „Revolution in der Gesinnung" zu übersetzen. Doch die Schwierigkeiten bleiben ihm bewußt: Wenn keine übernatürliche Kraftzufuhr den Wandel ermöglicht, wie soll er dann vor sich ge-

„Wetteifer", der als „Triebfeder zur Cultur" brauchbar sei. Kant, ebd., S. 27. – Das für die Affektenlehre des 17. Jahrhunderts noch wahrhaft „Böse" wird für die Evolutionstheoretiker des 18. Jahrhunderts zu einer geschmeidigen Natur, die sich in den Lauf der humanen Entfaltung einsetzen läßt.

65 Kant, „Die Religion", S. 37. – In der Terminologie seiner Zeit spricht Kant daher auch nur von einer „Verkehrtheit des Herzens" oder von einem „bösen Herz", das mit einem im allgemeinen guten Willen zusammen bestehen kann.

66 Kant, ebd., S. 44. – Kants Satz, der Mensch sei „von Natur böse", steht nicht im Widerspruch zur Autonomieposition, daß er sich dieses Böse „selbst zugezogen" habe. Es ist nur in der Geschichte seiner Gattung gleichsam verfestigt. Ebd., S. 32.

67 Kant, ebd., S. 45. Vgl. zu diesem Problembereich: Kittsteiner, „Religion, Aufklärung und Geschichte in Kants „Die Religion innerhalb der Grenzen der bloßen Vernunft", in: *Die Vernunft und ihr Gott. Studien zum Streit zwischen Religion und Aufklärung*, herausgegeben von Enno Rudolph (= Forschungen und Berichte der Evangelischen Studiengemeinschaft, Bd. 46), Stuttgart 1992, S. 33–52.

68 Vgl. dazu vor allem die erste und die vierte „Allgemeine Anmerkung" in der Religionsschrift. Kant, ebd., S. 44 ff. und S. 190 ff. Daß sie die philosophischen Analoga zu vormals moraltheologischen Lehrstücken bieten, ist zwar von Kant selbst unterstrichen (ebd., S. 52), wird aber zumeist übersehen.

hen? „Wenn der Mensch aber im Grunde seiner Maximen verderbt ist, wie ist es möglich, daß er durch eigene Kräfte diese Revolution zu Stande bringe und von selbst ein guter Mensch werde?“[69] An diesem diffizilen Punkt weicht Kant auf eine Antwort aus, die in anderer Weise ebenfalls schon vom radikalen Flügel des Pietismus vorgedacht war: Der Mensch ist in seinen Bemühungen um Moralität nicht allein gelassen; zur Herrschaft des guten Prinzips kann man sich nicht als einzelner durchkämpfen – das wird nur gelingen in der „Errichtung und Ausbreitung einer Gesellschaft nach Tugendgesetzen und zum Behuf derselben [...]. Denn so allein kann für das gute Princip über das Böse ein Sieg erhofft werden.“[70] In der Religionsschrift selbst schlägt Kant den Bogen zur Geschichtsphilosophie. Die Hoffnung auf eine gemeinschaftlich zu erreichende bessere Zukunft übernimmt die Funktion der Kraftverstärkung durch Gnade.

Wie aber ist Geschichte zu denken? Kant hat die Historie vom Sündenfall noch an anderer Stelle herangezogen, und es ist interessant zu sehen, daß dort dem „Bösen“ ein erheblicher Stellenwert zukommt. Auch in der Schrift über den „Muthmaßlichen Anfang der Menschengeschichte“ geht es wieder um den Ausgang aus dem Paradies durch menschliche Freiheit, eine Freiheit, die zugleich das Theodizeeproblem auflöst und den Schöpfer exculpiert:

> Der erste Schritt also aus diesem Stande war auf der sittlichen Seite ein *Fall*; auf der physischen waren eine Menge nie gekannter Übel des Lebens die Folge dieses Falls, mithin Strafe. Die Geschichte der *Natur* fängt also vom Guten an, denn sie ist das Werk *Gottes*; die Geschichte der *Freiheit* vom Bösen, denn sie ist Menschenwerk.

Für das Individuum, so fährt er fort, war diese Veränderung ein Verlust; für die Natur, „die ihren Zweck mit den Menschen auf die Gattung richtet, war sie Gewinn.“[71] Mit dieser Frage nach der Umschaffung des privaten Bösen in ein öffentliches Gutes stellt sich Kant in eine Tradition, die B. Mandeville mit dem Schlagwort „private vices – public benefits“ auf eine eindringliche Kurzformel gebracht hatte. Diese Verkehrung des Bösen in ein für die menschliche Gattung Gutes spielt eine entscheidende Rolle im zentralen „Vierten Satz“ in Kants „Idee zu einer allgemeinen Geschichte in weltbürgerlicher Absicht“. Dort spricht er nicht mehr vom Bösen im Menschen, sondern nur noch von „Ehrsucht, Herrschsucht und Habsucht“, von einem „Antagonismus“ in der Gesellschaft, der aber nicht zerstörerisch wirkt, sondern im Gegenteil in rastloser Betriebsamkeit an der Entfaltung aller Naturanlagen der menschlichen Gattung arbeitet. Erst ganz am Ende dieses Paragraphen verrät jenes schöpferische Prinzip seine Herkunft: Obwohl es so viele Übel bewirkt, führt es doch auch immer zu

69 Kant, ebd., S. 47. – Kant steht hier, da er die übernatürlichen Gnadenwirkungen ablehnt, vor dem generellen Problem, eine „Triebfeder“ zur Moralität finden zu müssen. Kittsteiner, *Die Entstehung des modernen Gewissens*, S. 273 ff. Kants „Zumutung zur Selbstbesserung“ hingegen als „blanke Dezision zwischen moralischer und nicht-moralischer Gesinnung“ zu interpretieren, trifft die Problemlage des Aufklärers Kant ganz sicherlich nicht. Vgl. Schulte, *radikal böse*, S. 118.

70 Kant, ebd., S. 94. Es ist eben diese „unsichtbare Kirche“, in der aus einem „krummen Holz“ dennoch etwas „völlig Gerades“ gezimmert werden soll. Ebd., S. 100 f.

71 Kant, „Muthmaßlicher Anfang der Menschengeschichte“, *AA*, Bd. 8, S. 115.

neuer Anspannung aller Kräfte; es verrät also die Anordnung eines weisen Schöpfers, „und nicht etwa die Hand eines bösartigen Geistes, der in seine herrliche Anstalt gepfuscht oder sie neidischer Weise verderbt habe".[72]

Für die Aufklärer ist der Teufel nicht mehr der „Fürst dieser Welt"; die kleine Anspielung in Kants Geschichtsphilosophie zeigt aber, welche Rolle er einmal innehatte. Er war der Zerstörer, Verderber, Verräter – nun aber werden alle seine Anschläge aufgefangen in einer weisen „Naturabsicht", die auch die vormals „bösen" Elemente des Handelns so integriert, daß sie ihre schädlichen Auswirkungen verlieren. Die Frage, wie Kant dazu kommen konnte, einen solchen „verborgenen Plan der Natur" mit der menschlichen Gattung zu konzipieren, führt auf das Problem der „systematischen Einheit der Zwecke in dieser Welt" und auf Analogiebildungen zwischen der Physikotheologie und der Geschichtsphilosophie.[73] Die Natur (und also auch die Natur des Menschen) muß so gedacht werden dürfen, daß sich die scheinbar unüberbrückbare Kluft zwischen dem „Sinnlichen" und dem „Gebiete des Freiheitsbegriffs" schließt: Moralische Zwecke sollen in der Welt verwirklicht werden – und auch die Geschichte soll sich der neuen Würde des Menschen, dem Sittengesetz folgen zu können, nun ihrerseits würdig erweisen.[74] Hier tritt die aus dem „radical Bösen" eliminierte Natur wieder auf, aber nicht als unheimliche Kraft der Destruktion, sondern als teleologisch gebändigte Natur. Diese beiden Pole: der autonom gewordene freie Wille und die Natur sind aber eng aufeinander bezogen. Die Möglichkeit, sich dem Sittengesetz aus eigener Kraft zu unterstellen, gibt die Voraussetzung ab für eine Teleologie in moralischer Absicht, unter deren Auspizien wiederum die Geschichte so betrachtet werden kann, daß sie in ihrer erhabenen Zielsetzung als Kraftverstärkerin für die vielleicht zu schwachen einzelnen fungiert.

Ein fragiles Gewebe, das nicht stabiler wird, wenn man bedenkt, warum Kant zu dieser komplizierten Konstruktion Zuflucht nehmen mußte. Für die Geschichtstheoretiker der Aufklärung war der Schock zu verarbeiten, daß sich die in Bewegung geratene Geschichte dem menschlichen Willen nicht fügt. Es ist der „Unwillen" des Philosophen im Blick auf dieses Getriebe, daß die Menschen offenbar unfähig sind, ihre eigene Geschichte nach einem vernünftigen Plan zu gestalten. Und weil diese Planlosigkeit in der Grundstruktur der Gesell-

---

72 Kant, „Idee zu einer allgemeinen Geschichte in weltbürgerlicher Absicht", *AA*, Bd. 8, S. 20 ff. – Vgl. zu dem Problem der Neutralisierung in Bezähmung der Leidenschaften: Albert O. Hirschman, *Leidenschaften und Interessen. Politische Begründungen des Kapitalismus vor seinem Sieg*, Frankfurt/M. 1980, S. 28 ff. und S. 39 ff.

73 Zur systematischen Einheit der Zwecke in der Welt vgl. Kant, „Kritik der reinen Vernunft", *AA*, Bd. 3, S. 529 (B 844). – Daß die Welt im Ganzen immer zum Bessern fortschreite, dies anzunehmen berechtigt keine Theorie, „aber wohl die reine praktische Vernunft, welche nach einer solchen Hypothese zu handeln dogmatisch gebietet". Nur auf der Grundlage des Sittengesetzes als eines „Faktums der Vernunft" kann Kant in Analogie zur „physischen Teleologie" eine „moralische Teleologie" errichten. Kant, „Preisschrift über die Fortschritte der Metaphysik", *AA*, Bd. 20, S. 307. Die Analogiebildung mit der Physikotheologie ist angesprochen in der „Idee zu einer allgemeinen Geschichte", *AA*, Bd. 8, S. 30.

74 Kant, „Kritik der Urtheilskraft", *AA*, Bd. 5, S. 176. – Zur theoretischen Grundlegung der Geschichtsphilosophie vgl. Yirmiyahu Yovel, *Kant and the Philosophy of History*, Princeton ²1989.

schaft verankert, also nicht abschaffbar ist, wurde eine „Naturabsicht“ und eine „Vorsehung“ zur Hilfe gerufen, die nun ihrerseits bewirken sollte, wozu die Bürger nicht fähig waren.[75] Stellt man noch in Rechnung, daß Kant sich über die ökonomische Gewalt seiner zu „Mitteln“ degradierten Antriebskraft der Geschichte nicht im klaren war – und es auch nach Maßgabe seiner Erfahrung nicht sein konnte[76] –, so setzte sich schließlich durch, was virtuell in der Geschichtsphilosophie schon angelegt war: Das vermeintliche Mittel sprengt seine teleologische Umklammerung und setzt sich selbst zum Zweck und Ziel der Geschichte. Wie diese Desillusionierung im 19. und 20. Jahrhundert vor sich ging, kann uns hier nicht beschäftigen; es geht nur darum zu fragen, ob sie eine neue anthropologische Lokalisierung des Bösen ermöglichte, ja notwendig machte, nachdem das Projekt der Aufklärung mit seiner inneren und äußeren Bändigung gescheitert war.

7. Die zweite Verinnerlichung des Bösen

Mit dem Fortfall äußerer guter oder böser Substanzen im Verlauf der Aufklärung hat der Mensch sein „Ich“ verändert. Es ist nicht mehr durchlässig für den Einfluß fremder Kräfte, die entweder als Gnadengaben oder als böse Eingebungen in es hineinfließen, sondern es ist in sich abgeschlossen. Zugleich muß es die Erfahrung machen, daß es diese Spannungen, zwischen denen es vormals ausgespannt war, nun in sich reproduziert. Das Ich ist keine in sich ruhende Einheit, sondern es scheint aus verschiedenen Ebenen und Schichten zu bestehen, die nun als seine Ausdifferenzierungen erklärt werden müssen. Etwas von dieser Aufgabenstellung wird bei Kant sichtbar, wenn er in der „Metaphysik der Sitten“ eine Theorie der Ich-Verdoppelung entwirft.

Nach dem Untergang des traditionell geglaubten Gottes, der mit seinen Lohn- und Straforten in den Menschen hineinregierte, ist jetzt verständlich zu machen, wie das Ich sich von sich selbst abspaltet und in sich eine gleichsam höhere Schicht erzeugt, die nun lohnend und strafend auf das handelnde Ich einwirken kann. Kant spricht vom Paradox einer „zwiefachen Persönlichkeit“, von einem „doppelten Selbst“, das sich in sich einen „Anderen“ gegenüberstellt, eine „idealische Person [...], welche die Vernunft sich selbst schafft“.[77] Die Hauptschwierigkeit blieb immer zu erklären, mit welchen Kräften dieses normierende Ich auf das handelnde Ich Einfluß nehmen sollte. Daran, daß diese Einflußnahme erwünscht war, be-

75 Kant sieht als Grundproblem der Ohnmacht vor der Geschichte, daß die Menschen auf das Ganze nur ihre „Ideen“, nicht aber ihren Einfluß erstrecken können, weil sie vermöge der inneren Struktur der Gesellschaft in ihren Entwürfen „nur von den Theilen ausgehen“. Kant, „Über den Gemeinspruch: Das mag in der Theorie richtig sein, taugt aber nicht für die Praxis“, *AA*, Bd. 8, S. 310.

76 Zu einem Vergleich von Kant und Adam Smith in diesem Punkt: Kittsteiner, „Reflections on the Construction of Historical Time in Karl Marx“, in: *History & Memory. Studies in Representation of the Past*, 3/2 Fall/Winter 1991, S. 45-86.

77 Kant, „Die Metaphysik der Sitten“, *AA*, Bd. 6, S. 439, Anm.

stand aber kein Zweifel: Gerade in der Aufklärung mußte sich der Mensch mit seiner Triebstruktur vor der Gesellschaft und ihrer künftigen Geschichte verantworten; die Besserung der Gattung ist das erhabene Ziel, dem sich der einzelne unterzuordnen hat. Mit dem Zusammenbruch der Geschichtsteleologie in der zweiten Hälfte des 19. Jahrhunderts verändert sich dieses Verhältnis. Man kann die Umbewertung schon am Titel von Nietzsches kleiner Schrift „Vom Nutzen und Nachteil der Historie für das Leben" ablesen: Vormals mußte das Leben sich vor der Geschichte rechtfertigen, jetzt wird die Geschichte vor den Richtstuhl des „Lebens" gezerrt. Hat man sich nicht schon viel zu viel angetan, nur um diesen lauen Zustand der Zivilisiertheit und der Kulturheuchelei zu stützen?

An diesem Punkt, an dem die letzten Ziele nicht mehr geglaubt werden, die in der Aufklärung die Triebeinschränkung legitimiert hatten, stellt sich auch die Frage nach der Internalisierung des Bösen neu, und zwar so radikal, daß die kulturkritischen Psychologen des späten 19. und frühen 20. Jahrhunderts über die Aufklärung hinweg einen Bogen zu den Affekttheoretikern des 17. Jahrhunderts schlagen. Ihnen fühlen sie sich sehr viel verwandter als den nun als „seicht" geltenden Aufklärern. Kant hatte das Böse in den freien Willen verlegt – als das Abschütteln eines vorgegebenen Sündenpessimimus eine plausible Operation. Damit war aber zugleich die Verankerung des Bösen in einer triebhaften Naturanlage abgeschnitten, die – etwa in der protestantischen Orthodoxie oder auch bei Adam Bernd – immer mit der Vorstellung von einer (zugleich von außen verstärkbaren) fremden Kraft verbunden war, die uns hinführt, wohin wir nicht wollen. Den gegen Erasmus verübten klassischen Anschlag auf den „freien Willen" hat Luther in seiner Schrift „De servo arbitrio" vorgeführt, wenn man sich auch davor hüten muß, diese Schrift mit Luthers Theologie als ganzer oder gar mit dem Protestantismus gleichzusetzen. Dort ist der Wille einer zwiefachen „necessitas" unterworfen, die sich in der inneren Zugehörigkeit des Menschen zu Gott oder zum Satan ausdrückt. Zwischen diesen beiden Kräften kann sich der Wille aber nicht entscheiden, sondern er folgt willenlos jeweils dem einen oder anderen Einfluß:

> So steht der menschliche Wille zwischen den beiden mitteninne (sic humana voluntas in medio posita est), gleichwie ein Reittier (iumentum): Wenn Gott sich daraufsetzt, so will und geht es dorthin, wohin Gott will, wie der Psalm sagt: Ich bin wie ein Reittier geworden und bin immer bei dir. Wenn der Satan sich daraufsetzt, so will und geht es dorthin, wohin der Satan will. Es hängt nicht einmal von seiner (des Reittieres) Entscheidung ab, zu einem der beiden Reiter (ad utrum sessorem) hinzulaufen oder einen auszusuchen (quaerere), vielmehr kämpfen die Reiter selbst darum, es (das Reittier) zu erobern, und zu besitzen (sed ipsi sessores certant ob ipsum obtinendum et possidendum).[78]

Es ist ein altes Bild, den Dualismus von Trieb und Wille als Verhältnis von Roß und Rossebändiger darzustellen; insofern überrascht es nicht, jenes Emblem in der Psychoanalyse wie-

78 Luther, „De servo arbitrio", *Werke*, a.a.O., Bd. 3, S. 126. – Hier zit. nach Alfred Adam, „Die Herkunft des Lutherwortes vom menschlichen Willen als Reittier Gottes", in: *Luther-Jahrbuch*, Jg. 29, 1962, S. 25–34, hier S. 25.

der vorzufinden. In „Das Ich und das Es" (1923) vergleicht Sigmund Freud das Ich mit dem Reiter, der nun versucht, ein „Es" zu zügeln, das mit der überlegenen Kraft des Pferdes ausgestattet ist. Ein Reiter vollbringe dieses Kunststück mit eigenen Kräften, das Ich jedoch nur mit geborgten. Die aber scheinen nicht immer auszureichen, so daß „oft nichts anderes übrigbleibt, als es dahin zu führen, wohin es gehen will". So pflege auch das Ich den Willen des Es in Handlung umzusetzen, als ob es der eigene wäre.[79] Hier ist von einem „Es" die Rede, von einer Kraft in uns, die zumindest einen Charakterzug des vormaligen Satans beibehalten hat: Es agiert jenseits unseres bewußten Willens. Ein orthodoxer Moraltheologe würde sagen: *Er* führt uns, wohin er will. Freud würde umformulieren: *Es* führt uns, wohin es will. Was ihn in der Schrift von 1923 fasziniert, ist der über Groddeck von Nietzsche bezogene Gedanke, „daß das, was wir unser Ich heißen, sich im Leben wesentlich passiv verhält, daß wir nach seinem Ausdruck ‚gelebt' werden von unbekannten, unbeherrschbaren Mächten". Um diese Erfahrung auszudrücken, greift auch Freud (wie z. B. Adam Bernd) auf den alltäglichen Sprachgebrauch zurück: „‚Es hat mich durchzuckt', sagt man, ‚es war etwas in mir, was in diesem Augenblick stärker war als ich'. ‚C'était plus fort que moi.'"[80] Jedoch, vergleicht man das Bild bei Freud mit Luthers Seelenreiterei, so besteht doch ein erheblicher Unterschied. Bei Luther ist der Wille das kraftlose Reittier; auf ihn setzen sich, je nach Ausgang ihres Kampfes um ihn, die beiden von außen kommenden Kräfte, Gott oder Satan. Auch bei Freud ist der Wille (das Ich) kraftlos; er sitzt aber auf einer nun verinnerlichten Kraftquelle wie auf einem ungebärdigen Gaul und soll reiten lernen. Dabei kommt dem Ich eine „geborgte Kraft" zu Hilfe. Woher ist sie erborgt? Freud würde antworten: von einem Über-Ich. Von jener anderen Instanz also, die nun ebenfalls internalisiert ist. Woher aber bezieht das Über-Ich seine Kraft?

Tritt man einige Schritte zurück, so zeigt sich, in welcher Problemtradition Freud mit seiner Antwort steht. Kant, der seine These von der Ich-Verdoppelung mit anderen Zeitgenossen teilt, stellt zwar auch bereits dem handelnden Ich ein beobachtendes Ich über dem Ich entgegen, schwierig blieb es aber immer, dieses Ich-Ideal mit einer „Triebfeder" auszustatten, die das Handeln wirklich bestimmt.[81] Geht man hinter Kant zurück in die Theologie des frühen 18. und des 17. Jahrhunderts, so wird man mit einer Asymmetrie der Kräfte konfrontiert: Der Satan wirkt schon im Herzen, die göttliche Gegenkraft muß als Gnade erst verstärkend hinzutreten. Eben dieses tröstliche Vertrauen auf die Gnade war im 17. Jahrhundert aber

79 Freud, „Das Ich und das Es", *Gesammelte Werke*, a.a.O. Bd. 13, S. 253.

80 Freud, ebd., S. 251. – Freud, „Die Frage der Laienanalyse", *Gesammelte Werke*, Bd. 14, S. 222. – „Ich bin der Ansicht, daß der Mensch vom Unbekannten gelebt wird. In ihm ist ein Es, irgendein wunderbares, das alles, was er tut und was mit geschieht, regelt. Der Satz ‚ich lebe' ist nur bedingt richtig, er drückt ein kleines Teilphänomen von der Grundwahrheit aus: ‚Der Mensch wird vom Es gelebt'" (Georg Groddeck, *Das Buch vom Es*, Leipzig ²1926, S. 10 f.).

81 Vgl. zu den Übereinstimmungen und Differenzen zwischen Kant und Adam Smith in diesem Punkt Kittsteiner, *Die Entstehung des modernen Gewissens*, S. 274 ff. – Smith führt, in der Tradition Lockes stehend, die Internalisierung eines „impartial spectators" auf die Sanktionsmöglichkeiten der Gesellschaft zurück. Kant benutzt dieses Erklärungspotential nicht, weil er – jenseits der gesellschaftlichen Kontingenz – an der verbindlichen Allgemeinheit des Sittengesetzes festhält, im Grunde also ein Gewissen für eine erst künftig zu errichtende Gesellschaft konzipiert.

nicht mehr ungebrochen; die Philosophen warfen gegen die Theologen die Frage auf, ob die Kraft des Glaubens in ihrer Funktion zur Affektdämpfung nicht weit überschätzt worden sei – im Zeitalter der konfessionellen Bürgerkriege ein überlebenswichtiges Forschungsprogramm. Am deutlichsten hat wohl Spinoza die neue Formel ausgesprochen: „Ein Affekt kann nur gehemmt oder aufgehoben werden durch einen Affekt, der entgegengesetzt und der stärker ist, als der zu hemmende Affekt." Diese Einsicht in die Triebstruktur war verbunden mit einer auf Gott bezogenen, erkennenden Liebe, so daß wir aufhören, von einem Affekt beherrscht zu werden, „sobald wir eine klare und deutliche Idee von ihm bilden". Spinozas Lösung ist vielfach als eine Art Psycho-Analyse *avant la lettre* betrachtet worden.[82] Schlägt man – über die Kantische Aufklärung hinweg – diesen Bogen von Spinoza zu Freud, so zeigt sich, daß Freud die Problemstellung: Affektdämpfung durch einen stärkeren Affekt wieder aufgenommen hat, wobei sich das Es und das Über-Ich als die normativ konfligierenden Parteien gegenüberstehen, das Über-Ich aber seine Energie auf Umwegen aus dem Es bezieht, über seine aufgelassenen, ursprünglichen Sexualziele.[83]

Damit ist zumindest ein Teil der alten Frage beantwortet, woher das Ich über dem Ich seine Kraft bezieht; die Antwort ist aber von der mephistophelischen Art. Er sei ein Teil von jener Kraft – so läßt Goethe seinen Mephisto sprechen – die stets das Böse will und stets das Gute schafft. Da Freud genetisch das Über-Ich als Differenzierung des Es auffaßt, stattet er es mit einem Teil jenes Libidoreservoirs aus, das er dem Es zuschreibt. Das Es richtet einen Teil seiner Kräfte gegen sich selbst, eine Einsicht, der ganz offensichtlich Nietzsche vorgearbeitet hat.[84] Also ein perfektes System der Selbstbändigung des Es? Nein, denn bei Freud bleibt das Ich ein „armes Ding". Nicht nur, daß es an der Außenwelt die Realitätskontrolle des seelischen Apparates zu vollziehen hat; es bleibt den beiden „Zwingherren" Es und Über-Ich ausgeliefert: „Das Es ist ganz amoralisch, das Ich ist bemüht, moralisch zu sein, das Über-Ich kann hypermoralisch und dann so grausam werden wie nur das Es."[85] Zwischen diesen beiden Kräften wird es hin- und hergezogen, wie ehemals zwischen Gott und Satan. Eine große, triebenergetische Umkehrung des Verhältnisses zwischen beiden hat Freud allerdings vollzogen. Während man in der jüdischen Theologie den Satan als Abspaltung der Zornesseite Gottes betrachten kann,[86] ist bei Freud umgekehrt das Über-Ich eine Abspaltung vom Es. Also müßte man, wenn schon die Frage nach der Verinnerlichung des Teufels gestellt ist, unter diesem Aspekt sagen: Freuds seelischer Apparat ist diabolozentrisch aufgebaut. Damit

82 Spinoza, *Die Ethik*, herausgegeben von Bernhard Lakebrink, Stuttgart 1977, S. 457 (IV,7) und S. 629 (V,3). – Siegfried Hessing, „Freud's relation with Spinoza", in: ders. (ed.), *Speculum Spinozanum 1677 – 1977*, London 1978, S. 224-239. – Zur Wirkungsgeschichte: William Aron, „Freud et Spinoza", in: *Revue d'histoire de la médicine hébraique*, Bd. 19/20, 1966/67, S. 101-116; 53-70; 123-160.

83 Freud, „Das Ich und das Es", *Gesammelte Werke*, Bd. 13, S. 262 f.

84 „Alle Instinkte, welche sich nicht nach außen entladen, wenden sich nach innen – dies ist das, was ich die Verinnerlichung des Menschen nenne: Damit wächst erst das heran, was man später seine ‚Seele' nennt." Nietzsche, „Zur Genealogie der Moral", in: *Werke*, herausgegeben von Karl Schlechta, München [8]1977, Bd. 2, S. 825.

85 Freud, „Das Ich und das Es", a.a.O., S. 284 ff.

86 Haag, „Der Teufel in Judentum und Christentum", a.a.O., S. 252.

trägt er jener immer gesehenen, immer aber auch theologisch oder moralphilosophisch überdeckten Asymmetrie der Kräfte zwischen Gut und Böse Rechnung. Aber es kommt noch schlimmer. Im Es sind „Eros“ und „Destruktionstrieb“ amalgamiert; erst mit der Desexualisierung in der Einsetzung des Über-Ichs kann es zu einer Triebentmischung kommen, die im Über-Ich eine „Reinkultur des Todestriebes“ zur Herrschaft bringt.[87] Hat er mit dieser Trieb-Mythologie die ambivalente Gestalt des alttestamentarischen Gottes im Über-Ich wieder hergestellt? Kennt er – um mit Heinrich Heine zu sprechen – nur den „starren großen Eingott der Hebräer“? Hat er die Gnade, das christliche „Lämmerschwänzchen“ ganz vergessen?[88]

Ich glaube nicht. Freuds Psychoanalyse steht in der Tradition der Aufgabenstellung, die destruktiven Kräfte mit Hilfe ihrer eigenen Triebenergie umzupolen. Diese Transformation aber kann niemals restlos gelingen; Freud verschließt sich der Einsicht nicht, daß mit dem Gegeneinander von Es und Über-Ich das Problem der Eigenverantwortlichkeit nicht gelöst ist. Die Stärkung des Ichs aber war eine der Funktionen der Gnade. Sie ist nun transformiert und an eine Wissenschaft von der Seele übergegangen, an die Psychoanalyse selbst. Eine von Freuds bekanntesten Formulierungen trägt diese Züge eines Synergismus von Analytiker und Analysand:

> Ihre Absicht ist ja, das Ich zu stärken, es vom Über-Ich unabhängiger zu machen, sein Wahrnehmungsfeld zu erweitern und seine Organisation auszubauen, so daß es sich neue Stücke des Es aneignen kann. Wo Es war, soll Ich werden. Es ist Kulturarbeit etwa wie die Trockenlegung der Zuydersee.[89]

An dem zeitgebundenen Bild für die Kulturarbeit – „Trockenlegung“ – sollte man keinen Anstoß nehmen, vielmehr sehen, daß mit der Ausdehnung des Ich in die Territorien der beiden „Zwingherren“ auch die Möglichkeit eines friedlichen Grenzverkehrs eröffnet wird. Viel mehr als eine prekäre, immer bedrohte Balance wird wohl nicht zu erhoffen sein, aber an mehr hatten auch die skeptischen Affekttheoretiker des 17. Jahrhunderts nicht gedacht.[90]

---

87 Freud, „Das Ich und das Es“, S. 282 f.

88 „Welches ist der wahre Gott?/ Ist es der Hebräer starrer/ Großer Eingott, dessen Kämpe/ Rabbi Juda, der Navarrer?/ Oder ist es der dreifalt'ge/ Liebegott der Christianer/ Dessen Kämpe Frater Jose,/ Gardian der Franziskaner?“ In diesem Streit spricht der Rabbi: „Unser Gott ist nicht gestorben/ Als ein armes Lämmerschwänzchen/ Für die Menschheit, ist kein süßes/ Philantröpfchen, Faselhänschen./ Unser Gott ist nicht die Liebe;/ Schnäbeln ist nicht seine Sache,/ Denn er ist ein Donnergott/ Und er ist ein Gott der Rache.“ Heinrich Heine, „Disputation“.

89 Freud, „Neue Folge der Vorlesungen zur Einführung in die Psychoanalyse“, *Gesammelte Werke*, Bd. 15, S. 86.

90 Wo Es war soll Ich werden – aber: „Wo Ich war, muß somit auch Es werden können.“ Mario Erdheim, *Die gesellschaftliche Produktion von Unbewußtheit. Eine Einführung in den ethnopsychoanalytischen Prozeß*, Frankfurt/M. 1982, S. 204.

8. Zum Schluß

Noch einmal zurück zu Kant. Wir haben uns bemüht zu zeigen, daß er eine nur schwer zu entwirrende Beziehung zwischen der Möglichkeit der Überwindung des Bösen und der Geschichte der menschlichen Gattung herstellt. Im Menschen selbst verlegt er das Böse als moralisch Böses in den freien Willen, fordert auch seine Überwindung aus eigener Kraft, deutet aber in der Religionsschrift schon an, daß eine Chance, diesen Hang zum Bösen, wenn schon nicht zu „vertilgen", so doch zu „überwiegen" am ehesten in der Gemeinschaft einer „unsichtbaren Kirche" bestünde. Doch diese ideale Gemeinschaft, in der jeder so handelt, „als ob alles auf ihn ankomme",[91] ist nur ein Einsprengsel in einer wirklichen Geschichte, in der es auf das Handeln in diesem Sinne eben nicht ankommt, sondern in der die (im Vergleich zum 17. Jahrhundert: herabgestimmten) Leidenschaften den schöpferischen Antrieb zur Entfaltung der Kultur bilden sollen. Vorsichtshalber sind diese Kräfte aber eingebunden in den Rahmen einer moralischen Teleologie, die ihre Denkmöglichkeit einerseits aus der Verzweiflung des Philosophen angesichts eines planlosen Prozesses bezieht, andererseits aber aus der Gewißheit, der Forderung des Sittengesetzes Folge leisten zu können. Letzte Grundlage dieser Denkfigur ist die Hoffnung auf einen uns „unerforschlichen höheren Beistand", wenn wir nur tun, was wir sollen.[92] Kant, in der beharrlichen Erneuerung der Frage, ob das menschliche Geschlecht im beständigen Fortschreiten zum Besseren sei, war noch einen Schritt weitergegangen und hatte eine Theorie des „Geschichtszeichens" entworfen, die es gestatten sollte, die moralischen Tendenzen der Geschichte an historischen Ereignissen abzulesen,[93] ein Verfahren, das in der Folge zu einer allegorischen Überlagerung jenes Prozesses führte, der sich strukturell jenseits der Verfügungsgewalt der in ihm agierenden Schichten und Parteiungen vollzog. Wohl gerade deswegen hefteten sich an ihn Bemächtigungsphantasien geradezu magisch an. Die Kinder des Lichts hatten gegen die Kräfte der Finsternis zu kämpfen, um ihn aus der als unerträglich empfundenen Vermischung heraus in einen „reinen" Endzustand zu überführen. Man müßte genauer untersuchen, in welcher Weise diese allegorisch-moralischen Selbstbilder wieder auf das Handeln zurückgewirkt haben, wie sie den von der Aufklärung schon erreicht geglaubten Begriff einer Menschheit wieder zerstörten. Es mußte ja nur noch dieser eine Feind in einem letzten Gefecht überwunden werden, um dem tausendjährigen Reich des Friedens und der Gerechtigkeit zum Durchbruch zu verhelfen. Ist es in diesen

---

91 Kant, „Die Religion innerhalb der Grenzen der bloßen Vernunft", S. 37 und S. 101.

92 Kant, ebd., S. 45. – Daher schließt Kant auch mit der Überlegung, „daß es nicht der rechte Weg sei, von der Begnadigung zur Tugend, sondern vielmehr von der Tugend zur Begnadigung fortzuschreiten." Ebd., S. 202.

93 Kant war noch so vorsichtig, nicht das Ereignis selbst (die Französische Revolution) als das „Geschichtszeichen" zu betrachten, sondern nur die moralische Erhebung eines unbeteiligten Beobachters angesichts dieses Ereignisses. Kant, „Der Streit der Fakultäten", *AA*, Bd. 7, S. 85. Erst Hegel schob Vernunft und Realität ineinander, ein Verfahren, das der Junghegelianer Karl Marx als „allegorisch" denunzierte. Karl Marx, „Kritik des Hegelschen Staatsrechts", *Marx-Engels-Werke (MEW)*, Bd. 1, Berlin 1964, S. 241.

Denkschemata ein Wunder, daß zwar nicht der Teufel, sehr wohl aber die Verteufelung des politischen Gegners wieder auferstand?

Ein typischer Zug aller dieser Denkmodelle sind Phantasmen von einem abrupten Bruch mit der bisherigen Geschichte, aus deren Trümmern eine neue Welt erbaut werden sollte. Je erhabener das Geschichtsziel schien, mit desto besserem Gewissen ging man an das Vernichtungswerk. Für die Protagonisten dieser Kämpfe des 20. Jahrhunderts könnte man Goethes Mephisto-Wort umkehren. Sie waren ein Teil von jener Kraft, die stets das Gute will und stets das Böse schafft. Trotzdem – oder vielmehr: gerade deshalb – bedarf es keiner Theorie eines transpersonalen, mundanen Bösen. Hinter die Einsicht der Aufklärung führt kein Weg zurück: Außer im Menschen gibt es nichts „Böses". Es muß anders lokalisiert werden, als Kant es gedacht hatte. Zieht man die natürliche Triebausstattung des Menschen in Betracht, so wird man sowohl für das Individuum als für seine Geschichte zu bescheideneren Zielsetzungen kommen. Was dort als Ausbalancierung von Affekten erscheint, kann hier als offen strömendes Geschehen gedacht werden, das an kritischen Bifurkationspunkten in eine für die Menschengattung erträgliche Richtung gelenkt werden muß. Beide Aufgabenstellungen sind so beschaffen, daß sie die Sucht nach angstfreien Endzuständen aufgeben. Ist aber die Vorstellung von einem Reich Gottes auf Erden einmal gefallen, gibt es auch keinen Bedarf für einen Widersacher mehr.

Doch darf man bei solchen postmephistophelischen Überlegungen nie ganz sicher sein. Adam Bernd wußte das, und über den wackeren Balthasar Bekker brach eine Flut von Pamphleten herein, die ihm nachwiesen, daß gerade er ein Werkzeug des Satans sei, da er doch die berechtigte Furcht der Christen vor diesem Feind verkleinere und sie unaufmerksam mache. Denn, so weiß Mephisto: „Den Teufel spürt das Völkchen nie,/ Und wenn er sie beim Kragen hätte."

Literatur

1. Quellen

[Anonym], *Das bezauberte Bauernmägden: Oder Geschichte von dem anjetzo in Kemberg bey Wittenberg sich aufhaltenden Landmägden Johannen Elisabeth Lohmannin; aufgesucht von einem vom Vorurtheil Befreyeten, und mit Anmerkungen eines Rechtsgelehrten versehen*, Breslau 1760

[Anonym], *Versuch einer biblischen Dämonologie, oder Untersuchung der Lehre der heil. Schrift vom Teufel und seiner Macht. Mit einer Vorrede und einem Anhang von Johann Salomo Semler*, Halle/Saale 1776

Bekker, Balthasar, *Die Bezauberte Welt: Oder Eine gründliche Untersuchung Allgemeinen Aberglaubens/Betreffend die Arth und das Vermögen/Gewalt und Wirckung Des Satans und der bösen Geister über den Menschen* [...], Amsterdam 1693

Bernd, Adam, *Eigene Lebens-Beschreibung*, herausgegeben von Volker Hoffmann, München 1973

Bernd, Adam, *Predigten von Mancherley Art, Über die gewöhnlichen Sonn- und Festtags Evangelien* [...], Leipzig 1735 [= Sammlung von Predigtdrucken]

Bernd, Adam, „Der Teufel hat mich verführet, Oder: Die eitle Ausflucht der Sünder, Welche, wenn sie gesündiget, Die Schuld ihrer Sünden Bloß auf den Teufel schieben, und also ihre Sünden damit entschuldigen wollen", Leipzig ²1730

Bernd, Adam, „Böse Gedancken/Wie ferne dieselben Eine schwere Sünde, Oder eine sündliche Schwachheit/ Oder auch eine hohe Anfechtung [...] sind“, Leipzig ²1731

Bernd, Adam, „Die Liebe gegen diejenigen, So nicht unserer Religion sind, samt beygefügter Frage: Ob eine Vereinigung der Christlichen Religionen wohl möglich und zu hoffen sey“, Leipzig ³1737

Bobbe, Johann Gottlieb [= Antidämoniacus], *Vermischte Anmerkungen über Sr. Hochwürden des Herrn Probstes und Superintendenten in Kemberg Herrn Gottlieb Müllers gründliche Nachricht und deren Anhang von einer begeisterten Weibesperson Annen Elisabeth Lohmannin*, Bernburg 1760

von Goethe, Johann Wolfgang, „Faust. Erster Theil“, in: ders., *Werke*, I. Abt., 14. Bd., Weimar 1887

Hegel, Georg Wilhelm Friedrich, *Enzyklopädie der philosophischen Wissenschaften im Grundrisse* (1830), herausgegeben von Friedhelm Nicolin und Otto Pöggeler, Hamburg ⁶1959

Hobbes, Thomas, *Leviathan*, edited by C. B. Macpherson, Harmondsworth 1977

Kant, Immanuel, *Gesammelte Schriften*, herausgegeben von der Preußischen Akademie der Wissenschaften 1902-1983 [= *AA*], Berlin 1902 ff.

Kant, Immanuel, „Kritik der reinen Vernunft“, *AA*, Bd. 3

Kant, Immanuel, „Kritik der Urtheilskraft“, *AA*, Bd. 5

Kant, Immanuel, „Die Metaphysik der Sitten“, *AA*, Bd. 6

Kant, Immanuel, „Die Religion innerhalb der Grenzen der bloßen Vernunft“, *AA*, Bd. 6

Kant, Immanuel, „Der Streit der Fakultäten“, *AA*, Bd. 7

Kant, Immanuel, „Idee zu einer allgemeinen Geschichte in weltbürgerlicher Absicht“, *AA*, Bd. 8

Kant, Immanuel, „Muthmaßlicher Anfang der Menschengeschichte“, *AA*, Bd. 8

Kant, Immanuel, „Über den Gemeinspruch: Das mag in der Theorie richtig sein, taugt aber nicht für die Praxis“, *AA*, Bd. 8

Kant, Immanuel, „Reflexionen zur Anthropologie“, *AA*, Bd. 15

Kant, Immanuel, „Preisschrift über die Fortschritte der Metaphysik“, *AA*, Bd. 20

Kant, Immanuel, „Vorlesungen über Metaphysik und Rationaltheologie“, *AA*, Bd. 28

Kindleben, Christian Wilhelm [= Anonym], *Ueber die Non-Existenz des Teufels. Als Antwort auf die demüthige Bitte um Belehrung an die großen Männer, welche keinen Teufel glauben*, Berlin 1776

Kindleben, Christian Wilhelm, *Der Teufeleien des achtzehnten Jahrhunderts letzter Akt*, Leipzig 1779

Luther, Martin, *Der Prophet Jona ausgelegt. Luthers Werke. Kritische Gesamtausgabe* [= *WA*], Weimar 1883-1983, Bd. 19

Luther, Martin, „De servo arbitrio“, in: *Luthers Werke in Auswahl*, Bd. 3, herausgegeben von Otto Clemen, Berlin 1929

Meier, Georg Friedrich, *Philosophische Gedanken von den Würkungen des Teufels auf dem Erdboden*, Halle/ Saale 1760

Müller, Gottlieb, *Gründliche Nachricht von einer begeisterten Weibesperson Annen Elisabeth Lohmannin von Horsdorf in Anhalt-Dessau* [...], Frankfurt-Leipzig ²1760

Müller, Gottlieb, *Anhang zur gründlichen Nachricht von einer begeisterten Weibesperson* [...], Frankfurt-Leipzig 1760

Semler, Johann Salomo, *Abfertigung der neuen Geister und alten Irrtümer in der Lohmannischen Begeisterung zu Kemberg nebst theologischem Unterricht von dem Ungrunde der gemeinen Meinung von leiblichen Besitzungen des Teufels und Bezauberungen der Christen*, Halle/Saale 1760

de Spinoza, Benedictus, *Die Ethik*, lateinisch und deutsch, revidierte Übersetzung von Jakob Stern, Nachwort von Bernhard Lakebrink, Stuttgart 1977

Art. „Teuffel“, in: Johann Heinrich Zedler, *Großes vollständiges Universal-Lexicon* [...], 42. Bd., Leipzig-Halle 1744, Sp. 1543-1626

Teller, Wilhelm Abraham, *Wörterbuch des Neuen Testamentes zur Erklärung der christlichen Lehre*, Berlin ²1773 [Art. „Satan, Teufel“]

Theatrvm Diabolorum, Das ist Warhaffte eigentliche und kurtze Beschreibung/Allerley grewlicher/schrecklicher und abschewlicher Laster/ [...], Frankfurt/M. 1575 [= Sammelband mit Schriften von Jodocus Hockerius, Andreas Musculus, Cyriacus Spangenberg, Andreas Hoppenrod u.a.]

Thomasius, Christian, *Vom Laster der Zauberei. Über die Hexenprozesse*, herausgegeben von Rolf Lieberwirth, München 1986

Walch, Johann Georg, *Historische und Theologische Einleitung in die Religions-Streitigkeiten der Evangelisch-Lutherischen Kirche* (Faksimile-Neudruck der Ausgabe Jena 1733-1739), 3 Bde., Stuttgart-Bad Canstatt 1984

Walch, Johann Georg, *Philosophisches Lexicon*, mit einer kurzen kritischen Geschichte der Philosophie von Justus Christian Hennings (Nachdruck), Hildesheim 1968

Whaeret [= Anonym], *Doch die Existenz und Wirkung des Teufels auf dieser Erde, gründlich und ausführlich erwiesen. Eine Skizze*, Nürnberg 1776

Art. „Willen (Einfluß der Wahrheit in den)“, in: Johann Heinrich Zedler, *Großes vollständiges Universal-Lexicon* [...], 57. Bd., Leipzig-Halle 1748, Sp. 80-119

2. Sekundärliteratur

Adam, Alfred, „Die Herkunft des Lutherwortes vom menschlichen Willen als Reittier Gottes“, in: *Luther-Jahrbuch*, Jg. 29, 1962, S. 25–34

Aner, Karl, *Die Theologie der Lessingzeit*, Halle/Saale 1929

Aron, William, „Freud et Spinoza“, in: *Revue d'histoire de la médicine hébraique*, Bd. 19/20, 1966/67, S. 101-116, 53-70, 123-160

Baltrusaitis, Jurgis, *Das phantastische Mittelalter. Antike und exotische Elemente in der Kunst der Gotik*, Frankfurt/M.-Berlin-Wien 1985

Baudler, Georg, „Zum Ursprung der religiösen Symbolik: ‚Archetypen der Seele‘ (C. G. Jung) oder wahrgenommene Wirklichkeit?“, in: *Mnemosyne. Festschrift für Manfred Lurker zum 60. Geburtstag* (= Bibliographie zur Symbolik, Ikonographie und Mythologie. Internationales Referateorgan. Ergänzungsband 2), Baden-Baden 1988, S. 71-91

Colpe, Carsten, Art. „Geister (Dämonen)“, in: *Reallexikon für Antike und Christentum. Sachwörterbuch zur Auseinandersetzung des Christentums mit der antiken Welt*, herausgegeben von Theodor Klauser, Bd. 9, Stuttgart 1976, Sp. 546-553

Erdheim, Mario, *Die gesellschaftliche Produktion von Unbewußtheit. Eine Einführung in den ethnopsychoanalytischen Prozeß*, Frankfurt/M. 1982

Freud, Sigmund, *Gesammelte Werke. Chronologisch geordnet*, herausgegeben von Anna Freud, Edward Bibring u.a. [= *GW*], Frankfurt/M. 1963 ff.

Freud, Sigmund, „Zur Psychopathologie des Alltagslebens“, *GW*, Bd. 4

Freud, Sigmund, „Eine Teufelsneurose im 17. Jahrhundert“, *GW*, Bd. 13

Freud, Sigmund, „Das Ich und das Es“, *GW*, Bd. 13

Freud, Sigmund, „Das Unbehagen in der Kultur“, *GW*, Bd. 14

Freud, Sigmund, „Die Frage der Laienanalyse“, *GW*, Bd. 14

Freud, Sigmund, „Neue Folge der Vorlesungen zur Einführung in die Psychoanalyse“, *GW*, Bd. 15

Groddeck, Georg, *Das Buch vom Es*, Leipzig ^{2}1926

Haag, Herbert, „Der Teufel in Judentum und Christentum“, in: *Saeculum*, Bd. 34, 1983, S. 248-258

Habermehl, Peter, „Rezension: Jeffrey Burton Russell, *The Devil*, und *Satan*, Cornell UP 1977 und 1981“, in: *Gnomon. Kritische Zeitschrift für die gesamte Altertumswissenschaft*, Bd. 62, 1990, S. 193-202

Hessing, Siegfried, „Freud's Relation with Spinoza“, in: Hessing, Siegfried (ed.), *Speculum Spinozanum 1677-1977*, London 1978, S. 224-239

Hirschman, Albert O., *Leidenschaften und Interessen. Politische Begründungen des Kapitalismus vor seinem Sieg*, Frankfurt/M. 1980

Hübner, Kurt, *Die Wahrheit des Mythos*, München 1985

Hygen, Johan B., Art. „Das Böse", in: *Theologische Realenzyklopädie*, herausgegeben von Gerhard Krause/ Gerhard Müller, Bd. 7, Berlin-New York 1981, S. 8-17

Jung, Carl Gustav, *Über die Psychologie des Unbewußten*, Zürich [5]1943

Jung, Carl Gustav, „Die Archetypen und das kollektive Unbewußte", in: ders., *Gesammelte Werke*, Bd. 9, Olten-Freiburg i. Br. 1976

Kirschbaum, Engelbert S. J., *Lexikon der christlichen Ikonographie*, 4 Bde., Freiburg i. Br. 1968-1972

Kittsteiner, Heinz Dieter, *Gewissen und Geschichte. Studien zur Entstehung des moralischen Bewußtseins*, Heidelberg 1990

Kittsteiner, Heinz Dieter, *Die Entstehung des modernen Gewissens*, Frankfurt/M.-Leipzig 1991

Kittsteiner, Heinz Dieter, „Reflections on the Construction of Historical Time in Karl Marx", in: *History & Memory. Studies in Representation of the Past*, vol. 3, no. 2, Fall/Winter 1991, S. 45-86

Kittsteiner, Heinz Dieter, „Spee – Thomasius – Bekker: ‚Cautio Criminalis' und ‚prinzipielles Argument'", in: *Die politische Theologie Friedrich von Spees*, herausgegeben von Doris Brockmann/Peter Eicher, München 1991, S. 191-218

Kittsteiner, Heinz Dieter, „Religion, Aufklärung und Geschichte in Kants ‚Die Religion innerhalb der Grenzen der bloßen Vernunft'", in: *Die Vernunft und ihr Gott. Studien zum Streit zwischen Religion und Aufklärung*, herausgegeben von Enno Rudolph (= Forschungen und Berichte der Evangelischen Studiengemeinschaft, Bd. 46), Stuttgart 1992, S. 33-52

Koselleck, Reinhart, *Vergangene Zukunft. Zur Semantik geschichtlicher Zeiten*, Frankfurt/M. 1979

Marx, Karl, *Kritik des Hegelschen Staatsrechts. Marx-Engels-Werke [=MEW]*, Bd. 1, Berlin 1964

van der Nat, P. G., Art. „Geister (Dämonen)", in: *Reallexikon für Antike und Christentum*, Abschnitt C. III, Bd. 9, 1976, Sp. 715-761

Nietzsche, Friedrich, „Zur Genealogie der Moral", in: *Werke*, herausgegeben von Karl Schlechta, Bd. 2, München [8]1977

Oestreich, Gerhard, *Geist und Gestalt des frühmodernen Staates. Ausgewählte Aufsätze*, Berlin 1969

Oestreich, Gerhard, *Strukturprobleme der frühen Neuzeit*, herausgegeben von Brigitta Oestreich, Berlin 1980

Roskoff, Gustav, *Geschichte des Teufels*, 2 Bde., Leipzig 1869

Russell, Jeffrey Burton, *Mephistopheles. The Devil in the Modern World*, Ithaca-London 1986

Schulte, Christoph, *radikal böse. Die Karriere des Bösen von Kant bis Nietzsche*, München [2]1991

Schweizer, E., Art. „Geister (Dämonen)", in: *Reallexikon für Antike und Christentum*, Abschnitt C. I, Bd. 9, 1976, Sp. 688-700

Snell, Bruno, *Die Entdeckung des Geistes. Studien zur Entstehung des europäischen Denkens bei den Griechen*, Göttingen [4]1975

Yovel, Yirmiyahu, *Kant and the Philosophy of History*, Princeton [2]1989

II. Verfremdungen

Norbert Kapferer

Die Pathologisierung des Bösen

Über die problematische Umsetzung eines moralisch-theologischen Begriffs in den Sozialwissenschaften

In der abendländischen Geistes- und Kulturgeschichte war „DAS BÖSE" ein immer wieder aufgegriffenes, zuweilen geradezu heraufbeschworenes Thema. Mit seinem Ursprung, seinem Wesen, seinen Existenz-, Ausdrucks- und Erscheinungsformen wie mit dem Problem seiner Bekämpfbarkeit, Bannbarkeit oder der Frage nach den Bedingungen, Möglichkeiten und Grenzen seiner Eindämmbarkeit befaßten sich – im heftigen Wettstreit miteinander – die Theologie, Philosophie, Medizin und Jurisprudenz, unterstützt durch die poetischen, literarischen und die malenden Zünfte.

Jahrhunderte galt in der Sache des „Bösen" aber das Machtwort der Theologie und ihrer damaligen „Magd", der Philosophie. Die allmächtige Kirche und ihre Gelehrten definierten – bei zeitweiliger Einschaltung der „Heiligen Inquisition" – das „Malum, um es zu verdammen und aus dem menschlichen Leib mit Feuer und Schwert auszutreiben".

Aufgeklärte Philosophie und Wissenschaften wie die Medizin hatten hier einen schweren Stand, und erst allmählich gelang es ihnen – im zähen Kampf wider Aberglauben und religiösen Dogmatismus –, Bestandteile des „Verdammten" zu entwenden bzw. das „Böse" der sakralen Begriffshoheit sukzessive zu entziehen: Die vormals dem „Exorzismus" ausgesetzten „Besessenen" wurden einer psychiatrisch-medizinischen Begrifflichkeit überantwortet (siehe hierzu Foucault 1972, 1973, 1973a; Dörner 1975; Castel 1979; Blasius 1980); die „teuflischer Gelüste" bezichtigten „Sünder" kamen in die Obhut der Sexualwissenschaften (siehe hierzu Wettley/Leibbrand 1959; Foucault 1983); die „Schrecklichen", „Ruchlosen", „Schlechten", mit „diabolischer Natur" Ausgestatteten erfaßte nunmehr eine kriminalpsychologisch-forensische Terminologie (siehe hierzu: Liebel/Uslar 1975; Langelüddeke/Bresser 1976).

Die in der Gesellschaft und in der Geschichte wirkenden „bösen Mächte und Kräfte" identifizierten Geschichtswissenschaften, Soziologie, Ökonomie als Tyrannen, Okkupanten, Ausbeuter, Imperialisten, herrschende Klassen oder entfesselte Massen. Die Symbole des „Bösen" oblagen fortan einer nüchtern klassifizierenden, erklärenden und deutenden religions-, kunst- oder kulturwissenschaftlichen Forschung. In einer restlos „entzauberten Welt" (Max Weber) schien es für das „Böse" keinen Platz, keine Daseinsberechtigung mehr zu geben. Selbst der „Teufel" und seine höllischen Gesellen waren den Wissenschaften nicht mehr „heilig", und man entzog sie der Theologie, um sie zu sezieren.

Hat die Säkularisierung des „Bösen" durch Philosophie-, Sozial-, Medizin- und Naturwissenschaften diesen Begriff, dieses Wort überflüssig gemacht?

Für das deutsche Wort „böse" (lat.: *malum*; ital.: *male*; frz.: *mal*; engl.: *evil, bad, harm*) stehen diverse Ersatzausdrücke, Negativa, zur Auswahl. Ohne Anspruch auf lexikalische Vollständigkeit seien genannt: die direkt aus dem Wortstamm abgeleiteten, aber abschwächenden Formen „bösartig", „boshaft"; ferner: „übel", „schlecht", „schlimm" oder im vermittelten Sinn: „schrecklich". Mit „böse" können – im Lichte der Wissenschaften – nur noch Menschen bzw. menschliche Charaktere oder von Menschen geschaffene Zustände, Verhältnisse gemeint sein. Definitorisch gelten einzelne Menschen oder Menschengruppen dann als „böse", wenn sie „aggressiv", „grausam", „destruktiv" sind, gegen anerkannte Normen, Werte und Gesetze verstoßen, etwa „egozentrisch-rücksichtslos", „ausbeuterisch", „unterdrückerisch", „hinterlistig", „ruchlos", „verbrecherisch", „mörderisch" etc. handeln. Von „bösen Zeiten" oder „bösen Zuständen" redet man z. B., wenn Krieg, Gewalt, Verbrechen, Gesetzlosigkeit oder bittere Armut und Elend vorherrschen.

Die Möglichkeit, das Wort „böse" durch präziser formulierte Ausdrücke zu ersetzen, hat indessen keineswegs zur völligen Preisgabe dieses Terminus geführt. Nicht selten taucht das „Böse" dann wieder auf, wenn sich „höllische Abgründe" öffnen, die sich in nüchternen Beschreibungen nicht ausdrücken lassen, oder wenn das Entsetzen die Sprache verschlägt. Hier lebt dieses Wort dann von jenem Bedeutungsüberschuß, den eine lange Sprachgeschichte angesammelt hat. Michel Foucault, der „Archäologe des Wissens", verwies in diesem Zusammenhang auf ein anderes Phänomen. In einem Gespräch mit Studenten unter dem Leitgedanken „Jenseits von Gut und Böse" (Nietzsche) macht er darauf aufmerksam:

> Wenn sich ein Urteil nicht mehr mit den Begriffen Gut und Böse fällen läßt, spricht man von Normal und Anomal. Und wenn diese Unterscheidung gerechtfertigt werden soll, greift man auf Überlegungen über das, was für das Individuum gut oder schädlich ist, zurück. Es handelt sich da um Ausdrucksweisen für einen Dualismus, der für das abendländische Bewußtsein konstitutiv ist (Foucault 1974: S. 123).

Die hier von Foucault angesprochene Festlegung („gut = normal" – „böse = anomal") erscheint auf den ersten Blick ganz selbstverständlich und ist es bei näherer Betrachtung dann doch wiederum nicht. Zunächst handelt es sich dabei keineswegs um eine zwingende Fortschreibung des theologisch-philosophischen Diskurses (vgl. hierzu: Stichwort „malum" in: Ritter/Gründer 1980: Bd. 5, Sp. 652 ff.), sondern um eine Entwicklung in der „neueren" Wissenschaftsgeschichte, die mit einer Moralisierungstendenz in den Sozialwissenschaften zusammenfällt. Das seit dem frühen 19. Jahrhundert in den entstehenden Sozialwissenschaften sich etablierende Menschenbild vermag die „bösen" Charaktere nur noch als Abweichungen von der Norm zu erklären und dieses wiederum nur auf Degeneration, Entartung, Perversion zurückzuführen: Der „böse" Mensch ist demzufolge ein Ausnahmefall, genauer: ein Krankheitsfall, und es ist lediglich eine Frage des Standpunktes, welchen Umständen man diese „Fehlentwicklung" zuschreibt, ob einer schlechten Erbanlage oder den gegebenen gesellschaftlichen/sozialen Verhältnissen bzw. Milieubedingungen.

Behält man nun im Blick, daß es den Sozialwissenschaften nicht um das „Böse“ im theologisch-philosophischen Sinn, sondern um die Erklärung des menschlich Verwerflichen, Abgründigen – um nicht zu sagen – „Unmenschlichen“ geht, so kann man von einer Tendenz zur Pathologisierung des „Bösen“ in eben diesen Humanwissenschaften sprechen.

Die Pathologisierung des „Bösen“, von der im folgenden nun die Rede sein soll, wurde von verschiedenen Wissenschafts- und Geistesströmungen getragen, die teils völlig unabhängig voneinander, teils benachbart und wechselwirkend und auch zusammenwirkend, ineinander übergehend jene Tendenz zeitigten. Genannt seien die medizinisch-psychiatrischen Wissenschaften, die Soziallehren Comtes und Spencers, Darwins Evolutionstheorie, die Gesellschaftstheorien von Marx und Engels, die Sexualwissenschaften und schließlich Freud und die ihm folgende psychoanalytische Bewegung.

Wie eingangs vermerkt, hatten die psychiatrisch-medizinischen Wissenschaften schon frühzeitig die von „Dämonen“ Heimgesuchten oder von „Teufeln“ besessen Geglaubten als „Irre“, „Geisteskranke“, „Wahnsinnige“ rubriziert und die ihnen zugeschriebene „Bösartigkeit“ als Krankheit der Seele erklärt.

Die Anwendung des Begriffs „krank“ auf darüber hinausgehende soziale Sachverhalte wurde erst möglich, nachdem Auguste Comte die Gesellschaft als einen biologischen Organismus interpretierte und Herbert Spencer die „Elenden“ und „Schwachen“, die dem Überlebenskampf nicht Gewachsenen und somit einer natürlichen Selektion Unterliegenden mit „kranken Tieren“ in der Wildnis verglich. Nunmehr konnte auch Darwin „krank“ nennen, was im Kulturkreis des zivilisatorisch Erreichten zurückgeblieben bzw. auf eine frühere Evolutionsstufe zurückgefallen war. In einem frühen Entwurf, um 1838, hatte Darwin – wie er es nannte – den „Ursprung unserer bösen Leidenschaften“ in die tierische Abstammung verlegt und dies mit dem Satz quittiert: „Der Teufel in Gestalt des Pavians ist unser Großvater“ (Gruber 1974: S. 123).

In seinem Hauptwerk „Die Abstammung des Menschen“ (1859) sagte er von eben diesen „niederen Instinkten“ wie Triebhaftigkeit, Grausamkeit, Haß, Rachsucht, Habgier etc., daß sie einer primitiven Evolutionsstufe der Menschheitsgeschichte entstammen und im Zuge der Weiterentwicklung der „sozialen Instinkte“, der „intellektuellen und moralischen Fähigkeiten“ immer mehr beherrscht wurden und allmählich in den Hintergrund traten. Sollten sie auf der Stufe der Zivilisation, der höchstmöglichen Stufe moralischer Kultur, wieder durchbrechen bzw. in Erscheinung treten, so könne es sich nur um eine psychische Degeneration – „die Zerstörung und Verirrung des moralischen Gefühls [sind] oft erste Anzeichen geistiger Zerrüttung [...]“ (Darwin 1859/1874: S. 157) – oder um die „Vererbung“ schlechter Anlagen handeln. Darwin war gleichermaßen davon überzeugt, daß die schlechten, rückständigen, atavistischen und daher „kranken“ Elemente in einer Kultur auf bestimmte Art ausgetilgt werden:

> In bezug auf die moralischen Fähigkeiten findet auch eine gewisse Ausscheidung der am schlechtesten Veranlagten selbst in den zivilisiertesten Völkern statt. Verbrecher werden hingerichtet oder für lange Zeit eingekerkert, so daß sie ihre schlechten Eigenschaften nicht weitervererben können. Schwermütige und geisteskranke Personen werden in Ge-

> wahrsam gehalten oder begehen Selbstmord. Heftige, streitsüchtige Personen nehmen oft ein blutiges Ende. Die Ruhelosen, die keine stetige Beschäftigung annehmen wollen – ein Überrest des Barbarentums, der ein großes Hindernis für die Kultur bildet, – begeben sich nach neugegründeten Kolonien, wo sie sich als nützliche Pioniere erweisen [...]. Ausschweifende Frauen haben nur wenig Kinder und ausschweifende Männer schließen selten eine Ehe (ebd.: S. 176).

Sonach besteht für Darwin also begründete Aussicht, daß das „Böse" allmählich aus der zivilisierten Gesellschaft eliminiert wird. Die kulturelle Aussonderung der „Degenerierten" einerseits, die Zunahme der tugendhaften Gewohnheiten andererseits werde „unsere[m] Kampf zwischen den höheren und niederen Impulsen mehr von seiner Schwere [nehmen], und immer häufiger wird die Tugend triumphieren" (ebd.: S. 176).

Die unter dem Einfluß der Evolutionstheorie Darwins stehende Sexualwissenschaft vermochte das von der gegebenen Sexualmoral abweichende, insofern anomale Verhalten ebenfalls nur in Kategorien der Degeneration auszudrücken, obwohl ihre Hauptvertreter keineswegs die Absicht hatten, die „Perversionen" damit erneut zu verteufeln. Im Gegenteil: Es ging ihnen vielmehr darum, in der Öffentlichkeit, vor der Strafjustiz wie in Fachkreisen Verständnis für diese „Stiefkinder der Natur" (Krafft-Ebing) zu wecken.

Richard von Krafft-Ebing, Pionier auf diesem Felde, bezeichnete als einer der ersten die „Nachtschattenseiten", die „scheußliche Fratze", die „bestialische Gewaltsamkeit" und „höllische Grausamkeit" im menschlichen Sexualleben mit dem Begriff „Sadismus" und schuf damit eine Vokabel, die gleichbedeutend wurde mit dem Begriff des „radikal Bösen". Unter „Sadismus" und „Masochismus" verstand Krafft-Ebing eine „originäre Anomalie der *Vita sexualis*", eine „Störung oder Deviation in der Evolution psycho-sexueller Vorgänge auf dem Boden psychischer Degeneration" (Krafft-Ebing 1886: S. 65 f.). Da eine Unterscheidung von „originärem und erworbenem Sadismus" nicht möglich sei, müsse von einem „psychopathischen Zustand *ab origine*" (ebd.: S. 69 f.) ausgegangen werden. Später schwächte Krafft-Ebing diesen Standpunkt etwas ab, indem er einräumte, daß die moderne Zivilisation mit ihren großen Anforderungen an das Nervensystem ebenfalls Triebfehlfunktionen hervorrufen könne (Krafft-Ebing 1893: S. 7).

Gegner der Vererbungs- bzw. Degenerationstheorie wie der französische Psychiater Alfred Binet (1887) und der Münchener Arzt und Therapeut Schrenck-Notzing (1892) versuchten dagegen aus assoziationspsychologischer Sichtweise, frühkindliche Erlebnisse, also Ereignisse der sozialen/familialen Umwelt, für das Auftreten von psychopathologischen Erscheinungen wie Sadismus und Masochismus verantwortlich zu machen (s. hierzu Sulloway 1979: S. 397 ff.).

Noch weiter gingen die Sexualforscher A. Moll und I. Bloch. In den 1898 erschienenen „Untersuchungen über die *Libido sexualis*" machte Albert Moll darauf aufmerksam, daß bei der Beurteilung der sexuellen Perversionen die Kultureinflüsse insgesamt berücksichtigt werden müssen. Iwan Bloch veröffentlichte 1900 eine umfassende Studie „Der Marquis de Sade und seine Zeit", deren Untertitel „Ein Beitrag zur Kultur- und Sittengeschichte des 18. Jahrhunderts" schon anzeigte, daß hier die Sexualwissenschaft ihre disziplinären Grenzen überschritten hat. Bloch versucht hier, die perversen Veranlagungen de Sades aus den Besonderheiten seiner Biographie, seiner sozialen und kulturellen Umwelt zu erklären und damit gleichzeitig die vielfach vertretene These vom Sadismus als Geisteskrankheit zu widerlegen. Mit dem Krankheitsbild wandelten sich auch die Therapiekonzeptionen: Während Krafft-Ebing für die angeborene, anlagebedingte sadistische Perversion kaum Heilungsmöglichkeiten sah, abgesehen von gelegentlichen, temporären Erfolgen durch Hypnose und Suggestivmethoden, behauptete Schrenck-Notzing u. a., mit solchen Methoden bereits Erfolge erzielt zu haben. Blochs Befunde legten dann schon nahe, kulturelle Veränderungen bei der Frage nach einer möglichen Therapie in die psychologischen Überlegungen miteinzubeziehen. Die genetische Erklärung der bösartigsten Perversion, des Sadismus, war in Blochs Ansatz somit schon keine rein sexualwissenschaftlich-psychologische mehr: Sie faßte sie als Entartung der Kultur wie als Entartung des Triebes in Wechselwirkung.

Wie Binet, Schrenck-Notzing, Moll und Bloch sich weigerten, die sadistische Perversion aus der Erbanlage zu erklären, so suchte – auf einem anderen Gebiet – Karl Marx die Ursachen sozialer Entartung nicht aus einer immergleichen menschlichen Natur, sondern aus dem Charakter gesellschaftlichen Wandels zu ergründen. Er knüpfte dabei mit seiner Sozialphilosophie an jene Tradition der Aufklärung an, die den Menschen als potentiell „gut" von Geburt an unterstellte und die Entwicklung „böser Neigungen" auf schlechte gesellschaftliche Verhältnisse zurückführte.

Der junge Marx war durch die Religionskritik der Junghegelianer hindurchgegangen und hatte die Schwächen der Aufklärungsphilosophie wie des Deutschen Idealismus kritisch registriert und schien insofern gegen ein naives Aufgreifen der Frage nach dem „Guten und Bösen" in der Welt gewappnet. Allerdings finden sich in seinen Frühschriften eine Reihe von Äußerungen, die belegen, daß ihn die Frage nach dem Ursprung des gesellschaftlich „Bösen" durchaus bewegte, mehr noch, daß die begriffliche Fassung desselben ebenfalls auf eine Pathologisierung hinauslief. Um dies kontextuell zu verdeutlichen, muß ein kleiner Umweg zu seinen anthropologischen Überlegungen zurückgelegt werden: Was der Mensch von Natur aus ist, erfährt man hier nicht. Aus einer kritischen Passage der zusammen mit Engels verfaßten „Heiligen Familie" (1845) könnte man schließen: Der Mensch ist von Natur aus weder „gut noch böse", sondern „menschlich" (*MEW* 2: S. 180). Daß dies nicht als Tautologie zu verstehen ist, belegen andere Ausführungen. Die Klassengesellschaft, insbesondere die durch das Privateigentum und das Kapital bestimmte bürgerliche Gesellschaft, verhindere laut Marx nämlich, daß der einzelne, vor allem der Arbeiter, zu dem wird, was er von Natur aus ist oder sein könnte. In den „Ökonomisch-philosophischen Manuskripten" (1844) wandte er den aus seiner Hegel-Kritik gewonnenen Begriff der „Entfremdung" auf die menschliche Arbeit unter den Bedingungen ihrer Trennung von Privateigentum und Kapital an. Arbeit, so Marx an anderer Stelle, ist dem Menschen „höchstes Bedürfnis", Vergegenständlichung seiner selbst. In der Arbeit wird der Mensch sozusagen erst er selbst. In der „entfremdeten Arbeit" werde aber dieses Verhältnis zerstört und in sein Gegenteil verkehrt: „Der Gegenstand, den die Arbeit produziert, ihr Produkt, tritt ihr als ein fremdes Wesen, als eine von dem Produzenten unabhängige Macht gegenüber" (*MEW*, Ergänzungsband, Erster Teil: S. 513). Als Lohnarbeit entfremde die Arbeit dem Arbeiter zugleich auch den Inhalt und die Bestimmungen seiner Tätigkeit, seine materiellen Lebensbedingungen, seine physische wie geistige Existenz.

> Wie die Religion die Selbsttätigkeit der menschlichen Phantasie, des menschlichen Hirns und des menschlichen Herzens unabhängig vom Individuum, das heißt als eine fremde, göttliche oder teuflische Tätigkeit, auf es wirkt, so ist die Tätigkeit des Arbeiters nicht seine Selbsttätigkeit. Sie gehört einem anderen, sie ist der Verlust seiner selbst (ebd.: S. 514).

Der maschinelle Charakter der Lohnarbeit beraube den Produzenten aller seiner geistigen Kräfte und körperlichen Gesundheit mit der Folge von „Blödsinn und Kretinismus" (ebd.: S. 513), während die materielle Ausbeutung mit der Folge von Verelendung ihn auf ein „tierisches Niveau" zurückwerfe: „Das Tierische wird das Menschliche und das Menschliche wird das Tierische" (ebd.: S. 515). Die Entmenschung des Menschen, seine „Barbarisierung", reduziere sich indessen nicht, wie Marx immer wieder betont, auf den Lohnarbeiter. Aus der entfremdeten Arbeit – als dem erhaltenden und bewegenden Prinzip des Privateigentums und Kapitals – entspringe nämlich eine allgemeine menschliche und soziale Entfremdung. Lohnarbeit und Privateigentum seien nicht des Menschen Naturzustand: Wie die Theologie den „Ursprung des Bösen durch den Sündenfall" erkläre und damit als historisches Faktum unterstelle, was eigentlich erst der Erklärung bedarf, so behaupte auch Nationalökonomie das Privateigentum als einen menschlichen Urzustand (ebd.: S. 511). In Wahrheit, so Marx weiter, müsse aber die Entstehung des Privateigentums als ein gewaltsamer Akt in der Geschichte, als eigentlicher „Sündenfall" angesehen werden. Hier habe nämlich die Entfremdung der sozialen Beziehungen ihren Ursprung, der „Egoismus der Konkurrenten", die „habsüchtige Identifizierung des Menschen mit dinglichem Besitz oder Geld", der Neid u.ä. Erst unter den Bedingungen des Privateigentums suche jeder

> eine fremde Wesenskraft über den anderen zu schaffen, um darin die Befriedigung seines eigenen, eigennützigen Bedürfnisses zu finden. Mit der Masse der Gegenstände wächst daher das Reich der fremden Wesen, denen der Mensch unterjocht ist, und jedes neue Produkt ist eine neue Potenz des wechselseitigen Betrugs und der wechselseitigen Ausplünderung [...] (ebd.: S. 547).

Der Habgier des Privateigentümers sind die „niederträchtigsten" Methoden gut genug, um künstliche Bedürfnisse zu wecken, „krankhafte Gelüste zu erregen [...], um dann das Handgeld für diesen Liebesdienst zu verlangen. Teils zeigt sich diese Entfremdung, indem die Raffinierung der Bedürfnisse und ihrer Mittel auf der einen Seite, die viehische Verwilderung, vollständige, rohe abstrakte Einfachheit des Bedürfnisses auf der anderen Seite produziert" (ebd.: S. 548). In dieser moralisch kranken Gesellschaft stehe freilich der Arbeiter auf der untersten Stufenleiter:

> Der Schmutz, diese Versumpfung, Verfaulung des Menschen, der Gossenablauf [...] wird ihm ein Lebenselement. Die völlige unnatürliche Verwahrlosung, die verfaulte Natur, wird zu seinem Lebenselement. Keiner seiner Sinne existiert mehr, nicht nur nicht in sei-

ner menschlichen Weise, sondern in einer unmenschlichen, darum selbst nicht einmal tierischen Weise (ebd.: S. 548).

Für den jungen, philosophierenden Marx scheint darum auch die Aufhebung des Privateigentums – und damit einhergehend der Lohnarbeit –, die Krankheit der Gesellschaft zu kurieren, die „bösartigen" Charaktere zum Verschwinden zu bringen. Die Aufhebung des Privateigentums im Kommunismus sei nichts anderes als die „wahrhafte Auflösung des Widerstreits zwischen dem Menschen mit der Natur und mit dem Menschen, die wahre Auflösung des Streits zwischen Existenz und Wesen, zwischen Vergegenständlichung und Selbstbestätigung, zwischen Freiheit und Notwendigkeit, zwischen Individuum und Gattung. Er ist das aufgelöste Rätsel der Geschichte und weiß sich als diese Lösung" (ebd.: S. 536).

Marx' treuer Gefährte, Friedrich Engels, bestärkte mit seinem 1845 erschienenen Bericht „Zur Lage der arbeitenden Klasse in England" die Annahme von der Genese bösartiger, weil zügelloser, verbrecherischer, asozialer Umtriebe und Neigungen im Proletariat infolge schlechter materieller Versorgung, psychischer und physischer Verelendung und Verkrüppelung: Trunksucht, Gewaltbereitschaft, Zügellosigkeit im geschlechtlichen Verkehr, sexuelle Brutalität, verbrecherische Aktivitäten, die enorm zunehmen, zeigen laut Engels die „Krankheit des sozialen Körpers", die sich in eine „akute" verwandelt, ebenso wie – mit Blick auf ihre Ursachen – die „rechte Art, sie zu heilen" (*MEW* 2: S. 349 ff.).

In der „Deutschen Ideologie" (geschrieben 1845/46) unterstrichen Marx und Engels entschieden ihre Auffassung, daß die Individuen ihrem Charakter nach ein „Produkt der Gesellschaft" (*MEW* 3: S. 422) bzw. das sind, wie sie ihr Leben äußern: „Was sie sind, fällt also zusammen mit ihrer Produktion, sowohl damit, was sie produzieren, als auch damit, wie sie produzieren" (ebd.: S. 21). Ihre „Persönlichkeit" sei damit „durch bestimmte Klassenverhältnisse bedingt und bestimmt" (ebd.: S. 76), wie sie sich in der bürgerlichen Gesellschaft durchgesetzt haben. Was man ist, welches Bewußtsein man erlangt, hänge aufs engste damit zusammen, welcher Klasse man angehört. Im Zeitalter der „großen Industrie" handle es sich im wesentlichen um zwei Klassen, die Bourgeoisie und das Proletariat. „Die übrigen Klassen verkommen und gehen unter mit der großen Industrie", heißt es im „Manifest der Kommunistischen Partei" von 1848. Hier ist auch die Rede von einer ganz besonders „verkommenen" Klasse, dem „Lumpenproletariat", das Marx/Engels als „passive Verfaulung der untersten Schichten der alten Gesellschaft" (*MEW* 4: S. 472) kennzeichnen. Das „Lumpenproletariat", heißt es bei Marx an anderer Stelle, müsse vom „industriellen Proletariat" genau unterschieden werden. Es sei ein „Rekrutierplatz für Diebe und Verbrecher aller Art, von den Abfällen der Gesellschaft lebend, Leute ohne bestimmten Arbeitszweig, Herumtreiber [...]" (*MEW* 7: S. 26), bzw. „verkommene Ableger der Bourgeoisie, entlassene Zuchthaussträflinge, entlaufene Galeerensklaven, Gauner, Gaukler, Bordellhalter [...]" (*MEW* 8: S.160 f.). Im Ersten Band des Kapitals (1864) konstatierte Marx eine allgemein wachsende Tendenz der Verelendung mit der Folge der „Entartung" (ebd.: S. 803), wie sie sich besonders ausgeprägt im Pauperismus und im Lumpenproletariat zeige (ebd.: S. 673). Engels schließlich nannte 1870 das „Lumpenproletariat" den „Abhub der verkommensten Subjekte aller Klassen, der sein Hauptquartier in den großen Städten aufschlägt" (*MEW* 26: S. 398).

Während sich in der zweiten Hälfte des 19. Jahrhunderts Marx(isten), Sozialdarwinisten und Sexualwissenschaftler darum stritten, ob die „Entartung" der menschlichen Natur zur Bösartigkeit im Verbrecher, Sadisten, Asozialen etc. anlage- oder umwelt- bzw. milieubedingt sei, ob man die Entmoralisierung und den Sittenverfall bzw. die „Entmenschlichung/Vertierung/Barbarisierung" aus degenerativen pathologischen Prozessen des Evolutionsverlaufs oder einer physischen, psychischen und geistigen Verwahrlosung im materiellen Elend einer „kranken Gesellschaft" erklären müsse, suchte Sigmund Freud nach einem anderen Weg, nämlich nach einer Neubestimmung des Pathologischen selbst.

Im Unterschied zum zeitgenössischen Wissenschaftsdiskurs griff Freud dabei den Terminus „böse" wieder direkt auf, um ihn in seiner symbolischen wie triebspezifischen Dimension zu erörtern, mit der Folge, daß sich hierbei ein Begriff herauskristallisierte, der für das 20. Jahrhundert maßgebend werden sollte: Aggression. Die Reflexionen Freuds über die Symbolik des Bösen im Traum, in der Neurose, Hysterie, Paranoia und in volkstümlichen Überlieferungen, Mythen, Märchen, Religionen, Kunst- und Literaturschöpfungen lassen sich bereits in den Anfängen der psychoanalytischen Theoriebildung dingfest machen. Möglicherweise wurde sein psychologisches Interesse an Phänomenen wie Dämonen-, Hexen- und Teufelsglauben während seiner Studien bei Jean Martin Charcot an der Salpetrière zu Paris zwischen 1885 und 1886 geweckt. Der Neuropathologe Charcot beschäftigte sich seinerzeit unter anderem auch mit den historischen Aspekten neurotischer Erkrankungen wie der mittelalterlichen Teufelsbesessenheit und der Dämonomanie. In seinem 1893 verfaßten „Nachruf" auf den berühmten französischen Nervenarzt (Freud, *Ges. Werke*, Bd. 1: S. 19) würdigte Freud ausdrücklich diese Schaffensseite seines Lehrers.

Briefe Freuds aus dem Jahre 1897 an seinen damals engsten Freund Wilhelm Fließ bezeugen zudem sein wachsendes Erkenntnisinteresse an Hexen und Teufeln und deren symbolischer Bedeutung (Freud 1968: Briefe 56 und 57).

Mit der „Traumdeutung" (1900) unternahm Freud den Versuch, die in den Angst- und Alpträumen auftretenden Schreckensgestalten, böse Geister und Tiere, Fabelwesen, Mischgestalten etc. hinsichtlich ihres Sinn- und Bedeutungsgehaltes zu analysieren und den zugrunde liegenden psychischen Konflikt herauszustellen, wobei die Mechanismen der „Traumarbeit" – „Verschiebung, Verdichtung, Rücksicht auf Darstellbarkeit, sekundäre Bearbeitung" – aufgezeigt wurden (Freud 1900: S. 280 ff. und 488 ff.). In den „abnormen" Phantasieprodukten des Träumers glaubte er eine den psychopathologischen Symbolbildungen der Neurotiker vergleichbare und verwandte – da gleichermaßen vom „Unbewußten" gesteuerte – Schöpfung vor sich zu haben: Mittels jener Verschiebungs- und Verdichtungsarbeit der Träumer und Zwangsneurotiker werden Personen, Tiere, Gegenstände etc. mitunter auseinandergerissen und zu neuen bizarren, wahnwitzigen Konstellationen zusammengefügt und/oder mit vorgefundenen Symbolen kombiniert. Traum und Neurose schaffen Freud zufolge allerdings keine eigenen Symbole (Freud 1900: S. 346), sondern bedienen sich vielmehr bereits vorhandener und überlieferter, wie etwa der Versinnbildlichungen des Bösen in den Gestalten/Figuren des „gefallenen/gestürzten Engels", des Satans oder des Teufels, der Hexen, Drachen/Lindwürmer/Schlangen, des „Bocksbeinigen" etc.

Andererseits war Freud schon frühzeitig davon überzeugt, daß sich hinter dem ursprünglichen Schöpfungsakt dieser Symbole dieselben psychischen Beweggründe verbargen, die ihr aktuelles Abrufen in Traum/Neurose zeitigen. In dem oben erwähnten Brief an Fließ von 1897 vermutete er im „Teufel" eine symbolisierte „Vatergestalt".

Den symbolischen Ursprung des „Guten" und des „Bösen", des „Göttlichen" und des „Teuflischen/Dämonischen", des „Heiligen" wie des „Sündigen", des „Reinen" wie des „Unreinen" suchte Freud in seiner 1913 erschienenen Aufsatzsammlung „Totem und Tabu" zu ergründen: In der mutmaßlich ersten Menschheitsreligion – dem Totemismus – waren „Gut" und „Böse" noch ungeschieden.

Die Naturvölker verehrten und fürchteten gleichermaßen ein Totemtier, von dem sie abzustammen glaubten. In diesem tabuisierten/dämonisierten Totemtier sah Freud einen „Vaterersatz", Folge der Verdrängung eines einst in grauer Vorzeit von einer „Urhorde" um des ungezügelten sexuellen Genusses willen begangenen „Vatermords" (Freud 1913: S. 424 ff.). Anhand des Verlaufs der Religionsgeschichte, die den Weg von Tiergottheiten zu Mutter- und Vatergottheiten zurücklegt, läßt sich nach Freud die allmählich schroffe Entgegensetzung von „Gut" und „Böse", von Himmel und Hölle, von Gott und Teufel, als fortschreitende „Verdrängung" wie als „Wiederkehr des Verdrängten" interpretieren (Freud 1939: bes. S. 550 ff.). Entscheidend sei aber nun, die scharf kontrastierten Gegensätze in ihrer ursprünglichen Einheit zu betrachten, sowohl in dem gut/bösen, rein/unreinen Tiergott wie in der – psychologisch zugrunde liegenden – Gefühlsambivalenz gegenüber dem Vater, den das kleine Kind liebt und haßt, fürchtet und idealisiert. Sind Gott und Teufel somit nichts anderes als kindlicher Gefühlsambivalenz entstammende Projektionen?

1923 publizierte Freud eine Studie über „Eine Teufelsneurose im 17. Jahrhundert", die er mit folgenden Worten einleitete:

> Wir dürfen nicht erstaunt sein, wenn die Neurosen dieser frühen Zeiten im dämonologischen Gewand auftreten [...]. Die Besessenheiten entsprechen unseren Neurosen [...]. Die Dämonen sind uns böse, verworfene Wünsche, Abkömmling abgewiesener, verdrängter Triebregungen. Wir lehnen bloß die Projektion in die äußere Welt ab, welche das Mittelalter mit diesen seelischen Wesen vornahm; wir lassen sie im Innenleben der Kranken, wo sie hausen, entstanden sein (Freud 1923: S. 287).

Was Freud hier analysierte, ist die durch Zeugnisse Geistlicher übermittelte Geschichte des Malers Christoph Haizman, der um 1680 eigenen Angaben zufolge vom Teufel heimgesucht und von diesem zum Verkauf seiner Seele genötigt worden war. Dem Bericht waren Zeichnungen beigefügt, in denen der Maler seine Teufelserscheinungen bildlich dargestellt hatte.

Freud bewertete die „Teufelsverschreibung" des Malers als „neurotische Phantasie". Seiner Auffassung nach war der Teufel für Haizman ein „direkter Vaterersatz", eine Annahme, die Freud aus dem biographischen Material erschloß und die – wie er versicherte – keineswegs in Widerspruch stehe zur Behauptung einer ursprünglich väterlichen Natur Gottes:

> Vom bösen Dämon wissen wir, daß er als Widerpart Gottes gedacht ist und doch seiner Natur sehr nahesteht [...]. Götter können zu bösen Dämonen werden, wenn neue Götter sie verdrängen [...]. Der böse Dämon des christlichen Glaubens, der Teufel des Mittelalters, war nach der christlichen Mythologie selbst ein gefallener Engel und gottgleicher Natur. Es braucht nicht viel analytischen Scharfsinns, um zu erraten, daß Gott und Teufel ursprünglich identisch waren, eine einzige Gestalt, die später in zwei mit entgegengesetzten Eigenschaften zerlegt wurde. In den Urzeiten der Religionen trug Gott selbst noch alle die schreckenden Züge, die in der Folge zu einem Gegenstück von ihm vereinigt wurden (Freud 1923: S. 301).

Im Falle Haizmans machte Freud darauf aufmerksam, daß auch die hinterlassenen Bilder seine Annahme abstützten. So habe der Maler den Teufel zunächst als einen ehrsamen, älteren Bürger mit Vollbart, rotem Mantel, schwarzem Hut und Stock – als eindeutige Vatergestalt – dargestellt. Abgesehen von dem auffälligen roten Mantel verweise eigentlich nur ein „schwarzer Hund" auf einen diabolischen Zusammenhang. In den darauf folgenden Bildern nehmen die Teufelsausstattungen aber immer tierischere Züge an: Hörner, Adlerklauen statt Beinen, Krallen etc., bis schließlich – in der Darstellung der letzten Erscheinung – aus dem Teufel ganz und gar ein fliegender Drache wird.

Gewiß bediente sich der Maler mit seiner Tiersymbolik längst gängiger Teufelsdarstellungen, einschließlich des Drachen-/Schlangensymbols. Daß aber ausgerechnet Tiere oder Teile von ihnen traditionell zur Darstellung des „Bösen" eingesetzt werden, meint Freud auf die „archaische Erbschaft" des Totemismus zurückführen zu können. Im Teufel als Tier-Mensch-Mischwesen oder Schlange vereinigen sich „archaische Erinnerungsspuren" (Freud 1939: S. 545 f.) mit aktuellem infantilen Erlebnismaterial. Als Beispiel führte Freud die Angsttiere in kindlichen Phobien und Neurosen an (Freud 1909, 1914), die den Begriff einer „infantilen Wiederkehr des Totemismus" rechtfertigen. Wie die Analyse der infantilen Neurosen zeigt, verbirgt sich hinter den Ratten, Wölfen, Pferden wie hinter dem archaischen Totemtier der gefürchtete, gehaßte und als sexueller Nebenbuhler empfundene Vater.

In dem 1915 verfaßten Essay „Zeitgemäßes über Krieg und Tod" nahm Freud den Terminus „böse" auf, um ihn im Kontext seiner eigenen Begrifflichkeit zu deuten.

Der Schrecken und die Grausamkeiten des Ersten Weltkrieges, das allseitige Aufflammen von Haß, Gewaltbereitschaft, Mordlust, die beispiellose Erniedrigung aller sittlichen Werte, die Zerstörung von Kulturgütern habe bei vielen Zeitgenossen eine Empfindung des „Bösen dieser Zeit" wachgerufen. Hoffnungen, die „bösen Neigungen des Menschen" im Zuge kulturellen Fortschritts „ausgerottet" und durch die „Neigungen zum Guten" ersetzt zu haben, mußten bitter enttäuscht werden, weil sie von vornherein von einem falschen Menschenbild ausgegangen waren. „In Wirklichkeit", so Freud, „gibt es keine Ausrottung des Bösen"; vielmehr habe die psychoanalytische Untersuchung gezeigt,

> daß das tiefste Wesen des Menschen in Triebregungen besteht, die elementarer Natur, bei allen Menschen gleichartig sind und auf die Befriedigung gewisser, ursprünglicher Bedürfnisse zielen. Diese Triebregungen sind an sich weder gut noch böse. Wir klassifizieren sie in solcher Weise, je nach ihrer Beziehung zu den Bedürfnissen und Anforderungen der

> menschlichen Gemeinschaft. Zugegeben ist, daß alle die Regungen, welche von der Gesellschaft als böse verpönt werden – nehmen wir als Vertretung derselben die eifersüchtigen und die grausamen – sich unter diesen primitiven befinden (Freud 1915: S. 40 f.).

Die populäre, aber völlig „unzureichende" Klassifizierung in „gut und böse" verkenne indessen grundsätzlich: „Der Mensch ist selten im ganzen gut oder böse, meistens ‚gut' in dieser Relation, ‚böse' in einer anderen, oder ‚gut' unter solchen Bedingungen, unter anderen entschieden ‚böse'" (Freud 1915: S. 41). „Böse Regungen", „böse Triebe" (ebd.: S. 42) müssen schon für die frühkindliche Entwicklungsphase, genauer für die infantile Sexualorganisation unterstellt werden. Freud veranschlagte hierfür in seinen „Drei Abhandlungen zur Sexualtheorie" (1905) die Begriffe „oral-kannibalische" und „sadistisch-anale" Phase der „prägenitalen" Sexualentwicklung (Freud 1905: S. 103 f.). Daß „Grausamkeit und Sexualtrieb innigst zusammengehören" (Freud 1905: S. 68), lehre allein schon die gesamte Kulturgeschichte der Menschheit. Von der dem Sexualtrieb beigemengten Aggression dürfe man annehmen, daß es sich um einen „Rest kannibalischer Gelüste" handle. Schließlich zeige schon die „Sexualität der meisten Männer eine Beimengung von Aggression, von Neigung zur Überwältigung, deren biologische Bedeutung in der Notwendigkeit liegen dürfte, den Widerstand des Sexualobjekts noch anders als durch Akte der Werbung zu überwinden (Freud 1905: S. 67).

Infantiler Kannibalismus entspricht jener frühkindlichen, „prägenitalen" Entwicklungsphase, in welcher die Sexualtätigkeit sich noch nicht von der Nahrungsaufnahme gesondert hat, so daß das primäre Sexualziel in der „Einverleibung des Objekts" (Freud 1905: S. 103) besteht. Dieses „Sicheinverleiben- oder Fressen-Wollen" impliziere schon die Aufhebung/Elimination des begehrten Objekts. Auf der nächst höheren Entwicklungsstufe, der „prägenitalen sadistisch-analen Organisation", trete dieses Streben nach dem Objekt dann schon in Form eines „Bemächtigungsdranges" auf, dem die „Schädigung oder Vernichtung des Objekts gleichgültig ist" (Freud 1915a: S. 101, und 1905: S. 134 ff.). Grausamkeit liege dem „kindlichen Charakter" überhaupt nahe, da das entscheidende Hemmnis, das Mitleidsgefühl, sich verhältnismäßig spät ausbilde. Freud nahm weiter an, daß die grausame Regung durch einen „Bemächtigungstrieb" hervorgerufen werde, der zu einem Zeitpunkt auftrete, da die Genitalien noch nicht ihre spätere Sexualfunktion aufgenommen haben:

> Kinder, die sich durch besondere Grausamkeit gegen Tiere und Gespielen auszeichnen, erwecken gewöhnlich mit Recht den Verdacht auf intensive und vorzeitige Sexualbetätigung von den erogenen Zonen her, und bei gleichzeitiger Frühreife aller sexuellen Triebe scheint die erogene Sexualbetätigung doch die primäre zu sein. Der Wegfall der Mitleidsschranke bringt die Gefahr mit sich, daß diese in der Kindheit erfolgte Verknüpfung der grausamen mit den erogenen Trieben sich späterhin als unlösbar erweise (Freud 1905: S. 99).

Der also bereits bei Kindern vorhandenen Neigung, anderen „Böses" mit Lustgewinn zuzufügen – sie beherrschen, demütigen, quälen zu wollen –, entspreche ein „passiver Trieb zur

Grausamkeit", eine Wendung des „Sadismus" gegen die eigene Person: „Wer Lust daran empfindet, anderen Schmerz in sexueller Relation zu erzeugen, der ist auch befähigt, den Schmerz als Lust zu genießen, der ihm aus sexuellen Beziehungen erwachsen kann. Ein Sadist ist daher immer auch gleichzeitig ein Masochist [...]" (Freud 1905: S. 69).

In der bereits zitierten Schrift „Triebe und Triebschicksale" (1915a) erwog Freud die Möglichkeit einer anderen, neben dem sadomasochistischen Sexualtrieb bestehenden Quelle von Grausamkeit und Aggression, die „Ichtriebe". Sie dienen der „Selbsterhaltung" und können infolgedessen sogar mit Sexualtrieben in Widerspruch geraten: Schon in seinem embryonalen Zustand verabscheue das „Ich" nämlich alles, was bei ihm „Unlustempfindungen" auslöst, gleichgültig welcher Natur es auch sei. Hier entstünden folglich erst die richtigen Vorbilder für die Haßbeziehungen:

> Der Haß ist als Relation zum Objekt älter als die Liebe, er entspringt der uranfänglichen Ablehnung der reizspendenden Außenwelt von seiten des narzißtischen Ichs. Als Äußerung der durch Objekte hervorgerufenen Unlustreaktion bleibt er immer in inniger Beziehung zu den Trieben der Icherhaltung, so daß Ichtriebe und Sexualtriebe leicht in einen Gegensatz geraten können, der den von Hassen und Lieben wiederholt. Wenn die Ichtriebe die Sexualfunktion beherrschen wie auf der Stufe der sadistisch-analen Organisation, so leihen sie auch dem Triebziel die Charaktere des Hasses (Freud 1915a: S. 101).

Die „kindliche Präexistenz starker ‚böser' Regungen" – so Freud in seinem Kriegs-Essay – sei andererseits wiederum geradezu die Bedingung für eine deutliche Wendung des Erwachsenen zum „Guten". Aus kindlichen Egoisten, Tierquälern und kleinen Sadisten können die hilfreichsten Bürger, Menschenfreunde und Tierschützer werden. Wie kann man sich diese „Wendung zum Guten" vorstellen?

> Die Umbildung der „bösen" Triebe ist das Werk zweier im gleichen Sinne wirkender Faktoren, eines inneren und eines äußeren. Der innere Faktor besteht in der Beeinflussung der bösen – sagen wir: eigensüchtigen – Triebe durch die Erotik, das Liebesbedürfnis des Menschen im weitesten Sinne genommen. Durch die Zumischung der erotischen Komponenten werden die eigensüchtigen Triebe in soziale umgewandelt [...]. Der äußere Faktor ist der Zwang der Erziehung, welche die Ansprüche der kulturellen Umgebung vertritt und die dann durch die direkte Einwirkung des Kulturmilieus fortgesetzt wird. Kultur ist durch Verzicht auf Triebbefriedigung gewonnen und fordert von jedem neu Ankommenden, daß er denselben Triebverzicht leiste (Freud 1915: S. 42).

Die Erziehung zum Triebverzicht kann Freud zufolge eine sichtbare Wendung vom „Egoismus zum Altruismus" nach sich ziehen, ohne daß sich eine echte „Triebveredelung", eine wirkliche Umsetzung von „egoistischen in soziale Neigungen" ereignet hat. Erst in Bewährungssituationen wird sich herausstellen, wie stabil die erworbene Sittlichkeit ist, oder ob nicht bei passender Gelegenheit die gewaltsam zurückgehaltenen „bösen" Triebe wieder durchbrechen. Seelische Entwicklungen besitzen Freuds Auffassung nach jene eigentümliche Fähigkeit zur Rückbildung, zur „Regression" auf „primitivere Zustände". „Der frühere seelische Zustand mag sich jahrelang nicht geäußert haben, er bleibt doch so weit bestehen, daß er eines Tages wiederum die Äußerungsform der seelischen Kräfte werden kann, und zwar die einzige, als ob alle späteren Entwicklungen annulliert, rückgängig gemacht worden wären“ (Freud 1915: S. 45).

Den Begriff „Regression“ hatte Freud schon in seinem Hauptwerk „Die Traumdeutung“ (1900) eingeführt, um einen Mechanismus der Traumbildung zu erklären, der den Träumenden in seine infantile Vergangenheit zurückversetzt. Das seiner ethischen Fesseln entledigte Ich wählt im Traume die Objekte seiner Begierde hemmungslos, die verbotensten am liebsten:

> Nicht nur das Weib des anderen, sondern vor allem inzestuöse, durch menschliche Übereinkunft geheiligte Objekte, die Mutter und die Schwester beim Manne, den Vater und den Bruder beim Weibe [...]. Gelüste, die wir ferne von der menschlichen Natur glauben, zeigen sich stark genug, Träume zu erregen. Auch der Haß tobt sich schrankenlos aus. Rache und Todeswünsche gegen die nächststehenden, im Leben geliebtesten Personen, die Eltern, Geschwister, den Ehepartner, die eigenen Kinder sind nichts Ungewöhnliches. Diese zensurierten Wünsche scheinen aus einer wahren Hölle aufzusteigen [...] (Freud 1900: S. 154).

Die Analyse des Traumes ebnet den Weg zum Unbewußten, eben zu jenen „bösen“ Wünschen und Phantasien, die das wache Bewußtsein längst verstoßen, „verdrängt“ und doch nicht gelöscht oder getilgt hat, denn das „primitive Seelische ist im vollsten Sinne unvergänglich“ (Freud 1915: S. 45). Im Traum lebt insofern die infantile Vergangenheit des Individuums, ja sogar der Menschheit fort. Wie das Kind noch unreglementiert seine „kannibalischen“, „sadomasochistischen“, „egozentrischen“, „narzißtischen“ Triebregungen auslebt, den Inzest und Vatermord imaginiert, so müsse man sich nach Freuds Analogievorschlag auch das moralisch ungezügelte Gefühlsleben des „primitiven Wilden“ oder des „Urmenschen“ vorstellen.

> Er war gewiß ein sehr leidenschaftliches Wesen, grausamer und bösartiger als andere Tiere. Er mordete gern und wie selbstverständlich. Den Instinkt, der andere Tiere davon abhalten soll, Wesen der gleichen Art zu töten und zu verzehren, brauchen wir ihm nicht zuzuschreiben. Die Urgeschichte der Menschheit ist denn auch vom Morde erfüllt (Freud 1915: S. 52).

Nach ihren unbewußten Wunschregungen beurteilt, sind auch die Menschen der Gegenwart „wie die Urmenschen eine Rotte von Mördern“ (Freud 1915: S. 57) und potentiell gefährdet, unter Umständen auf jenen primitiven Gefühlszustand kollektiv zurückzufallen: „Ohne Zweifel gehören die Einflüsse des Krieges zu jenen Mächten, welche solche Rückbildung erzeugen können [...]“ (Freud 1915: S. 46). Wie Freud an anderer Stelle ausführt, gelangt das Individuum in der Masse in eine Gefühlslage, die es ihm gestattet, die Verdrängungen seiner unbewußten Triebregungen abzuwerfen, und alles „Böse der Menschenseele“, das im Unbewußten enthalten ist, auszuleben (Freud 1921: S. 69).

Mit Gustave Le Bon wußte sich Freud darin einig, daß durch die bloße Zugehörigkeit zu einer organisierten Masse der Mensch mehrere Stufen auf der „Leiter der Zivilisation" wieder herabsteigen könne. In seiner Vereinzelung – so hatte Le Bon gelehrt – war das Individuum vielleicht gebildet. Doch in der Masse wird es zu einem Triebwesen mit barbarischem Charakter, voll Unberechenbarkeit und Wildheit (Le Bon 1895: S. 19; Freud 1921: S. 71).

Die hier konstatierte Möglichkeit einer Entfesselung „böser", weil aggressiver und destruktiver Leidenschaften in der Menschenmasse basierte auf einer Revision der Triebtheorie, die Freud schon mit seiner Schrift „Jenseits des Lustprinzips" (1920) eingeleitet hatte. Bislang waren Aggressivität/Destruktivität/Haß entweder als Bestandteil von Sexualtrieben (oraler und analer Sadismus bzw. Sadomasochismus) oder als Reaktionsweise der Ichtriebe/Selbsterhaltungstriebe gefaßt worden.

Nunmehr unterstellte Freud einen von den Sexualtrieben unabhängigen und gleichzeitig gegen die Ich- und Selbsterhaltungstriebe gerichteten, eigenständigen „Todestrieb" (Freud 1920: S. 248-250; 261-265), mithin also einen Dualismus von Lebenstrieb *(Eros)* und Todestrieb *(Thanatos),* aus deren „Zusammen- und Gegeneinanderwirken" sich quasi alle Phänomene des Lebens erklären lassen. Der im „Organismus wirkende Todestrieb" – Freud nannte ihn auch „Ursadismus" (Freud 1924: S. 348) – strebe danach, die innere wie die äußere lebende Substanz aufzulösen bzw. zu vernichten. Der gegen die Außenwelt gerichtete Anteil des „Todestriebes" trete als „Trieb zur Aggression und Destruktion" (Freud 1930: S. 247) in Erscheinung. Den „Aggressionstrieb" verstand Freud als einen „Abkömmling und Hauptvertreter des Todestriebes", eine „ursprüngliche, selbständige Triebanlage", eine „angeborene Neigung des Menschen zum ‚Bösen', zur Aggression, Destruktion und damit auch zur Grausamkeit" (Freud 1930: S. 248 f.). In einem Brief an Albert Einstein über die Ursachen von Kriegen unterstrich Freud noch einmal seine Auffassung, daß es sinnlos sei, die aggressiven Neigungen des Menschen abschaffen zu wollen. Günstigstenfalls könne man versuchen, sie vom Kriege abzulenken:

> Wenn die Bereitwilligkeit zum Krieg ein Ausfluß des Destruktionstriebes ist, so liegt es nahe, gegen sie den Gegenspieler dieses Triebes, den Eros, anzurufen. Alles, was Gefühlsbindungen unter den Menschen herstellt, muß dem Krieg entgegenwirken. Diese Bindungen können von zweierlei Art sein. Erstens Beziehungen wie zu einem Liebesobjekt, wenn auch ohne sexuelle Ziele [...]. Die andere Art von Gefühlsbindung ist die durch Identifizierung. Alles, was bedeutsame Gemeinsamkeiten unter den Menschen herstellt, ruft solche Gemeingefühle, Identifizierungen, hervor. Auf ihnen ruht zum guten Teil der Aufbau der menschlichen Gesellschaft (Freud 1932: S. 283).

Das Vorherrschen von Aggression und Destruktion ist Freud zufolge ein pathologischer Zustand, dem entgegenzutreten und Einhalt zu gebieten unsere Moral, Vernunft und Kultur fordere. Aber wie weit darf die Unterdrückung der nach außen gerichteten aggressiven Strebungen gehen, ohne nicht selbst wiederum Schaden anzurichten? Könnte ein der „Diktatur der Vernunft" unterworfenes Triebleben nicht seinerseits einen pathologischen Zustand herbeiführen, Neurosen auslösen?

Zurückhaltung von Aggression, so Freud, ist ungesund, wirkt krankmachend und kann sogar zur Selbstzerstörung führen, wenn diese negativen Triebkräfte nach innen gerichtet, verinnerlicht werden. Die Kulturentwicklung habe bereits zu einer „fortschreitenden Verschiebung der Triebziele und Einschränkung der Triebregungen, zu einer Verinnerlichung der Aggressionsneigung mit all ihren vorteilhaften und gefährlichen Folgen" (ebd.: S. 286) geführt. Einen befriedigenden Ausweg aus diesem Dilemma, entweder die anderen oder sich selbst zu zerstören, konnte Freud seinen Schülern bzw. den ihm nachfolgenden Sozialwissenschaften nicht anbieten.

Innerhalb der psychoanalytischen Bewegung wurde zunächst die Existenz eines Todestriebes angezweifelt, unter anderem von O. Fenichel, H. Hartmann, E. Kris, R. Loewenstein, K. Horney sowie von den beiden Dissidenten C. G. Jung und A. Adler. In einer 1908 veröffentlichten Schrift hatte Adler den Begriff eines „Aggressionstriebes" (Adler 1908: S. 577-584) eingeführt, ihn aber später wieder aufgegeben. Ebenso die Analytikerin Anna Spielrein, die in einer kurze Zeit später erschienenen Abhandlung von einem „Destruktionstrieb" (Spielrein 1912: S. 89) sprach. Für einige der Kritiker des „Todestriebes" innerhalb der psychoanalytischen Bewegung wurde schließlich der „Aggressionstrieb" maßgebend, über dessen pathologische Qualität man sich – über sonstige Differenzen hinweg – weitgehend einig war. Andererseits formierte sich Widerspruch gegen eine triebtheoretische Fassung von Aggression. Karin Horney zum Beispiel bewertete Aggression als ein pathogen-reaktives Verhalten, ausgelöst durch eine quasi krankmachende Isolierung des Individuums in der modernen Welt, Folge von Sanktionen, die die jetzige Gemeinschaft über das Ausleben von Primärtrieben verhängt (Horney 1951: S. 125 ff.).

Seit Ende des Ersten Weltkrieges begannen sich marxistische Tendenzen innerhalb der Psychoanalyse auszubreiten (Paul Feder, Hendrik de Man, Siegfried Bernfeld u. a.), die gesellschaftskritische Aspekte bzw. gesellschaftstheoretische (soziologische, ökonomische, politische) Ansätze der Freudschen Psychologie zuführten. Umgekehrt wirkte die Psychoanalyse vor allem auf den nicht-parteigebundenen, kritischen Marxismus der späten 20er und frühen 30er Jahre, namentlich auf die „Frankfurter Schule" und deren Hauptvertreter Horkheimer, Adorno, Marcuse. Als Mittler fungierte hier der Soziologe und Psychoanalytiker Erich Fromm, neben Wilhelm Reich der vielleicht bekannteste Freudo-Marxist.

Durch die nach 1933 erzwungene Emigration in die USA erweiterte sich der Einflußbereich jener von Marx und Freud wesentlich inspirierten sozialkritischen Psychologie bzw. psychologisch reflektierten Sozialwissenschaften. Neben der Schule der marxistischen Psychoanalytiker wäre auch Adlers Individualpsychologie als Wurzel der sich in den Vereinigten Staaten etablierenden „Humanistischen Psychologie" und kritischen Sozialwissenschaft zu nennen.

Die seit den 30er Jahren in den USA einsetzende Debatte um die „Aggressions- und Destruktionsthematik" stand in vielfachem Bezug zum Vormarsch des Faschismus/Nationalsozialismus und seiner Verbrechen wie zum Ausbruch des Zweiten Weltkrieges und dessen entfesselter, bislang nie gekannter Zerstörungsgewalt. Angesichts der Hitlerschen Tötungsmaschinerie ließen sich selbst nüchterne Zeitbeobachter dazu hinreißen, von einer „Wiederkehr des radikal Bösen schlechthin" zu sprechen. Die unter diesem Eindruck von Horkheimer und Adorno verfaßte „Dialektik der Aufklärung" hob mit dem Satz an: „Aber die vollends aufgeklärte Erde strahlt im Zeichen triumphalen Unheils." Wilhelm Reich, entschiedener Kritiker der Freudschen Todestrieb-Hypothese, führte die faschistische Gewalt, Aggression und den Sadismus auf Sexualunterdrückung zurück (Reich 1933: S. 44 ff.). Seiner Auffassung nach gibt es weder eine „primäre Aggression" noch „primären Masochismus", vielmehr müsse der Mensch als harmonisch angelegt, also im Prinzip als „gut" angesehen werden. Was ihn gerade auszeichne, seien „natürliche Sozialität und Sexualität, spontane Arbeitsfreude und Liebesfähigkeit" (Reich 1942: S. 202). Aggressionen entstehen demnach durch „Libidostau", das heißt durch Sexualunterdrückung und durch entfremdete Arbeit. Später prägte Reich den Begriff einer „biopathischen Struktur", um den krankhaften Zustand einer faschistischen Mentalität zum Ausdruck zu bringen (Reich 1971: S. 15, 25).

Ein vergleichbar harmonistisches Menschenbild vertrat Alfred Adler: Schon in der Abhandlung, in welcher er einen „Aggressionstrieb" postulierte, betonte er, daß diesem als „Regulator" ein „angeborenes Gemeinschaftsgefühl" beigegeben sei. In seinen späteren Theorien setzte Adler an die Stelle des Aggressions- das Geltungsstreben, das von ihm aber nicht als ein „Trieb" und somit auch nicht als ein „naturgemäßer" Bestandteil des Seelenlebens aufgefaßt wird. Adler betrachtete es stattdessen als ein „Sekundärphänomen", das als Folgeerscheinung eines „primären Minderwertigkeitsgefühls" auftritt (Adler/Jahn 1933/74: S. 41 ff.). Sofern dieses „Geltungsstreben" auf der Ebene eines sozialen „Gemeinschaftsgefühls" verbleibt, handle es sich um ein normales, nicht pathologisches Phänomen. Erst durch das Abirren auf die Bahn asozialer und irrealer Machtfiktionen kann es charakterschädigende Züge annehmen bzw. Krankheitserscheinungen wie Nervosität, Neurose, Kriminalität, Perversion, Sadismus etc. hervorrufen. Als mögliche Ursachen solcher Entwicklung veranschlagte Adler eine Reihe von Faktoren wie Familienverhältnisse, soziale Umwelt und nicht zuletzt, mit Marx, die „Entfremdung in einer kapitalistischen Gesellschaft". In einer „kranken Kultur", die übergreifend „Autoritarismus" züchte – wie im Falle des nationalsozialistischen Machtapparates –, entarte das Perfektionsbedürfnis zum Sadomasochismus (Adler 1933a).

Mit Erich Fromm trat dann ein Exponent des Freudo-Marxismus auf den Plan, der den wohl umfassendsten Beitrag zur Aggressions-/Destruktionsthematik liefern sollte und dabei auch wieder auf die „gut-böse"-Terminologie zurückgriff. Schon frühzeitig lehnte Fromm die Freudsche Todestriebhypothese ab und reihte sich ein in die Reihe derer, die versuchten, „Aggressivität und Destruktivität" ohne Inanspruchnahme einer Triebtheorie zu deuten. Bereits in der mit Max Horkheimer verfaßten Studie über „Autorität und Familie" (1936) machte er deutlich, daß der „autoritäre" bzw. „sadomasochistische" Charakter aus der „autoritären Familie" und deren Fortsetzung, der „autoritären Gesellschaft" verstanden und erklärt werden müsse. Auch für den späteren Fromm bleibt die „kranke, kapitalistische Gesellschaft" die entscheidende Verursacherin aller seelischen Leiden, einschließlich der krankhaften Formen von Aggression und Destruktion. In seinem Buch „Wege aus der kranken Gesellschaft" (1955) unterstrich Fromm, daß seelische Gesundung letztlich nur über eine gesellschaftliche Gesundung erreicht werden könne. Im Unterschied zu Reich und Adler vertrat Fromm jedoch kein harmonistisches Menschenbild. Seine 1974 erschienene Studie „Anatomie der menschlichen Destruktivität" geht davon aus, daß Grausamkeit und destruktive Neigungen in der „Gesamtexistenz" des Menschen vorhanden sind: „Sie gehören zu den Möglichkeiten, dem Leben einen Sinn zu geben, [sind] ihrer Natur nach im Menschsein verwurzelt" (Fromm 1974/83: S. 95). Zwecks Verdeutlichung seines psychoanalytisch reflektierten, gesellschaftskritischen Ansatzes setzte sich Fromm einerseits mit Konrad Lorenz' evolutionistischer Trieb- und Instinkttheorie, andererseits mit milieutheoretisch-behavioristischen sozialwissenschaftlichen Konzeptionen auseinander. Beiden warf Fromm vor, die Existenz einer menschlichen Psyche mit eigener Struktur und eigener Gesetzlichkeit zu unterschlagen. Während der Trieb-/Instinkttheoretiker Lorenz – einem dogmatischen Darwinismus folgend – Aggressivität aus einer menschlichen Natur bzw. aus Instinkten und Trieben hervorbrechen lasse, führen sozialwissenschaftlich/behavioristische Theorien (Dollard u. a. 1939; Skinner 1953) aggressives Handeln auf subjektunabhängige, äußere Einflüsse, genauer, auf erworbene und angelernte Verhaltensmuster zurück (Fromm 1974/83: S. 29-98).

Nach Lorenz, dessen 1963 erschienenes Buch „Das sogenannte Böse" große Beachtung fand, dient der Aggressionsinstinkt/Trieb in der gesamten Tierwelt einem „natürlichen" Erhaltungsstreben und einem notwendigen Selektionsprinzip: Aggression gegen Artgenossen habe nach Lorenz' Meinung nichts „Teuflisches" und „Vernichtendes", sondern sei vielmehr Teil der „system- und lebenserhaltenden Organisation aller Wesen, [die] zwar, wie alles Irdische, in Fehlfunktionen verfallen und Leben vernichten kann, aber doch von dem großen Geschehen des organischen Werdens zum Guten bestimmt ist" (Lorenz 1963: S. 76).

Mit gewissen Einschränkungen glaubte Lorenz, dies gleichermaßen auf die Menschenwelt übertragen zu können, so daß auch im Falle menschlicher Aggressivität nicht von vornherein von einem „bösen Trieb" gesprochen werden könne. Allerdings, so gab Lorenz zu bedenken, neige menschliche Aggressivität mehr als tierische zur Entartung, da instinktive Hemmschwellen wie die, Artgenossen zu töten, unter bestimmten Bedingungen ihre Macht verlieren. Tritt dies – wie zum Beispiel im Kriegsfalle – ein, so sei das „sogenannte Böse" wirklich imstande, bei Menschen „böse Wirkungen" hervorzurufen (ebd.: S. 68).

Lorenz sprach hier von einer „Hypertrophie des menschlichen Aggressionstriebes" (ebd.: S. 249) und bewertete dies – mit Blick auf die heute erreichte Lebens- und Bedürfnislage der Menschheit und ihres erreichten „moralischen Verantwortungsgefühls" – als ein atavistisches Relikt.

Die krankhafte Übersteigerung des Aggressionstriebes ließe sich – nach Lorenz' ausdrücklicher Empfehlung – durch geeignete Maßnahmen wie zum Beispiel sportliche Wettkämpfe, Begeisterung für positive kulturelle Werte, humanistische Erziehung, Selbstreflexion, Völkerfreundschaft etc. eindämmen (ebd.: S. 251). Während nun Fromm – völlig zu Recht – der Lorenzschen Konzeption ungerechtfertigte Analogisierung von tierischem und menschlichem Aggressionsverhalten vorhielt, verkannte er, daß das Aggressiv-Böse hier keineswegs als „natürlich" hingestellt und insofern als „normal" ausgegeben wird. Die „Hypertrophie des menschlichen Aggressionsverhaltens" ist für Lorenz zwar eine spezifisch menschliche, doch gleichwohl therapiefähige und -bedürftige Entartung. Fromm mag recht haben, daß Lorenz'

Beitrag zu keinem „echten Verständnis der biologischen, psychologischen und sozialen Ursachen der Aggression führt, diese vielmehr verdunkelt werden" (Fromm 1974/83: S. 50). Dessenungeachtet entgeht sein Evolutionismus nicht der Tendenz der Pathologisierung des Bösen, auch wenn diese Zuschreibung nicht – wie bei Fromm – in psychologisch/klinischer Terminologie erfolgt.

Die Alternative zur exklusiven Erklärung des „Bösen" aus einem (entarteten) Urinstinkt kann nun Fromms Auffassung nach nicht in einer Ableitung aus der sozialen Umwelt, der Gesellschaft bestehen, wie sie bestimmte Sozialwissenschaften, vor allem aber der Neobehaviorismus nahelegen. Obwohl der Anspruch auf Wertfreiheit es dem Behaviorismus verbiete, Urteile wie „gut/böse", „besser/schlechter" etc. zu fällen, beziehen – Fromm zufolge – seine Vertreter einen bestimmten ethischen Standpunkt: „Skinner glaubt, daß der Mensch formbar und den sozialen Einflüssen unterworfen ist und daß in seiner ‚Natur' nichts vorhanden ist, was man als endgültiges Hindernis für die Entwicklung auf eine friedliche und gerechte Gesellschaft hin ansehen könnte" (ebd.: S. 59).

Unausgesprochenermaßen unterstelle der Behaviorismus also entweder eine an sich „gute" Menschennatur oder er begreife den Menschen als ein leeres Blatt, „auf das die Kultur ihren Text schreibt" (ebd.: S. 293). In beiden Fällen müsse nun – gemäß dem behavioristischen Reiz-Reaktionsschema – das „sogenannte Böse" von außen kommen. Konsequenterweise gelangte deswegen auch die erste, behavioristisch orientierte Untersuchung über „Aggression" zu dem Ergebnis: „Das Auftreten aggressiven Verhaltens setzt stets das Vorhandensein von Frustration voraus, und umgekehrt führt das Vorhandensein von Frustration stets zu irgendeiner Form von Aggression" (s. Dollard u. a. 1939/1971).

Skinners neobehavioristischer Ansatz schließe zwar – wie Fromm einräumte – genetische Veranlagungen bei der Beurteilung von Verhaltensweisen nicht ganz aus, halte aber dennoch daran fest, daß menschliches Verhalten primär durch „Konditionierung" bestimmt werde, und das um so wirksamer, je positiver man diese Konditionierung durch eine Belohnung verstärkt (s. Skinner 1953/1973). Demzufolge wären Aggressivität, Destruktivität, Grausamkeit etc. nichts weiter als die Folge eines positiven, da mit Lustgewinn verbundenen Lernerlebnisses. Hieran zeige sich nur zu deutlich, wie Fromm hervorhebt, daß Skinners Neobehaviorismus ein „naiver Rationalismus" sei, der menschliche Leidenschaften unbeachtet lasse und statt dessen glaube, alles Verhalten durch Eigennutzstreben erklären zu können. Der Neobehaviorismus wisse jedoch keine Antwort darauf, „wieso nicht wenige Personen, die darauf konditioniert sind, Verfolger und Folterer zu sein, geisteskrank werden, obwohl die positiven ‚reinforcements' weiterlaufen" (Fromm 1974/83: S. 58).

Bekanntlich lehnt der Behaviorismus den Begriff der psychischen Krankheit als innerpsychischen Sachverhalt ab. Die auf Skinner sich berufende Verhaltenstherapie spricht statt dessen von Verhaltensstörung bzw. von abweichendem Verhalten als einer lediglich zeitlichen Verknüpfung von Situation und Verhalten, von beobachtbaren Komponenten einer Störung und der Beziehung der Störung zu Lernprozessen (vgl. Wolpe 1972). Aufgrund der behavioristischen Formel, die Aggression definiert als „Reaktion, die Reize liefert, welche anderen Organismen schaden" (zitiert nach Fromm 1974/83: S. 61), wäre gesteigerte Aggressivität ein

Fall von „Verhaltensstörung" und insofern therapiebedürftig. Das „sogenannte Böse" müßte demnach als „Störfall" betrachtet und auf die Art und Weise wieder beseitigt werden, wie es einst erworben wurde. Die Vermeidung eines Krankheitsbegriffs darf also nicht darüber hinwegtäuschen, daß auch der Neobehaviorismus sich der Pathologisierung des Bösen nicht ganz entziehen konnte, was um so deutlicher durch neuere Ansätze innerhalb dieser Wissenschaftstradition wird, die sich um eine Integration psychoanalytischer Kategorien u. a. gesellschaftstheoretischer Methoden bemühen (s. hierzu: Bandura 1963, 1979).

Zurück zu Erich Fromm und seinem Versuch, jenseits von Instinkt und Milieutheorien die Ursachen von Gewalt, Verbrechen, Krieg, Sadismus, Mordlust etc. aufzudecken. Seiner Überzeugung nach sind die gesellschaftlichen Umstände für die Entwicklung von Menschen und deren Charaktere verantwortlich zu machen, jedoch nicht ausschließlich: „Die Umweltfaktoren fördern oder hindern die Entwicklung bestimmter Charakterzüge und bestimmen die Grenzen, innerhalb derer der Mensch handelt" (Fromm 1974/83: S. 299). Ein „destruktiver oder grausamer Mensch" ist also unter gegebenen Bedingungen so geworden, „weil ihm die Voraussetzungen für weiteres Wachstum fehlen [...], er konnte sozusagen nicht anders" (ebd.: S. 298).

Destruktivität und Grausamkeit basieren nun zwar auf Aggressivität, aber gerade hier gelte es, zwischen einer „gutartigen" und einer „bösartigen" Aggressivität zu unterscheiden:

> Die („gutartige") biologisch adaptive Aggression ist eine Reaktion auf eine Bedrohung der vitalen Interessen; sie ist phylogenetisch programmiert; sie ist Tieren und Menschen gemeinsam; sie ist nicht spontan und steigert sich nicht selbst, sondern sie ist reaktiv und defensiv; sie zielt darauf ab, die Bedrohung zu beseitigen [...] (ebd.: S. 209).

Fromm unterteilte diese „gutartige" Aggression in eine „unbeabsichtigte", eine „spielerische", eine der „Selbstbehauptung" dienende, eine „defensive", eine dem „Emanzipations- und Freiheitsstreben – „revolutionäre" –, eine dem „verletzten Narzißmus" entstammende, eine „konformistische" und eine „instrumentale" (ebd.: S. 210 ff.).

Dagegen sei die „bösartige" Aggression, wie Fromm betonte, „biologisch nicht adaptiv". Im Falle von „Destruktivität" und „sadistischer Grausamkeit" handele es sich auf keinen Fall um eine „phylogenetisch programmierte Verteidigung gegen eine Bedrohung" (ebd.: S. 209).

Destruktivität als „bösartige" Aggressivität existiere nun wiederum in zwei zu unterscheidenden Formen: einer „spontanen", die durch außergewöhnliche Umstände aktiviert wird, und einer an den Charakter gebundenen, die insofern dauernd vorhanden ist. Diese „destruktiven Charaktere" sind „pathologisch", und Fromm nennt sie auch konsequenterweise „klinische Fälle".

Es ist aber nichts anderes als das „radikal Böse", was uns in seiner Terminologie durch „Stalins nichtsexuellen Sadismus", „Himmlers anal-hortenden Sadismus" und „Hitlers Nekrophilie" (ebd.: S. 312 ff.) vorgeführt wird.

In der Konsequenz, die Charakterstrukturen nationalsozialistischer Persönlichkeiten zu klinifizieren, trifft sich Fromm mit ungezählten sozialpsychologischen Abhandlungen, die den Faschismus überhaupt als ein pathologisches Phänomen betrachten.

Spätestens hier zeigt sich die Tragweite und damit auch die Fragwürdigkeit einer Pathologisierung des Bösen in den Sozialwissenschaften. Wo immer ‚Krankheitsbilder' zur Erklärung und Deutung moralisch-verwerflicher – also „böser" – gesellschaftlicher Zustände oder Entwicklungen herangezogen werden, darf man dahinter den „ärztlichen Blick" (Foucault) vermuten, der „Heilung" suggeriert bzw. „Befreiung vom Bösen" verspricht und darin dem theologischen Heilsversprechen folgt. Die Krankschreibung des „Bösen" wäre – so betrachtet – nichts anderes als das wissenschaftliche Pendant zur Verdammung des Bösen unter der gleichen Prämisse, daß es eine „Erlösung von allen Übeln" gibt.

Literatur

Adler, Alfred, „Der Aggressionstrieb im Leben und in der Neurose", in: *Fortschritt der Medizin*, 1908, H. 26

Adler, Alfred/ Jahn, Ernst, *Religion und Individualpsychologie. Eine prinzipielle Auseinandersetzung über Menschenführung* (1933), Frankfurt/M. 1975

Adler, Alfred, *Der Sinn des Lebens*, Wien 1933a

Adorno, Theodor W., „Freudian theory and the pattern of fascist propaganda" (1951). Deutsch: „Die Freudsche Theorie und die Struktur der faschistischen Propaganda", in: *Psyche. Zeitschrift für Psychoanalyse*, 24. Jg., 1970, H. 7

Bandura, Albert/Walters, Richard H., *Social learning and personality development*, New York 1963

Bandura, Albert, *Aggression. Eine sozial-lerntheoretische Analyse*, Stuttgart 1979

Binet, Alfred, „Le Fétichisme dans l'amour", in: *Revue Philosophique* 24, 1887

Blasius, Dirk, *Der verwaltete Wahnsinn. Eine Sozialgeschichte des Irrenhauses*, Frankfurt/M. 1980

Bloch, Iwan, *Der Marquis de Sade und seine Zeit. Ein Beitrag zur Kultur und Sittengeschichte des 18. Jahrhunderts* (1900), Hanau 1970

Le Bon, Gustave, *Psychologie der Massen* (1895), Stuttgart o. J.

Castel, Robert, *Die psychiatrische Ordnung. Das goldene Zeitalter des Irrenwesens*, Frankfurt/M. 1979

Darwin, Charles, *Die Abstammung des Menschen* (1859), Reprint der 2. Auflage von 1874, Stuttgart 1966

Dörner, Klaus, *Bürger und Irre. Zur Sozialgeschichte und Wissenschaftssoziologie der Psychiatrie*, Frankfurt/M. 1975

Dollard, John, *Frustration und Aggression* (1939), Weinheim-Basel 1971

Fenichel, Otto, *The psychoanalytic theory of neurosis*, New York 1945

Foucault, Michel, *Psychologie und Geisteskrankheit*, Frankfurt/M. 1972

Foucault, Michel, *Wahnsinn und Gesellschaft*, Frankfurt/M. 1973

Foucault, Michel, *Die Geburt der Klinik*, 1973a

Foucault, Michel, *Von der Subversion des Wissens*, herausgegeben von Walter Seitter, München 1974

Foucault, Michel, *Sexualität und Wahrheit. Der Wille zum Wissen*, 3 Bde., Frankfurt/M. 1983

Freud, Sigmund, „Charcot (Nachruf)" (1893), *Gesammelte Werke*, Bd. 1, Frankfurt/M. 1960

Freud, Sigmund, *Briefe 1873-1939* (1897), herausgegeben von E. und L. Freud, Frankfurt/M. 1968

Freud, Sigmund, „Die Traumdeutung" (1900), *Studienausgabe*, Bd. 2, Frankfurt/M. 1969

Freud, Sigmund, „Drei Abhandlungen zur Sexualtheorie" (1905), *Studienausgabe*, Bd. 5, Frankfurt/M. 1969

Freud, Sigmund, „Analyse der Phobie eines fünfjährigen Knaben" (1909), *Studienausgabe*, Bd. 8, Frankfurt/M. 1969

Freud, Sigmund, „Totem und Tabu" (1913), *Studienausgabe*, Bd. 9, Frankfurt/M. 1969

Freud, Sigmund, „Aus der Geschichte einer infantilen Neurose. Der Wolfsmann" (1914), *Studienausgabe*, Bd. 8, Frankfurt/M. 1969

Freud, Sigmund, „Zeitgemäßes über Krieg und Tod" (1915), *Studienausgabe*, Bd. 9, Frankfurt/M. 1969

Freud, Sigmund, „Triebe und Triebschicksale" (1915a), *Studienausgabe*, Bd. 3, Frankfurt/M. 1969

Freud, Sigmund, „Jenseits des Lustprinzips“ (1920), *Studienausgabe*, Bd. 3, Frankfurt/M. 1969
Freud, Sigmund, „Massenpsychologie und Ich-Analyse“ (1921), *Studienausgabe*, Bd. 9, Frankfurt/M. 1969
Freud, Sigmund, „Eine Teufelsneurose im 17. Jahrhundert“ (1923), *Studienausgabe*, Bd. 7, Frankfurt/M. 1969
Freud, Sigmund, „Das ökonomische Problem des Masochismus“ (1924), *Studienausgabe*, Bd. 3, Frankfurt/M. 1969
Freud, Sigmund, „Das Unbehagen in der Kultur“ (1930), *Studienausgabe*, Bd. 9, Frankfurt/M. 1969
Freud, Sigmund, „Warum Krieg?“ (1932), *Studienausgabe*, Bd. 9, Frankfurt/M. 1969
Freud, Sigmund, „Der Mann Moses und die monotheistische Religion“ (1939), *Studienausgabe*, Bd. 9, Frankfurt/M. 1969
Fromm, Erich, „Autorität und Familie“ (Sozialpsychologischer Teil, 1939). *Gesamtausgabe*, Bd. 1, Stuttgart 1980/81
Fromm, Erich, „Die Furcht vor der Freiheit“ (1941), *Gesamtausgabe*, Bd. 1, Stuttgart 1980/81
Fromm, Erich, „Psychoanalyse und Ethik“ (1947), *Gesamtausgabe*, Bd. 2, Stuttgart 1980/81
Fromm, Erich, „Wege aus einer kranken Gesellschaft“ (1955), *Gesamtausgabe*, Bd. 4, Stuttgart 1980/81
Fromm, Erich, *Anatomie der menschlichen Destruktivität* (1974), Hamburg 1983
Gruber, Howard E., *Darwin on Man. Early unpublished notebooks*, New York-London 1974
Horkheimer, Max/Adorno, Theodor W., *Dialektik der Aufklärung* (1944), Amsterdam 1947
Horney, Karin, *Neue Wege in der Psychoanalyse* (1951), München 1973
Jung, Carl Gustav, *Wandlung der Symbole, Symbole der Wandlung* (1912), Zürich 1952
Jung, Carl Gustav, „Gut und Böse in der analytischen Psychologie“, in: *Gut und Böse in der Psychotherapie*, herausgegeben von W. Bitter, Stuttgart 1959
Jung, Carl Gustav, *Einsichten und Weisheiten*, Olten-Freiburg i. Br. 1990
von Krafft-Ebing, Richard, *Psychopathia Sexualis* (1886), Stuttgart 1907
von Krafft-Ebing, Richard, *Psychopathia Sexualis*, Stuttgart [8]1893
Langelüddeke, Albrecht/Bresser, Paul H., *Gerichtliche Psychiatrie*, Berlin-New York 1976
Liebel, Hermann/von Uslar, Werner, *Forensische Psychologie*, Stuttgart 1975
Lorenz, Konrad, *Das sogenannte Böse. Zur Naturgeschichte der Aggression*, Wien 1963
Marx, Karl, „Ökonomisch-philosophische Manuskripte“ (1844), *Marx-Engels-Werke (MEW)*, Ergänzungsband, Erster Teil, Berlin 1972
Marx, Karl/Engels, Friedrich, „Die heilige Familie“ (1845), *MEW*, Bd. 2, Berlin 1972
Marx, Karl/Engels, Friedrich, „Die Deutsche Ideologie“ (1845/46), *MEW*, Bd. 3, Berlin 1973
Marx, Karl/Engels, Friedrich, „Manifest der Kommunistischen Partei“ (1848), *MEW*, Bd. 4, Berlin 1972
Marx, Karl, „Das Kapital. Erster Band“ (1864), *MEW*, Bd. 23, Berlin 1972
Moll, Albert, *Untersuchungen über die Libido Sexualis*, Berlin 1898
Reich, Wilhelm, *Massenpsychologie des Faschismus* (1933), Frankfurt/M. 1972
Reich, Wilhelm, *Die Funktion des Orgasmus* (1942), Köln 1969
Reich, Wilhelm, *Massenpsychologie des Faschismus*, mit neuem Vorwort, Köln 1971
Ritter, Joachim/Gründer, Karlfried (Hg.), *Historisches Wörterbuch der Philiosphie*, Bd. 5, Darmstadt 1980
von Schrenck-Notzing, Albert, *Die Suggestions-Therapie bei krankhaften Erscheinungen des Geschlechtssinnes*, Stuttgart 1892
Skinner, Burrhuis F., *Wissenschaft und menschliches Verhalten* (1953), München 1973
Skinner, Burrhuis F., *Jenseits von Freiheit und Würde* (1971), Hamburg 1973
Spielrein, Anna, „Die Destruktion als Ursache des Werdens“, in: *Jahrbuch der Psychoanalyse*, 1912, H. 4
Sulloway, Frank J., *Biologie der Seele. Jenseits der psychoanalytischen Legende* (1979), Köln-Lövenich 1982
Wettley, Annemarie/Leibbrand, Werner, *Von der ‚Psychopathia Sexualis‘ zur Sexualwissenschaft*, Stuttgart 1959
Wolpe, Joseph, *Praxis der Verhaltenstherapie*, Bern 1972

Wolfgang Schild

Vom Un-Menschen zur Unrechts-Tat

Der notwendige Abschied vom Bösen im Rechtsstaat

Das Böse hat heute (wieder) Konjunktur! Alle sprechen von ihm und sehen es in allen Dimensionen des Lebens; auch und vor allem im Bereich des Strafrechts. Ist denn nicht der Verbrecher der böse Mensch, der wegen seiner Bosheit bestraft werden muß wie z.B. die noch lebenden ehemaligen SS-Mörder? Oder die Terroristen von vorgestern, die damals – wie die „Bild"-Zeitung in Schlagzeilen verkündete – sogar die Orangen vergifteten? Oder die Stasi-Spitzel von gestern? Vor allem bei „Reizdelikten" wird der Ruf nach dem Strafrecht unüberhörbar. Was soll man sonst denn auch machen mit primitiven und (deshalb) triebhaft handelnden Sexualtätern (an kleinen Kindern zumal oder an der eigenen Ehefrau) oder an den nur vordergründig am Sport interessierten „Hooligans", die wie Tiere aufeinander losgehen? Oder mit den den Schein von Ehrenmännern aufweisenden Wirtschaftskriminellen und Umweltschädigern, die nur ihren Profit im verbrecherischen Auge haben? Schon die Terminologie ihrer Kennzeichnung offenbart ihre zu bekämpfende Bosheit: „Umweltsünder", „Mißbrauch des Vertrauens", „Heuchler", „Scheusale"!

Den folgenden Ausführungen liegt der Versuch einer theoretischen Gegenthese zugrunde, nämlich die Behauptung, daß der moderne Rechtsstaat ein am Bösen orientiertes Strafrecht nicht denken und akzeptieren kann. In diesem strafenden Recht muß es um Taten gehen und nicht um Täter; weshalb es in einem rechtsstaatlichen Strafrechtssystem keine bösen Missetäter geben kann, sondern nur Menschen, die eine Straftat begangen haben und deshalb zur Verantwortung gezogen werden, damit sie durch Abbüßung der Strafe wieder in die Gesellschaft aufgenommen werden können.[1]

Freilich ist dies eine theoretische Gegenthese; wie schwer es offensichtlich ist, sie auch wirklich zu leben und nach ihr zu handeln, zeigen die obigen Hinweise. Gerade in den Fällen, wo nicht die Theorie und das Denken im Vordergrund stehen (können), in denen Empörung, Wut, Entsetzen, Schrecken, Trauer, Haß hochkommen, bleibt diese These auch nur theoretisch, nur Forderung, vielleicht nur Wunsch; was freilich ihrer Berechtigung und Richtigkeit keinerlei Abbruch tun kann. Der Rechtsstaat ist offenbar Produkt eines eher nüchternen Verstandesdenkens; zwar im Ursprung auch geprägt von Trauer und Haß, aber doch gegen einen Gegner gerichtet, den man mit den Mitteln der Theorie widerlegen wollte, nämlich

1 Zum Strafbegriff vgl. W. Schild, „Unsinn und Sinn der Vergeltung", in: *manuskripte* 98, 1987, S. 58 ff.; ders., „Vorbemerkungen vor §§ 13 ff.", in: *Alternativ-Kommentar StGB*, Bd. 1, Neuwied 1990, Rn. 64 ff.

gegen die Konzeption eines unfreien Staates. Versucht wurde, das Problem des staatlichen Zwanges (auch und vor allem im Strafrecht) mit Denken und Argumenten zu lösen. Erreicht wurde eine Theorie von Gesellschaft und Staat, die auf Freiheit, Gleichheit und Selbständigkeit[2] der Bürger beruhen sollte und von Hegel als „bürgerliche Gesellschaft" und ihr Rechtspflegestaat – die im sittlichen Geist der Freiheit ihren Grund haben! – erfaßt wurde, verbunden mit dem Anspruch, damit seine Zeit in Gedanken erfaßt zu haben.[3] Der Rechtsstaat ist somit eine späte geschichtliche Errungenschaft des menschlichen Geistes, selbst eine geschichtliche Gestalt dieses Geistes; und damit behaftet mit seiner eigenen Geschichte, nämlich der Geschichte von eben nicht-rechtsstaatlicher Verfaßtheit des Zusammenlebens, von Zuständen, die nicht getragen wurden vom kritischen Denken des Verstandes, sondern von Emotionen, Trieben, Leidenschaften, von Irrationalem überhaupt; damit von Verhältnissen, in denen noch Es war (und damit Unfreiheit als Ausgeliefertsein und Getriebensein) und erst Ich (und damit Freiheit als bewußtes Umgehen und Steuern) werden sollte, was das Motiv der Aufklärung bis Sigmund Freud war![4] Eine solche Geschichte kann man aber nicht theoretisch zur Seite schieben; sie muß verarbeitet werden, weil nur durch Arbeit Eigentum entstehen kann. Sie muß also angeeignet und so ihre Fremdheit aufgehoben werden; weil man dann gelernt hat (die Kompetenz erworben hat), mit ihr (d.h. mit seiner eigenen Geschichte) umzugehen. Freiheit (Ich) kann als bestimmte nur von der Unfreiheit her begriffen werden, die von Freiheit ergriffen und angeeignet ist; sonst bleibt ein unbewältigter und unbegriffener Fremdkörper, der in belastenden Situationen hervorbrechen kann; und sich z.B. wieder den bösen Menschen sucht (und findet), den man hassen und vernichten will.

Deshalb sollen im folgenden einige Hinweise auf geschichtliche Gestalten des menschlichen Geistes vor der Aufklärung versucht werden, die seine eigene Geschichte ausmachen; und die man sich aneignen muß, um wirklich rechtsstaatlich mit Straftätern umgehen zu können. Dabei geht es nicht um eine lineare Geschichtswissenschaft, die sich an Jahreszahlen festhält und so am sicheren Faden das Labyrinth der Vergangenheit durchschreitet mit dem Anspruch auf Objektivität; sondern um eine geschichtsphilosophische Herausarbeitung einiger (mir wesentlich erscheinender) Typen des geistigen Umgangs mit dem Bösen und der Missetat (bis heute), ohne jeden Anspruch auf Vollständigkeit; aber doch mit dem Anspruch,

2 Zu dieser Trias (in der Terminologie von I. Kant) vgl. W. Schild, „Freiheit – Gleichheit – ‚Selbständigkeit' (Kant): Strukturmomente der Freiheit", in: J. Schwartländer (Hrsg.), *Menschenrechte und Demokratie*, Kehl am Rhein 1981, S. 135 ff.

3 Zur Konzeption Hegels vgl. m.w.N. W. Schild, „Sittlichkeit als politische Gesinnung des Staatszutrauens", in: *Hegel-Jahrbuch* 1988, S. 158 ff.; ders., „Rechtswissenschaft oder Jurisprudenz", in: R. Alexy u.a. (Hrsg.), *Rechts- und Sozialphilosophie in Deutschland heute*, ARSP-Beiheft Nr. 44, Stuttgart 1991, S. 328 ff.; ders., „Menschenrechtsethos und Weltgeist", in: *Würde und Recht des Menschen. Festschr. f. J. Schwartländer*, Würzburg 1992, S. 199 ff.

4 Dieses Motto der Psychoanalyse „Wo Es war, soll Ich werden" findet sich bei S. Freud, *Studienausgabe*, Bd.1, Frankfurt/M. 1969, S. 516. Zur Theorie der Psychoanalyse im Zusammenhang mit aufklärerischem Denken der Freiheit siehe die Interpretation bei W. Schild, „Kommentierung von §§ 20, 21 StGB", in: *Alternativ-Kommentar* (Fn.1) Rn. 134 ff.

damit die Gestalten herauszustellen, die im heutigen alltäglichen (praktischen) Umgang mit Straftätern immer wieder hochkommen und sich einen Teufel darum scheren, ob sie auch mit der sonst so hoch gepriesenen Theorie modernen rechtsstaatlichen Zusammenlebens vereinbar sind. Dabei werden in eine Reihenfolge gebracht und dargestellt: als 1. der Bereich des Un-Menschlichen und seine Selbstentlarvung; als 2. die Kraft des Bösen und seine Vernichtung; als 3. die sündhafte Verfehlung und ihre Aufhebung; als 4. das Verbrechen und seine Bestrafung; und in einem Ausblick als 5. die Störung der Ordnung und ihre Abmahnung.[5]

1. Der Bereich des Un-Menschlichen und seine Selbstentlarvung

Zu beginnen ist mit einer Gestalt des Geistes, die sich noch nicht als Individualität begriffen hat, sondern als Gemeinschaft, die in ihren Gliedern lebt und sich gestaltet; etwa in Sippen und Volksverbänden. Diese Wir-Gruppen bilden eine gegliederte Ordnung im Ganzen der einheitlichen Welt, die in (auch blutigen) Auseinandersetzungen[6] dynamisch bleibt und sich so pulsierend verändern kann. Gleich bleibt bei all den Kämpfen und Provokationen das Eingebundensein in diese gegliederte, konkret geordnete Welt der Menschen.

Doch gibt es immer wieder Individuen, die aus dieser konkreten Einheit des Menschlichen herausfallen; weil sie anders sind oder anders aussehen oder anders handeln, Dinge tun, die man einfach nicht tut. Wie kann ein Sippenglied – das seine Identität von der Stellung der Sippe als solcher im Ganzen der Welt erhält! – einen Verwandten töten? Oder Inzest begehen? Wie kann ein Volksglied die althergebrachten Tabus der Gemeinschaft brechen, z.B. die heiligen Stätten verwüsten oder berauben? Die erste Reaktion muß ungläubiges Staunen und Entsetzen sein, dann panisches Erschrecken und wildes Bemühen der Distanzierung. Dieses Individuum kann einfach nicht zu der Gemeinschaft gehören, die es dermaßen verletzt und getroffen hat. Es kann kein Gemeinschaftsglied sein, kann nicht dazugehören, ja kann niemals dazugehört haben! Der Betreffende ist überhaupt kein Mensch, ist es nie gewesen; sondern scheint nur zur Gemeinschaft der Menschen zu gehören, hat nur eine Gestalt und das Aussehen wie die anderen.[7] Eigentlich ist er ein Wesen, das sich verändern kann, deshalb auch

---

5 Zu diesem Versuch als Ganzem darf auf W. Schild, „Der gequälte und entehrte Leib", in: K. Schreiner/ N. Schnitzler (Hrsg.), *Gepeinigt, begehrt, vergessen*, München 1992, S. 147 ff., hingewiesen werden, wo auch weiterführende Literatur genannt wird. Einen früheren, auch Bildmaterial einbeziehenden Versuch stellt W. Schild, *Alte Gerichtsbarkeit*, München 1980, ²1985, dar.

6 Vgl. dazu m.w.N. W. Schild, „Rache", in: *Lexikon des Rechts – Rechtsgeschichte*, Neuwied 1992, S. 1030 ff.

7 Zum Folgenden vgl. Th. Bühler, „Wargus – friedlos – Wolf", in: *Festschr. f. R. Wildhaber*, Basel 1972, S. 43 ff.; B. Copper, *The Werewolf in Legend, Fact and Art*, New York-London 1977; A. Erler, „Friedlosigkeit und Werwolfglaube", in: *Paideuma* 1, 1938-1940, S. 303 ff.; M. Jacoby, *Wargus, vargr, „Verbrecher", „Wolf"*, Uppsala 1974; J. Jünemann, *Der Wolf*, Göttingen 1976; W. Koschorreck, *Der Wolf*, Dissertation, Jena 1952; K. Müller, *Die Werwolfsage*, Karlsruhe 1937; W. Schild, „Die Ordnung und ihre Missetäter", in: Ch. Hinckeldey (Hrsg.), *Justiz in alter Zeit. Führer durch das Mittelalterliche Krimi-*

diese Gestalt annehmen kann; ein Dämon, der nicht bestimmbar ist (außer man würde seinen Namen und damit sein individuelles Wesen kennen!), der nicht verläßlich ist, nicht treu- und gemeinschaftsgebunden; sondern der Mißtrauen verdient, schädlich und die Gemeinschaft zerstörend ist; wie die Bestien der Wildnis, die die Menschen anfallen und zerreißen, wie die neidischen Toten, die in den Träumen die Ruhe nehmen und die Lebenden vergiften und aufzehren; also wie die anderen Gestalten, die Dämonen annehmen können, in denen das Dämonische auftreten kann.

Der Betreffende offenbart sein dämonisches Wesen in dieser negativen Andersheit zum Menschlichen; er entlarvt sich selbst durch sein Anders-Sein, sein anderes Aussehen, seine andere Tat. Es bedarf keines eigenen Verfahrens, um dies festzulegen: Für alle (wie auch für ihn) liegt das Ergebnis auf der Hand und vor den Sinnen. Er selbst kann deshalb – entlarvt und offenbar – das Weite suchen und in die Wildnis fliehen, dorthin, wohin er eigentlich gehört: als Bestie, als Scheusal, als Wer-Wolf (d.h. Mann-Wolf), als Un-Toter im reitenden wilden Heer der Nacht, jedenfalls als Un-Mensch. Oder die Gemeinschaft der Menschen muß ihn hinausjagen und in die Sümpfe treiben, ihn mit Steinen überhäufen und damit unschädlich machen, ihn mit Holzpflöcken am Boden festnageln (um sein Wiedergehen als Vampyr zu verhindern) oder ihn zumindest aufhängen und ihn so dem stürmischen Wotan – dem Anführer des Totenheeres – und seinen Raben zuordnen usw.[8] Durch das Ausstoßen und den Ausschluß des Un-Menschen gewinnt die Gemeinschaft der Menschen wieder ihre Festigkeit und gegenseitige Verbundenheit (zurück); die gemeinsame Aktion gibt Selbstvertrauen und Stärke.

Dies ist die erste darzustellende geschichtliche Gestalt des Geistes. Ist sie aber wirklich nur Geschichte? Oder schreien die Massenblätter nicht noch heute ihre Nachrichten hinaus von der „Bestie", die ein Kind sexuell mißbraucht und getötet hat, oder von dem „Scheusal" in SS-Uniform? Werden gewalttätige Hooligans nicht als Tiere bezeichnet, die ihrer Wut freien Lauf lassen und die „Bullen" niedermachen wollen (oder umgekehrt, je nach dem Adressaten der Nachricht)? Verfassen nicht gelehrte Psychiater Gutachten über „geisteskranke" Täter, die diese wie Tiere erscheinen lassen, mit denen man freilich im so aufgeklärten Zeitalter der Psychowissenschaften Mitleid haben kann? Und lassen nicht auch wir alle zu gewissen Zeiten „die Sau" raus?

---

nalmuseum, Rothenburg o. d. T. 1989, S. 59 ff.; G. Ch. v. Unruh, „Wargus", in: *Zeitschr. f. Rechtsgeschichte – German. Abt. 74,* 1957, S. 1 ff.

8 Vgl. dazu A. Dieck, *Die europäischen Moorleichenfunde*, Neumünster 1965; D. Feucht, *Grube und Pfahl*, Tübingen 1967; P. Fischer, *Strafen und sichernde Maßnahmen gegen Tote im germanischen und deutschen Recht*, Dissertation, Bonn 1936; R. His, *Der Totenglaube in der Geschichte des germanischen Strafrechts*, Münster 1929; H. Siuts, *Bann und Acht und ihre Grundlagen im Totenglauben*, Berlin 1959; R. Stegbauer, *Der Dieb dem Galgen*, Dissertation, Erlangen-Nürnberg 1964.

2. Die Kraft des Bösen und seine Vernichtung

Immerhin muß gesehen werden, daß dieser Un-Mensch noch in einem anderen Sinne anders war als die Gemeinschaft derer, die ihn aus ihrem Verband ausschlossen: Er war oder konnte zumindest Individuum sein. Das Dämonische drängte nach einem Namen, mit dem der Ausschluß endgültig gemacht werden konnte: Wie Rumpelstilzchen verlor es dadurch seine (weitere) Kraft! Oft war der Un-Mensch der Neuerer, der Freie(re) in der Welt der gemeinschaftsgebundenen Unfreien! Oft daher wegen seiner Andersheit beneidet und deshalb gehaßt! Oft freilich auch aus diesem Grunde das geheime Vorbild, das deshalb bekämpft werden mußte, weil es einem selbst gefährlich werden konnte.

Dies setzte freilich voraus (und begründet damit eine zweite Gestalt des Geistes), daß der Betreffende nicht von vornherein und überhaupt als Un-Mensch zu begreifen war, der niemals zur Gemeinschaft der Menschen gehört hatte, sondern daß er als verfehlte Form des Menschlichen selbst erkannt, damit auch anerkannt wurde. Der Mensch kann damit sein eigentliches Wesen auch verfehlen und so seine Wirklichkeit nicht erreichen. Diese Verfehlung liegt in der Möglichkeit des Menschen! Freilich nur als Möglichkeit (und nicht als eigentliche, wesentliche Wirklichkeit). Deshalb bleibt dem Betreffenden (nur) diese Möglichkeit des Menschen, eine bloße Form, die in sich leer und nichtig ist; wie ein Gefäß, das mit falschem Inhalt gefüllt ist.

Überhaupt begreift diese zweite geschichtliche Gestalt des Geistes sich selbst von dieser Möglichkeit zum eigentlichen Menschsein her. Der Geist hat sich diesbezüglich schon als frei begriffen: aber nur als diese Möglichkeit, sich in seinem Menschsein (der eigentlichen, wesentlichen Menschlichkeit) zu verfehlen; freilich auch, sich als wirklicher Mensch zu erfüllen. Die Unmittelbarkeit der Gemeinschaft – die sich in der dargestellten ersten Gestalt als die wirkliche Menschheit verstanden hatte! – ist zerbrochen; der Sündenfall der Reflexion (und Individualität) ist passiert und treibt den Menschen (d.h. jeden Menschen, „Adam") in diese Möglichkeit, in diese bloße Möglichkeit! Adam kann aus sich selbst heraus seine Wirklichkeit als Mensch nicht erreichen; er bedarf einer Kraft, die seine Gebrochenheit heilt und ihn dadurch zum geretteten (das wirkliche Menschsein erfüllenden und so ewig das wesentlich Menschliche verwirklichenden) Heiligen macht! Wobei stets die Gefahr besteht, daß eine andere Kraft ihn erfüllt und ihn seine Menschlichkeit verfehlen läßt, weshalb er als Un-Heiliger auf ewig nur die bloße Form des Menschlichen darstellen würde, ein Schatten, der in dem unendlichen Nichts an seinem bloß Möglichkeit gebliebenen Sein dahinsiecht.

Für dieses Sich-Begreifen als bloße Möglichkeit bietet sich die Vorstellung des Gefäßes an, in das die heiligmachende oder vernichtende Kraft sich ergießt und das dadurch besessen und gelenkt wird.[9] Der so Erfüllte wird auf diese Weise Eigentum der Kraft, die ihn in Besitz ge-

9 Vgl. dazu die eindeutigen (bildlichen) Darstellungen bei Schild, *Gerichtsbarkeit* (Fn. 5), S. 110 ff. – Zum Ganzen vgl. auch P. Czerwinski, „Heroen haben kein Unbewußtes", in: G. Jüttemann (Hrsg.), *Die Geschichtlichkeit des Seelischen*, Weinheim 1986, S. 239 ff.; T. K. Oesterreich, *Die Besessenheit*, Langensalza 1921.

nommen hat: der Heilige als Werkzeug des rettenden und damit guten Gottes, der Un-Heilige als Werkzeug des bösen Satans,[10] des Gegenspielers des guten Gottes. Die Menschen sind eigentlich nur Akteure im absoluten Kampf zwischen Gut und Böse, Heil und Un-Heil, nicht selbst Agenten (d.h. Handelnde), sondern werden geleitet und gelenkt von den apokalyptischen Gegenspielern. Gekämpft wird dabei nur vordergründig um den Sieg Gottes oder des Teufels, also um das Reich Gottes oder die Herrschaft der Finsternis; eigentlich geht es um die Menschheit: um ein neues Jerusalem (als die wiedergewonnene paradiesische Unschuld der Gemeinschaft) oder um das alles zerstörende Nichts des ewigen Feuers! Diese zersetzende, alles Wirkliche vernichtende und alles Wahre fälschende und alles Schöne verunstaltende Kraft[11] gilt es zu vernichten: in diesen ihren Werkzeugen. Der Kampf der Heiligen gegen diese Un-Heiligen geht notwendig um Leben und Tod! Im Namen des guten Gottes und damit seines heilskräftigen Geistes müssen die Werkzeuge des Verderbens selbst verdorben, niedergemetzelt, verbrannt (und damit endgültig in ihrer Substanz zerstört) werden! In dieser Vernichtung der Vernichter triumphiert das Heil; und heiligt die Sieger!

Doch ist es nun nicht mehr so einfach und unmittelbar möglich, die Heiligen von den Un-Heiligen zu unterscheiden. Sie alle sind doch an sich (mögliche) Menschen! Es bedarf schon der Kriterien für die todbringende Entscheidung; und wer anderer könnte sie geben als der gute Gott selbst oder durch seine Heiligen? So kommt es zu einem Verfahren, in dem Gott sein Urteil spricht:[12] durch die Gottesurteile des brennenden Eisens oder des kalten Wassers; oder des Zweikampfes, durch den der mit heiliger Kraft Erfüllte den unheiligen Gegner besiegt und vernichtet. Der Vollzug der Tötung ist nur Nachvollzug des göttlichen Urteils, vollzogen durch die guten Menschen, die erfüllt sind von dem heiligen Geist *(sacra mens);* auch sie nur Werkzeuge des Guten (wie ihre Widersacher nur Werkzeuge des Bösen sind). Die Freiheit des Menschen ist (noch) nur die Möglichkeit, ambivalentes Werkzeug zu sein; als Handelnder ist der einzelne noch unfrei und getrieben/getragen von den eigentlich wirkenden Kräften des Guten oder des Bösen.

Wieder ist zu fragen, ob diese Gestalt des Geistes wirklich nur Geschichte ist. Oder bleibt sie nicht bis heute noch bestimmend, wenn von Triebtätern gesprochen wird, die nicht anders handeln konnten als sie taten? Oder wenn überhaupt ein Determinismus behauptet wird, der

---

10 Zum Teufel vgl. K. Beck, *Zur Phänomenologie des Teufels*, Dissertation, Bonn 1950; E. Diestel, *Der Teufel als Sinnbild des Bösen*, Berlin 1921; O. A. Erich, *Die Darstellung des Teufels in der christlichen Kunst*, Berlin 1931; H. Fehr, „Tod und Teufel im alten Recht", in: *Zeitschr. f. Rechtsgeschichte – German. Abt.* 67, 1950, S. 50 ff.; G. Roskoff, *Geschichte des Teufels*, Leipzig 1869; M. J. Rudwin, *Der Teufel in den deutschen geistlichen Spielen*, Göttingen 1915; H. Vollmer, *Über Engel und Teufel im deutschen Volksglauben des Mittelalters*, Hamburg 1941; A. Zimmermann (Hrsg.), *Die Mächte des Guten und Bösen*, Berlin-New York 1977.

11 Zu diesem Verhältnis von Sein – Wirklichkeit – Wahrheit – Schönheit vgl. W. Schild, „Rechtsphilosophische Hintergründe der Bestrafung von Fälschern", in: *Fälschungen im Mittelalter*, Bd. 2, Hannover 1988, S. 713 ff.

12 Vgl. dazu W. Schild, „Die Gottesurteile", in: Hinckeldey, *Justiz* (Fn. 7), S. 225 ff.

alle Menschen als Objekte irgendwelcher Kräfte ansehen will? und warum sagen wir heute noch von uns selbst oder von anderen, daß man vom Teufel geritten werde?

3. Die sündhafte Verfehlung und ihre Aufhebung

Das Sich-selbst-Begreifen des Geistes als Freiheit erreicht eine dritte Gestalt mit der Differenz von Leib und Seele. Letztere ist nun die eigene innere Kraft der Entscheidung zum Guten oder Bösen! Nicht mehr ist der Mensch ein Gefäß und Werkzeug; sondern auch wenn er erfüllt sein sollte von heiliger oder teuflischer Kraft: Er selbst hat sich dieser Einwirkung geöffnet in der Wahlfreiheit zwischen Gut und Böse.[13] Heiligkeit und Un-Heiligkeit sind durchaus noch mögliche Formen des Menschlichen; aber nun liegt der Grund dieser Formung im Menschen selbst, weshalb er sich selbst formt: als Seele! Deshalb liegt das Gute und das Böse in ihm selbst (in dieser Seele), weshalb auch die Seele heil und gerettet oder verderbt und verdammt wird durch den Spruch des richtenden Gottes am Jüngsten Tag![14] Der Kampf dieses guten Gottes gegen den bösen Satan ist bereits längst entschieden. Durch seinen Liebestod hat der menschgewordene Gott den Bruch der Schöpfung wieder gutgemacht und dadurch das Böse in seiner Wirklichkeit endgültig vernichtet. Nur als Möglichkeit bleibt das Böse zugelassen: als Verführung, Reiz, Aufforderung an den Menschen, der sich darin seiner Freiheit bewußt wird; und zugleich seiner eigentlichen Bestimmung, dem menschgewordenen Gott nachzuleben und so die ewige Heilung in seiner Nachfolge zu erringen: als seliger Mensch, d.h. gerettete Seele! Die Seele ist das eigentlich Wesentliche des Menschen, von Anfang her als Kind Gottes geschaffen und damit gut; aber zugleich vom göttlichen Vater freigelassen zur Entscheidung für oder gegen ihn, also mit der Fähigkeit begabt, zwischen Gut und Böse zu entscheiden, damit auch die Kindschaft und Gott selbst abzulehnen und sich mit dem Bösen zu verbinden. Diese Entscheidung für das Böse ist die Sünde, die sündhafte Ablehnung der Kindschaft Gottes!

Selbstverständlich ist diese Sünde eigentlich in sich unsinnig; ist sie doch die Entscheidung für das Nichts, das Nicht-Sein, dem keine Wirklichkeit mehr zukommt; deshalb notwendig Tod-Sünde. Dieses Sich-selbst-Vernichten durch die Entscheidung für das Böse erkennt die Seele am Jüngsten Tag; und im Angesicht des menschgewordenen Gottes, der seine Wunden als Zeichen seiner wiedergutmachenden Liebe zeigt, erfährt sie diese Erkenntnis als Verzweiflung, Beschämung und quälende Verdammung.

---

13 Vgl. die (bildlichen) Darstellungen des Menschen in der Entscheidungssituation zwischen Engel und Teufel bei Schild, *Gerichtsbarkeit* (Fn. 5), S. 112.

14 Zu dieser Vorstellung vgl. W. Schild, „Gott als Richter“, in: W. Pleister/W. Schild (Hrsg.), *Recht und Gerechtigkeit im Spiegel der europäischen Kunst*, Köln 1986, S. 44 ff.; ders., „Bemerkungen zur Ikonologie des Jüngsten Gerichts“, in: *Forschungen zur Rechtsarchäologie und rechtlichen Volkskunde* 10, 1988, S. 163 ff.; R. Schwarz, „Die spätmittelalterliche Vorstellung vom richtenden Christus“, in: *Geschichte in Wissenschaft und Unterricht* 32, 1981, S. 526 ff.

Eine solche unsinnige, sich selbst vernichtende Entscheidung kann überhaupt der Seele nur widerfahren, weil sie sich durch die Verführung des Bösen täuschen ließ. Sie verfiel ihm, weil sie seinem Schein verfiel, den Versprechungen glaubte, die Glück verhießen. So schließt da jemand einen Pakt mit dem Teufel, indem er ihm seine Seele verschreibt um die Macht des Goldes; und erhält in Wahrheit nur Kot, ohne dies zu merken! So ist der Teufelsbündner[15] – der Ketzer oder die Hexe, die sich für das Böse entscheiden – eigentlich selbst nicht böse, sondern dumm und schwach, ein Armer im Geiste. Er will als Gegenleistung Glück, Erfüllung und Herrschaft und sieht sich als Herrn des Teufels, der ihm dazu verhelfen muß. Doch der Schein trügt: In Wahrheit ist er der Knecht des Teufels, der ihm den After küssen muß als unterworfener Vasall und von ihm als Werkzeug mißbraucht wird. Der Geschlechtsverkehr, den die Hexe als Teufelsbuhlerin am Sabbat wollüstig ersehnt, bereitet ihr eigentlich nur Schmerzen: der Penis des teuflischen Partners ist spitz und eiseskalt, weil unfähig zur Zeugung neuen Lebens (außer der Wechselbälge).

Die sich dem Bösen öffnende Seele erweist sich also als dieser Entscheidungssituation nicht gewachsen, als zu schwach; auch und vor allem deshalb, weil ihr Gegenspieler noch zu stark ist: nämlich der Leib mit seinen Begierden und Trieben und Phantasien! Die Seele ist nicht bei Gott geblieben, sondern von seiner Seite herabgestürzt (oder herabgestürzt worden zur Strafe für den Hochmut, selbst wie Gott sein zu wollen); und ist nun eingebunden in diesen Leib.[16] Wehe der Seele, die diese Leiblichkeit nun als ihr Wesen annimmt und in dem Leib aufzugehen trachtet. Ihr entgeht die Erkenntnis seiner Endlichkeit und Vergänglichkeit, damit auch seiner Bestimmtheit zum Tod und zum Vergehen im Nichts des Staubes; und damit seine Bestimmung zum Bösen! Sie fällt auf den leiblichen Schein, auf die sinnliche Verführung herein und verdirbt sich selbst. Sie sieht nur die verlockende Vorderseite der prachtvollen Frau Welt; und erkennt nicht die verderbende Schlangenhaftigkeit der abgewendeten Rückseite![17]

---

15 Zum Teufelsbündner vgl. F. Byloff, *Der Teufelsbündner*, Graz 1926; H. Grundmann, *Der Typus des Ketzers in mittelalterlicher Anschauung*, Leipzig-Berlin 1927; L. Kretzenbacher, *Teufelsbündner und Faustgestalten im Abendlande*, Klagenfurt 1968. – Speziell zur Hexe sei – stellvertretend für die nicht mehr überschaubare Literatur – nur der Reader (m.w.N.) von W. Behringer, *Hexen und Hexenprozesse*, München 1988, genannt. Vgl. auch die Angaben und bildlichen Darstellungen bei Schild, *Gerichtsbarkeit* (Fn. 5), S. 114 ff.

16 Zu dieser Vorstellung, die in den Ketzerbewegungen hervorgetreten sind und von da das allgemeine Denken beeinflußt haben (auch und gerade in der sie verfolgenden Kirche), vgl. D. Müller, *Albigenser – Die wahre Kirche?*, Würzburg 1986. – Zum Ganzen vgl. H. Adolf, *Wortgeschichtliche Studien zum Leib/Seele-Problem*, Wien 1937; W. Gewehr, „Zu den Begriffen ‚anima' und ‚cor' im frühmittelalterlichen Denken", in: *Zeitschr. f. Religions- und Geistesgeschichte* 27, 1975, S. 40 ff.; R. Schwarz, „Leib und Seele in der Geistesgeschichte des Mittelalters", in: *Deutsche Vierteljahrsschrift f. Literaturwissenschaft und Geistesgeschichte* 16, 1938, S. 293 ff.

17 Dazu vgl. W. A. Skreiner, *Studien zu den Eitelkeits- und Vergänglichkeitsdarstellungen in der abendländischen Malerei*, Dissertation, Graz 1963; W. Stammler, *Frau Welt*, Fribourg 1959.

Die in die Leiblichkeit eingebundene Seele kann nur gerettet werden, wenn sie die Stärke ausbildet, den Verführungen des Leibes Widerstand zu leisten und so den Leib selbst zu lenken. Die Seele muß die den Leib formende Kraft darstellen und in ihm Gestalt annehmen. Anfangs wird deshalb die Seele selbst in den wichtigen Organen des Leibes lokalisiert: als Zentrum des Leibes, von dem aus sie die gestaltende Wirkung entfaltet; so vor allem im Herzen, das das Blut des Lebens in alle Leibeszonen fließen läßt. Doch steigt die Seele allmählich höher; wird zunehmend zum Oberen, der den Leib als Untertan zu beherrschen sucht. Diese Herrschaft steigt so zu Kopf; und sieht in dem Leib dann nur mehr den Gegenspieler, den es niederzudrücken und zu lenken gilt, so wie der Reiter das wilde Pferd beherrscht. Die unteren tieferen Triebe und Bedürfnisse (des Unterleibes) müssen der höheren Kraft (des Kopfes) unterworfen werden, bis diese Kraft als leiblos (d.h. in absolutem Gegensatz zum Leib stehend) gedacht wird: vergleichbar dem Licht, das die Dunkelheit der unteren Bereiche erhellt und so entlarvt und damit Aufklärung (d.h. Klarheit über diese Dunkelheit) schafft! Seele und Leib geraten so in Gegensatz zueinander: wie Licht und Dunkel, Gut und Böse, Wahrheit und Unwahrheit (Falschheit), reflexives Denken (männliche Wissenschaft) und unmittelbares Leben (weibliche Praxis). So wird die Seele zum Geist, zum Denken, zur Reflexion, zur Theorie und Wissenschaft, aber auch zur Freiheit der Entscheidung zum Guten oder Bösen.

Es gilt deshalb, die verführerische und triebhafte Kraft des Leibes zu bekämpfen und nach Möglichkeit auszuschalten: durch Fasten und Askese, durch schmerzende Züchtigung, durch leibliches Quälen und Martern. Oft verspannt sich der Leib und zeigt damit seine Widerständigkeit; ein solcher harter Nacken muß beseitigt, die Hartnäckigkeit gebrochen werden und so die Seele freigesetzt werden zum Guten! Zuletzt muß der Leib überhaupt getötet werden, um die gefährdete Seele zum ewigen Heil zu retten!

Dieses Rettungswerk ist Aufgabe aller Menschen; vor allem derer, die in dieser Stärkung der Seele weiter sind als die anderen, die die Widerstände des Leibes gebrochen haben und zu dem leiblosen Geist geworden sind, also die asketischen Theoretiker und gelehrten Männer. Sie sind immer mehr dieser einzigen Aufgabe verpflichtet: auch gegen ihre eigenen Gefühle, gegen ihr Mitleid (was freilich oft nur dazu führen kann, daß wilder Haß und panische Ablehnung auf diese die Gefühle hervorrufenden sündhaften Täterinnen explodieren)! Hart müssen sie werden im Kampf gegen das verführerische Böse, sich abschließen gegen die eigene Leiblichkeit! Es gilt der Errettung der Seelen, auch wenn sie nur um den Preis der Tötung der Leiber möglich sein sollte. Wenn die Menschen ihren Trieben, Wünschen, Phantasien nachgeben (wollen), muß eingeschritten werden; am besten schon bei Verdacht und Gerücht! Denn man hat ein Verfahren[18] ausgedacht, die dem Bösen verfallenen Täter (die zugleich Opfer sind) zu erkennen, nämlich: ihr Leibesverhaftetsein (ihre Leibhaftigkeit) offen-

18 Zum Inquisitionsverfahren vgl. m.w.N. W. Trusen, „Strafprozeß und Rezeption", in: P. Landau/F.-Ch. Schroeder (Hrsg.), *Strafrecht, Strafprozeßrecht und Rezeption*, Frankfurt/M. 1984, S. 29 ff.; ders., „Der Inquisitionsprozeß", in: *Zeitschr. f. Rechtsgeschichte – Kanon. Abt.* 74, 1988, S. 168 ff. – Vgl. auch W. Schild, „Geschichte des Verfahrens", in: Hinckeldey, *Justiz* (Fn. 7), S. 129 ff.

bar zu machen. Man braucht sie nur zu foltern![19] Ertragen sie die Schmerzen, dann erweisen sie sich als gut; sie werden auch nicht zu eidlichen Falschgeständnissen verlockt, was eine Sünde gegen den guten Gott wäre. Zum Eingestehen ihrer Bosheit bringt man nur die wirklich Bösen. Zugleich zeigt das Verfahren der Folter darin seine tiefere Kraft: Die Schmerzen haben die Wahrheit ans Licht gebracht und damit der Seele geholfen, indem die Widerständigkeit des Leibes gebrochen ist. Die Folter schwächt den Leib so sehr, daß er die Seele freigeben muß zu ihrer Wahrheit. Die Seele ist dadurch befreit; und durch das Geständnis auch freigesetzt vom Teufelspakt, nämlich durch den Rücktritt vom Bündnis; haben die Schmerzen doch den bloßen Schein der Glücksversprechungen des Teufels entlarvt!

Die Freiheit des Menschen zeigt sich auch in dieser Möglichkeit des Rücktritts vom Teufelsbündnis. Kann der Mensch sich entscheiden für Gut oder Böse, dann kann er diese Entscheidung auch rückgängig machen! Weshalb ja alle anderen sich bemühen müssen, diese Aufhebung der sündhaften Verfehlung zu erreichen. Deshalb das Kontrollieren, das Überprüfen, das Verfolgen von Gerüchten, das Verfahren des Folterns; und schließlich das Bemühen, ein Rückfälligwerden des Geständigen zu verhindern. Die Kontrolle muß weitergehen, ja verstärkt werden; die Qualen und Schmerzen bei Rückfall müssen erhöht werden; bis schließlich nur noch die Notwendigkeit bleibt, den Leib überhaupt zu töten, um die Seele für das ewige Leben zu retten und damit den Hingerichteten für das ewige Zusammenleben zu sozialisieren. Deshalb ist diese Hinrichtung ein Fest, weil Triumph des Guten! Vor allem, wenn der Betroffene würdig zu sterben weiß, da er der Errettung seiner Seele gewiß sein kann; ist er doch durch die heiligen Sakramente gestärkt und vom Gebet der Gemeinschaft betreut![20] Sein letzter Blick gilt dem gekreuzigten göttlichen Bruder, bei dem er heute noch im Paradies sein wird.

Für den Priester, der ihm das Kreuz vorhält, für die Gläubigen, die ihn begleiten auf seinem letzten Gang und ihm die Seelenglocke läuten, für alle Christen schließlich (die Kirche) ist dieser Hingerichtete ein Mensch, der sich gegen Gott versündigt hat, aber nun durch seinen Tod gesühnt hat und dadurch befreit ist von der Sünde und in Ewigkeit mit ihnen im Angesicht Gottes zusammenleben wird. Sie können ihn deshalb nicht (mehr) hassen oder verachten; sondern müssen ihm verzeihen und Versöhnung gewähren. So betet die Kirche auch für ihn! Freilich nur, wenn er auch hingerichtet wird: durch den Staat, der sich zunehmend als Gegenmacht herausbildet und das weltliche Geschäft des Tötens übernimmt. Noch

---

19 Zur Folter vgl. H. Fehr, „Gottesurteil und Folter", in: *Festgabe f. R. Stammler*, Berlin-Leipzig 1926, S. 231 ff.; J. Fried, „Wille, Freiwilligkeit und Geständnis um 1300", in: *Hist. Jahrbuch* 105, 1985, S. 388 ff.; J. Langbein, *Torture and the Law of Proof*, Chicago 1976; K. Rother, *Das Recht der Folter und seine Entwicklung in Frankreich im Zeitalter Ludwigs XIV*, Dissertation, Bonn 1944; W. Schild, „Der ‚entliche Rechtstag' als das Theater des Rechts", in: Landau/Schroeder, *Strafrecht* (Fn. 18), S. 119 ff.; ders., „Folter", in: *Lexikon des Rechts – Rechtsgeschichte*, Neuwied 1992, S. 460 ff.; W. Schünke, *Die Folter im deutschen Strafverfahren des 13. bis 16. Jahrhunderts*, Dissertation, Münster 1952; Trusen, *Strafprozeß* (Fn. 18), S. 29 ff.

20 Vgl. die (auch bildlichen) Darstellungen der Betreuung von Hinzurichtenden bei Schild, *Gerichtsbarkeit* (Fn. 5), S. 114 f.

mehr: überhaupt konzentriert sich die Kirche auf die dem Seelenheil zugewandten („geistlichen") Bereiche und schiebt dem Staat die weltlich-leiblichen Geschäfte zu, also die niedrigen, alltäglichen, unteren Bereiche des Lebens. Der Staat ist in seiner Wertigkeit und seinem Rang (im Verhältnis zu Gott) untergeordnet; bezogen auf das äußere Zusammenleben der Menschen auf Erden aber erreicht er eine Selbständigkeit und Souveränität und die absolute Macht.[21] Diese Unabhängigkeit erlangt er durch seine Beschränkung eben auf das seiner Macht auch zugängliche äußere leibliche Verhalten; und durch den (notwendigen) Verzicht auf die Einbeziehung des innerlichen Bereiches der freiheitlichen Entscheidung des Menschen, für die die Kirche zuständig wird: als Gnadens- und Heilsanstalt, ohne noch Zwangsanstalt sein zu können. Ob der Hingerichtete gerettet ist oder nicht, interessiert den Staat nicht (mehr); auch die Kirche kann darüber nichts mehr wissen, sondern nur glauben, lieben und hoffen! Von dieser Dimension befreit kann sich der Staat auf sein Töten konzentrieren; und überhaupt auf sein weltliches Geschäft der Ordnung des äußeren leiblichen Zusammenlebens.

4. Das Verbrechen und seine Bestrafung

Es liegt auf der Hand, daß der Staat auch dieses Töten in Bezug setzen muß zu seiner weltlichen Aufgabe. Ob dadurch die sündhafte Verfehlung der Seele aufgehoben wird, ist nicht mehr seine eigentliche Dimension; diesbezüglich handelt er im Auftrag der Kirche, die deshalb auch dem Hingerichteten verzeihen kann. Den Staat selbst (und als Staat) interessiert dieses Fest der Hinrichtung nur als Mittel der Aufrechterhaltung und Sicherung der äußeren leiblichen Ordnung. Und diesbezüglich erfüllt die Tötung des Missetäters auf den ersten Blick einen Zweck: Ein dieser staatlichen Ordnung gefährlicher Mensch wird beseitigt.

Doch erkennt die Reflexion auf das äußere Zusammenleben der Menschen und dessen Ordnung bald einen viel wichtigeren Zweck dieser Tötungshandlung. Sie vermag auch auf die Anwesenden eine abschreckende Wirkung zu erzeugen! Ja selbst das Phantasieren der dabei zugefügten Schmerzen und der tödlichen Gewalt kann so starke Gegenkräfte hervorrufen,

---

21 Zu diesem Vorgang der „Säkularisierung" des Staates (und der – was gerne übersehen wird! – zugleich stattfindenden „Spiritualisierung" der Kirche) vgl. z.B. H. Blumenberg, *Säkularisierung und Selbstbehauptung*, Frankfurt/M. 1974; A. Dempf, *Sacrum Imperium*, Darmstadt 1973; G. Dilcher/I. Staff (Hrsg.), *Christentum und modernes Recht*, Frankfurt/M. 1984; O. Engels, „Vorstufen der Staatswerdung im Hochmittelalter", in: *Hist. Jahrbuch* 97/98, 1978, S. 71 ff.; H. Hoffmann, „Die beiden Schwerter im Hochmittelalter", in: *Deutsches Archiv* 20, 1964, S. 78 ff.; H. H. Hofmann, *Die Entstehung des modernen souveränen Staates*, Köln-Berlin 1967; L. Knabe, *Die gelasianische Zweischwertertheorie bis zum Ende des Investiturstreites*, Berlin 1936; L. Lombardi Vallauri/G. Dilcher (Hrsg.), *Christentum, Säkularisation und modernes Recht*, Baden-Baden 1981; H. Lübbe, *Säkularisierung: Geschichte eines ideenpolitischen Begriffs*, Freiburg 1975; W. Mager, *Die Entstehung des modernen Staatsbegriffs*, Mainz 1968; U. Ruh, *Säkularisierung als Interpretationskategorie*, Freiburg 1980; G. Schnürer, *Kirche und Kultur im Mittelalter* I-III, Paderborn 1929-1936; H.-H. Schrey (Hrsg.), *Säkularisierung*, Darmstadt 1981; G. Tellenbach, *Libertas*, Stuttgart 1936.

daß ein unmittelbarer Handlungsentschluß zur Störung dieses Zusammenlebens nicht ausgelebt wird! Auf diese Weise kann äußerlich-leibliches Verhalten beeinflußt werden durch Maßnahmen, die selbst nicht leiblich-äußerlich sind: durch Bilder, Zeichen, Phantasien, die nur im Bewußtsein der Menschen existent sind, aber nicht bloß innerlich bleiben, sondern sich leiblich auswirken in Handlungen. Der Leib kann so gedanklich-theoretisch in eine äußere und eine innere Sphäre zerlegt werden, die in vergleichbarer Weise beeinflußt werden können: in einen (äußerlichen) Körper (der ein Gegenstand ist in Raum und Zeit wie jedes Ding) und eine darauf bezogene Körperseele (vor allem das Bewußtsein) (wobei die eigentliche Seele endgültig zum leiblosen, nun: körperlosen Geist geworden ist, der der körperbezogenen Handlungssphäre des Staates entzogen bleiben muß). Eine neu entstehende Wissenschaft der Psychologie entdeckt die Gesetzmäßigkeiten dieses Bezugs der Körperseele zum Körper (oft aufgefaßt als Wechselwirkung, aber auch – je nach Theorie – als Kausalabhängigkeit der einen von der anderen Sphäre) und ermöglicht so ein Handhaben und Manipulieren des Bewußtseins.

So kann nicht nur die Hinrichtung als Abschreckungszeichen ausgestaltet werden, also zu dem „Theater des Schreckens“[22] werden, als das man dieses öffentliche Inszenieren des staatlichen Tötens bis heute erschaudernd und/oder fasziniert kennt: als Mittel der Generalprävention.[23] Sondern man kann auch versuchen, den Täter selbst zu ändern und ihn so für das äußerliche Zusammenleben tauglich zu machen: durch die „Geburt des Gefängnisses“,[24] das durch psychologische Betreuung (in Verbindung mit Zucht und Arbeit) die gefährlichen Triebe und Neigungen bekämpfen und vernichten soll. Auf diese Weise erhält der Staat nicht nur billige Arbeitskräfte (jetzt in den Gefängnissen, dann nach der Entlassung als Lohnarbeiter), sondern erspart sich auch die hohen Kosten der öffentlichen feierlichen Hinrichtung. Nur die unverbesserlichen Missetäter müssen noch beseitigt werden, was hinter den Gefängnismauern ohne Publikum billig geschehen kann. Zusätzlich verliert der Staat seine offensichtliche Brutalität als Tötungsinstanz, was bei zunehmender Gewaltlosigkeit der Unterta-

---

22 So der Titel des Buches von R. van Dülmen, München 1985. Vgl. dazu auch das Bildmaterial bei Schild, *Gerichtsbarkeit* (Fn. 5).

23 Dazu vgl. nur H.-J. Albrecht, „Generalprävention“, in: *Kleines Kriminologisches Wörterbuch*, 2. Aufl., Heidelberg 1985, S. 132 ff.

24 So der Untertitel des Buches *Überwachen und Strafen* von M. Foucault, Frankfurt/M. 1976. Dazu vgl. nur m.w.N. H. Steinert, „Ist es denn auch wahr, Herr F.?“, in: *Kriminalsoziologische Bibliographie* H. 19/20, 1978, S. 30 ff. – Zum Problem vgl. auch R. v. Hippel, „Beiträge zur Geschichte der Freiheitsstrafe“, in: *Zeitschr. f. d. ges. Strafrechtswissenschaft* 18, 1898, S. 419 ff., 608 ff.; K. Laubenthal, *Lebenslange Freiheitsstrafe*, Lübeck 1987; G. Radbruch, *Elegantiae iuris criminalis*, Basel 1950, S. 116 ff.; G. Rusche/O. Kirchheimer, *Sozialstruktur und Strafvollzug*, Frankfurt/M.-Köln 1974 (dazu: H. Steinert/H. Treiber, „Versuch, die These von der strafrechtlichen Ausrottungspolitik im Spätmittelalter ‚auszurotten‘“, in: *Krim. Journal* 10, 1978, S.81 ff.); Eb. Schmidt, „Neue Forschungen über den Ursprung der modernen Freiheitsstrafe“, in: *Schweizer Zeitschr. f. Strafrecht* 62, 1947, S. 171 ff.; G. Seggelke, *Die Entstehung der Freiheitsstrafe*, Breslau 1928; H. v. Weber, „Die Entwicklung des Zuchthauswesens in Deutschland im 17. und 18. Jahrhundert“, in: *Festschrift f. A. Zycha*, Weimar 1941, S. 427 ff.

nen[25] auch günstig ist. So blutige Hinrichtungen können leicht verrohen, auch Gewalt bei den Zuschauern erzeugen, also den Zwecken der Generalprävention gerade zuwiderlaufen.

Dieser Zweck der auf das zu bessernde Individuum bezogenen (Individual-)Prävention (wie auch der Generalprävention, die nun durch das Bewußtsein und/oder das Phantasieren von der Existenz von Gefängnissen erreicht werden soll) betrifft nur den Bereich dieses äußeren Zusammenlebens der Menschen; sind doch die Versuche, auch die geistige Seele des Gefangenen durch religiöse Unterweisung und Meditation zu retten, von vornherein zum Scheitern verurteilt, da an diese Innerlichkeit nicht mit Manipulationen heranzukommen ist! Der Staat muß sich auf die äußere Sphäre beschränken; und damit auf die Regeln dieses körperlichen Zusammenlebens bzw. auf das Bewußtsein dieser Regeln. Nicht also geht und kann es gehen um sündhafte Verfehlung oder um böse Entscheidung eines Teufelspaktes; sondern um äußere Taten (körperliche Handlungen), die das äußere Zusammenleben in solchem Maße stören, daß der Staat dagegen mit Zwangsmaßnahmen einschreiten muß: vor allem durch das Androhen von Übelszufügung (um im Vorfeld bereits solche Handlungsentschlüsse zu bekämpfen) und dann durch die Verhängung solcher Strafmaßnahmen, durch die andere abgeschreckt und der Täter selbst gebessert werden sollen. Drohung und Übelszufügung sollen diese Regeln des äußeren Zusammenlebens ins Bewußtsein heben, nicht nur als positiviertes Recht (staatliches Gesetz), sondern auch als notwendig zu befolgendes, d.h. als wirkliches Recht (Gerechtigkeit). Diese Notwendigkeit wird durch die wissenschaftlichen Theorien (vor allem durch die Rechtsphilosophie) untersucht und begründet; gipfelnd zuletzt in dem Aufweis der Notwendigkeit des Rechtsstaates,[26] d.h. einer staatlichen Macht, die sich an allgemeine Gesetze bindet und nur dort Zwang ausübt, wo es um der Freiheit aller (des äußeren Zusammenlebens aller) willen notwendig ist.

Als notwendig ist auch die Strafe zu denken und zu begründen:[27] als Aufhebung einer äußeren Handlung, die die staatlich gesetzte Rechtsordnung bricht (also „Verbrechen“ ist), weil der Handelnde diese Ordnung nicht anerkennt, obwohl sie doch notwendig ist! Deshalb muß die Notwendigkeit des Rechts offenbar werden: auch und gerade im Umgang mit dem Verbrecher selbst, der nicht nur die äußere Gewalt des Staates zu spüren bekommt, sondern dem darin zugleich sein Recht geschehen muß. Es muß ein Rechtsverfahren[28] gegen ihn durchgeführt werden, das nur sein Verbrechen thematisiert und den darin liegenden Bruch der notwendigen Ordnung aufdecken soll; und damit: die Un-Möglichkeit seines Verhaltens für das Zusammenleben offenbar machen muß, weshalb es durch den Urteilsspruch als nich-

25 Zur Geschichte der Zivilisierung des Menschen vgl. die grundlegende Arbeit von N. Elias, *Der Prozeß der Zivilisation*, Frankfurt/M. 1973. Dazu vgl. H. P. Duerr, *Der Mythos vom Zivilisationsprozeß* I, II, Frankfurt/M. 1988, 1990; P. Gleichmann u.a. (Hrsg.), *Materialien zu Norbert Elias' Zivilisationstheorie*, Frankfurt/M. 1979; P. Gleichmann u.a. (Hrsg.), *Macht und Zivilisation*, Frankfurt/M. 1984; H. Korte (Hrsg.), *Gesellschaftliche Prozesse und individuelle Praxis*, Frankfurt/M. 1990.

26 Zu dieser Konzeption des Rechtsstaates vgl. die Nachweise in Fn. 2, 3.

27 Zu dieser Straftheorie vgl. die Nachweise in Fn. 1.

28 Zum Strafverfahren vgl. m.w.N. W. Schild, *Der Strafrichter in der Hauptverhandlung*, Heidelberg-Hamburg 1983.

tig aufgehoben wird und nur auf die Schuld des Verbrechers zurückgeführt wird. Diese Schuld besteht in seiner Entscheidung gegen die Notwendigkeit der Rechtsordnung und damit gegen den Rechtsstaat, wie sie sich in der Tat manifestiert hat. Diese Tat ist – gemessen am Zusammenleben der Menschen – eigentlich unmöglich, ein Widerspruch zur allgemeinen Freiheit (weil selbst Gewalt oder Zwang), ein Selbst-Widerspruch des Handelnden, sofern er (als soziales Wesen) mit anderen zusammenleben will oder muß. Und Gegenstand des Verfahrens ist nur diese Tat, eben als schuldhafte rechtswidrige Tat, wie sie vom Strafgesetzbuch als für das Zusammenleben nicht fähiges Verhalten tatbestandlich umschrieben ist.[29] Bestraft wird eigentlich dieses Verbrechen als vorsätzlicher Bruch der staatlichen Rechtsordnung, als dieser Selbst-Widerspruch des mit den anderen zusammenlebenden Täters. Die Maßnahme, die diese Strafe zum Ausdruck bringt, setzt beim Verbrecher an und macht die rechtliche Un-Möglichkeit seiner Entscheidung zu dieser Tat deutlich, indem sie ihm (seinem Willen) Zwang antut, den Zwang, den er durch sein Verbrechen vergleichbar der Rechtsordnung (und damit der Notwendigkeit der Regeln für das Zusammenleben aller) angetan hat. Der Verbrecher ist von daher eigentlich der Feind des Rechts, der für das freie Zusammenleben notwendigen Rechtsordnung, wie sie der Staat in den gesetzlichen Tatbeständen des Strafgesetzbuches umschreibt, damit auch der Feind des Rechtsstaates. Die Strafmaßnahme richtet sich aber nicht nur an den Verbrecher, um ihn zu einem rechtlich Denkenden und Handelnden zu machen, sondern auch an alle anderen, um sie von der Notwendigkeit des Rechts(-Staates) – und der Strafe – zu überzeugen und zu bestärken.

5. Die Störung der Ordnung und ihre Abmahnung

In dieser Theorie des Verbrechens und der Strafe, die zueinander in einem Verhältnis stehen (auch dahingehend, daß der Verbrecher durch seine Bestrafung die Möglichkeit erhalten muß, sich selbst von seiner unmöglichen Tat zu distanzieren, und so seine Eignung zum Zusammenleben zu beweisen),[30] wird das Recht auch in seiner Positivierung durch den Staat im Strafgesetzbuch als notwendig für das Zusammenleben zugrunde gelegt; und umgekehrt muß das Gesetz diese Notwendigkeit beweisen, also seine Rechtlichkeit (und damit Legitimation) stets unter Beweis stellen. Recht ist bei aller staatlichen Positivierung nicht nur irgendeine Setzung der Macht, sondern muß als notwendig aufgewiesen werden. Deshalb erhält auch das Verbrechen seine qualitative Bestimmung. Es ist eine Tat, die auf das Zusammenleben reflektierende Menschen einfach nicht akzeptieren können, weil sie unmöglich verallgemeinert werden kann, insofern menschen-unmöglich ist.

29 So die heutige Definition des Verbrechens/der Straftat in der Strafrechtswissenschaft: eine tatbestandsmäßige, rechtswidrige und schuldhafte Handlung.

30 Zu dieser Straftheorie vgl. die Nachweise in Fn. 1.

Zunehmend aber geht diese Dimension verloren.[31] Das Zusammenleben in der modernen Gesellschaft ist so als der Regelung bedürftig selbstverständlich geworden, daß es nicht mehr um das Ob überhaupt, sondern nur um das Wie der Regelung geht. Die Notwendigkeit des staatlichen Rechts steht außer jeder Diskussion; nur Verrückte oder Lebensmüde können daran zweifeln, etwa indem sie sich nicht an die Straßenverkehrsordnung halten und bei rotem Ampellicht die Kreuzung überqueren! Das „Verbrechen" verliert seine Wucht als Bruch der Rechtsordnung, als mögliches Vorbild für die anderen (weshalb nicht mehr generalpräventiv-abschreckend dagegen mit negativen, übelsausdrückenden Strafmaßnahmen vorgegangen werden muß). Es bleibt nur eine Tat, die die gegebenen Regeln der Ordnung stört und nicht sein soll; eine bloße Straftat, die nur deshalb so heißt, weil sie bestraft werden kann; aber auch nicht werden muß, sofern die Störung ohnehin klar und offenbar ist. Relevant sind nur mehr Ordnungswidrigkeiten, Verstöße gegen gegebene Regeln; ihr Täter wird sanktioniert, sofern er einer Erinnerung an seine Pflichten bedarf, also ermahnt werden muß; oder sofern auch die anderen durch diese Ermahnung in ihrem Vertrauen auf die Wirksamkeit der Regeln für die Ordnung gestärkt werden müssen, was deshalb erforderlich sein kann, da der Inhalt dieser Regeln doch als beliebig erst festgesetzt werden muß. Voraussetzung ist auch nicht mehr, daß er bewußt gegen das Recht verstoßen wollte. § 17 StGB läßt einen Schuldspruch (und die Verurteilung wegen vorsätzlicher Deliktsbegehung) zu, wenn er die fehlende Unrechtseinsicht vermeiden konnte; also weil er es verabsäumt hat, sich nach der gesetzlichen Regel zu erkundigen. Der Straftäter ist nicht einmal mehr ein Verbrecher, nicht mehr der Feind der Rechtsordnung (geschweige denn ein böser Mensch oder gar ein Un-Mensch); er ist jemand, der eine gesetzte Regel der Ordnung verletzt hat; und eigentlich hätte wissen können, daß diese Regel gesetzt ist. Seine strafbare Schuld ist vermeidbare Unwissenheit der Ordnung, die er eigentlich kennen sollte; eine Disziplinlosigkeit gegenüber der Ordnung, in der er lebt.

Ob damit nicht überhaupt das Ende eines jeden eigentlichen Strafrechts gekommen ist, ob nicht mehr nur Störungen beseitigt und abgemahnt werden, ist wohl mit Notwendigkeit zu fragen; aber nicht mehr in diesem Rahmen, der nur einige Stationen auf dem Wege der Herausbildung modernen rechtsstaatlichen Denkens nachzeichnen wollte. Das Ergebnis, daß jedenfalls der böse Missetäter oder gar der Un-Mensch im modernen Staats- und Rechtsverständnis seinen Stellenwert verlieren mußte, kann auch ohne weitere Diskussion der gegenwärtigen Problemlage festgehalten werden.

---

31 Hinweise zu dieser Entwicklung in der neueren Strafrechtswissenschaft bei Schild, „Vorbemerkungen" (Fn. 1), Rn. 39 ff.

Literatur

Adolf, Helene, *Wortgeschichtliche Studien zum Leib/Seele-Problem*, Wien 1937

Albrecht, Hans-Jörg, „Generalprävention", in: *Kleines Kriminologisches Wörterbuch*, herausgegeben von Günther Kaiser u.a., Heidelberg [2]1985, S. 132 ff.

Alternativ-Kommentar StGB, Bd. 1, Neuwied 1990

Beck, Kurt, *Zur Phänomenologie des Teufels*, Dissertation, Bonn 1950

Behringer, Wolfgang, *Hexen und Hexenprozesse*, München 1988

Blumenberg, Hans, *Säkularisierung und Selbstbehauptung*, Frankfurt/M. 1974

Bühler, Theodor, „Wargus – friedlos – Wolf", in: *Festschrift für Robert Wildhaber*, Basel 1972, S. 43-48

Byloff, Fritz, *Der Teufelsbündner*, Graz 1926

Copper, Basil, *The Werewolf in Legend, Fact and Art*, New York-London 1977

Czerwinski, Peter, „Heroen haben kein Unbewußtes", in: *Die Geschichtlichkeit des Seelischen*, herausgegeben von Gerd Jüttemann, Weinheim 1986, S. 239 ff.

Dempf, Alois, *Sacrum Imperium*, Darmstadt 1973

Dieck, Alfred, *Die europäischen Moorleichenfunde*, Neumünster 1965

Diestel, Ernst, *Der Teufel als Sinnbild des Bösen*, Berlin 1921

Dilcher, Gerhard/Staff, Ilse (Hrsg.), *Christentum und modernes Recht*, Frankfurt/M. 1984

Duerr, Hans Peter, *Der Mythos vom Zivilisationsprozeß*, Bd. 1/2, Frankfurt/M. 1988/1990

van Dülmen, Richard, *Theater des Schreckens*, München 1985

Elias, Norbert, *Der Prozeß der Zivilisation*, Frankfurt/M. 1973

Engels, Odilo, „Vorstufen der Staatswerdung im Hochmittelalter", in: *Historisches Jahrbuch* 97/98, 1978, S. 71-86

Erich, Oswald A., *Die Darstellung des Teufels in der christlichen Kunst*, Berlin 1931

Erler, Adalbert, „Friedlosigkeit und Werwolfsglaube", in: *Paideuma* 1, 1938-1940, S. 303-317

Fehr, Hans, „Gottesurteil und Folter", in: *Festgabe für Rudolf Stammler*, Berlin-Leipzig 1926, S. 231-254

Fehr, Hans, „Tod und Teufel im alten Recht", in: *Zeitschrift für Rechtsgeschichte – German. Abt.* 67, 1950, S. 50-75

Feucht, Dieter, *Grube und Pfahl*, Tübingen 1967

Fischer, Paul, *Strafen und sichernde Maßnahmen gegen Tote im germanischen und deutschen Recht*, Dissertation, Bonn 1936

Foucault, Michel, *Überwachen und Strafen*,Frankfurt/M. 1976

Freud, Sigmund, *Studienausgabe*, Bd. 1, Frankfurt/M. 1969

Fried, Johannes, „Wille, Freiwilligkeit und Geständnis um 1300", in: *Historisches Jahrbuch* 105, 1985, S. 388-425

Gewehr, Wolf, „Zu den Begriffen ‚anima' und ‚cor' im frühmittelalterlichen Denken", in: *Zeitschrift für Religions- und Geistesgeschichte* 27, 1975, S. 40-55

Gleichmann, Peter u.a. (Hrsg.), *Materialien zu Norbert Elias' Zivilisationstheorie*, Frankfurt/M. 1979

Gleichmann, Peter u.a. (Hrsg.), *Macht und Zivilisation,* Frankfurt/M. 1984

Grundmann, Herbert, *Der Typus des Ketzers in mittelalterlicher Anschauung*, Leipzig-Berlin 1927

von Hippel, Robert, „Beiträge zur Geschichte der Freiheitsstrafe", in: *Zeitschrift für die gesamte Strafrechtswissenschaft* 18, 1898, S. 419-494, 608-666

His, Rudolf, *Der Totenglaube in der Geschichte des germanischen Strafrechts*, Münster 1929

Hoffmann, Hartmut, „Die beiden Schwerter im Hochmittelalter", in: *Deutsches Archiv* 20, 1964, S. 78-114

Hofmann, Hanns Hubert (Hrsg.), *Die Entstehung des modernen souveränen Staates*, Köln-Berlin 1967

Jacoby, Michael, *Wargus, vargr, „Verbrecher", „Wolf"*, Uppsala 1974

Jünemann, Joachim, *Der Wolf*, Göttingen 1976

Justiz in alter Zeit. Führer durch das Mittelalterliche Kriminalmuseum, herausgegeben von Christoph Hinckeldey, Rothenburg o.d.T. 1989
Knabe, Lotte, *Die gelasianische Zweischwertertheorie bis zum Ende des Investiturstreites*, Berlin 1936
Korte, Hermann (Hrsg.), *Gesellschaftliche Prozesse und individuelle Praxis*, Frankfurt/M. 1990
Koschorreck, Walter, *Der Wolf*, Dissertation, Jena 1952
Kretzenbacher, Leopold, *Teufelsbündner und Faustgestalten im Abendlande*, Klagenfurt 1968
Landau, Peter/Schroeder, Friedrich-Christian (Hrsg.), *Strafrecht, Strafprozeßrecht und Rezeption*, Frankfurt/M. 1984
Langbein, John H., *Torture and the Law of Proof*, Chicago 1976
Laubenthal, Klaus, *Lebenslange Freiheitsstrafe*, Lübeck 1987
Lombardi Vallauri, Luigi/Dilcher, Gerhard (Hrsg.), *Christentum, Säkularisation und modernes Recht*, Baden-Baden 1981
Lübbe, Hermann, *Säkularisierung: Geschichte eines ideenpolitischen Begriffs*, Freiburg 1975
Mager, Wolfgang, *Die Entstehung des modernen Staatsbegriffs*, Mainz 1968
Müller, Daniela, *Albigenser – Die wahre Kirche?*, Dissertation, Würzburg 1986
Müller, Konrad, *Die Werwolfsage*, Karlsruhe 1937
Oesterreich, Traugott Konstantin, *Die Besessenheit*, Langensalza 1921
Radbruch, Gustav, *Elegantiae iuris criminalis*, Basel 1950
Roskoff, Gustav, *Geschichte des Teufels*, Leipzig 1869
Rother, Karlhans, *Das Recht der Folter und seine Entwicklung in Frankreich im Zeitalter Ludwigs XIV*, Dissertation, Bonn 1944
Rudwin, Maximilian Josef, *Der Teufel in den deutschen geistlichen Spielen*, Göttingen 1915
Ruh, Ulrich, *Säkularisierung als Integrationskategorie*, Freiburg i.Br. 1980
Rusche, Georg/Kirchheimer, Otto, *Sozialstruktur und Strafvollzug*, Frankfurt/M.-Köln 1974
Schild, Wolfgang, „Freiheit – Gleichheit – ‚Selbständigkeit' (Kant): Strukturmomente der Freiheit", in: *Menschenrechte und Demokratie*, herausgegeben von Johannes Schwartländer, Kehl am Rhein 1981, S. 135–176
Schild, Wolfgang, *Der Strafrichter in der Hauptverhandlung*, Heidelberg-Hamburg 1983
Schild, Wolfgang, „Der ‚entliche Rechtstag' als das Theater des Rechts", in: *Strafrecht, Strafprozeßrecht und Rezeption*, herausgegeben von Peter Landau/Friedrich-Christian Schroeder, Frankfurt/M. 1984, S. 119-144
Schild, Wolfgang, *Alte Gerichtsbarkeit*, München [2]1985
Schild, Wolfgang, „Unsinn und Sinn der Vergeltung", in: *manuskripte* 98, 1987, S. 58-68
Schild, Wolfgang, „Bemerkungen zur Ikonologie des Jüngsten Gerichts", in: *Forschungen zur Rechtsarchäologie und rechtlichen Volkskunde* 10, 1988, S. 163-201
Schild, Wolfgang, „Gott als Richter", in: *Recht und Gerechtigkeit im Spiegel der europäischen Kunst*, herausgegeben von Wolfgang Pleister/Wolfgang Schild, Köln 1988, S. 44-85
Schild, Wolfgang, „Rechtsphilosophische Hintergründe der Bestrafung von Fälschern", in: *Fälschungen im Mittelalter*, Teil II: *Gefälschte Rechtstexte. Der bestrafte Fälscher* (= *Schriften der Monumenta Germaniae Historica*, Bd. 33, II), Hannover 1988, S. 713-748
Schild, Wolfgang, „Sittlichkeit als politische Gesinnung des Staatszutrauens", in: *Hegel-Jahrbuch* 1988, S. 158-169
Schild, Wolfgang, „Die Ordnung und ihre Missetäter", in: *Justiz in alter Zeit. Führer durch das Mittelalterliche Kriminalmuseum*, herausgegeben von Christoph Hinckeldey, Rothenburg o.d.T. 1989, S. 59-128
Schild, Wolfgang, „Geschichte des Verfahrens", in: *Justiz in alter Zeit*, a.a.O., S. 129-224
Schild, Wolfgang, „Die Gottesurteile", in: *Justiz in alter Zeit*, a.a.O., S. 225-240
Schild, Wolfgang, „Rechtswissenschaft oder Jurisprudenz", in: *Rechts- und Sozialphilosophie in Deutschland heute*, herausgegeben von Robert Alexy u.a. (= *ARSP-Beiheft* Nr. 44), Stuttgart 1991, S. 328-336
Schild, Wolfgang, „Folter", in: *Lexikon des Rechts – Rechtsgeschichte*, Neuwied 1992, S. 460 ff.

Schild, Wolfgang, „Rache“, in: *Lexikon des Rechts – Rechtsgeschichte*, Neuwied 1992, S. 1030 ff.

Schild, Wolfgang, „Der gequälte und entehrte Leib“, in: *Gepeinigt, begehrt, vergessen*, herausgegeben von Klaus Schreiner/Norbert Schnitzler, München 1992, S. 147-168

Schild, Wolfgang, „Menschenrechtsethos und Weltgeist“, in: *Würde und Recht des Menschen. Festschrift für Johannes Schwartländer*, Würzburg 1992, S. 199-222

Schmidt, Eberhard, „Neue Forschungen über den Ursprung der modernen Freiheitsstrafe“, in: *Schweizer Zeitschrift für Strafrecht* 62, 1947, S. 171-193

Schnürer, Gustav, *Kirche und Kultur im Mittelalter*, Bd. 1-3, Paderborn 1929-1936

Schrey, Heinz-Horst (Hrsg.), *Säkularisierung*, Darmstadt 1981

Schünke, Wolfgang, *Die Folter im deutschen Strafverfahren des 13. bis 16. Jahrhunderts*, Dissertation, Münster 1952

Schwarz, Reinhard, „Die spätmittelalterliche Vorstellung vom richtenden Christus“, in: *Geschichte in Wissenschaft und Unterricht* 32, 1981, S. 526-553

Schwarz, Richard, „Leib und Seele in der Geistesgeschichte des Mittelalters“, in: *Deutsche Vierteljahresschrift für Literaturwissenschaft und Geistesgeschichte* 16, 1938, S. 293-323

Seggelke, Günter, *Die Entstehung der Freiheitsstrafe*, Breslau 1928

Siuts, Hinrich, *Bann und Acht und ihre Grundlagen im Totenglauben*, Berlin 1959

Skreiner, Wilfried August, *Studien zu den Eitelkeits- und Vergänglichkeitsdarstellungen in der abendländischen Malerei*, Dissertation, Graz 1963

Stammler, Wolfgang, *Frau Welt*, Fribourg 1959

Stegbauer, Rainer, *Der Dieb dem Galgen*, Dissertation, Erlangen-Nürnberg 1964

Steinert, Heinz, „Ist es denn auch wahr, Herr F.?“, in: *Kriminalsoziologische Bibliographie*, 1978, H. 19/20, S. 30-45

Steinert, Heinz/Treiber, Hubert, „Versuch, die These von der strafrechtlichen Ausrottungspolitik im Spätmittelalter ‚auszurotten'“, in: *Kriminologisches Journal* 10, 1978, S. 81-106

Tellenbach, Gerd, *Libertas*, Stuttgart 1936

Trusen, Winfried, „Strafprozeß und Rezeption“, in: *Strafrecht, Strafprozeßrecht und Rezeption*, herausgegeben von Peter Landau/Friedrich-Christian Schroeder, Frankfurt/M. 1984, S. 29-118

von Unruh, Georg Christoph, „Wargus“, in: *Zeitschrift für Rechtsgeschichte – German. Abt.* 74, 1957, S. 1-40

Vollmer, Hans, *Über Engel und Teufel im deutschen Volksglauben des Mittelalters*, Hamburg 1941

von Weber, Hellmuth, „Die Entwicklung des Zuchthauswesens in Deutschland im 17. und 18. Jahrhundert“, in: *Festschrift für Adolf Zycha*, Weimar 1941, S. 427-468

Zimmermann, Albert (Hrsg.), *Die Mächte des Guten und Bösen*, Berlin-New York 1977

Falk Wagner

Verantwortung des Bösen

Theologisch-philosophische Überlegungen zum Subjekt des Bösen

Eine philosophisch und theologisch reflektierte Rede vom Bösen setzt mindestens drei grundsätzliche Vorklärungen und Differenzierungen voraus, die neben der univoken Verwendung des Prädikats ‚böse' sowohl das Problem der Zurechenbarkeit als auch das der Verhältnisbestimmung von ‚gut' und ‚böse' betreffen. Um ein ebenso äquivokes wie inflationäres Verständnis der Rede vom Bösen zu vermeiden, ist zunächst der Gebrauch des Prädikats ‚böse' auf das moralisch Böse zu begrenzen. Das moralisch Böse, das als solches mit der individuellen Selbstverpflichtung des inneren Daseins der Freiheit verknüpft ist, ist folglich von physischen Übeln zu unterscheiden, die als empirisch-negative Folgen äußerer Naturgeschehen (z. B. geologische und meteorologische Katastrophen) oder als Beeinträchtigungen und Veränderungen des leibhaft-natürlichen Daseins (z. B. Krankheiten, Tod) erscheinen. Die Unterscheidung zwischen dem moralisch Bösen und physischen Übeln zieht die Konsequenz nach sich, daß der Ursprung und der Grund des Bösen nicht in Tatbeständen und Gegebenheiten des äußeren Naturgeschehens oder der leibhaft-natürlichen Sinnlichkeit des Menschen gesucht werden können. Ebensowenig läßt sich das moralisch Böse auf phylogenetisch bedingte Erbschaften der menschlichen Gattungsgeschichte oder auf triebökonomisch verankerte Störungen der individuellen Psyche direkt zurückführen. Dem Charakter des moralisch Bösen liefe es überdies zuwider, wollte man es auf die Individuen prägenden Einflüsse ihrer soziokulturellen Umwelt reduzieren. Schließlich scheidet damit auch der Versuch aus, die Rede vom Bösen mit der Behauptung sogenannter metaphysischer Übel zu verbinden, die aus der Endlichkeit und Unvollkommenheit des welthaft-menschlichen Daseins resultieren sollen.

Aus der Abgrenzung des moralisch Bösen von den verschiedenen Arten physischer (und metaphyischer) Übel ergibt sich das weitere Erfordernis, das Problem der Zurechenbarkeit des Bösen zumindestens vorläufig zu klären. Die moralische Qualität des Bösen schließt es von vornherein aus, das Prädikat ‚böse' Objekten der äußeren Natur oder des soziokulturellen Selbst- und Weltumgangs beilegen zu wollen. Denn Objekte welcher Art auch immer erhalten erst dadurch die Möglichkeit, moralisch qualifiziert zu werden, daß sie von einem praktisch handelnden Subjekt – um welcher Zwecksetzungen auch immer – begehrt und gewollt werden. Der Charakter des Moralischen oder die Moralität überhaupt können daher nur einem menschlichen Subjekt zugerechnet werden, das aufgrund der freien Selbstbestimmung seines Willens zu zweckbestimmten Handlungen fähig ist. Folglich kann das Prädikat des moralisch Bösen allein dem Willen eines frei selbstbestimmenden Subjekts zugerechnet werden.

Aufgrund der allgemeinen Einsicht, daß mit dem Moralischen überhaupt auch das moralisch Böse nur dann aussagbar ist, wenn es sich der freien Selbstbestimmung eines wollenden Subjekts zurechnen läßt, ist allerdings noch nicht die Frage beantwortet, worin die besondere Qualität des moralisch Bösen zu erblicken sei. Angesichts der Zurechenbarkeit moralischer Qualitäten an die freie Selbstbestimmung des Willens läßt sich diese Frage nicht im Rückgriff auf einen vom freien Willen unabhängigen Begriff des Guten beantworten, der gar auf die ontologische Behauptung eines selbständig Guten zielte. Damit ist freilich nicht gesagt, daß die Bestimmtheit des moralisch Bösen nicht auch durch die Unterscheidung vom moralisch Guten zu gewinnen sei. Aber aufgrund der Zurechenbarkeit des Moralischen an die freie Selbstbestimmung des Willens können die gegensätzlichen Prädikate des moralisch Guten und Bösen allein in der Art und Weise der freien Selbstbestimmung des menschlichen Willens gründen. Die gegensätzliche Qualifizierung des moralisch Guten und Bösen resultiert somit aus den gegensätzlichen Weisen, denen entsprechend der menschliche Wille seine freie Selbstbestimmung in Verfolgung seiner zwecksetzenden Handlungen auslegt und bestimmt.

Damit steht bisher nur fest, daß der Mensch als frei selbstbestimmender Wille für das moralisch Gute und moralisch Böse gleichermaßen verantwortlich sei. Die Frage jedoch, wie aus der gegensätzlichen Qualifizierung der freien Selbstbestimmung der Gegensatz des moralisch Guten und Bösen resultiere, soll nicht auf direktem Wege beantwortet werden. Auf einem bewußt einzuschlagenden Umweg, der dem Wink von K. Marx folgt: „Die Religion ist [...] die Anerkennung des Menschen auf einem Umweg“ (K. Marx 1972, S. 353), soll dem Problem der besonderen Qualifizierung des in der freien Selbstbestimmung des Menschen wurzelnden moralisch Bösen vielmehr in zugleich theo-logischer Absicht nachgegangen werden. Das theo-logische Problem des moralisch Bösen läßt sich so formulieren: In welcher Beziehung steht das vom freien menschlichen Willen zu verantwortende Böse zum Gottesgedanken? Läßt sich aus dieser Beziehung eine präzise Qualifizierung des moralisch Bösen gewinnen und, wenn ja, unter welcher Bedingung ist das möglich?

1. Das theo-logische Trilemma des Bösen

„Mischmasch von Irrtum und Gewalt“, diesen Vers hat sich Goethe auf „die ganze Kirchengeschichte“ gemacht (M. Tetz 1991). Zu Recht erinnert Goethe mit diesem Vers daran, daß sich die Geschichte der christlichen Kirchen nicht bloß als „Heils“-, sondern ebenso als Kriminalgeschichte deuten lasse. Das zur Staatsreligion avancierte Christentum übt sich in Intoleranz, greift zu den Mitteln der Zwangsbekehrungen und der Schwertmission, verfolgt als Ketzer und Häretiker gebrandmarkte Andersdenkende mit den Institutionen der Folter und der Inquisition, überzieht die in Gettos abgedrängten Juden mit Pogromen, beteiligt sich an der millionenfachen Ausrottung der amerikanischen Ureinwohner und stürzt Europa nach der konfessionellen Spaltung in eine Serie blutiger Kriege und gewaltsamer Vertreibungen. Diese Gewalttaten werden in der Regel im Namen des Gottes begangen, der auch noch während der beiden Weltkriege unseres Jahrhunderts angerufen wird, um an allen Fronten die Waffen zu segnen. Sofern diese Geschichte blutiger Gewalt, krimineller Intoleranz und inszenierter Friedlosigkeit in der offiziellen Kirchengeschichtsschreibung nicht überhaupt verdrängt oder bemäntelt wird, kann sie auf das jeweils zeit- und milieubedingte Fehlverhalten „sündhaft-irrender“ Individuen und Gruppen zurückgeführt werden. Aber selten, allzu selten wird die Frage aufgeworfen, ob die Gewalttaten etwas mit dem Verständnis des Gottes zu tun haben könnten, in dessen Namen sie in der Regel begangen werden.

Diese Frage muß nicht von außen an die Geschichte des Christentums herangetragen werden. Sie stellt sich vielmehr schon dann, wenn man bestimmte Geschichten und Worte liest, die im neutestamentlichen Grundzeugnis des Christentums enthalten sind. Exemplarisch läßt sich das anhand der Parabel von den Weinbergspächtern verdeutlichen, die in allen synoptischen Evangelien überliefert wird (*Markus* 12,1-12; *Matthäus* 21,33-46; *Lukas* 20,9-19). Liest man dieses Gleichnis ohne Rücksicht auf seine allegorische Deutung, die es bei allen Evangelisten erfahren hat, so handelt es sich um eine Geschichte sich steigernder Gewalt und Gegengewalt. Dieses als ein in der Provinz ländlicher Verhältnisse geschildertes Geschehen wird zum Sinnbild des Weltgeschehens. In einem Jahrhundert, in dem eine Unzahl von Kriegen und Völkervernichtungsveranstaltungen mit in Zahlen nicht benennbaren Opfern an der Tagesordnung war und ist, trägt die Aufzählung von allgegenwärtigen Beispielen eher zu einer Abstumpfung bei, die schließlich von einer zynischen Verhöhnung der Opfer nicht mehr weit entfernt wäre. Die Welt- und Menschheitsgeschichte, die Geschichte der Staaten und Gesellschaften, Wirtschaften und Religionen erscheint so als Fortsetzung der Naturgeschichte des Fressens und Gefressenwerdens. Alle Fortschritte des friedlichen Zusammenlebens, die auf dem Wege menschen-, grund- und staatsrechtlicher Regelungen und Institutionen erreicht wurden, werden dauerhaft durch das friedlose Prinzip der natürlichen Selbsterhaltung und der egoistischen Selbstbehauptung gestört. So kehrt der Naturzustand des Kampfes aller gegen alle immer wieder zurück.

Wie die antike Tragödie so will auch die Parabel der sich steigernden Gewalt und Gegengewalt das Erschrecken lehren, um den Weg der Reinigung, des Umdenkens und der Umkehr zu ebnen. Aber offensichtlich haben schon die Evangelisten dieses Erschrecken dadurch verhindert, daß sie die Parabel mit einer allegorischen Deutung versehen haben. Die Geschichte von Gewalt und Gegengewalt, die das Erschrecken vor der menschlichen Naturgeschichte der Selbsterhaltung und Selbstbehauptung lehrt, wird so in die Geschichte eines Siegers umgedeutet.

Im Bewußtsein von Siegern findet ein Erschrecken über die Opfer der Naturgeschichte von Gewalt und Gegengewalt nicht mehr statt. Die fromme Verbrämung der Gewalt, die in der Allegorisierung der Parabel zu Tage tritt und an der so gut wie kaum ein Ausleger Anstoß nimmt, kommt ja insbesondere darin zum Ausdruck, daß Gott als allegorisierter Grundherr Gewalt und Totschlag ganz selbstverständlich mit der Gewalt des Tötens beantwortet. Opfer spielen für Sieger ebenso wenig eine Rolle wie das Erschrecken über sie. Denn Sieger huldigen dem Grundsatz, der höher anmutende und hochgehaltene Zweck heilige die Mittel. Indem die in eine Allegorie umgedeutete Parabel genau diesen Grundsatz bekräftigt, wird sie wider ihre eigene Intention zum Schlüssel und Sinnbild der Kriminal- und Schreckensgeschichte des Christentums.

Die Tatsache, daß der in der genannten Parabel als Gott allegorisierte Grundherr Gewalt schlicht mit Gegengewalt beantwortet, kann zum Anlaß werden, um das theo-logische Problem des Bösen, also das Verhältnis des Gottesgedankens zum moralischen Bösen von Grund auf zu überdenken. Die traditionelle theologisch-philosophische Diskussion dieses Verhältnisses hat sich vielfach darauf konzentriert, nach der möglichen Vereinbarkeit oder Unvereinbarkeit des als allmächtig und allgütig vorgestellten Gottes mit dem den menschlichen Subjekten zugeschriebenen Bösen zu fragen. Alle Vorschläge, die zur Lösung dieses Problems unterbreitet worden sind, müssen daran scheitern, daß beide Behauptungen, die über Gottes Allmacht und die über die menschliche Verantwortlichkeit für das Böse, nicht zugleich aufgestellt werden können. Wenn Gott wirklich allmächtig sei, so muß er konsequenterweise für den Eintritt des Bösen zumindest mitverantwortlich sein. Wenn aber Gott für das Böse nicht verantwortlich zu machen sei, so zieht diese Annahme die Einschränkung seiner Allmacht nach sich. Dieses Dilemma führt jedoch zu einem Trilemma, wenn die göttliche Allmacht und das dem menschlichen Subjekt zugerechnete Böse durch den *„bonum*-durch-*malum*-Gedanken" (O. Marquard 1981) verknüpft werden sollen. Dieser Verknüpfung zufolge soll der allmächtige und allgütige Gott das aus der Verselbständigung des Menschen resultierende Böse um der zwar zeitlich noch nicht realisierten, wohl aber eschatologisch zu erwartenden Versöhnung und Erlösung der Welt in Kauf nehmen (W. Pannenberg 1991, S. 200 f.). „Die Erlösung heiligt – sie ent-übelt – den Sündenfall: dies liegt in der Konsequenz des Grundarguments der optimistischen Leibniztheodizee, der Verteidigung Gottes durch das Prinzip ‚der Zweck heiligt die Mittel'" (O. Marquard 1981, S. 56). Aber dieses Argument ruft nicht nur den Zweifel an der göttlichen Güte wach. Es fußt mit der Hoffnung auf die erst dem Eschaton vorbehaltene Erlösung und Versöhnung zudem auf einer Unbekannten, mit der sich aller subjektiven Versicherungen zum Trotz objektiv sowenig argumentieren läßt wie mit der offenen und unvorhersehbaren Zukunft überhaupt. Angesichts der Erinnerung sowohl an die Kriminalgeschichte des Christentums als auch an die allgegenwärtigen Folgen böser Taten gleicht die Hoffnung auf die eschatologisch endgültig zu erwartende Erlösung einer allzu schwachen Vertröstung auf den sprichwörtlich gewordenen Sankt-Nimmerleinstag. Bis dahin, und d.h. bis auf weiteres erinnert die ubiquitäre Präsenz des Bösen daran, daß der *„bonum*-durch-*malum*-Gedanke" nicht aufgeht: Die Verselbständigung der Mittel – die Dauerpräsenz des Bösen – läßt den „heiligen" Zweck – die endgültige Erlösung – zu einem Jenseits der Unrealisiertheit verblassen.

2. Die Selbstbestimmung Gottes, welche höher zu sein scheint als alle Moral

Angesichts der Unmöglichkeit, die Vorstellung der göttlichen Allmacht und das dem menschlichen Subjekt zugeschriebene Böse auf einen Nenner zu bringen, scheint es nahe zu liegen, bei den theologisch beliebten Reden Zuflucht zu suchen, durch die die Rätselhaftigkeit des Bösen einerseits und der Geheimnischarakter des menschlicher Erkenntnis sich entziehenden verborgenen Gottes andererseits beschworen werden. Aber diese schnell, allzu schnell sich einstellenden Redeweisen ähneln einem Euphemismus für theologische Denkverbote. Denn die theologische Thematisierung des dem menschlichen Subjekt zugerechneten moralisch Bösen erfolgt auf der Basis einer so gut wie nie problematisierten Voraussetzung, die schon im Wort der Schlange in *Genesis* (3,5) anklingt: Wenn ihr – dem göttlichen Verbot zuwider – von dem Baum der Erkenntnis des Guten und Bösen essen werdet, werdet ihr „sein wie Gott, wissend, was gut und böse ist". Aufgrund der immer wieder erneuerten dogmatisch-theologischen Interpretation dieses Wortes ist das „Wesen" des Bösen spätestens seit Augustin auf die Formel der „Hybris eines angemaßten Gott-sein-Wollens" (T. Koch 1978, S. 295) gebracht worden. Der Mensch erklärt und vollzieht seine freie Selbständigkeit und selbständige Freiheit im Sinne einer exklusiven Selbstbehauptung, so daß er „sich selber an die Stelle Gottes und seiner Herrschaft über die Schöpfung setzt" (W. Pannenberg 1991, S. 303). Das dem Menschen zugerechnete Böse wurzelt also im unmittelbaren, d.h. bloß auf sich selbst bezogenen Charakter seiner freien Selbstbestimmung, so daß er diese auf exklusive Weise, nämlich ohne Rücksicht auf die freie Selbstbestimmung anderer Menschen durchzusetzen versucht. Aber diese Art der Identifizierung und der Kritik des Bösen leuchtete nur ein, wenn die als unmittelbare Selbstbestimmung zu Tage tretende Freiheit des Menschen deshalb als böse kritisiert werden kann, weil sie sich von einer anderen Art und Weise der Freiheit unterscheiden ließe, die nicht auf der direkten Selbsterhaltung und Selbstbehauptung des sich verselbständigenden und verabsolutierenden besonderen Willens des Menschen beruhte. Ohne eine haltbare Alternative zu der für böse erklärten Freiheit der unmittelbaren Selbstbestimmung läßt sich die direkte Selbstbehauptung der sich verselbständigenden besonderen Freiheit des Menschen gar nicht als böse identifizieren und kritisieren. Die Identifizierung und Kritik des Bösen in der Gestalt der als direkte Selbstbestimmung des besonderen Willens auftretenden Freiheit setzen, sollen sie auf überzeugende Weise gelingen, ein von der als verfehlt geltenden unmittelbaren Selbstbestimmung unterschiedenes Verständnis der Freiheit voraus. Allein unter Voraussetzung dieses anderen – adäquaten und „guten" – Verständnisses der Freiheit ließe sich die in der Form der unmittelbaren Selbstbestimmung und Selbstbehauptung sich auslegende Freiheit als böse identifizieren und kritisieren.

Indem die Theologie in der Freiheit der unmittelbaren Selbstbestimmung und sich verselbständigenden Selbstbehauptung „das Wie-Gott-Seinwollen des Menschen" erblickt, so daß dieser „den Platz Gottes besetzt" (W. Pannenberg 1991, S. 280, 299), kann ihr die Identifizierung und Kritik des Bösen nur um den Preis gelingen, daß sie faktisch Gott selber zum

Prototyp des Bösen und der Sünde erklärt. Dieser gewiß ebenso überraschenden wie gravierenden Behauptung versucht sich die Theologie freilich dadurch zu entziehen, daß sie mit einer ans Axiomatische grenzenden Selbstverständlichkeit von der immer schon als gegeben unterstellten grundsätzlichen Asymmetrie zwischen göttlicher Selbstmacht und Allmacht, Herrschaft und Freiheit auf der einen Seite und der Abhängigkeit und dem Gehorsam des Menschen auf der anderen Seite ausgeht. Diese Asymmetrie des Verhältnisses von Gott und Mensch wird zusätzlich dann akzentuiert, wenn die mit der allmächtigen Herrschaft identifizierte Freiheit Gottes zum exklusiv göttlichen Prädikat erklärt wird, so daß der einer Äquivokation verfallende Begriff der menschlichen Freiheit auf die gehorsame Abhängigkeit oder den abhängigen Gehorsam des Menschen festgelegt werden muß. Unter der Bedingung, daß die Theologie die axiomatisch genommene Asymmetrie des Verhältnisses von Gott und Mensch unbeschadet aller gegenteilig klingenden trinitätstheologischen und christologischen Versicherungen zur unvordenklichen und nicht hintergehbaren Unterscheidung von Gott und Mensch fixiert, scheinen die Identifizierung und Kritik des Bösen dann keine Schwierigkeiten zu bieten, wenn dieses als die wie Gott sein wollende unmittelbare Selbstbestimmung und Selbstbehauptung des Menschen definiert wird. Aber die so vorgenommene Bestimmung des Bösen erscheint nur deshalb als plausibel, weil sie der Logik des Satzes verpflichtet ist: „Quod licet Iovi, non licet bovi" (F. Wagner 1989, S. 17 f., 470 f.).

Bei der Identifizierung des Bösen mit der „Hybris des angemaßten Gott-sein-Wollens" läßt sich die Theologie von einem Gottesverständnis leiten, durch das Gott zum Inbegriff freier Selbstmacht und allmächtiger Herrschaft erklärt wird. Der als unmittelbar selbständiges, aus und durch sich selbst seiendes Subjekt vorgestellte Gott wird folglich entsprechend der Logik der Freiheit konzipiert, durch die diese auf die Form der unmittelbar-direkten Selbstbestimmung und Selbstbehauptung festgelegt ist. Diese Art der Logik göttlicher Selbstbestimmung wird überdies dadurch gesteigert, daß die als allmächtige Herrschaft ausgelegte Freiheit zum exklusiven Besitz und Prädikat Gottes erhoben wird. Folglich wird Gott genau die Strukturlogik der Freiheit als unmittelbarer Selbstbestimmung und exklusiver Selbstbehauptung ausdrücklich zuerkannt, die auf seiten des menschlichen Subjekts der Kritik des Bösen verfällt. Göttliche und menschliche Freiheit werden somit nach zweierlei Maß beurteilt. Das liegt in der Konsequenz der axiomatisch festgeschriebenen Asymmetrie zwischen göttlich-exklusiver Monarchie und menschlicher Abhängigkeit. Da diese Asymmetrie auf einer theologisch-religiösen Axiomatik beruht, scheint eine an der Selbstverpflichtung der Freiheit orientierte moralische Argumentation für unzuständig erklärt werden zu können, um die moralisch empörende Tatsache zu kritisieren, daß dieselbe Logik unmittelbarer Selbstbestimmung sowohl als Inbegriff der göttlichen Freiheit als auch als Wurzel der menschlichen Bosheit deklariert werden kann. Die unmittelbare Selbstbestimmung Gottes folgt so einer theo-logischen Exklusivität, die höher ist als alle vernünftige Moral.

Wegen der axiomatisch fixierten Asymmetrie zwischen der göttlich frei selbstbestimmenden Herrschaft und der menschlichen Abhängigkeit scheinen moralische Argumente an der Theologie abzuprallen, durch die ihre doppelte Buchführung im Hinblick auf die Freiheit Gottes und die des Menschen als moralisch anstößig kritisiert werden könnte. Die theologisch-religiöse Logik, derzufolge für Gott das erlaubt sein soll, was dem Menschen verboten ist, scheint also aufzugehen. Aber auch in diesem Falle gilt, wie so oft: Dieser Schein trügt. Denn die axiomatisch vorausgesetzte Asymmetrie zwischen göttlicher Freiheit und menschlicher Abhängigkeit erweist sich als brüchig: Das zwar in freier Selbständigkeit entlassene, gleichwohl von der Herrschaft Gottes dauerhaft abhängig sein sollende menschliche Subjekt probt den Aufstand. Das menschliche Subjekt weiß, daß seine Selbständigkeit nur dann den Namen der Freiheit verdient, wenn es diese in der Form seiner Selbstbestimmung und Selbstbehauptung vollzieht und praktiziert. Die Theologie mag dann zwar die Verselbständigung der freien Selbstbestimmung des Menschen als böse disqualifizieren. Aber diese Kritik kann nicht überzeugen, weil sie des Rechtsgrundes einer argumentativ ausweisbaren Unterscheidung entbehrt. Denn das theologische Ansinnen, die vom Menschen vollzogene Verselbständigung seiner freien Selbstbestimmung zum Inbegriff des Bösen zu erklären, wäre nur unter der Bedingung der axiomatisch vorausgesetzten Asymmetrie zwischen göttlich erlaubter und menschlich verbotener freier Selbstbestimmung plausibel. Aber genau diese Asymmetrie wird durch den praktischen Vollzug der sich verselbständigenden freien Selbstbestimmung des Menschen nicht nur in Frage gestellt, sondern geradewegs aus den Angeln gehoben. Das menschliche Subjekt wird erst dadurch zu einem wirklich selbständigen und freien Subjekt, was ihm ja als freies Geschöpf *auch* zuerkannt ist, daß es seine Freiheit in der Form selbständiger Selbstbehauptung und autonomer Selbstbestimmung vollzieht. Durch diesen selbständig-verselbständigten Vollzug freier Selbstbestimmung läßt der Mensch die theologisch vorausgesetzte Asymmetrie zwischen göttlicher Freiheit und menschlich-„selbständiger" Abhängigkeit nicht nur hinter sich. Er führt sie auch geradewegs *ad absurdum*: Denn indem sich der Mensch aufgrund des Vollzugs seiner freien Selbstbestimmung und Selbstbehauptung gegenüber Gott verselbständigen kann und dies wirklich tut, ist offenbar, daß das zum Begriff von allmächtiger Herrschaft und Freiheit erklärte göttliche Subjekt der sich selbst behauptenden freien Selbstbestimmung des Menschen nicht mächtig ist.

Die asymmetrische Verhältnisbestimmung von Gott und Mensch auf der Basis der für beide Subjekte gemeinsamen Struktur unmittelbarer Selbstbestimmung muß sich als undurchführbar erweisen, da sie des Rechtgrundes entbehrt, um die als direkte Selbstbestimmung ausgelegte Freiheit Gottes und des Menschen unterscheiden zu können. Warum die freie Selbständigkeit Gottes als „gut", die des Menschen aber als „böse" zu gelten habe, läßt sich argumentativ nicht begründen, sondern unter Voraussetzung der für sakrosankt erklärten Asymmetrie von Gott und Mensch bloß dogmatisch behaupten. Denn die auf derselben Struktur von Subjekten basierte Asymmetrie dementiert den Begriff derselben. Wird gleichwohl diese Asymmetrie auf willkürlich-normative Weise festgehalten, so zieht das die endgültige Korrumpierung eines argumentativ ausweisbaren Verständnisses des Bösen nach sich. Durch die als sakrosankt fixierte Asymmetrie von Gott und Mensch, die sich freilich nur der Tautologie verdankt, Gott sei Gott wie der Mensch Mensch sei, wird nämlich dieselbe Struktur direkter Selbstbestimmung sowohl als „gut" wie als „böse" qualifiziert. Die Theologie glaubt, diesem eklatanten Widerspruch mittels der fixierten Asymmetrie entgehen zu können. Aber diese erweist sich dadurch als hinfällig, daß das menschliche Subjekt seine Freiheit in der Weise realisiert, die der dem göttlichen Subjekt eignenden Freiheit strukturell entspricht. Durch diesen Vollzug der freien Selbstbestimmung wird somit genau die Asymmetrie von Gott und Mensch in Frage gestellt, die den Rechtsgrund der Unterscheidung zwischen „göttlich-guter" und „menschlich-böser" Selbstbestimmung darstellen soll.

Läßt sich mit der hinfällig gewordenen Asymmetrie auch der Rechtsgrund der Unterscheidung zwischen einer „guten" und einer „bösen" Selbstbestimmung nicht aufrecht erhalten, so geht das asymmetrische Verhältnis von Gott und Mensch in ein Verhältnis konkurrierender Subjekte über. Auf der Basis der gemeinsamen Struktur freier Selbstbestimmung werden Gott und Mensch zu Konkurrenten, die sich als gleichermaßen selbständig-freie Subjekte wechselseitig bedingen; sie können ihre Selbständigkeit nur durch deren gegenseitige Begrenzung behaupten. Da sich die Beurteilung dieses Konkurrenzverhältnisses gegenseitig bedingter Selbständigkeit allein auf die von beiden Konkurrenten vollzogene Freiheit unmittelbarer Selbstbestimmung stützen kann, steht kein Kriterium zur Verfügung, um das göttlich-menschliche Konkurrenzverhältnis als entweder „gut" oder „böse" zu qualifizieren. Die Konkurrenz wechselseitig bedingter Selbständiger etabliert sich diesseits von „gut" und „böse".

Aufgrund seiner Orientierung an der sakrosankt fixierten Asymmetrie von Gott und Mensch will sich das theologische Bewußtsein allerdings nicht darauf einlassen, daß die auf der Struktur direkter Selbstbestimmung aufbauende Beziehung von Gott und Mensch auf ein symmetrisches Verhältnis konkurrierender Subjekte hinausläuft. Durch die im Interesse der aufrecht zu erhaltenden Asymmetrie von Gott und Mensch unternommenen Versuche, die Selbstbehauptung Gottes als „gut" und die des Menschen als „böse" zu qualifizieren, wird jedoch die Aporie der asymmetrischen Verhältnisbestimmung von Gott und Mensch nur auf Dauer gestellt. Im Bewußtsein des einseitigen Privilegs der göttlichen Selbstbestimmung soll die konkurrierende Selbstbestimmung des Menschen dem prophetisch angekündigten Gericht und Zorn Gottes verfallen. An der einseitig-asymmetrischen Selbstbehauptung Gottes läßt sich also nur gewaltsam festhalten. Diese offene Gewalt wird durch das apokalyptische Bewußtsein ausdrücklich gerechtfertigt: Gott vermag seine Herrschaft nur durch die gewaltsame Vernichtung der Welt und der Menschen durchzusetzen. Diese apokalyptische Versuchung manövriert sich freilich dadurch in eine Sackgasse, daß sie mit der Vernichtung der Welt und des Menschen zugleich das Ende der göttlichen Herrschaft proklamiert. Angesichts dieser offenen Aporie scheint sich die gnostische Versuchung als letzter Ausweg anzubieten: Für die von vornherein zum mißlungenen Projekt erklärte Welt der Menschheit wird nicht der „gute" Gott, sondern der von diesem abgefallene „böse" Demiurg verantwortlich gemacht. Aber die apokalyptische Versuchung der eschatologischen Weltvernichtung und die gnostische Versuchung des protologischen Dualismus einer vom „guten" Gott abgefallenen „bösen" Welt sind nur das Indiz für einen mißlingenden Umgang mit dem Problem des Bösen. Solange für die Explikation der Freiheit Gottes und des Menschen einzig und allein die Struktur der direkten Selbstbestimmung zur Verfügung steht, vollzieht sich die Konkurrenz der gegenseitig bedingten Selbständigkeit Gottes und des

Menschen diesseits von „gut" und „böse". Alle Versuche und Versuchungen jedoch, diese Konkurrenz durch die Asymmetrie von göttlicher Herrschaftsfreiheit und menschlichem Freiheitsgehorsam unterlaufen zu wollen, verrennen sich in unlösbare Aporien. Sie lassen erkennen, daß es auch auf gewaltsamem Weg nicht gelingen kann, dieselbe Struktur der Freiheit als direkter Selbstbestimmung einer doppelten Beurteilung zuzuführen. Wer die Herrschaft Gottes zum Inbegriff selbständiger Selbstbehauptung erklärt, dem fehlt jedes plausible Argument, um dieselbe Struktur der Freiheit auf seiten des Menschen als Inbegriff des „Bösen" zu brandmarken. Im Gegenteil, wer so argumentieren wollte, entginge nicht der Konsequenz, mit der göttlichen Selbstbehauptung den Prototyp des „Bösen" vorstellig zu machen.

3. Die Revolutionierung des Gottesgedankens oder gut und böse als konkurrierende Verhältnisweisen der Freiheit

Unter der Bedingung, daß Freiheit als unmittelbare Selbstbestimmung gefaßt wird, verfällt, so hat es sich gezeigt, das theologische Problem des Bösen einer doppelten Aporie: Erstens kann auf der Grundlage der für Gott und den Menschen gemeinsamen Struktur direkter Selbstbestimmung auch dann keine haltbare Unterscheidung zwischen ‚gut' und ‚böse' entwickelt werden, wenn die Asymmetrie von Gott und Mensch zur selbstverständlichen Gegebenheit eines theologischen Axioms erklärt wird. Denn dieses Axiom wird dadurch in Frage gestellt, daß der Mensch seine freie Selbständigkeit in der Form direkter Selbstbehauptung zu realisieren vermag. Daraus folgt zweitens, daß Gott, obwohl er den Inbegriff unbedingter Macht und Herrschaft repräsentieren soll, der freien Selbstbestimmung des Menschen nicht mächtig ist.

Diese doppelte Aporie resultiert daraus, daß das theo-logische Problem des Bösen auf der Grundlage eines inadäquaten Gottesgedankens entfaltet wird, nämlich auf der Basis der Asymmetrie, derzufolge der menschliche Freiheitsgehorsam von der göttlichen Herrschaftsfreiheit einseitig abhängen soll. Aufgrund des realen Vollzugs der freien Selbständigkeit des Menschen gilt jedoch, daß die freie Herrschermacht Gottes der freien Selbstbestimmung des Menschen *faktisch* nicht mächtig ist. Dieses Scheitern der göttlichen Macht stellt eine Faktizität dar, die sich weder durch Vorstellungssynthesen bildhafter, metaphorischer oder symbolischer Art noch durch kontrafaktische Normierungen überspielen läßt. Denn das faktische Scheitern der göttlichen Selbst- und Herrschaftsmacht gründet in deren eigener Logik.

Die göttliche Selbstmacht bedarf auch dann, wenn sie im Sinne von Aseität als unmittelbar sich selbst konstituierende Macht gedacht wird, eines von ihr unterschiedenen abhängigen Anderen, um sich *als* Macht zu manifestieren. Gerade dann, wenn die göttliche Selbstmacht nicht bloß vom Standpunkt eines externen Beobachters beschrieben, vielmehr im Sinne ihrer Selbstbegründung als sich selbst auslegende Macht expliziert werden soll, bedarf sie des differenten Andersseins, um sich als Macht zu erweisen. Der Logik der göttlichen Selbstmacht entsprechend wird dieses differente Anderssein zwar als von der Macht einseitig passiv-abhängiges Anderssein eingeführt. Der Macht des göttlichen Selbstseins steht so die Ohnmacht des abhängig passiven Andersseins gegenüber. Damit scheint die axiomatisierte

Asymmetrie zwischen göttlicher Herrschermacht und menschlichem Gehorsam der Abhängigkeit noch einmal festgeschrieben werden zu können. Aber das ist doch deshalb nicht möglich, weil sich die vermeintliche Asymmetrie von selbstmächtig-aktivem Selbstsein und passivem Anderssein nicht aufrechterhalten läßt. Zwar setzt das aktive Selbstsein das passive Anderssein voraus, um durch das tätige Bestimmen desselben seine Macht zu beweisen. Aber da das aktive Selbstsein auf das passive Anderssein angewiesen ist, um seine Macht zu manifestieren, zeigt sich, daß das aktive Wirken im Bedingen des vorausgesetzten passiven Andersseins durch dieses selber bedingt ist. Aktivität und Passivität lassen sich nicht als aktives Bedingen und passives Bedingtsein unterscheiden. Vielmehr wird die Aktivität im Bedingen der Passivität durch diese selbst bedingt, wie die bedingte Passivität sich zugleich als die Aktivität bedingend erweist. Aktives Selbstsein und passives Anderssein manifestieren sich zugleich als ihr Gegenteil: Die Aktivität ist in ihrem Bedingen der Passivität durch diese auch bedingt, und die Passivität ist in ihrem Bedingtsein zugleich bedingend.

Damit ist offenbar, warum die göttliche Selbstmacht des menschlichen Andersseins nicht mächtig ist. Die aktive Selbstmacht muß sich das passive Anderssein voraussetzen, um als Macht manifest zu sein. Aber durch dieses Voraussetzen des passiven Andersseins erleidet die aktive Selbstmacht ihren eigenen Verlust, so daß die Asymmetrie von Aktivität und Passivität, Bedingen und Bedingtem durch das symmetrische Verhältnis der passiv bedingten Aktivität und der aktiv bedingenden Passivität abgelöst wird. Die göttliche Macht kann ihre Aktivität nicht gegen ein bloß passiv-ohnmächtiges Anderssein unter Beweis stellen. Vielmehr kann sie ihre Aktivität nur gegen eine ebenso selbständige wie aktive Passivität ausüben. Auf diese Weise wird das asymmetrische Verhältnis von Aktivität und Passivität in die Symmetrie des Verhältnisses von Wirkung und Gegenwirkung überführt. Aktivität und Passivität manifestieren sich als ihr Gegenteil, so daß ihre Differenz hinfällig wird.

Der Verlust der göttlichen Selbstmacht kommt also dadurch zustande, daß sie um ihrer Selbstauslegung willen eines differenten Andersseins bedarf, dessen sie nicht mächtig ist. Denn mit dem als passiv vorausgesetzten Anderssein entsteht der göttlichen Macht ein aktiv-eigenmächtiger Konkurrent, durch den ihre direkte Macht gebrochen und begrenzt wird. Diese definitive Begrenzung der göttlichen Macht bedeutet nicht nur das Scheitern des Gedankens der göttlichen Selbst- und Allmacht, sondern auch das Mißlingen der Freiheit, die entsprechend der Logik unmittelbarer Selbstbestimmung und Selbstbehauptung realisiert wird. In metaphorischer Sprechweise kann der Verlust des unmittelbar selbstbestimmenden Gottes zugleich als Tod Gottes interpretiert werden. *Der* Gott ist tot, dessen gedankliche Struktur der Logik direkter Selbstmacht und unmittelbarer Selbstbestimmung verpflichtet ist.

Das aufgrund seiner eigenen Logik erfolgende Scheitern des unmittelbar selbstmächtig-selbstbestimmenden Gottes stellt den logischen Anfang und Grund des Christentums dar. Denn wird der christliche Grund- und Zentralgedanke, Gott sei Mensch geworden, streng auf die Logik der göttlichen Selbstauslegung bezogen, so gibt er sich als metaphorischer Ausdruck des Scheiterns der göttlichen Selbst- und Allmacht zu erkennen. Aufgrund des Gedankens der Menschwerdung Gottes lassen sich Gott und Mensch nicht länger entsprechend der Asymmetrie von Herrschaft und Abhängigkeit, Macht und Ohnmacht, Aktivität und Passivität unterscheiden. Der Gedanke der Menschwerdung Gottes besagt vielmehr, daß das Verhältnis Gottes und des Menschen in der Symmetrie gleich-gültig Selbständiger gründet. Diese symmetrische Gleichgültigkeit schließt den Tod des einseitig selbstmächtigen Gottes notwendigerweise ein, so daß der mit dem christlichen Gründungssymbol, dem Kreuz Christi, ausgesagte Tod streng auf den seiner Selbstmacht verlustig gegangenen Gott zu beziehen ist. Die Rede vom Tod Gottes entpuppt sich freilich dann als eine trickreiche Spielerei, wenn sie allein auf Christus, den Sohn Gottes, bezogen werden soll. Die erst aufgrund der Menschwerdung und des Todes Gottes begründbare trinitarische Unterscheidung von Gott, dem Vater, und Gott, dem Sohn, dient dann wie im Märchen vom Hasen und Igel dazu, um des behaupteten Todes Gottes zum Trotz an der göttlichen Allmacht ungebrochen festhalten zu können.

> Gott der Vater, der den Geist und den Sohn in die Geschichte gesandt hat, bleibt in seiner Allmacht über der Geschichte. [...] Gott als allmächtig bleibend *und* als ohnmächtig geworden denken, heißt also ihn im Sinne der ökonomischen Trinität denken (L. Oeing-Hanhoff 1988b, S. 88).

Diese Argumentation gleicht, wenn es denn eine ist, dem Motto: „Wasch mir den Pelz, aber mach' mich nicht naß." Wird die Rede vom Tod Gottes bloß auf den Sohn bezogen, um so an der göttlichen Allmacht festhalten zu können, so verkehrt sie sich in eine ebenso billige wie überflüssige Phrase.

Zielt die Rede vom Tod Gottes streng auf das Scheitern des selbstmächtig-selbstbestimmenden Gottes, so kündigt sich in diesem Verlust Gottes der Anfang der Revolutionierung des Gottesgedankens an. Aber will sich die Rede vom Tod des selbstmächtigen Gottes nicht selber ins Wort fallen, so steht für die Revolutionierung des Gottesgedankens ein als *deus ex machina* vorgestellter Gott nicht länger zur Verfügung. Die Revolutionierung des Gottesgedankens kann vielmehr nur dann zu Ende geführt werden, wenn das menschliche Subjekt begreift, daß es aufgrund der Menschwerdung und des Todes Gottes als freies und selbstbestimmendes Subjekt ein für allemal anerkannt ist. Mit dem Selbstverlust des allmächtig-selbstbestimmenden Gottes ist der Mensch aus der einseitigen Abhängigkeit in die Freiheit entlassen. Aufgrund des Wissens um den Tod des allmächtigen Gottes steht das menschliche Subjekt am Scheideweg. Selbstverständlich kann der Mensch, nachdem der allmächtige Gott tot ist, seine Freiheit, wie von Nietzsche u.a. proklamiert, in der Form „titanischer" Freiheit realisieren. Dann besetzt er die Stelle des getöteten allmächtigen Gottes, um dessen Logik direkter Selbstbehauptung zu beerben. Dann käme es nicht zu einer Revolutionierung des Gottesgedankens, sondern zu einem einfachen Subjekttausch: An die Stelle des allmächtigen Gottes setzte sich der frei gewordene Mensch, um die beerbte Logik unmittelbarer Selbstbestimmung als Naturgeschichte der Selbsterhaltung, des Kampfes aller gegen alle, fortzusetzen.

Die Tatsache, daß der Mensch die aufgrund des Todes Gottes beerbte unmittelbare Selbstbestimmung als titanische Freiheit der direkten Selbstbehauptung realisieren kann und faktisch realisiert, läßt sich unbeschadet aller rechtlichen Regelungen und moralischen Selbstverpflichtungen weder leugnen noch durch gewaltsame Aktionen aus der Welt schaffen. Denn jede Gewalt, auch die zur Eindämmung von Gewalt aufgebotene Gegengewalt, bleibt der Logik unmittelbarer Selbsterhaltung und Selbstbehauptung verpflichtet. Allein wegen der ebenso gewaltlosen wie zerbrechlichen argumentativen Einsicht, daß die menschliche Freiheit nur deshalb wirklich existiert, weil der allmächtige Gott tot ist, kann mit der Revolutionierung des Gottesgedankens zugleich die Revolutionierung des Verständnisses der menschlichen Freiheit eingeleitet werden. Diese Einsicht verdankt sich dem Wissen, daß die menschliche Freiheit aus der Anerkennung resultiert, die in der Menschwerdung und im Tod Gottes begründet ist. Denn unter der Bedingung eines selbst- und allmächtigen Gottes könnte der Mensch nur aufgrund einer ebenso scheinhaften wie gedankenlosen Inkonsequenz als frei erklärt werden. Erst durch den Tod des allmächtigen Gottes wird die Phrase der menschlichen Freiheit in deren praktische Realität überführt.

Weiß sich die menschliche Freiheit aufgrund des Todes des allmächtigen Gottes anerkannt, so kann diese aus Anerkennung resultierende Freiheit dem Menschen nicht von außen andemonstriert werden. Freiheit aufgrund des eigenen Anerkanntseins kann nur durch Anerkennung vollzogen und so anerkannt werden. Das Anerkanntsein der eigenen Freiheit läßt sich nur durch den Vollzug der Anerkennung, d.h. durch die Anerkennung des freien Selbstseins anderer Menschen realisieren. Durch diese Art der Realisierung der anerkannten eigenen Freiheit durch die Anerkennung des freien Selbstseins anderer Menschen wird die Revolutionierung des Freiheitsgedankens durchgeführt. Die zunächst als unmittelbare Selbstbestimmung und direkte Selbstbehauptung erscheinende Freiheit wird in die Freiheit als Verhältnisweise vermittelter Selbstbestimmung übersetzt. Die auf der Logik der Anerkennung aufbauende Verhältnisweise vermittelter Selbstbestimmung zielt auf das symmetrische Verhältnis gleich-gültig Selbständiger, so daß jeder sein eigenes freies Selbstsein nur in Anerkennung des freien Selbstseins anderer und – prinzipiell – aller Menschen verwirklichen kann. Freiheit als die Verhältnisweise vermittelter Selbstbestimmung gründet damit in der prinzipiellen Entsprechung und Übereinstimmung von individuell-besonderer und allgemeiner Freiheit. Angesichts dieser Revolutionierung des Freiheitsverständnisses stellt die Freiheit als direkte Selbstbestimmung eines sich selbst behauptenden einzelnen einen ebenso defizienten wie asozialen Modus von Freiheit dar.

Die Revolutionierung des Gottesgedankens fällt mit der Revolutionierung der Freiheit, die als Verhältnisweise vermittelter Selbstbestimmung auf der Übereinstimmung von besonderer und allgemeiner Freiheit oder auf der Entsprechung von freiem Selbstsein und freiem Anderssein beruht, zusammen. Ihre Logik ist die der Selbstexplikation an der Stelle des Andersseins, das ebenso als freies Selbstsein anerkannt ist. Aufgrund dieser Logik ist der revolutionierte Gottesgedanke als Geist der Freiheit aufgrund von Anerkennung präsent. Dort, wo der menschliche Selbst- und der soziokulturelle Weltumgang als Entsprechung von besonderer und allgemeiner Freiheit, von selbständigem Selbstsein und selbständigem Anderssein verwirklicht ist und wird, wird Gott als der gegenwärtige Geist der Anerkennung gewußt.

Jetzt ist deutlich, warum das theo-logische Problem des Bösen allein über den Umweg der Revolutionierung des Gottesgedankens geklärt werden kann, die zugleich die Revolutionierung der praktischen Verhältnisweise der Freiheit einschließt. Unter der Bedingung des Gedankens des unmittelbar selbstbestimmenden und selbstmächtigen Gottes muß eine argumentativ ausweisbare Identifizierung des Bösen mißlingen, weil die zum Bösen erklärte „Hybris eines angemaßten Gott-sein-Wollens" gerade dem gedanklichen Gehalt des selbstmächtigen Gottes entspricht. Der theologische Versuch, dieser Einsicht durch die axiomatisch gewendete Asymmetrie von Gott und Mensch zu entgehen, verschärft nur die grundsätzliche Aporie, daß unter der Bedingung der für Gott und Mensch gleichermaßen vorausgesetzten Freiheit unmittelbarer Selbstbestimmung kein Rechtsgrund für die Unterscheidung von gut und böse zur Verfügung steht. Daher läuft die übliche theologische Manier, der göttlichen Selbstbestimmung das Prädikat des Guten zu verleihen, die strukturgleiche menschliche Selbstbestimmung aber als böse zu brandmarken, auf einen willkürlichen Voluntarismus hinaus.

Erst infolge der Revolutionierung des Gottesgedankens läßt sich mit der Differenzierung eines zweifachen Freiheitsverständnisses der Rechtsgrund zur Unterscheidung von gut und böse gewinnen. Denn mit der Revolutionierung des Gottesgedankens wird die als unmittelbare Selbstbestimmung ausgelegte Freiheit nicht nur kritisiert, sondern auch für prinzipiell gescheitert erklärt. Diese Kritik erreicht aber erst dort ihr Ziel, wo die verfehlte Freiheit direkter Selbstbestimmung in die revolutionierte Freiheit überführt wird, die gemäß der Logik der Anerkennung als Verhältnisweise vermittelter Selbstbestimmung praktiziert wird. Freiheit tritt also nur dort als ein konsistenter Gedanke zu Tage, wo dem freien Selbstsein das freie Anderssein so entspricht, daß besondere und allgemeine Freiheit auf geregelte Weise übereinstimmen können. Mit der doppelten Revolutionierung des Gottesgedankens und des Freiheitsverständnisses wird also der Rechtsgrund konstituiert, durch den sich gut und böse auf begründete Weise unterscheiden lassen. Die Unterscheidung von gut und böse fällt dann nämlich mit der Unterscheidung zwischen der Freiheit als Verhältnisweise vermittelter Selbstbestimmung und der Freiheit als unmittelbarer Selbstbestimmung und direkter Selbstbehauptung zusammen. Aufgrund dieser Unterscheidung weiß der Mensch, was gut und böse ist. Folglich kann ihm das Böse zugerechnet werden, das aus seinen Taten und Unterlassungen resultiert, die mit dem Prinzip der direkten Selbstbestimmung und Selbstbehauptung zugleich dem Prinzip der natürlichen Selbsterhaltung verpflichtet sind. Weil der Mensch aufgrund der in der Revolutionierung des Gottesgedankens begründeten Freiheit vermittelter Selbstbestimmung, die zugleich aus der kritisierten Freiheit direkter Selbstbehauptung resultiert, wissen kann, was gut und böse ist, ist er gegebenenfalls für das von ihm inszenierte Böse verantwortlich.

Der Rechtsgrund zur Kritik des Bösen gründet somit in einem für Gott und Mensch ebenso univoken wie gleichwohl differenzierten Freiheitsbegriff. Durch das als Tod Gottes ausgesagte Scheitern des selbstmächtigen Gottes verfällt die ebenso verfehlte wie aporetisch verfaßte Freiheit direkter Selbstbehauptung der kompromißlosen Kritik. Aber erst aufgrund der die Logik der Anerkennung manifestierenden Revolutionierung des Gottesgedankens wird mit der Freiheit als vermittelter Selbstbestimmung der Begriff des Guten aufgebaut, durch den die Kritik des in unmittelbarer Selbstbestimmung gründenden Bösen endgültig gerechtfertigt ist. Somit ist das allein in bösen Taten und Unterlassungen erscheinende Böse eindeutig identifizierbar. Es erscheint als die Faktizität der aus direkter Selbstbehauptung und natürlicher Selbsterhaltung resultierenden Taten und Unterlassungen, die zwar sind, aber aufgrund des Wissens um die Freiheit vermittelter Selbstbestimmung nicht sein sollen. Allein dadurch, daß der das Böse auszeichnende Bruch zwischen faktischem Sein und normativem Nicht-sein-Sollen aufgrund des begründeten Sollens vermittelter Selbstbestimmung gewußt und identifiziert werden kann, besteht die ebenso fundierte wie kontrafaktische Erwartung, daß die aus unmittelbarer Selbstbestimmung resultierende Willkürfreiheit des Bösen nicht den menschlichen Selbst- und Weltumgang auf Dauer beherrscht.

Aufgrund der Revolutionierung des Gottesgedankens ist schließlich die traditionelle theologische Definition des Bösen neu zu fassen. Wollte die Theologie an der Vorstellung des selbstmächtig-allmächtigen Gottes der unmittelbaren Selbstbestimmung festhalten, so wäre das Böse aufgrund der Revolutionierung des Freiheitsverständnisses gleichwohl nicht als Sein-wollen-wie-Gott zu bestimmen. Im Interesse eines konsistenten, nämlich kritisier- und unterscheidbaren Begriffs des Bösen müßte dann dieses geradewegs als Nicht-sein-Wollen-wie-Gott gefaßt werden. Die der Revolutionierung des Gottesgedankens folgende Logik der Anerkennung macht es jedoch notwendig, das Gute als das Sein-wie-Gott zu definieren, nämlich des Gottes, der als Geist vermittelter Selbstbestimmung und Anerkennung präsent ist. Unter der Bedingung der Präsenz dieses Geistes Gottes muß folglich das Böse als Nicht-sein-Wollen-wie-Gott bestimmt werden, nämlich als die Freiheit, die nicht der Logik der Anerkennung, sondern der der direkten Selbstbehauptung folgt.

Selbstverständlich wären diese grundsätzlichen Erwägungen auf den Feldern der vor allem rechtlich und moralisch-ethischen Praxis des äußeren und inneren Daseins der Freiheit zu bewähren. Damit sei abschließend angedeutet, daß die oftmals in der Theologie anzutreffende vornehme Distanz, die sie glaubt, gegenüber der „bloß" moralischen und rechtlichen Identifizierung des Bösen einhalten zu müssen, in der Gefahr steht, die theologisch-religiöse Rede vom Bösen als der Sünde in eine fromme Ideologie zu verkehren: Das von physischen Übeln strikt zu unterscheidende Böse kann, was seine greifbaren Folgen betrifft, allein in der Form moralischer Selbstverfehlungen oder rechtlich in den Arten von Unrecht und Verbrechen identifiziert werden. Die Rede von der Sünde kann diesen nachweisbaren Erscheinungsformen des Bösen keine anderen hinzufügen. Aber die Rede von der Sünde kann, sofern sie rational kontrollierbar bleibt und nicht ins Supranaturale abschwirrt, dazu beitragen, das Bewußtsein über die dauerhafte Versuchung des Menschen wachzuhalten, sein freies Verhalten zu sich selbst und zu anderen Menschen immer wieder durch die Maximen seiner natürlichen Selbsterhaltung und Selbstbestimmung dominieren zu lassen. Aber die durch das Sündenbewußtsein zum Ausdruck gebrachte Brüchigkeit des Menschen – „krummes Holz" und „aufrechter Gang" – ist nur an den Brüchen ablesbar, die als moralische Selbstverfehlungen und als Unrecht und Verbrechen zu Tage treten.

Literatur

Drewermann, Eugen, *Strukturen des Bösen*, 3 Bde., Paderborn-München-Wien-Zürich 1988

Ebeling, Gerhard, „Das Problem des Bösen als Prüfstein der Anthropologie", in: Ebeling, Gerhard, *Wort und Glaube*, Bd.3, Tübingen 1975, S. 205-224

Gestrich, Christof, *Die Wiederkehr des Glanzes in der Welt. Die christliche Lehre von der Sünde und ihrer Vergebung in gegenwärtiger Verantwortung*, Tübingen 1989

Haag, Herbert, *Vor dem Bösen ratlos?*, München-Zürich 1978

Häring, Hermann, *Das Problem des Bösen in der Theologie*, Darmstadt 1985

Hegel, Georg Wilhelm Friedrich, *Phänomenologie des Geistes*, Hamburg [6]1956

Hegel, Georg Wilhelm Friedrich, *Grundlinien der Philosophie des Rechts.* Unveränderter Abdruck der 4. Auflage von 1955, Hamburg 1962

Hegel, Georg Wilhelm Friedrich, *Wissenschaft der Logik*, 2 Bde., herausgegeben von G. Lasson, Hamburg 1963

Hegel, Georg Wilhelm Friedrich, *Vorlesungen über die Philosophie der Religion.* Teil 3. *Die vollendete Religion*, herausgegeben von Walter Jaeschke, Hamburg 1984

Kant, Immanuel, *Grundlegungen zur Metaphysik der Sitten*, unveränderter Neudruck der 3. Auflage, Leipzig 1947

Kant, Immanuel, *Kritik der praktischen Vernunft*, unveränderter Nachdruck der 9. Auflage, Hamburg 1959

Kant, Immanuel, *Die Religion innerhalb der Grenzen der bloßen Vernunft*, unveränderter Abdruck der 6. Auflage von 1956, Hamburg 1961

Kant, Immanuel, *Metaphysische Anfangsgründe der Rechtslehre. Metaphysik der Sitten*, 1. Teil, Hamburg 1986

Koch, Traugott, „Das Böse als theologisches Problem", in: *Kerygma und Dogma* 24, 1978, S. 285-320

Marquard, Odo, „Felix culpa? – Bemerkungen zu einem Applikationsschicksal von Genesis 3", in: M. Fuhrmann/H. R. Jauß/ W. Pannenberg (Hrsg.), *Text und Applikation. Poetik und Hermeneutik* IX, München 1981, S. 53-71

Marx, Karl, „Zur Judenfrage", in: K. Marx/F. Engels, *Werke*, Bd.1, Berlin 1972, S. 347-377

Oeing-Hanhoff, Ludger, „Negativität und Böses in philosophischer Sicht", in: ders., *Metaphysik und Freiheit*, herausgegeben von Theo Kobusch/Walter Jaeschke, München 1988a, S. 57-80

Oeing-Hanhoff, Ludger, „Thesen zum Theodizeeproblem", in: ders., a.a.O., 1988b, S. 81-90

Pannenberg, Wolfhart, *Anthropologie in theologischer Perspektive*, Göttingen 1983

Pannenberg, Wolfhart, *Systematische Theologie*, Bd.II, Göttingen 1991

Ringleben, Joachim, *Hegels Theorie der Sünde*, Berlin-New York 1977

Schelling, Friedrich Wilhelm Joseph, „Philosophische Untersuchungen über das Wesen der menschlichen Freiheit und die damit zusammenhängenden Gegenstände", in: F. W. J. Schelling, *Schriften von 1806-1813*, Darmstadt 1968, S. 275-360

Tetz, Martin, „Mischmasch von Irrtum und Gewalt. Zu Goethes Vers auf die Kirchengeschichte", in: *Zeitschrift für Theologie und Kirche* 88, 1991, S. 339-363

Wagner, Falk, „Zur vernünftigen Begründung und Mitteilbarkeit des Glaubens", in: Jan Rohls/Gunther Wenz (Hrsg.), *Vernunft des Glaubens. Festschrift zum 60.Geburtstag von W.Pannenberg*, Göttingen 1988, S. 109-137

Wagner, Falk, *Was ist Theologie? Studien zu ihrem Begriff und Thema in der Neuzeit*, Gütersloh 1989

Wagner, Falk, „Christentum und Moderne", in: *Zeitschrift für Theologie und Kirche* 87, 1990, S. 124-144

Tilman Krause

Selbstfindung im Zeichen des Bösen

Umrisse einer Psychologie des Verräters: Pierre Drieu La Rochelle

1.

Kann man sich nach dem Bösen sehnen? Kann man es in sich hegen und pflegen, in seinen Lebensplan integrieren, ihm als gestecktem Ziel nacheifern? Pierre Drieu La Rochelle scheint eben dies getan zu haben. Sein Fall ist bekannt: Das Böse nimmt bei ihm die Gestalt des Verrats an.[1] Er gilt zu Recht als kollaborationistischer Ultra im von den Deutschen besetzten Frankreich der Kriegsjahre 1940 bis 1944. Dabei war der ehemalige Dandy und *coqueluche* der Pariser Salons in den Vorkriegsjahren durchaus nicht, wie die überwiegende Mehrzahl seiner Landsleute nach 1940, Opportunist, sondern ein Überzeugungstäter. Überzeugt, so entnehmen wir seinen Tagebüchern, zwar immer weniger vom Nationalsozialismus, doch von der Notwendigkeit, auf dem einmal beschrittenen Weg bis ans Ende zu gehen; gefangen in seinem Wahn, sich wenigstens einmal einer Sache mit Haut und Haar zu weihen; angewiesen darauf sogar, das Böse zu wollen, welches, einer Nabelschnur gleich, einzig den stets Suizidgefährdeten noch ans Leben band.

„Ja, ich bin ein Verräter. Ja, ich war im Einverständnis mit dem Feind. [...] Aber wir haben gespielt, ich habe verloren. Ich beantrage den Tod."[2] Mit diesen pathetischen Worten machte er sich in einer letzten Abrechnung kurz vor seinem Tode, für den er allerdings wohlweislich lieber selber sorgte, den Prozeß. Es war auch hohe Zeit: Wollte Drieu noch in den Genuß der Märtyrerrolle gelangen, mußte er sich beeilen. Zwar war soeben (im Februar 1945) sein Schriftstellerkollege Robert Brasillach füsiliert worden – auch er ein *porte-parole* der deutsch-französischen Verständigung unter der Okkupation.[3] Doch der Volkszorn sollte sich nicht

1 Eine ausführliche Dokumentation des „Falls" Drieu in deutscher Sprache liegt vor in: Pierre Drieu La Rochelle, *Geheimer Bericht und andere biographische Aufzeichnungen.* Aus dem Französischen übersetzt und herausgegeben von Joachim Sartorius, München 1986. Der Band enthält auch eine vorzügliche Lebens-Chronik von Frédéric Grover sowie Interviews und eine ausführliche Bibliographie. Die autobiographischen Texte Drieus werden im folgenden nach dieser Ausgabe zitiert.

2 Drieu, *Geheimer Bericht*, a.a.O., S. 145.

3 Über Robert Brasillach orientieren nach wie vor am besten die beiden knappen, aber erschöpfenden Aufsätze von Hermann Hofer: „Die faschistoide Literatur" und „Die Literatur der Kollaboration", in: *Literatur der Résistance und Kollaboration in Frankreich*, herausgegeben von Karl Kohut, 3 Bde., Tübingen 1982/83, S. 126-130; S. 162-166 (Bd.1); S. 162-166 (Bd.2).

mehr allzu lange austoben in jenen *épurations* zur Tilgung der nationalen Schmach. Schon mündeten diese Säuberungen zunehmend in geordnete Bahnen, die Racheorgie verebbte und begann, einer wachsenden Verständnisbereitschaft und Neigung zum Verzeihen zu weichen.[4] Also ging Drieu, der schon anläßlich des Rückzugs der Deutschen im August 1944 heroisch hatte Abschied nehmen wollen – und zwar mit Hilfe einer tödlichen Dosis Luminal, das allerdings seine Wirkung verfehlte – im März 1945 endgültig aufs Ganze. Um des wirkungsvolleren Abtretens willen rief er einem imaginären Publikum noch einmal stolz seine Schandtaten ins Gedächtnis. Was konnte er vorweisen?

Als erklärter Faschist und Freund des deutschen Botschafters Otto Abetz hatte er den Besatzern sofort nach ihrer Ankunft seine Dienste angetragen und ihnen trotz zunehmender Desillusionierung durch Hitler und dessen Frankreichpolitik bis zum Ende der Okkupation die Treue gehalten. Er hatte gegen die Juden und die Freimaurer gehetzt, zu Folterungen und Grausamkeiten der Nazis geschwiegen, die Résistance bekämpft und bedingungslos das Recht des Stärkeren gepredigt. Mit seiner Selbstbezichtigung als Verräter stempelte er sich ein letztes Mal zur Figur des Bösen. Konstellationen des Verrats, des Betrugs und des Vertrauensbruchs, der Illoyalität und Denunziation sind kennzeichnend für sein gesamtes Werk. Aber mit guten Gründen hätte dieses *enfant gâté* der französischen Kulturszene zwischen den Weltkriegen, hätte dieser gutbetuchte Lebemann und wohlversorgte Frauenkonsument statt der Todesstrafe auch den Freispruch beantragen können. Wen oder was hatte er denn schon verraten? Die Demokratie? Aber sie hatte seit 1930 in Europa und schon gar jenseits des Rheins ohnedies nahezu keine Anhänger mehr. Den Sozialismus? Nun, Drieu bildete sich wie so viele verwirrte Intellektuelle damals ein, der Faschismus unternehme die Synthese von Nationalismus und Sozialismus. Frankreich? Die Befürworter der deutsch-französischen Annäherung im Zeichen der Kollaboration erhofften sich durch Anlehnung an die Deutschen ja gerade die Gesundung ihres Vaterlandes.

Der erleuchtete Zyniker, der mit allen Wassern gewaschene Moralist, der entzaubernde Nihilist, der so viele Attitüden erprobt hatte, plädierte hingegen mit Inbrunst für seine Schuld, die er mit dem Tod zu bezahlen trachtete, weil sie es ihm ermöglichte, nun in die Geschichte einzugehen als das, was er immer angestrebt hatte und woran er noch stets gescheitert war: „Ich wollte ein ganzer Mann sein“,[5] das heißt, ein Kerl, der Schläge austeilt und einsteckt, ein Leben führt im Zeichen der Tat und nicht der Feder, kurz, ein Führer, der beherzt und wirkungsmächtig in den Prozeß der Geschichte eingreift, wofür er notfalls mit seinem Leben einsteht. Denn Drieu, der Bindungsscheue, Drieu, der alle politischen Festlegungen alsbald widerrufende unsichere Kantonist, der sich entzog, wenn es ernst wurde, der die Einsamkeit wählte, wenn man ihn brauchte, dem Freunde eine gewisse Reinheit attestierten und den sie als durchgestylten Ästheten wahrnahmen: Drieu verabscheute, wie er seinem Tagebuch an-

4 Über die großzügige Amnestie-Politik, die bald nach den ersten Wochen der Vergeltung beginnt, vgl. Marcel Baudot, „La Répression de la Collaboration et l'Epuration politique et économique“, in: *La Libération de la France. Actes du Colloque International tenu à Paris du 28 au 31 octobre 1974*, Paris 1976.

5 Drieu, *Geheimer Bericht*, a.a.O., S. 127.

vertraute, den Dandy, den er lange Zeit in Perfektion verkörpert hatte, und ebenso dessen Kult der Dezenz:

> Was mich an der Position des Dandy stört [...], ist der verkleidete Puritanismus; *noli me tangere,* man sondert sich vom Leben, den Flecken, dem Schmutz ab. Alles in allem ziehe ich es vor, mich mit den anderen im Dreck gewälzt zu haben.[6]

2.

Ob Dreck oder nicht – der Sachverhalt des Verrats, des Einverständnisses mit dem Feind war für die Menschen der Jahrhundertmitte durchaus dazu angetan, im Sündenregister des einzelnen eine exponierte Stellung zu behaupten, handelte es sich doch um ein Verbrechen gegen die Gesellschaft, das als besonders schändlich angesehen wurde. Dies mag damit zusammenhängen, daß in der europäischen Geschichte über Jahrhunderte hinweg das Lehnswesen, also die Treuebindung an den Herzog, König oder Kaiser von Gottes Gnaden, geherrscht und das Gefüge der staatlichen Gemeinschaft geregelt hatte. Durch diese Bindung von Untertan zum Herrscher, und somit von Person zu Person, haftete dem Loyalitätsbruch ein Moment individueller Verletzung und menschlicher Schande an, das sich auch dann nicht verlor, als seit der Französischen Revolution von 1789 an die Stelle der Majestät die Nation trat und später, im 20. Jahrhundert, sogar bisweilen eine noch abstraktere Größe: die Ideologie. Entsprechend hart ist die Rechtspraxis in den europäischen Ländern, auch wenn nicht alle von ihnen den Verrat in gleicher Weise ahnden. So gilt etwa in England der Hochverrat als das schlimmste aller Verbrechen, in Frankreich hingegen der Vatermord. Deutschland wiederum unterscheidet zwischen Hoch- und Landesverrat. Ersterer ist gegen Staatsverfassung, Staatsgewalt oder das Staatsoberhaupt gerichtet – und wie im Falle der Verschwörung vom 20. Juli entschuldbar, wenn er sich gegen ein Unrechtsregime wendet –; letzterer meint Handlungen, die die äußere Sicherheit des Landes berühren und verhindert beispielsweise bis heute, daß wir kommunistische oder mit den Kommunisten zusammenarbeitende Konspiratoren wie Arvid Harnack oder Harro Schulze-Boysen als Helden des Widerstands verehren.[7]

Aber noch einmal: Wen oder was hat Drieu verraten? In seinem letzten Rechenschaftsbericht steht das politische Glaubensbekenntnis: „Ich bin immer Nationalist und Internationalist gewesen."[8] Die Formulierung ist bewußt paradox. Sie spielt an auf den Topos vom Zusammenfall der Gegensätze. Wenn überhaupt noch etwas den Niedergang der westlichen Zivilisation aufzuhalten vermöge, so dachten viele französische Intellektuelle der dreißiger Jahre, dann nur eine große Synthese, das überpolitische Lösungsmodell, die Partei jenseits der

6 Ebd., S. 128.

7 Vgl. Margret Boveri, *Der Verrat im XX. Jahrhundert*, Hamburg 1956, Bd. 1, S. 141 ff. sowie zur Frage des Landesverrats deutscher Widerständler gegen Hitler: Peter Steinbach, „Widerstandsorganisation Harnack/Schulze-Boysen", in: *Geschichte in Wissenschaft und Unterricht*, 1991, Heft 3, S. 133-152.

8 Drieu, *Geheimer Bericht*, a.a.O., S. 135.

Parteien, das Zusammenwirken von links und rechts.[9] Dazu gehörte auch das Wiederaufleben der Europa-Idee, die Einigung des Kontinents auf der Basis einer deutsch-französischen Partnerschaft. Einen „patriotischen, wenn auch anti-demokratischen Schriftsteller“[10] nannte sich Drieu im Frühjahr 1940 und erblickte darin keinen Widerspruch, denn für ihn stand wie für die meisten seiner Landsleute unumstößlich fest: Die 3. Republik, ja der Republikanismus schlechthin hatten versagt, waren nicht mehr zeitgemäß und mußten über kurz oder lang aufgesogen werden von den totalitären Bewegungen rechter oder linker Provenienz:

> Frankreich, der revolutionäre Wegbereiter der modernen, liberal-humanitären Demokratie, fühlte sich unter dem Eindruck der ‚jungen‘ faschistischen, nationalsozialistischen oder kommunistischen Herausforderungen, der autoritären und totalitären Versuchung, immer mehr als heillos veraltet, erstarrt und den Aufgaben der Zeit nicht mehr gewachsen. In all diesen Protestbewegungen gegen die liberal-demokratische Idee erkannten beunruhigte Franzosen jedoch keineswegs irrationale, antimoderne, der Zeit widersprechende Tendenzen, die dem Erbe ihrer großen Revolution grundsätzlich entgegenstünden, vielmehr lebendig-konsequente Fortführungen von Entwicklungen und Möglichkeiten, die dort angelegt waren und denen die liberal-demokratischen Vorstellungen als traditionalistische Hemmung jetzt den freien Weg verstellten.[11]

Nicht so sehr Faschismus und Kommunismus also waren die Gegner. An der Stellung zu Liberalismus, Humanismus, Republikanismus schieden sich die Geister. Drieus eigener Slalom durch die politischen Lager bezeugt besser als die faschistische Wende ehemaliger Linker wie Doriot und Déat diesen tatsächlichen Frontverlauf der Vorkriegsjahre, der die merkwürdigsten Koalitionen im Kampf gegen die Demokratie entstehen ließ.

Die Idee, Elemente der extremen Rechten und Linken zu vereinigen, kommt Drieu erstmals nach den Februarunruhen von 1934. Noch im August 1940 versucht er, den frischge-

---

9 Diese Konzeptionen erinnern nicht von ungefähr an die Konservative Revolution in Deutschland, insbesondere an Moeller van den Brucks Bibel der Antidemokraten in der Weimarer Republik, „Das dritte Reich“ (1. Auflage 1923), das ursprünglich „Die dritte Partei“ heißen sollte, womit eine Sammelbewegung nationalistischer und sozialistischer Kräfte jenseits der herkömmlichen Parteien gemeint war. Der Anti-Republikanismus der zwanziger, dreißiger Jahre hat überall in Europa ähnliche „überpolitische“ Modelle hervorgebracht. Vor allem in Frankreich und Deutschland sehen sie sich sehr ähnlich, weshalb Wolfgang Kowalsky vorgeschlagen hat, die protofaschistischen Strömungen in der Endphase der Dritten Republik ebenfalls unter dem Begriff Konservative Revolution zusammenzufassen. Vgl. Wolfgang Kowalsky, *Kulturrevolution? Die Neue Rechte im neuen Frankreich und ihre Vorläufer*, Opladen 1991, S. 25 ff.

10 Drieu, *Geheimer Bericht*, a.a.O., S. 237.

11 Eberhard Straub, „Der verdrängte Sündenfall. Die französische Kollaboration und ihre historischen Voraussetzungen“, in: Drieu, *Geheimer Bericht*, a.a.O., S. 253 f. (Dieser Aufsatz erschien erstmals am 19. November 1983 in der *FAZ*.) Zur selben Problematik s. auch die Zusammenfassungen jüngerer zeitgeschichtlicher Forschungen bei Jürg Altwegg, „Der französische Faschismus: autonom und autochthon“ sowie ders., „Die schwarzen Jahre“, in: ders., *Die Republik des Geistes. Frankreichs Intellektuelle zwischen Revolution und Reaktion*, München ^{2}1989, S. 29-36 und S. 37-62.

backenen deutschen Botschafter Abetz für die Gründung einer entsprechenden Einheitspartei zu gewinnen. In der Zwischenzeit hatte er selbst da und dort mitgemischt. Das erste Halbjahr 1934 sieht ihn als Mitarbeiter bei Bertrand de Jouvenels Wochenschrift „La lutte des Jeunes", wo er sich offen als Faschisten bezeichnet, und Ende des Jahres erscheint seine Kampfschrift „Socialisme faciste". Gleichzeitig liebäugelt er aber auch mit den Kommunisten, was seine Erzählung „L'agent double" von 1935 reflektiert. Im selben Jahr nimmt Drieu am Reichsparteitag in Nürnberg teil, um gleich darauf nach Moskau zu reisen, von wo er mit Eindrücken zurückkehrt, die er gegenüber seiner Geliebten Victoria Ocampo folgendermaßen zusammenfaßt: „Wenn ich nicht Sozialist, Kommunist werde, werde ich vor die Hunde gehen."[12] Doch 1936 schlägt er eine neue Volte, indem er der soeben von Jacques Doriot gegründeten Parti Populaire Français beitritt, übrigens gleich als Mitglied des Zentralkomitees. Jetzt avanciert der Kommunismus wieder zur „Versuchung unserer Schwäche",[13] der man einen Faschismus *à la française* entgegenstellen müsse. Doch auch bei Doriot ist seines Bleibens nicht lange, zu sehr enttäuscht ihn dessen „Vernachlässigung des Sozialismus".[14] Ende 1938 ist Drieu reif für den Austritt aus der PPF. Es folgt eine Zeit politischer Abstinenz, in der sein literarisches Hauptwerk, der Epochenroman „Gilles", entsteht, welcher Ende 1939 erscheint. Nach der Niederlage sucht er sofort die Zusammenarbeit mit den neuen deutschen Herren, da er sich von Pétain und dessen „archaischem Denken"[15] nicht allzu viel verspricht. Nach anfänglicher Euphorie – Drieu übernimmt Ende 1940 die prestigeträchtige *Nouvelle Revue Française* als Herausgeber und macht sie zu einem Forum für die Kollaboration – bringt eine offizielle Reise nach Deutschland im Oktober 1941 erste Zweifel am deutschen Endsieg, die ihn wieder zu einem Sinneswandel veranlassen: „Nach allem ziehe ich ein Europa, das wieder kommunistisch und russisch wird, einem Europa vor, das englisch wird."[16] Die revolutionäre Unfähigkeit Hitlers läßt ihn im Laufe des kommenden Jahres endgültig am Sinn der deutsch-französischen Entente verzweifeln, bis es im Juli 1943 in seinem Tagebuch heißt: „Jetzt (seit einem Jahr ist es so) gelten alle meine Wünsche dem Kommunismus."[17] Dabei wird es bleiben, trotz einer *reservatio mentalis*: „Ich betrachte den Faschismus nur als eine Etappe auf dem Weg zum Kommunismus. Aber unmöglich, in der Praxis Kommunist zu werden, mein bourgeoiser Kern lehnt sich dagegen auf."[18] So nimmt Drieu auch in seinem letzten Jahr keineswegs Verbindung zur Résistance auf, sondern bleibt äußerlich im Lager der Kollaborateure, die er allerdings durch seine „defaitistischen" Bemerkungen befremdet, um sich innerlich im-

---

12 Drieu, *Geheimer Bericht*, a.a.O., S. 227.

13 Ebd., S. 228. Über Jacques Doriot im Kontext der rechtsradikalen Gruppen der dreißiger und vierziger Jahre in Frankreich vgl. Paul J. Kingston, „Die Ideologen: Vichy-Frankreich 1940-1944", in : *Kollaboration in Frankreich. Politik, Wirtschaft und Kultur während der nationalsozialistischen Besatzung 1940-1944*, herausgegeben von Gerhard Hirschfeld und Patrick Marsh, Frankfurt/M. 1991, S. 60-86.

14 Drieu, *Geheimer Bericht*, a.a.O., S. 229.

15 Ebd., S. 238.

16 Ebd., S. 242.

17 Ebd., S. 245.

18 Ebd., S. 247.

mer mehr seinen spiritualistischen und religiösen Liebhabereien zu widmen und sich in die Rolle eines Eremiten hineinzuträumen. Schließlich scheidet er am 15. März 1945 (den Iden des März, dem Todestag Caesars) freiwillig aus dem Leben.

3.

Drieus politische Entwicklung mag disparat erscheinen, aus dem Rahmen fällt sie jedoch allenfalls durch die Kompromißlosigkeit und den inszenatorischen Aufwand, mit dem diese Disparatheit ausgelebt und herausgestellt wird. Es dürfte also nicht nur seine Politkarriere sein, die der Autor im Auge hatte, als er sich zum Verräter kürte. Weitere Treuebrüche kommen hinzu: die von Julien Benda 1927 untersuchte „Trahison des clercs",[19] deren er sich als Schriftsteller schuldig macht, und, darüber hinaus und allem zugrunde liegend, der Verrat an sich selbst, an seinem, mit Pascal zu sprechen: „Moi haissable", seinem Intellektualismus und Liberalismus, seiner Libertinage, Dekadenz, Sensibilität und Verletzbarkeit – all diesen Zeichen vermeintlicher Schwäche, die Drieu dazu bringen, das Böse an sich selbst mit Lust triumphieren zu sehen.

Natürlich ging es ihm von Anfang an nur wenig um Politik. „Die Politik als solche interessierte ihn überhaupt nicht", resümiert Bertrand de Jouvenel in der Retrospektive[20] und hätte sich dabei auf eine Äußerung von Drieu selbst berufen können, der einmal von sich sagt: „Weder das Genie einer Nation noch der hohe Wert einer neuen Gesellschaftsform können mein Herz betören."[21] Die Politik war für den freischwebenden Intellektuellen der ersehnte „Dreck", der Erdenrest, das emphatisch bejahte Leben, das ihn mit einem an Nietzsche angelehnten *amor fati* erfüllte. In Drieus mythisch verklärtem Blick wurde man auf dem Kampfplatz der Politik (und nicht im literarischen Salon) zum Manne geschmiedet. Hier herrschte Ernst, nicht Frivolität. Man mußte geradestehen, Verbindlichkeiten und Verantwortungen eingehen, konnte die Dünnhäutigkeit der eigenen Dekadenz hinter sich lassen, den „culte du moi" überwinden, wie schon das Beispiel Barrès gelehrt hatte, das Drieu lebenslang beschäftigte.[22]

Vor allem aber – und das hat Drieu offenkundig in der Zeit seiner Zugehörigkeit zu Doriots PPF besonders genossen – gewährleistete die Politik eine Einbindung in menschliche

19 Das geheime oder ausgesprochene Streben der Intellektuellen nach Macht, das sie dazu bringt, wider besseres Wissen mit den Mächtigen zu kollaborieren, hat der Philosoph Julien Benda 1927 in seiner folgenreichen Kampfschrift erstmals analysiert: Julien Benda, *Der Verrat der Intellektuellen.* Mit einem Vorwort von Jean Améry, Frankfurt/M. 1983.

20 Drieu, *Geheimer Bericht*, a.a.O., S. 291.

21 Ebd., S. 176.

22 Maurice Barrès gilt als der führende Theoretiker des französischen Nationalismus. Seine Entwicklung vom extremen Individualismus („culte du moi") zu Kollektivismus und Glaube an die Volksgemeinschaft analysierte bereits mit großem Gespür Ernst Robert Curtius in seiner Studie „Maurice Barrès und die geistigen Grundlagen des französischen Nationalismus" (Bonn 1921). Im übrigen gilt inzwischen als Standardwerk: Zev Sternhell, *Maurice Barrès et le nationalisme français*, Bruxelles 1985.

Gemeinschaft, genauer: in den Männerbund, der Drieu wie viele seiner Zeitgenossen, die durch den Ersten Weltkrieg hindurchgegangen waren, tief faszinierte: „Das Drama der Freundschaft unter Männern, das ist der Mittelpunkt der Politik.“[23] Es ist nicht bekannt, ob Drieu Hans Blühers „Rolle der Erotik in der männlichen Gesellschaft“ kannte, diesen Klassiker der Männerbund-Idee mit seiner Auffassung von der staatenbildenden und konsolidierenden Rolle (sublimierter) Homoerotik.[24] Aber Drieus Ausdruck von der Politik als „männlicher Brüderschaft“ zielt in die Blühersche Richtung und reiht ihn ein in die Kette der „soldatischen Männer“,[25] deren asketischer Antifeminismus eine Fixierung auf das eigene Geschlecht bewirkte und die jene tabuierte, dafür latent um so wirkungsvollere homoerotische Attraktion ins „Brüderliche“ zu transzendieren versuchten.[26]

Hierbei vermischt sich Generationstypisches mit dem individuell Spezifischen. Von den anti-intellektualistischen Strömungen der Zeit affiziert, erschien Drieu die Politik als Feld der Tat, nach der es auch Kollegen wie Malraux, Saint-Exupéry, Montherlant verlangte. Doch anders als bei diesen war sie für Drieu aber auch ein Terrain, von dem sich der selbstfixierte Einzelgänger jene „Einübung ins Menschliche“ versprach, die auch ein deutscher Dichter mit ähnlicher emotionaler Disposition, Thomas Mann nämlich, von den „Wonnen der Gewöhnlichkeit“ erhoffte: Politik als Projektionsfläche für die Erlösung aus dem Gefängnis des Ichs.

Um die Analyse dieses Mechanismus voranzutreiben, bietet sich zweierlei an: der Blick auf Drieus große Romane sowie – zunächst – auf seine autobiographischen Arbeiten. Aus letzteren ergibt sich, daß für sein Selbstbild zwei Gegebenheiten zentral sind: Bindungsunfähigkeit im weitesten Sinne und Selbsthaß. Diesen beiden Komponenten sind mehrere persönliche Texte gewidmet: das „Robinson“-Fragment aus den zwanziger Jahren, das „Bekenntnis“ vom Winter 1939/40, der kurz nach seinem Selbstmordversuch vom Sommer 1944 entstandene „Geheime Bericht“ sowie die Tagebuchaufzeichnungen der letzten Lebensmonate. Wenn irgendwo, dann erweist sich Drieu hier als herausragend unter den französischen Autoren des 20. Jahrhunderts. Geschult an den Vorbildern Montaigne und Gide, verknüpft er die *perspi-*

---

23 Drieu, *Geheimer Bericht*, a.a.O., S. 276.

24 Vgl. Nicolaus Sombart, „Der Geist als Männerbund. Zum hundertsten Geburtstag von Hans Blüher“, in: *FAZ*, 17. Februar 1988.

25 Drieu, *Geheimer Bericht*, a.a.O., S. 276. Spuren von Drieus Angezogenwerden durch das Soldatische finden sich in seinem gesamten Werk. Besonders deutlich wird die Nähe zu Ernst Jüngers „In Stahlgewittern“ und dem „Kampf als inneres Erlebnis“ in den Kampf-Szenen aus „L'homme à cheval“ (dt. „Der bolivianische Traum“): „Dies war einer der seltenen Augenblicke, wo es dem Menschen gegeben ist, er selbst zu sein, indem er ganz das eigene Selbst verläßt. Es war einer jener Augenblicke, wo die Männer wahrhaft Freunde sind und in einer Liebe vereinigt, welche die Liebschaften stolz hinter sich läßt. Männer und Pferde, ganz von animalischem Geist erfüllt, wurden zu Kentauern [...]. Oh prächtige Reihe von Pferdebrüsten, die auf uns zukamen, die zu uns emporflogen. Oh Männer! Oh Schweife! Oh Schweiß! Oh langer, vergehender Schrei!“ (Drieu, *Der bolivianische Traum*, Köln 1981, S. 46).

26 Drieus Vorstellung vom Brüderlichen als Sphäre intensivster Nähe hat vermutlich auch zu tun mit seinem Verhältnis zum eigenen jüngsten Bruder, dem einzigen Menschen, den er offenkundig wirklich geliebt hat. Von ihm ist in den autobiographischen Texten stets im Ton einer für Drieu ganz ungewöhnlichen Zärtlichkeit die Rede. Vgl. Drieu, *Geheimer Bericht*, a.a.O., S. 63, 78, 81.

cacité der Moralisten mit gemeißelter Prosa. Es ist sowohl der Romancier als auch der Diarist Drieu la Rochelle, dem wir Einblicke in die Psychologie des Verräters verdanken, Einblicke, die uns auch das Verständnis anderer kollaborationistischer Intellektueller erleichtern – bis hinunter zu einer Spät- und Spottgeburt dieses Genres wie Sascha Anderson.[27]

4.

Radikalen Skeptizismus hat den neuzeitlichen Verräter von Anfang an gekennzeichnet. Talleyrand und Fouché, die Erzverräter und Eidbrecher der französischen Geschichte, stehen nicht nur in der Tradition von Machiavellismus und einer bis an die Grenze des Zynischen gehenden Realpolitik. Sie sind auch in ihrer Beurteilung von Menschen „realistische“ Psychologen. Als Schüler von Saint-Simon, La Bruyère und La Rochefoucauld leitet sie die Überzeugung von der vollständigen Manipulierbarkeit ihrer Zeitgenossen. Gerade bei Talleyrand tritt zu der Abwesenheit von moralischen Grundsätzen allerdings auch schon ein auftrumpfender Zug, seine Einsicht in die Schlechtigkeit aller Menschen einschließlich seiner selbst zu kultivieren und zur Schau zu stellen. Es ist diese herausfordernde Impertinenz, gepaart mit schneidendem Verstand und einer großen Begabung für schlagende Aphorismen oder doch Bonmots (den moralistischen Textgenres schlechthin), die ihn für Intellektuelle und Ästheten so reizvoll machen und auch die Selbstdarstellung Drieus beeinflussen. Daß der Erzbischof von Autun und in minderem Grade auch der Herzog von Otranto mit ihrem Abfall von Napoleon, ihren Koalitionswechseln und Intrigen aber durchaus im Interesse Frankreichs handeln, dem sie 1815 seinen angestammten Platz unter den sich neu formierenden europäischen Großmächten sichern, unterscheidet sie von ihren Nachfahren ein Jahrhundert später. Diese großen Verräter des 19. Jahrhunderts waren auch große Bewahrer, ihr Verrat des überlebten Alten zugunsten des anbrechenden Neuen half nicht nur ihrem

---

27 Die Frage des literarischen Werts von Drieus Schriften wird unterschiedlich beantwortet. Seine Kritiker argumentieren jedoch weitgehend aus einer moralischen Position heraus, nicht aus einer ästhetischen. Claus Koch etwa behauptet im unangenehmen Ton der Flakhelfer-Generation, Drieu sei ihm „nicht mannhaft genug“. Zu seinen späten autobiographischen Texten fällt ihm nur ein autoritäres „Warum, zum Teufel, konnte Drieu in diesem Moment nicht schweigen“ ein. Im übrigen vertritt er die Auffassung, eine Beschäftigung mit Drieu sei nicht der Mühe wert (Claus Koch, „Abgeschlossener Fall. Pierre Drieu la Rochelle und sein ‚Geheimer Bericht‘“, in: *Merkur* 457, 1987, Heft 3, S. 227-231). Auch Margarete Zimmermann, eine der wenigen deutschen Spezialistinnen für die faschistische Literatur Frankreichs, findet, Literatur und Kunst seien „Möglichkeiten des Menschen, Freiräume der Phantasie oder Utopien zu entwerfen, um neue Formen des gesellschaftlichen Zusammenlebens zu imaginieren“, eine Auffassung, die sich besonders gut in Volkshochschulen verbreiten ließe und vor der natürlich (der hier gemeinte) Brasillach, Drieu sowie die Mehrzahl aller Schriftsteller von Rang versagen. (Vgl. M. Zimmermann, „Robert Brasillachs letzter Roman und das Ende der Besatzungszeit“, in: *Kollaboration in Frankreich,* a.a.O., S. 250.) Eine Würdigung Drieus, die sein Werk in die Tradition der französischen Moralisten und ihres Psychologismus' stellte, steht noch aus, wenngleich sich bei Hermann Hofer in seiner Analyse des „Gilles“ Ansätze finden. (Vgl. H. Hofer, „Die faschistoide Literatur“, a.a.O., S.124 ff.)

Vaterland behutsam über die Epochenschwelle. Hier wurde auch jene humane Würde, ja der utopische Kern des Verrats bewahrt, seine aufklärerischen und rebellischen Elemente, die der Mythos von Prometheus, diesem Urvater emanzipatorischen Verrats, zum Ausdruck bringt.

Nicht nur der utopische Charakter des Verrats findet sich – in verzerrter Form – selbst noch bei dem Anhänger der Europa-Idee und totalitären Heilssucher Drieu. Die traditionelle Autonomieskepsis der Moralisten, der elegante Sarkasmus *à la* Talleyrand hat sich bei ihm ebenfalls auf hohem Niveau erhalten, mündete allerdings schon nach den Enttäuschungen des als unheroisch erlebten Ersten Weltkriegs in lustlosen Nihilismus: „Der ganze Mummenschanz von Persönlichkeit, von Originalität, von Vornehmheit und Außerordentlichkeit, der sich in der illusorischen Welt des Friedens vervielfältigen kann – der sich in diesen ruhigen und gesetzten Zeiten vor 1914 vervielfältigen konnte – verflog", lautet die Lehre, die er aus seinem Fronterlebnis zieht.[28] Zum „Glauben an die Auslöschung des Ichs" tritt alsbald die Überzeugung von der Irrelevanz ethischer Maximen,[29] die Drieu als willkürliche Setzungen erscheinen, als Strukturen, die nur Herrschaftsverhältnisse oder bestenfalls historische Übereinkünfte widerspiegeln, für den „freien Geist" aber nicht maßgeblich sind. Dies ist gleichsam die erkenntnistheoretische Unterfütterung von Drieus bedenkenlosem Paktieren mit unterschiedlichen radikalen politischen Kräften. Faschismus oder Kommunismus – die Wahl kommt ihm letztlich gleichgültig vor, weil sie im Angesicht des Nihilismus gleichgültig ist. Wir haben ähnliche Gedanken zuletzt in den Rechtfertigungen von Stasi-Mitarbeitern aus der Prenzlauer-Berg-Szene vernommen. Ihre Argumentation, in einem durch und durch korrupten politischen System (im „Falschen", um das prekäre Adorno-Wort zu zitieren) verlören die Kategorien gut und böse ihre Bedeutung; könne es nichts „Richtiges" geben; herrsche unter „Oppositionellen" das gänzliche Desinteresse an konstruktiver politischer Arbeit, eine Gleichgültigkeit, die so weit geht, daß sie sogar das Zusammenarbeiten mit der Macht einschließen kann – dies alles klingt hier an.[30] Doch im Unterschied zu den vermeintlichen Anarchisten im Ostteil Berlins verhielt sich der Pariser Kollaborateur gemäß seiner generationsspezifischen Prägung als Dezisionist. Diesem ist wichtig, daß überhaupt eine politische Ein-

---

28 Drieu, *Geheimer Bericht*, a.a.O., S. 61.

29 Ebd., S. 69 f.

30 In seinem großen „Zeit"-Gespräch mit Iris Radisch begründet Sascha Anderson seine „Gleichgültigkeit" gegenüber der Staatssicherheit mit seiner Ablehnung eines Denkens, das zwischen „gut" und „böse" unterscheiden will. Ein Heroismus der Verweigerung dient zur Entlastung: „Die Stasi hat uns nie interessiert. Wir waren doch damals an der Peripherie des Staates, frei von allen staatlichen Institutionen. [...] Wir haben uns mit der Stasi nicht beschäftigen wollen. Wir wußten, daß die Telephone abgehört werden, daß die Wohnungen überwacht werden. Unser Slogan damals hieß, die Stasi ist eine ‚Informationsstruktur', die durch die gesamte Gesellschaft läuft. Wir waren alle vom französischen Strukturalismus beeinflußt. Und für uns war die Stasi eine Struktur unter vielen Strukturen" (*Die Zeit* v. 1.11.1991). Dieser Zynismus hat zwar nicht mehr entfernt das Niveau des hochgebildeten Drieu, aber die libertäre Pose speist sich auch hier aus der Berufung auf Autoritäten des Aufgeklärtseins (die Strukturalisten).

ordnung erfolgt. Hierbei kommen für ihn natürlich in erster Linie die radikalen Bewegungen in Frage, weil sie den Durchbruch, den Umschlagpunkt vom Relativismus zur Aktion bezeichnen. Sind sie auch noch ästhetisch ansprechend, um so besser. Wie bei vielen desillusionierten Intellektuellen wirken Gewaltbereitschaft und effektvoll inszenierte Barbarei des Parteitags-Gepränges auch im Falle Drieus als Schlüsselerlebnis für die Sympathie mit dem Nationalsozialismus:

> Was ich sah, übertrifft alles, was ich erwartete. Es war berauschend und schrecklich. Der Vorbeimarsch der ganz in Schwarz gekleideten Elitetruppen war von hochmütiger Kraft. Seit den russischen Balletten habe ich keine vergleichbare künstlerische Erschütterung empfunden,

schreibt er 1936.[31]

Doch der zu Bindungslosigkeit und Bindungsunfähigkeit führende Relativismus ist bei Drieu total, erfaßt alle Lebensbereiche: „Ich kann kein wirkliches Interesse mehr aufbringen für ‚Menschen', ‚Probleme'."[32] Die Menschen gelten ihm nichts – weder Frauen noch Freunde –, die Kunst nichts und nichts die Liebe:

> Nein, ich hatte nie Gefühle. Natürlich hatte ich meine Eltern nie geliebt [...]. Unter meinen Freunden keiner, für den ich mich hätte töten lassen. Unter den Frauen keine, die ich nicht habe betrügen können. Ich habe gestohlen und ich habe getötet, ohne die geringste Schwierigkeit. [...] Ich liebe es nicht zu arbeiten, daher keine Freundschaft, keine Liebe.[33]

Kamen ihm Frauen emotional nahe, flüchtete er sich zu Prostituierten. Auch lokale Bindungen waren ihm zuwider: Dem festen Wohnsitz zog er das Hotel vor, Besitz, gar immobiler, belastete ihn. Da er sich nicht in Beziehungen manifestieren konnte, da er keine Spuren hinterließ, war er ständig auf der Suche nach neuen Vehikeln der Selbstrealisierung, um sich zu spüren: er experimentierte mit „der Droge, der Wollust, dem Alkohol, dem Raub und dem Totschlag, dem Profit, der Wissenschaft, der Revolte",[34] nur um seiner selbst habhaft zu werden. Doch keine dieser Selbsterprobungen befriedigte: *Plus ça change, plus ça reste la même chose.* Er blieb im Zirkel seines Ichs gefangen:

> Außer in den Augenblicken, da ich mich verlor = beim Angriff im Krieg, im Augenblick, da ich Hand an mich legte oder zu Tode darüber traurig war, daß mich eine Frau verließ, habe ich nie gefühlt, daß ich – als Einzelwesen – existierte.[35]

31 Drieu, *Geheimer Bericht*, a.a.O., S. 226.
32 Ebd., S. 117.
33 Ebd., S. 165.
34 Ebd., S. 57.
35 Ebd., S. 170.

Neben dem (immer nur punktuell erlebbaren) Selbstverlust scheint es jedoch eine weitere Kraft für ihn gegeben zu haben, die ihm das Gefühl der Lebendigkeit verlieh: Selbstverneinung, die selbstverliebte Betrachtung der eigenen Bösartigkeit.

Schon den Zeitgenossen fiel sein „durchgehender Wille, sich herabzusetzen" auf, eine gleichsam lustvoll betriebene permanente Selbstanklage: „Jede Versöhnung mit sich selbst war ausgeschlossen", erinnert sich der ehemalige Kampfgenosse Bertrand de Jouvenel.[36] Natürlich hatte Drieu in den Augen anderer angesichts seiner Erfolge und seines Ruhms diese Selbstzerknirschung gar nicht nötig: „Es ist merkwürdig, daß ein Mann, der so geliebt, so gesucht wurde, dennoch den Eindruck hatte, nicht wirklich geliebt zu werden", verwunderte sich sogar der von ihm verdrängte Konkurrent Jean Paulhan.[37] Dennoch ist das entscheidende Gefühl Drieus sich selbst gegenüber ein fundamentales Ungenügen: „Ich hatte das Zeug weder zum Liebhaber, noch zum Künstler, noch zum Führer", redet er sich ein und unternimmt mit „Bekenntnis" und in seinem Lebensrückblick „Geheimer Bericht" eine Genese seiner Versagungs- und Minderwertigkeitsgefühle.

Dabei faßt er zunächst soziale Faktoren ins Auge: Drieu hadert mit seiner kleinbürgerlichen Herkunft: Der Vater, ein Rechtsanwalt, hat für ihn nichts Verehrungswürdiges, das ganze Milieu atmet durchschnittlichen Mief. Erzogen wird er von der Mutter und der Großmutter, das männliche Element und damit auch alles Schneidige, Heroische fehlen. Andererseits ist auch das nötige Geld nicht da, das allenfalls für mangelnde Aura hätte entschädigen können und dem jungen Drieu in den Pariser Zirkeln ein fulminantes Auftreten ermöglicht hätte. Schwer wiegt ebenfalls die Tatsache, daß ihm die erhoffte diplomatische Karriere verschlossen bleibt, nachdem er unerwartet beim Abschlußexamen an der Ecole des Sciences Politiques scheitert, was ihn umgehend zu Selbstmordgedanken veranlaßt.

Von noch grundlegenderer Bedeutung scheint jedoch gewesen zu sein, daß Drieu seine körperliche Verfassung nicht annehmen kann. Auf den Hochgewachsenen, Schlanken, der auf seinen besten Fotos den Vergleich mit dem jungen Gary Cooper nahelegt (aber auch in minder gelungenen es noch allemal mit James Stewart aufnehmen kann), auf den schlaksigen Drieu also trifft das „Primat der Muskeln" nicht zu, und er wäre doch so gern „ein Rohling, der den anderen Rohlingen die Stirn bieten konnte". Sein Körperkult und die Bewunderung muskelstrotzender Virilität gehen soweit, daß er allen Ernstes glaubt, seinen Überzeugungen fehle von vornherein das Gewicht, weil er sie nicht notfalls mit Gewalt durchzusetzen vermag: Infolge seiner mangelnden Körperkraft „wird alles, was ich sagen und tun werde, nur einen relativen und wie von meiner Person gelösten Wert haben. Ich konnte nicht jedem Beliebigen die Frau entreißen, nicht gegen jeden Beliebigen eine Idee verteidigen." Wenn es ihm schon an kampfgestählter Fitneß mangelt, will er aber wenigstens mit anderer körperlicher

36 Ebd., S. 300.

37 Ebd., S. 332. Der jüdische Publizist war unmittelbarer Vorgänger Drieus als Herausgeber der *Nouvelle Revue Française*. Während der Okkupation lebte er in der Illegalität, scheint aber keine Haßgefühle für Drieu gehegt zu haben. Vgl. ders., „Kleine Apologie für Drieu", in: Drieu, *Geheimer Bericht*, a.a.O., S. 328-333.

Betätigung beeindrucken und verlegt sich auf die Erotik als „Kompensation". Doch damit wirkt er allenfalls auf Frauen. Das Drama bleibt: „Die starken und mutigen Männer haben [...] mich verachtet." Diese Wunde sitzt tief und zehrt ein Leben lang an ihm: „Ich bin schwach gewesen, aber ich habe ohne Unterlaß an die Stärke gedacht."[38]

Das hat weitreichende Konsequenzen: In der Politik sprechen ihn nur Gewalt und Brutalität an. Die auf Kompromiß, Gespräch, Interessenausgleich, Taktieren und Finassieren bedachte (weibliche) Demokratie steht für die Schwachheit und ist damit gerichtet: „Ich glaube, politisch kann man nur Faschist oder Kommunist sein – der Rest wird überall zermalmt."[39] Faschismus und Kommunismus in ihrem „unerbittlichen Vormarsch" (man beachte die soldatisch-militärische Konnotation) lösen dieselbe Bewunderung aus, die sonst virilen Kraftprotzen gilt, wobei den Faschisten noch dazu die Ehre der größeren geistigen Boshaftigkeit gebührt: „Warum habe ich, da die Ähnlichkeiten zwischen Faschismus und Kommunismus groß sind, den einen dem anderen vorgezogen? Weil die Faschisten die Zyniker sind und die Kommunisten die Scheinheiligen. Die Faschisten geben ihre Gewalt, ihre Tyrannei zu."[40] Man kann sich vorstellen, welche Genugtuung es für ihn bedeutete, als mit seinem Engagement für die deutsche „Herrenrasse" endlich ein Abglanz von viriler, soldatischer Kraft, Nietzsches „großer Gesundheit" und moralischer Unbedenklichkeit auch auf den angeblich schwächlichen Intellektuellen Drieu fiel.

Doch auch im Privatleben prägt Drieu ein fundamentaler Zweifel am eigenen Wert und an der eigenen Liebenswürdigkeit, läßt ihn die Atmosphäre von Leidzufügung und Qualen suchen, Gefühle von Intimität und Nähe vermeiden. Vor allem seine Begegnungen mit Frauen sind hier aufschlußreich. Sie folgen einem stereotypen Schema: „Immer dieses Bedürfnis zu fliehen, dem zu entfliehen, was man am meisten begehrt, sich allein wiederzufinden."[41] Da er sich verachtet, gönnt er sich keine Wunscherfüllung. Riten der Bestrafung kristallisieren sich heraus: Hat er eine Geliebte, die er nicht nur körperlich begehrt, geht er ins Bordell, um sich auf sein emotionales Normalmaß zurückstutzen zu lassen.[42] Auch die Selbstbeschimpfung wird ritualisiert. Härte im Umgang mit sich selbst findet sich als Leit- und Leidmotiv in allen seinen Eigenbekenntnissen: „Ich werde mich niemals akzeptiert haben. [...] Ich lasse alles von den anderen gelten, nichts von mir selbst."[43]

---

38 Drieu, *Geheimer Bericht*, a.a.O., S. 184, 186, 188, 187. Die homoerotische Komponente in Drieus Verklärung der Virilität ist oft beobachtet worden. Sie verleitet Joachim Sartorius zu der berechtigten Frage: „War Drieu gar ein Homosexueller, dessen Tragik darin bestand, daß er die Männer haßte?" (Joachim Sartorius, „Die Hand auf nichts legen zu können", in: Drieu, *Geheimer Bericht*, a.a.O., S. 18).

39 Ebd., S. 33.

40 Ebd., S. 33.

41 Ebd., S. 65.

42 Ebd., S. 14 und S. 269.

43 Ebd., S. 184.

5.

Eine „von Selbsterniedrigung gehöhte Selbstbespiegelung"[44] hat man auch Drieus literarisches Werk genannt. Vor allem die späten Romane – „Gilles" (1939); „L'homme à cheval" (1943); „Les chiens de paille" (1944) – inszenieren alle, ganz wie die rein autobiographischen Texte, ein gigantisches Selbstgericht des Verräters und Kollaborateurs, hinter dem sich natürlich immer Drieu selber verbirgt. Die Judas-Figuren dieser Prosaarbeiten sind sämtlich mit einer fundamentalen Schwäche ausgestattet. Bei Gilles sowie den Protagonisten in „Les chiens de paille" liegt sie im Geistigen und Moralischen; bei Felipe („L'homme à cheval") noch dazu im Körperlichen.

„Gilles" entwirft mit der gleichen schonungslosen Klarsicht, die Drieus Ego-Dokumente aufweisen, aus der Position produktiv gemachten Selbsthasses heraus eine Analyse des „faschistischen Charakters". „Was Gilles zum Faschisten werden läßt, sind just seine Schwächen: Unentschlossenheit, Genußsucht, Triebhaftigkeit, politische Ziellosigkeit, Mangel an Opferbereitschaft, Egoismus, Prahlsucht."[45] Gilles wird zum mitleidlosen Folterknecht und Massenmörder. Auch das Ineinander von Bindungs-Sehnsucht und -unfähigkeit spielt Drieu wieder durch – auf privater und politischer Ebene. Der dezisionistische Durchbruch zur Aktion schließlich erfolgt durch das – soldatische – Engagement des ursprünglich liberalen, humanistisch erzogenen Protagonisten im Spanienkrieg auf Seiten Francos. Die Hinwendung zum Faschismus erscheint als Unternehmen der Selbstdisziplinierung und Überwindung von lähmender Depression. Doch – wie in allen Werken – behauptet sich Drieus radikaler Zweifel auch hier: „Die Heldwerdung gelingt nicht";[46] Gilles Projekte mißlingen, er stirbt einen sinnlosen Tod.

Nach Drieus eigener Verstrickung in die Praxis der Kollaboration geht sein Pessimismus noch weiter. Zwar schildert er im Freundespaar Jaime-Felipe aus „L'homme à cheval" die Erlösung des Intellektuellen Felipe aus Häßlichkeit, Schwäche und mediokrem Künstlertum durch das Vertrauen, das der virile Kraftprotz und Machtmensch Jaime ihm schenkt, und entwirft eine symbiotische Männerbeziehung, die zwar asexuell bleibt, in der es jedoch zu der ersehnten „Kopulation der Seelen" kommt. Andererseits spitzt sich in diesem Roman die Idee des Zufallstods aus „Gilles" zu: Jaime, der bolivianische Diktator und sein Faktotum Felipe opfern sich, nachdem ihre Mission, Lateinamerika zu einen und ihm den „neuen Menschen" zu bringen, gescheitert ist. Sie agieren in einer Umgebung, in der „alles Verrat" ist, ein Klima von Intrige und Denunziation herrscht, von dem nur die sakrosankten Krieger ausgenommen sind, nicht jedoch der Zivilist Felipe, der Jaime gegenüber bekennt: „Ach Jaime, dein bester Freund wird dich immer wieder verraten. Ich bin kein Kavallerist, ich kann bei deinem Galopp nicht mithalten."[47]

44 Joachim Sartorius, a.a.O., S. 39.

45 Hermann Hofer, „Die faschistoide Literatur", a.a.O., S. 124 f.

46 Ebd., S. 125.

47 Drieu, *Der bolivianische Traum,* a.a.O., S. 102.

Auch in dem Gemälde der Zeitereignisse am Ende der Besatzungszeit schließlich, das der Roman „Les chiens depaille“ bietet, wird jede Hoffnung auf nationale Gesundung *ad absurdum* geführt. Verrat und Betrug sind total geworden: Cormont, der französische Nationalist, gehorcht willig den Deutschen; Prérault, der Gaullist, unterliegt dem Diktat der Engländer; der Kommunist Salis schließlich ist den Russen hörig. Mit dieser Gleichsetzung von Kollaborateur und Résistant ist die absolute Hoffnungslosigkeit bezeichnet, die in Endzeitvisionen mündet. Die religiösen Überhöhungen, die schon „L'homme à cheval“ aufgewiesen hatte, verstärken sich. Cormont wird als Judas gezeichnet und mit missionarischen Weihen ausgestattet. Sein Verrat an Christus/Frankreich bereitet den erlösenden Durchbruch vor. Diesmal ist es ein finaler Durchbruch, der die Selbstabschaffung seines Landes Frankreich und damit stellvertretend die Abschaffung des Menschen überhaupt vollziehen soll.

Damit hat sich der Kreis geschlossen. Wo der Untergang der Gattung sich ankündigt, ist auch der individuelle Untergang ein Muß. Schon die Beschäftigung mit mystischen und religiösen Themen, die Drieus letzte Lebensmonate füllen, gelten der Einübung ins Nirwana. Der konsequent durchgehaltene Verrat, die Aufrechterhaltung einer Existenz im Bann des Bösen hat ihm die Abdankung erleichtert. Unter dem Feldzeichen des Bösen kann sich der Agnostiker als gefallener Engel imaginieren; erscheint dem Nihilisten das eigene Leben, das eigene Sterben als sinnhaft; geschieht die Selbstfindung im definitiven Durchbruch, in der finalen Aktion: dem Selbst-Mord.

Literatur

Altwegg, Jürg, „Der französische Faschismus: autonom und autochthon“, in: ders., *Die Republik des Geistes. Frankreichs Intellektuelle zwischen Revolution und Reaktion*, München [2]1989, S. 29-36

Altwegg, Jürg, „Die schwarzen Jahre“, in: ders., *Die Republik des Geistes*, a.a.O., S. 37-62

Baudot, Marcel, „La Répression de la Collaboration et l'Epuration politique et économique“, in: *La Libération de la France. Actes du Colloque Internationals tenu à Paris du 28 au 31 octobre 1974*, Paris 1976

Benda, Julien, *Der Verrat der Intellektuellen*, mit einem Vorwort von Jean Améry, Frankfurt/M. 1983

Boveri, Margret, *Der Verrat im XX. Jahrhundert*, 2 Bde., Hamburg 1956

Curtius, Ernst Robert, *Maurice Barrès und die geistigen Grundlagen des französischen Nationalismus*, Bonn 1921

Drieu La Rochelle, Pierre, *Der bolivianische Traum*, Köln 1981

Drieu La Rochelle, Pierre, *Geheimer Bericht und andere biographische Aufzeichnungen*, aus dem Französischen übersetzt und herausgegeben von Joachim Sartorius, München 1986

Hofer, Hermann, „Die faschistoide Literatur“, in: *Literatur der Résistance und Kollaboration in Frankreich*, herausgegeben von Karl Kohut, 3 Bde., Tübingen 1982f, Bd. 1, S. 126-130 und S. 162-166

Hofer, Hermann, „Die Literatur der Kollaboration“, in: *Literatur der Résistance und Kollaboration in Frankreich*, a.a.O., Bd. 2, S. 162-166

Jünger, Ernst, *Der Kampf als inneres Erlebnis*, Berlin 1922

Jünger, Ernst, *In Stahlgewittern. Ein Kriegstagebuch*, Hamburg 1934

Kingston, Paul J., „Die Ideologen: Vichy-Frankreich 1940-1944“, in: *Kollaboration in Frankreich. Politik, Wirtschaft und Kultur während der nationalsozialistischen Besatzung 1940-1944*, herausgegeben von Gerhard Hirschfeld und Patrick Marsh, Frankfurt/M. 1991, S. 60-86

Koch, Claus, „Abgeschlossener Fall. Pierre Drieu La Rochelle und sein ‚Geheimer Bericht'", in: *Merkur,* 457, 1987, Heft 3, S. 227-231

Kowalsky, Wolfgang, *Kulturrevolution? Die Neue Rechte im neuen Frankreich und ihre Vorläufer*, Opladen 1991

Moeller van den Bruck, Arthur, *Das dritte Reich*, Berlin 1923

Radisch, Iris/Anderson, Sascha, „Das ist nicht so einfach. Ein Zeit-Gespräch mit Sascha Anderson", in: *Die Zeit*, 1. November 1991, S. 65 f.

Sartorius, Joachim, „Die Hand auf nichts legen zu können", in: Drieu, *Geheimer Bericht*, a.a.O., S. 9-42

Sombart, Nicolaus, „Der Geist als Männerbund. Zum hundertsten Geburtstag Hans Blühers", in: *FAZ*, 17. Februar 1988

Steinbach, Peter, „Widerstandsorganisation Harnack/Schulze-Boysen", in: *Geschichte in Wissenschaft und Unterricht*, 1991, Heft 3, S. 133-152

Sternhell, Zev, *Maurice Barrès et le nationalisme français*, Bruxelles 1985

Straub, Eberhard, „Der verdrängte Sündenfall. Die französische Kollaboration und ihre historischen Voraussetzungen", in: Drieu, *Geheimer Bericht*, a.a.O., S. 250-266

Zimmermann, Margarete, „Robert Brasillachs letzter Roman und das Ende der Besatzungszeit", in: *Kollaboration in Frankreich*, a.a.O., S. 236-251

III. Verkörperungen

Hans Richard Brittnacher

Der Leibhaftige

Motive und Bilder des Satanismus

Für Michael, zum Teufel mit Göttern und Dämonen

1. Jehova, Luzifer und Christus

Schuld am Bösen hat allein die Bibel: Indem sie das Gute als unbedingten Gehorsam bestimmte, mußte sie das Widersätzliche aus der Schöpfung in die Freiheit verstoßen. Gut ist Gott, der sich lakonisch selbst genügt. Wer nur dekretiert, ohne sich zu erklären, verdient es, wörtlich genommen zu werden. Jehova sagt von sich, nicht was, sondern nur, daß er ist und immer sein wird: „Ich werde sein, der ich sein werde" (2 *Mose* 3,14). Über seine Motive zur Schöpfung gibt das Alte Testament keine Auskunft, wir hören nur von der Genugtuung nach vollbrachter Leistung: „Und er sah, daß es gut war" (1 *Mose* 1,11). Wie das Böse in diese gute Schöpfung kam, was Luzifer zum Abfall bewogen haben mag – darüber schweigt das erste *Buch Mose.*[1] Wollen wir, die wir nun einmal aus dem Paradies vertrieben sind, verstehen, müssen wir freveln: Versetzen wir uns einen Augenblick dorthin zurück, nehmen wir die hintere Pforte, wie Kleist vorgeschlagen hat. Vielleicht hören wir Luzifer aufbegehren: „Auch ich bin, der ich bin – und ich kann nicht anders." Ein Engel aus Feuer und Geist, unversehens ins hintere Glied verwiesen, reklamiert Ansprüche auf die Teilhabe an einer Macht, die ein anderer bereits innehat. Welch größere Liebeserklärung hätte Gott sich wünschen können als die Hoffnung des Obersten seiner Geschöpfe, so zu sein wie er? Der Mächtige ist einsam, der Mächtigste einsamer als alle anderen. Auf der Höhe der Macht weht ein eisiger Wind. Aber Jehova wollte keine Nähe: Das Angebot, die Macht zu teilen und den Schmerz seiner Einsamkeit zu lindern, schlug er aus. Der Engel der brennenden

1 Mitteilsamer ist das *Buch Ephraim* der *Apokryphen*; es berichtet von der Eifersucht Luzifers, der nicht dulden wollte, daß die anderen Engel statt seiner Adam, einem belebten Lehmklumpen, ihre Reverenz erwiesen: „Verehrt ihn nicht und preist ihn nicht mit den Engeln! Wahrlich, mir sollte er huldigen. Denn ich bin Feuer und Geist, er aber ist bloß aus einem Staubkorn gebildet." Das *Buch Ephraim,* 3, in: Alfred Pfabigan (Hrsg.), *Die andere Bibel,* Frankfurt/M. 1990, S. 9. Die *Apokryphen* gehören nicht zum kanonischen Bestand der Heiligen Schrift, denn derartig plausible-narrative Erzählungen konnten nicht im Sinne des Einen Gottes sein und noch weniger in dem seiner irdischen Exegeten, die aus der deutungsbedürftigen Einsilbigkeit Jehovas die Notwendigkeit ihres Berufsstandes ableiten.

Liebe fuhr zur Hölle und verlor das Kleid seiner Herrlichkeit. Beim zweiten Anlauf, Gottes Macht und Kummer zu mindern, bediente sich Luzifer, vorsichtiger geworden, einer taktischen List: Er beredete zwei andere Paradiesbewohner, bescheidener zu sein als er selbst und nur um Zugang zur Erkenntnis zu bitten.

Dem abschlägigen Bescheid dieses Antrags verdanken wir unser Leben. Adam und Eva verloren die Unschuld und erhielten im Austausch Schamgefühl und Lendenschurz. Ihr Vergehen war geringfügiger als das des Versuchers – die Hölle blieb ihnen erspart, sie erhielten die Erde zur Heimstatt. Jehova wandte sich ab und verhüllte sein Angesicht. Den Teufel zog es zu seinen Leidensgenossen. Das *Buch Ephraim* hatte ihn auf ewig in die Hölle verbannt und all seiner verführerischen Schönheit entkleidet: „Und von Stund an ist Satan nackt mit all seinem Heer und sind bloß bis auf den heutigen Tag und häßlich anzuschauen.“[2] Sphärisch und immateriell wie die anderen Engel durfte er nicht bleiben, häßlich mußte er werden wie die Menschen und nackt – der Sturz vom Himmel verwandelte den Lichtträger zum Leibhaftigen.[3] Sollten die Menschen, Geschöpfe aus dem Samen Gottes, des Bösen fähig sein, mußte der Teufel auch auf der Erde seine Hand im Spiele haben. Die *Apokalypse* des Johannes erzählt den Engelssturz deshalb anders: „Und es entbrannte ein Krieg im Himmel. [...] Und der große Drache, die alte Schlange wurde hinuntergeworfen. Er heißt auch Teufel und Satan, der die Welt verführt. Er wurde auf die Erde geworfen, und mit ihm wurden seine Engel dorthin geworfen“ (*Apk* 12,7).

In den *Tractatus de angelis* überschriebenen *quaestiones* 50-64 der *Summa theologica* des Thomas von Aquin[4] sollte dieser Tatbestand festgeschrieben werden und kanonische Gültigkeit gewinnen: Der Teufel lebt in der Hölle, aber er weilt auch unter uns und trägt den Namen „Fürst der Welt“ (2 *Kor* 4,4).

Manchen gefällt das Erdenleben und sie danken ihrem Schöpfer. Andere beschleicht der Zweifel, ob nicht doch Luzifer der umgänglichere Gott gewesen wäre. Denn Jehova, der immer wieder versicherte: „Denn ich, der Herr, dein Gott, bin ein eifersüchtiger Gott“ (2 *Mose* 20,5), wurde nicht müde, sein auserwähltes Volk zu prüfen. Von Abraham verlangte er den Sohn zum Opfer; einen Aussätzigen, der unter Hunden lebte, traktierte er, bis er Glaubensbekenntnisse stammelte; Onan weigerte sich, die Frau des Bruders zu beschlafen und entspannte sich anderweitig – ihn erwürgte der Herr; Inzucht und Pädophilie reichten ihm hin, zwei Gemeinden in Schutt und Asche zu legen. Hier strafte er mit Wahnsinn, dort mit Versteinerung, die einen erschlug er, andere ließ er ersäufen, ungeschoren kam kaum einer da-

2 Ebd., S. 9 f.

3 Zur sonderbaren Geistigkeit und Immaterialität der Engel und Dämonen vgl. u.a. Gustav Theodor Fechner, *Vergleichende Anatomie der Engel,* Leipzig 1825 und in neuerer Zeit Charles Meyer, „Die lehramtlichen Verlautbarungen über Engel und Teufel“, in: *Concilium* 11, 1975, S. 184-188.

4 Vgl. Alfonso M. di Nola, *Il diavolo. Le forme, la storia, le vicende di Satana e la sua universale e malefica presenza presso tutti i populi, dall' antichità ai nostri giorni,* Rom 1987, S. 222: „Die Dämonen haben zwei Heimstätten, die Hölle, wo sie die Verdammten foltern, und die Luft, wo sie die Menschen zum Bösen verführen.“ (Übers. von mir.)

von.[5] Er kannte nur blinden Gehorsam: Du sollst nicht wünschen wollen! Du sollst nicht erkennen wollen! Sexualität ist Strafe und Schmutz! Frauen bringen das Verderben! Freiheit ist böse! Hoffnung liegt nur in der Ergebung! Wer seine Gebote nicht befolgt, dessen Vergehen will er „siebenundsiebzigmal" (1 *Mose* 4,24) rächen. Ausbuchstabiert wird dieses düstere Gute in 10 Geboten, von denen keines unduldsamer ist als das Bilderverbot: „Du sollst Dir kein Bildnis noch irgendein Gleichnis machen weder von dem, was oben im Himmel, noch von dem, was unten auf Erden, noch von dem, was im Wasser unter der Erde ist" (2 *Mose* 20). Übertretungen werden heimgesucht „bis ins dritte und vierte Glied der Kinder". Die Prophezeiung, nicht einmal die Nachkommenschaft zu schonen, verdeutlicht, wie bedroht sich der Allwissende sieht, kaum daß einer zu Pinsel, Meißel oder Tinte greift. Schlägt der Künstler das flüchtige Traumbild in Stein, schreibt er es auf Pergament oder färbt er die Leinwand, so vermählt er seinen Wunsch mit der vom Teufel befleckten Materie. Er verhilft dem Nichts der Phantasie zu Dauer in stofflicher Gestalt: Auf dem Weg zum Ausdruck ist der Wunsch zur Sünde geworden, hat sich in Idolen, Bildern oder Fetischen vergegenständlicht. Die Kunst scheint die Hegemonie Gottes in Frage zu stellen. Nicht daß der Mensch sich ein Abbild Gottes schafft, sondern daß der Mensch als Künstler jene besondere Kraft Gottes imitiert, *ex nihilo* zu schaffen, ist das eigentliche Skandalon. Wer malt, malt immer auch den Teufel an die Wand, denn er stellt Götzen an die Seite des Einen Gottes. Und davor hat Jehova, im wörtlichen Sinn, eine Heidenangst. Und der Teufel, ein Liebhaber der Masken und Bilder und der Freund der Künstler, hat daran seine diebische Freude.

Was immer das finstere, ikonoklastische, gesetzesbesessene Gute des Alten Testaments auch sein mag: es ist gepaart mit Härte, Mißtrauen, Vergeltung, Sinnenfeindschaft und Dunkelheit. Die Vereinigung lichter und dunkler Anteile in einer Gottesgestalt nennt die Religionswissenschaft *coincidentia oppositorum.*[6] Jehova ist gut und böse, voller Launen und Widersprüche: „Der ich das Licht mache und schaffe die Finsternis, der ich Frieden gebe und schaffe das Böse. Ich bin der Herr, der dies alles tut" (*Jes* 45,7). Solange er selbst sich für die

5 In der unberechenbaren Eifersucht Jehovas sah der zu Unrecht als Humorist unter dem Namen Mark Twain bekanntgewordene Samuel Langhorne Clemens das abgrundtief Böse Gottes. In einem seiner galligsten Texte, den *Briefen von der Erde*, sucht er nach einer Erklärung für die maßlose Grausamkeit Gottes in 4 *Mose* 31: Dort genügt es Jehova nicht, daß alle männlichen Midianiter erwürgt wurden, auch alle Weiber der Midianiter sollen ermordet werden, und schließlich auch alles, was männlich unter den Kindern war, und die übriggebliebenen Mädchen läßt er zur Prostitution versklaven. Warum? „Sie hatten Gott irgendwie beleidigt. Wir kennen dieses Delikt unbesehen; das will sagen: wir wissen, daß es aus einer Bagatelle bestand, irgendeinem Kleinkram, dem niemand als ein Gott irgendwelches Gewicht beilegen konnte. [...] Wenn es nicht die Unzartheit war, die die Gefühle Gottes verletzte, so kann ich mir schon denken, was es war: irgendein Midianiter hat gegen die Wand gepißt. [...] Man durfte gegen einen Baum pissen, man durfte seine eigene Mutter anpissen oder seine Hosen, [...], aber gegen eine Wand – nein, das ging zu weit. Der Grund für die göttliche Abneigung gegen dieses Delikt ist nicht bekannt, aber wir wissen, daß die Abneigung sehr stark war, so stark, daß nur das vollständige Massaker des ganzen Volkes [...] die Gottheit zufriedenstellen konnte." In: Mark Twain, *Gesammelte Werke,* Bd. 9, hrsg. von K.-J. Popp, München 1977, S. 578 f.

6 Z.B. bei Mircea Eliade, *Die Religionen und das Heilige. Elemente der Religionsgeschichte,* Darmstadt 1976.

Schmutzarbeit nicht zu schade ist, bedarf es auch keines Satans. Im Alten Testament fristet er folglich nur ein Schattendasein als göttlicher *agent provocateur;*[7] auf der Suche nach einem Verzweifelten, in dessen Gedanken er die Idee des Abfalls keimen sieht, irrt er durch die Welt; hat er einen gefunden, werden diesem von Gott die Leviten gelesen. Im *Buch Hiob*, einem der seltenen Belege für das Erscheinen Satans im Alten Testament, drangsaliert nicht er den geschundenen Hiob – er referiert nur seine Zweifel über dessen sittliche Lauterkeit vor dem Throne Gottes. „Der Satan erscheint also im *Buch Hiob* nicht als Versucher zum Bösen, sondern als Veranlasser des Versuchs [...].“[8] Diesen Versuch unter verschärften Bedingungen selbst durchzuführen, ließ Jehova sich nicht nehmen.

Es heißt, in seiner nie nachlassenden Liebe habe Jehova nach einem Weg gesucht, den verstoßenen Menschen wieder einen Zugang zum Himmelreich zu gewähren: „Denn so sehr hat Gott die Welt geliebt, daß er seinen eingebornen Sohn dahingab, damit alle, die an ihn glauben, nicht verlorengehen, sondern das ewige Leben erreichen“ (*Jh*, 3,16). Der Sohn sollte die Menschen von einem Übel erlösen, das der Vater ihnen auferlegt hatte. Sehr glaubwürdig ist das nicht. Zwar ist häufig von seiner Liebe die Rede, aber wen immer er damit berührte, blieb vernarbt zurück. Er, der alles weiß, muß auch vom mäßigen Erfolg dieser Mission gewußt haben – dennoch bestand er darauf. Er blieb ganz der Alte, überhörte das Flehen seines Sohnes auf dem Ölberg und ließ ihn ans Kreuz schlagen. Der Rabbi Jesus war von anderer Art als der launische und einsilbige Vater. Mit hinreißender Beredsamkeit machte er deutlich, wie er über gut und böse dachte. Auch für die Menschen auf der Schattenseite des Lebens hatte er Verständnis – die Nächstenliebe wertete er höher als die blinde Befolgung des Ritualgesetzes. Er forderte sogar auf, den Feinden zu vergeben – der vergeltungssüchtige Vater wird ihn dies kaum gelehrt haben. Daß er den Schatten, den sein düsterer Vater warf, dennoch nicht zu überspringen vermochte, zeigt das 4. Kapitel des *Matthäus-Evangeliums.* Zwar Gottessohn, aber doch auch Mensch, muß Jesus Regungen gekannt haben, die sich aus der kreatürlichen Verfassung des Menschen ergeben, aus jener eigentümlichen Mischung von Fleisch, Blut und Hormonen, die den Konflikt, sei es mit den Trieben, sei es mit dem Gesetz, zwingend vorgeben. Solche Empfindungen waren es wohl, die Jesus zu vierzigtägigem Fasten und Beten in die Wüste trieben. Aber als ihm der Versucher in Gestalt eines geschmeidigen Hedonisten erschien und ihm Sättigung, Wohlergehen und Macht in Aussicht stellte, verriet er diesen Teil seiner Menschlichkeit und entschied sich für die Gehorsamkeitsrhetorik des Alten vom Berge Sinai: „Du sollst den Herrn, Deinen Gott, nicht versuchen“ (*Mt* 4,7). Die Chance, seine Religion durch etwas Korruption menschlicher zu machen, war vertan.

Die Erlösung ging verschlungene Pfade: Sie bedurfte einer abscheulichen Tat und eines noch abscheulicheren Täters: der Name der Tat ist Verrat, der des Verräters Judas Ischarioth.

7 Wolfgang von Einsiedel, „Der Böse und das Böse. Zur Morphologie des Teufels“, in: *Merkur* 5, 1951, S. 428-444. Einsiedels Aufsatz gehört immer noch zum Gehaltvollsten, was über den Teufel geschrieben wurde.

8 Gustav Roskoff, *Geschichte des Teufels. Eine kulturhistorische Satanologie von den Anfängen bis ins 18. Jahrhundert* (1869), Neudr. Nördlingen 1987, Bd. 1, S. 18 f.

Nicht einmal seiner dreißig Silberlinge, des kärglichen Entgelts für seine heilsnotwendige Tat, ließen ihn die Evangelisten froh werden: „Und er warf die Silberstücke in den Tempel, lief fort und erhängte sich" (*Mt* 27,5).[9] Ohne diesen Schurken und Verräter gäbe es nicht den Kreuzestod Christi, also auch kein Christentum, nicht die Offenbarung des Johannes auf Patmos, mithin auch nicht die Visionen Joachim de Fiores' und – wenn man den Säkularisationstheoretikern unterschiedlichster Provenienz glauben darf[10] – keinen Hegel und folglich auch keinen Marx, der nur vom Kopf auf die Füße stellte, was ein Verräter in Gang gesetzt hatte.

Trotz der Bemühungen der Kirchenväter, des Thomismus, der Scholastik und der Theoretiker der Theodizee, in den unerforschlichen Wegen des Herrn eine begreifliche Systematik zu entdecken, forderte die Etablierung des Glaubens ihren Preis: Judenverfolgung, Inquisition, Glaubenskriege und Missionsgreuel sind nur ihr sichtbarster Ausdruck.[11]

2. Deus absconditus und satanas redivivus

Das Christentum machte es seinen Gläubigen nicht leichter. Warum sind Säuglinge verantwortlich für das, was Adam und Eva einst verbrochen hatten? Und war dieses Verbrechen, letztlich doch nur eine halbherzige Gesetzesübertretung, so schrecklich, daß es die Leiden auch nur eines Hiobs oder Amfortas' rechtfertigen könnte? Wo war Gott beim Holocaust? „Was ihr dem Geringsten meiner Brüder antut, das tut ihr mir an" (*Mt* 25,40) – welche Sehnsucht nach Schmerz treibt diesen Gott um, der doch alles von vorne, anders und besser beginnnen lassen könnte? Wenn Verbrechen durch Gene weitergegeben werden – wo ist die Schuld? Ein halbnackter Verrückter, der durch die Wüste irrt und Schlangen jagt, wird heilig gesprochen – Giordano Bruno wurde verbrannt. Hat man Gottvater oder Gottsohn je lächeln sehen, je anders als verdrießlich oder leidend? Warum sollen wir die unglaubliche Ekstase der Liebe nur mit niedergeschlagenen Augen und Schuld im Herzen erleben? Vor der Paradiespforte steht der Engel mit dem Flammenschwert und gewährt nur dem Einlaß, der gelitten hat wie der Sohn am Kreuz. Gefiel es Gott, daß die ersten Christen frohlockten, als man sie den Löwen zum Fraß vorwarf? Was wäre das Gute, gäbe es nicht die Bösen, die sich an ihm vergehen? Kann es das Gute ohne Verräter und Henkersknechte überhaupt geben? Und mit welchem Recht werden sie böse genannt, sind sie doch nur Ermöglichungs-

---

9 Den Beinamen Ischarioth – d.h. „Dolchmann" – verliehen ihm die Endredakteure der Bibel gegen Ende des ersten Jahrhunderts. Erst der Satanismus ließ ihm posthume Gerechtigkeit wiederfahren. Er verehrt ihn – neben Gilles de Rais – als seinen höchsten Heiligen.

10 Stellvertretend seien nur genannt: Jacob Taubes, *Abendländische Eschatologie,* Bern 1947 (Neudr. München 1991) und Karl Löwith, *Weltgeschichte und Heilsgeschehen. Die theologischen Voraussetzungen der Geschichtsphilosophie,* Stuttgart 1953.

11 Eine wahrhaft erschöpfende Auskunft erteilen die bislang erschienenen ersten drei Bände von Karlheinz Deschners monumentaler *Kriminalgeschichte des Christentums,* Reinbek bei Hamburg 1986 ff.

bedingung und Erfüllungsgehilfen des Guten? Die Toten schweigen und auch der Himmel gibt keine Auskunft.

Und wie vertrug sich die Barmherzigkeitslehre des nachsichtigen Sohnes mit der Gesetzesreligion des Vaters, die jede Verfehlung auf Punkt und Jota ahndete? Die weiche, verzeihende und und liebevolle Gottesgestalt Jesu – des schwächlichen, „bartlosen Jünglings"[12] – konnte nicht mehr jener Bedingung der *coincidentia oppositorum* entsprechen, die der zürnende – und männlich-bärtige – Vater noch so effizient erfüllt hatte. Gefragt war eine Gegengestalt, die im Bereich des Bösen leistete, was Jesus in dem der Tugend vermochte, um die energetische Balance von Gut und Böse wiederherzustellen. Mit der Entzweiung der Gottesgestalt war der erste Schritt in die Richtung jenes religiösen Dualismus getan, der von Persien kommend den Hellenismus geprägt hatte und nun die neue Heilslehre zu infiltrieren begann. Die Plausibilitätsdefizite der jüdisch-christlichen Religion führten in den ersten drei nachchristlichen Jahrhunderten zu Verwerfungen und Veränderungen in den Glaubenslehren von fast unvorstellbarem Ausmaß. Daß für die Kälte der Menschen, die Gleichgültigkeit der Natur und die Gewalt der Geschichte ein gütiger Gott verantwortlich sein sollte, erschien den Religionsstiftern dieser Zeit wenig einleuchtend. Der monolatristischen Idee von der Einheit Gottes stellten sie die dualistische Lehre der Gnosis entgegen. Ihr zufolge war die Welt das Werk des Demiurgen, eines zynischen Weltenschöpfers, während das *pneuma* (Geist) des wahren Gottes jenseits von gut und böse, verborgen hinter Äonen und der sündigen *hylé* (Materie) in endloser Ferne unerreichbar schwebte.[13] Persische, platonisch-hellenische und nachbiblisch-jüdische Quellen flossen in diese vom Leib-Seele-Dualismus geprägte Glaubenslehre ein, die sich auf die Aussagen und Visionen von Propheten wie Simon Magus oder Mani beriefen. Marcion übersteigerte den von Paulus formulierten Gegensatz zwischen Evangelium und Gesetz bis zur Verwerfung des Gesetzes. Einige der im Gefolge dieser Glaubensverschiebungen entstandenen Sekten legten sich auch die Geschichte um Luzifer anders zurecht: Die Bogumilen („Gottesfreunde") waren überzeugt, daß Luzifer sich als der jüngere Bruder Christi aus Neid gegen den Erstgeborenen aufgelehnt habe. Die Katharer („Die Reinen") oder Bulgari hingegen lehrten, der Teufel sei der ältere, Christus hingegen der jüngere Sohn Gottes; da Jesus die dynastische Regel mißachtet habe, trachte Luzifer nach Wiedereinsetzung in seine ihm angestammten Rechte.[14]

Die Amtskirche und ihre Theoretiker freilich hielten an der Identität von Gottvater und Gottsohn und der widersätzlichen Bosheit des Satans fest, dessen Bild sie mit allem anreicherten, was sie auf ihren Eroberungsfeldzügen in Kleinasien, dem Vorderen Orient, Nordafrika

12 Stanislaw Przybyszewski, *Die Gnosis des Bösen. Entstehung und Kult des Hexensabbats, des Satanismus und der schwarzen Messe*, Berlin 1985 (Neudruck der 1897 unter dem Titel *Die Synagoge Satans* erschienenen Erstausgabe), S. 57.

13 Vgl. Kurt Rudolph, *Die Gnosis. Wesen und Geschichte einer spätantiken Religion*, Göttingen 1978, v.a. S. 79-91.

14 Vgl. Art. „Teufel", in: *Die Religion in Geschichte und Gegenwart*, 3. Auflage, Tübingen 1962, Bd. 6, Sp. 704–712, hier 708.

und im barbarischen Norden fanden und was geeignet schien, als Gegenbild zu der strengen, asketischen und spiritualistischen Idee ihres Gottes zu gelten. Klumpfüßige Naturgottheiten, launische Faune, rätselhaft lächelnde Bocksgötter, blutdürstende Druiden, eine Venus mit üppigem Gesäß, Schlangendämonen und Racheengel lieferten das bildliche Material, an dem die patristische Theologie den Katalog des Satanischbösen entwickelte. Sie legte damit religiöse – also auch moralische und ästhetische – Standards fest, die in nur geringfügig veränderter Form bis heute gültig sind. Teuflisch, mithin also auch böse und häßlich, ist alles, was leiblich, dunkel, erdhaft, vegetativ, triebhaft, weiblich, üppig, schmutzig, unrein, sinnenfroh oder naturhaft-destruktiv ist. Tiere wie Schlangen, Kröten und Würmer gelten aufgrund ihrer Nähe zum Erdhaften, brünstige Esel oder Ziegenböcke ihrer Triebhaftigkeit wegen als Geschöpfe des Teufels. Menstrualblut oder die Analsphäre gehören zum Bereich des Unreinen, dionysische Mysterientänze oder sexualmessianische Bestrebungen zu dem des Orgiastischen und können somit dem Einen Gott, der nichts mehr verabscheut als alles Fleischliche, nicht wohlgefällig sein – die kultische Wertschätzung der Sexualität scheint unter allen Sünden die teuflischste.[15] Zwar hatte sich die Patristik wegen der Wandlung Gottes zum leiblichen Menschensohn genötigt gesehen, den Leib nicht mehr als ausschließliche Quelle des Bösen zu sehen, aber die Praxis der Missionierung insistierte auf der unverzichtbaren Idee von der gefährlichen Anfälligkeit des Fleisches für das Böse.

Der neue Wertekatalog hatte einen durchschlagenden Erfolg: innerhalb von drei Jahrhunderten avancierte das Christentum vom Glaubensbekenntnis einiger Märtyrer zur Staatsreligion. Einige weitere Jahrhunderte dauerte es, und die lebensfeindlichen Vorgaben des Christentums waren so verinnerlicht, daß als naturgegebene religiöse Empfindung erschien, was nur Ergebnis kultureller Sozialisation war: Vor dem Anblick eines sitzenden Bockes mit fröhlich entblößten Zähnen und Weinlaub in den Hörnern schauderte der Gläubige zurück, aber vor einem am Kreuz zu Tode Gemarterten beugte er demütig die Knie. So dürftig die Auskünfte der christlichen Würdenträger über ihren Gott und das Paradies waren, so gesprächig wurden sie, kamen sie auf das Reich der Finsternis zu sprechen, in dem der Teufel residierte.

Die höchstinstanzlich verordnete Bilderfeindlichkeit war vergessen, ging es darum, die Schrecken zu beschreiben, die den Sünder in der Hölle erwarteten. Das sadistische Ingenium einer durch die Klosterzucht depravierten Sinnlichkeit tobte sich in Bildern entsetzlicher Kreaturen, unglaublicher Martern und gräßlichen Leidens aus. Innozenz III. hatte zwar von der doppelten Bestrafung des Sünders gesprochen: neben der eher unwesentlichen *poena sensus* (der körperlichen Marter) erleide er die viel schlimmere *poena damni* (den Entzug der Gottesschau).[16] Aber mit einem derart esoterischen Leiden war keine Greuelpropaganda für

15 Zur Diabolisierung von Naturreligionen, Vegetations- und chthonischen Kulten vgl. Gerhard Zacharias, *Der dunkle Gott. Die Überwindung der Spaltung von Gut und Böse. Satanskult und Schwarze Messe*, Wiesbaden-München 1982, v. a. S. 43-144.

16 Vgl. Reinhard Paczesny, „What the Hell Became of Hell? Zum Schicksal literarischer Höllenvorstellungen seit der Renaissance", in: *Sprache im technischen Zeitalter* 83, 1982, S. 174-180, hier S. 176.

das Himmelreich zu machen, die wortgewaltigen Prediger zogen es vor, sich an die bewährten Bilder physischer Qual zu halten. Auch die Auftragskünstler der Kirche dürften an dem ungewollten Sieg über die Ikonoklasten ihre Freude gehabt haben – denn anders als ätherische Madonnen, schwächliche Jünglinge am Kreuz und öde Paradieslandschaften erlaubten die Beschreibungen der Hölle, der so lange ausgedörrten Phantasie wieder die Zügel schießen zu lassen. Auf den obligaten Triptychen ist der Höllenflügel zumeist ästhetisch überzeugender ausgeführt. Wo immer die Missionierung in der Fremde auf Befremdliches traf, wurde der Ruf vom „Werk des Teufels" laut; entdeckte die Lehre der reinen Denkungsart, der nichts widerlicher war als alles Sinnliche und nichts so heilig wie das Gesetz der Väter, Zweifel in den eigenen Reihen oder gar neue theologische Ansätze, die nach ökumenischer Versöhnung mit fremden Religionen trachteten, wurde dies umgehend dem Einfluß des Teufels zugeschrieben, der selbst in der kleinen Schar der Gottesfürchtigen „umhergeht wie ein brüllender Löwe und sucht, wen er verschlingen kann" (1 *Pt* 5,8). Was anders war als die kultischen Rituale, die dem Einen Gott und seiner dreifaltigen Ausdifferenzierung galten, wurde verteufelt. Als böse galt nicht nur, was anders war, sein Schatten fiel auch auf alles, was sich als neu erwies. Konservative haben zumeist einen eisernen Glauben.[17] Heidnische Götzen, denen die Fleischeslust ins Gesicht, zwischen die gespreizten Beine oder auf das erigierte Glied geschrieben stand, waren dem Bewußtsein der unterworfenen Heiden nicht restlos auszubrennen. So entwickelte das Christentum, der eigenen Dogmatik zum Trotz, eine außerordentliche Absorptionsfähigkeit paganer Glaubensinhalte. Die fremden Dämonen wurden als Trophäe aus den Beutezügen der Mission mitgeschleppt, der Gemeinde als entmachtete Götzen vorgeführt und kurzerhand dem Gefolge Satans als Unterweltsdämonen eingemeindet. Ihre Abbilder mauerten die christlichen Baumeister als Wasserspeier oder Karyatiden in die dicken Wände der Kathedralen ein. Die sinnliche Verzückung ihrer Gesichter ist für immer der tiefen Trauer über die ewige Gefangenschaft im Christentum gewichen.

Aber auch an diesen aus der Schöpfung verstoßenen Dämonen fanden die Gläubigen größeren Gefallen, als den Klerikern lieb sein konnte. Das sichtliche Vergnügen am befremdlich Anderen, an der opulenten Gestaltenfülle nötigte Kirchenväter wie den Hl. Bernhard von Clairvaux zu Schmähschriften gegen die *concupiscentia oculorum*, die Schaulust:

> Was sollen übrigens in den Klöstern vor den lesenden Brüdern jene lächerlichen Monstren [...]? Was sollen die unflätigen Affen und die wütenden Löwen? Was die greulichen Zentauren [...]? Da siehst Du an einem Kopf viele Leiber und wiederum an einem Leib viele Köpfe. Überall erscheint eine ebenso bunte wie erstaunliche Fülle verschiedenartiger Formen, so daß man lieber in den Steinen als in den Büchern [der Bibel, H.R.B.] liest und den ganzen Tag

17 Vgl. auch W. Beltz: „Diese bewußte konservative Ritualisierung ist der Ansatzpunkt für die Depravierung des Teufels, des Bösen, insofern er der Inbegriff des Neuen, des Veränderten ist, dessen, was anders ist als es zu Zeiten der Väter war. Die Fixierung des Heiligen als Vergangenheit, als Geschichte wird zum Freibrief für die Verteufelung der zeitgenössischen Gegenwart." Walter Beltz, *Gott und die Götter. Biblische Mythologie*, Düsseldorf 1977, S. 298.

> damit beschäftigt ist, die Einzelheiten jener Sonderbarkeiten anzustaunen, statt Gottes Gebot nachzusinnen.[18]

Eine ästhetische Haltung, die am „symbolischen Gegenstand die sinnenhafte Erscheinung mitgenießt",[19] mußte dem sittenstrengen Ordensgründer deshalb so gefährlich erscheinen, weil sie unter den Brüdern eben jene sinnlichen Regungen wieder wachzurufen drohte, die die Klosterdisziplin abtöten sollte.

3. Die schwarze Messe

Naturheidnische und gnostische Elemente lebten nicht nur in der Plastik der Sakralbauten fort, sondern auch in der liturgischen Untergrundvegetation zahlreicher Sekten. Die gnostische Idee von der Verdorbenheit der Schöpfung hatte zu zwei genuinen und entgegengesetzten kultischen Praktiken geführt: einerseits eine Mystik der Entsagung, die in der Enthaltsamkeit gegenüber allem Irdischen den Herrschaftsbereich des Demiurgen austrocknen wollte, andererseits eine ekstatische Vergottung alles Irdischen, in der die Sterblichen den Platz des Demiurgen usurpierten und ihm die Schöpfung enteigneten. Während die asketische Variante einen felsenfesten Glauben und ein hohes Maß an persönlicher Opferbereitschaft voraussetzte,[20] erlaubte die sinnenfrohe zweite Version eine kultische Praxis, die die elementaren Bedürfnisse des Lebens respektierte und gewissermaßen eine natürliche Überzeugungskraft besaß. In der gnostischen Spätantike waren es Sekten wie die Phibioniten oder die Ophiten,[21] im Mittelalter solche wie die Adamiten oder die Brüder und Schwestern des Freien Geistes, deren liturgische Rituale es ihren Gläubigen erlaubten, selbst als Priester der fleischlichen Lust zu amtieren.

Zum Satanskult bzw. zur schwarzen Messe im engeren Sinne aber konnte es erst kommen, als sich das Christentum soweit verfestigt hatte, daß jede vom Abendmahl der christlichen Kirche abweichende kultische Praxis nicht nur der Häresie verdächtigt, sondern als solche unter peinlichste Strafe gestellt wurde. In dem Maße, wie sich die Allianz von Christentum und weltlicher Macht etablierte und religiöse Vorschriften staatlich sanktioniert wurden, büßte die Doktrin der Nächstenliebe und Barmherzigkeit ihren Kredit selbst bei jenen Gläubigen ein, die sich noch stöhnend dem Verbot der fleischlichen Lust gebeugt hatten. Als die Schei-

---

18 Bernhard von Clairvaux in einem Brief an den Abt Wilhelm von St. Thierry, zit. nach Alfons Rosenberg, *Engel und Dämonen. Gestaltwandel eines Urbilds*, München 1968, S. 172.

19 Hans Robert Jauß, *Ästhetische Erfahrung und literarische Hermeneutik*, Bd. 1: *Versuche im Feld der ästhetischen Erfahrung*, München 1977, S. 24.

20 Zugleich aber stand eine solche Praxis im Widerspruch zum natürlichen Expansionsstreben jeder Gemeinde; sie blieb daher zumeist dem entsprechenden Oberpriester vorbehalten, während die Gläubigen weiter der Sünde des Fleisches huldigen durften und mußten, weil nur so der Fortbestand der Gemeinde gesichert war.

21 Zu Einzelheiten der Rituale vgl. Zacharias, a.a.O., v. a. S. 41-62.

terhaufen der Inquisition brannten, die Marterwerkzeuge in den Verliesen der Klöster glühten, die Ausplünderung durch Feudalherren und Klerus die Reihen der Armen dezimiert hatte und der Schwarze Tod ein Drittel der Bevölkerung Europas dahinraffte, verbanden sich die Zweifel am Erlösergott mit der Hoffnung auf eine Gegengottheit. Niemand schien geeigneter, das ausgebliebene Heilswerk einzuklagen als der, den Gott weiter von sich gestoßen hatte als alle anderen: Satan. Die Zeit der schwarzen Messe, der Anbetung Satans als des eigentlichen Gottes war gekommen.

Jules Michelet, der große Historiker der französischen Revolution, hat die Entstehung der schwarzen Messe auf das 13. Jahrhundert, „die Zeit der Verzweiflung“,[22] datiert. Der Titel seines Werks, *La Sorcière*, rückt die zentrale Gestalt dieses Rituals in den Mittelpunkt: die Frau. Stellvertreter des satanischen Gottes ist kein im Zölibat lebender Priester, sondern die vom Christentum verfemte Frau.[23] Sie gilt im Satanismus als Herrin der Erde, die kraft ihrer Weiblichkeit und ihrer Fähigkeit zum Gebären vertrauter ist mit den Geheimnissen des Werdens und der Natur, als je ein Mann es sein könnte. Sie hat in „ihrem Herzen das Andenken, das Mitleiden für die armen Götter“[24] eingeschlossen, die die Kirche zu Dämonen werden ließ, und sie selbst ist die Erinnerung an die große, weise Mutter am Anfang aller Zeiten – keine bleichsüchtige Madonna oder reuige Magdalena, sondern ein sinnliches, lebensbejahendes Wesen, das Liebe gibt und empfängt. Sie ist zugleich Priesterin und Altar, der die Gemeinde in einem ejakulativen Ritual Verehrung erweist.[25]

Was die Literatur nach dem 18. Jahrhundert hingegen als schwarze Messe beschrieben hat – etwa in Sades *Juliette* oder Huysmans' *Là-bas* –, hat wenig mit dem mittelalterlichen Ritual zu tun. In den Darstellungen zügelloser Orgien und wollüstiger Drogenexzesse erbrechen sich vom Exotismus inspirierte und von Aufklärung und Prüderie angewiderte Phantasien, die den Alchemie- und Giftmischeraffairen am Hofe Ludwig XIV.[26] mehr verdanken als dem originären Hexensabbat. Aber ob als ursprüngliche ekstatische Gegenreligion oder als aristokratische Degenerationsform – die verteufelte Sinnlichkeit übte auf die Literatur den verlokkenden Zauber des Verbotenen aus. Die Prüderie der Empfindsamkeit, der moralische Rigorismus der Aufklärung und der Purismus der Autonomie-Ästhetik hatten einem Litera-

22 Jules Michelet, *Die Hexe*, München 1974, S. 23.

23 Noch heute ist es der Frau in der katholischen Eucharistie untersagt, auch nur den Hilfsdienst des Mininstranten zu versehen. Wenn Not am Mann ist, darf sie den rezitativen Teil des Kanons sprechen, aber auch das nur in gebührlicher Entfernung vom Altar. Vgl. den Art. „Ministrant“ in: *Lexikon für Theologie und Kirche*, Bd. 7, hrsg. von J. Höfer/K. Rahner, Freiburg 1962, S. 429.

24 Michelet, a. a. O., S. 50.

25 Den spekulativen Charakter seiner Ideen unterschlägt Michelet nicht. Die Quellen sind zweifelhaft. Die im hochnotpeinlichen Verhör erpreßten Geständnisse verraten mehr über die verborgenen Wünsche der Folterknechte als über die tatsächlichen Vergehen der Opfer.

26 Die Aufdeckung der satanischen und schwarzmagischen Rituale, die vom Abbé Guibourg und Madame de Montespan am Hof mit dem Zweck einer Beeinflussung des Königs durchgeführt wurden, führte zu 36 Todesstrafen, 34 Verbannungen und vier Galeerenstrafen. Vgl. Herbert Haag, *Teufelsglaube*, Tübingen 1980, S. 491 und Zacharias, a.a.O., S. 148-171.

turbegriff zum Durchbruch verholfen, der das Dionysische zugunsten des Apollinischen, das Kreatürliche im Interesse des Spirituellen vergaß und dem die Sinnlichkeit der Leser allenfalls als Vehikel zum Transport einer moralischen Mitteilung diente. Der Ausbruch der so lange brachliegenden dionysischen Ansprüche der Ästhetik erfolgte in der schwarzromantischen Tradition der Kunst und Literatur zwischen dem späten 18. Jahrhundert und dem *fin de siècle* ähnlich eruptiv, wie sich elementare physische Bedürfnisse beim Hexensabbat entluden – und ähnlich eklektizistisch. Es ging nicht darum, eine vergessene Religion wiederzubeleben, sondern um eine *delectatio morosa,*[27] die in den Bildern einer untergegangenen Tradition Metaphern für ein neues Ausbruchsverlangen finden wollte. Nicht historische Gerechtigkeit, sondern ästhetische Imagination bestimmte das literarische Szenario des Satanismus.

Der originäre Hexensabbat feierte das vom Christentum Verfemte, indem er den vom Christentum Verstoßenen anbetete. Die Gläubigen, die sich selbst als Verdammte begriffen, bekannten sich zu dem einen, großen Verdammten, und rissen die ihnen so lange vorenthaltene Lust in einem rituellen Handstreich an sich. Nur partiell, etwa im bärtigen Bocksgott der Templer, findet sich auch schon im mittelalterlichen Hexensabbat die blasphemische Pervertierung der christlichen Liturgie, die die späteren Literaten als die Eigentümlichkeit der schwarzen Messen beschrieben.[28] Die aus der Unterdrückung geborene Agonie des Fleischlichen, der „Hallelujaschrei des ans Kreuz genagelten Heidentums" (Przybyszewski), war eine originäre kultische Praxis, während die literarische Mimesis des Satanismus nie über ein „seitenverkehrtes Christentum"(Huysmans) hinauskam; noch in der Parodie ließ sie das Urbild der christlichen Eucharistie durchschimmern. Zug um Zug folgt das literarische Szenario der schwarzen Messe dem Ritus der weißen, wiederholt nur blasphemisch verzerrt selbst die geringfügigsten Details des christlichen Kultes.[29] In der Perversion wird der pervertierte Kanon bestätigt: Die Satansjünger verfügen über keinen eigenen Sakralraum, sie treffen sich in einer entweihten christlichen Kirche; die Messe zelebriert ein verstoßener Priester, weil allein er die für die Hostienschändung unerläßliche Konsekrationsgewalt besitzt – ein Priester von Satans Gnaden, so es einen solchen gäbe, hätte eingestandenermaßen nicht die Kraft, den zu schändenden Leib des Herrn in die Hostie zu zwingen; statt des Meßgewandes trägt er frivole Kleidungsstücke, als Ministranten amtieren geschminkte Päderasten, die Kerzen sind schwarz und möglichst aus dem Fett von Gehenkten hergestellt; das Verbrennen von arabischen

27 Zu diesem Kernbegriff der Dekadenzästhetik vgl. Mario Praz, *Liebe, Tod und Teufel. Die schwarze Romantik* (1930), München 1981, v.a. S. 267-273.

28 So entschärft Huysmans' klammheimlicher Katholizismus, vor dem er später, wie schon Barbey d'Aurevilly prophezeit hatte, zu Kreuze kroch, den Hexensabbat im wesentlichen zu einem pervers-blasphemischen Hostienfrevel: „Das Ritual dieser Zeremonien war hinlänglich grausam; im allgemeinen hatte man ein Kind geraubt, das man auf dem Land in einem Backofen verbrannte; dann bereitete man von seinem Staub, den man aufbewahrte, mit dem Blut eines anderen Kindes, das man umbrachte, einen Teig [...]. Der Abbé [...] hielt das Hochamt, weihte die Hostie, schnitt sie in kleine Stücke und mischte sie zu diesem von der Asche getrübten Blut." Joris-Karl Huysmans, *Tief unten*, Zürich 1987, S. 69.

29 Genauer, am Beispiel von Huysmans' Roman, habe ich dies beschrieben in H.R. Brittnacher, „Die Grimasse des Christentums. Das Ritual der schwarzen Messe", in: *Der Alltag*, 3/89, S. 61-65.

Gummiharzen und Nachtschattengewächsen erzeugt Weihrauch mit aphrodisischen oder narkotisierenden Wirkungen; der Venushügel einer nackten Frau bildet den Altar; darüber hängt ein verkehrt aufgehängtes Kreuz und das düstere Bild des Gekreuzigten ist durch eine ausgemergelte, grinsende Gestalt mit erigiertem Penis ersetzt. An die Stelle von Proskynese und Altarkuß tritt der *osculum infame* auf den Steiß des Priesters.

Die Ansprache an die Gemeinde stellt einen ersten, vorläufigen Höhepunkt der Zeremonie dar. In Huysmans' Roman *Là-bas* (1891) amtiert der von fanatischem Haß auf das Christentum beseelte Kanonicus Docre. Er liest in einem Brevier, dessen Einband aus der Haut eines ungetauft gestorbenen Kindes besteht und hat sich auf die Fußsohlen ein Kreuz tätowieren lassen, um immer wieder auf den Heiland treten zu können. Seine Ansprache an die Gemeinde klagt im Namen aller Entrechteten und Unterdrückten die falschen Versprechungen des Erlösergottes an:

> Oberster der prächtigen Sünden und der großen Laster, Satan, du bist es, den wir verehren, vernünftiger Gott, gerechter Gott! [...] Unterstützer der erbitterten Armen, Erquikkung der Unterlegenen, du bist es, der sie mit der Heuchelei, der Undankbarkeit, dem Hochmut begabt, damit sie sich wehren können gegen die Angriffe der Kinder Gottes, der Reichen! [...] du allein befruchtest das Gehirn der Menschen, das die Ungerechtigkeit zugrunde richtet.

Docres Religion *à rebours* sieht in Satan all das, was Christus nicht war – er vertröstet die Zukurzgekommenen nicht aufs Himmelreich, sondern ergreift das Banner des Sozialrebellen, er plädiert nicht für eine lustlose Pflichtsexualität mit dem ausschließlichen Zweck der Fortpflanzung, sondern steht den abtreibungswilligen Frauen bei und gilt als Schutzpatron sexueller Enthemmung:

> Du bringst den Müttern die Eile der Frühgeburten bei, und deine Hebamme spart die Herzensängste der Fruchtbarkeit und den Kindern, die vor der Geburt sterben, den Schmerz des Verkommens! [...] Satan, du verlangst nicht die unnützen Proben keuscher Lenden, preisest nicht den Wahnwitz der Fasten und Siesten.

Mit seiner Schlußwendung erinnert Docre an die Gebetsformeln der ursprünglichen Satansjünger und ihre Hoffnung auf die *apokatastasis hapanton*, eine Zeitenwende, die den Satan wieder in seine alten Rechte einsetzen wird: „Herr, deine treuen Diener flehen dich an [...]; sie verlangen von dir endlich Ruhm, Reichtum, Macht, von dir, dem König der Enterbten, dem Sohn, den der unerbittliche Vater verjagt!“[30]

Der Höhepunkt der Satansmesse besteht in der perversen Umdeutung der Eucharistie. Der Priester des katholischen Ritus wandelt Wein und Hostie in Blut und Leib des Herrn. Der Satanspriester uriniert in den Kelch, füllt ihn mit Menstrualblut oder mit Sperma, Kot und dem Blut eines Opfertiers. Und an die Stelle des Eingehens beim Herrn durch den Ver-

30 Huysmans, a.a.O., S. 276 f.

zehr seines Leibes tritt die Vereinigung mit der Frau – sei es, mit jener, auf deren nacktem Bauch die Messe zelebriert wurde, sei es mit einer oder mehreren aus der Schar der Gläubigen, die dem Spektakel beiwohnen. Die Zahl der schwarzeucharistischen Prozeduren ist so groß wie die der Sekten, gemeinsam ist ihnen nur die Verpflichtung zur Schändung des christlichen Rituals.

Keiner hat dies drastischer beschrieben als der ‚göttliche Marquis'. Pointiert formuliert Saint-Fond in Sades *Juliette* die heillose Dialektik von Gut und Böse:

> Ich bin genauso glücklich über das Böse, das ich anderen antue, wie Gott über das glücklich ist, was er mir antut. Es gibt nur noch einen Fehler in dem Gedankengang und der hängt mit dem Wort zusammen. Denn tatsächlich, wenn das Böse einerseits notwendig ist und wenn das Böse andererseits Freude macht, warum sollte ich es dann nicht gut nennen?[31]

Wenn das Böse im Sakrileg besteht, dann ist niemand böser als ein abtrünniger Kleriker und nichts ist verwerflicher als die Entweihung der heiligsten aller Stätten. Das größte Vergnügen würde es dem Kardinal Vespoli bereiten, die Muttergottes zu vergewaltigen; da sie unerreichbar ist, begnügt er sich mit der Schändung einer Wahnsinnigen, die sich für die Madonna hält. Kein geringerer als der Papst selbst (Pius VI.) zelebriert in *Juliette* die schwarze Messe im Herzen des Katholizismus, im Vatikan. Die Rolle von Altar und Kelch nimmt die verworfene Titelheldin ein. Der Höhepunkt des Ritus ist erreicht, als der Papst in einem sodomitischen Akt in Juliettes Anus die Hostien einführt. Im äußersten Sakrileg findet Juliette, wonach ihr lasterhaftes Wesen so lange gedürstet hat, die äußerste Glückserfüllung: „Vom Papst sodomiert, den Leib Jesu Christi im Hintern, oh meine Freunde, welche Köstlichkeit! Es schien mir, als ob ich niemals in meinem Leben so genossen hätte."[32]

Selbst in der Imitation der Hierarchie von Priester und Gemeinde folgt der Satanismus dem verhaßten Vorbild des christlichen Ritus: Erst nachdem das Opfermahl am Altar vollzogen wurde, darf auch die Gemeinde sich der Orgie hingeben. Durtal, der Beobachter in Huysmans' Roman, sieht entsetzt, wie der Kanonikus Docre „die ungesäuerten Brote kaute, sie wieder ausspie, sich damit den Hintern abwischte und davon an die Frauen verteilte; und sie rissen sie an sich, indem sie dabei wie die Hirsche röhrten, oder sie stürzten sich übereinander, um sie zu schänden."[33] Und er wird selbst vom Taumel der Enthemmung ergriffen. Die wolfsäugige Madame Chantelouve „bemächtigte sich seiner und entdeckte ihm Zuchthaussitten, Schändlichkeiten, die er selbst von ihr nicht argwöhnte und die sie mit geiler Wucht würzte [...]. Und plötzlich, als er sich zurückziehen konnte, erbebte er, denn er sah auf dem Bett die Bruchstücke einer Hostie."[34]

31 Zit. nach Ulrich K. Dreikandt, „Nachwort", in: Dreikandt (Hrsg.), *Schwarze Messen. Dichtungen und Dokumente*, München 1970, S. 265-309, hier S. 302.

32 Ebd., S. 303.

33 Huysmans, a.a.O., S. 280.

34 Ebd., S. 282 f.

Ein ästhetisches Nachbeben erreichte der Sexualmessianismus der schwarzen Messe in den 70er und 80er Jahren in den Abreaktionsspielen der Wiener Aktionisten. Hermann Nitsch deutete seine Lammkreuzigung als „zerreißung gottes" und als „symbolhandlung für das urexzeßerlebnis".[35] Die Partitur des 7. Abreaktionsspiels sieht u.a. folgende Stadien einer zeremoniell gebändigten Ekstase vor:

> am boden liegende gedärme werden beschüttet / geschlechtsteilberührung / geschrei der akteure / liegende frau wird mit blut und gedärmen beschüttet / ausweiden 1. lamm / ausweiden lamm 2 / aufklaffen / frau am liegenden kreuz wird beschüttet / aufgeklafftes lamm auf der frau wird begattet.[36]

Ein derartiger Abstieg in die Niederungen des Sexualmysteriums soll durch einen befreienden Blick in verdrängte sadistisch-masochistische Triebpotentiale diesen Verdrängungszusammenhang zumindest vorübergehend dispensieren. In der Literatur oder seiner ästhetischen Anverwandlung ist der Satanismus zur Mimikry verkommen, in der sich die Protagonisten ihre Andersartigkeit nur noch durch die Imitation von Normübersteigungen bestätigen können, die einst das Leben kosteten und heute als Kunst grundgesetzlich geschützt sind. Aber noch in seiner Verfallsform ruft der Satanismus die Defizite der jüdisch-christlichen Religion in Erinnerung und formuliert das Credo des Bösen als die Ansprüche der unterdrückten Triebnatur. Dem Kerker der leibfeindlichen Religion entkommen, hat sie doch die Spuren der Gefangenschaft nicht tilgen können. In der Schändung des lustfeindlichen Guten ist das Sinnliche zur bösen Lust geworden.

4. Die Epiphanien Luzifers

Zur Zeit des Spätmittelalters und der Renaissance standen zwei ikonologische Modelle des Bösen einander gegenüber. Einerseits stellten lehramtliche Verlautbarungen, Predigten und Kunst den Teufel als viehischen Unhold dar, als ein pelziges, geiferndes Wesen, mehr Tier als Mensch, mehr Untier als Tier. Auf dem Höllenflügel des Tryptichons *Das jüngste Gericht* (um 1450) von Fra Angelico kauert der Teufel als ein dreimäuliges, grauschwarzes Ungetüm mit Hörnern und Klauen, einem von Ruß geschwärztem Antlitz, zottiger Brust und entblößter Scham. Breitbeinig hockt er inmitten der Hölle, verschlingt die armen Sünder und defäkiert sie in einen Feuerpfuhl, wo seine Spießgesellen mit Marterwerkzeugen in der Hand schon auf neue Opfer warten. Ist der Teufel nicht damit beschäftigt, die armen Sünder zu quälen, treibt er auf der Erde sein Unwesen und verführt die Menschen in allerlei Gestalt. Als Widersacher Gottes ist er auch das Gegenbild zu seiner monistischen Einheit.

35 *das lamm*, hrsg. von der Galerie Junge Generation, Wien o.J., zitiert nach Haag, a.a.O., S. 497.

36 Zitiert nach dem Faksimile bei Peter Gorsen, *Sexualästhetik. Zur bürgerlichen Rezeption von Obszönität und Pornographie*, Reinbek bei Hamburg 1972, S. 164.

Der Teufel ist ein Rollenspieler, ein Grimassenschneider und Visagist, der seine Identitäten nach Belieben wechselt und sich hinter tausend Masken verbirgt. Nicht zufällig ist die *Versuchung des Hl. Antonius* das bevorzugte Sujet der Zeit: denn ein pluraler Teufel verbirgt sich in der überschäumenden Fülle phantastischer Mischwesen, einer üppig wuchernden Fauna und den verführerischen Frauen, die den Einsiedler bedrängen. Nicht der Liebreiz der Gestalten bedroht die Nähe des frommen Heiligen zu seinem Eingott, sondern deren sündige Formenvielfalt und rauschhafte Exuberanz, die entropische Übersteigerung von Gottes maßvoller und gemäßigter Schöpfung. Das Wesen des Teufels ist die Vielheit. Aus dem Munde des besessenen Geraseners im Markus-Evangelium antwortet der Teufel auf die Frage nach seinem Namen: „Legion heiße ich; denn wir sind viele" (*Mk* 5,9), und folgerichtig fährt der unreine Geist nicht in ein einzelnes Schwein, sondern in eine ganze Herde. Johannes Wier bezifferte in seiner gelehrten Abhandlung *De praestigiis Daemonum* aus dem Jahr 1568 das höllische Personal auf nicht weniger als 7.405.926 Teufel, nämlich 72 Höllenfürsten zuzüglich 1.111 Legionen zu je 6.666 Dämonen.[37]

Der Satan des Mittelalters ist nicht nur von schillernder Pluralität, er ist auch vulgär und unflätig. Die Sinnlichkeit der alten Götter ist in ihm zu schierer Wollust entstellt und vergröbert. Er erscheint als klebrig-lüsterner Schwerenöter, der den beim Himmelssturz lädierten Fuß hinter sich herschleift, artige Bürgersfrauen mit Handkuß betört, braven Dienstmägden mit honigsüßer Stimme Anzüglichkeiten ins Ohr flüstert, glaubensfeste Nonnen zur Hysterie und enthaltsame Pfaffen zum Wahnsinn treibt. Die hämische Teufelsfratze des Mittelalters verspottet in ungenierter Schamlosigkeit die christliche Keuschheit so sehr wie die zivilisatorisch verordnete Dezenz.

In dieser Gestalt ist der Teufel freilich auch eigentümlich unbedrohlich: eher Kinderschreck als Heilsbedroher, eher Jahrmarktkuriosum als Gottes finsterer Gegenspieler. In seiner Ikonologie – auf den Bildern Boschs, Breughels oder Luca Signorellis – verschmilzt, was die Weltreisenden der Zeit aus der *terra incognita* zu berichten wußten. An den Rändern der damals bekannten Welt glaubten sie schuppige Affenmenschen oder Vögel mit Brüsten, Hermaphroditen mit Fischunterleibern und doppelköpfige Echsen zu sehen. Im Teufel, der sich das Erscheinungsbild dieser Kreaturen zulegte, verlor sich das Numinose des Übernatürlichen ans Abstoßende des bloß Widernatürlichen. Ins Bild der Erscheinungen dieser Welt gefaßt, wird der Schrecken der jenseitigen handhabbar. Je reicher die Bildinhalte, je üppiger die Formen, je schärfer die Konturen, desto geringer die Angst: Den Schrecken vor der gefallenen Schöpfung ersetzt die Verwunderung vor dem Reichtum der wirklichen, die Berührungsangst weicht der Neugierde, an die Stelle der Furcht vor der Kreatur treten das Interesse an ihrer Untersuchung und die Bewunderung ihrer virtuosen Bannung ins Bild.

Der mittelalterliche Fratzenteufel ist nur noch der *simia dei* (Affe Gottes), ein geduldeter Quälgeist, der Gottes Überlegenheit niemals gefährdet. Versucht er es dennoch, wie im mittelalterlichen Teufelsschwank, werden seine Schöpfungen zur grotesken Mimikry der ersten:

37 Vgl. Helmut Wiemken, „Einleitung", in: ders. (Hrsg.), *Doctor Fausti Weheklag*, Bremen 1961, S. XLVIII.

schafft Gott die Biene, gelingt dem Teufel nur die Wespe, erzeugt er die Maus, schickt Gott ihr die Katze hinterher.[38]

Erst die italienische Hochrenaissance erlöst den Teufel aus seiner Verbannung in Tier- und Drachenleiber und gibt ihm seine tragische Aura zurück. Auf Lorenzo Lottos Bild *Luzifers Sturz* (1554-1556)[39] erscheint der Teufel wieder in der düster-erhabenen Gestalt des verdammten Gegenspielers: Abwehrend erhebt er die Hände, hilflos stürzt er, sein „umschattetes Gesicht ist nicht häßlich, sondern läßt die Schönheit des gefallenen Engels erkennen – Lucifer ist hier eine tragische Figur, voll Schrecken über das eigene Schicksal."[40] Der Böse, der andere leiden macht, der Tragik und Trauer verbreitet, leidet selbst, ist selbst eine tragische und trauernde Gestalt. Tintorettos *Versuchung Christi* (1578–1581) zeigt ihn als Melancholiker, der in dem ihm gegenüberstehenden Christus erkennen muß, was ihm selbst auf immer genommen wurde: „Fürst des Himmels, nicht der Hölle zu sein, ein Dasein in ewiger Freude zu führen und nicht in beständigem Leid, unaufhörlich kämpfen zu müssen im vollen Bewußtsein, daß Sieg für ihn nicht möglich ist."[41] Im beharrlichen Trotz seines Kampfes für eine aussichtslose Sache erscheint Luzifer Christus überlegen: „Er kämpft, obgleich er verlieren muß, während der andere nur siegen kann. Die Vollkommenheit Christi, seine Übermenschlichkeit sind [dem Betrachter] fremd, doch der beständige Kampf Luzifers, seine Niederlagen und die Trauer sind ihm vertraut und alltäglich."[42] In Luzifer erkennt der Mensch den Leidensbruder, der gleich ihm das Paradies verloren hat, in seinem prometheischen Aufbegehren findet er aber auch sein Eigenrecht und seine Menschenwürde wieder.

Mit dieser sublimen Überhöhung Luzifers ist die ikonographische Grundlage eines seriösen literarischen Satanismus geschaffen, der im epischen Nacheinander die Motive für jene Situation freilegt, die der Maler darstellt. Selbst Miltons *Paradise Lost* (1667), gewiß unverdächtig jeder Häresie, gesteht Luzifer jene monumentale Trauer zu, die seine Bosheit als fast berechtigte Revolte gegen das über ihn verhängte Leiden erklärt. „The Hell within him, for within him Hell/He brings" (IV, 20f.). – Luzifer selbst trägt das Flammenmeer der Hölle in sich, die Qualen, die er anderen bereitet, erleidet er selbst. Im Wissen darum, daß all sein Handeln nur neues Leiden verursacht, kämpft er dennoch gegen sein Verflucht-Sein an. Er wird zum Archetyp des Rebellen, in dem sich die Erniedrigten und Beleidigten, die Verzweifelten und Versklavten wiedererkennen können. In Byrons *Cain* (1821) erscheint Luzifer nicht mehr als kämpferischer Aufrührer, sondern als intellektueller Nihilist; er verzichtet darauf, sich Gottes Thron zu erkämpfen, weil er erkannt hat, daß Gott selbst sein Schicksal teilt:

---

38 Vgl. Gustav Bebermeyer, „Teufelsliteratur", in: Merker-Stammler, *Reallexikon der deutschen Literaturgeschichte*, Bd. 4, hrsg. von K. Kanzog/A. Masser, Berlin-New York 1984, S. 367-403, hier S. 402.

39 Die Darstellung der Luziferikonographie in der Malerei der italienischen Renaissance folgt Ernst Osterkamp, „Darstellungsformen des Bösen. Das Beispiel Luzifer", in: *Sprachkunst* 5, 1974, S. 177-195.

40 Marlene Schaible, *Darstellungsformen des Teuflischen, untersucht an Darstellungen des Engelssturzes vom Ausgang des Mittelalters bis zu Rubens*, Phil. Diss., Tübingen 1970, S. 92 f., zit. nach Osterkamp, a.a.O., S. 180 f.

41 Osterkamp, a.a.O., S. 182.

42 Ebd., S. 183.

das der Einsamkeit. Doch ist er Gott überlegen, weil er jene Wahrheit verkündet, die Gott verschweigt: Glück kann es nicht geben, weil der Schöpfer des Lebens selbst nicht glücklich ist. Bei Shelley ist der Satanismus zu ästhetischer Exklusivität gesteigert und büßt damit seine sozialrevolutionäre Identifikationspotenz ein. Luzifer ist keine „populäre Personifikation des Bösen" mehr,[43] sondern ein allein der Wahrheit verpflichteter Moralist, der allen Widerständen zum Trotz auf der Richtigkeit seiner Ideen beharrt – kurz, der Prototyp des romantischen Poeten.

Baudelaire, Carducci und Oscar Wilde führen die Ästhetisierung Luzifers fort und verspielen dabei endgültig das sozialromantische Renommé, zu dem Milton der Figur Satans verholfen hatte. Zwar formulieren Baudelaires *Les Litanies de Satan*, das CXX. Poem aus den *Fleurs du Mal* (1857), noch im Namen aller Parias die soziale Anklage jenes Elendes, das vom Christentum begangen oder geduldet wurde:

> Der Engel weisester und schönster du hoch droben,/ O du gestürzter Gott, der Anbetung enthoben,/ Erbarme, Satan, dich auch meiner tiefen Qualen!/ [...]/ Der an den Paria, den ausgestoßnen, denkt/ und mit der Liebe ihm ein Paradies geschenkt,/ Erbarme, Satan, dich auch meiner tiefen Qualen!/ [...] Du hast das Schandmal mit der treuen Helfershand/ Auf jedes Krösus[44] Stirn, die schuftige, gebannt,/ Erbarme, Satan, dich auch meiner tiefen Qualen!/ Du schenkst dem Aug und Herz der Dirnen ein Erbarmen,/ Den Kult der Wunden und die Liebe zu den Armen,/ Erbarme, Satan, dich auch meiner tiefen Qualen.[45]

Baudelaires bloß noch ästhetischer Immoralismus scheut nicht davor zurück, dem an seine Schmähliitanei anschließenden Gebet die Form der Psalmodie des *Gloria in excelsis Deo* zu geben. Der Luzifer Baudelaires spricht zwar noch die Sprache des Volkstribuns, aber mit jener Larmoyanz, die für das notwendige Scheitern der Revolte schönere Verse zu finden weiß als für den wirklichen Aufstand.

Scheinbar im Geist des traditionellen Satanismus formuliert auch Carducci seine messianische Erwartung in der Hymne *A Satana* (1869):

> Siehe: der Rost/ frißt an Michaels/ Mystischem Schwert,/ [...] Gefroren ist der Blitz/ Jehova in der Hand. [...] Es erneuert sich das Jahrhundert,/ voll ist die Zeit [...] / Sei gegrüßt, o Satan,/ o Rebellion, o rächende Macht/ der Vernunft![46]

War Satan für Baudelaire der Quell der irrationalen, chthonischen Kräfte, da Gott sich auf die Seite der Ratio geschlagen hat, wird er für Carducci hingegen zur ‚rächenden Macht der Vernunft'. Dieser Widerspruch kennzeichnet den Pferdefuß aller epigonaler Eschatologien:

43 Percy Bysshe Shelley, *A Defence of Poetry*, zit. nach Mario Praz, a.a.O., S. 70.

44 Allzu drastisch und unmißverständlich wird Baudelaire das ‚banquier' erschienen sein, das in der Handschrift an dieser Stelle steht. Vgl. Zacharias, a.a.O., S. 176.

45 Charles Baudelaire, „Satanslitaneien", in: Dreikandt, a.a.O., S. 124–126.

46 Zit. nach Zacharias, a.a.O., S. 181-187.

ihre Beliebigkeit. Das *summum malum* des Christentums, der Teufel, wird zum *summum bonum* des Satanismus. Die Namen der Hoffnungsträger wurden lediglich ausgewechselt, was sich als soteriologische Umdeutung ausgab, ist bloßer Etikettenschwindel. Wenn schließlich in Giosuè Carduccis Hymne *A Satana* der Dichter sich an Luzifer wendet, damit seine Verse den Gott „der schuldigen Päpste,/ Der blutigen Könige"[47] herausfordern können, ist aus dem Bündnis von Satanismus und Ästhetik die Kumpanei von Ästhetizismus und Exotismus geworden. Satan ist nicht mehr der Hoffnungsträger der Apokatastasis, als den ihn einst die Poeten besangen, sondern nur noch der Schutzpatron des Dichters im Moment seiner Ausdruckskrise. Oscar Wildes *Der Fischer und seine Seele* (1891) läßt Luzifer endgültig zum Dandy verkommen: „die Schönheit des gefallenen Engels ist erlesener Garderobe gewichen",[48] die Schwermut der Langeweile, Leiden und Mitleid der Ungerührtheit eines Dressmans, „Kennbild einer ästhetischen Revolution, die sich die tatsächliche versagt".[49]

5. Der Teufelspakt

Christliche Dogmatik steht der *condition humaine*, das göttliche Heilsversprechen dem irdischen Glücksverlangen unversöhnlich gegenüber. In der Hoffnung auf ein eigentlicheres Leben lebt der Mensch das uneigentliche bis zum Tod. Den Nachweis für die Existenz des Jenseits blieben die Kleriker schuldig, aber je größer ihre Beweisnot wurde, desto nachhaltiger schreckten oder lockten sie mit der Vorstellung eines Lebens nach dem Tode. Der Wunsch des Erdenbürgers nach Glück erscheine frevelhaft angesichts eines Gottes, der für ihn am Kreuze gelitten habe. Wolle man sich seiner würdig erweisen, habe man zu schweigen und all dem zu widerstehen, was dem Leben sündigen Reiz verleihen könnte. Hunger und Durst seien schweigend zu ertragen, Schmerzen klaglos zu dulden, der Tod der Freunde ergeben hinzunehmen und vor allem die Lust sei zu unterdrücken, notfalls mit der siebenschwänzigen Katze. Unterliege der Mensch dem Ansturm der Sinnlichkeit, habe er schon jetzt die Qual der Schuld und nach seinem Tode die ewige Verdammnis zu ertragen. Widerstehe er aber seinen Bedürfnissen, so erwarte ihn nach dem Tod eine Belohnung besonderer Art – nicht etwa die Erfüllung seiner irdischen Begierden, sondern die Auslöschung seiner Kraft zu wünschen. Was ihm auf Erden lästige Verpflichtung sei, Singen, Beten und Kirchgang, werde ihm im begierdefreien, erkenntnislosen Dauerzustand des Paradieses zur Quelle ewigen Glücks.

Zufrieden stimmen kann derweil das irdische Leben mit seinem Wechselbad von Triebwünschen und Schuldbewußtsein nur jene, die eine gütige Natur mit Beschränktheit, eine wohlwollende mit Glück oder eine gleichgültige mit Skrupellosigkeit ausgestattet hat. Wer aber mehr will als seinen Hunger nur stillen und seinen Durst nur löschen, wer Linderung seiner Schmerzen sucht und dem Tod Einhalt gebieten will, wer nach sinnlichem Genuß

---

47 Ebd.

48 Osterkamp, S. 193.

49 Ebd., S. 192.

trachtet oder gar nach Erkenntnis strebt, zieht sich den Zorn des Herrn zu und wird in seinem Hause, der Kirche, weder Trost noch Verständnis finden. Galileis „e pur si muove" ist zu schön, um wahr zu sein.

Aufgeschlossener zeigte sich den Wahrheits- und Glückssuchern früherer Zeiten der Fürst der Finsternis. In großer Zahl kursierten sogenannte Höllenzwänge mit genauen Anweisungen und Formeln, wie der Satan im Namen Gottes und seines „dreifach glühenden Lichts" herbeizuzitieren sei. Schon die Beschwörung war hoffärtig, aber da sie letztlich Gottes Macht bestätigte, noch verzeihlich. Die Unterfertigung des Vertrags jedoch mit Eisenfeder, Blut[50] und eigenem Namen stellte eine unwiderrufliche Abkehr von Gott dar: Der Teufelsbündner machte sich der *superbia* schuldig, der willentlichen Auflehnung gegen Gott. Aber die Versprechungen des Teufels waren einigen trotzigen Sinnsuchern den Preis der Aufgabe ihrer Seligkeit wert. Denn er schien weder Sinnlichkeit noch Bilder zu fürchten, und keine Erkenntnis vermochte ihn zu schrecken. Er verschwieg nicht seinen Hunger auf menschliche Seelen, aber konnte ihn als Bedürfnis nach Gesellschaft glaubhaft machen, und vor allem zahlte er für die Loyalität seiner Gefolgsleute bereits in diesem, nicht in einem ungewissen nächsten Leben. Gottchristus bot nichts, versprach alles und verlangte viel. Der Teufel forderte nicht weniger, aber löste seine Versprechen umgehend ein und eröffnete die Möglichkeit einer so ungeheuren Glückserfahrung, daß der Mensch aus dem Kontinuum der Geschichte herauszutreten bereit war und den Augenblick ansprach: „Verweile doch, du bist so schön!" (Goethe, *Faust I*, V. 1700) – im Bund mit Satan sollte dem Teufelsbündner eine Erfahrung ermöglicht werden, die in einem Taumel von Glück und Schönheit die heillose Endlichkeit seines Lebens stillzustellen vermochte.

Der christliche Grundvorwurf an die Häretiker, in einem dualistischen, allzu grobrastigen Schwarz-Weiß-Schema die Frage nach dem wahrhaft Guten und Bösen entscheiden zu wollen, ohne die Grautöne der verschlungenen Wege des Herrn zu berücksichtigen, fällt auf jene Kleriker zurück, die sich im Dienste der Erhaltung der Macht so lange mit Schwarz beschmutzten, bis sie graue Eminenzen wurden. Denn das Vorbild des Teufelspaktes war der Ablaßhandel, in dem die christliche Gnadenlehre sich an den Merkantilismus verkauft hatte. Die Entrichtung einer bestimmten Summe erlaubte, seine Sündenschuld unter Umgehung einer allzu schmerzlichen Bußleistung zu begleichen.[51] Nachdem erst einmal die gewaltige Finanzierungskraft dieser neuen Bußtechnik erkannt war, entwickelten die Krämer unter den Gottesdienern mit der Gründlichkeit penibler Buchhalter einen umfassenden Katalog, in dem jede Sünde ihren Preis hatte. Vor dem berüchtigten Dominikanerpater Tetzel hätte sogar Sades Kardinal Vespoli Gnade gefunden, denn selbst das undenkbare Verbrechen einer Vergewaltigung der Muttergottes war auf Tetzels Periodentafel der Sünden mit Preisangabe verzeichnet.

---

50 Darin zeigt sich die Herkunft des Paktmotivs aus dem Kischuph, der schwarzen Blutmagie des Judentums, erkennbar auch in zahllosen Paktsagen, in denen ein alter Jude bei der Teufelsbeschwörung vermittelt.

51 Vgl. die Art. „Ablaß" und „Almosen" in Carl Andresen/Georg Denzler, *Wörterbuch der Kirchengeschichte*, München 1984, S. 37 f. und 51 f.

Vor dem Hintergrund des „Sündige und zahle“ gewinnt Luthers „Peccate fortiter“ an Respektabilität, der Teufelsbündner aber erreicht erhabenes Format. Wer sich dem Teufel verschreibt, handelt aus der Verzweiflung an seinem dürftigen Dasein und aus der Sehnsucht nach Erkenntnis. Er klagt einen stummen oder verstummten Gott zweifach an: nicht nur als den Urheber allen Elends, sondern auch als den *deus absconditus*, der seine Gläubigen längst verlassen hatte und ihnen noch die dürftigste aller Tröstungen vorenthielt, die Erklärung des Warum und Wozu ihrer Leiden. Der Teufelsbündner entfernt sich nicht nur von Gott, um einem anderen Herrn zu dienen: Er fordert Gott heraus. Er wiederholt das Gründungsverbrechen des Satanismus, die Sünde wider den heiligen Geist: In einem Akt erhabenen Trotzes verweigert er den Kniefall, trägt seine Forderungen ohne Aussicht auf Gehör, aber mit dem Wissen um ihre Berechtigung vor, wendet sich mit kalter Verachtung ab und reiht sich stolz und ohne Reue ins Glied der Verdammten ein.

Indem der Teufelsbündner aus freiem Entschluß und im Bewußtsein ewiger Verdammnis tut, was Luzifer einst, seines Schicksals noch ungewiß, tat, wächst er noch über diesen hinaus. Die Renaissance, reich an Gelehrten, an Humanisten im wörtlichen Sinne, ist auch die Epoche der Teufelsbündner, die sich der christlichen Demut und der Unterwerfung unter Gottes Ratschlüsse verweigern. Sie suchten nach dem Sinn des Lebens, dem Stein der Weisen, dem Born der Freude, dem Geheimnis der Jugend, dem Elixier ewigen Lebens, dem Arcanum, immer auf der Suche nach der Antwort auf die eine Frage, „was die Welt/ im innersten zusammenhält“ (*Faust I,* V. 382f.). Sie trotzten einem Schicksal, daß ihnen wie allen anderen ein trostloses Menschenleben mit spärlichen Höhepunkten und gewissem Tod zuweisen wollte und zogen es vor, die Beantwortung ihrer Fragen und die Erfüllung ihres glühenden Verlangens mit dem Verlust ihres Seelenheils zu bezahlen. Der Berühmteste unter ihnen war der Doctor Faustus, an seiner Seite standen erdichtete Übermenschen und wirkliche Unmenschen, in der Reihe der Paktierer finden sich illustre Namen der abendländischen Kulturgeschichte: Robert der Teufel, der fliegende Holländer, Paracelsus, Tannhäuser, Don Juan, der Graf von Luxemburg[52] oder Gilles de Rais, der Kindermörder und Waffenbruder Jeanne d'Arcs – die „unheiligen“[53] Gegenbilder der christlichen Hagiographie. Um diese Figuren rankten sich Märchen und Sagen, Moritaten und Legenden: Mal traten sie als Wunderdoktoren auf, die den Aussatz heilten und die Pest besiegten, mal als Alchemisten, denen es gelungen war, Blei in Gold zu verwandeln, dann wieder als grausame Racheengel, deren Sehnsucht nach Vereinigung mit dem Leibhaftigen das Blutopfer von 800 Knaben nötig machte.[54] Die religiöse Zensur, verstört durch das Kursieren allzuvieler Paktsagen mit ihrer unheimlichen Anziehungskraft, forderte exemplarische Bestrafung der Übeltäter und die

52 Der Kontrakt des Marschalls François-Henri de Luxembourg-Montmorency mit dem Teufel sah nicht weniger als 28 Klauseln vor – kleinlich war der Teufel nicht.

53 Vgl. das Kapitel „Legende“ in André Jolles, *Einfache Formen. Legende, Sage, Mythe, Rätsel, Spruch, Kasus, Memorabile, Märchen, Witz* (1930), Tübingen 1982, S. 23-61, hier v.a. S. 51 ff.

54 Georges Bataille hat sich ausführlich mit dem Kindermörder Gilles des Rais beschäftigt: Georges Bataille, *Gilles des Rais. Leben und Prozeß eines Kindermörders*, Hamburg 1967.

Volksbücher führten sie aus: Das Geld in den Händen Fausts verwandelt sich in Dreck, die ersehnte Schöne in eine alte Vettel, alles Irdische erweist sich als Tand und Flitter und der Teufelsbündner fährt vergeblich bereuend in die Hölle. Die im Ablaßhandel zutage getretene Elastizität des Glaubens hingegen gebot Mäßigung: Zahlreiche Mysterienspiele kreisen um die Frage, ob den aufsässigen Teufelsbündnern nicht doch noch Gnade zuteil werden könnte – zumeist durch eine Intervention der Muttergottes. Aus dem Fundus ihrer Feindbilder revitalisierte die Kirche auch die alten Vorstellungen vom Teufel als einem primitiven Rohling. Mit Kratzfuß und klebrigem Charme, Jägerhütchen, gezwirbeltem Schnurrbart und allerlei Spiegelfechtereien sucht er die Menschen zu einem Pakt zu überreden – und stellt sich dabei so sagenhaft dumm an, daß er selbst der Gefoppte ist: der satanische Verführer wird zum ‚geprellten Teufel'.[55]

Zum literarischen Topos wird der Teufelspakt in einer Zeit, als kaum noch jemand – von unbelehrbaren Orthodoxen abgesehen – im Ernst an den Teufel glaubt: der Romantik. Die Romantiker, die das Mittelalter als „die letzte große, geschlossene, universale Kultur vor der Aufklärung"[56] verklärt hatten, fanden im Paktmotiv eine Figur vorgebildet, die ihr zu einem ästhetischen Schlüsselthema werden sollte: dem des Widerstands zur etablierten Ordnung und ihrer Überschreitung allen moralischen Bedenken zum Trotz. Ob Tiecks Christian in der Novelle *Der Runenberg*, E.T.A. Hoffmanns Mönch Medardus in dem Roman *Elixiere des Teufels* oder Ellis Fröbohm in der Erzählung *Die Bergwerke zu Falun*, Hauffs Kohlenmunkpeter im *Steinernen Herz*, Reichart in Fouqués *Eine Geschichte vom Galgenmännlein*, Chamissos *Peter Schlemihl*, M.G.Lewis' Mönch Ambrosio in *The Monk* oder Maturins *Melmoth the Wanderer* – sie alle verkaufen sich und ihre Seele für das Glück, das sie sich von der Liebe, dem Reichtum oder der Macht erwarten. Freilich erpressen auch hier die moralischen Konventionen der Zeit späte Reue oder allzu späte Einsicht: Geld macht nicht glücklich, Reichtum kostet die Freundschaft und Liebe den Verstand. Fouqués Reichart kommt noch rechtzeitig zur Besinnung, Lewis' Ambrosio aber erleidet in einer siebentägigen, grausigen Parodie der Genesis einen fürchterlichen Martertod. Aber – und darin widerspricht der Wortlaut der Erzählung dem erpreßten Fabelcharakter – alle diese Helden genießen bei ihren venezianischen Courtisanen, chthonischen Berggöttinnen oder eigenen Schwestern ein Glück, das ihnen auf dieser Welt unbekannt geblieben wäre. Oder sie schwingen sich, wie Maturins Melmoth, zu einer Höhe leidvoller Reflexion und leuchtender Selbsterkenntnis auf, die im Plan der Schöpfung für die gemeinen Sterblichen nicht vorgesehen ist.

---

55 Eine Auswahl von Sagen dieses Typs findet sich in Hans Joachim Gernentz (Hrsg.), *Doktor Faust und andere Teufelsbündner*, Berlin 1988.

56 Arthur Henkel, „Was ist eigentlich romantisch?", in: *Festschrift für Richard Alewyn*, hrsg. von H. Singer/B. v. Wiese, Köln 1967, S. 292-308, hier S. 296.

6. Antichrist, Besessenheit und Exorzismus

Auch ohne den Übereifer einzelner örtlicher Würdenträger in Freising oder Wakefield[57] stellt der Exorzismus eines der intrikatesten Probleme der katholischen Theologie dar. Ihm liegt die Annahme zugrunde, daß der Satan oder einer seiner Helfershelfer sich eines Menschen bemächtigen. Das *Rituale Romanum* beschreibt im *Titulus II* die Voraussetzungen für einen Exorzismus: Der Besessene muß in fremden Zungen reden – Sprachen, die er nachweislich nicht beherrschen kann –, schwere und unerklärliche somatische Störungen wie Stigmatisierungen (kryptische Zeichen auf der Haut) aufweisen, im Ausdrucksverhalten seines Gesichts die Anwesenheit einer multiplen Persönlichkeit verraten, sich unflätig und blasphemisch gebärden und außerordentliche körperliche Kräfte entfalten.[58] Das exorzistische Ritual stellt eine Rekonstruktion der Urszene des Höllensturzes dar: Es werden so lange Gebete gemurmelt, Weihwasser versprengt und Weihrauch geschwenkt, bis der Dämon aus dem Körper fährt und die Katabasis, die Höllenfahrt, wiederholt. Und zugleich ist der Exorzismus auch ein Vorgriff auf den Tag der Erlösung: Der Exorzist bezwingt das Böse, die Dämonenaustreibungen sind „zeichenhafte Ankündigungen der eschatologischen Heilsmacht Gottes".[59]

William Friedkins außerordentlich erfolgreicher Film *Der Exorzist* (1974, nach dem gleichnamigen Roman von William Blatty[60]) präsentierte dem geschockten Publikum ein elfjähriges Mädchen, das in einem glossolalischen Exzeß Sprachen fließend rückwärts spricht, mit einem Kreuz masturbiert, den Kopf um 180 Grad auf den Rücken dreht, mitsamt seinem Bett zu schweben beginnt und die hilfreichen Hände von Mutter und Exorzisten mit Kot, Blut und Erbrochenem besudelt. Das exorzistische Ritual üben der legendäre Jesuitenpater Lankester Merrin (ihm hat der Roman die Züge Teilhard de Chardins verliehen, der Film besetzte seine Rolle mit dem Erzmimen Max von Sydow) und der von Glaubenszweifeln geplagte Damien Karras aus. Als der alte Merrin stirbt, erweist Damien sich als würdiger Träger seines Namens. In einer sonderbaren ökumenischen Geste imitiert er gleichzeitig den Opfertod Christi und den Höllensturz Satans, bietet sich dem Dämon als Ersatz an und stürzt sich aus dem Fenster.

---

57 Über einen Fall von Teufelsaustreibung, der wegen seiner blutigen Begleitumstände publizistisch Furore machte, berichtet Karl Heinz Bohrer, „Der Teufel von Wakefield", in: *Frankfurter Allgemeine Zeitung*, Nr. 140, v. 21.6.1975.

58 Eine genaue Bestimmung der theologischen Kriterien zur Diagnose einer dämonischen Besessenheit liefert Johannes Mischo, „Interdisziplinäre diagnostische und psychohygienische Perspektiven bei Fällen von ‚dämonischer Besessenheit'", in: *Concilium* 11, 1975, S. 188-198. hier v.a. S. 190.

59 Karl Kertelge, „Jesus, seine Wundertaten und der Satan", in: *Concilium* 11, 1975, S. 168-173, hier S. 170.

60 William Peter Blatty, *Der Exorzist*, Wien-München-Zürich 1971. Dem eher mäßigen, wenn auch gut recherchierten Erstling hat der Autor 12 Jahre später eine jetzt auch ins Deutsche übertragene, lesenswerte Fortsetzung folgen lassen: *Das Zeichen*, München 1991.

In der Annahme der Möglichkeit einer solchen dämonischen Besessenheit liegt die Crux der katholischen Theologie, denn sie muß damit dem Satan eine Macht attestieren, die weit größer ist, als sie ihm gemeinhin zuzustehen bereit ist. Mag er sich an den Seelen der vom Pfad des rechten Glaubens abgewichenen Bösewichter vergreifen, sie haben es nicht anders gewollt. Aber daß auch schuldlose Jugendliche (oder Nonnen, in deren Klöstern er mit Vorliebe geradezu epidemisch wütet[61]), vor seinen Nachstellungen nicht sicher sind, stellt einen Grundgedanken der katholischen Moraltheologie in Frage: Böse ist das willentlich Böse, weniger die böse Tat als solche denn die sündige Bereitschaft dazu. Daß Gott es tatenlos zuläßt, wenn sein Widersacher ein Lamm aus seiner Herde reißt, daß dieses sein Seelenheil einbüßt, ohne auch je nur einen bösen Gedanken gedacht zu haben, stellt die Behauptung von der Macht Gottes und der Ohnmacht seines Gegners in Frage. Gleichwohl ist der Katholizismus auf die Besessenheit angewiesen: Denn selbst die „mit der brennendsten Hoffnung auf die Freuden der Ewigkeit beladenen Theologen brauchen ein Konzept, das es ihnen gestattet, die Menschen zur Geduld anzuhalten und zu erklären, welche bösen Einflüsse sie noch vom versprochenen Glück abhalten."[62] Die Vermutung jedoch, dem Dämon werde es von Gott ausdrücklich gestattet, einem Gläubigen Gewalt anzutun, um diesen zu demütigen und auf eine höhere Stufe der Vollkommenheit zu bringen, mußte Innozenz XI. 1687 zurückweisen.[63]

Was die Dämonen mit der Inbesitznahme eines Menschen bezwecken, bleibt fraglich – über die Annahme einer launischen Machtdemonstration der teuflischen Heerscharen sind die katholischen Exegeten bislang nicht hinausgekommen. Auch die jüdische Religion kennt den Besessenen – aber er ist nur ein armer Verstorbener, der sich an die Seele eines Lebenden klammert. In An-Skis *Der Dibbuk*[64] stirbt der Jeschiwa-Student Chanan vor Verzweiflung, als die ihm versprochene Lea einen anderen heiraten soll. Er fährt nun als Dibbuk in die Seele seiner Geliebten – eine durchaus begreifliche, ja rührende Legende über die Innigkeit, aber auch über den possessiven Charakter einer großen Liebe. Der Dämon der christlichen Religion ist weit von einer solchen erotischen Mystik entfernt; er ist nur ein primitiver Parasit,

61 Aus unerfindlichen Gründen sind es vor allem die Ursulinen, deren Seelen der Satan begehrt. Der berühmteste Fall dürfte die Besessenheit der Ursulinen des Klosters zu Louviers in der Normandie darstellen, den Joseph Görres in seiner *Christlichen Mystik* (nachgedruckt als „Das Geständnis der Magdalena Bavent", in: Dreikandt, a.a.O., S. 28-89) ausführlich dokumentiert hat. Von 52 Nonnen glaubten sich 14 besessen und gaben sich in einer Art Massenhysterie schrankenlos jeder Sünde hin. Ein anderer berühmter Fall, die Besessenheit der Ursulinen von Loudon wurde mehrfach thematisiert – immer aber in der Absicht, nicht den Satanismus zu verurteilen, sondern den Wahn seiner Verfolger. Aldous Huxley verarbeitete das Thema in seinem Roman *Die Teufel von Loudon*, Krystof Penderecki in seiner gleichnamigen Oper, Jerzy Kawalerowicz in seinem Film *Mutter Johanna von den Engeln*, Leszek Kolakowski in seinem philosophisch-literarischen Dialog *Gespräch mit dem Teufel* und Ken Russel nochmals in dem Film *Die Teufel*.

62 Jean Starobinski, „Der Kampf mit Legion", in: ders., *Besessenheit und Exorzismus. Drei Figuren der Umnachtung*, Frankfurt/M.-Berlin-Wien 1978, S. 81-140, hier S. 122.

63 Vgl. Charles Meyer, a.a.O., S. 186.

64 An-Ski [d. i. Schlomo S. Rappoport], *Der Dibbuk. Dramatische Legende in vier Bildern*, Frankfurt/M. 1989.

der sich heimlich und grundlos in sein Opfer schleicht – Dennis Wheatleys Roman *The Devil Rides out*[65] empfiehlt allen Ernstes, sich gegen die dämonische Besitzergreifung abzusichern, indem alle neun Körperöffnungen mit dem Wasser von Lourdes versiegelt werden.

Der Gedanke von der spiegelbildlichen Entsprechung von Satanismus und Katholizismus erlaubt jedoch, selbst in dieser unschönsten Erscheinungsform des Satanismus noch die Inszenierung eines heimlichen Verlangens zu sehen. Im Aufschrei des Körpers, in seinen Konvulsionen, den Zuckungen, der blasphemischen Abfuhr von Triebenergie bringt sich der unterdrückte dionysische Anteil der Persönlichkeit gegen seinen Unterdrücker, den apollinischen Spiritualismus, zur Geltung.

Das etwas plumpe Motiv der Besessenheit darf als die Depravation des kanonischen Motivs vom Antichristen betrachtet werden. Der Antichrist wird am Ende aller Zeiten in einer tausendtägigen Herrschaft die Menschheit regieren, im Tempel sitzen, Schauwunder verrichten und so schrecklich unter den Christen wüten, daß Henoch und Elias das Paradies verlassen werden, um gegen ihn zu predigen. Er entsteht, so will es der Volksglaube, aus der Paarung Satans mit einer irdischen Frau. Diese apokalyptische Phantasie ihrerseits ist unschwer als die Bearbeitung eines alten, immer wieder variierten Motivs der griechischen Mythologie zu erkennen: ein Gott, in Liebe zu einer Erdenbürgerin entbrannt, wechselt seine Gestalt, um die Sterbliche zu verführen. Als Stier, Schwan, Schlange oder gar als Ehemann vermag Zeus das Herz und den Körper der Europa, der Leda, der Persephone oder Alkmenes zu öffnen – seine Konzession an die irdische Gestalt stellt auch eine Hommage vor der Schönheit sterblicher Frauen dar. Im Motiv des Hexensabbats wie dem des Antichristen zeigt der Satanismus seine Verbundenheit mit der vom Christentum so geschmähten Frau.[66] In Polanskis – gleichfalls überaus erfolgreichem Film – *Rosemaries Baby* (1968, nach einem Roman von Ira Levin) wählt sich Satan „aus allen Frauen der Welt"[67] gerade die unscheinbare Rosemarie, schlüpft in den Körper ihres Mannes und zeugt mit ihr einen Sohn – eine Liebeserklärung Satans an seine Leidensbrüder und -schwestern in dieser Welt, zu der sich der Gott der Christenheit niemals herablassen würde.

*

Anstelle einer Zusammenfassung: Die Angewiesenheit des Christentums auf die Gestalt Satans relativiert seine Bosheit. Was immer das Böse sein mag – der Satanismus ist es nicht. Selbst wenn alles wahr wäre, was man ihm vorwirft – gemessen an den Untaten seiner Verfolger verblassen die seinen zu läßlichen Sünden. Die Zumutung, das Gute zu sein, sollte man ihm jedoch ersparen. Denn wer glaubt, egal woran, hat keine Wahl. Die Anekdote vom sterbenden Satanisten mag es bezeugen. Vom eiligst herbeigerufenen katholischen Priester

65 Deutsch: *Diener der Finsternis*, Bergisch Gladbach 1978, S. 61.

66 Wie wenig man seinem göttlichen Gegenspieler ein derartiges Interesse zugesteht und zutraut, zeigen die Reaktionen auf Scorseses Jesus-Film.

67 Ira Levin, *Rosemaries Baby*, München 1985, S. 169.

bedrängt, doch um Himmels willen die Chance wahrzunehmen, noch vor dem Tode abzuschwören, erwidert er: „Dies ist wohl kaum der rechte Augenblick, sich Feinde zu machen!"

Literatur

Andresen, Carl/Denzler, Georg, *Wörterbuch der Kirchengeschichte*, München 1984

An-Ski [d.i. Schlomo S. Rappoport], *Der Dibbuk. Dramatische Legende in vier Bildern*, Frankfurt/M. 1989

Bataille, Georges, *Gilles des Rais. Leben und Prozeß eines Kindermörders*, Hamburg 1967

Bebermeyer, Gustav, „Teufelsliteratur", in: *Merker-Stammler, Reallexikon der deutschen Literaturgeschichte*, Bd. 4, herausgegeben von K. Kanzog/A. Masser, Berlin- New York 1984, S. 367-403

Beltz, Walter, *Gott und die Götter. Biblische Mythologie*, Düsseldorf 1977

Blatty, William Peter, *Der Exorzist*, Wien-München-Zürich 1971

Blatty, William Peter, *Das Zeichen*, München 1991

Bohrer, Karl Heinz, „Der Teufel von Wakefield", in: *Frankfurter Allgemeine Zeitung*, Nr. 140, 21.06.1975

Brittnacher, Hans Richard, „Die Grimasse des Christentums. Das Ritual der schwarzen Messe", in: *Der Alltag*, 3, 1989, S. 61-65

Deschner, Karlheinz, *Kriminalgeschichte des Christentums*, Reinbek b. Hamburg 1986 ff.

Die Religion in Geschichte und Gegenwart, Tübingen ³1962

Dreikandt, Ulrich K. (Hrsg.), *Schwarze Messen. Dichtungen und Dokumente*, München 1970

von Einsiedel, Wolfgang, „Der Böse und das Böse. Zur Morphologie des Teufels", in: *Merkur*, 5, 1951, S. 428-444

Eliade, Mircea, *Die Religionen und das Heilige. Elemente der Religionsgeschichte*, Darmstadt 1976

Fechner, Gustav Theodor, *Vergleichende Anatomie der Engel*, Leipzig 1825

Gernentz, Hans Joachim (Hrsg.), *Doktor Faust und andere Teufelsbündner*, Berlin 1988

Gorsen, Peter, *Sexualästhetik. Zur bürgerlichen Rezeption von Obszönität und Pornographie*, Reinbek b. Hamburg 1972

Haag, Herbert, *Teufelsglaube*, Tübingen 1980

Henkel, Arthur, „Was ist eigentlich romantisch?" in: *Festschrift für Richard Alewyn*, herausgegeben von H. Singer/B. v. Wiese, Köln 1967, S. 292-308

Huysmans, Joris-Karl, *Tief unten* [*Là-bas*], Zürich 1987

Jauß, Hans Robert, *Ästhetische Erfahrung und literarische Hermeneutik*, Bd. 1: Versuche im Feld der ästhetischen Erfahrung, München 1977

Jolles, André, *Einfache Formen. Legende, Sage, Mythe, Rätsel, Spruch, Kasus, Memorabile, Märchen, Witz* (1930), Tübingen 1982

Kertelge, Karl, „Jesus, seine Wundertaten und der Satan", in: *Concilium*, 11, 1975, S. 168-173

Levin, Ira, *Rosemaries Baby*, München 1985

Lexikon für Theologie und Kirche, herausgegeben von J. Höfer/K. Rahner, Freiburg i. Br. 1962

Löwith, Karl, *Weltgeschichte und Heilsgeschehen. Die theologischen Voraussetzungen der Geschichtsphilosophie*, Stuttgart 1953

Meyer, Charles, „Die lehramtlichen Verlautbarungen über Engel und Teufel", in: *Concilium*, 11, 1975, S. 184-188

Michelet, Jules, *Die Hexe*, München 1974

Mischo, Johannes, „Interdisziplinäre diagnostische und psychohygienische Perspektiven bei Fällen von ‚dämonischer Besessenheit'", in: *Concilium*, 11, 1975, S. 188-198

di Nola, Alfonso, *Il diavolo. Le forme, la storia, le vicende di Satana e la sua universale e malefica presenza presso tutti i populi, dall' antichità ai nostri giorni*, Roma 1987

Osterkamp, Ernst, „Darstellungsformen des Bösen. Das Beispiel Luzifer“, in: *Sprachkunst*, 5, 1974, S. 177-195

Paczesny, Reinhard, „What the Hell Became of Hell? Zum Schicksal literarischer Höllenvorstellungen seit der Renaissance“, in: *Sprache im technischen Zeitalter*, 83, 1982, S. 174-180

Pfabigan, Alfred (Hrsg.), *Die andere Bibel*, Frankfurt/M. 1990

Praz, Mario, *Liebe, Tod und Teufel. Die schwarze Romantik* (1930), München 1981

Przybyszewski, Stanislaw, *Die Gnosis des Bösen. Entstehung und Kult des Hexensabbats, des Satanismus und der schwarzen Messe*, Berlin 1985 (Neudruck der 1897 unter dem Titel *Die Synagoge Satans* erschienenen Erstausgabe)

Rosenberg, Alfons, *Engel und Dämonen. Gestaltwandel eines Urbilds*, München 1968

Roskoff, Gustav, *Geschichte des Teufels. Eine kulturhistorische Satanologie von den Anfängen bis ins 18. Jahrhundert* (1869), Neudr. Nördlingen 1987

Rudolph, Kurt, *Die Gnosis. Wesen und Geschichte einer spätantiken Religion*, Göttingen 1978

Schaible, Marlene, *Darstellungsformen des Teuflischen, untersucht an Darstellungen des Engelssturzes vom Ausgang des Mittelalters bis zu Rubens*, Phil. Diss., Tübingen 1970

Starobinski, Jean, *Besessenheit und Exorzismus. Drei Figuren der Umnachtung*, Frankfurt/M.-Berlin-Wien 1978

Taubes, Jacob, *Abendländische Eschatologie*, Bern 1947 (Neudr. München 1991)

Twain, Mark, „Briefe von der Erde“, in: *Gesammelte Werke*, Bd. 9, herausgegeben von K.-J. Popp, München 1977

Wheatley, Dennis, *Diener der Finsternis*, Bergisch Gladbach 1978

Wiemken, Helmut (Hrsg.), *Doctor Fausti Weheklag*, Bremen 1961

Zacharias, Gerhard, *Der dunkle Gott. Die Überwindung der Spaltung von Gut und Böse. Satanskult und Schwarze Messe*, Wiesbaden-München 1982

Angelika Ebrecht

Das Objekt des Horrors und der Begierde

Zur Psychoanalyse der bösen Frau am Beispiel von Pierre Louÿs' Roman „La femme et le pantin"

1. Der Wunsch nach Macht und Unversehrtheit

Als Idealtypus der bösen Frau setzt sich im späten 19. Jahrhundert die Femme fatale durch. Frauenfiguren wie Messalina, Judith, Delila, Herodias und Salomé oder Fabelwesen wie Sphingen, Feen und Meerjungfrauen dominieren nicht zufällig die Literatur sowie die bildende Kunst der Jahrhundertwende: In ihnen manifestiert sich ein psychosoziales Grundmuster des modernen Geschlechterverhältnisses. Es besteht darin, daß soziale Bindung durch die Funktionalisierung von Trieben, die Entfernung des Objekts und die Reaktivierung archaischer Abwehrmechanismen sowie narzißtischer Selbstkonzepte hergestellt wird.

Der Femme fatale werden zerstörerische Sexualität und Unerreichbarkeit zugeschrieben: Sie entlebendigt den Mann, indem sie ihn mit ihrem seelenlosen, fernen Eros an sich bindet, ihn bewegungslos macht, depotenziert oder in den Tod treibt.[1] Aber nicht die Frau zerstört den ihr verfallenen Mann, sondern dieser „vernichtet sich selbst durch sie".[2] In Bildern der grausamen Frau verkörpern sich die „eigene Gefährdung" des männlichen Ich sowie die „Rachephantasie unterdrückter Weiblichkeit"[3] oder die „Angst des Mannes um Potenz und Produktivität".[4] Diese Angst resultiert daraus, daß nicht integrierte, frühe Wünsche nach Idealität, Macht und geschlechtlicher Unversehrtheit psychisch andrängen. Weil die eigenen Strebungen als bedrohlich erlebt werden, werden sie abgewehrt und der weiblichen Natur zugeschrieben. Dort erscheinen sie mächtig genug, den Mann psychisch, sozial oder physisch vernichten zu können. Und dies gilt als das schlechthin Böse der Weiblichkeit.

---

1 Nach Rhode-Dachser wirkt im Bild der Femme fatale eine „für das Patriarchat konstitutive Parallelisierung von Frau, Natur und Tod" (Christa Rohde-Dachser, *Expeditionen in den dunklen Kontinent. Weiblichkeit im Diskurs der Psychoanalyse,* Berlin-Heidelberg-New York 1992, S. 109). Mit der „Immobilisierung des Weiblichen" werde „der Tod gebannt" (S. 121).

2 Anke Wiegand, *Die Schönheit und das Böse,* München-Salzburg 1967, S. 119.

3 Carola Hilmes, *Die Femme Fatale. Ein Weiblichkeitstypus in der nachromantischen Literatur*, Stuttgart 1990, S. 33, S. 229.

4 Gerd Stein (Hrsg.), *Femme fatale – Vamp – Blaustrumpf. Sexualität und Herrschaft*, Frankfurt/M. 1985, S. 20.

Das moralische Urteil ist jedoch an eine wertende Instanz gebunden; diese erst macht aus dem Naturzustand einen kulturellen Schuldzusammenhang. Wo immer moralische Wertungen auf die (geschlechtliche) Natur projiziert werden, dient das als Mittel, psychisch, gesellschaftlich und kulturgeschichtlich frühere Abwehrmechanismen nachträglich zu legitimieren oder als naturgegeben erscheinen zu lassen. Durch eine Rationalisierung der Spaltung von Liebe und Haß, Ich-Ideal und Körperselbst werden eigene narzißtische Konflikte zur moralischen Verurteilung anderer verschoben. Insofern sind Imaginationen von bösen und guten Frauen (oder Männern) Deckvorstellungen (im psychoanalytischen Sinn von Deckerinnerungen), die archaische Konflikte um Selbstbewußtsein, körperliche Unversehrtheit und Geschlechtsidentität verdecken und zugleich benennen. Sie verdanken sich der Angst vor eigenen Machtansprüchen, Selbstzweifeln und Zerstörungswünschen.[5] Diese Angst ist in der Individual- und Kollektivgeschichte ebenso alt wie dauerhaft.

Traditionell beziehen sich im christlichen Kulturkreis alle Vorstellungen vom Bösen der Frauen auf Eva. Deren Streben nach Gottähnlichkeit, also nach Vollkommenheit und absoluter Macht, ist zunächst moralisch indifferent und erscheint erst vom kulturellen Standpunkt aus (nach der Übertretung des göttlichen Verbots) als böse. Der Kontakt zwischen Eva und der Schlange[6] und das Essen vom Baum der Erkenntnis symbolisieren einen schrittweisen Selbstermächtigungsprozeß und eine Distanzierung von der eigenen Triebnatur: Das idealisierte äußere Objekt wird durch Identifizierung einverleibt und innen als Ich-Ideal errichtet. Damit einher gehen die Trennung von den Objekten und vom Körperselbst sowie deren Entmachtung durch Selbstdistanzierung und Selbstidealisierung.

Aus diesem Prozeß resultieren Schuldbewußtsein und Scham. Der Körper muß bedeckt werden, um vor den nun verinnerlichten Idealen und Allmachtswünschen die eigene triebhafte und vergängliche Natur zu verbergen. Nirgendwo sind Menschen fortan so verletzlich, wie im Bereich der Wahrnehmung ihrer selbst als geschlechtliche Wesen. Die Scham über die

5 Hier werden von Männern auch eigene weibliche Anteile abgespalten und verleugnet. Sie wirken jedoch „weiter, und zwar im verachteten, verdammten und deshalb um so faszinierenderen Bereich" (Mario Jacoby, „Die Hexe in Träumen, Komplexen und Märchen. Das dunkle Weibliche in der Psychotherapie", in: Mario Jacoby/Verena Kast/Ingrid Riedel, *Das Böse im Märchen,* Fellbach 1983, S. 195-212, S. 203).

6 Nach Drewermann drückt die Verbindung von Frau und Schlange „eine in sich geschlossene allmächtige Schöpfermacht" aus. Sie können „einander vertreten, wie die spätjüdische Erzählung von Lilith, der ersten Frau Adams zu berichten weiß" (Eugen Drewermann, *Strukturen des Bösen.* Teil 2. *Die jahwistische Urgeschichte in psychoanalytischer Sicht,* Paderborn 1985, S. 84). Die Geschichte Liliths findet sich zunächst in griechischen, jüdischen wie byzantinischen Legenden und dann ca. im 10. Jahrhundert n. Chr. im Alphabet des Ben Sira, einer pseudographischen Schrift. In ihr werden Mann und Frau gleichzeitig aus Erde geschaffen. Da Lilith ihren Mann verläßt, wird sie dazu verurteilt, nachts Kinder verderben zu müssen: Die Strafe für ihren Machtanspruch richtet sich gegen ihre Potenz als Frau. Ihr Name taucht in Hexenprozessen und im „Hexenhammer" auf. Auch kann sie als Vorbild der Melusinen-Sage und späterer Darstellungen von naturhaft-bösen Frauen gelten (Siegmund Hurwitz, *Lilith die erste Eva. Eine Studie über dunkle Aspekte des Weiblichen,* Zürich 1980).

Nacktheit erscheint als Indikator dieser prinzipiellen Verletzlichkeit des Selbstbewußtseins und der Geschlechtsidentität.

Ein Machtkonflikt zwischen den Geschlechtern entsteht, wenn die Ursachen für dieses Leiden an der Kluft zwischen Ich-Ideal und Körperselbst nach außen projiziert oder kulturell verdeckt werden. Der Zerstörung von anderen gehen grundlegende Zweifel an der eigenen Integrität voraus. Bei der Exekutierung von moralischen Urteilen am Körper einer einzelnen Frau (oder eines Mannes) geht es somit auch darum, unverarbeitete frühe Machtansprüche zu reproduzieren und das Selbstbewußtsein des jeweils anderen Geschlechts anzugreifen, um das des eigenen zu retten: Die eine Seite versucht ihre Omnipotenz und Unversehrtheit dadurch zu erweisen, daß das andere Geschlecht als ohnmächtig und zerstörbar dasteht.

Dieser psychische Mechanismus entfaltete historisch durchaus eine reale Macht: Frauen wurden einerseits als das unschuldige, schöne und schwache Geschlecht idealisiert[7] und dabei psychisch wie sozial entmachtet. Sie wurden andererseits als Hexen[8] verfolgt und vernichtet oder als hysterische Weiber dämonisiert und psychiatrisiert.

Indem das Gute im Ideal weiblicher Schönheit gleichsam dingfest gemacht wurde, sollte die weibliche Natur spätestens seit dem 18. Jahrhundert eine Gewähr für männliche Vernunftherrschaft bieten. Aber gerade dieses Weiblichkeitsideal ließ Frauen besonders prädestiniert erscheinen für Abweichungen der Natur.[9] Schon am Übergang zum 19. Jahrhundert wurde die Erfahrung formuliert, „daß das Schöne nicht immer gut ist" (Wiegand 1967, S. 13). Zwar gab es noch nicht die erotisierte Koppelung von Schönheit und Bösem. Aber Carl Friedrich Pockels spricht bereits 1808 von den „frostigen und faden weiblichen Schönheiten", die „gleichsam nur marmorartig und leblos sind".[10] Diese Ahnung, daß der schöne

7 Angelika Ebrecht, „Die Krankheit der schönen Seele. Psychischer Diskurs und Weiblichkeitsvorstellungen im späten 18. und frühen 19. Jahrhundert", in: *Psychologie und Geschichte,* 1991, S. 1-16.

8 Der Hexenglaube verbindet christliche und heidnische Vorstellungen mit sexuellen Angstbildern. Isidor von Sevilla (630 n. Chr.) berichtet in seinen „Origines" über kinderraubende Dämonen sowie geschlechtliche Verbindungen zwischen Dämonen und Frauen (Hans Bächtold-Stäubli, [Hrsg.], *Handwörterbuch des deutschen Aberglaubens,* Bd. 3, unver. Nachdr. d. Ausg. 1927, Berlin-Leipzig 1987, S.1827 f.). Eine ähnliche Dämonisierung der Lilith-Legende findet sich auch im „Hexenhammer" (1487) der Inquisitoren Heinrich Institoris und Jakob Sprenger, in dem Frauen ihre Sexualität sowie ein vermeintlich verderblicher Einfluß auf die männlichen Geschlechtsorgane angelastet wird (Wolfgang Behringer, [Hrsg.], *Hexen und Hexenprozesse in Deutschland,* München 1988, S. 95 f.).

9 Die verfemte Natur hat am konsequentesten de Sade dargestellt. In „Justine" und „Juliette" (1797) schildert er das aufklärerische Weiblichkeitsideal aus der Sicht des Bösen. Die paranoide Angst vor der Wiederkehr der verfolgten Frau (Justine) als weiblicher Rachegöttin (Juliette) radikalisiert den inneren Widerspruch des aufklärerischen Weiblichkeitsideals und nicht, wie Treut behauptet, „den Impuls, den der philosophische Geist des aufklärerischen Zeitalters freigesetzt hat" (Monika Treut, *Die grausame Frau. Zum Frauenbild bei de Sade und Sacher-Masoch,* Frankfurt/M. 1990, S. 17). De Sade zeigt, welche Folgen es hat, wenn das Böse (mit der Kraft des Verstandes versehen) gegen die Natur arbeiten kann.

10 Carl Friedrich Pockels, *Versuch einer Charakteristik des weiblichen Geschlechts. Ein Sittengemählde des Menschen, des Zeitalters und des geselligen Lebens,* Bd.2, Hannover 1798, S. 15.

Schein des Körpers eine kalte, gefühllose Seele verdecken könnte, wird gegen Ende des 19. Jahrhunderts zu einem Konstituens von Weiblichkeit erhoben. Jetzt wird das naturhaft schöne, aber unerreichbare Weib idealisiert und zugleich verteufelt.[11]

Die Stilisierung der bösen Frau zur *Femme fatale* verstärkt die erotische Anziehungskraft, die eine idealisierte und unerreichbare Weiblichkeit auf Männer ausübt. Das dient aber keineswegs dazu, die Triebwünsche stärker der Realität anzunähern. Vielmehr zielt die Allianz des Erotischen mit dem Bösen auf eine noch größere Distanzierung der Frauen, auf eine Derealisierung und Entsexualisierung von Beziehungen. Diese Distanzierung hat eine Schutzfunktion: Vorstellungen von bösen Frauen dienen einer psychischen Depotenzierung der Weiblichkeit, artikulieren einen abgespaltenen Machtanspruch der Männer und naturalisieren deren kulturellen Zweifel an ihnen selbst. Zugleich garantieren sie gesellschaftlich ein reibungsloses Funktionieren sozialer Beziehungen, für das die entfernten Triebwünsche den Motor bilden, ohne daß sie sich real störend auswirken.

Aber hinter dem maschinenartigen Funktionieren leben archaische Machtwünsche und Geltungsansprüche als Furcht vor der depotenzierenden Frau im Selbst der Männer weiter. Sie empfinden ihr Selbstbewußtsein, ihre körperliche Integrität und ihre Geschlechtsidentität durch Ängste vor der mächtigen, grausamen Frau bedroht. Durch sie wird zugleich jener Anteil des männlichen Begehrens abgespalten, der sich von dem weiblichen ableitet. Er äußert sich in undurchschauten Ängsten „vor dem Überwältigtwerden durch unkontrollierbare Triebhaftigkeit", „vor Ich-Verlust" (Jacoby 1983, S. 201), aber auch vor Verletzung der Geschlechtsidentität und des Selbstbildes. Sie werfen die Männer auf frühe narzißtische Konflikte zurück, die unbewältigt bleiben, weil die Frauen aus ihrem Selbstbild und ihren Triebwünschen verbannt worden sind.

11 Als Prototyp der Frau, die naturhaft schön und gerade deshalb böse ist, kann Emile Zolas „Nana" gelten. Sie ist die indifferente Eva, die in einer dekadenten Kultur ein Höchstmaß an Verderben und Unheil freisetzen kann. Mit ihrem Körper verbreitet sie „einen Dunst weiblicher Allmacht", der die detachiert narzißtische Seite der weiblichen Schönheit für Männer zu einem zerstörerischen Rauschmittel werden läßt (Emile Zola, *Nana.* Aus dem Französischen [...] von Erich Marx, Leipzig-Frankfurt/M. 1979, S. 32). Die Männer verderben an ihrer „Gier", Nana allein besitzen und sich damit ihre weibliche Macht aneignen bzw. unterwerfen zu können (S. 39). Diese besteht aber in der prinzipiellen Unbeherrschbarkeit ihres Körpers, den sie zwar vielen verkauft, der aber im Grunde stets nur ihr selbst gehört. Sie bleibt „siegreich mit ihrem marmornen Fleisch, ihrem Geschlecht, das machtvoll genug war, all diese Menschen zu vernichten, ohne selbst davon berührt zu werden" (S. 41). Gerade aus ihrer unantastbaren Selbstbezogenheit kann sie die Kraft der Zerstörung beziehen. Mit ihr verkörpert Nana die böse Unschuld. Sie ist Trägerin und Opfer einer pervertierten Gier nach Sexualität und Macht: „Ich bin nicht dran schuld! Bin ich etwa böse, wie? [...] Die Gesellschaft ist falsch eingerichtet! Man zieht über die Frauen her, wo doch gerade die Männer immerzu was von uns verlangen" (S. 490).

2. Die Vertreibung der Frau aus der Liebe

Die Verbannung der Frau aus dem männlichen Selbst läßt sich exemplarisch an Pierre Louÿs' (1870-1925) Roman „La Femme et le Pantin" (1898) nachvollziehen. Dieser nicht nur autobiographische Text[12] faßt auch einige traditionelle literarische Motive zusammen[13] und verdeutlicht die bis heute andauernde Faszination des Bildes der bösen Frau. Fünfmal ist er verfilmt worden: 1919 von Reginald Baker mit Geraldine Farrar („The Woman and the Puppet"), 1929 von Jacques de Baroncelli mit Conchita Montenegro, 1935 von Josef von Sternberg mit Marlene Dietrich („The Devil is a Woman"), 1959 von Julien Duvivier mit Brigitte Bardot („Den Teufel im Leib"); die bekannteste Version stammt von Luis Buñuel, der 1978 („Cet obscur objet du désire") die weibliche Hauptrolle mit Angela Molina und Carole Bouquet doppelt besetzte. Stellt Sternberg die Femme fatale in den Mittelpunkt seiner Verfilmung, so Buñuel die Liebe als *amour fou* eines älteren Herren.[14] Daß beide Motive strukturell zusammenhängen, zeigt die Romanvorlage.

Auf dem Karneval in Sevilla befindet sich André Stévenol in schlechter Laune, „car cette semaine essentiellement amoureuse ne lui avait procuré aucune aventure nouvelle."[15] Ein erotisierter Karnevalsbrauch, die „bataille des œufs" (Louÿs 1911, S. 7), die Eierschlacht, sieht vor, daß Männer und Frauen sich mit an Bändern befestigten, ausgepusteten Eiern bewerfen, die direkt vor den Gesichtern zum Platzen gebracht werden. Die Frauen schützen sich mit ihren Fächern vor den Splittern der Eierschalen. Dieses Spiel symbolisiert ein erotisches Versprechen, das vor der Erreichung seines Ziels zerbirst und sich als inhaltslose Illusion erweist.

Plötzlich entdeckt André eine schöne junge Frau, deren Fächer er mit seinem Ei durchschlagen hat. Dieses Bild benennt ein zentrales Motiv des Romans: Das Durchstoßen des Fächers symbolisiert die Bemächtigung des jungfräulichen Objekts im Geschlechtsakt. Die Macht des Mannes ist um so vollkommener, als er durch die Entjungferung den verdeckenden Schleier über dem Objekt zerstört, um sich damit die Frau als reale allererst zu erschaffen

12 Der Roman kann als intime Selbstverständigung betrachtet werden, die auch das Einverständnis der Leser sucht. Vgl. Pierre Kyria, „Louÿs, érotomane et érudit", in: *Magazine littéraire,* No. 288, Mai 1991, S. 52 f., S. 52. Es läßt sich vermuten, daß Louÿs hier ebenso das Einsamkeitserlebnis zweier Aufenthalte in Sevilla (1895/96) verarbeitet wie auch seine Liebe zu der Schauspielerin Sarah Bernard, die er bei Proben zu Oscar Wildes „Salomé" kennengelernt hatte, und von der er behauptete: „je ne pense qu'à elle" (zit. n. Paul-Ursin Dumont, *Pierre Louÿs. L'ermite du hameau,* Vendôme 1985, S. 37).

13 Louÿs' Roman enthält Anklänge an Oscar Wildes „Salomé" (1893) – die er redigiert und die Wilde ihm gewidmet hatte – und lehnt sich vor allem an Prosper Mérimées Novelle „Carmen" (1847) an.

14 Daß dieser „amour fou" eine „alle Einwände des Verstandes und der Konvention mißachtende Liebe von denkbar größter Unbedingtheit" sein soll, bleibt allerdings zu bezweifeln (Michael Schwarze, *Luis Buñuel. Mit Selbstzeugnissen und Bilddokumenten,* Reinbek bei Hamburg 1981, S. 116).

15 Pierre Louÿs, *La Femme et le Pantin. Roman Espagnol,* Paris 1911, S. 5. „Denn diese Woche der Verliebten hatte ihm kein neues Abenteuer beschert" (Pierre Louÿs, „Die Frau und der Hampelmann. Ein Roman aus Spanien", in: *Eros. Ausgewählte Romane und Erzählungen.* Übers. von Roland Schacht, Bonn 1960, S. 15-119, S. 16).

(siehe Abb. 1). In der Tat ist die Unbekannte verschleiert. Und wenn sonst individuelle Seelenregungen vorwiegend aus dem Gesicht abgelesen werden, so drücken sie sich bei ihr für André im Körper aus. Gesichtslosigkeit und intensive Körpersprache prädestinieren sie zum Objekt männlicher Sehnsüchte und sexueller Begierden.

André wirft ihr sein letztes Ei zu, auf das er „*Quiero*" geschrieben hat. Dieses Wort rufen sich die Tänzerinnen beim Flamenco gegenseitig anfeuernd zu. Es kann sehr unterschiedliche Bedeutungen erhalten: „C'est vouloir, désirer, aimer, c'est quérir et c'est chérir" (S. 13). Je nachdem wie man es ausspricht, drückt *quiero* aus: „La passion la plus impérative ou le caprice le plus léger. C'est une ordre ou une prière, une déclaration ou une condescendance. Parfois, ce n'est qu'une ironie" (S. 13).[16] Die Begierde ist angesiedelt zwischen Machtwillen und Laune, zwischen Befehl und Bitte, zwischen Liebeserklärung und Herablassung. In jedem Fall enthält der unmotivierte Wunsch eine Spannung zwischen devoter Unterordnung bzw. Rückzug und Herrschaftswille bzw. Bemächtigungswunsch. Diese Ambivalenz drückt sich aus in einem stets von neuem verhinderten, sehnsuchtsvollen Verlangen, das Objekt der Begierde um jeden Preis besitzen zu wollen. Sie zeigt sich auch in einem Schwanken zwischen Willenlosigkeit und dem Wunsch, daß das Objekt seinem Besitzer zu Willen sein möge.

Die Unbekannte läßt Andrés Ei jedoch in einer Ledertasche verschwinden und fährt davon. Sie hat seinen erotischen Wunsch gleichsam in ihrem Geschlecht eingesackt. Damit aber wird der innere Prozeß seiner Begierde in Bewegung gesetzt. André bleibt traurig zurück und „peu à peu, par une illusion déplorable, l'image devint plus charmante en lui" (S. 14). Er kommt von den Bildern ihres Körpers nicht los: „ils devinrent dans sa mémoire les motifs principaux de sa tendresse navrée" (S. 14 f.).[17] Die Konstanz und Intensität der Wunschbilder ist ein zentrales Merkmal der Dämonisierungsarbeit: Je mehr die Frau sich real entzieht, desto stärker werden die Imaginationen, die ihre Anwesenheit magisch herbeizuzaubern suchen. Das Festhalten an der imaginativen Anwesenheit bei gleichzeitiger Abwesenheit verstärkt nur das Begehren und den Wunsch nach der Präsenz des Objekts. Damit wird jedoch eine tiefe Angst vor den zerstörerischen Folgen wirklicher Nähe verdeckt.

Das Objekt soll durch die Begierde imaginär beherrscht werden. Ihm muß beliebig durch Sehnsucht Präsenz verliehen und durch Angst bzw. Haß Abwesenheit verordnet werden, damit es die ihm unbewußt zugeschriebene Allmacht nicht wirklich entfalten kann. Auf diese Weise unterliegt die Beziehung einem starken Kontrollbedürfnis des Ich, das mit der Gefahr, das Objekt nicht mehr manipulieren zu können, stets die Möglichkeit eines katastrophalen

---

16 „Quiero ist ein merkwürdiges Wort. Es kann bedeuten: Wollen, Begehren, Lieben, es bedeutet Abholen und Hochschätzen zugleich. Je nachdem es [sic!] betont wird, drückt es gebieterische Leidenschaft oder nur eine flüchtige Laune aus. Es kann angewandt werden im Sinne eines Befehls oder einer Bitte, einer Erklärung oder eines Gewährens. Manchmal wird es nur ironisch gebraucht" (Louÿs 1960, S. 19).

17 „Nach und nach nahm das Bild, das er von ihr in seiner Seele trug, immer reizendere Formen an. Gewisse Einzelheiten, die normalerweise kaum besonderer Aufmerksamkeit wert gewesen wären, wurden jetzt in seiner Phantasie der Anstoß zu einem verzweifelten Begehren" (Louÿs 1960, S. 20).

Zusammenbruchs vor Augen hat. Denn die Existenz des Ich ist hier weniger an die Fähigkeit zur Realitätsbewältigung, sondern vielmehr an die Begierde als Funktion der Näherung und Entfernung des Objekts gebunden.[18]

Wie durch Andrés Phantasie herbeigezaubert, erscheint erneut ein Wagen mit einer jungen Frau, die ihm nun ihrerseits ein Ei zuwirft, auf dem das gleiche „Quiero" zu lesen ist, am Ende verstärkt durch „une paraphe très décidé [...] comme pour répondre par le même mot" (S. 16).[19] Wenn nicht deutlich wird, ob es sich bei dieser Frau um die vorherige handelt, dann geht es nicht um die Realität einer konkreten Person, sondern um die Selbstverstärkung der Begierde: Diese schafft sich nicht nur ein imaginäres Objekt, sondern antwortet sich auch noch selbst, was eine Bestätigung und Verstärkung des Bemächtigungswunsches bedeutet. So offenbart sich die Begierde des Mannes als Wunsch, sich die der Frau zu unterwerfen: Diese soll genau den Wunsch und den Willen äußern, welche der Mann verspürt. Damit ist der Beziehungswunsch im Ansatz zum Scheitern verurteilt; denn er meint nicht die reale Frau, sondern ein Bild, das sich dem männlichen Machtanspruch unterordnet. Aus dieser selbstbezogenen Liebe ist die Frau ausgeschlossen. Ihre Realität wird durch ein Selbstbild der männlichen Begierde ersetzt.

Was hier unbewußt inszeniert wird, läßt sich mit Freuds Analyse des „Garnrollenspiels" erklären. Um die Unlust zu bewältigen, welche ihm die Abwesenheit seiner primären Liebesobjekte verursacht, spielt ein kleiner Junge mit einer an einem Faden befestigten Garnrolle. Wenn er diese „über den Rand seines verhängten Bettchens" wirft, ruft er „Fort", wenn er sie wieder herauszieht, ruft er „Da".[20] Dieses Spiel wiederhole das Fortgehen und Wiederkehren der Mutter und verwandele ein unlustvoll passives Dulden in lustvolle Aktivität:

> Das Wegwerfen des Gegenstandes, so daß er fort ist, könnte die Befriedigung eines im Leben unterdückten Racheimpulses gegen die Mutter sein, weil sie vom Kinde fortgegangen ist, und dann die trotzige Bedeutung haben: Ja, geh' nur fort, ich brauch' dich nicht, ich schick' dich selber weg (Freud 1976, S. 14).

Ein solcher Racheimpuls scheint auch die Imaginationen jener Männer zu leiten, die mit Frauen in Idealisierungen und Dämonisierungen ein Fort-Da-Spiel spielen. Hinter dem Spiel der Erwachsenen verbirgt sich ebenfalls der „Drang, etwas Eindrucksvolles psychisch zu verarbeiten, sich seiner voll zu bemächtigen" (S. 14). Indem er das Objekt beliebig her-

---

18 Stein erklärt das „Distanzierungsschema" (Stein 1984, S. 11) damit, daß „die Angst, einer gleichrangigen Frau eventuell nicht gewachsen zu sein, leichter in Lust verwandelt werden kann" (S. 12). Hilmes definiert: „Die der Femme fatale zugeschriebene Dämonie hat ihren Grund [...] in dieser zwiespältigen Disposition als Wunsch- und Angstbild" (Hilmes 1990, S. XIII f.). Beide Darstellungen erkären jedoch m.E. nicht genau, wie Ferne und Nähe, Angst und Lust zusammenhängen.

19 „Man hatte nichts dazugeschrieben, nur ein sehr energischer Schnörkel [...] hing an dem letzten Buchstaben, als ob er das Wort bestätigen sollte" (Louÿs 1960, S. 21).

20 Sigmund Freud, „Jenseits des Lustprinzips" (1920), in: *Gesammelte Werke* XIII, Frankfurt/M. 1976, S. 1–70, S. 12.

beischafft oder entfernt, dient der Nähe-Ferne-Mechanismus der Begierde einer imaginären Beherrschung des Objekts wie auch eigener Ängste.

Dem angstvollen Sehnen nach der fernen Frau liegt also zunächst ein Bemächtigungs- und Kontrollwunsch zugrunde, hinter dem sich frühe Konflikte im Verhältnis zu den primären Liebesobjekten verbergen. Wenn die Begierde das Objekt zunächst imaginär schafft und dann auch beherrscht, kontrolliert sie es nicht nur, sondern produziert und vernichtet es jeweils neu. Es scheint hier sowohl um eine Verbannung des Objekts zu gehen, als auch um seine innere Präsenz, also um die Errichtung von Objektkonstanz überhaupt. Versucht das männliche Ich auf diese Weise seine Macht über die imaginierte Weiblichkeit zu festigen, so verleiht es dieser im Grunde gerade im Wunsch, seine eigene Ohnmacht überwinden zu können, eine immense Macht.

3. Die Macht der phantasierten Frau

Nach der zweiten Begegnung folgt André seiner Angebeteten zu ihrem Wohnhaus, wird aber nicht eingelassen. In sein Hotel zurückgekehrt, erhält er einen Brief von ihr: „S'il se promène demain, vers trois heures, sur la route d'Empalme, une voiture passera, qui s'arrêtera peut-être" (Louÿs 1911, S. 26 f.).[21] Diese Nachricht legt die Absenderin nicht fest und reicht doch aus, den Adressaten sozusagen bei der Stange zu halten: Er kann phantasieren, was sich ereignen könnte. Die vage Aussicht auf eine jähe Erfüllung seiner Wünsche nach körperlicher Nähe erwirkt in André das Gefühl eines leichten Sieges: „Comme la vie est facile! [...] Qui donc nous fait croire aux refus, aux dédains ou même à l'attente? Nous demandons et les femmes se donnent. Pourquoi en serait-il autrement?" (S. 32)[22]

André formuliert hier einen kindlichen Traum: daß ihm alle Wünsche wie von selbst sofort erfüllt werden. Wie eine Puppe an unsichtbaren Drähten scheint die Angebetete den geheimen Wünschen des Mannes zu folgen. Frühkindliche Omnipotenzphantasien motivieren das erwachsene männliche Selbstbild und seine Machtansprüche: Die Frau wird als verfügbares und manipulierbares, gutes Objekt imaginiert. Aber dieses Bild kann schnell in das andere Extrem (der bösen Frau) umschlagen. Denn die Bemächtigungsphantasie wird verursacht „durch die narzißtische Überschätzung der eigenen seelischen Vorgänge" und den archaischen Glauben an „die Allmacht der Gedanken und die darauf aufgebaute Technik der Magie, die Zuteilung von sorgfältig abgestuften Zauberkräften an fremde Personen und Dinge".[23]

---

21 „Wenn er morgen gegen drei Uhr auf der Empalmestraße erscheint, wird ein Wagen vorbeifahren, der vielleicht anhalten wird" (Louÿs 1960, S. 25).

22 „Wie das Leben doch leicht ist! [...] Wie kann man sich denn nur Absagen oder selbst ein längeres Warten vorstellen? Wir begehren, und die Frauen geben sich hin. Warum sollte es auch anders sein?" (Louÿs 1960, S. 26)

23 Sigmund Freud, „Das Unheimliche" (1919), in: *Gesammelte Werke* XII, Frankfurt/M. 1972a, S. 229-268, S. 253.

Wie das eigene Selbst als allmächtig phantasiert wird, so kann auch den Objekten eine Kraft zugesprochen werden, die ihnen einen unheimlichen, eigenmächtigen Charakter verleiht. Dann erscheint die Frau so omnipotent, wie der Mann sich selbst wähnte. Als allmächtiges Objekt kann sie sich den männlichen Ansprüchen entziehen, was wiederum Haß und Distanzierungswünsche auslöst. Diese entstehen aus der Angst des Mannes, verlassen oder überwältigt, also in der Integrität seines Ich verletzt zu werden.[24] Entsprechend verschiebt sich im Roman die Perspektive: Die Frau wirkt fern, mächtig und grausam, und der Mann fühlt sich als Puppe bzw. Hampelmann, der von ihr am Gängelband geführt wird. In dieser projektiven Verkehrung wird er sich selbst zum Objekt seiner Bemächtigungswünsche. In dem unheimlichen Gefühl, die andere habe eine unumschränkte Macht über ihn, reproduziert der Mann den verdrängten Wunsch, selbst Macht über sie auszuüben.

Nach Freud signalisiert die Angst vor dem Unheimlichen eine Wiederkehr von etwas ehemals Heimischem, Vertrautem aus der Verdrängung, die durch die Vorsilbe *un*-gekennzeichnet ist (Freud 1972a, S. 254 f.). Auch die Verurteilung der Frau als böse ist eine solche verneinende Zulassung von etwas ehemals Bekanntem und Abgewehrtem. Denn die „Verneinung ist eine Art, das Verdrängte zur Kenntnis zu nehmen [...] aber freilich keine Annahme des Verdrängten."[25] In der Verurteilung von Frauen als böse kehren verdrängte Allmachtswünsche und narzißtische Ideale des Mannes als Selbst-Objekte[26] wieder und entfalten eine dämonische, unheimliche Macht.

Die Macht der bösen Frau beruht also darauf, daß diese den Ansatz einer Objektbeziehung repräsentiert, die sich noch nicht von dem narzißtischen Selbstbezug getrennt hat. Da sich nach Freud mit „dem Eintreten des Objekts in die Stufe des primären Narzißmus" als der „Gegensinn des Liebens, das Hassen" ausbildet, mischen sich im Bild der bösen Frau Liebe und Haß.[27] Als Quelle von Lust soll das Objekt einverleibt werden. Wenn es jedoch als widerständiges empfunden wird, entsteht Haß, der sich „zur Aggressionsneigung gegen das Objekt, zur Absicht, es zu vernichten" steigern kann (Freud 1981, S. 229). Aber so wenig wie das Objekt hier bereits als selbständiges existiert, so wenig sind die ihm geltenden Liebes- und

24 Ähnlich beschreibt Benjamin die Dialektik von Herrschaft und Autonomie: „Wenn ich den anderen völlig kontrolliere, dann existiert der andere nicht mehr, und wenn er mich völlig kontrolliert, existiere ich nicht mehr. [...] Wahre Unabhängigkeit heißt, die notwendige Spannung dieser widersprüchlichen Impulse von Selbstbehauptung und Anerkennung des anderen auszuhalten" (Jessica Benjamin, *Die Fesseln der Liebe. Psychoanalyse, Feminismus und das Problem der Macht,* Frankfurt/M. 1990, S. 55).

25 Sigmund Freud, „Die Verneinung" (1925), in: *Gesammelte Werke* XIV, Frankfurt/M. 1976, S. 11-15, S. 12.

26 Kohut versteht in Anknüpfung an Winnicotts Theorie des Übergangs-Objekts den Begriff Selbst-Objekt als „idealisierte Elternimago", die zwar „Spuren von Objektmerkmalen" zeigt, aber noch nicht als vom Selbst getrenntes, „unabhängiges Objekt" erlebt wird (Heinz Kohut, *Narzißmus. Eine Theorie der Behandlung narzißtischer Persönlichkeitsstörungen,* Frankfurt/M. 1976, S. 52 ff.).

27 Sigmund Freud, „Triebe und Triebschicksale" (1915), in: *Gesammelte Werke* X, Frankfurt/M. 1981, S.209-232, S. 228.

Haßregungen von Selbstliebe und Selbsthaß getrennt. Die böse Frau übernimmt also stets auch ambivalente Strebungen, die dem Selbst gelten.

Während André durch die Stadt schlendert, trifft er Don Mateo, den eigentlichen Helden der Geschichte. Dieser erfährt von Andrés Verabredung und rät ihm:

> Prenez garde aux femmes! Je ne vous dirai pas de les fuir, car j'ai usé ma vie avec elles [...] Mais gardez-vous, gardez-vous d'elles! [...] Il est deux sortes de femmes qu'il ne faut connaître à aucun prix: d'abord celles qui ne vous aiment pas, et ensuite, celles qui vous aiment. – Entre ces deux extrémités, il y a des milliers de femmes charmantes, mais nous ne savons pas les apprécier (Louÿs 1911, S. 40 f.).[28]

Mateos Rat läßt sich als projektive und spaltende Abwehr seiner eigenen konflikthaften Objektliebe lesen: Wenn er Frauen zuviel oder zuwenig liebt, werden sie ihm gefährlich. Das Zuviel bindet zu sehr und läßt das eigene Selbst hinter der idealisierten Person verschwinden. Das Zuwenig dagegen entleert das Ich, das sich kein eigenes Ideal schaffen kann, sondern stets eines Objekts zur Idealisierung bedarf.

Wenn Freud die „Sexualüberschätzung“, die „Gläubigkeit der Liebe“ als „Quelle der Autorität“ ansieht (Freud 1972, S. 50), so kann man die narzißtische Überschätzung des Objekts als Quelle von Macht bezeichnen. Weil er die Macht derer fürchtet, die er selbst idealisierend ermächtigt, meint Mateo, man solle sich an die Frauen halten, die einen nicht interessieren. Ein solcher Rat markiert aber lediglich die psychische Falle, in die jene gespaltene Liebe den Liebenden treibt. Denn die ‚Frauen jenseits von gut und böse‘ können ja keine Macht über ihn erlangen, indem sie wie jene anderen den Wunsch in ihm wecken, Macht über sie zu gewinnen. Und wenn er versucht, die Liebe zu meiden, ist auch André schon in den Nähe-Ferne-Mechanismus der Begierde verstrickt: „C'était un appel assourdissant en lui-même, un impératif absolu qui chassait de son esprit tout ce qui n'était pas la femme espérée“ (Louÿs 1911, S. 43).[29]

Das Bild der Frau hat absolute Macht über ihn gewonnen: Sie ist zu seiner ganzen psychischen Realität geworden. Wie ein Süchtiger an den Stoff muß er immer und ausschließlich an das Objekt seiner Begierde denken.

---

28 „[...] nehmen Sie sich vor den Frauen in acht. Ich sage nicht, daß Sie sich von ihnen fernhalten sollen, denn ich habe mein ganzes Leben mit ihnen verbracht [...] Aber nehmen Sie sich in acht, hüten Sie sich vor den Frauen! [...] Es gibt zwei Arten von Frauen, die man um jeden Preis meiden muß: Zunächst die, die Sie nicht lieben, und dann die, die Sie lieben. Zwischen diesen beiden Extremen gibt es Tausende von reizenden Frauen, nur wissen wir sie nicht zu schätzen“ (Louÿs 1960, S. 31).

29 „Je näher die Zeit des Rendezvous kam, je mehr klopfte ihm das Herz [...] Dies Herzklopfen wurde direkt zu einem Befehl, der alles, was nichts mit der ersehnten Frau zu tun hatte, aus seinen Gedanken verwies“ (Louÿs 1960, S. 32).

4. Das obskure Objekt der Begierde

Don Mateo kennt Conception Perez und beschreibt sie als außergewöhnliche Frau. Sie scheint für ihn die vollkommene Weiblichkeit zu verkörpern, das lebendige Bild einer ästhetischen Einheit von Sinnlichkeit und Verstand: „Elle parle comme elle danse et elle chante comme elle parle" (S. 46).[30] Dennoch urteilt er über sie: „C'est la PIRE des femmes de la terre" (S. 47).[31] Und seine folgende Erzählung läßt ahnen, warum die idealisierte und begehrte Frau zugleich so böse und hassenswert erscheint.

Die Schilderung dieser Haßliebe macht den größten Teil des Romans aus und wird von Buñuel sowohl für die Rahmen- als auch für die Haupthandlung seines Films verwendet.[32] Den André hat Buñuel jedoch bedauerlicherweise weggelassen. Zwar bildet er eine Verdoppelung von Mateo. Man kann ihn aber auch als Rivalen verstehen, den Mateos Erzählung ausschalten soll. Dieser Clou wird jedoch erst am Ende des Romans deutlich. In ihm zeigt sich auch die Verstrikung der Leser in den dargestellten Mechanismus: Wenn die Schuld zunächst in der Bösartigkeit der Frau erscheint, dann muß sie am Schluß aus der Perspektive Andrés bei Mateo liegen. Der Mechanismus der Begierde verbindet beide Geschlechter. Und entsprechend sind auch die Positionen von Gut und Böse austauschbar.

Zunächst präsentiert Mateo sich als ernsthaft Liebenden:

> Je respectais trop l'amour pour fréquenter les arrière-boutiques, et je n'ai presque jamais possédé une femme que je n'eusse aimée passionnément. [...] je songeais que je n'avais jamais eu de maitresse blonde. J'aurais toujours ignoré ces pâles objets du désir (Louÿs 1911, S. 56).[33]

Stellt er sich dar, als meine er es mit den Frauen ernst, so wird zugleich eine Spaltung in Mateos Frauenbild deutlich: Auf der einen Seite befinden sich die lebendigen, dunkelhaarigen Frauen und auf der anderen die bleichen, blonden Objekte der Begierde. Dennoch gehören die *Femme fatale* und die *Femme fragile* untrennbar zusammen. Buñuel kommt mit seiner Doppelbesetzung und seinem Titel diesem Problem sehr nahe: Es geht nicht um eine wirkliche Frau, sondern um ein gespaltenes Objekt der männlichen Begierde, das in der

---

30 „Sie spricht wie sie tanzt, und sie singt wie sie spricht" (Louÿs 1960, S. 33).

31 „Sie ist die böseste aller Frauen. [...] Die böseste aller Frauen der Erde" (Louÿs 1960, S. 34).

32 Der Film bezieht sich vermutlich auch auf eine Liebesaffaire, die Buñuel im Alter von fünfunddreißig Jahren zu der achtzehnjährigen Spanierin Pepita einging, und von der er schreibt: „We remained on platonic termes for an entire summer" (Luis Buñuel, *My Last Sigh. The Autobiography of Luis Buñuel.* Translated by Abigail Israel, New York 1983, S. 148).

33 „Ich hatte zu viel Achtung vor der Liebe, um Kaufgelegenheiten wahrzunehmen, und habe nie eine Frau besessen, die ich nicht leidenschaftlich geliebt hätte. [...] Noch kürzlich [...] ist mir eingefallen, daß ich nie eine blonde Geliebte gehabt habe. Ich habe mir nie etwas aus diesen blassen Wunschträumen [sic!] gemacht" (Louÿs 1960, S. 37).

Polarität einer sinnlichvitalen und einer entlebendigten Seite obskur, also undeutlich, geheimnisvoll und fern bleibt.

Mateo wird auf Conchita[34] aufmerksam, als sie während einer Eisenbahnreise den Tanz einer Zigeunerin mit ihrem Gesang begleitet. Nachdem sie zuvor verkündet hat, keinen Liebhaber zu besitzen und im Kloster aufgewachsen zu sein, singt sie anzügliche Lieder. Mateo schildert ihr Aussehen ähnlich dem des Teufels und der Jungfrau Maria: Um ihr Gesicht hat sie einen weißen Seidenschal geschlungen, der hinten in zwei langen „cornes" (also Hörnern oder Zipfeln) endet (S. 63). Die Frauen geraten in einen Ringkampf, nachdem die Zigeunerin Conchita „Fillette!" (junges Mädchen) genannt und Conchita entgegnet hat, sie sei bereits eine Frau: „Je suis femme" (S. 66). Mateo greift ein, trennt die beiden und merkt dazu an: „Fou qui se glisse entre deux ennemies!" (S. 67)[35] Bezieht man diese Bemerkung auf die konkrete Situation, so scheint sie seine Ahnung auszudrücken, selbst zwischen zwei feindliche und doch untrennbare Prinzipien geraten zu sein: die unerreichbare, bewegungslose Jungfrau und die angriffslustige, sexuell freizügige Frau. Später betrachtet er die schlafende Conchita: „Je voulais bien croire qu'elle était femme [...] mais elle dormait [...] comme un enfant de six mois" (S. 69).[36]

Den Kampf beider Prinzipien trägt Mateo in seiner Begierde aus, die neben dem Besitzenwollen zugleich ein Berührungsverbot enthält. Beide, die unschuldige, gute und die dämonische, böse Seite artikulieren ein sexuelles Besitzstreben und wehren es zugleich ab. Der „Berührungsangst" entspricht ein Tabu, ein neurotisches Berührungsverbot.[37] Die Heilige Jungfrau symbolisiert das sexuelle Berührungsverbot schlechthin, und die Hure droht den sie berührenden Mann mit ihrer verdorbenen Sinnlichkeit zu vernichten. Berührt werden darf weder das ganz Reine, noch das ganz Unreine.

In jedem Fall wird das Objekt als bedrohlich erlebt, weil es entweder unnahbar oder zerstörerisch erscheint. Dies resultiert aus einer Verschiebung von abgespaltenem Haß auf Liebe bzw. von Entwertung auf Idealisierung (und umgekehrt). In der Kompromißbildung beider Strebungen entsteht eine paradoxe Beziehungsfalle. Der Wunsch nach Nähe verwandelt sich durch den Haß in die Angst vor Zerstörung, und das geliebte Objekt wird auf diese Weise zum Verfolger, den es fernzuhalten gilt. Umgekehrt werden aggressiv trennende Strebungen auf libidinöse verschoben, und das Bedürfnis nach Distanz tritt als begehrtes, fernes und unerreichbares Objekt auf die Bühne der Imagination. Dadurch hält das Berührungsverbot den Wunsch aufrecht, das Objekt besitzen zu können, und macht ihn zugleich unmöglich; die faszinierte Bindung an das Unerreichbare verstärkt die Distanz zum Objekt und verhindert zugleich eine Trennung.

---

34 „Conchita" heißt übersetzt „Muschel" und symbolisiert das Geschlecht der Frau.

35 „Ein Narr, der sich zwischen zwei Feindinnen stellt!" (Louÿs 1960, S. 42).

36 „Ich war durchaus bereit, ihre Behauptung, daß sie bereits Frau sei, zu glauben, aber im Schlaf [...] sah sie aus wie ein Säugling" (Louÿs 1960, S. 43).

37 Sigmund Freud, „Totem und Tabu. Einige Übereinstimmungen im Seelenleben der Wilden und der Neurotiker" (1912/13), *Gesammelte Werke* IX, Frankfurt/M. 1978, S. 37.

Wo immer also Bilder der bösen Frau entworfen werden, enthalten sie zugleich Vorstellungen der guten Frau. Diese Polarisierung geht auf archaische Spaltungen von Liebe und Haß, Bindung und Trennung, Ich-Ideal und Körperselbst zurück, die durch eine Projektion auf das andere Geschlecht abgewehrt und durch eine Verschiebung auf die Kategorien Gut und Böse nachträglich fixiert werden. Sie tragen Probleme frühkindlicher Objektbeziehungen weiter, die keine wirkliche Bindung, aber auch keine Trennung zulassen. Gerade weil eine Integration von Anteilen des jeweils anderen Pols in einer realen Person verhindert wird, bleibt im Stadium radikaler Spaltung die Fixierung der polaren Vorstellungen aneinander unbewußt erhalten. So erklärt sich, daß im Objekt der Begierde beide Seiten mitunter vexierbildartig auseinanderfallen: Als unheimlicher Doppelgänger der Heiligen taucht plötzlich ein verfolgendes, diabolisch böses Weib auf (Abb. 2 und 3).

Die böse Frau ist die ferne Frau, deren Nähe heiß ersehnt wird, und die dennoch fern bleiben muß. Deshalb kann sie auch nicht als wirkliche Person wahrgenommen werden, in der Liebe und Haß, Gutes und Böses integrierbar wären.[38] Sie verkörpert vielmehr eine wechselseitige Verhinderung von Trennung und Vereinigung, Haß und Liebe. Diese verbleibt im Stadium narzißtischer Suche nach einem realen Objekt und endet dabei immer in der Sackgasse des eigenen Selbst.

5. Die entkörperlichte Gier nach dem Besitz des Körpers

In Sevilla hat Mateo das Objekt seiner Begierde zunächst aus den Augen verloren. Eines Nachmittags jedoch geht er in eine Tabakfabrik,[39] in der die Frauen wegen der Hitze mit entblößter Brust arbeiten. Er ist allein, „ce qui est une faveur, car vous saver que les visiteurs sont conduits par une surveillante dans ce harem immense de quatre mille huit cents femmes, si libres de tenue et de propos" (Louÿs 1911, S. 77).[40] Hier stehen alle Frauen seinem „begierlich" distanzierten Blick, nicht aber seiner wirklichen Lust zur Verfügung.

Daß Mateo in dieser Umgebung Conchita wiederfindet, deutet an, daß er in allen Frauen eine liebt und in dieser einen Frau zugleich alle begehrt. Es ist die Imagination der universalen Verfügbarkeit aller Frauen oder der Frau schlechthin, die hier das narzißtische Szenario männlicher Allmachtsphantasie abgibt. Aber die Verfügbarkeit ist eingeschränkt und wieder

38 Edith Jacobson, *Das Selbst und die Welt der Objekte,* Frankfurt/M. 1978.

39 Louÿs phantasiert hier eine Szene aus, die in Mérimées „Carmen" nur angedeutet ist. Dort heißt es, die Frauen „wickeln Zigarren in einem großen Saal, den Männer nur mit Genehmigung der ‚Vierundzwanzig' betreten dürfen, weil die Arbeiterinnen, namentlich die jungen, es sich bequem machen, wenn es heiß wird" (Prosper Mérimée, *Carmen,* Stuttgart 1984, S.28). Bizet macht dann in seiner Oper eine Tabakfabrik zum Schauplatz des ersten Aufzugs (Georges Bizet, *Carmen. Oper in vier Aufzügen,* Stuttgart 1986, S. 13 ff.).

40 „[...] was eine Vergünstigung war, denn wie sie wissen, werden Besucher in diesem riesigen Harem mit viertausendachthundert lässig gekleideten, und noch lockerer sich ausdrückenden Frauen gewöhnlich von Aufsichtspersonen herumgeführt" (Louÿs 1960, S. 47).

mit einem Berührungsverbot verbunden; denn „presque toutes travaillaient le torse nu, avec un simple jupon de toile desserré de la ceinture et parfois retroussé jusqu'au milieu des cuisses" (S. 77 f.).[41] Die Entblößung der Brust und Schenkel bei gleichzeitiger Verhüllung des Geschlechts zeigt, daß die Begierde ihr Objekt zwar teilweise anschauen, nicht aber vollständig sehen und sexuell berühren darf.

Das Schauspiel, das sich der sozial Höherstehende hier verschafft, wird von ihm zur sexuellen Anzüglichkeit umgedeutet. Er projiziert die Provokation seines Blickes auf die Frauen, so daß seine Phantasien als Reaktionen auf ihre sexuellen Angebote erscheinen:

> Je passais entre les rangs compacts en regardant de droite et de gauche, tantôt sollicité d'aumônes et tantôt apostrophé par les plaisanteries les plus cyniques. Car l'entrée d'un homme seul dans ce harem monstre éveille bien des émotions. [...] Ces filles sont impudiques commes des femmes honnêtes. Je ne répondais pas à toutes. Qui peut se flatter d'avoir le dernier mot avec une cigarrera? Mais je les regardais curieusement et leur nudité se conciliant mal avec le sentiment d'un travail pénible, je croyais voir toutes ces mains actives se fabriquer à la hâte d'innombrables petits amants en feuilles de tabac. Elles faisaient, d'ailleurs, ce qu'il faut pour m'en suggérer l'idée (S. 80 f.).[42]

Hier wird ein psychischer Übergriff inszeniert: Die Frauen scheinen unter dem sich ihrer „begierlich" bemächtigenden Blick ihren eigenen Willen zu verlieren. Mateo schreibt ihrer Arbeit die symbolische Erektion vieler Phalli und die aktive Hervorbringung seines erigierten Blickes zu. Sein passiver, narzißtischer „Schautrieb", der „den eigenen Körper zum Objekt hat" (Freud 1981, S. 224) kann durch diese Projektion in einen aktiven verwandelt werden und sich trotz des Berührungsverbots imaginative Ansätze von Trieb und Objekt erschaffen.

Die Anzüglichkeiten und Beschimpfungen, die er für seinen Voyeurismus erntet, bilden einen Ersatz für den wirklichen Geschlechtsakt: Sie benennen das Erwünschte und verwehren es zugleich. Er kann es durch seine Blicke in den Abwehrreaktionen der Frauen hervorrufen und seine Phantasien genießen, während allein schon die Umgebung deren Realisierung verhindert. Dieses Ineinander von Wunsch und Abwehr, von Erfüllung und Verhinderung enthält den Ansatz zur Imagination der bösen Frau: Sie erscheint als Verführende und Verweh-

---

41 „[...] fast alle arbeiteten mit nacktem Oberkörper und einem einfachen, von einem Gürtel zusammengehaltenen leinenen, bisweilen über die Mitte der Oberschenkel aufgeschürzten Rock" (Louÿs 1960, S.47).

42 „Nach rechts und nach links blickend, drängte ich mich durch diese Massen hindurch, bald angebettelt, bald mit reichlich unanständigen Scherzen angesprochen. Denn das Erscheinen eines einzelnen Mannes macht immerhin Aufsehen. [...] Schamlosigkeit ist diesen Mädchen so natürlich wie Frauen Sitte. Nicht allen gab ich Antwort. Wer kann sich rühmen, einer Zigarrenarbeiterin gegenüber das letzte Wort behalten zu haben? Ich sah ihnen jedoch aufmerksam zu, da sich aber ihre Nacktheit schlecht mit dem Eindruck einer mühsamen Arbeit vertrug, kam es mir vor, als ob all diese geschäftigen Hände sich eiligst unzählige kleine Liebhaber aus Tabakblättern kneteten. Ihre Bewegungen legten mir jedenfalls diesen Einfall nahe" (Louÿs 1960, S. 47 f.).

rende, wo es doch der männliche, zugleich distanzierte und eindringende Blick ist, der diese Ambivalenz hervorruft. Er holt sich mit diesem Blick, was er braucht, ohne die Macht aufgeben zu müssen, die seine Distanz ihm garantiert. Er steuert die sexuellen Reaktionen der Frauen aus sicherer Entfernung und braucht sich selbst nicht einzulassen. Auf diese Weise ergreift er von den Frauen physisch Besitz, ohne daß sie ein Einspruchsrecht geltend machen könnten. Denn real ist ja nichts passiert; der Übergriff findet lediglich in der Phantasie statt.

Mateo wird von Conchita angesprochen: Wenn er ihr einen Sou gebe, wolle sie ihm ein kleines Lied singen. Er reagiert nicht darauf, sondern fragt nach ihrer persönlichen Geschichte. Während er erfährt, daß sie nicht mehr im Kloster, sondern mit ihrer Mutter in Sevilla lebt, steigert sie ihr Angebot und deren Preis. Daran wird deutlich, daß die Wünsche beider aneinander vorbeizielen: Wo sie Fiktion bietet, verlangt er Einblick in ihr reales Privatleben. Er gibt ihr schließlich ein Goldstück. Das habe, so glaubt er, in ihr alle schlechten Gefühle geweckt, die mit Reichtum verbunden sind. Für sich selbst meint er: „Cette pièce d'or jetée devant cette enfant, c'était le dé fatale de mon jeu. Je date de là ma vie actuelle, ma ruine morale [...] elle m'a tué" (Louÿs 1911, S. 86).[43] Mit dem Gold, so scheint es, hat Mateo sich selbst weggegeben und seine Moral wie auch seine Identität zerstört.

Der Konflikt um Geld bildet zwar ein zentrales Motiv des Romans; er symbolisiert aber mehr als die bloßen Verlockungen des Kapitals.[44] Die ökonomische Ebene verweist vielmehr auf eine grundlegende Paradoxie der Machtkämpfe und Besitzansprüche zwischen den Geschlechtern (Abb. 4). Im Versuch wechselseitiger Annäherung steigert sich das Begehren ebenso wie sein Preis. Je stärker Mateo Conchita besitzen will, desto idealer und wertvoller stellt sie dar, was sie ihm zu geben bereit ist. Nur daß dies nicht seinen Wünschen entspricht. Je eher sie bereit ist zu geben, desto mehr, glaubt er, verlange sie von ihm. Und je mehr er fürchtet geben zu müssen, desto weniger meint er dafür zu bekommen. Beide kommen mit ihren Wünschen in den Angeboten des anderen nicht vor.

Dieser Mechanismus enhüllt das ökonomische Verhältnis von Angebot und Nachfrage in seiner paradoxen Wunsch- bzw. Triebstruktur: Die Fiktionalität des Angebots schmälert den triebökonomischen Wert des Objekts nicht. Im Gegenteil: Er steigert ihn – und mit ihm die Begierde sowie den Preis. Das reale Angebot kann aber dem fiktiven, idealisierten Wert nicht mehr entsprechen, sondern muß diesem gegenüber als falsch und billig erscheinen. Auf diese Weise fühlen sich beide betrogen: die Anbietende, weil sie vermeintlich nicht wirklich selbst gewollt wird, und der Nachfragende, weil er etwas anderes erhält, als er glaubt, daß ihm ver-

---

43 „[...] dies diesem Kinde zugeworfene Goldstück war der schicksalsschwangere Einsatz meines Spiels. Von da an begann mein wirkliches Leben, mein moralischer Verfall, mein Unglück, [...] die Geschichte [...] hat mich das Leben gekostet" (Louÿs 1960, S. 51).

44 Buñuels Film sei „das Symbol einer sexualisierten Massenkultur [...], deren Verlockungen im gleichen Maße bloßer Schein bleiben wie die Conchitas für Matthieu. Gemeinsam ist beiden auch der Irrglaube, selbst Glück sei käuflich" (Schwarze 1981, S. 119). Aber der ökonomische Schein weist über sich hinaus: Er symbolisiert einen triebökonomischen Mechanismus, der zu ironischer Selbstaufhebung führt, wenn die Qual der unerfüllten Liebe in Lächerlichkeit umschlägt.

sprochen worden war. Dieser wechselseitige Betrug wird als Verletzung erlebt, weil jeder sich ausgeraubt und damit im Wert seines Selbst sowie seiner Geschlechtlichkeit herabgesetzt fühlt.

Conchita glaubt sich von Mateo in dem abgelehnt, was sie ihm freiwillig geben will. Zur Strafe soll er ihr ein Lied wiederholen, das ein Frage-Antwort-Spiel enthält: „Tu as un autre amant? – Non. – Tu veux que je le sois? – Oui" (Louÿs 1911, S. 88).[45] Sie singt es ihm vor, schränkt aber gleich anschließend das fiktive Angebot ein: „Mais vous savez, c'est une chanson, et les réponses ne sont pas de moi" (S. 88).[46] Anschließend verweist sie auf die Irrealität der Verlockung und führt als Grund ihrer Abweisung an, daß sie noch Jungfrau sei. Damit suggeriert sie die Phantasie: Du könntest der erste sein, dem ich voll und ganz gehöre. Das Entjungfern als Symbol des konkurrenzlosen Besitzergreifens von etwas Unberührtem erscheint hier als Lockmittel für das männliche Machtstreben und verkehrt sich damit ins Gegenteil: in Prostitution.

In der Tat lädt Conchita Mateo anschließend zu sich nach Hause ein, so daß er sich fragt, „si cette petite fille ne me menait pas tout simplement au plus banal des rendez-vous" (S. 94).[47] Aber in der Wohnung wartet ihre Mutter, so daß er versucht, das Gespräch auf vertrauenerweckende, alltägliche Gegenstände zu lenken. Wie sein Verhalten eine Doppelmoral enthält, so ist ihre Rede von Bigotterie gekennzeichnet: Während sie selbst in die Kirche gehe, schicke sie ihre Tochter in die Fabrik. Zugleich beschwert sie sich darüber, daß diese dort schlechten Umgang habe. Aber: „Nous serions riches [...] si nous avions suivi les mauvais chemins! Mais le péché n'a jamais passé la nuit ici" (S. 96).[48] Mateo gibt daraufhin der Mutter Geld, vordergründig, damit ihre Tochter nicht in die Fabrik zurückkehren müsse. Gibt er auf diese Weise zwar vor, Conchita vor der Prostitution bewahren zu wollen, so hofft er insgeheim doch, sich selbst ihren Besitz erkaufen zu können.

Bei einem weiteren Besuch findet Mateo Conchita allein. Sie erklärt ihm, daß sie stets das tue, was ihr gefalle. Dann, entgegnet er, müsse ein Anwärter sich also an sie wenden und nicht an die Mutter. Sie bestätigt dies und fragt zugleich, ob er einen wisse. Als er diese Frage verneint, setzt sie sich auf seine Knie und fragt, ob das wahr sei. Er antwortet nicht mehr, und sie küßt ihn. Als er sie jedoch an sich ziehen will, sagt sie nein, fordert ihn auf, zu gehen und sie nicht mehr zu berühren. Auf seine Verwunderung hin entgegnet sie:

> Je vous ai embrassé parce que je vous aime bien; mais vous, vous ne m'embrasserez pas sans m'aimer. – Et tu crois que je ne t'aime point, enfant? – Non, je vous plais, je vous amuse; mais je ne suis pas la seule [...]. Ils n'en manque pas, à la Fabrique, d'aussi jolies que moi et qui se le laissent dire. Faites ce que vous voudrez avec elles [...]. Mais moi, c'est moi [...].

---

45 „Hast du einen anderen Liebsten? – Nein. Möchtest du, daß ich der bin? – Ja" (Louÿs 1960, S. 52).

46 „[...] aber Sie müssen wissen: es ist ein Lied, und die Antworten sind nicht von mir" (Louÿs 1960, S. 52).

47 „Ich fragte mich schon, ob dieses kleine Mädchen mich nicht zu einem völlig banalen Abenteuer führte" (Louÿs 1960, S. 54).

48 „[...] wir würden reich sein, wenn wir uns auf Abwege eingelassen hätten. Aber die Sünde hat nie unter meinem Dach geschlafen" (Louÿs 1960, S. 56).

> Aussi je ne veux pas qu'on m'achète comme une poupée au bazar, parce que, moi enlevée, on ne me retrouverait plus (S. 102).[49]

Mit dieser Beschreibung trifft Conchita aus ihrer Sicht durchaus etwas Richtiges. Aber indem sie sich Mateo körperlich nähert, jedoch in letzter Konsequenz verweigert, stachelt sie seine Begierde an.

Seine Verliebtheit resultiert aus einer Besitzgier, die Conchita in ihm dadurch erweckt, daß sie darauf beharrt, nur sich selbst zu gehören, ganz sie selbst zu sein. Mit ihrem Selbstbewußtsein und der Behauptung absoluter körperlicher Integrität setzt sie seinen Omnipotenzphantasien und Bemächtigungswünschen ein schier unüberwindliches Hindernis entgegen. Zwar darf er sie immer und jederzeit sehen, sie aber bleibt distanziert und vertröstet ihn stets auf später. Nach zwölf Wochen noch meint er, auf ihrem Gesicht die gleichen Versprechen und die gleichen Widerstände, wahrzunehmen. Er leidet unter ihrer Weigerung. Dennoch scheint das Spiel mit Nähe und Distanz der Form seiner Begierde zu entsprechen, sonst würde er sich nicht so beharrlich darauf eingelassen haben.

Eines Tages nimmt Mateo Conchitas Mutter beiseite und sagt ihr, daß er ihre Tochter liebe, und

> que j'avais l'intention d'unir ma vie à la sienne, que, pour des raisons faciles à entendre, je ne pouvais accepter aucun lien avoué, mais que j'étais résolu à lui faire partager un amour exclusif et profond dont elle ne pouvait prendre offense (S. 109).[50]

Das heißt aber, daß er sie zu seiner heimlichen Geliebten machen möchte und sich von der Mutter kupplerische Unterstützung gegen materielle Entlohnung dafür erbittet. Einige Tage später erhält er von Conchita folgenden Brief: „Si vous m'aviez aimée, vous m'auriez attendue. Je voulais me donner à vous; vous avez demandé qu'on me vendît. Jamais plus vous ne me reverrez" (S. 111).[51] Kurz darauf findet er die Wohnung der Frauen verlassen vor.

In der folgenden Zeit kommt Mateo zu der Einsicht, daß Conchita recht gehabt habe. Sollte er sie jemals wiedersehen, „je resterai à ses pieds, jusqu'à ce qu'elle me fasse signe, dussé-

---

49 „‚Ich habe Sie geküßt, weil ich Sie liebhabe. Aber Sie, Sie werden mich nicht küssen, wenn Sie mich nicht lieben.' ‚Und du glaubst, daß ich dich nicht liebe?' ‚Nein. Ich gefalle Ihnen, ich mache Ihnen Spaß. Aber ich bin nicht die einzige. [...] In der Fabrik gibt es ebenso hübsche wie mich, und obendrein welche, die es sich gern sagen lassen. Machen Sie mit denen, was Sie wollen. [...] Aber ich bin ich. [...] Und darum will ich nicht, daß man mich kauft wie eine Puppe auf dem Markt, weil man meinesgleichen, einmal mitgenommen, nicht wiederfinden würde'" (Louÿs 1960, S. 59).

50 „Ich sagte ihr, daß ich ihre Tochter liebte, daß ich beabsichtigte, mein Leben mit dem ihren zu verbinden, daß ich zwar aus leicht verständlichen Gründen mich einer offiziellen Bindung nicht unterwerfen könne, jedoch entschlossen sei, ihr meine ausschließliche und tief empfundene Liebe zu widmen, an der sie keinen Anstoß nehmen könnte" (Louÿs 1960, S. 62).

51 „Wenn Sie mich geliebt hätten, hätten Sie auf mich gewartet. Ich wollte mich Ihnen hingeben, Sie haben verlangt, daß man mich verkauft. Wir werden uns nie wiedersehen" (Louÿs 1960, S. 63).

je attendre des années. [...] je serai selon son désir" (S. 118 f.).[52] Dieser unterwürfige Schwur artikuliert zugleich einen unerschütterlichen Machtwillen. Er resultiert aus der durch den Entzug des Objekts ins Extreme gesteigerten Begierde. Das beharrliche Festhalten an einer Beziehung, die überwiegend Leid und Triebverzicht bedeutet, offenbart den masochistischen Grundzug der Begierde.

Reik arbeitet als Grundstruktur des Masochismus das „Suspense" heraus. Suspense meint eine Triebspannung, die versucht, das Schwanken zwischen Angst und Lust möglichst lange aufrechtzuerhalten und die Befriedigung hinauszuschieben:

> [Es] hat die Absicht, das Eintreffen des Gefürchteten zu vermeiden oder zumindest hinauszuschieben. Das Paradoxe daran ist nur, daß es zugleich die Nähe des Gefürchteten aufsucht. Es ist also eine Annäherung und eine Flucht zugleich.[53]

Durch die Vorwegnahme einer gefürchteten Strafe versucht es, die Angst zur Vertiefung einer Lust zu verwenden, „die aus Schmerz und Scham" (Reik 1983, S. 168) aufsteigt. Das masochistische „Schwanken zwischen Näherkommen- und Flüchtenwollen" (S. 152) kennzeichnet auch die Phantasien über die böse Frau.[54]

Aber das Objekt der Begierde bestimmt sich durch Phantasien, die nicht nur zwischen Triebabwehr und Triebwunsch, sondern auch zwischen Angst vor Verletzung und Machtwillen schwanken. Bezogen auf das Paradigma von Macht und Überschreitung der Persönlichkeitsgrenzen bedeutet das Suspense eine Vorwegnahme von Verletzung und Scham, um die Angst vor der eigenen Ohnmacht und Hingabe in Macht und gewaltsame Abwehr verkehren zu können.

6. Leidenschaft, Leiden und Gewalt

Mateo sieht Conchita zufällig hinter einem vergitterten Fenster wieder. Sie überläßt ihm ihre Hand. Als er aber ihren Mund küssen will, zieht sie diese sofort zurück und entgegnet: Später. Er empfindet dieses Wort wie eine Barriere zwischen sich und der Frau. Plötzlich verspricht Conchita ihm aber, „je serai votre maîtresse après-demain" (Louÿs 1911, S. 126).[55]

---

52 „Wenn ich sie jemals wiedersehen sollte [...] werde ich vor ihr niederknien und dort warten, bis sie mir ein Zeichen gibt, und wenn ich jahrelang warten müßte. [...] ich werde mich ihrem Wunsch fügen" (Louÿs 1960, S. 65).

53 Theodor Reik, *Aus Leiden Freude. Masochismus und Gesellschaft*, Frankfurt/M. 1983, S. 152.

54 Koschorke sieht im Masochismus einerseits „die optimale Anpassungsform der Sexualität" an den Viktorianismus, andererseits dessen „verzerrtes Spiegelbild, seine Parodie. Die viktorianische Frau ist hysterisch und frigide. Also erotisiert er Hysterie und Frigidität als die beiden Grundformen weiblicher Grausamkeit: Vernichtungsrausch und Kälte" (Albrecht Koschorke, *Leopold von Sacher-Masoch. Die Inszenierung einer Perversion*, München-Zürich 1988, S. 110).

55 „Übermorgen werde ich Ihre Geliebte sein, Mateo" (Louÿs 1960, S. 69).

Als er daraufhin fragt, warum das nicht sofort sein könne, antwortet sie, sie wolle zuvor noch zur Beichte gehen.

Beim Rendez-vous behauptet sie dann aber, sich schlecht zu fühlen und fragt ihn, ob er sie liebe. Er antwortet: „Tu le demandes!" Und zu sich selbst: „Je redoute ces questions que posent toutes les femmes, et auxquelles on ne peut répondre que par les pires banalités" (S. 134 f.).[56] Daraufhin meint sie wiederum, sie habe nicht den Mut, sich ihm hinzugeben; denn wenn sie sich in ihm täuschte, wäre ihr ganzes Leben verloren, weil sie stets nur *einem* Mann gehören könne. Dennoch stachelt sie seine Begierde an, indem sie kurz darauf ihre Brüste entblößt, sie von ihm betrachten läßt, sich seiner körperlichen Annäherung aber erneut verweigert. Er will sie nicht wiedersehen, aber: „J'étais attiré vers elle par une invincible puissance; je crus que ma volonté avait cessé d'être" (S. 138).[57] In letzter Minute macht er vor ihrem Haus kehrt.

Am nächsten Tag erscheint sie ihrerseits bei ihm, entkleidet sich und legt sich in sein Bett. Aber:

> En s'habillant chez elle, cette petite misérable s'était accoutrée un calecon, taillé dans une sorte de toile à voile si raide et si forte, qu'une corne de taureau ne l'aurait pas fendue, et qui se serrait à la ceinture ainsi qu'au milieu des cuisses par les lacets d'une résistance et d'une complication inattaquables (S. 143)[58] (Abb. 5).

Als Mateo daraufhin in Tränen ausbricht, tröstet Conchita ihn. Sie ruft ihm ins Gedächtnis, welche ihrer Körperteile er besitzen könne und fragt, ob das nicht genug sei. „Alors ce n'est pas moi que tu aimes, mais seulement ce que je te refuse?" (S. 145)[59] Es scheint, als habe sie genau erkannt, daß sie sich ihm in letzter Konsequenz verweigern muß, damit er sie lieben kann, und daß er nicht sie als reale Person liebt, sondern den distanzierenden Akt der Verweigerung in ihr. Während der nächsten zwei Wochen liegen sie jede Nacht gemeinsam im Bett, ohne daß es jedoch zum Geschlechtsakt kommt. Am fünfzehnten Tag ist Conchita mit einer größeren Summe Geldes verschwunden. Der körperliche Entzug ist damit komplett und erscheint wie eine kalkulierte Ausbeutung und eine absichtvolle Quälerei des im sexuellen Begehren hilflosen Mannes.

In solchen Imaginationen der bösen, mit körperlicher Nähe und verweigerter Sexualität quälenden Frau verkörpern sich konflikthafte Triebwünsche und frühe Repräsentanzen, die noch nicht den Status eines vom Selbst getrennten Objekts besitzen. Sie quälen den Mann,

56 „Das fragst Du noch? [...] Ich fürchte solche Fragen, die alle Frauen stellen und die man nur mit den ärgsten Banalitäten beantworten kann" (Louÿs 1960, S. 73).

57 „Eine unwiderstehliche Macht zog mich zu ihr hin. Ich glaubte, keinen Willen mehr zu haben" (Louÿs 1960, S. 75).

58 „Hatte sich diese verruchte Kleine doch zu Hause eine Hose von so hartem und widerstandsfähigem Stoff angezogen, den selbst ein Stier nicht mit seinem Horn hätte durchbohren können, und die ihr um die Taille und Knie unauflösbar fest geknüpft war" (Louÿs 1960, S. 77).

59 „Du liebst also nicht mich, sondern nur das, was ich dir versage" (Louÿs 1960, S. 78).

weil er seine narzißtische Besitz- bzw. Bemächtigungsgier an ihnen nicht stillen kann. Dadurch verletzen sie seine Integrität, sein Selbstbild und seine Geschlechtsidentität. Zugleich erfüllen sie ihm jedoch ein grundlegendes Bedürfnis. Denn in der masochistischen Konstellation fiktiver Objekte äußert sich ein Machtwille, dem keine Grenzen von einem realen Objekt gesetzt werden sollen, der absolut und unumschränkt bleiben will.

Je stärker Machtwille und Verletzungswunsch werden, desto größer wird auch die Angst vor der zu erwartenden Rache der archaischen, mächtigen Frau. Deshalb muß die reale Frau um jeden Preis auf Distanz gehalten und als lustvoll strafende Rachegöttin psychisch verankert werden. Als reale würde sie (selbst-)mörderische Aggressionen und Zusammenbrüche des Selbstbildes freisetzen, die in der masochistischen Imagination der distanzierten Frau noch beherrscht werden können. Aber auch ihre Ferne ist nicht nur hilfreich. Denn durch die Anstachelung und Blockierung sexueller Aktivität bedeutet sie eine permanente Verletzung der männlichen Selbstachtung.

Dem zugrunde liegt eine narzißtische Schamangst, eine Angst vor Verletzung der psychischen und physischen Integrität. In der Regel behütet Scham nach Wurmser den gesunden Narzißmus, also die psychische wie physische Selbstachtung und Unversehrtheit. Sie schützt „das getrennte, private Selbst mit seinen Grenzen", indem sie „das Eindringen von außen" verhindert und „Isolierung" wie „Abweisung" verhütet.[60] Eine Verletzung der Schamgrenze wird jedoch „als radikales Verlassenwerden" bzw. „als Verschwinden von Objekt und Selbst" erlebt (Wurmser 1990, S. 57). So sehr Scham also das narzißtische Gleichgewicht, die Geschlechtsidentität und das Selbstbewußtsein schützt, so sehr kann sie es auch gefährden, „wenn narzißtische Wünsche abrupt enttäuscht werden, wenn Ansprüche [...] an Selbstachtung unerwartet verletzt werden" (S. 72).

Indem sie Mateos Zuwendung aggressiv abwehrt und ihn als Mann verhöhnt bzw. ignoriert, verletzt Conchita seine narzißtische Integrität und beschämt ihn. Aber so wie sie seine geschlechtliche und persönliche Integrität verletzt, wird sie ihrerseits von ihm beschämt und verletzt. Sein Übergriff besteht darin, daß er nicht wirklich sie als reale Person meint, sondern nur das will, was sie ihm verweigert, sie also als Objekt seines verleugneten Machtwillens benutzt. Je mehr Verweigerung und Begierde sich wechselseitig hemmen und steigern, desto stärker manifestiert sich auch ihr zunächst latent destruktiver Charakter. Ein wesentlicher Aspekt des Nähe-Ferne-Mechanismus der Begierde, auf dem die Wahrnehmung der bösen Frau beruht, besteht im Umschlagen von Leiden in Aggression, von Scham in Beschämung, von Masochismus in Sadismus.

Mateo trifft Conchita nach einiger Zeit in einem Lokal als Flamenco-Tänzerin wieder. Unter seinen Augen läßt sie sich von allen Männern umarmen und freihalten. Er bedroht sie mit den Worten, ob sie nicht Angst habe, zu sterben, und wirft ihr vor, sich zu prostituieren. In dieser Reaktion werden verdrängte feindselige Regungen deutlich, die sich beim Masochismus einerseits in einem passiven Strafbedürfnis und andererseits in trotzigen Quälereien des

60 Léon Wurmser, *Die Maske der Scham. Die Psychoanalyse von Schamaffekten und Schamkonflikten*, Berlin-Heidelberg 1990, S. 122.

Objekts äußern. Conchita schwört, noch Jungfrau zu sein und sagt, daß sie ihn verachte, weil er daran zweifele. Mateos Reaktion bleibt der masochistischen Position verhaftet: „Je n'avais que trois partis à prendre: la quitter, la forcer, ou la tuer. Je pris le quatrième, qui était de la subir" (Louÿs 1911, S. 166).[61] Von nun an kommt er jeden Abend in das Lokal, um sie tanzen zu sehen. Eines Nachts verläßt sie die Bühne, angeblich um eine Ruhepause einzulegen. Mateo hat zunächst keinen Argwohn, erfährt dann aber von einer anderen Tänzerin, daß Conchita nicht schlafe. Er geht ihr nach und sieht, wie sie in einem abgesonderten Raum vor Fremden tanzt: nackt. „Jamais je ne l'ai vue si belle! [...] tout son corps était expressif comme un visage, plus qu'un visage, et sa tête enveloppée de cheveux se couchait sur l'épaule comme une chose inutile" (S. 178).[62]

In seiner voyeuristischen Bewunderung für ihren nackten Körper wird zugleich eine moralisch verdeckte Mißachtung ihrer Persönlichkeit sichtbar: Er zeigt seinen Wunsch, sie als rein körperliches Objekt sexuell begehren und zugleich als Prostituierte ablehnen zu können.

Trotz Conchitas Versicherung, sie habe sich mit den Fremden nicht sexuell eingelassen, fürchtet er, sie vor Wut zu töten:

> Une lutte épuisante se livrait en moi entre ma colère et ma volonté. Ah! C'est bien le signe suprême de la toute puissance féminine, que cette immunité dont nous les cuirassons. Une femme [...] vous outrage: saluez. Elle vous frappe: protégez-vous, mais évitez qu'elle se blesse. Elle vous ruine: laisse-la faire. [...] Elle brise votre vie: tuez-vous s'il vous plaît! – Mais que jamais, par votre faute, la plus fugitive souffrance ne vienne endolorir la peau de ces êtres exquis et féroces pour qui la volupté du mal surpasse presque celle de la chair (S. 184).[63]

Mateo kann seine Aggressionen zunächst noch als Resultat von Conchitas Bösartigkeit rationalisieren und masochistisch binden, so daß sie ihn nicht überfluten. Indem er sie dann auf Conchitas vermeintliche Beziehung zu anderen Männern projiziert, können die gegen das eigene Selbst gerichteten Aggressionen sich zunehmend nach außen wenden. Damit verletzt er jedoch symbolisch Conchitas geschlechtliche Integrität, was sie wiederum dazu veranlaßt, ihn zu verachten bzw. zu beschämen und damit seine Grenzen zu verletzen.

---

61 Ich hatte „nur unter drei Dingen zu wählen: Sie zu verlassen, sie zu vergewaltigen oder sie zu töten. Ich wählte eine vierte: nämlich sie zu ertragen" (Louÿs 1960, S. 85).

62 „Ach, mein Gott, ich hatte sie nie so schön gesehen! [...] ihr ganzer Körper war ausdrucksvoll wie ein Gesicht, ausdrucksvoller sogar. Ihr von Haar umwallter Kopf lag wie etwas Überflüssiges auf einer Schulter" (Louÿs 1960, S. 91).

63 „Mein Zorn und meine Willenskraft lagen im heftigen Streit miteinander. Man sagt wohl mit Recht, daß diese Unverletzlichkeit, die wir Frauen zubilligen, das beste Zeichen für ihre Allmacht ist. Eine Frau [...] beleidigt Sie: Machen Sie eine Verbeugung. Sie schlägt Sie: Sie werden sich dagegen schützen, aber es sorglich vermeiden, daß sie selbst sich wehtut. Sie ruiniert Sie: Lassen Sie es geschehen. [...] Sie zerbricht Ihr ganzes Leben: Wenn Sie wollen, töten Sie sie! – Aber niemals sollte von ihretwegen auch nur der flüchtigste Schmerz die Haut dieser erlesenen und bösartigen Wesen spannen, für die es eine Wollust ist, Böses zu tun, die ihnen beinahe über fleischliche Wollust geht" (Louÿs 1960, S. 93).

In der Potenzierung ihrer wechselseitigen Übergriffe steigert sich die Aggressivität. Wird sie zunächst masochistisch eingesetzt, so schlägt sie dann ins Sadistische um. Auf diese Weise wird deutlich, was Reik die „Geburt des Masochismus aus dem Geist der sadistischen Phantasie" nennt (Reik 1986, S. 219). Aggressive Impulse, die ursprünglich gegen den anderen gerichtet waren, werden gegen das Ich gewendet und in ihrer Durchführung zugleich an eine fremde Person delegiert.[64]

Besonders einer unter Conchitas Freunden weckt Mateos Eifersucht. Sie gibt zwar zu, Morenito sei die Nacht über bei ihr gewesen, da er und seine Schwestern nur ein kleines Bett besäßen. Sie habe ihm aber beim Schlafen den Rücken zugekehrt. Mateo wirft sie vor:

> Vous avez cru que vous me poursuiviez et que je me refusais à vous, quand qu contraire c'est à moi qui vous aime et qui vous veux pour toute ma vie. [...] Je veux vous épouser, Mateo, pour vous aimer encore quand vous ne m'aimerez plus (Louÿs 1911, S. 193 ff.).[65]

Wegen des Standesunterschiedes sei dies jedoch nicht möglich. Damit schränkt sie ihr Angebot gleich wieder ein und bricht in Tränen aus.

Als Mateo daraufhin eingesteht, daß er sie liebe und tun wolle, was sie verlange, lenkt sie ein: Sie könne nicht zulassen, daß er seinen Namen durch den ihren beschmutze. Sie wolle ihn nicht heiraten, aber von ihm behandelt werden wie seine Ehefrau. Sie erbitte sich lediglich „une petite maison à moi [...]. En échange, moi je n'ai rien à vous donner, mon âme. Rien que mon amour éternel avec ma virginité que je vous ai gardé contre tous" (S. 196 f.).[66] Wie stets wendet Conchita Mateos eigene Vorbehalte gegen ihn, setzt ihre jungfräuliche, absolute Liebe dagegen. Matteo läßt sich erneut überzeugen, daß alles sein Verschulden gewesen sei. Er sichert ihre Zukunft finanziell ab und kauft ihr das gewünschte Haus. Conchita gibt vor, ihn um Mitternacht dort empfangen zu wollen.

Sie erscheint an der verschlossenen Gittertür und verlangt zunächst, er solle ihre Hände küssen (Abb. 6 und 7), dann ihren Rocksaum und schließlich ihre Füße. Anschließend fordert sie ihn lachend auf zu gehen und beschimpft ihn: „Libre! je suis libre de toi! [...] maîtresse de mon corps et de mon sang! [...] Mateo, j'ai l'horreur de toi. Je ne trouverai jamais assez de

---

64 Ironisch formuliert dies 1885 ein anonymer Autor: „Auf ihr Frauen! auf *erweibet* euch und zeiget unverhohlen, offen und zu jedermanns Lehre und Kenntniß, wie die gerühmten Machthaber der Erde nichts sind als eure Sklaven. [...] Thuet stets [...] als ob Ihr der unterdrückte der unschuldig leidende Theil seid" (R. H., *Die Kunst den Mann zu quälen. Eine Epistel an die Frauen*, Leipzig-Hamburg 1885, S. 4 f.).

65 „Sie haben es immer so aufgefaßt, als ob Sie mich verfolgten und als ob ich mich Ihnen versagte, während in Wirklichkeit doch ich es bin, die Sie liebt und Sie für mein ganzes Leben besitzen möchte [...]. Ich will Sie heiraten, Mateo, um Sie noch zu lieben, wenn Sie mich nicht mehr lieben" (Louÿs 1960, S. 98 f.).

66 „Nur ein kleines Haus für mich [...]. Ich habe Ihnen dagegen nichts zu bieten. Nur meine ewige Liebe und meine Jungfräulichkeit, die ich gegenüber allen andern für Sie mir bewahrt habe" (Louÿs 1960, S. 100).

mots pour te dire combien je te hais" (S. 209).[67] Als er wie angewurzelt stehen bleibt, ruft sie Morenito aus dem Hintergrund herbei, umarmt und küßt ihn und „elle s'est unie à lui ... là ... sous mes yeux ... à mes pieds" (S. 211).[68] Nach dieser Szene, in der sich seine Angst vor sexueller Beschämung durch ihre Untreue materialisiert, kann Mateos masochistische Autoaggressivität in sadistische Destruktivität umkippen. Wenn der männliche Masochist mit seinen Inszenierungen der Frau an sich selbst zeigt, „in welcher Lage er sie sehen möchte" (Reik 1983, S. 246), dann tritt dieser Wunsch beim Umschlagen von Masochismus in Sadismus nach außen.

Daß er sich nicht umgebracht habe, so Mateo, liege nur an einer ungeheueren Wut, die ihn gepackt habe. Am nächsten Morgen taucht Conchita in seinem Garten auf: Sie sei gekommen, um zu erfahren, wie er gestorben sei. Gemeinsam gehen sie in ein Zimmer des Hauses. Mateo schließt die Tür ab, und

> C'était la première fois que je frappais une femme. [...] „Concha", lui dis-je, „[...] tu m'as fait souffrir au delà de toute force humaine. Tu as inventé des tortures morales pour les essayer sur le seul homme qui t'ait passionnément aimée. Je te déclare ici que je vais te posséder par la force, et non pas une fois [...] mais autant de fois qu'il me plaira de te saisir avant la nuit" (Louÿs 1911, S. 219 f.).[69]

Übermannt von seiner Wut schlägt er auf sie ein. Anschließend glaubt er, Bewunderung in ihren Blicken zu entdecken. Sie stammelt: „Oh! Mateo! Comme tu m'aimes!" (S. 224)[70] Auch sie liebe ihn nun, nachdem er sie so geschlagen habe. Die Szene mit Morenito sei nur ein Theater gewesen, um ihm weh zu tun. Sie sei noch Jungfrau. Der Erzähler verrät, was Buñuels Filmversion verschweigt: „Et en effet, Monsieur, elle était vierge" (S. 225).[71]

7. Die böse Frau als Trieb-Maschine

Nun könnte die Geschichte ein gutes Ende nehmen. Aber Mateo und Conchita müssen ihren Haß weiterleben, um ihre Liebe fortsetzen zu können. In der Folgezeit bringt sie ihn immer wieder dazu, sie zu schlagen. Sie braucht seine gewaltsamen Ausbrüche: „Quand je sens ta force, je t'aime [...] tu ne peux pas savoir comme je suis heureuse de pleurer à cause

67 „Frei! Ich bin von dir frei! [...] Herrin meines Leibes und meines Blutes [...] Mateo, du bist mir ein Greuel. Ich werde nie genug Worte finden, um dir auszudrücken, wie sehr ich dich hasse" (Louÿs 1960, S. 104).

68 „Schließlich [...] hat sie sich mit ihm vereinigt. Unter meinen Augen ... zu meinen Füßen ..." (Louÿs 1960, S. 105).

69 „Es war das erste Mal, daß ich eine Frau schlug. [...] ‚Concha', sagte ich, [...] ‚Du hast den einzigen Mann, der dich leidenschaftlich geliebt hat, mit kalter Überlegung gemartert. [...] ich werde dich mit Gewalt nehmen, und nicht nur einmal, [...] Sondern so oft ich vor Einbruch der Nacht will'" (Louÿs 1960, S. 108).

70 „Oh Mateo! Wie du mich liebst!!" (Louÿs 1960, S. 109).

71 „Und was soll ich Ihnen sagen, Herr? Sie war wirklich Jungfrau" (Louÿs 1960, S. 110).

de toi" (S. 232).[72] Nun übernimmt sie also in der Beziehung die masochistische Position, während in anderen Situationen sie umgekehrt weiterhin ihren Sadismus auslebt: „Elle faisait mal, non pour le plaisir de pécher, mais pour la joie de faire mal à quelqu'un. Son rôle dans la vie se bornait là: semer la souffrance et la regarder croître" (S. 235).[73] Die Freude daran, Böses zu tun, beruht auf jenem bereits erwähnten untrennbaren Dualismus von Liebe und Haß, der das Bild der grausamen Frau konstituiert. Gerade wegen der Distanz zum Objekt kann Liebe nur in Verbindung mit einem nicht integrierten Haß gelebt werden. Denn wenn eine Liebesbeziehung abgebrochen wird, tritt, so Freud, oft Haß an die Stelle der Liebe. Umgekehrt bricht der Haß die Beziehung ab und schafft Distanz. Neben dem „real motivierten Haß" kann eine „Regression des Liebens auf eine sadistische Vorstufe" stattfinden, „so daß das Hassen einen erotischen Charakter erhält und die Kontinuität einer Liebesbeziehung gewährleistet wird" (Freud 1981, S. 232). In der Kontinuierung von Liebe durch Haß drückt sich ein „Ringen des Ich um seine Erhaltung und Behauptung" aus (S. 230). Genau das ist es, worum Mateo und Conchita in ihrer Haßliebe kämpfen: Um die fortdauernde Anwesenheit eines Objekts, das zugleich die narzißtische Stabilität des eigenen Ich gewährleisten kann. Reik behauptet, die masochistische Phantasie inszeniere eine narzißtische Kränkung und Rehabilitierung des Ich (Reik 1983, S. 289), bzw. entwerfe das „Bild der geschädigten Selbstliebe und ihrer Wiederherstellung" (S. 299). Der Umschlag in Sadismus würde dann einen Akt der Schädigung und Wiederherstellung der Objektliebe bedeuten: Das dämonisierte Objekt muß die Angriffe überleben, damit das Ich sich als existent erleben kann.

Der Wechsel sadistischer und masochistischer Positionen könnte eine Balance in der Beziehung herstellen, wenn nicht die zunächst nur symbolischen Übergriffe und Verletzungen später auch eine materielle Realität erhielten. So verwirklicht Conchita die gefürchtete und inszenierte Untreue. Eines Tages entdeckt Mateo einen Brief von ihr: Sie sei mit einem Liebhaber in einem Hotelzimmer. Tatsächlich findet er beide dort vor, und es kommt zwischen den Männern zum Duell. Seither, so meint er, habe dieses Ereignis wie eine unüberwindliche Kluft zwischen ihnen gestanden.

Spätestens hier verdeutlichen sich strukturelle Verbindungen der Romanhandlung zu Leopold von Sacher-Masochs (1836-1895) „Venus im Pelz" (1869). In diesem klassischen Text des Masochismus[74] wird die Beziehung zwischen dem Helden Severin und seiner grausamen Herrin Wanda von Dunajew durch die Einführung eines Dritten zunächst gefährdet und dann gelöst. Hier verändert Severins schmachvolle Mißhandlung durch den Griechen vor

72 „Wenn ich fühle, wie stark du bist, dann liebe ich dich [...] Du kannst dir nicht vorstellen, wie glücklich ich bin, wenn du mich zum Weinen bringst" (Louÿs 1960, S. 112).

73 Sie hatte „die Leidenschaft, Böses zu tun. Sie tat es nicht aus Freude, zu sündigen, sondern weil es sie freute, jemandem weh zu tun. Ihr Leben erschöpfte sich darin, Leid hervorzurufen und zu beobachten, wie es schmerzlicher wurde" (Louÿs 1960, S. 113).

74 Der Psychiater Viktor Krafft-Ebing prägte 1890 den klinischen Terminus ‚Masochismus' nach dem Vorbild des Schriftstellers.

Wandas Augen die psychische Realität: „Ich verging vor Scham und Verzweiflung. [...] Mir war es, wie das Erwachen aus einem Traum.“[75] Während bei Severin die ödipale Konstellation einer Beschämung durch den Vater vor den Augen der Mutter eine Lösung von der masochistischen Bindung an das weiblich besetze Ich-Ideal erwirkt, gelingt dies Mateo nur zeitweilig. Es handelt sich bei beiden um eine Inszenierung narzißtischer Konstellationen, die aber bei Severin anders als bei Mateo durch einen ödipalen Konflikt abgewehrt werden. Der Vater kann noch als Retter des Sohnes auftreten, allerdings um den Preis einer Sprengung der ödipalen Situation, ohne daß zuvor eine befriedigende Lösung erreicht worden wäre. Bei Mateo hat der Vater keine Macht mehr; er bleibt seiner Fixierung an die archaische Mutter-Imago ausgeliefert.

Als Conchita eine kleine Zigeunerin, der Mateo etwas abkauft, beschimpft und verprügelt, verläßt er sie. Kurze Zeit später heiratet sie, nachdem sie ihm geschrieben hat: „Je serai à toi seul, ou alors à qui voudra“ (Louÿs 1911, S. 241).[76] Mateo beendet seine Erzählung und der Roman kehrt in die Rahmenhandlung zurück. André bedankt und verabschiedet sich. Draußen trifft er Conchita. Sie nimmt ihn mit in ihr Haus, wo er bemerkt, daß sie folgenden Brief von Mateo erhält: „Ma Conchita, je te pardonne. Je ne puis vivre où tu n'es pas. Reviens. C'est moi, maintenant, qui t'en supplie à genoux. Je baise tes pieds nus“ (S. 250).[77]

Aus dieser Perspektive erscheint die Bösartigkeit der Frau wieder fraglich und Mateo selbst als Verursacher seines Leids. Die masochistische Beziehung muß weitergehen, um die psychische und geschlechtliche Existenz des Mannes zu gewährleisten. Denn das Ich ist zur Erhaltung des Selbstbewußtseins auf ein Objekt und zur Sicherung der Geschlechtsidentität auf eine lebendige Triebökonomie angewiesen.

Im Bild der bösen Frau werden eine narzißtische Objektbeziehung und Triebdynamik in einer festen Distanz quasi fixiert, um trotz Abwesenheit eines realen Objekts ein Selbstbewußtsein und einen Wechsel der Triebspannung zu sichern. Der Derealisierung des Objekts der Begierde entspricht also die Mechanisierung der Triebnatur. Indem das Objekt auf sichtbare Distanz gehalten wird, kann es eine mechanische Triebbefriedigung und ein starres Selbstbild sichern. Beides funktioniert aber nur durch ein jähes Umschlagen von Liebe in Haß, von Masochismus in Sadismus, von Distanz in sexuellen Übergriff.

Wenn sich der Distanzierungsmechanismus zwischen Mateo und Conchita durch eben diesen Wechsel von Gewalt und Unterwerfung installiert, so festigt er sich in der „Venus im Pelz“ durch den Wechsel von Kälte und Hitze: „Du frierst, während du selbst Flammen erregst“ (Sacher-Masoch 1980, S. 20). Die psychische Existenz und die Triebökonomie werden gesichert, indem sich die Triebspannung im jähen Umschlagen beider Extreme auf- und abbaut. Dies zeigt sich im Doppelbild der Venus als distanziertem, kaltem Ideal bzw. als Mar-

75 Leopold von Sacher-Masoch, *Venus im Pelz*. Mit einer Studie über den Masochismus von Gilles Deleuze, Frankfurt/M. 1980, S. 136.

76 „Ich werde dir allein gehören oder wem sonst immer, der mich will“ (Louÿs 1960, S. 116).

77 „Liebe Conchita, ich verzeihe dir. Ich kann nicht leben, wo du nicht bist. Komm zu mir zurück. Ich flehe dich deswegen kniefällig an. Ich küsse deine nackten Füße“ (Louÿs 1960, S. 119).

morstatue und grausamer Frau mit Pelz, Spiegel und Peitsche. Die Venus im Pelz symbolisiert einen narzißtischen Ersatz fehlender Objekte: Sie ist zugleich ein unnahbares und unversöhnlich strenges mütterliches Ich-Ideal und eine lebenspendende Triebrepräsentanz.

Während Spiegel und Marmorstatue die Unnahbarkeit und Leblosigkeit des Objekts garantieren, verkörpern Pelz und Peitsche eine Lebendigkeit, in der sich Wärme und Grausamkeit wie bei einem gezähmten Raubtier verbinden:[78]

> „Übrigens übt Pelzwerk auf alle nervösen Naturen eine aufregende Wirkung, welche auf ebenso allgemeinen als natürlichen Gesetzen beruht. [...] Die Wissenschaft hat in neuster Zeit eine gewisse Verwandtschaft zwischen Elektrizität und Wärme nachgewiesen, verwandt sind ja ebenfalls ihre Wirkungen auf den menschlichen Organismus. Die heiße Zone erzeugt leidenschaftlichere Menschen, eine warme Atmosphäre Aufregung. [...] Daher der hexenhaft wohltätige Einfluß, welchen die Gesellschaft von Katzen auf reizbare geistige Menschen übt und diese [...] funkensprühenden, elektrischen Batterien zu den Lieblingen eines Mahomed [...] Rousseau, Wieland gemacht hat." „Eine Frau, die also einen Pelz trägt", rief Wanda, „ist also nichts anderes als eine große Katze, eine verstärkte elektrische Batterie?" (S. 44)

Venus im Pelz ist die elektrische Batterie, die externalisierte Absicherung eines durch seine eigenen Machtwünsche gefährdeten Ich, und einer Triebökonomie, die durch den Wechsel von Aggressivität und Leblosigkeit bedroht ist. In ihr taucht das archaische Bild der mächtigen Frau wieder auf, die das Ich und die Geschlechtsidentität stabilisiert und die zugleich versteinert, distanziert, also: depotenziert wird.

Wenn Deleuze behauptet, es gebe „keinen Masochismus ohne Fetischismus" (S. 187), dann verwundert es zunächst, daß Louÿs in seinem Roman kein dingliches Äquivalent für Pelz und Peitsche einführt. Dienen diese bei Sacher-Masoch dazu, eine „Pufferzone" zu bilden, die eine „libidinöse Umwertung" der kalten, versachlichten, quasi autistischen Beziehungen erlaubt (Koschorke 1988, S. 118), so ist bei Louÿs die böse Frau selbst zu einer solchen Barriere geworden. Damit aber rücken die Objekte und die Triebwünsche noch weiter vom Ich weg, so daß eine Lösung des sado-masochistischen Konflikts immer unwahrscheinlicher wird.

In Bildern der bösen Frau konstruiert sich der Mann ein isolierendes Universum, in dem eine Frau nur noch als Trieb-Maschine fungiert: In der narzißtischen Kälte und im Wechsel von Liebe und Haß hält sie mechanisch einen Schein von Lebendigkeit aufrecht. Die leblose Fassade der Femme fatale bannt damit die archaische Schreckensgestalt der mächtigen Frau der Genesis. Indem deren Macht im leblosen Selbstbild maschinengleichen Funktionierens

78 Seine erste Frau „Wanda" alias Aurora von Rümelin staffierte Sacher-Masoch stets mit Pelzen aus, während sie ihm zum ersten Weihnachtsfest eine Katze schenkte (Carl Felix von Schlichtegroll, *„Wanda" ohne Pelz und Maske. Eine Antwort auf „Wanda" von Sacher-Masochs „Meine Lebensbeichte" nebst Veröffentlichungen aus Sacher-Masochs Tagebuch,* Leipzig 1906, S. 90 ff.). Beide Attribute bestimmen auch den Roman „Venus im Pelz": Der Pelz als getötetes und die Katze als domestiziertes Raubtier.

fixiert wird, werden das Auftauchen einer realen Frau und die Integration von Weiblichkeit in das männliche Selbstbild verhindert. Das Tote erscheint als das Schützende und Lebenspendende zugleich, deshalb wird es aufgesucht und in rituellen Wiederholungen festgehalten.

Literatur

Bächtold-Stäubli, Hans (Hrsg.), *Handwörterbuch des deutschen Aberglaubens*, Bd. 3, unver. Nachdr. d. Ausg. 1927, Berlin-Leipzig 1987

Behringer, Wolfgang (Hrsg.), *Hexen und Hexenprozesse in Deutschland*, München 1988

Benjamin, Jessica, *Die Fesseln der Liebe. Psychoanalyse, Feminismus und das Problem der Macht*, Frankfurt/M. 1990

Bizet, Georges, *Carmen. Oper in vier Aufzügen*, Stuttgart 1986

Buñuel, Luis, *My Last Sigh. The Autobiography of Luis Buñuel*, translated by Abigail Israel, New York 1983

Delvoy, Robert L. u. a., *Félicien Rops*, Bruxelles 1985

Drewermann, Eugen, *Strukturen des Bösen. Die jahwistische Urgeschichte in psychoanalytischer Sicht*, Teil 2, Paderborn-München-Wien-Zürich 1985

Dumont, Paul-Ursin, *Pierre Louÿs, L'ermite du hameau*, Vendôme 1985

Ebrecht, Angelika, „Die Krankheit der schönen Seele. Psychischer Diskurs und Weiblichkeitsvorstellungen im späten 18. und frühen 19. Jahrhundert", in: *Psychologie und Geschichte*, 1991, S. 1-16

Freud, Sigmund, „Drei Abhandlungen zur Sexualtheorie", in: *Gesammelte Werke* V, Frankfurt/M. 1972, S.28-145

Freud, Sigmund, „Jenseits des Lustprinzips" (1920), in: *Gesammelte Werke* VIII, Frankfurt/M. 1976, S. 1-70

Freud, Sigmund, „Totem und Tabu. Einige Übereinstimmungen im Seelenleben der Wilden und der Neurotiker" (1912/13), in: *Gesammelte Werke* IX, Frankfurt/M. 1978

Freud, Sigmund, „Triebe und Triebschicksale" (1915), in: *Gesammelte Werke* X, Frankfurt/M. [7]1981, S. 209-232

Freud, Sigmund, „Das Unheimliche" (1919), in: *Gesammelte Werke* XII, Frankfurt/M. [4]1972a, S. 229-268

Freud, Sigmund, „Das ökonomische Problem des Masochismus", in: *Gesammelte Werke* XIII, Frankfurt/M. 1976, S. 371-383

Freud, Sigmund, „Die Verneinung" (1925), in: *Gesammelte Werke* XIV, Frankfurt/M. 1976, S. 11-15

Fritz, Horst, „Die Dämonisierung des Erotischen in der Literatur des Fin de Siècle", in: Bauer, Roger u.a. (Hrsg.), *Fin de Siècle. Zur Literatur und Kunst der Jahrhundertwende*, Frankfurt/M. 1977, S. 442-464

Hermand, Jost, *Der Schein des schönen Lebens. Studien zur Jahrhundertwende*, Frankfurt/M. 1972

Hilmes, Carola, *Die Femme Fatale. Ein Weiblichkeitstypus in der nachromantischen Literatur*, Stuttgart 1990

Hurwitz, Siegmund, *Lilith, die erste Eva. Eine Studie über dunkle Aspekte des Weiblichen*, Zürich 1980

Jacobson, Edith, *Das Selbst und die Welt der Objekte*, Frankfurt/M. 1978

Jacoby, Mario, „Die Hexe in Träumen, Komplexen und Märchen. Das dunkle Weibliche in der Psychotherapie", in: Jacoby, Mario/Kast, Verena/Riedel, Ingrid, *Das Böse im Märchen*, Fellbach [3]1983, S. 195-212

Kohut, Heinz, *Narzißmus. Eine Theorie der Behandlung narzißtischer Persönlichkeitsstörungen*, Frankfurt/M. 1976

Koschorke, Albrecht, *Leopold von Sacher-Masoch. Die Inszenierung einer Perversion*, München-Zürich 1988

Kyria, Pierre, „Louÿs, érotomane et érudit", in: *Magazine littéraire*, No. 288, Mai 1991, S. 52 f.

Louÿs, Pierre, *La Femme et le Pantin. Roman Espagnol*, Paris 1911

Louÿs, Pierre, „Die Frau und der Hampelmann. Ein Roman aus Spanien", in: *Eros. Ausgewählte Romane und Erzählungen*, übers. von Roland Schacht, Bonn 1960, S. 15-119

Mérimée, Prosper, *Carmen*, Stuttgart 1984

de Navacelle, Thierry, *Marlene Dietrich*, Berlin 1987

Pockels, Carl Friedrich, *Versuch einer Charakteristik des weiblichen Geschlechts. Ein Sittengemählde des Menschen, des Zeitalters und des geselligen Lebens*, 2. Bd., Hannover 1798

Reik, Theodor, *Aus Leiden Freude. Masochismus und Gesellschaft*, Frankfurt/M. 1983

R. H., *Die Kunst den Mann zu quälen. Eine Epistel an die Frauen*, Leipzig-Hamburg ²1885

Rohde-Dachser, Christa, *Expeditionen in den dunklen Kontinent. Weiblichkeit im Diskurs der Psychoanalyse*, Berlin-Heidelberg-New York 1992

von Sacher-Masoch, Leopold, *Venus im Pelz.* Mit einer Studie über den Masochismus von Gilles Deleuze, Frankfurt/M. 1980

Schickedanz, Hans-Joachim, *Femme fatale. Ein Mythos wird entblättert*, Dortmund 1983

von Schlichtegroll, Carl Felix, *„Wanda" ohne Pelz und Maske. Eine Antwort auf „Wanda" von Sacher-Masochs „Meine Lebensbeichte" nebst Veröffentlichungen aus Sacher-Masochs Tagebuch*, Leipzig 1906

Schwarze, Michael, *Luis Buñuel. Mit Selbstzeugnissen und Bilddokumenten*, Reinbek bei Hamburg 1981

Stein, Gerd (Hrsg.), *Femme fatale – Vamp – Blaustrumpf. Sexualität und Herrschaft*, Frankfurt/M. 1985

Treut, Monika, *Die grausame Frau. Zum Frauenbild bei de Sade und Sacher-Masoch*, Frankfurt/M. ²1990

Wiegand, Anke, *Die Schönheit und das Böse*, München-Salzburg 1967

Wurmser, Léon, *Die Maske der Scham. Die Psychoanalyse von Schamaffekten und Schamkonflikten*, Berlin-Heidelberg 1990

Zola, Emile, *Nana*, aus dem Französischen und mit einem Nachwort versehen von Erich Marx, Leipzig-Frankfurt/M. 1979

Abb. 1. Szenenfoto aus: Julien Duvivier, „Ein Weib wie der Satan" (1959), im Besitz der Stiftung Deutsche Kinemathek Berlin.

Abb. 2. Szenenfoto aus: Josef von Sternberg, „The Devil is a Woman" (1935), im Besitz der Stiftung Deutsche Kinemathek Berlin.

Abb. 3. Szenenfoto aus: Josef von Sternberg, „The Devil is a Woman“ (1935), im Besitz der Stiftung Deutsche Kinemathek Berlin.

Abb. 4. Félicien Rops: „La femme au pantin" (1877), in: Delvoy, Robert L. u. a., *Félicien Rops,* Bruxelles 1985.

Abb. 5. Szenenfoto aus: Luis Buñuel, „Cet obscur objet du désir", „Dieses obskure Objekt der Begierde" (1978), im Besitz der Stiftung Deutsche Kinemathek Berlin.

Abb. 6. Szenenfoto aus: Luis Buñuel, „Cet obscur objet du désir", „Dieses obskure Objekt der Begierde" (1978), im Besitz der Stiftung Deutsche Kinemathek Berlin.

Abb. 7. Félicien Rops: „La Dame au Pantin et à l'Éventail",
„Die Dame mit dem Hampelmann und dem Fächer" (1889),
in: H.-J. Schickedanz, *Femme fatale. Ein Mythos wird entblättert,* Dortmund 1983.

Hans Körner

Helenas Himmelfahrt

Die „Femme fatale" im Werk Gustave Moreaus

Gustave Moreau entwarf die für die Folgezeit prägende Bildformel der ‚bösen' Frau. Seine tanzende Salome, seine Zauberin Medea, seine männerwürgenden Sphingen, diese Ungeheuer und ihre zahlreichen Kolleginnen, stehen am Eingang jenes erotisch-dämonischen Reiches, das im *Fin de Siècle* und zu Beginn des 20. Jahrhunderts dann eine so reichhaltige Ausstattung erfahren wird. Sieht man die Bilder mit den Augen von Huysmans' Des Esseintes oder mit den Augen des Monsieur de Phocas aus Jean Lorrains gleichnamigem Roman kann man sich allerdings des Eindrucks nicht erwehren, daß Moreaus Haltung der „Femme fatale" gegenüber keine ganz eindeutige gewesen sein wird.

Aussagen von Moreaus Freund und Biograph Ary Renan erhärten den Verdacht einer ambivalenten Wertung. Die prototypische antike „Femme fatale" Helena im Werk des Freundes bezeichnete Renan als „die älteste Inkarnation des Bösen in der Dichtung der arischen Rassen".[1] Renan fügte aber folgende befremdliche Aussage an: „Gustave Moreau mußte zu ihr kommen, ihre langen Schleier trennen, sie betrachten, sie vergöttern."[2] Die in solche Aussagen hineinverschlüsselte affirmative Deutung der ‚bösen' Frau bei Moreau ist das Thema des vorliegenden Beitrags. Was entdeckte Moreau, als er sich an den Schleiern der schönen Helena in so indiskreter Weise vergriff?

Das Thema seines ersten größerformatigen Gemäldes von 1851 (Abb. 1) entnahm Moreau dem Bericht des Genueser Historikers Sismondi:[3] Gemäß altem Brauch wählten die Venezianer als Ort der Vermählung ihrer Töchter die Lagune Venedigs. Bei einer dieser Hochzeiten wurde die Festgesellschaft von zypriotischen Seeräubern überfallen, die die Bräute vor den Augen der entsetzten Eltern auf die Boote schleppten.

1854 erhielt Moreau seinen ersten staatlichen Auftrag (Abb. 2). Die dem Minotauros geopferten jungen Athener und Athenerinnen harren im Labyrinth der kommenden Schrekken: die Mädchen ängstlich aneinandergeschmiegt, mit (vorläufig noch) entschlossener, mutiger Geste die todgeweihten Jünglinge. Rechts im Bild erscheint das stiermenschliche Unge-

1 Ary Renan, „Gustave Moreau, cinquième article", in: *Gazette des Beaux-Arts*, Jg. 41, Bd. 22, 1899, S. 416.

2 Renan 1899, op. cit., S. 416. Dt. Übers. n. Peter Hahlbrock, *Gustave Moreau oder Das Unbehagen in der Natur*, Berlin, 1976, S. 141.

3 *Gustave Moreau Symboliste*, Katalog der Ausstellung, Zürich 1986, S. 106.

heuer, bereit, die als Tribut den Athenern abgepreßten vierzehn Menschenopfer zu verschlingen.

Der Minotauros-Mythos wird Moreau in seinem reifen und späten Werk wiederholt beschäftigen. Nicht mehr das stiermenschliche Ungeheuer steht dann allerdings im Mittelpunkt des Interesses, sondern die Urheberin allen Übels. Pasiphaë, die Gattin des Minos, fällt, geschlagen durch göttlichen Fluch, in unbezwingbare Liebe zu einem Stier. In einem um 1880 entstandenen Aquarell (Abb. 3) entkleidet sich Pasiphaë, macht sich bereit für den Liebesakt mit dem klein im Hintergrund zu sehenden Tier. Verborgen in einer Bronzekuh wird Pasiphaë mit dem weißen Stier das Ungeheuer des Minotaurus zeugen. Die Verlagerung der Thematik vom grausamen männlichen Minotauros auf die monströse sexuelle Neigung einer Frau im späteren Werk Moreaus bleibt nicht auf einen Einzelfall beschränkt. Um einiges ungewöhnlicher noch ist die ikonographische Transformation in den beiden folgenden Bildbeispielen:

1852 illustrierte Moreau eine Szene aus dem *Hohenlied*, und zwar eine in der Malerei durchaus unübliche Szene (Abb. 4). Auf der Suche nach dem Geliebten irrt Sulamith, die Braut des *Hohenliedes*, durch die Stadt:

> Ich hatte meinem Geliebten geöffnet, doch mein Geliebter war weg, war fort; [...] Ich suchte nach ihm, aber fand ihn nicht; ich rief nach ihm, doch er gab keine Antwort. Es fanden mich die Wächter bei ihrer Runde durch die Stadt; sie schlugen und sie verwundeten mich; den Schleier nehmen mir weg die Wächter der Mauern (*Hoheslied* 5, 6-7).

Diesen biblischen Text interpretierte Moreau zu einer regelrechten Vergewaltigungsszene um. Einer der Wächter zieht Sulamith den Schleier vom Haupt. Ein anderer starrt der Mißhandelten frech in das schamhaft gesenkte Gesicht. Ein dritter ist im Begriff, Sulamith das Kleid vom Leib zu reißen, und all dem prostet ein am Boden lagernder Betrunkener zynisch zu. Thematisch geht das Bild eng zusammen mit dem ein Jahr älteren „Frauenraub". Die Frauen sind jeweils die hilflosen Opfer brutaler männlicher Sexualität.

Ein spätes, 1893 gemaltes Aquarell Moreaus (Abb. 5) ist dem gleichen biblischen Themenkreis entnommen. Das von Moreau mit „Cantique des Cantiques" bezeichnete Blatt zeigt Sulamith auch diesmal auf der Suche nach dem Geliebten. Sie schreitet die Stufen eines Palastes herab und trägt Blumen: weißen Krokus in der linken Hand und Schwertlilien in der rechten Armbeuge. Die Lilien könnte man für Symbole der Unschuld halten, wenn sie weiß wären. Sulamiths Lilien sind in der roten Farbe der Sinnlichkeit. Es bedarf freilich nicht der Entschlüsselung der Blumensprache, um zu sehen, daß es Moreau nicht um die Verherrlichung weiblicher Unschuld zu tun war. Sulamith ist bei ihrem Gang durch die Stadt mehr als nur freizügig gekleidet. Der Schleier öffnet sich über ihrer Brust; um die Hüften ist das Gewand nur in einem schmalen Streifen gelegt. Das Geschlecht wird durch einen riesigen blauen Edelstein eher betont als verhüllt. Zudem der Blick: Wie im 40 Jahre älteren Bild senkt Sulamith das Haupt, nur wird man im Aquarell kaum mehr von einem schamhaften Neigen des Kopfes sprechen dürfen. Die Kopfneigung wirkt jetzt eher als eindeutig-zweideutige Aufforderung an den Betrachter, der sich dem lockenden und doch eiskalten Blick schwerlich wird entziehen können. Aus der hilflosen, passiven Sulamith des Gemäldes von 1852 ist eine „Femme fatale" geworden.

Wie eng im Werk Moreaus das „Sulamith"-Aquarell sich typologisch an die für die „Femme fatale" gefundenen Bildformeln anschließt, bestätigt der Vergleich mit einem um 1885 entstandenen Aquarell, das die antike „Femme fatale" „Helena vor den Mauern Trojas" zeigt (Abb. 6); in beiden Fällen: überhohes Format, das Stufenmotiv; links jeweils Architekturstaffagen, die die Vertikale akzentuieren, rechts in beiden Blättern der Ausblick in die Weite und in die Tiefe. Beide Frauen blicken mit jenem harten, starren und kalten Blick aus dem Bild, der Jean Lorrains Monsieur de Phocas dann als gleichermaßen verführerische und schreckliche Obsession zum Mord treiben wird.

Moreaus Interpretationen des *Hohenliedes* sind ungewöhnlich, und zwar sowohl in der frühen wie in der späten Fassung. Der biblische Text spricht vom Herunterreißen des Schleiers und von Schlägen. Moreau steigerte dies 1852 und deutete eine von der Bibel her nicht ableitbare Vergewaltigung an. Noch weniger aus der Bibel ableitbar ist die Stilisierung der Sulamith zur „Femme fatale"; sie ist dies um so weniger, als Sulamith traditionellerweise als alttestamentarisches Vorbild für Maria gedeutet wurde und die Metaphorik des *Hohenliedes* der wichtigste Fundus für die marianische Keuschheitssymbolik war.[4]

Eine erstaunliche Wandlung, für die sich aber vorläufige Erklärungen anbieten, wenn man sich den Gang der Kunst- und Literaturgeschichte im 19. Jahrhundert vergegenwärtigt. Delacroix, dessen Werk der frühe Moreau sich in so hohem Maße verpflichtet fühlte, das ist nicht zuletzt der Delacroix des „Todes des Sardanapal". Sardanapal, der sadistische Ästhet, genießt die Gewalt und den Tod als Kunstwerk. Mit einem „See von Blut" verglich Baudelaire Delacroix' Malerei, und nicht immer, aber in aller Regel sind es Frauen, die, salopp gesagt, diesen Blutsee auszubaden haben.[5] Weniger deutlich, aber immerhin vernehmbar, meldet sich bei Delacroix auch das Kontrastmodell zu Wort: die grausame Frau. Medea, die ihre Kinder tötet, ist ein Beispiel, eines der wenigen Beispiele allerdings. Beide Themenfelder, die der Grausamkeit ausgesetzte Frau und die Grausamkeit ausübende Frau, bleiben bis zum ausgehenden 19. und beginnenden 20. Jahrhundert Standards in der europäischen Kunst und Literatur. Der von Mario Praz gegebene Überblick über die Bild- und Buchproduktion der „schwarzen Romantik" dokumentiert jedoch eine auffällige Tendenz. Überwiegt bis in das dritte Viertel des 19. Jahrhunderts die sadistische Thematik, so gerät diese im ausgehenden 19. Jahrhundert und in den Jahren um 1900 ins Hintertreffen angesichts einer sich immer stärker vordrängenden „masochistischen Ikonographie". Die Kleopatras und die Salammbôs besetzen jetzt weitgehend das Feld, das vordem den Sardanapalen vorbehalten war.

4 Es sei allerdings daran erinnert, daß insbesondere die viktorianische Dichtung (und hier ist in erster Linie Swinburne zu nennen) mit besonderer Vorliebe die sexuelle Metaphorik, die das *Hohelied* im Literalsinn bereithält, gegen die exegetische Spiritualisierung des Textes ausspielte. Siehe hierzu: Armin Geraths, Einleitung zu: *Viktorianische Lyrik, Englisch-Deutsch*, Stuttgart 1985, S. 39 ff.

5 Vgl. Mario Praz, *Liebe, Tod und Teufel. Die schwarze Romantik* (1930), München 1981, S. 142 ff.

Die von Mario Praz mit einer Fülle von Beispielen aus der Literatur- und Kunstgeschichte belegte Tendenz, die vom romantischen Motivkreis, in dem männliche Grausamkeit dominiert, zur „Femme fatale" des *Fin de Siècle* hinüberleitet, mag zur Erklärung der Transformation des Minotaurus-Stoffes im Werk Moreaus hinreichend sein. Die Wandlung der *Hohelied*-Thematik von der geschändeten Sulamith zur „Femme fatale" Sulamith kann man sich durch die Akzentverschiebung von der „sadistischen" zur „masochistischen" Ikonographie bestenfalls motiviert denken, aber wenn man Moreau nicht gänzliche Gleichgültigkeit dem Thema gegenüber unterstellt, wird man eine zusätzliche Begründung fordern.

Einen ähnlichen Verlauf wie die im Vorhergehenden genannten Themen nimmt die Ikonographie der „Helena" in Moreaus Werk. Und auch hinsichtlich des „Helena"-Stoffes führt Moreau den Betrachter in Widersprüche hinein. Aus dem Jahr 1850 stammt eine aquarellierte Feder- und Tuschezeichnung (Abb. 7), die noch viel von dem gepflegten Klassizismus von Moreaus Lehrer Picot bewahrt hat. Auf dem rund zugeschnittenen Blatt schildert Moreau den kriegsauslösenden Raub der schönen Helena durch den trojanischen Königssohn Paris. Nereiden, Tritonen, Götter und Eroten begleiten das Paar auf seiner Meerfahrt. In der Mitte des Blattes neigt Paris sich der schönen Entführten zu.

Es vergingen drei Jahrzehnte, bis Moreau sich wieder und jetzt verstärkt der Helena-Thematik zuwandte. 1880 präsentierte Moreau auf dem Pariser „Salon" ein Ölgemälde mit „Helena vor den Mauern Trojas". Das Gemälde ist nur in photographischen Reproduktionen überliefert. Dem verlorenen Salonexponat am nächsten kommt eine lavierte Federzeichnung (Abb. 8), die Moreau dem Schopenhauer-Übersetzer Bourdeau geschenkt hatte. Bourdeaus Gattin dankte Moreau für „diese herrliche Helena, die schicksalshafte Schönheit, die mit dem Tod zu ihren Füßen auf den Ruinen steht."[6] Die Gattin Bourdeaus hieß mit Vornamen pikanterweise Hélène.[7]

Eine Aquarellvariante des Salongemäldes dürfte um 1885 zu datieren sein (Abb. 6). Helena ist vor das skäische Tor getreten. Zu ihren Füßen Leichen, die sich zu Siegestrophäen zusammenfügen, in ähnlicher Weise übrigens wie die Kadaver sich zu dem Leichensockel fügten, auf dem ungerührt die „siegreiche Sphinx" in Moreaus gleichnamigem Bild thront. Helena wendet sich jetzt in die Frontale und richtet ihren unergründlichen Blick auf den (männlichen) Bildbetrachter, dem damit wohl bedeutet werden soll, daß auch er, falls er vor den Verlockungen der schönen Helena nicht auf der Hut ist, sich bald selbst im Leichenberg zu Füßen der „Femme fatale" wiederfinden wird. Keine sehr tröstliche Aussicht! Oder doch?

Ary Renan gab 1899, ein Jahr nach dem Tod des Malers, die folgende Beschreibung des verschollenen Salonbildes, die die Opfer der „Femme fatale", weniger zu beklagen als zu beneiden scheint:

6 Zit. n. Pierre-Louis Mathieu, *Gustave Moreau. Leben und Werk mit Œuvre-Katalog*, Fribourg 1976, S. 335.

7 Mathieu 1976, op. cit., S. 335.

> Ein Knäuel von jammervollen Opfern liegt zu ihren Füßen [...]. Man könnte meinen, sie hätten sich freiwillig auf einen Scheiterhaufen geworfen. Das Geschenk ihres Lebens, das diese Krieger, Fürsten und Dichter dem wandernden Idol vergebens darbringen, steht auf ihrer Stirn geschrieben: Ein mattes Lächeln gleitet über ihre verblichenen Züge; ihre starren Glieder entspannen sich, ihre Lippen werden weich. Dem Gemetzel, dem sich diese merkwürdigen Opfer dargeboten haben, entsteigen weder Verwünschungen noch bittere Worte, sondern befriedigte Seufzer [...].[8]

Moreaus Bild ist merkwürdig. Die Beschreibung seines Freundes ist es auch. Der wiederholte Hinweis auf die Freiwilligkeit des Opfers erstaunt.

Beim Vergleich der frühen Fassung des Helena-Themas in der Zeichnung von 1850 mit den drei Jahrzehnte später einsetzenden Versionen läßt sich die für Moreaus Werk charakteristische Tendenz beobachten. Die ältere Zeichnung gehört in das Umfeld der von den Wächtern der Stadt geschändeten „Sulamith" von 1852/53 und des 1851 gemalten „Frauenraubes der venezianischen Bräute durch zypriotische Seeräuber". Der frühe Moreau wählte sich bezeichnenderweise auch hinsichtlich des Helena-Stoffes die Entführungsszene zum Thema. Zwar geht das Ganze diesmal ohne jede Brutalität ab – der Mythos und Moreau gehen vom Einverständnis der Geraubten aus –, aber offensichtlich fällt die aktive Rolle dem Mann – Paris – zu. In den späteren Fassungen ist die thematische Verschiebung des antiken Stoffes in die „Femme fatale"-Thematik vollzogen. Männer treten jetzt nur noch zu Füßen der Helena und nur noch in der Rolle von Leichen auf.

Gegen Ende seines Lebens kam Moreau auf die Helena-Thematik zurück. Es entstanden in den Jahren 1896/1897 zwei seltsame Aquarelle (Abb. 9, 10) und ein nicht weniger seltsames großformatiges, unvollendet gebliebenes Ölgemälde. Eine schöne, leicht mit einem dünnen Schleier angetane Frau, träumend, eine Blume in der Hand, steigt, begleitet von drei männlichen Figuren, in den nächtlichen Sternenhimmel hoch. Ohne weiteren Hinweis müßte wohl allein schon die Identifizierung der weiblichen Gestalt scheitern. In Moreaus literarischem Nachlaß findet sich hierzu leider kein Kommentar, dafür aber betitelte der Künstler die drei Darstellungen: Jeweils notierte er am unteren Bildrand: „Hélène glorifiée".

Was nun? Erst warnt Moreau so eindringlich vor der männerverderbenden, todbringenden „Femme fatale" Helena und jetzt „verherrlicht" er sie und läßt sie eine Himmelfahrt unternehmen. Daß es sich um Helena handelt, hätte sich allerdings aus anderen Gründen zumindest erahnen lassen. Den männlichen Figuren, die mit Helena gen Himmel fahren, sind wir bereits begegnet: Wir fanden sie auf dem Aquarell (Abb. 6) aus den mittleren 1880er Jahren als hingemetzelte Opfer zu Füßen der Helena. Ihren beklagenswerten Zustand haben sie auch in der Himmelfahrt noch nicht abgelegt. Der zur Rechten der Helena, verwundet an Kopf und Brust, trägt einen Flügelhelm. Hinter ihm sehen wir Schild und Schwert. Es ist ein Krieger. Der zur Linken, der zu Helena hochblickt und dem das Blut von einer Halswunde herabrinnt, hält ein kostbares Szepter und ist bekrönt: ein König also. Besonders nah an der

8 Renan 1899, op. cit., S. 415 f. Dt. Übers. n. Praz 1981, op. cit., S. 258.

Himmelfahrenden, an sie angeschmiegt, fährt eine jugendliche Gestalt mit schwerer Kopfwunde und einer Leier mit in den Himmel auf: der Dichter. Helm, Krone und Leier kehren auch in der Gruppe der Gefallenen der etwa ein Jahrzehnt früheren Version wieder, wobei der Helm nicht überraschen kann. Krone und Leier erwarten wir dagegen nicht unbedingt als gleichberechtigte Accessoires. Auch die ältere Version scheint somit nicht ganz so selbstverständlich zu sein.[9] Renans Beschreibung hat schon stutzig werden lassen. Aber bleiben wir bei der noch rätselhafteren Himmelfahrt der Helena.

Welche Erklärungsmodelle gibt es? Die Verteufelung und Vergöttlichung der „Femme fatale“ Helena provoziert Anfragen an die Psyche des Künstlers. Gert Schiff hat diesen Versuch einer Psychonanalyse des Malers 1965 durchgeführt.[10] Moreau, zeitlebens Junggeselle mit starker Mutterbindung, laborierte nach Schiff an einem Ödipuskomplex, der in Frauenhaß bei gleichzeitiger Vergöttlichung der in der Mutter inkarnierten ‚guten‘ Frau umgeschlagen sei. In der Folge hat die Moreau-Forschung allerdings einige deutliche Hinweise gefunden, daß Moreaus Frauenhaß so gewaltig nicht gewesen sein kann.[11]

Wie auch immer! Um wie Gert Schiff eine psychoanalytische Durchleuchtung von Moreaus Persönlichkeit durchführen zu können, müßte man mehr über Moreaus Psyche wissen. Da Moreau nach seinem Tod aber fast alle privaten Unterlagen von seinem Nachlaßverwalter vernichten ließ, wird uns diese intimere Kenntnis versagt bleiben. Moreau ist seit fast 100 Jahren tot. Wir können ihn nicht mehr auf die Couch bitten. Die von Schiff aufgeworfene Fragestellung ist auch nur bedingt relevant. Die neuere Moreau-Forschung hat sich im wesentlichen darauf geeinigt, daß die Misogynie, die aus Moreaus Schriften und aus seinen Bildern spricht, keine individuell entschuldbare oder individuell einklagbare ist.

Für eine über Spekulationen über die individuelle Psyche des Künstlers hinausreichende Interpretationsmöglichkeit der „Verherrlichung Helenas“ bieten einmal mehr die Untersuchungen von Mario Praz reiches Material. Baudelaire nahm hier die entscheidenden Weichenstellungen vor. Wie masochistische und sadistische Motive in zahlreichen Gedichten der „Fleurs du Mal“ bruchlos ineinandergreifen, so wechselt und steigert sich gegenseitig auch die haltlose Verachtung und Demütigung der Frau und bisweilen im gleichen Atemzug die Vergöttlichung der Frau. Dies gilt insbesondere für die Gedichte der „Fleurs du Mal“, die der „schwarzen Venus“, Baudelaires Mätresse Jeanne Duval, gewidmet sind. Mit der Anrufung der „schwarzen Venus“ „O mein teurer Belzebub, dich bete ich an!“ endet das Gedicht „Der

9 Der Berliner Katalog „Von Courbet bis Cézanne“ leitet die offensichtlich affirmative Darstellung der „Helena vor dem skäischen Tor“ von der *Ilias*-Stelle im 34. Gesang, 154-158, ab bzw. von der Vermittlung dieser Passage über Paul de Saint-Victors *Hommes et Dieux* (4. Auflage), Paris 1872, S. 37 ff. („Von Courbet bis Cézanne. Französische Malerei 1848-1886“, Katalog der Ausstellung, Berlin 1982, S. 64). Diese Herleitung ist zu unspezifisch und tangiert Moreaus „déification“ (Renan) der Helena nur an der Oberfläche.

10 Gert Schiff „Die seltsame Welt des Malers Gustave Moreau“, in: *Du-Atlantis*, 25. Jg., Mai 1965, S. 331-389.

11 Zur Liebesbeziehung Gustave Moreaus mit Adelaïde-Alexandrine Dureux siehe vor allem Pierre-Louis Mathieu, „Der Alltag eines Traumsammlers“, in: *Gustave Moreau Symboliste* 1986, op. cit., S. 23 ff.

Besessene".[12] Jeanne Duval ist der „Vampyr" in dem gleichnamigen Poem; sie wird (in Nr. 25 der „Fleurs du Mal" innerhalb von nur drei Versen) als die „Königin der Sünden", als „niedriges Tier", als „schlammige Größe" und „erhabene Schmach" angebetet und verhöhnt.[13]

Vergöttlicht und verteufelt ist die Frau gleichermaßen und gleichzeitig Objekt von Abscheu und Anbetung. Was sich solcherart an die „Femme fatale" anbindet, sind männliche Ängste und Wünsche, wobei die Wünsche immer auch mit Angst und die Ängste mit Wunschvorstellungen verwoben sind. Es ist ein krudes, von Verklemmungen geprägtes Frauenbild. Ob es nur das dominante Frauenbild des späteren 19. Jahrhunderts ist, scheint fraglich. Weder vorher noch nachher allerdings wurden diese „Männerphantasien" (Theweleit) bildnerisch, literarisch und wissenschaftlich derart deutlich und massiv zum Ausdruck gebracht wie im späteren 19. Jahrhundert. Wenn Bilder eine derartige Dominanz erlangen wie das Bild der „Femme fatale" im *Fin de siècle*, dann muß dieses Bild von mehreren Seiten her Verstärkung erfahren haben.

Der Konstitution eines dualistischen Frauenbildes liegen einmal soziologische Bedingungen zugrunde: Seit der französischen Revolution hatte sich die Ausschaltung der Frau aus dem öffentlichen Arbeitsleben und ihre Beschränkung auf die Kinderproduktion und die Rolle der Erzieherin zunehmend verfestigt.[14] Dem häuslichen Engel korrespondierte als Gegenpol die Dämonisierung der Frau, die sich der Funktionalisierung von Sexualität in der Ehe verweigerte und beruflich und sexuell eine aktive Rolle einforderte. Desgleichen spiegelt sich im bildnerischen und literarischen Frauenbild der Diskurs über die Rolle der Frau im Evolutionsprozeß und ihre panisch gefürchtete Rolle im Degenerationsprozeß.

Es ist dies die mentalitätsgeschichtliche Ebene im Werk Moreaus, die Moreau selbst wohl weitgehend unbewußt geblieben ist. Mit unbewußt ist dabei nicht eine Tiefenschicht des Bewußtseins gemeint, die verdrängt wäre und sich nun im künstlerischen Ausdruck unfreiwillig äußerte. Mit unbewußt ist hier eher ein Konsens angesprochen – eben ein mentalitätsgeschichtlicher Konsens – im literarisch und gesellschaftlich genormten Frauenbild, der so selbstverständlich war, daß seine Manifestation einer bewußten Absicht nicht mehr bedurfte, und dem sich Künstler auch dann schwer entziehen konnten, wenn sie ganz unobszöne Absichten damit verbanden. Und Moreau hegte durchaus unobszöne Absichten. Ihm war um Höheres zu tun.

Im folgenden soll der Versuch einer Erläuterung dieses ‚Höheren' vorgestellt werden, auf das Moreau in seinen späten „Helena"-Bildern abzielte. Eben deshalb muß nachdrücklich festgehalten werden, daß immer auch die misogyne Dimension präsent ist. Und es sei desgleichen ausdrücklich betont, daß der Interpretation kein hierarchisch aufsteigendes Inter-

12 Charles Baudelaire, *Die Blumen des Bösen. Les Fleurs du Mal. Vollständige zweisprachige Ausgabe* (Dt. Übers. v. Friedhelm Kemp 1975), München 1987, S. 78 f.

13 Baudelaire 1987, op. cit., S. 58 f.

14 Vgl. Lieselotte Steinbrügge, „Die vergessenen Amazonen. Frauen in der französischen Revolution", in: *Frauenbilder, Lesebuch*, Berlin 1980, S. 33-35.

pretionsmodell zugrunde liegt. Die ‚niedrige' Deutung, d.h. hier die mentalitätsgeschichtlich dominante Einstellung des von sexuellen Phobien gequälten und von diesen Phobien gleichzeitig zur Lust stimulierten Mannes, steht im Verhältnis zu der ‚hohen' Deutung, die im Anschluß vorgestellt werden soll, nicht im Verhältnis von vordergründig und eigentlich, sondern im Verhältnis zweier Ebenen, die gleichberechtigt sind. Beide Ebenen haben gemeinsame Schnittflächen, und es mag durchaus so sein, daß die ‚hohe' Ebene nur die rationalisierte Form der ‚niederen' ist. Oder genauer: Beide Ebenen stützen sich wechselseitig und erzeugen gemeinsam eine gleichermaßen abstrakte wie bestimmte Vorstellung des Bösen und seiner Aufhebung.

Den bisher einzigen Versuch einer Interpretation der ‚Himmelfahrt' Helenas bot Pierre-Louis Mathieu in einem Aufsatz von 1985 und in seinem Beitrag zum Katalog der Züricher Moreau-Ausstellung von 1986:

> Seine [Moreaus, d. V.] Bibliothek umfaßte [...] den „Faust" in der französischen Übertragung durch Henri Blaze [...]. Helena verkörpert in „Faust II" die vollendete Frau schlechthin. Sie ist Herrin über ein neues Arkadien. Aus ihrer Verbindung mit Faust geht Euphorion hervor, der sich vermißt zu fliegen und dabei tot zu Boden stürzt. [...] Moreau hielt sich an diese Stelle aus „Faust II" [...] . Hier hält Moreau den Augenblick fest, in welchem Helena in einen tintenblauen Himmel aufsteigt, inmitten von Sternengefunkel.[15]

Helena in *Faust II* ist in der Tat eine positive Figur; sie ist die Verkörperung der antiken Schönheit. Helenas letzte Worte an Faust nach Euphorions Todessturz sind:

> Ein altes Wort bewährt sich leider auch an mir: daß Glück und Schönheit dauerhaft sich nicht vereint. / Zerrissen ist des Lebens wie der Liebe Band; Bejammernd beide, sag' ich schmerzlich Lebewohl / Und werfe mich noch einmal in die Arme dir, / Persephoneia, nimm den Knaben auf und mich!

Persephone, der sich Helena ein zweitesmal „in die Arme" wirft, ist die Gemahlin des Hades, ist die Göttin der Unterwelt. Helena nimmt nicht den Weg nach oben, sondern nach unten. „Hinab zum Hades! Eilte doch die Königin / mit ernstem Schritt hinunter. Ihrer Sohle sei / Unmittelbar getreuer Mägde Schritt gefügt." So fordert anschließend Panthalis die Mägde auf, ihre Königin zu begleiten.[16] Nach unten, wohlgemerkt. Nach oben steigt nur ihr Gewand.[17]

Von einer Himmelfahrt der Helena ist bei Goethe folglich keine Rede. Die himmelwärts fahrende Helena Moreaus ist nicht Goethes Helena. Wer ist sie dann? Näher als Goethe stand

15 *Gustave Moreau Symboliste* 1986, op. cit., S. 284. Vgl. Pierre-Louis Mathieu, „Gustave Moreau et le mythe d'Hélène", in: *Gazette des Beaux-Arts*, Bd. 106, 1985, S. 79.

16 Johann Wolfgang von Goethe, *Faust. Der Tragödie zweiter Teil,* Hamburger Ausgabe, Bd. 3, München 1981, S. 301.

17 Ebd., S. 300.

Moreau Gustave Flaubert. In der 1874 erschienenen definitiven Fassung der „Versuchung des heiligen Antonius“ ließ Flaubert eine merkwürdige Figur inmitten des Pandämoniums auftauchen, eine Figur, die Helena ist, oder besser, eine Figur, die auch einmal Helena war:

> Sie war die Helena der Trojaner, deren Andenken der Dichter Stesichoros verflucht hat. Sie war Lukretia, die Patrizierin, die von den Königen vergewaltigt wurde. Sie war Delila, die Samson das Haar abschnitt. Sie war die Tochter Israels, die sich den Böcken hingab. Sie hat den Ehebruch, den Götzendienst, die Lüge und die Dummheit geliebt. Sie hat sich allen Völkern feilgeboten. Sie hat an jeder Straßenecke gesungen. Sie hat alle Gesichter geküßt. Im syrischen Tyros war sie die Geliebte der Diebe. Sie trank mit ihnen die Nächte hindurch und versteckte die Mörder in ihrem schwülen Bett [...] Sie hat sich, unschuldig wie Christus, der für die Männer gestorben ist, für die Frauen hingegeben. [...] Sie ist Minerva! sie ist der heilige Geist![18]

Alles kommt hier zusammen: Helena, die große Dirne, die Geliebte und Komplizin der Diebe und Mörder, die keusche Göttin Minerva, die Frau, die – wie Flaubert sagt – „unschuldig“ ist wie Christus, und zuletzt der „heilige Geist“. Wüßten wir nicht, daß der Text von Flaubert stammt, der mit staunenswerter Akribie religionsgeschichtliche Texte sich erarbeitet hat, bevor er überhaupt eine Zeile seiner „Versuchung des heiligen Antonius“ schrieb, wir würden den Autor eines solchen Textes schwerlich ernstnehmen können. Was hat Helena, was hat die Dirne, oder die vergewaltigte Lucretia mit Minerva oder gar mit dem Heiligen Geist zu tun? Die so seltsam vielgestaltige Frau heißt „Ennoia“ (der „Gedanke“). Flaubert hat in der Tat nichts erfunden. Buchstäblich alles basiert, wie Jean Seznec zeigen konnte, auf der von den Kirchenvätern tradierten frühchristlichen Gnosis bzw. auf den einschlägigen religionsgeschichtlichen Traktaten des 18. und 19. Jahrhunderts.[19]

Das Grundproblem gnostischen Denkens ist der Dualismus zwischen dem Kerker des Materiellen, insbesondere des menschlichen Leibes, und dem Geist, diesem göttlichen Lichtfunken, der im Leib wie Gold im Schmutz begraben liegt. Dieses Grundproblem fordert auf der einen Seite Erlösungsmodelle, als Antwort auf die Frage, wie die Einkerkerung, vor allem die durch ständige Wiedergeburten sich wiederholende Einkerkerung der Seele aufzuheben sei. Der Leib-Seele-Dualismus fordert auf der anderen Seite Weltentstehungsmodelle, jetzt als Antwort auf die Frage, wie das Gold in den Schmutz geraten konnte. Für letzteres werden verwirrend viele und bizarre Kosmogonien entwickelt. Ein Grundgedanke dabei ist immer der folgende: Über allem ruht ein ferner, gänzlich unerfahrbarer, unerkennbarer, unsagbarer Gott, der sich in seiner Absolutheit wohlweislich gehütet hätte, eine Welt zu schaffen. Anteil am obersten göttlichen Sein haben in vielen gnostischen Systemen die sogenannten Äonen, die man als Weltprinzipien zu verstehen hat. Einer dieser Äonen ist nun verantwortlich oder

18 Gustave Flaubert, *Die Versuchung des heiligen Antonius* (1874), dt. Übers. v. Barbara und Robert Picht, Frankfurt/M. 1979, S. 91 f.

19 Jean Seznec, *Nouvelles Etudes sur la Tentation de Saint Antoine*, 1949, S. 14 ff.

mitverantwortlich dafür, daß etwas vom göttlichen Licht in den Schmutz der Materie fallen konnte. Der Grund für diesen Fall ist häufig die Anmaßung des Äons, so zu sein, wie der oberste Gott, oder zumindest die Anmaßung, ihn voll und ganz erkennen zu wollen. Dies ist meist verbunden mit der unzulässigen erotischen Hinwendung zum Höchsten, weshalb in diesen gnostischen Systemen der Äon oder das Prinzip, das am Fall des Lichts in die Finsternis Schuld hat, „Prunikos", die Geile, genannt wird.[20]

Häufig trägt dieses unmittelbar oder über die Zeugung eines Demiurgen am Absturz des Lichtes in die Materie schuldige Prinzip den Namen der göttlichen Weisheit: „Sophia". In Flauberts „Versuchung des heiligen Antonius" ist es Valentin, der Sophia die Verantwortung für die Erschaffung der schlechten Welt zuschreibt.[21] Im „Apokryphon des Johannes" oder bei den Ophiten ist „Sophia" identisch mit „Prunikos".[22] „Sophia" wiederum ist ein Name des Heiligen Geistes.[23] Die Barbelognostiker setzten demzufolge auch explizit „Heiliger Geist", „Sophia" und „Prunikos" synonym.[24] Moreaus Verwandlung der Braut des *Hohenliedes* in eine „Femme fatale", von der eingangs die Rede war (Abb. 5), ist also, so abenteuerlich sie zuerst erscheinen mußte, durchaus begründet. Gemäß christlicher Bibelexegese ist die Braut des *Hohenliedes* auch die „Sophia". In gnostischer Tradition gab Moreau seiner „Sophia" anschaulich den alten Namen „Prunikos" zurück.

Aufschlußreich für die Interpretation der späten Helena-Aquarelle und des unvollendeten Ölgemäldes der „Hélène glorifiée" sind die gnostischen Systeme, die „Ennoia" mit dem für den Fall des Lichts verantwortlichen Prinzip gleichsetzen. Dies ist der Fall bei dem auch aus der Apostelgeschichte und – ausführlicher – aus der „Legenda Aurea" bekannten Simon Magus. Und hier nun kommt auch Helena wieder auf vorderster Bühne ins Spiel. Irenäus referierte einen wesentlichen Aspekt der Irrlehre des Simon:

20 Vgl. Carl Andresen (Hrsg.), *Die Gnosis,* I, *Zeugnisse der Kirchenväter*, Zürich-Stuttgart 1969, S. 21. Die Etymologie des Wortes „prunikos" bedarf noch eingehenderer Untersuchung. „Jedenfalls hat die Bezeichnung sexuellen Bezug und ist ein gängiges Epitheton der Unteren Sophia. Damit stimmt zusammen: gr. prounikia ‚geiles Verhalten' [...]. Das Wort ‚prounikos' jedoch heißt im Griechischen nichts anderes als ‚Lastträger'" (Robert Haardt, *Die Gnosis. Wesen und Zeugnisse*, Salzburg 1967, S. 307). Für die Gnosis-Experten des 19. Jahrhunderts, auf die sich Flaubert bezogen hat und auf die Moreau sich mittelbar über Flaubert oder unmittelbar beziehen konnte, bestand kein Zweifel an der sexuellen Wurzel des Namens. Matter bezog sich in seiner Deutung des Wortes „prounikos" auf Epiphanius: „Ce mot, dit-il, ne signifie autre chose que des tentatives voluptueuses" (Jacques Matter, *L'Histoire critique du Gnosticisme et de son influence sur les sectes religieuses et philosophiques dans les six premiers siècles*, I, 1828, Paris 1843, S. 278).

21 Flaubert 1979, op. cit., S. 58 f. Vgl. Seznec 1949, op. cit., S. 40 f.

22 Andresen, I, 1969, op. cit., S. 112, 148.

23 Vgl. z. B. Louis Bouyer, *Le Trône de la Sagesse. Essai sur la signification du culte marial*, Paris 1987, v. a. S. 73, 276. Zu der gnostischen Korrespondenz von „Sophia", „Heiliger Geist" und „Prunikos" in der Flaubert und Moreau zugänglichen religionsgeschichtlichen Literatur siehe Matter, I, 1843, op. cit., S. 276.

24 Andresen, I, 1969, op. cit., S. 137, 140.

> Der Samaritaner Simon, von dem alle Häretiker herkommen, hat die Grundgedanken folgender Häresie. Eine Helena, die er [...] als Dirne losgekauft hatte, führte er mit sich herum und sagte, diese sei sein erster ‚Gedanke' (Ennoia), die Mutter von allem, durch die er [Simon Magus, d. V.] im Anfang den Gedanken faßte, Engel und Erzengel zu machen. Die Ennoia, die aus ihm hervorsprang, sei [...] nach unten herabgestiegen und habe Engel und Mächte geboren, von denen [...] auch diese Welt gemacht sei. Nachdem sie sie aber geboren habe, sei sie von ihnen aus Neid zurückgehalten worden [...] und habe Schmach aller Art von ihnen erlitten, damit sie nicht wieder zu ihrem Vater zurückkehre, und das bis zu dem Grade, daß sie auch in menschliche Körper eingeschlossen wurde und durch die Jahrhunderte hindurch wie von Gefäß zu Gefäß in immer andere weibliche Körper überwechselte. Sie sei aber auch in jener Helena gewesen, wegen der der trojanische Krieg angefangen worden sei. [...] Bei ihrer Wanderung von Körper zu Körper [...] habe sie schließlich sich in einem Bordell preisgegeben – und das sei das verlorene Schaf. [...] Darum sei er selbst gekommen, daß er zuerst sie zu sich nehme und sie von den Fesseln befreie; den Menschen aber gewähre er Rettung durch seine Anerkennung.[25]

Diesen Text, die vergleichbaren Berichte bei Epiphanios und Tertullian, schließlich Beausobres „Histoire critique de Manichée et du manichéisme" von 1734[26] sowie die 1828 in einer ersten Auflage publizierte „Histoire critique du gnosticisme" von Jacques Matter[27] legte Flaubert seiner Konzeption der Figur der „Ennoia" zugrunde.[28] Und von daher läßt sich nun auch die Bedeutung der Helena bei Moreau aufklären. Moreaus Helena wie die Ennoia-Helena in Flauberts „Versuchung des heiligen Antonius" ist „Prunikos", die Geile.[29] Ihr Abstieg nach unten hat die materielle Welt entstehen lassen. Da die bösen Engel alles tun, um sie an der Rückkehr zum göttlichen Vater zu hindern, ersinnen sie für die bedauernswerte Ennoia besonders schmutzige Fesseln: die Hure, die Geliebte der Diebe und Mörder, Helena von Troja. Gott, d.h. Simon Magus, ist nun selbst in die Welt herabgestiegen, um die Dirne Ennoia zu erlösen, und diese Erlösung wird die Erlösung des gläubigen Teils der Menschheit nach sich ziehen. Moreaus Helena, die zum Himmel steigt, ist diese erlöste „Ennoia-Helena". Und mit sich zieht sie die Repräsentanten der Menschheit: Krieger, König und Dichter[30] mit in die Fülle der Erlösung, Erlösung aus den Fesseln der ‚bösen' Materie, Erlösung auch vom fatalen Dualismus der Geschlechter. Relativ leicht auflösen läßt sich jetzt

25 Andresen, I, 1969, op. cit., S. 42 f.

26 Isaac de Beausobre, *Histoire critique de Manichée et du manichéisme*, Amsterdam 1734, S. 35 ff.

27 Matter, I, 1843, op. cit., S. 271 ff.

28 Zu den diesbezüglichen Quellen Flauberts siehe Seznec 1949, op. cit., S. 37 f. Für Moreaus späte Helena-Bilder könnte auch noch Amélineaus Arbeit von 1887 eine Rolle gespielt haben: E. Amélineau, *Essai sur le gnosticisme égyptien, ses developpements et son origine égyptienne*, Paris 1887 (die entsprechenden Stellen zu Ennoia-Helena auf S. 47 ff.).

29 Über die Wortsequenz „prounikos"–„porneia" stellte Matter explizit einen Zusammenhang mit der Untreue Helenas her. Matter, I, 1843, op. cit., S. 279.

30 Die Trias *Krieger, König und Dichter* findet sich im Werk Moreaus allenthalben, wenn er die Opfer von „Femmes fatales" charakterisieren wollte. Daß mit diesen Attributen generell materieller Besitz angezeigt sei, über den wiederum Moreau seiner Verachtung weltlichen Ruhmes und weltlichen Reichtums

auch der Text von Moreaus Freund Ary Renan zur Helena-Figur im Œuvre Moreaus: „Gustave Moreau mußte zu ihr kommen, ihre langen Schleier trennen, sie betrachten, sie vergöttern." Das klingt einigermaßen unanständig, ist aber, wie wir jetzt wissen, nicht so gemeint. Unanständig klingt es trotzdem.

Eine Figur im Bild wurde bei der Deutung unterschlagen: der geflügelte Knabe. Der Stürzende im Aquarell des Musée Gustave Moreau blickt sich noch einmal um nach der entschwebenden Helena. Der Geflügelte des Aquarells in Kyoto und des Ölbildes im Musée Moreau vergräbt kummervoll den Kopf in den Armen. Er liegt auf einem Totenschädel und stürzt nach unten. Mathieu in seiner Absicht, einen Bezug zu Goethes Faust herstellen zu wollen, deutete die Figur konsequenterweise als Euphorion. Der Euphorion Goethes ist eine zwar leichtsinnige und muntere Figur, aber ganz gewiß nicht der häßliche schwarze Gnom, als der er im Aquarell des Moreau-Museums erscheint.

Wenn wir uns auf die Suche nach figürlichen Entsprechungen im Werk Moreaus begeben, werden wir zumindest für die Aquarellversion in Kyoto und für das unvollendete große Leinwandbild im Pariser Moreau-Museum das passende Pendant sehr schnell finden. Der so verzweifelt sich über den Totenschädel Beugende ist ein Zwillingsbruder des geflügelten Knaben, der auf dem „Jupiter und Semele"-Gemälde Moreaus von 1894/95 in das von Ungeheuern bevölkerte Dunkel stürzt (Abb. 11). Dem Bild liegt folgender Mythos zugrunde: Zeus liebt die thebanische Königstochter Semele und erregt wie so oft Heras Eifersucht. Die Götterkönigin rät Semele, sich von Zeus zu wünschen, er möge ihr in seiner Göttlichkeit erscheinen. Als der an sein Versprechen gebundene Zeus, Semele einen Wunsch zu gewähren, sich der Geliebten unter Donner und Blitz in seiner wahren Gestalt zeigt, verbrennt Semele im göttlichen Blitzstrahl. Beim Tod der Semele im übermenschlichen Licht der erscheinenden Gottheit entnimmt Zeus der Sterbenden den Embryo des Gottes Dionysos und trägt, in seinen Schenkel eingenäht, das Kind selbst aus.

So wie der Mythos es will, hat Moreau das Geschehen nicht dargestellt. Semele stirbt im göttlichen Glanz, aber Dionysos stürzt in die Unterwelt, ohne daß sein Vater von dem göttlichen Sohn auch nur Notiz nähme.[31] Moreau selbst gab folgenden Kommentar zu seiner abenteuerlichen Umdeutung des Mythos:

> Der so oft angerufene Gott erscheint in seinem noch verhüllten Glanz. Semele, von den göttlichen Weihen durchdrungen und geläutert, stirbt im Feuer des Blitzes, und mit ihr

---

Ausdruck habe geben wollen, wie Henri Dorra interpretierte, dafür gibt es keinerlei Indizien (Henri Dorra, „The Guesser Guessed. Gustave Moreau's Oedipus", in: *Gazette des Beaux-Arts,* März 1973, S. 134 f.).

31 Nach Kaplan verkörpert Semele – als Frau – sinnliche Versuchung und müsse deshalb untergehen. Bacchus, der in sich Semeles Sinnlichkeit und Menschlichkeit mit Jupiters Göttlichkeit vereine, habe dem Schicksal der Mutter gerade noch entrinnen können (Julius Kaplan, *Gustave Moreau, Katalog der Ausstellung,* Los Angeles 1974, S. 52). Kaplans Interpretation hat weder in Moreaus Bild noch in Moreaus Kommentar irgend eine Grundlage.

> geht der Genius der sinnlichen und irdischen Liebe, der Genius mit dem Bocksfuß, zugrunde. Durch diese Anrufung, durch diesen heiligen Exorzismus verwandelt, reinigt, und idealisiert sich alles [...].[32]

Das läßt sich auf die späten Helena-Bilder umlegen. Der geflügelte Knabe ist der „Genius der irdischen und fleischlichen Liebe", der Genius, der Ennoia in ihre vielfältigen lasterhaften Inkarnationen hineingetrieben und im Schmutz des Irdischen festgehalten hat.[33] Mit der Erlösung der Ennoia ist die Zeit seiner Herrschaft abgelaufen. Das „Jupiter und Semele"-Bild hilft uns, diese Figur der „Helena"-Aquarelle zu verstehen, und gleichzeitig werfen die „Helena"-Aquarelle ein aufklärendes Licht auf das rätselhafte, bislang immer noch unzureichend gedeutete „Jupiter und Semele"-Bild und auf Moreaus nicht weniger rätselhaften Kommentar: Semele wurde in Phrygien und Thrakien als Erdgottheit verehrt. Moreau sah in ihr wohl eine weitere Verkörperung des göttlichen Prinzips, das durch seinen Abstieg die materielle Welt verschuldet oder mitverschuldet hat und nun selbst an diesen Schmutz der Materie gebunden blieb.[34] Ihr Sohn Dionysos ist die große Naturgottheit der Griechen, damit für Moreau, den Gnostiker,[35] der Inbegriff alles Materiellen und Bösen. Der Tod der Semele bedeutet ihre endliche Erlösung. Semeles Tod und Helenas Himmelfahrt beziehen sich auf das gleiche gnostische Geheimnis. Es sind Symbole der erlösten Ennoia und des Sieges über das naturhafte Prinzip.

Und noch einen Querverweis erlauben die „Helena"-Aquarelle, und zwar einen ziemlich pauschalen. Die faszinierenden und unheimlichen „Femmes fatales" im Werk Gustave Moreaus meinen alle das gleiche. Mögen sie Helena, Medea, Messalina, Dalila, Kleopatra, Sulamith, Pasiphaë oder Salome heißen, alle sind sie Inkarnationen der göttlichen Ennoia,[36] der göttlichen „Prunikos", irrend durch den Schlamm irdischer Lüste, aber alle sind sie eben auch

32 Gustave Moreau, *L'Assembleur de rêves. Ecrits complets de Gustave Moreau* (hrsg. v. Pierre-Louis Mathieu), Fontfroide 1984, S. 113.

33 Mit dem roten Flügel und (im Aquarell in Kyoto) dem flammenroten Nimbus wird Moreau auf Matters Referat der Gnosis des Appelles Bezug genommen haben, in der der Sturz der Seele in den Schmutz des Materiellen der Verführungskunst eines „ange de feu" zugeschrieben wird. Matter, II, 1843, op. cit., S. 305 f.

34 Von Matter könnte Moreau die gnostische Vorstellung von Jupiter als dem Vater der Ennoia vermittelt worden sein. Matter, I, 1843, op. cit., S. 280. Die synthetische Konzeption von Ennoias Vater ist aber deutlich genug auch bei Flaubert präsent: „Ich bin Jupiter, Apollo, Christus, der Paraklet, die Allmacht Gottes, fleischgeworden in der Gestalt des Simon!" Flaubert 1979, op. cit., S. 92.

35 In der Moreau-Forschung sind gelegentlich Hinweise, allerdings kaum mehr als sehr allgemein gehaltene Hinweise auf mögliche gnostische Vorstellungen Moreaus gegeben worden, z.B. Schiff 1965, op. cit., S. 360, 383, Hahlbrock 1976, op. cit., S. 101, Julius Kaplan, *The Art of Gustave Moreau. Theory, Style, and Content*, Ann Arbor 1982, S. 86 f.

36 Immer dann, wenn Frauengestalten sprachlich oder bildlich dem Typus des von Mario Praz sogenannten „synthetischen Vamps" (Praz 1981, op cit., z.B. S. 468) angenähert sind, wird man mit einiger Gewißheit eine Referenz auf die gnostische Ennoia vermuten dürfen. Einige wenige Beispiele, die anhand des von Mario Praz gesammelten Materials fast beliebig zu ergänzen wären, müssen hier genü-

die Erlösungshoffnung der Menschheit. Es sind die „Femmes fatales", die dereinst die Menschheit, ihren besseren Teil zumindest, und darunter hoffentlich auch den Maler Moreau, mit sich auf die Himmelfahrt nehmen werden.

In Moreaus schriftlichen Notizen finden sich Hinweise dafür, daß es ihm weniger um historische ‚böse' Frauen zu tun war, als um die Manifestationen eines Allgemeinen: Messalina personifiziere „das unstillbare Begehren der Frau, der perversen Frau im allgemeinen".[37] Die tanzende Salome repräsentiere „die ewige Frau".[38] Man kann Moreaus gnostische Interpretation der „ewigen Frau" vor dem Hintergrund eines allgemeinen okkulten Interesses sehen, das in der zweiten Hälfte des 19. Jahrhunderts zur Renaissance der Magie, zur Herausbildung des modernen Spiritismus, zur Konstituierung der Parapsychologie als Wissenschaft leitete und das Prägungen in der Literatur- und Kunstgeschichte hinterließ, deren Bedeutung kaum zu überschätzen ist.[39] Moreaus sich je neu inkarnierende „Ennoia" und die entsprechenden Frauenbilder der Literatur ließen sich dann als Detail einem allgemeinen ideengeschichtlichen Trend unterordnen.

Wenn man die Frage stellen kann, welchen Beitrag Moreaus Frauenbild zur Wiederbelebung gnostischen Gedankengutes leistet, dann sollte man aber auch umgekehrt die Frage nach der Funktion gnostischer Modelle für die Konzeption eines bestimmten Frauenbildes

gen: Leonardos Mona Lisa, zumindest in der Sicht Walter Paters, ist sicherlich eine der Inkarnationen der Ennoia: „Sie ist viel älter als die Felsen rings um sie her; gleich dem Vampyr hat sie schon viele Male sterben müssen und kennt die Geheimnisse des Grabes; [...] sie wurde als Leda die Mutter Helenas von Troja, und als Heilige Anna die Mutter Marias". Vgl. Ursula Renner, „Mona Lisa – Das ‚Rätsel Weib' als ‚Frauenphantom des Mannes' im Fin de Siècle", in: Irmgard Roebling (Hrsg.), *Lulu, Lilith, Mona Lisa* [...]. *Frauenbilder der Jahrhundertwende*, Pfaffenweiler 1989, S. 139-156. Wedekinds „Lulu" hat viele Namen: Mignon, Nelly, Eva. Der Name „Lulu" erscheint Lulu selbst „vorsintflutlich". Letztlich ist Lulu ein „Prinzip". Vgl. Wolfdietrich Rasch, *Die literarische Decadence um 1900*, München 1986, S. 83. Vielgestaltig, vielnamig und wie Lulu letztlich „namenlos" ist auch Kundry in Wagners „Parsifal". Mit Verweis auf die Vorbildfunktion von Flauberts „Versuchung des heiligen Antonius" interpretierte Gaubert 1914 im übrigen die Gestalt der Kundry als „une sorte d'Ennoia, une de ces incarnations féminines dont les hérésies syriennes foumillaient [...]. Elle fut Hérodiade, Myriam de Magdala, Dalila, Hélène de Sparte" (Ernst Gaubert, „Parsifal à Paris" [Documents], in: *La Revue de Paris*, 15. Jan. 1914, S. 314). – Den einzigen mir bekannten expliziten Hinweis auf die Ikonographie der Ennoia im Werk Moreaus gab Jean Lorrain durch den Mund seines Monsieur de Phocas: „Gustave Moreau, der Maler der schlanken, juwelenfunkelnden Salome-Gestalten, der Musen, welche abgeschnittene Häupter halten, der Helenen mit goldgewirkten Gewändern [...] Salome, Helena, Ennoia, den Völkern ein Verhängnis, die Sirenen, die der Menschheit Unheil bringen." Zit. n. Praz 1981, op. cit., S. 310.

37 Moreau 1984, op. cit., S. 71.

38 Moreau 1984, op. cit., S. 78.

39 Für die Kunstgeschichte sei hier nur auf den grundlegenden Aufsatz von Friedhelm Fischer hingewiesen: Friedhelm Wilhelm Fischer, „Geheimlehren und moderne Kunst. Zur hermetischen Kunstauffassung von Baudelaire bis Malewitsch", in: *Fin de Siècle. Zur Literatur und Kunst der Jahrhundertwende* (hrsg. v. Roger Bauer u. a.), Frankfurt/M. 1977, S. 344-377.

stellen. Die gnostische Interpretation der „Femme fatale" erlaubt die Verallgemeinerung von Weiblichkeit, Verallgemeinerung, die sich freilich nicht in der Abstraktion verliert. Insofern korrespondiert das gnostische Frauenbild mit dem Medium, in dem es von Moreau zur Darstellung gebracht wird. Bildende Kunst ist das Medium, in dem das Allgemeine sich nur als ein Konkretes zur Darstellung bringen läßt. So entsteht über die gnostische Vorstellung von der herumirrenden „Ennoia" als dem je neu sich inkarnierenden und damit konkretisierenden Prinzip und über die Verbildlichung, die *per se* Allgemeines nur als Besonderes vorstellen kann, die konkrete Idee des Weiblichen, aber eben auch die konkrete Idee der Aufhebung des weiblichen Prinzips. Die „Himmelfahrt der Helena" und der (erlösende) Tod der Semele sind prototypische Formulierungen dessen, was Richard Wagner auf den fatalen Begriff der „Erlösung durch Vernichtung" brachte.

Konkrete Idee, das ist ein Widerspruch in sich selbst, aber eben diesen Widerspruch kultivierte Moreau, und diesen Widerspruch wird kurze Zeit später Otto Weininger in seiner 1903 erschienenen Arbeit über „Geschlecht und Charakter" zum Prinzip seiner „prinzipielle[n] Untersuchung" erheben. Weiningers (selbst-)zerstörerische Untersuchung sammelt Beispiele aus der Geschichte, Selbsterlebtes, Kolportage und Klischees, um seine These von der Notwendigkeit der Überwindung des Weiblichen und Jüdischen zu untermauern. Ausdrücklich betonte er, daß sich seine Untersuchung weder gegen bestimmte („empirische") Frauen noch gegen bestimmte Juden richte. Weininger handelte ausschließlich von der „Idee des Weibes"[40] und der korrespondierenden „platonischen Idee des Judentums".[41] Es ist ein Leichtes, Weininger nachzuweisen, daß sein Ideenbegriff und seine ‚Beweisführung' eine Verkehrung dessen sind, was Platon unter den Begriff der Idee zu fassen suchte. Die Folgen, die Weiningers Buch mit heraufbeschwor, waren primär allerdings nicht philosophiegeschichtlicher Art. Weiningers Arbeit war (wie die Bildwelt Gustave Moreaus) einer der zahlreichen Bausteine, die die Intellektuellen des 19. und 20. Jahrhunderts herangetragen hatten, Bausteine für ein Gebäude, in dem sich das Böse als Prinzip denken ließ, als Prinzip, das allgemein genug war, um sich dem Legitimationszwang gegenüber dem Einzelnen zu entheben, und das konkret genug war, um die „Idee" der „Erlösung duch Vernichtung" in die Praxis umzusetzen.[42]

40 Otto Weininger, *Geschlecht und Charakter. Eine prinzipielle Untersuchung* (1903), München 1980, z.B. S. 452.

41 Weininger 1980, op. cit., S. 409.

42 Die Verbindungslinien zwischen Misogynie und Antisemitismus hat Bram Dijkstra eindrucksvoll nachgezeichnet. Er kommt zu folgendem – sicher forcierten, aber nicht ganz von der Hand zu weisenden – Ergebnis: „If it was difficult to execute one's wife – not to say inconvenient – there was always the effeminate Jew. Fantasies of gynecide thus opened the door to the realities of genocide" (Bram Dijkstra, *Idols of Perversity. Fantasies of Feminine Evil in Fin-de-Siècle Culture*, 1986, New York-Oxford 1988, S. 401).

Literatur

Amélineau, E., *Essai sur le gnosticisme égyptien, ses développements et son origine égyptienne. Thèse pour le doctorat ès lettres*, Paris 1887

Andresen, Carl (Hrsg.), *Die Gnosis*, I, *Zeugnisse der Kirchenväter*, Zürich-Stuttgart 1969

Baudelaire, Charles, *Die Blumen des Bösen. Les Fleurs du Mal*, vollständige zweisprachige Ausgabe, München 1987

de Beausobre, Isaac, *Histoire critique de Manichée et du manichéisme*, 2 vol., Amsterdam 1734-1739

Bouyer, Louis, *Le Trône de la Sagesse. Essai sur la signification du culte marial*, Paris 1987

Dijkstra, Bram, *Idols of Perversity. Fantasies of Feminine Evil in Fin-de-Siècle Culture* (1986), New York-Oxford 1988

Dorra, Henri, „The Guesser Guessed. Gustave Moreau's Oedipus", in: *Gazette des Beaux-Arts*, März 1973, S. 129-140

Fischer, Friedhelm Wilhelm, „Geheimlehren und moderne Kunst. Zur hermetischen Kunstauffassung von Baudelaire bis Malewitsch", in: *Fin de siècle. Zur Literatur und Kunst der Jahrhundertwende*, herausgegeben von Roger Bauer u.a., Frankfurt/M. 1977, S. 344-377

Flaubert, Gustave, *Die Versuchung des heiligen Antonius* (1874), deutsche Übersetzung von Barbara und Robert Picht, Frankfurt/M. 1979

Gaubert, Ernst, „Parsifal à Paris" (Documents), in: *La Revue de Paris*, 15.01.1914, S. 311-326

Geraths, Armin, Einleitung zu: *Viktorianische Lyrik, Englisch–Deutsch*, Stuttgart 1985, S. 9-43

von Goethe, Johann Wolfgang, *Faust. Der Tragödie zweiter Teil*, Hamburger Ausgabe, Bd. 3, München 1981

Gustave Moreau Symboliste, Katalog der Ausstellung, Zürich 1986

Haardt, Robert, *Die Gnosis. Wesen und Zeugnisse*, Salzburg 1967

Kaplan, Julius, *Gustave Moreau. Katalog der Ausstellung*, Los Angeles 1974

Kaplan, Julius, *The Art of Gustave Moreau. Theory, Style, and Content*, Ann Arbor 1982

Mathieu, Pierre-Louis, *Gustave Moreau. Leben und Werk mit Œuvre-Katalog*, Fribourg 1976

Mathieu, Pierre-Louis, „Gustave Moreau et le mythe d'Hélène", in: *Gazette des Beaux-Arts*, Bd. 106, 1985, S. 76-80

Mathieu, Pierre-Louis, „Der Alltag eines Traumsammlers", in: *Gustave Moreau Symboliste*, Katalog der Ausstellung, Zürich 1986, S. 19-42

Matter, Jacques, *L'Histoire critique du Gnosticisme et de son influence sur les sectes religieuses et philosophiques dans les six premiers siècles*, I (1828), Paris 1843

Moreau, Gustave, *L'Assembleur de rêves. Ecrits complets de Gustave Moreau*, herausgegeben von Pierre-Louis Mathieu, Fontfroide 1984

Praz, Mario, *Liebe, Tod und Teufel. Die schwarze Romantik* (1930), München 1981

Rasch, Wolfdietrich, *Die literarische Decadence um 1900*, München 1986

Renan, Ary, „Gustave Moreau, cinquième article", in: *Gazette des Beaux-Arts*, Jg. 41, 1899, Bd. 22, S. 414-432

Roebling, Irmgard (Hrsg.), *Lulu, Lilith, Mona Lisa [...]. Frauenbilder der Jahrhundertwende*, Pfaffenweiler 1989

de Saint-Victor, Paul, *Hommes et Dieux*, Paris ^{4}1872

Schiff, Gert, „Die seltsame Welt des Malers Gustave Moreau", in: *Du-Atlantis*, 25. Jg., Mai 1965, S. 331-389

Seznec, Jean, *Nouvelles Etudes sur la Tentation de Saint Antoine*, 1949

Steinbrügge, Lieselotte, „Die vergessenen Amazonen. Frauen in der französischen Revolution", in: *Frauenbilder, Lesebuch*, Berlin 1980, S. 33-35

Weininger, Otto, *Geschlecht und Charakter. Eine prinzipielle Untersuchung* (1903), München 1980

Abb. 1. Raub junger Venezianerinnen durch zyprische Seeräuber, 1851, Ö/L, 1,45 × 1,118, Vichy, Hôtel de Ville.

Abb. 2. Die Athener im Labyrinth des Minotaurus, 1855,
Ö/L, 1,06 × 2,00, Bourg-en-Bresse, Musée de Brou.

Abb. 3. Pasiphäe und der Stier, um 1876–80,
Aquarell, 0,26 × 0,51, Paris, Musée Gustave Moreau.

Abb. 4. Das Hohelied, 1852/53,
Ö/L, 3,00 × 3,19, Dijon, Musée des Beaux-Arts.

Abb. 5.
Das Hohelied, 1893,
Aquarell, 0,375 × 0,195,
Ohara Museum of Art.

Abb. 6.
Helena vor den Mauern Trojas, um 1885,
Aquarell, 0,40 × 0,23, Paris,
Musée du Louvre (Cabinet des Dessins).

Abb. 7. Raub der Helena, um 1850,
aquarellierte Federzeichnung, Ø 0,42, Paris, Musée Gustave Moreau.

Abb. 8.
Helena vor den Mauern Trojas, 1881,
Zeichnung, 0,343 × 0,21, Genf,
Galerie Jan Krugier.

Abb. 9.
Die Verherrlichung Helenas, 1897,
Aquarell, 0,19 × 0,12, Paris,
Musée Gustave Moreau.

Abb. 10. Die Verherrlichung Helenas, 1896/97,
Aquarell, 0,30 × 0,23, Kyoto, Sammlung Nomura.

Abb. 11. Jupiter und Semele, 1895,
Ö/L, 2,12 × 1,18, Paris, Musée Gustave Moreau (Ausschnitt).

Susanne Scharnowski

Grausame Liebschaften

Zum literarischen Typus des Verführers

Verführung ist die wahre Gewalt
Lessing, *Emilia Galotti*

1. Sinnlicher Augenblick – Casanova und Don Juan

Als Repräsentanten des männlichen Verführers schlechthin gelten für gewöhnlich die historische Figur des Giacomo Casanova und der literarische Typus des Don Juan. Zwar weisen auch diese Prototypen männlicher Eroberungs-Erotik erhebliche Unterschiede auf, und der Figur des Don Juan sind überdies in den zahllosen literarischen Fassungen des Stoffes seit Tirso de Molina (bei einigen Motiv-Konstanten) vielfältige Interpretationen zuteil geworden.[1] Das *tertium comparationis* jedoch, neben dem katholisch-feudalen Kontext, in dem diese *latin lovers* ihr Wirkungsfeld finden, besteht darin, daß die eigentliche Faszination beider Gestalten von der großen Zahl ihrer erotischen Verhältnisse ausgeht. Und eben dies hat zur Mythenbildung geführt und die Klischees erfolgreicher männlicher Sexualität geprägt. Gegenstand der Literaturwissenschaft allerdings ist der männliche Verführer, der „gewissenlose Liebhaber" vor allem innerhalb der „Paar"-Konstellation Verführer/verführte Unschuld. Lediglich seinem weiblichen Pendant, der schlangenhaften Verführerin, der *femme fatale*, dem bösen Weib wird das Epitheton „dämonisch" zuerkannt.[2] Grimms Wörterbuch definiert den Verführer als ein (männliches?) Wesen, das generell sein Opfer „vom eingeschlagenen Wege ableitet", d.h. „zur Unsittlichkeit verleitet", und merkt an, daß der Terminus „nur in übertragener und stets schlimmer Bedeutung nachweisbar" sei.[3] Der Verführer ist „schlimm" *per definitionem;* es stellt sich die Frage, ob er immer im gleichen Maße als böse und verbrecherisch zu gelten hat, wenn das Vergehen, die Verführung, konkret im „Verleiten zum Geschlechtsverkehr"[4] besteht, und ob der Tatbestand der Verführung mit diesem Verleiten zum bloßen sexuellen Akt überhaupt gegeben ist.

1 Einen Überblick gibt Hiltrud Gnügs Einführung *Don Juan*, München-Zürich 1989.

2 So etwa bei Elisabeth Frenzel, *Motive der Weltliteratur*, Stuttgart 1982.

3 Jacob und Wilhelm Grimm, *Deutsches Wörterbuch*, Bd. 12, Leipzig 1956, Stichwörter „Verführung" und „Verführer".

4 So die Definition des *Duden*.

Casanova erinnerte sich in seinen Memoiren, die er in völliger Zurückgezogenheit als Greis auf dem böhmischen Schloß Dux verfaßte, akribisch genau und in offensichtlicher Nach-Lust schwelgend an seine zahlreichen erotischen Affären. Seine Lebenserinnerungen tragen Züge des Schelmen- und Abenteuerromans[5] und präsentieren ihn durchgängig als einen im Augenblick aufgehenden Sinnenmenschen. Er tritt in seinen Liebesabenteuern (wie übrigens auch in seinen finanziellen Unternehmungen) als Hasardeur auf, der in allen Lebensbereichen improvisiert, niemals plant und nichts bereut. Seine Sexualität weist keine gefährlichen, destruktiven, dunklen oder gar dämonischen Elemente auf. Obwohl sein Interesse an jeder Frau zeitlich begrenzt ist und er als rechter Draufgänger jede früher oder später verläßt, scheint es, als ob die Frauen gleichwohl durch seine Treulosigkeit nicht verletzt werden könnten. Da er nichts verspricht als seinen Körper, von dessen Bedürfnissen er wesentlich bestimmt wird, dessen offenbar unerschöpfliche sexuelle Leistungskraft er selbstgefällig anpreist und den er verschwenderisch hingibt, hinterläßt er keine gebrochenen Herzen. Er täuscht keiner Frau etwas vor, und so kann er auch keine *ent*-täuschen. Niemals gilt sein Ehrgeiz dem Ziel, den Widerstand einer Frau zu brechen. Er versucht nie, eine Frau zu erobern, die ihn nicht ohnehin will, und er begehrt nur, solange das Begehren beidseitig ist. Die aktive Verführung, die der Anstrengung bedarf und impliziert, Widerstände überwinden zu müssen, hat keinen Reiz für ihn. Das Ende seiner Affären wirkt daher nie dramatisch oder gar tragisch. Casanovas Unbeständigkeit ist vor allem bestimmt von den zufälligen Erfolgen oder dem ebenso zufälligen Scheitern seiner Hasardstücke. Wenn er flieht, so niemals vor einer Frau, die ihn zu halten suchte – keine scheint danach zu verlangen –, sondern höchstens vor ihrem rachedurstigen Ehemann; meist aber vor den Fürsten und Kaufleuten, die er betrogen hat. Casanova ist kein Verführer, sondern ein frivoler Spieler, der auch im Rückblick keine seiner Liebschaften bereut, weil er keiner Frau etwas genommen hätte, das sie ihm nicht ohnehin zu geben bereit war.

Der Mangel an Reflektiertheit im Umgang mit ihren sexuellen Abenteuern verbindet Casanova und Don Juan. In keiner literarischen Bearbeitung erscheint Don Juan als vorausplanend oder gezielt handelnd, sondern immer als ein Getriebener, als Opfer seiner Leidenschaften. Don Juan ist zwar nicht im gleichen Maße frivol oder leichtsinnig wie Casanova: Er verletzt die Frauen, die er „gehabt" hat, durchaus, indem er sie verläßt, denn sie fühlen sich von ihm betrogen und wollen mehr und vor allem etwas anderes von ihm, als er geben kann. Doch obgleich er um die Verletzung der Frau weiß und sie in Kauf nimmt, weil er nicht anders kann als immer wieder von neuem begehren und verlassen, ist es nicht seine eigentliche Absicht, Schmerz zuzufügen; seine Treulosigkeit ist unausweichliche Konsequenz. Sein Begehren richtet sich wie das Casanovas ganz ungebrochen auf den Körper und nur auf den Körper der Frau; um des weiblichen Körpers habhaft zu werden, lügt und heuchelt er, verstellt und maskiert er sich: dem Fischer oder Bauernmädchen verspricht er die Ehe, der Adligen erscheint er in der Maske ihres Geliebten. Was er jedoch jeder Frau unverhüllt und un-

5 Casanova wählte mit dem Pseudonym „Chevalier de Seingalt" wohl kaum zufällig denselben Decknamen wie sein Zeitgenosse, der Hochstapler und Scharlatan Cagliostro.

mittelbar zeigt, ist sein momentanes Verlangen, und eben dies macht seine erotische Wirkung aus.[6]

Casanovas erotisches Abenteurertum wirkt im Theater und Spielermilieu durchaus angemessen, in gewissem Maße sogar konventionell. Don Juans Sexualität dagegen verletzt im erzkatholischen Spanien mit seiner starren Moral und seinem strengen Ehrbegriff, das der Figur ihren notwendigen Rahmen gibt, die Ehre der Frauen. Dies ist sein eigentliches Verbrechen, da die Frau mit der Ehre, die sich in ihrer Jungfräulichkeit manifestiert, ihre einzig mögliche gesellschaftliche Anerkennung verliert. Don Juan bleibt dennoch ein Sinnenmensch, dessen Existenz darin aufgeht, jede Frau, die er unmittelbar begehrt – und er begehrt nahezu jede, die er sieht,[7] möglichst im gleichen Augenblick zu besitzen. Er hat jedoch kein Bewußtsein von seinem Handeln, und so ist er konsequent auch vor dem himmlischen Strafgericht zur Reue nicht fähig und bereit.

2. Tugend, Tränen, Tod: Empfindsame Opfer

In der Epoche der Empfindsamkeit konzentriert sich die Literatur auf einen anderen Aspekt des Verhältnisses zwischen den Geschlechtern. Das aufstrebende Bürgertum setzt den höfischen Umgangsformen und dem Ehrenkodex des Adels seine eigene sentimentale Liebesauffassung und eine von Puritanismus und Calvinismus geprägte Moral entgegen. Damit werden Erotik und Liebe zu einem Terrain, auf dem neben den Gefühlen selbst, denen die Literaturgattung des Bürgertums, der Roman, ganz neue Aufmerksamkeit widmet, auch der Klassenkonflikt ausgetragen wird. Das Zentrum der bürgerlichen Moral bildet ein neuer Begriff von Tugend als innerem Wert. Als dessen reinste Verkörperung gilt die Frau, und zwar die bürgerliche Frau, die ihre Reinheit, die nicht selten ihren einzigen Besitz darstellt, gegen die lüsternen Attacken des adligen, jedenfalls gesellschaftlich höherstehenden, dekadenten Libertins verteidigen muß.

Im Zuge der empfindsamen Verherrlichung ihrer als natürlich gedachten Sittlichkeit wird der Frau jene Sinnlichkeit, die bis in die frühe Neuzeit als ihr wesentliches Charakteristikum und als Ursache aller Sünden galt, gänzlich genommen; der Vorfall zwischen Eva und der Schlange scheint der Vergessenheit anzugehören, und die Sexualität mit ihren triebhaften, zerstörerischen und dämonischen Aspekten wird als männliches Prinzip verstanden.[8] Der Frau kommt nunmehr die Aufgabe zu, die animalischen Triebe des Mannes innerhalb der

---

6 Aus diesem Grund bezeichnet Kierkegaard Don Juan als „erotisches Genie“, das weniger aktiver Verführer ist als vielmehr verführerisch wirkt.

7 In Mozarts Oper *Don Giovanni* zählt Don Giovannis Diener Leporello „In Italien sechshundertundvierzig,/ Hier in Deutschland zweihundertunddreißig,/ Hundert in Frankreich und neunzig in Persien,/ Aber in Spanien, ja in Spanien schon tausendunddrei!“

8 Wie Daniel Defoe es 1706 (in: *The Review*, No. 132) formulierte: „In our general Pursuit of the Sex, the Devil acts the Man, not the Woman.“ Zit. von Ian Watt, *The Rise of the Novel*, London 1987, S. 161.

Ehe zu domestizieren.[9] Damit wächst der monogamen Ehe und der Treue eine neue Bedeutung zu, die über ihren vorherigen hauptsächlich sozialen und legalen Status weit hinausgeht. Der Konflikt zwischen Mann und Frau beruht nicht mehr auf dem Gegensatz zwischen zivilisatorischer Vernunft und ungezähmter weiblicher Natur, die zur Raison gebracht werden müßte. Die Natur der Frau wird vielmehr als von vornherein sittlich gesehen: Die Frauen gelten nun *per se* als das moralische Geschlecht.[10]

Samuel Richardsons Briefromane *Pamela* (1740/41) und besonders *Clarissa* (1748) prägten die Literatur des 18. Jahrhunderts nachhaltig – einerseits durch ihre exemplarische Form, die ungeheure Verbreitung fand, da der Brief als Spiegel des Ich dem Inneren des empfindsamen Subjekts die größtmögliche Aufmerksamkeit sicherte. Andererseits trugen Richardsons Romane mit ihrer Definition männlicher und weiblicher Sexualität zur Verschiebung der Koordinaten im Geschlechterkonflikt bei.

Die Geschichte des Dienstmädchens Pamela ist vergleichsweise einfach konstruiert: Die Titelheldin ist den sexuellen Nachstellungen ihres Herrn, Mr. B., ausgesetzt und verteidigt erfolgreich ihre Jungfräulichkeit, um endlich durch die Eheschließung mit dem verhinderten Wüstling im bürgerlich-konventionellen Sinne „belohnt" zu werden. Damit ist die Grundkonstellation der bürgerlichen (Roman-)Literatur vorgegeben: der ausschweifende Herr gegen das bescheidene, aber tugendhafte Mädchen.[11] In *Clarissa* gewinnt die Konstellation von Verführer und unschuldigem Opfer eine tragische und weitaus umfassendere Dimension. Der adlige Libertin Lovelace, der die tugendhafte Bürgerstochter Clarissa aus ihrem Elternhaus entführt mit der Absicht, sie schließlich zu *ver*-führen, wird zum Archetypus des erotisch motivierten Schurken. Und der Entwurf der Figur Clarissa prägt fortan die Vorstellung von der Frau als Personifikation der Sittlichkeit, Unschuld und Reinheit. Das Begehren des Mannes entzündet sich nicht mehr unmittelbar am Leib der Frau, sondern an ihrer Tugend. Eben jenes Charakteristikum der Frau, das gelebte Sexualität letztlich verhindert, wird selbst zum erotischen Stimulans.[12] In je unerreichbarere Ferne die erotisch-leibliche Erfüllung rückt, desto entscheidender werden die Überwindung von Widerständen und der Sieg über diese,

---

9 Edmund Leites setzt den Ausgangspunkt dieser Entwicklung im englischen Puritanismus an. Dieser, so seine These, habe mit seiner Ethik der Ehe die Grundlage geschaffen für eine „neue Hierarchie der Sexualität", in der „echte Männer" als „Stiere: kraftvoll, sexuell, gebieterisch, aber ohne Gewissen" galten und die den Frauen „größere moralische Reinheit" bescheinigte, „weil das Gewissen in ihren Körpern und Seelen einen gewichtigeren [...] Platz einnimmt" (*Puritanisches Gewissen und moderne Sexualität*, Frankfurt/M. 1988, S. 147).

10 Siehe dazu Lieselotte Steinbrügges Publikation gleichen Titels.

11 Ian Watt, a.a.O., S. 166: „the rakish squire versus the humble, but virtuous maid." Watt stellt in seiner Untersuchung den Zusammenhang zwischen sich konstituierendem bürgerlichen (Selbst-)Bewußtsein, Lesekultur und der Gattung des Romans in England anschaulich dar.

12 Dieses Motiv bleibt bis ins 19. Jahrhundert wirksam: Der Décadent Henri de Marsay in Balzacs *Mädchen mit den Goldaugen*, dem die „beständige Übersättigung [...] das Gefühl der Liebe erstickt" hat, meint, er bedürfe „wie Lovelace, einer Clarisse Harlowe" (S. 70), um seine abgestumpften Sinne neu zu beleben.

während die unmittelbar körperliche Sexualität an Bedeutung verliert. Mit dieser Verschiebung gerät die Liebe zum Krieg zwischen den Geschlechtern, genauer: des Mannes gegen die Frau.

Clarissa ist wesentlich durch ihre Tugend definiert. Lovelace hat nur vordergründig das Ziel, Clarissas Körper zu besitzen; seine Hauptabsicht ist es, diese Tugend auf die Probe zu stellen und zu beweisen, daß sie sich als bloß äußerlich und trügerisch offenbart. Damit aber trifft seine Aggression weibliche Identität schlechthin: Es geht um nicht weniger als um Clarissas Leben – buchstäblich wie auch im übertragenen Sinne. Der Konflikt zwischen männlicher Sexualität und weiblicher Identität wird für den Mann identitätsbildend und für die Frau eine Bedrohung ihrer Existenz. Die Romanform reflektiert diesen Konflikt: Clarissas Briefe entsprechen der emphatischen, empfindsamen Definition des Briefes als intimster Äußerung des Subjekts, als Abbild der Seele.[13] Die Briefe von Lovelace hingegen präsentieren dem Leser sein wandelbares Herz, das er nicht zu beherrschen vermag, und zeigen eine chamäleonhafte Existenz, die ihrer selbst nicht gewiß ist und (Ziel-)Bewußtsein und Kontur nur in bezug auf Clarissas Eroberung entwickelt.[14]

Lovelace, der „monogame Verführer“,[15] ist weder treulos wie Don Juan noch unbeständig wie Casanova. Sein Charakter ist ambivalent gezeichnet, so daß die engelhaft-überirdische Tugend Clarissa es zumindest zu Beginn des Romans nicht ausschließt, ihn lieben zu können, obwohl er dem Leser in den Briefen an seinen Vertrauten zunehmend als teuflisch erscheint. Schließlich aber, nachdem alle subtileren Register seiner Verführungskunst in der Konfrontation mit Clarissas unerschütterlicher Tugend versagt haben, wird der erfolglose Verführer zum unverhüllt aggressiven Gewalttäter, der sich nicht mehr zu beherrschen weiß: Lovelace betäubt Clarissa mit Drogen und vergewaltigt die Bewußtlose.[16]

Nach dieser Vergewaltigung erweist sich jedoch, daß Clarissas Willen, sich Lovelace und seiner Sexualität nicht unterzuordnen, selbst durch diese äußerste Gewaltanwendung nicht korrumpiert werden kann – ihre innere Tugend bleibt, dem Verlust ihrer physischen Selbstbestimmung zum Trotz, unberührt. Die einzige Möglichkeit für Clarissa, sich dem zerstöre-

13 Siehe dazu Terry Eagleton, *The Rape of Clarissa*, Oxford 1982, S. 43 ff.

14 So schreibt er an seinen Freund Belford: „I have but *one* vice [...]. Thou knowest my heart. But it's a cursed deceiver – For it has many [...] a time imposed upon his master – *master*, did I say? That I am not“ (Samuel Richardson, *Clarissa*, Harmondsworth 1985, S. 143). Siehe dazu Volker Neuhaus, *Typen multiperspektivischen Erzählens*, Köln-Wien 1971, S. 43.

15 Diese zutreffende Formulierung übernehme ich von Leslie A. Fiedler, *Liebe, Sexualität und Tod*, Frankfurt/M.-Berlin 1987, S. 49. Weniger einsichtig ist seine Behauptung, daß Lovelace sich „irgendwie“ von Don Juan „herleitet“, die dazu führt, daß er Lovelace und Don Juan immer wieder als Verkörperungen des gleichen Typus benennt (ebd., S. 47 ff., passim).

16 Kleists Erzählung *Die Marquise von O.*, deren Konflikt ebenfalls durch die Vergewaltigung einer bewußtlosen Frau ausgelöst wird, spitzt die Ambivalenz der männlichen Figur zu, indem Graf F. zugleich als Retter und Vergewaltiger der Marquise auftritt, so daß sie zum Schluß bemerkt, „er würde ihr damals nicht wie ein Teufel erschienen sein, wenn er ihr nicht, bei seiner ersten Erscheinung, wie ein Engel vorgekommen wäre“ (*Werke und Briefe in vier Bänden*, Bd. 3, Berlin-Weimar 1984, S. 157).

rischen Einfluß von Lovelace und der Konfrontation mit ihrer physischen Niederlage zu entziehen, bleibt allerdings der Tod. Ihr langsames Dahinschwinden, die Aufhebung ihrer körperlichen Existenz erscheint jedoch nicht als Strafe, sondern als angemessene Konsequenz ihrer unirdischen Tugend, die nur in einer utopischen Welt – oder aber in einer jenseitigen – einlösbar ist.

Lovelace ist von dem Drang, Clarissas Widerstand zu bezwingen, im gleichen Maße beherrscht wie Clarissa von ihrem Ziel, sich gegen ihn zur Wehr zu setzen. Triumph und Überlegenheit der Tugend jedoch stehen dem Roman ganz außer Frage. Lovelace nimmt es zwar ‚billigend in Kauf', Clarissa ein ‚Schicksal, schlimmer noch als der Tod' zu bereiten, ihre buchstäbliche Vernichtung jedoch, die er durch sein Handeln bewirkt, ist zu keinem Zeitpunkt sein Ziel. Er ist bis zu ihrem Tod schlicht nicht in der Lage, Clarissa zu erkennen und zu begreifen, daß er ihr nicht nur die Jungfräulichkeit, sondern ihre Identität genommen hat. Die Tragödie verläuft folgerichtig für den Verführer nicht ohne Reue. Nach Clarissas Tod wird dem Leser die späte Einsicht des Wüstlings mitgeteilt, der sein Verbrechen bedauert und schließlich seiner Strafe nicht entgeht, indem er im Duell mit einem Verwandten Clarissas den Tod sucht und findet.

Die Rollen sind verteilt. Die Frau gilt der Empfindsamkeit nicht nur als Opfer des individuellen männlichen Verführers; die Gesellschaft mit ihrer patriarchalischen Struktur trägt einen Großteil der Verantwortung. Die Figur des Vaters ist am Schicksal der Frau wesentlich beteiligt, indem er (in Clarissas Fall) die Tochter mit einem ungeliebten Mann verheiraten will und so ihr Gefühl ebenso zu vergewaltigen versucht wie Lovelace ihren Körper. Muß Don Juan gerade dafür bestraft werden, daß seine Sinnlichkeit die Ehre der Frauen und damit die gesellschaftliche Norm verletzt, so besteht das Verbrechen des Mannes in der Literatur der Empfindsamkeit im wesentlichen darin, daß er die Tugend der Frau und damit ihre innere Natur, letzten Endes die Natur überhaupt vergewaltigt. Wenn das Laster sich als unverhüllte Gewalt und damit als böse zeigt, dann macht es sich zugleich jedoch auch als Gefahr kenntlich und ermöglicht es der Tugend, sich für die Schlacht zu wappnen und womöglich zu siegen, zumindest im abstrakten Sinne. Über die Rolle des Opfers hinaus wird der Frau die Funktion als Erlöserin zugewiesen: ihre Tugend, ihre Tränen – wer weint, ist nach empfindsamem Verständnis im Recht – und ihr Tod führen zur Katharsis und sind Bedingung für die Reue des Mannes.

Das Clarissa-Syndrom grassiert nicht nur im europäischen Roman der zweiten Hälfte des 18. Jahrhunderts, auch das aufklärerische Drama nimmt das Motiv der verführten Unschuld auf.[17] Wie in Richardsons Romanen steht die Frau auch in Lessings Dramen *Miss Sara Sampson* (1755) und *Emilia Galotti* (1772) programmatisch im Titel und zugleich thematisch im Mittelpunkt. Es gehörte zu den Prinzipien der empfindsamen und aufklärerischen Ästhetik,

17 Zum Verführungsmotiv im Drama des deutschen Barock, das den Schwerpunkt auf den eher eindimensionalen Konflikt zwischen „Sinnlichkeit" als Laster und „Vernunft" als Tugend legt, siehe Rolf-Werner Nolle, *Das Motiv der Verführung*, Stuttgart 1976.

in der Literatur keine unvermischt bösen Charaktere darzustellen, weil dies der Utopie der Perfektibilität und Erziehbarkeit des Menschen widersprochen hätte und der Literatur (und in besonderem Maße dem Theater) die Aufgabe zukam, nachahmenswerte Charaktere zu präsentieren. Dieses Prinzip hat – gemeinsam mit der festgelegten aufklärerischen Botschaft einer vernünftigen Humanität und der Überlegenheit der Tugend – zur Folge, daß die Verführer Mellefont (in *Miss Sara Sampson*) und der Prinz Hettore Gonzaga (in *Emilia Galotti*) als vergleichsweise farblos und kaum gefährlich oder gar dämonisch erscheinen. Mellefont tritt bereits zu Beginn des Dramas als reuiger Sünder auf, der seine früheren Ausschweifungen gern ungeschehen machen würde und nichts lieber täte, als Sara sogleich zu ehelichen. Die Entführung, die auch hier der Verführung vorausgeht, ist mit Saras Einwilligung erfolgt, und einzig die ehemalige Geliebte Mellefonts, Marwood, die die Rolle der eigentlich Verantwortlichen auch für die Lasterhaftigkeit Mellefonts übernehmen muß, verhindert, indem sie Sara vergiftet, daß das Trauerspiel am Ende noch zur Komödie mit glücklichem Ausgang wird.

Der Prinz in *Emilia Galotti* stellt hauptsächlich durch seine gesellschaftliche Machtposition eine Bedrohung dar und ist abgesehen davon als schwächlich und wenig souverän charakterisiert. Die eigentliche Intrige, die Ermordung von Emilias Verlobtem und ihre gewaltsame Entführung, arrangiert sein Berater Marinelli. Die Aggression des Prinzen geht lediglich von seinem undifferenzierten Verlangen nach Emilia aus; der Konflikt, dem Emilia schließlich zum Opfer fällt, beruht auf der Angst vor ihrer eigenen Sinnlichkeit, der sie im luxuriösen Ambiente des Hofes zu erliegen befürchtet. Das Drama problematisiert eher die Verführbarkeit, die Emilia in sich spürt und fürchtet, als die Verführung selbst; Emilia ahnt, ganz im Gegensatz zu Clarissa, daß ihre Tugend gefährdet und zerbrechlich ist. Daher sucht sie den Tod, noch bevor ihre körperliche Unschuld, ihre Ehre und ihre Tugend unmittelbar bedroht sind. Der Vater als Agent der familiären Gewalt wird buchstäblich zum Henker der Tochter; das teuflische Prinzip ist in Marinelli aufgehoben, den der halb ahnungslose, scheinbar geläuterte Prinz nach Emilias Tod aus dem „Paradies" des Hofes davonjagt.

Der Vorgang der Verführung selbst und die Gestalt des Verführers als Faszinosum ist für die aufklärerische Literatur kein Thema.[18] Das Programm aufklärerischen und empfindsamen Denkens sieht vielmehr den Triumph (und die Leiden) der (weiblichen) Tugend und das Scheitern (weniger die Wonnen) des (männlichen) Lasters im Vordergrund. Die Problematik

18 In der Literatur des Sturm und Drang, etwa in den Dramen von Jakob Michael Reinhold Lenz oder Heinrich Leopold Wagner, rückt das Thema des Kindesmordes der ledigen Mutter als gesellschaftlich bedingte Folge der Verführung gegenüber der Kontrastierung weiblicher Tugend und männlicher Sexualität in den Vordergrund. – Die Gretchentragödie in Goethes *Faust* enthält darüber hinaus die Verführungsproblematik: Während Faust bei Gretchens Anblick mit unmittelbarem erotischem Verlangen reagiert, das er sofort („heut nacht") stillen will, führt Mephistopheles die intrigant-gewalttätige Terminologie des Verführers ein: „Was hilft's, nur grade zu genießen? / Die Freud ist lange nicht so groß, / Als wenn Ihr erst, herauf, herum, / Durch allerlei Brimborium, / Das Püppchen geknetet und zugericht't" (Goethe, *Faust*, V. 2646-2651). Katastrophal für Gretchen sind aber schließlich weniger die Folgen des „Knetens" und „Zurichtens" als vielmehr Fausts Treulosigkeit und schließlich ihre Schwangerschaft.

in Lessings Dramen und in Richardsons Romanen erweckt im zwanzigsten Jahrhundert in erster Linie historisches Interesse oder lenkt den Blick auf gesellschaftskritische Aspekte, also etwa auf die Behauptungsversuche eines aufstrebenden Bürgertums, das dem dekadenten Adel als Kampfbegriff seine eigene Konzeption von Moral entgegenhält, oder auch auf die Kritik an der patriarchalischen Struktur der Gesellschaft, die für die Frau keine andere Rolle bereithält als die der Tugendverwalterin und des weitgehend wehrlosen Opfers männlicher Gewalt.[19]

3. Mechanismen der Grausamkeit: Valmont

Mit Choderlos de Laclos' Briefroman *Gefährliche Liebschaften*[20] (*Les liaisons dangereuses*, 1782) tritt der literarische Geschlechterkrieg in eine neue Phase. Die Mechanismen der Verführung rücken ins Zentrum, der Sieg der Tugend und die Moral selbst sind fragwürdig geworden, und die Opfer der Verführung stehen gegenüber den Protagonisten des Lasters an der Peripherie des Geschehens. Diese Wendung läßt den Roman äußerst modern erscheinen und erklärt womöglich, warum er – anders als *Pamela* oder gar *Clarissa* – nach wie vor ein Publikum findet.[21]

Neben dem „Paar" Verführer und Opfer, dem Vicomte de Valmont und der Präsidentin de Tourvel, steht die Figur der intriganten Marquise de Merteuil, der ehemaligen Geliebten und zum Zeitpunkt der Romanhandlung Verbündeten und „Vertrauten" Valmonts, im Mittelpunkt des Romans.[22] Ihre und Valmonts Briefe nehmen den größten Raum des Romans ein. Diese Tatsache vor allem löste beim Erscheinen des Romans einen Skandal aus: Die Leserschaft empörte sich darüber, daß die Vertreter des „Lasters" im Mittelpunkt des Romans standen und Gelegenheit erhielten, ihre Philosophie auszubreiten. Die tugendhafte Präsidentin von Tourvel kommt erst relativ spät selbst zu Wort und ist über weite Strecken des Romans hauptsächlich Gegenstand der Briefe Valmonts an Merteuil – wie sie ja überhaupt weniger agierendes Subjekt als leidendes Objekt ist. Zu dem engeren Kreis der am Geschehen Beteiligten zählen zudem Cécile de Volanges und der Chevalier Danceny. Danceny liebt

19 Siehe zu diesem Aspekt z.B. Nancy K. Miller, *The Heroine's Text*, New York 1980, und Christine Lehmann, *Das Modell Clarissa*, Stuttgart 1991.

20 Alle Seitenangaben zu den *Gefährlichen Liebschaften* stehen im folgenden in Klammern hinter dem Zitat und beziehen sich auf die Züricher Ausgabe von 1985.

21 Beleg dafür sind unter anderem Werke neueren Datums, die auf dem Roman basieren: Heiner Müllers Drama „Quartett", (in: *Herzstück*, Berlin 1980) lädt die Handlung mit unmittelbarer genitaler Obszönität auf und betont den Zusammenhang von Sexualität und Grausamkeit („Ah die Sklaverei der Leiber"; S. 72), indem er als Material zu dem Stück zwei Schilderungen der Hinrichtung Damiens' beifügt. – Im Jahr 1989 diente der Roman als Vorlage zweier Verfilmungen: Milos Formans *Valmont* und Stephen Frears' *Dangerous Liaisons*, wobei besonders letztere ein großer Publikumserfolg war.

22 Trägt Valmont Züge von Lovelace, so hat die Figur der Marquise Elemente der Marwood oder der Orsina, den ehemaligen Geliebten Mellefonts und des Prinzen in Lessings *Miss Sara Sampson* und *Emilia Galotti*.

Cécile, deren Mutter, die Repräsentantin der letztlich hohlen Moral im Roman, jedoch für Cécile eine Geldheirat arrangiert hat. Der zukünftige Ehemann Céciles, Gercourt, ist wiederum ein ehemaliger Geliebter der Merteuil, die sich an ihm dafür rächen will, daß er sie einer anderen wegen verlassen hat. Valmont soll die kleine Cécile entjung-fern, um Gercourt noch vor der Eheschließung zum Hahnrei zu machen. Valmonts Ziel aber ist zunächst die Verführung der Präsidentin de Tourvel. Diese wird durch Céciles Mutter vor Valmont gewarnt, so daß Valmont selbst Gefallen an der Idee findet, Cécile zu entehren, um sich seinerseits an Madame de Volanges zu rächen.

Daß Krieg herrscht zwischen den Geschlechtern, erfährt der Leser gleich zu Beginn des Romans, wenn Valmont im ersten Brief an die Marquise von Merteuil das neue Objekt seiner Begierde erwähnt und sein Ziel nennt:

> Erobern, das ist unsere Bestimmung, und man muß ihr folgen. [...] Sie kennen doch die Präsidentin von Tourvel, ihre Frömmigkeit, ihre eheliche Treue und ihre strengen Grundsätze. Das ist mein Gegner und ein Feind meiner würdig, und das ist das Ziel, das ich erreichen will. [...] Ich muß diese Frau haben, um nicht der Lächerlichkeit verfallen, verliebt zu sein. Verliebt – wohin führt uns nicht ein ungestilltes Verlangen! (S. 18 ff.)

Geschlechtliches Begehren äußert sich in den Metaphern des Krieges. Gewalt ist in der Sprache aufgehoben und drückt sich nicht als unmittelbar physischer Übergriff aus – etwa in der Art der klassischen Entführung. Zudem bleibt auch diese subtile Gewalt dem Opfer verborgen: Seiner „Beute" (S. 229) gegenüber tritt Valmont nicht als säbelrasselnder Eroberer auf, sondern in geschickter Camouflage als reuiger Sünder und Parlamentär.[23]

„Liebe" ist ein Mechanismus: Das Begehren gilt nicht der Person, nicht dem Körper, sondern vor allem dem schwer zu erreichenden Ziel. Erst der Widerstand löst den Willen aus, zu erobern, zu besitzen und zu unterwerfen; die Begehrte ist zugleich der Feind. Sieg bedeutet, nicht „verliebt" zu sein, denn verliebt sein hieße in der Konsequenz des Romans (nicht nur in der Logik seiner Protagonisten), die Kontrolle über den Gegenstand der Liebe und vor allem über die eigenen Emotionen zu verlieren. Valmonts Ziel ist daher von vornherein die totale Vernichtung seines Feindes:

> Ich werde diese Frau besitzen. [...] selbst dem Gotte, den sie anbetet, werde ich sie rauben. [...] Sie soll nur und an nichts als an die Tugend glauben, sie mir aber opfern; ihr Fehltritt soll sie entsetzen, aber sie soll ihm auch keinen Einhalt gebieten können, und von tausend Ängsten geplagt soll sie ihn nur in meinen Armen vergessen und unterdrücken (S. 24).

23 Gegenüber der Marquise hingegen schwelgt Valmont geradezu in militärischer Terminologie: „Ich habe den Feind zum Kampf gezwungen, ihn gestellt, wo er nur Zeit gewinnen wollte; ich habe mich durch kluge Manöver, die Wahl des Terrains [...] gesichert; ich wußte den Feind in Sicherheit zu wiegen, um ihn in seinem Zufluchtsort leichter zu treffen; ich wußte ihn zu erschrecken, bevor es zum Kampfe kam" (S. 321).

> Ich will ihre Tugend in einer langen Agonie sterben lassen, und ihren Blick immer auf dieses trostlose Schauspiel fixiert halten (S. 151).[24]

Das Wesen der Frau ist Tugend, und indem Valmont diese Tugend als Opfer verlangt, plant er generalstabsmäßig die Destruktion der Frau. Lovelace hat das zwar perfide, aber wenigstens zeitweilig ambivalente Ziel, Clarissa auf die Probe zu stellen und hegt die Absicht, sie zu heiraten, falls ihre Tugend sich als unanfechtbar erweist: Die schließliche Zerstörung von Clarissas Identität durch die Vergewaltigung resultiert vor allem aus dem Scheitern der Verführungsversuche. Valmont dagegen plant von vornherein ganz eindeutig die absolute Herrschaft über die völlig ihres Selbst beraubte Präsidentin und hat es auf ihre Vernichtung abgesehen. Die physische Hingabe als Ziel der Verführung ist dabei nur von untergeordneter Bedeutung. Valmont zielt auf Tyrannei, indem er alle Wesenszüge der Präsidentin, an denen sich, allein durch den Widerstand, den sie ihm entgegensetzen, sein Begehren entzündet, zugrunde richten will. Wenn er sie verläßt, und daß er sie schließlich verlassen wird, steht außer Zweifel, bleibt, so die Absicht, nichts von ihr übrig. Und genau dieser Zug der absichtsvollen Zerstörung ist es, der von der Verfechterin der Moral im Roman, Madame de Volanges, als das eigentlich Böse im Wesen Valmonts erkannt wird.

> Ja, wenn Valmont von ungestümer Leidenschaft mit fortgerissen würde! [...] Aber Valmont ist nicht so; sein Betragen ist das Resultat seiner Prinzipien. Er versteht genau auszurechnen, was sich ein Mensch erlauben darf, ohne sich zu kompromittieren; und um ohne Gefahr grausam und böse zu sein, sucht er sich die Frauen zum Opfer (S. 29).

Selbst die strenge und den Gefühlen der eigenen Tochter gegenüber verständnislose Madame de Volanges unterscheidet zwischen dem von seinen Leidenschaften getriebenen Lebemann (dem Don-Juan-Typus) und dem bewußten Strategen der Zerstörung. Dem obsessiven Libertin, der nicht nur Täter, sondern zugleich Opfer seiner eigenen Besessenheit ist, scheint sie Verständnis entgegenzubringen.

Valmonts gefährliche Wirkung auf die Tugend beruht auf seinem Geschick, die Reaktionen seiner Opfer zu berechnen; zugleich ist die Unschuld der Frau selbst Bedingung für die Gefahr, die von seiner Gestalt ausgeht. Letzten Endes liegt die Verantwortung bei der Gesellschaft, die einen fragwürdigen Tugendbegriff zu ihrem Ideal erhebt, die Frau in ihrer Unwissenheit beläßt und damit einem Roué wie Valmont den Boden ebnet. Der Erfolg der Intrigen beruht unter anderem darauf, daß die Opfer ihrem eigenen naiven Glauben und dem Bedürfnis nach unmittelbarem, aufrichtigem Gefühl erliegen. Die Eroberungsbriefe, die Valmont an die Präsidentin schreibt, sind nichts weniger als Ausdruck von Gefühl, „Bildnis der Seele"

24 Das „Keuschheitssyndrom" ist für die Sexualwissenschaft fester Bestandteil des psychischen Sadismus: „Mit ungewöhnlicher Häufigkeit findet man unter ihnen [den Alltagssadisten] Entjungferungsfanatiker [...]. Das Motiv [...] ist die psychische ‚Beschmutzung' der ‚reinen' Frau" (Ernest Bornemann, *Lexikon der Liebe,* Bd. 4, Frankfurt/M.-Berlin-Wien, S. 1182).

(so Dancenys empfindsame Definition), sondern vor allem Mittel zum Zweck.[25] Ihre volle Wirkung können sie jedoch nur dann entfalten, wenn sie einem Empfänger zugehen, der nicht bedenkt, daß die Sprache das Medium der Lüge ist, und damit „das ABC der Verführungskunst" (S. 77).[26]

Der Brief mit der Charakterisierung Valmonts erreicht als Warnung die Präsidentin, die aber bereits der Versuchung erlegen ist, Valmont zu ihren moralischen Grundsätzen zu bekehren. Damit erweist sie sich als Rousseau-Leserin und als Anhängerin der Überzeugung, daß der Mensch von Natur aus gut sein müsse. Dieser Glaube und die Überschätzung ihrer Willenskraft führen schließlich zu ihrem Untergang. Ein Denkfehler vor allem ist es, der die Zerstörung der Präsidentin vorbereitet: Sie ist nicht in der Lage sich vorzustellen, daß ein Mensch Gutes tut, ohne von edlen Motiven geleitet zu sein, und fragt ungläubig: „Können denn die Bösen mit den Guten die heilige Freude des Wohltuns teilen?" (S. 54)[27] Diesem Denkfehler liegt eine Definition von Identität zugrunde, die unterstellt, daß es das „eigentliche" – natürlich gute – Wesen eines Menschen gäbe. Als „böse" gilt der Einfluß der Gesellschaft, der Stadt vor allem, der diesen „Kern", der in der Natur wieder zum Vorschein kommt, unter der (oberflächlichen) Schicht unmoralischen Handelns verbirgt. Die Präsidentin erliegt dem fatalen Charme Valmonts, verliebt sich in ihn und wird endlich von ihm „geopfert". Im Sterben phantasiert sie Valmont als Doppelexistenz: Sie erblickt in ihm zuerst ein „grausames und böses Wesen", dann den „liebenswürdigen Freund" und schließlich wieder „das Ungeheuer" (S. 397 f.). Sie erkennt bis zum Schluß nicht, daß beide Aspekte zu Valmont gehören und einander bedingen. Ursache des Todes der Präsidentin ist nicht der Verlust von Tugend und Ehre; nachdem sie eingestehen muß, daß sie beides verloren hat, ist sie dennoch imstande, in der Liebe zu Valmont Glück zu empfinden.[28] Erst die Verletzung ihres Gefühls,

---

25 In Ludwig Tiecks Briefroman *William Lovell* (1795/96), der den Brief als Kommunikationsmittel und die Sprache überhaupt explizit problematisiert, wird die Sprache in einem ähnlichen Zusammenhang als „tödliches Werkzeug" (Stuttgart 1986, S. 514) bezeichnet. In den *Gefährlichen Liebschaften* dagegen bleibt die Sprachkritik eher implizit.

26 So tadelt die Marquise Cécile, die sie zunächst zu ihrer Schülerin machen will: „Sie sagen immer noch alles was Sie denken, und nichts, was Sie nicht denken. [...] wenn Sie einem schreiben, so ist es für den und nicht für Sie" (S. 265). – Das beste Beispiel für diese Doppelbödigkeit ist der Brief, den Valmont im Bett, auf dem Rücken einer anderen Frau schreibt und der voller Anzüglichkeiten auf den Moment des Schreibens steckt, die freilich der Adressatin verborgen bleiben müssen. „Meine Belohnung ist unter anderm auch dies, daß mir Emilie als Schreibpult dient, während ich an meine schöne fromme Liebe schreibe; es macht mir Spaß, ihr eine Epistel im Bette und beinahe in den Armen eines Mädchens zu schreiben, unterbrochen von vollkommenster Untreue, und ihr in dem Brief eine genaue Schilderung meiner Situation und meines Verhaltens zu geben" (S. 108).

27 Hintergrund dieser Frage: Da Madame de Volanges den Verdacht äußert, Valmont hätte auf dem Land, wo das Schloß seiner Tante liegt, in dem es zu der Begegnung mit der Präsidentin kommt, ein frivoles Abenteuer, läßt die Präsidentin ihn bei seinen Spaziergängen beschatten. Valmont setzt sich daraufhin als Wohltäter einer armen Bauernfamilie in Szene.

28 Der Roman wendet hier einen Trick an, um zu verhindern, daß die Leserschaft Madame de Tourvel eigenes, womöglich wollüstiges Begehren unterstellt und um sie statt dessen als altruistisch-hingebungs-

die Schändung der Liebe selbst läßt sie zugrunde gehen. Die Frage, die sich einer möglichen Betrachtung des Romans stellt – ob Valmont nicht „eigentlich" die Präsidentin liebt und „nur" seines Stolzes wegen nicht anders „kann" als sie verlassen –,[29] ist nicht zu beantworten und im Grunde auch nicht relevant. Anders als in Richardsons Roman bleibt dem Leser die letzte reuevolle Eröffnung Valmonts erspart; den Brief, den er – einer Aussage der Madame de Volanges zufolge – angeblich an die Sterbende geschrieben hat, unterschlägt der Roman, so daß offen bleibt, ob Valmont seine Handlungen bereut. Zudem könnte selbst ein Brief diese Reue nicht überzeugend belegen, da die Briefe Valmonts nach dem Prinzip der Wirksamkeit verfaßt, d.h. zweckgerichtet sind und ihr Inhalt somit zumindest fragwürdig ist. In der Logik des Romans gibt es keine Identität oder Entwicklung der Charaktere. Alle Romanfiguren sind das, was sie jeweils tun, das, als was sie momentan erscheinen, und darüber hinaus nichts anderes „Eigentliches". Der Zyniker Valmont gesteht der Merteuil, daß er nach einem Gespräch mit Danceny über die Liebe „selbst schon ganz Gefühl und höhere Liebe war" (S. 125) – in ihm setzt sich jeweils das Gefühl durch, dessen er bedarf, um sein Gegenüber zu manipulieren. Die Maske und die Verstellungskunst des Verführers haben in den *Gefährlichen Liebschaften* einen Grad der Perfektion erreicht, der es dem Opfer unmöglich macht, die dunklen Absichten des Gegenparts zu erkennen, mehr noch: hinter jeder Maske verbirgt sich immer nur eine weitere Maske.[30]

Die Prinzipien, die der erotischen Mechanik und dem fortgesetzten Betrug den theoretischen Rahmen geben, beruhen auf der wohl durch de La Mettrie beeinflußten Annahme, daß der Mensch ein im Grunde seelenloser und somit berechenbarer Mechanismus ist, der lediglich auf bestimmte Reize reagiert und dessen Reaktionen genau kalkulierbar sind. Vor dem Hintergrund dieses Prinzips erscheint die Frage, ob eine Handlung oder gar ein Motiv mo-

---

voll Liebende zu charakterisieren: Als sie sich Valmont hingibt, fällt sie zwar nicht direkt in Ohnmacht, ist aber wie erstarrt und zugleich von Krämpfen geschüttelt (so berichtet Valmont); sie kommt aus diesem Zustand erst wieder zu sich, als Valmont ihr versichert, sie habe ihn glücklich gemacht.

29 Stephen Frears' Film beantwortet diese Frage beschwichtigend und recht eindeutig, indem er Valmont jene Gelegenheit gibt, die der Roman ihm verweigert, nämlich seine Liebe und seine Reue kurz vor seinem Tod auszudrücken. Der Film weiß sich darin einig mit mancher Studie, z.B. Hellmuth Petriconi („Valmont [...] liebt Mme de Tourvel", in: *Die verführte Unschuld*, Hamburg 1953, S. 79) und Roy Roussel, der allerdings noch weiter geht, indem er die Beziehung zwischen Valmont und Tourvel als „love story" begreift, in deren Verlauf „Valmont seeks to escape the ephemerality of momentary triumphs and pleasures in the warmth of feeling" (*The Conversation of the Sexes*, Oxford 1986, S. 94).

30 Die Täuschung Roquairols in Jean Pauls *Titan*, dem es gelingt, Linda vorzuspielen, er sei ihr Geliebter Albano, ist nur scheinbar umfassender und gekonnter: Genuß und Triumph des Verführers bleiben schal, wenn er nur in der Gestalt eines anderen die Hingabe der Frau erzwingen kann. Roquairol, der „selbstmörderische Wildfang" (*Werke in drei Bänden*, herausgegeben von Norbert Miller, Bd. 2, München o.J., S. 127), in dessen „afrikanische[n] Arterien [...] geschmolzene Metalle umlaufen" (ebd., S.119), fällt sich selbst zum Opfer und handelt eher selbstzerstörerisch als gezielt destruktiv. Siehe dagegen Peter von Matt (*Liebesverrat*, München 1989, S. 332 ff.), dem Roquairol als „bestialischer Verbrecher" (ebd. S. 334) erscheint.

ralisch oder unmoralisch, gut oder böse ist, absurd, da der Maschine[31] keine Entscheidungsfreiheit gegeben ist. Ein gewisses Maß an Freiheit kann nur gewinnen, wer diese Mechanismen und Funktionsweisen studiert und ergründet, um sich durch die analytischen Fähigkeiten des Verstandes vor den Folgen unbewußter Reaktionen zu schützen; und genau das ist das Ziel der Marquise und des Vicomte. Auch diese beiden Figuren funktionieren letztlich mechanisch: Eitelkeit, Widerstand, Eifersucht und physische Anziehung sind die Triebkräfte ihres Handelns und erzeugen jene Reibung und Herausforderung, die Bedingung für ihre spezifische Erotik darstellt und den Willen zur Eroberung und damit letztlich zur Destruktion auslöst. Der Unterschied zwischen Merteuil und Valmont einerseits und dem restlichen Personal des Romans andererseits besteht nur darin, daß die einen ihre Funktionsweise analysieren und dieses Wissen in ihrem Umgang mit anderen – vielmehr: gegen die anderen – einsetzen. Liebe, Emotion und vor allem Aufrichtigkeit stellen für die Opfer der Intrigen der Merteuil und Valmonts unbezweifelte Werte dar, während die Akteure diese Gefühle als Gefahr zu eliminieren suchen und ihre Legitimität und selbst ihre Existenz in Frage stellen. Die Marquise übertrifft Valmont noch in dieser Anstrengung; ihr Kampf gegen die Emotionen verläuft an zwei Fronten, da sie als Frau gleichzeitig gegen die Vorherrschaft der Männer generell und gegen die gesellschaftliche Projektion von der Frau als Verkörperung der Tugend zu Felde zieht.[32] Sie setzt das allgemeine Prinzip der gefühllosen Analyse in einem Brief auseinander, der ihre „Lehrjahre" einer erotischen Macchiavellistin schildert: „Nur mein Kopf war tätig: ich wollte nicht genießen, ich wollte wissen. [...] Schmerz und Lust, ich studierte beides, und sah in den verschiedenen Sensationen nur Tatsachen, mit denen zu rechnen ist" (S. 187 f.).

Entscheidend für die rationale Erkenntnis der gesellschaftlichen und emotionalen Mechanismen ist die Beherrschung der eigenen und die Kontrolle über fremde Gefühle. Der Verlust dieser Herrschaft macht „blöd und dumm" (S. 341) und liefert den Fühlenden hilflos aus; Herrschaft aber – Dominanz über den eigenen Körper, Manipulation der Empfindungen der andern – ist der Endzweck dieser Rationalität. Die Angst vor unkontrollierten Leidenschaften und der damit einhergehenden Schwäche bestimmt Valmont nicht weniger als die Merteuil. Um dem Spott der Marquise über seine vermeintliche Verliebtheit zu entgehen und um zu beweisen, daß er seine Gefühle durchaus kontrolliert, schreibt er einen zynischen Abschiedsbrief an die Präsidentin und brüstet sich mit seiner Willenskraft:

31 Die Marquise de Merteuil ist es, die den Terminus tatsächlich benutzt, und zwar in bezug auf Cécile, die sie als simple, leicht zu durchschauende und darum gefährliche Maschine sieht: „Nur dürfen wir nicht vergessen, daß an solchen Maschinen bald alle Welt den Schwung und die Triebkraft kennt; so daß man, sich dieser ohne Gefahr bedienen zu können, sich beeilen, zur richtigen Stunde aufhören und sie alsdann zerstören muß" (S. 267).

32 Die Mischung aus „unweiblicher", d.h. erobernder und grausamer Sexualität und mindestens ebenso „unweiblicher" Rationalität hat dieser Romanfigur bis in die fünfziger Jahre unseres Jahrhunderts hinein den Ruf eines „Weibsteufels" (Hellmuth Petriconi, a.a.O., S. 79) eingetragen. Während Valmont sein Soll als Mann gewissermaßen nur „übererfüllt", was ihn zwar gefährlich macht, ihm jedoch keine hinreichend dämonischen Züge verleiht, fungiert die Merteuil als Unweib *par excellence* und verkörpert damit eine zweifache Bedrohung.

> Soll ich mich denn in meinem Alter wie ein Schuljunge meistern lassen von einem unbekannten und unwillkürlichen Gefühl? Nein. Ich muß es vor allem bekämpfen und ihm auf den Grund gehen. (S. 315) Auf den Erfolg habe ich doch nur Wert gelegt, und Sie verdächtigen mich, ich legte ihn auf die Person! (S. 39) Sie mögen sich doch jetzt zeigen, die strengen Kritiker, die mich einer romantischen und unglücklichen Liebe beschuldigen! (S. 364)

Die Verführung zum außerehelichen Geschlechtsverkehr, der Angriff auf Tugend und Ehre oder gar die Sinnlichkeit selbst gelten dem Roman nicht als böse. Die wider das Empfinden gerichtete Reflexion und die instrumentelle Rationalität vielmehr verkörpern das teuflische Prinzip, das Affären als Inszenierungen, Sprache als Waffe, Liebe als Krieg und jede Schwäche des Andern als Anregung zu neuen (psychischen) Mißhandlungen begreift. In dem Reiz-Reaktion-Schema dieser Weltanschauung, in deren Zentrum die Macht steht, bedeutet Empfindsamkeit nur Schwäche, und Liebe heißt Untergang für den Liebenden – das Schicksal der Präsidentin, der die Kontrolle ihrer Gefühle und Handlungen im Prozeß der Verführung entgleitet, beweist es. Physische Gewalt ist nicht mehr notwendig: kalter, technischer Verstand und Sprache sind die Werkzeuge dieses Kampfes um Dominanz. Ziel ist nicht die Ausschweifung im üblichen Wortsinn, also sinnlicher Genuß; reflektierter Genuß entsteht vielmehr einzig aus erfolgreicher Taktik. Bedingung dafür und wesentlicher Selbstzweck ist die Kontrolle über die Emotionen. Mit der Doktrin der Selbstbeherrschung folgt die Philosophie des Lasters, die den Handlungen der Marquise und des Vicomtes zugrundeliegt, Kants Imperativ, der im Dienste der Tugend dem Menschen gebietet, „alle seine Vermögen und Neigungen unter seine (der Vernunft) Gewalt zu bringen," und verbietet, sich „von seinen Gefühlen und Neigungen beherrschen zu lassen, [...] weil, ohne daß die Vernunft die Zügel der Regierung in ihre Hände nimmt, jene über den Menschen den Meister spielen."[33]

Das puritanische und aufklärerische Ideal der Triebkontrolle, die als Bastion der Vernunft gegen die vermeintlichen Ursachen alles Bösen, also gegen Sinnlichkeit und Unvernunft diente, ist als instrumentelle Vernunft selbst verdächtig und zum eigentlichen Problem geworden. Der analytische Verstand dient dazu, den Anderen als Versuchskaninchen, als Objekt der Manipulation und des Experiments zu benutzen und degradiert jede Empfindung wie auch die Tugend zu einer sentimentalen Schwäche, die keinerlei Legitimation in einer Gesellschaft hat, der es um das Recht des Stärkeren geht. Daß in diesem Konzept ein emphatischer Begriff von Liebe ausgeschlossen ist, hat seinen Grund überdies darin, daß es kein Subjekt der Liebe gibt: indem das Ich nur als Schnittpunkt mechanischer Reaktionen fungiert, hat es längst begonnen, sich aufzulösen. In der Liebe gibt es nur Objekte; Opfer der eigenen Gefühle und Leidenschaften oder Objekte der Gefühlsmanipulationen des Stärkeren. Dennoch bietet der Roman scheinbar ein positives Gegenbild zur berechnenden Intrige an:

33 Immanuel Kant, „Metaphysische Anfangsgründe der Tugendlehre", in: *Werke in sechs Bänden*, hrsg. von Wilhelm Weischedel, Bd. 4, Darmstadt 1963, S. 540.

> [...] die Verführung, die niemals ohne Plan handelt, kann ihren Gang und ihre Mittel zueinanderpassen und von weitem die Ereignisse voraussehen. Aber die wahre Liebe erlaubt kein solches Nachdenken und Überlegen. Sie lenkt von unseren Gedanken ab durch unsere Gefühle; ihre Macht ist nie größer, als wenn sie unbekannt ist; und in Schatten und Schweigen umgibt sie uns mit Banden, die man ebensowenig bemerken als zerreißen kann (S. 373 f.).

Danceny, der Verfasser des Briefes, scheint sich der Sprache der Empfindsamkeit zu bedienen, und der Leser ist geneigt, diesen Entwurf als die Liebesutopie des Romans zu begreifen. Leider ist der Brief nicht an die ursprüngliche Geliebte Dancenys, Cécile, gerichtet, sondern an die Marquise de Merteuil, deren Verführungsmanövern der junge Mann vorübergehend erlegen ist. Dadurch wird das erotische Ideal höchst fragwürdig, zumal Danceny die Beobachtungen der Marquise und des Vicomte über Gefühle in der Sache teilt und lediglich anders bewertet.

Auch die starre gesellschaftliche Moral wird attackiert, deren äußerliche und hohle Begriffe von Tugend und Ehre die Machenschaften eines Valmont und einer Merteuil nur begünstigen: Bei aller „Ausschweifung des Geistes" und intellektuellen Lasterhaftigkeit sind doch die Marquise und der Vicomte nicht nur auf ihren gesellschaftlichen Ruf bedacht, sondern auch recht erfolgreich darin, ihn aufrechtzuerhalten. Ohne diesen Widerspruch zwischen den Regeln der Gesellschaft und der Tabuverletzung verlöre das zerstörerische Spiel für seine Akteure einen wesentlichen Reiz. Der Briefwechsel der Marquise und Valmonts erfüllt für beide die wichtige Funktion, einem Gleichgesinnten gegenüber die gelungenen Schachzüge mitteilen zu können. Daneben dienen die Briefe dazu, den Genuß erfolgreicher Strategie im Schreiben und in der Mitteilung zu wiederholen. Diese Briefe aber werden der Marquise schließlich zum Verhängnis. Indem sie die Regel, die dem Schutz ihres Rufes dient, nämlich ihren Liebhabern nichts Schriftliches zu geben, gegenüber Valmont mißachtet, führt sie ihren Ruin herbei; ironischerweise erfüllen die Briefe so doch die von der Merteuil vorher bestrittene Funktion, wenn schon nicht das „Wesen" des Verfassers, so doch zumindest seine Vielschichtigkeit und das chamäleoneske Schillern seiner diversen Oberflächen bloßzulegen.

Der Roman hinterläßt nur Scherben. Gerade in dieser schwarzen Weltsicht liegt das Faszinosum der *Gefährlichen Liebschaften.* Das bittere Ende des Romans bestraft die Übeltäter, indem Valmont (wie Lovelace) im Duell stirbt und die Marquise den Verlust ihres Rufs, ihres Vermögens und zu allem Überfluß die Entstellung durch die schwarzen Blattern erleiden muß. Aber auch die Opfer werden nicht verschont: Die Präsidentin de Tourvel stirbt als Liebende in einem Zustand, der für die Außenstehenden den Anschein der Geisteskrankheit hat. Cécile de Volanges, deren Schuld einzig darin besteht, daß sie sich von ihrer Sinnlichkeit hat hinreißen und beherrschen lassen, verschwindet hinter Klostermauern, und Danceny entsagt der Welt und tritt dem Malteserorden bei. Obwohl die Grausamkeit der destruktiven Akteure sich in erster Linie gegen die Psyche und nicht gegen den Körper ihrer Objekte richtet, sind die Konsequenzen für Täter und Opfer körperlich spürbar und äußerlich sichtbar. Die erzählerische Wendung, die Schönheit der Marquise durch die Blattern vernichten zu lassen, wirkt in besonderem Maße wie ein letztes Zugeständnis an die ohnehin allmählich brüchige Moral des achtzehnten Jahrhunderts; um so mehr, als die „Strafen" der lasterhaften Charaktere nur mehr in kurzen Notizen genannt werden, wodurch ihre literarische Überzeugungskraft hinter der Intensität und Ausführlichkeit, mit der die psychische Grausamkeit geschildert wurde, weit zurückbleibt.

Die *Gefährlichen Liebschaften* beschreiben die Leiden der Tugend und die Wonnen des Lasters ebenso eindringlich wie de Sade und vor einem vergleichbaren philosophischen Hintergrund. Auch die Titelfigur in de Sades *Juliette oder Die Wonnen des Lasters* hat „die Wissenschaft zum Credo",[34] und eines ihrer Vorbilder, die Clairwil, weist sie in diese Philosophie ein:

> Unter allen Umständen aber ist der mechanische Ursprung der Empfindung gewiß; [...] Ich frage also, ob ein [...] Gefühl an und für sich etwas Achtungswertes besitzt und ob es anders denn als Schwäche betrachtet werden kann? [...] Das [...] sind die Grundsätze, die mich zu dem Frieden, zur Leidenschaftslosigkeit geführt haben.[35]

Der Geschlechterkampf allerdings, der in den *Gefährlichen Liebschaften* mit den Mitteln der psychologischen Kriegsführung in verführerischer Tarnung ausgefochten wird und dazu dient, auf subtile Weise umfassende Macht über das andere Geschlecht zu erlangen, erscheint im Werk de Sades in dieser Form nicht. Die Gewalt zeigt sich unverhüllt, richtet sich vor allem gegen den Körper und macht kaum Unterschiede zwischen den Geschlechtern. Die Opfer des Lasters bei de Sade, ob männlich oder weiblich, teilen zwar mit den Opfern in den *Gefährlichen Liebschaften* den Glauben an das Gute und die Tugendhaftigkeit – diese Überzeugungen, ihr Inneres jedoch bewahren sie sich, allen Verstümmelungen und Schändungen des Körpers zum Trotz, und dies, obwohl gerade diese Eigenschaften zur Erregung ihrer Folterer beizutragen scheinen. Aus den Marterungen gehen die Körper wunderbarerweise immer wieder nahezu unversehrt hervor, um der nächsten Folterung, einer neuen Vergewaltigung und schließlich unweigerlich einem grausamen Tod entgegenzusehen. Justine, die Schwester der ausschweifenden Juliette und endlich deren Opfer, bleibt gleichwohl bis zu ihrem unseligen Ende in ihrem Glauben an die Tugend unbeirrt, auch wenn ihr Körper noch über den Tod hinaus den Martern ihrer Peiniger ausgesetzt ist. Die Präsidentin de Tourvel dagegen wird an sich selbst und an ihren Grundsätzen irre; der Verführung gelingt ohne jegliche physische Gewalt eine Totalität der Zerstörung, die zwar auf einer anderen Ebene als jener der nackten Gewalttätigkeit stattfindet, die aber vielleicht gerade deshalb um so bestürzender wirkt.

Die Figuren der Marquise und des Valmont fungieren zum einen als Repräsentanten eines uneingeschränkten Machtwillens, der sich der Mechanismen der Gesellschaft bedient und sie gleichzeitig entlarvt. Mit ihrem Dogma der permanenten Selbstkontrolle und Reflexion stel-

34 Max Horkheimer/Theodor W. Adorno, *Dialektik der Aufklärung*, Frankfurt/M. 1975, S. 87.

35 Donatien Alphonse François Marquis de Sade, *Juliette*, Erster Teil, Nördlingen 1987, S. 170 ff.

len sie aber auch Vorläufer des ästhetizistischen Dandys dar, der als bewußter Außenseiter jenseits moralischer Kategorien steht und gegen das Nützlichkeitsdenken und die Langeweile der sich etablierenden bürgerlichen Gesellschaft opponiert.

4. Ästhetik der Grausamkeit: Kierkegaards Verführer

Die Anfänge des Ästhetizismus gehen auf die deutsche Frühromantik zurück,[36] deren erklärtes Ziel es war, „die Poesie lebendig und gesellig und das Leben und die Gesellschaft poetisch" zu machen.[37] Die Liebe galt im Prozeß der Romantisierung der Welt als Weg, die wechselseitige Durchdringung von Kunst und Leben, „geistige Wollust" und „sinnliche Seligkeit",[38] mithin einen ästhetischen Zustand des reflektierten und bewußten Genießens zu erreichen. Der romantischen Liebesutopie liegt das Modell des natürlichen Organismus – in Opposition zum mechanischen Räderwerk des Staates – zugrunde; die Liebenden sollen sich zueinander verhalten wie „Blüten einer Pflanze",[39] und *idealiter* soll die Frau nicht als bloßes Objekt männlichen Genusses dienen. Einen „Verführer" und eine „Verführte" kann es daher in der romantischen Literatur nicht geben.

Der Ästhetizismus im Verlauf des 19. Jahrhunderts dagegen wendet sich zunehmend nicht nur gegen die bürgerliche Ordnung, sondern auch gegen einen emphatischen Natur-begriff, und damit wiederum gegen die Frau als Natur, indem er die Künstlichkeit feiert. „Der Dandy", so Baudelaires Postulat, „muß ununterbrochen danach streben, erhaben zu sein. Er muß leben und schlafen vor einem Spiegel."[40] Reflexion und Kontrolle stehen nicht unmittelbar im Dienst von Selbsterhaltung und Macht, sondern sind einer selbstgenügsam-narzißtischen Ästhetik unterstellt. Für den Dandy stellt die erotische Inszenierung nur eines unter anderen Mitteln zur poetischen Überhöhung der prosaischen Realität dar. Dennoch ist er die einzige Personifikation des Verführers in der Literatur des 19. Jahrhunderts, die an Faszination des Bösen einer Figur wie Valmont nahekommt.

Für Kierkegaard ist der Verführer sogar die Verkörperung ästhetischer Weltsicht, die sich in der Suche nach und der Erzeugung von reflektiertem Genuß manifestiert. Johannes, der Ich-Erzähler in Kierkegaards *Tagebuch des Verführers* (1843),[41] handelt nicht aus sinnlicher Leidenschaft; sein „Leiden" wird vielmehr als *„exacerbatio cerebri"* (S. 14), als „ekstatische Hirnerhitzung" charakterisiert, der die Realität nur als Auslöser für die erotisch-ästhetische Inszenierung dient.

---

36 Siehe dazu Ralph Rainer Wuthenow, *Muse, Maske, Meduse*, Frankfurt/M. 1978.

37 Friedrich Schlegel, „Fragmente", in: *Werke in zwei Bänden*, Bd. 1, Berlin-Weimar 1980, S. 204.

38 Friedrich Schlegel, „Lucinde", in: *Werke*, Bd. 2, a.a.O., S. 9.

39 Ebd., S. 15.

40 Zitiert von Hans J. Schickedanz, *Der Dandy*, Dortmund 1980, S. 7.

41 Alle Seitenangaben, die in Klammern hinter den Zitaten stehen, beziehen sich im folgenden auf Sören Kierkegaard, *Tagebuch des Verführers*, Frankfurt/M. 1985.

> Sobald die Wirklichkeit ihre Bedeutung als Antrieb verloren hatte, war er entwaffnet, darin lag das Böse in ihm. Dessen war er sich selbst im Augenblick des Antriebs bewußt, und in diesem Bewußtsein lag das Böse (ebd.).

In seiner Einführung setzt der Herausgeber des Tagebuchs moralische Kriterien und nennt Johannes einen „verderbten Menschen" mit einem „ränkevollen Inneren"(S. 10); der folgende Text aber zeigt deutlich die ästhetische Faszination, die vom amoralisch Interessanten ausgeht.[42] Die *Gefährlichen Liebschaften* bieten dem Leser nur zweckgerichtete Briefe und verweigern somit jegliche Aussage über die Selbstreflexion des Verführers. Die Tagebuchform bei Kierkegaard dagegen gibt Einblick in die Innensicht des Verführer-Subjekts, das im monologischen, reflexiven Schreiben seine Ziele, Strategien und Methoden erörtert. Johannes folgt wie Valmont den Maximen einer intellektuellen Verführungstheorie. Um sein Ziel, den reflektierten Genuß, der durch die detaillierte Niederschrift, die „zweite Ebene des Genusses" wiederholt und potenziert wird, erreichen zu können, muß er von jeder Schwäche des Gefühls frei sein.

> Ungeachtet dessen, daß ich mir an sich einbilde, ziemlich bewandert zu sein auf dem gesamten erotischen Gebiet, habe ich doch bei mir selbst nie diesen Zustand beobachtet, diese Angst und dieses Beben der Verliebtheit, das heißt, in solchem Grad, daß es mir die Fassung rauben könnte, [...] für mich ist er eher so, daß er mich stärker macht (S. 78).

Aus dieser Position der Stärke will er Cordelia „verwunden" (80); er will das Mädchen „in dem Grad [...] betören, daß sie alles aus den Augen verliert" (S. 108) und weiß von vornherein, „daß eine jede Liebesangelegenheit höchstens ein halbes Jahr dauert und jedes Verhältnis vorbei ist, sobald man das Letzte genossen hat" (S. 109). Am Ende der Verführung steht durchaus der Geschlechtsverkehr; es geht jedoch in erster Linie darum, das Mädchen dazu zu bringen, daß es seinen Verführer liebt und sich ihm damit unterwirft:

> Ich bin berauscht von dem Gedanken, daß sie in meiner Macht ist. Eine reine, unschuldige Weiblichkeit, [...] ohne Ahnung um die Liebe! Jetzt aber soll sie erfahren, welch eine Macht die Liebe ist. [...] Ein Mädchen liebt doch nur einmal (S. 122 f.).

---

42 Zu der Einbettung des Tagebuchs in den Rahmen von „Entweder/Oder" siehe Konrad Paul Liessmann, *Ästhetik der Verführung*, Frankfurt/M. 1991, der darüber hinaus die Stufen des Verführungsprozesses genau nachzeichnet und die Parallelen und Unterschiede zu Kierkegaards Mozart-Betrachtungen herausarbeitet. Allerdings erscheint der Verführer aus der Perspektive Liessmanns, der das ästhetische Moment emphatisch nachempfindet, als relativ harmlos (und damit auch als weniger faszinierend). – Ähnliche Aussagen finden sich übrigens auch in Jean Baudrillards *Laßt euch nicht verführen!* (Berlin 1983); Baudrillard versucht ganz allgemein, das Phänomen der Verführung aller Elemente von Macht und Herrschaft zu berauben und ordnet sie einer Sphäre des „Scheinhaften", der „Sinn- und Bedeutungslosigkeit", des reinen „Spiels" und „Geheimnisses" zu.

Unschuld und Natürlichkeit spielen als erotischer Reiz für den Ästheten eine Rolle, nicht weil die Tugend das Objekt der Begierde in unerreichbare Ferne rücken ließe, sondern weil die Unerfahrenheit dem Verführer Herrschaft über die Frau verspricht. Ihre Unreflektiertheit bietet ihm die Folie, auf die er das Interessante, die Reflexion, über die sie selbst nicht verfügen darf, projizieren und so allererst hervorbringen kann. „Ursprünglichkeit" ist für den Verführer „conditio sine qua non" (S. 48); das Mädchen soll „ein Ganzes, das keine Teile hat" sein, „sich selber ein Rätsel", wie die „Tanne", die „keine Geschichte" hat (S. 50). Diese Zuweisungen entsprechen ganz der romantischen Bestimmung der beseelten Natur als bedeutungsvolles Geheimnis, die des menschlichen (poetischen) Geistes bedarf, um zu Selbsterkenntnis zu gelangen und ihre Geheimnisse preiszugeben. In der romantischen Utopie fungiert die Poesie als Mittel zur Erlösung des Geistes, der in der Natur gleichsam gebunden ist:

> Der echte Buchstabe ist allmächtig und der eigentliche Zauberstab. Er ist es, mit dem die [...] Fantasie das erhabene Chaos der vollen Natur berührt und das unendliche Wort ans Licht ruft, welches ein [...] Spiegel des göttlichen Geistes ist.[43]

Kierkegaards Verführer pervertiert die romantische Erlösungsutopie, indem er sich der Naturhaftigkeit des Mädchens gezielt zum Zwecke der Herrschaft seines Geistes über ihre Natur bedient. Sein Geist stellt „eine Verneinung ihrer gesamten weiblichen Existenz" (S. 100) dar, „vernichtet" (S. 19) sie als Frau. Seine Ästhetik ist, im klassischen und romantischen Sinne, mit dem Makel der Zweckorientiertheit behaftet. Seine Sprache – die Briefe, die er an Cordelia schreibt, deuten es vor dem Hintergrund seiner monologisch reflektierten Strategie an – verfolgt eindeutige Ziele, sie entspricht nicht dem romantischen Ideal des „echten Buchstabens", sondern atmet den Geist seiner „Falschheit" (S. 135). Macht hat die Liebe nur über die Frau, die sich dessen, was mit ihr geschieht, nicht bewußt werden darf. Für den Verführer ist diese Liebe Gewalt über den andern, wenn er auch Gewalt im herkömmlichen Sinn, ja noch darüber hinaus, zu verachten vorgibt:

> Die meisten genießen ein junges Mädchen so wie sie ein Glas Champagner in seinem schäumenden Moment genießen [...]. Der Genuß dieses Augenblicks ist, wenn auch nicht im äußerlichen, so doch im geistigen Sinn eine Vergewaltigung [...]. Nein, wenn man erreichen will, daß ein Mädchen nur eine einzige Aufgabe für seine Freiheit sieht, die, sich hinzugeben, [...] erst dann ist das Genuß (S. 68).

Das Tückische an Johannes' Strategie ist sein Geschick, dem Mädchen äußerst subtil die Vorstellung einzugeben, sie habe sich für alles, was ihr widerfährt, frei entschieden. Zunächst tritt er als Bewerber um ihre Hand auf und verlobt sich mit ihr – dies geschieht zu einem Zeitpunkt, da ihr Interesse an ihm noch nicht sehr ausgeprägt ist. Dann setzt er zunächst alles daran, ihre Liebe zu ihm zu wecken, und schließlich bringt er sie dazu, die Verlobung als „bloß hinderlich" anzusehen und als „äußeres Band" (S. 196) zu lösen, so daß

43 Friedrich Schlegel, „Lucinde", a.a.O., S. 25.

es nach dem Ende der Liebesgeschichte „für ihn möglich wäre, als der Verführte aufzutreten, ja, selbst das unglückliche Mädchen kann sich darüber zuweilen im unklaren sein“ (S. 16).

Der Geschlechterkampf fordert nicht den buchstäblichen Tod des Opfers. So bedeutungslos der Körper als Gegenstand des Begehrens geworden ist, so wenig ist er es auch, der am Ende leiden muß. Wie die Ziele und Strategien der Verführung immer subtiler geworden sind, so zeigen sich auch die Spuren nicht mehr, sie sind spürbar nur noch im Inneren der Opfer. Dennoch bedient sich auch Johannes der Kriegsmetaphorik: „[...] als gäbe es in der Liebe einen [...] Gegensatz zwischen Kriegszeiten und Friedenszeiten“ (S. 123). „Wenn es keinen Kampf in der Liebe gibt, dann hat sie aufgehört“ (S. 124). „Der erste Krieg ist der Befreiungskrieg; er ist ein Spiel; der zweite der Eroberungskampf auf Leben und Tod“ (S. 134).

Das spielerische Element stimmt mit dem ästhetischen Entwurf überein; wenn es allerdings im Liebeskrieg um Leben und Tod geht – natürlich nur für das Mädchen, die an ihrem Verhältnis zu Johannes „zugrundegehen“ (S. 85) soll –, verläßt die Inszenierung ästhetischen Boden und wird blutige Wirklichkeit. Der souveräne Stratege der Verführung riskiert selbst nichts; für ihn bleibt der Spielcharakter dadurch gewahrt, doch wiederum steht das Leben der Frau – hier zu lesen als Identität und Selbstgewißheit – zur Disposition. Von einem Spiel in Freiheit ließe sich nur reden, solange beiden Beteiligten die Regeln des Spiels vertraut sind; Cordelia aber versteht das Prinzip nicht, dem sie bewußt geopfert wird, und ahnt nicht, daß sie Figur in einem Spiel sein soll. Sie geht in ihrer Vorstellung von der Liebe von ganz anderen Prämissen aus und fragt verzweifelt (wie die Präsidentin de Tourvel) nach der Identität ihres Verführers. „Johannes, ist Deine herzlose Kälte mir gegenüber, ist das Dein wahres Wesen, waren Deine Liebe, Dein reiches Herz Lüge und Unwahrheit, bist Du jetzt wieder Du selbst?“ (S. 24)

Dauer, Kontinuität, Verpflichtung und Bindung – all jene Konzepte, die Cordelias Auffassung von Identität und Liebe prägen, gelten Johannes als ethisch und damit als „langweilig“ (S. 108). Der Ästhet sucht ausschließlich das Interessante, die Abwechslung und die Maske, und wenn auch die Destruktion seines weiblichen Gegenübers nicht sein vorrangiges Ziel darstellt, weiß er doch, daß die Zerstörung der Frau aus der Verführung notwendig folgt – eine Tatsache, mit der ganz unsentimental gerechnet werden muß. Daher kann es am Ende kein Bedauern, keine Reue geben, nur die unbeteiligte Beobachtung.

> Doch nun ist es vorbei, und ich möchte sie nie wiedersehen. Wenn ein Mädchen alles gegeben hat, dann ist sie schwach, dann hat sie alles verloren; denn die Unschuld ist [...] bei dem Weib [...] der Inhalt ihres Wesens. Jetzt ist jeder Widerstand unmöglich, nur solange wie er da ist, ist es schön zu lieben, hat er aufgehört, ist es Schwäche und Gewohnheit. [...] Ich habe sie geliebt, aber von jetzt an kann sie meine Seele nicht mehr beschäftigen (S. 226 f.).

Eine Ästhetik der Reibung, des Widerstands und der Stärke dient als Modell: nach dem Genuß kann Johannes dem Mädchen nur wünschen, daß es in seiner Macht stünde, sie „in einen Mann [zu] verwandeln“ (S. 226). Das Weibliche erschöpft sich darin, den Anlaß zur

Inszenierung zu liefern, dessen diese Ästhetik, so narzißtisch sie im Grunde ist, immer noch bedarf, um sich an ihm reiben zu können.

5. Das Verschwinden des Verführers

Das destruktive Element der Verführung und die Diabolik des Verführers sind im Ästhetischen aufgehoben. Balzacs Diktum – „Es gibt nur eine Art, Gutes zu tun, aber tausend Arten Böses“[44] – illustriert die auch von Kierkegaards Verführer gesetzten Pole des ästhetisch interessanten Bösen und der in der Frau verkörperten Langeweile des Ethischen oder Natürlichen.

In Oscar Wildes Roman *The Picture of Dorian Gray* (1891) bedarf die männliche Sexualität der Frau nicht mehr, nicht einmal als Anlaß der ästhetischen Inszenierung von Erotik. Der Ästhet ist gänzlich selbstbezogen, und sein Interesse ist einzig durch Phänomene der Kunst bzw. Künstlichkeit zu wecken, so daß die Erotik zunehmend verschwindet. Die Episode mit der Schauspielerin Sybil Vane, die sich am Beginn des Romans findet und den einzigen Abschnitt des Romans darstellt, in dem die Frau überhaupt eine Rolle spielt, veranschaulicht die reduzierte Bedeutung der zwischengeschlechtlichen Sexualität im ästhetizistischen Weltbild: Dorian interessiert sich für das Mädchen einzig, weil sie in seinen Augen keine eigene (langweilige) Identität zu besitzen scheint, sondern in jedem Theaterstück eine andere Rolle spielt. Durch ihre Entdeckung der Liebe stellt sie diese künstliche Welt in Frage und geht in ihrer neuen Identität als Liebende völlig auf. Dadurch wiederum verliert Dorian das Interesse an ihr, er verläßt sie und verschuldet so ihren Tod. Auf seinem Bildnis, das als Abbild seiner Seele am Ende des Romans entsetzlich entstellt sein wird, hinterläßt dieses erste Verbrechen Dorians nur einen grausamen Zug um die Lippen; Dorian muß erst die Schuld des Mordes an seinem Freund auf sich laden, um als veritabler Verbrecher zu gelten. Die Verführung und Vernichtung einer Frau erhält innerhalb des Romans nicht den Status eines Kapitalverbrechens, sondern erscheint eher als unvermeidbare, läßliche Sünde.

Die Frau selbst ist für den ästhetischen Narzißten vollkommen uninteressant, sie taugt nicht als Feind, ist nicht einmal der kämpferischen Auseinandersetzung würdig. Als Teil der Natur gilt sie dem, der nur der Künstlichkeit Reiz abgewinnen kann, als ebenso langweilig wie alles Ethische. Im ästhetizistischen Weltbild existiert die Frau, wenn überhaupt, als *femme fatale*, d.h. im wesentlichen als männliche Projektion, oder als bloße Metapher.[45]

Parallel verläuft jedoch eine andere literarische Entwicklung, die dem Typus des Verführers den Garaus macht, indem sie ihn zum Snob, zum Emporkömmling, zum Karrieristen degra-

44 Honoré de Balzac: „Physiologie des eleganten Lebens“, in: Hans J. Schickedanz, a.a.O., S. 75.

45 Siehe dazu Hiltrud Gnüg, *Kult der Kälte*, die vor allem anhand von Joris K. Huysmans' Roman *Gegen den Strich* (*A Rebours*, 1884) und dessen dekadenter Hauptfigur Des Esseintes das Verschwinden der Frau als Objekt des sexuellen Interesses aus dem Dandysme analysiert: Des Esseintes beschreibt zwei Lokomotiven in einer Metaphorik, die der Technik weit eindrucksvollere erotische Ausstrahlungskraft

diert.[46] In Guy de Maupassants ungefähr zur gleichen Zeit wie *Dorian Gray* erschienenem Roman *Bel Ami* (1885) ist die Verführung zum bloßen Mittel verkommen, das einzig dem Zweck des sozialen Aufstieges dient. Georges Duroy, der Snob, der außer seiner Attraktivität, die ihm auch seinen Spitznamen einträgt, und einem untrüglichen Machtinstinkt über keinerlei herausragende Eigenschaften oder Fähigkeiten verfügt, kommt zu Vermögen und Einfluß lediglich durch sein strategisches Geschick in der Auswahl der Frauen, die er verführt. Die Auswahlkriterien sind dabei recht simpel: Interessant wird eine Frau durch ihre gesellschaftliche Stellung, ihren Reichtum oder die Position ihres Gatten. Die Erotik ist dem ökonomischen Interesse gänzlich untergeordnet, steht einzig im Dienst von gesellschaftlichem Aufstieg und Kapitalanhäufung, denen das eigentliche Begehren gilt.[47] Das Ende von *Bel Ami*, der letztlich banale Triumph der Ökonomie über Gefühl und Moral, wirkt mit dem Sieg des „Lasters" nicht skandalös, sondern nur folgerichtig. Der grundsätzliche Konflikt zwischen Mann und Frau, Geist und Natur, Vernunft und Gefühl mit seinen existentiellen Folgen hat in der Banalität einer Gesellschaft, die einzig den Gesetzen der Ökonomie folgt, keinen Platz. Angesichts der faktischen Allgegenwart des Utilitaritätsprinzips und im Prozeß der Psychologisierung der Gefühle und der Verwissenschaftlichung des Diskurses der Sexualität in der Moderne haftet der Vorstellung von der empfindsamen Liebe selbst der Hautgoût der Obszönität an.[48] Verrat an der Liebe wird damit zur Norm und das Motiv der strategischen Verführung als Schuld und Verbrechen des Mannes an der Frau obsolet. Der Typus des gefährlichen, dämonischen, schuldigen und gezielt zerstörerischen Verführers ist nur noch als pathologischer Fall oder als Krimineller, dessen Destruktivität Reflex seiner Umgebung ist und sich letztlich als Selbstzerstörung äußert, denk- und beschreibbar. Humbert Humbert, der Liebhaber kleiner Mädchen in Nabokovs *Lolita*, und Harry White, der manische Aufreißer in Hubert Selbys *The Demon*, sind ihren sexuellen Obsessionen hilflos ausgeliefert, während die weiblichen Objekte diesen Obsessionen mit einer gewissen Indifferenz gegenüberstehen und kaum Anteil daran haben. In beiden Romanen führt die Obsession schließlich zum Mord –

bescheinigt als jeder Frau, die doch immer nur Natur mit all der „abstoßenden Einförmigkeit ihrer Landschaften" (Joris K. Huysmans, *Gegen den Strich*, Zürich 1981, S. 83 f.) bleibt. „Hat der Mann nicht seinerseits ganz allein ein lebendiges künstliches Wesen geschaffen, das ihr [der Frau] hinsichtlich plastischer Schönheit reichlich ebenbürtig ist?" (ebd., S. 84 f.) – Siehe auch Gnügs Analyse von Stendhals *Rot und Schwarz*, in der Julien Sorel treffend als Gestalt *zwischen* Dandy und Snob, Ästhet und Emporkömmling charakterisiert wird.

46 Dazu ausführlich die Kapitel XXIV bis XXVII bei Peter von Matt (a.a.O., S. 319-370), der weitere anschauliche Beispiele aus der deutschsprachigen (vor allem Dramen-)Literatur gibt, so Nestroy, Hebbel und Sternheim.

47 Dazu schreibt Peter von Matt, der lediglich zwischen den beiden Typen des „klassischen" „Verführers aus Passion" (zu dem er Don Juan, aber auf gleicher Ebene auch Lovelace und Valmont rechnet) und dem „neuen" Verführer „nach dem Muster des bürgerlichen Jahrhunderts" (a.a.O., S. 322) unterscheidet: „Der klassische Verführer braucht das Geld in der schönen Gestalt des Goldes, braucht es um seiner Sexualität willen. Der neue Verführer braucht die Sexualität um des Geldes willen" (ebd.).

48 Siehe Roland Barthes, *Fragmente einer Sprache der Liebe*, Frankfurt/M. 1988, S. 180 ff.

bei den Mordopfern aber handelt es sich keineswegs um Frauen, die Gewalt richtet sich im Gegenteil gegen Vertreter des eigenen Geschlechts. Die Sexualität äußert sich nicht als bloße Triebkraft, die etwa zu dem Willen des Mannes führte, Macht über die Frau zu erlangen; die Sexualität selbst ist vielmehr der Dämon, von dem die männlichen Protagonisten heillos besessen sind, der sie beherrscht und schließlich vernichtet.

Indem auch die Literatur von Frauen sich der Sexualität angenommen hat, ist der Topos der Verführung gänzlich hinfällig. In Texten von Autorinnen wie Kathy Acker und Elfriede Jelinek fungieren weibliche Machtphantasien ebenso wie Unterwerfungsphantasien vor allem als Ausdruck der Bemächtigung des Feldes der Erotik, auch wenn Elemente der Kritik an patriarchalischen Herrschaftsstrukturen noch nicht gänzlich bedeutungslos geworden sind. Der Begriff der Verführung aber hat im literarischen Diskurs der Geschlechterbeziehungen seine Wirkungskraft verloren und hat sich in die Trivialliteratur, in Ratgeberkolumnen und in die Schlagzeilen der Boulevardpresse zurückgezogen.

Literatur

1. Texte

de Balzac, Honoré, *Das Mädchen mit den Goldaugen*, aus dem Französischen von Ernst Hardt, Frankfurt/M. 1979

Casanova, Giacomo [Chevalier de Seingalt], *Geschichte meines Lebens*, herausgegeben und eingeleitet von Erich Loos, ins Deutsche übersetzt von Heinz von Sauter, Frankfurt/M.-Berlin 1964

Choderlos de Laclos, Pierre Ambroise François, *Gefährliche Liebschaften*, deutsch von Franz Blei, Zürich 1985

Goethe, Johann Wolfgang, *Faust*, herausgegeben und kommentiert von Erich Trunz, München 1975

Huysmans, Joris K., *Gegen den Strich*, aus dem Französischen von Hans Jacob, Zürich 1981

Kierkegaard, Sören, *Tagebuch des Verführers*, aus dem Dänischen von Helene Ritzerfeld, Frankfurt/M. 1983

von Kleist, Heinrich, „Die Marquise von O.", in: ders., *Werke und Briefe in vier Bänden*, Bd. 3, Berlin-Weimar 1984, S. 113-157

Lessing, Gotthold Ephraim, *Miss Sara Sampson*, Stuttgart 1979

Lessing, Gotthold Ephraim, *Emilia Galotti*, Stuttgart 1990

de Maupassant, Guy, *Bel Ami*, Übersetzung und Nachwort von Ernst Sander, Stuttgart 1989

Mozart, Wolfgang Amadeus, *Don Giovanni*, italienischer Originaltext von Lorenzo Da Ponte, in neuer deutscher Bearbeitung nach der Überlieferung und dem Urtext von Georg Schünemann und Kurt Soldan, Stuttgart 1991

Müller, Heiner, „Quartett", in: *Herzstück*, Berlin 1983, S. 71-90

Nabokov, Vladimir, *Lolita* (New York 1955), Harmondsworth 1989

Richardson, Samuel, *Pamela or Virtue Rewarded*, edited by Peter Sabor, with an introduction by Margaret A. Doody, Harmondsworth 1980

Richardson, Samuel, *Clarissa or the History of a Young Lady*, edited and with an introduction and notes by Angus Ross, Harmondsworth 1985

Paul, Jean [Johannes Paul Friedrich Richter], „Titan", in: *Werke in drei Bänden*, herausgegeben von Norbert Miller, Bd. 2, München o.J.

Marquis de Sade, Donatien Alphonse François, *Justine oder Die Leiden der Tugend gefolgt von Juliette oder Die*

Wonnen des Lasters, aus dem Französischen von Raoul Haller, herausgegeben von Michael Farin und Hans-Ulrich Seifert, Nördlingen 1987

Schlegel, Friedrich, „Lucinde", in: ders., *Werke in zwei Bänden*, Bd. 2, Berlin-Weimar 1980, S. 5-100

Schlegel, Friedrich, „Fragmente", in: ders., *Werke in zwei Bänden*, Bd. 1, Berlin-Weimar 1980, S. 187-259

Selby, Hubert, *The Demon* (amerik. 1976), London 1977

Stendhal, *Rot und Schwarz*, deutsch von Rudolf Lewy, Zürich 1981

Tieck, Ludwig, *William Lovell*, herausgegeben von Walter Münz, Stuttgart 1986

Wilde, Oscar, *The Picture of Dorian Gray*, Harmondsworth 1980

2. Sekundärliteratur

Bailet, Dietlinde Sigrid, *Die Frau als Verführte und als Verführerin in der deutschen und französischen Literatur des 18. Jahrhunderts*, Bern-Frankfurt/M.-Las Vegas 1981

Barthes, Roland, *Sade Fourier Loyola* (frz. 1971), Frankfurt/M. 1986

Barthes, Roland, *Fragmente einer Sprache der Liebe* (frz. 1977), Frankfurt/M. 1988

Bataille, Georges, *Die Literatur und das Böse* (frz. 1957), München 1987

Baudrillard, Jean, *Laßt euch nicht verführen* (frz. 1979-1982), Berlin 1983

Bornemann, Ernest, *Lexikon der Liebe, Materialien zur Sexualwissenschaft*, Frankfurt/M.-Wien-Berlin 1978

Diaconoff, Suellen, *Eros and Power in Les Liaisons Dangereuses. A Study in Evil*, Genf-Paris 1979

Eagleton, Terry, *The Rape of Clarissa. Writing, Sexuality and Class Struggle in Samuel Richardson*, Oxford 1982

Fiedler, Leslie A., *Liebe, Sexualität und Tod. Amerika und die Frau* (amerik. 1960), Frankfurt/M.-Berlin 1987

Frenzel, Elisabeth, *Motive der Weltliteratur*, Stuttgart 1982

Gnüg, Hiltrud, *Don Juan*, München-Zürich 1989

Gnüg, Hiltrud, *Kult der Kälte. Der klassische Dandy im Spiegel der Weltliteratur*, Stuttgart 1988

Grimm, Jacob und Wilhelm, *Deutsches Wörterbuch*, Bd. 12, Leipzig 1956

von der Heyden-Rynsch, Verena (Hrsg.), *Riten der Selbstauflösung*, München 1982

Horkheimer, Max/Adorno, Theodor W., *Dialektik der Aufklärung* (1947), Frankfurt/M. 1975

Kant, Immanuel, *Werke in sechs Bänden*, herausgegeben von Wilhelm Weischedel, Darmstadt 1963

Koopmann, Helmut, *Drama der Aufklärung. Kommentar zu einer Epoche*, München 1979

Lehmann, Christine, *Das Modell Clarissa. Liebe, Verführung, Sexualität und Tod der Romanheldinnen des 18. und 19. Jahrhunderts*, Stuttgart 1991

Leites, Edmund, *Puritanisches Gewissen und moderne Sexualität*, Frankfurt/M. 1988

Liessmann, Konrad Paul, *Ästhetik der Verführung. Kierkegaards Konstruktion der Erotik aus dem Geist der Kunst*, Frankfurt/M. 1991

von Matt, Peter, *Liebesverrat. Die Treulosen in der Literatur*, München 1989

Miller, Nancy K., *The Heroine's Text. Readings in the French and English Novel, 1772-1782*, New York 1980

Müller, Maria E., „Naturwesen Mann. Zur Dialektik von Herrschaft und Knechtschaft in Ehelehren der Frühen Neuzeit", in: *Wandel der Geschlechterbeziehungen zu Beginn der Neuzeit*, herausgegeben von Heide Wunder und Christina Vanja, Frankfurt/M. 1991, S. 43-68

Neuhaus, Volker, *Typen multiperspektivischen Erzählens*, Köln-Wien 1971

Nolle, Rolf-Werner, *Das Motiv der Verführung. Verführer und „Verführte" als dramatische Entwürfe moralischer Weltordnung in Trauerspielen von Gryphius, Lohenstein und Lessing*, Stuttgart 1976

Petriconi, Hellmuth, *Die verführte Unschuld*, Hamburg 1953

Praz, Mario, *Liebe, Tod und Teufel. Die schwarze Romantik* (ital. 1930), München 1981

Roussel, Roy, *The Conversation of the Sexes. Seduction and Equality in Selected Seventeenth and Eighteenth-century Texts*, Oxford 1986

Schickedanz, Hans J., (Hrsg.), *Der Dandy. Texte und Bilder aus dem 19. Jahrhundert*, Dortmund 1980
Steinbrügge, Lieselotte, *Das moralische Geschlecht. Theorien und literarische Entwürfe über die Natur der Frau in der französischen Aufklärung*, Weinheim-Basel 1987
Thelander, Dorothy R., *Laclos and the Epistolary Novel*, Genf 1963
Watt, Ian, *The Rise of the Novel. Studies in Defoe, Richardson and Fielding* (1957), London 1987
Wuthenow, Ralph Rainer, *Muse, Maske, Meduse. Europäischer Ästhetizismus*, Frankfurt/M. 1978

IV. Verletzungen

Norbert Bolz

Böse Theorie

DER SCHÜLER: Genug, genug ... Nieder mit den Büchern! ... Mit allen ... Mit den Logien, den Graphien, den Nomien. Zum Teufel mit dem ganzen Plunder! ...
MEPHISTOPHELES: Schon gut. Der Teufel will ihn nicht.

P. Valéry, *Mon Faust*

I'm bad ist keine Selbstbezichtigung im Pop-Jargon, sondern – ähnlich wie die schon vertrautere Coolness – prägnantes Motiv eines neuen Ich-Ideals und Ausdruck einer rasanten Umwertung der sentimentalen Werte. Alteuropäische Seelen, die an der bürgerlichen Kälte leiden, können darin natürlich nur einen weiteren Schritt der Selbstentfremdung und Identifikation mit dem Angreifer sehen. Mit Recht geht die Pop-Kultur über solches Lamento zur Tagesordnung über.

Doch uns interessiert hier nicht der antibürgerliche Affekt, der sich in dieser Lust, kalt und böse zu sein, natürlich auch meldet. Vielmehr betrachten wir das, was die Pop-Kultur signalisiert, als Geschmacksverstärker dessen, was sich in uns allen zuträgt. Genau in dem Maße, in dem Sex langweilig wird, lockt das Böse. Und auf unsere alltägliche, unausgesprochene Frage, was die Welt im Innersten zusammenhält, antwortet schon längst nicht mehr ‚le désir' (des Psychoanalytikers), sondern ‚the horror' aus dem Herzen der Finsternis. Das wachsende Interesse am Monströsen, an der Untat zeigt, daß sich die Menschen heute in ein Verhältnis zum Tabuierten, zum verfemten Teil ihrer Welt setzen wollen. Wir folgen dem Leitfaden des Bösen, weil wir ahnen, daß es das Inkognito unserer besten Kräfte ist.

Unterwegs zu einer bösen Theorie achten wir auf historische Fingerzeige: Eine Genealogie der Moral hat das Böse jenseits von Gut und Böse freigelegt; eine Psychoanalyse hat jedes humanistische Räsonnement durch den Aufweis eines Destruktionstriebes niedergeschlagen; und ein anthropologischer Materialismus hat den destruktiven Charakter als Kronzeugen eines veränderten Begriffs vom Menschen aufgerufen. Das waren erste Versuche, den humanistischen Kategorienpanzer abzuwerfen – d. h. nicht dümmer zu denken als wir leben.

Wir beginnen heute zu bemerken, daß man die Aufklärung nicht über sich selbst aufklären, sondern allenfalls ihre hochfliegenden Projekte der Moderne abklären kann; daß das Andere selbst nicht dialektisch zu denken ist; daß wissenschaftliche Redlichkeit ihren historischen Augenblick hatte und nicht endlos zu prolongieren ist; und: daß heute keine Kritische Theorie an der Zeit ist, sondern allenfalls eine ironische. Versuchen wir also, dem Denken einen bösen Blick zu inokulieren.

1. Leichen im Keller des Humanismus

Im § 23 seiner genealogischen Abhandlung ‚Was bedeuten asketische Ideale?‘ stellt Nietzsche die in ihrer Rhetorizität schockierend klare Frage: „Die Wissenschaft als Mittel der Selbst-Betäubung: *kennt ihr das*...?“ Nietzsche hat diese Frage durchbuchstabiert und damit einen Schlüssel für die unglückliche Geschichte der modernen Aufklärung gefunden.

Der Wissenschaftler ist ein reflektorischer Typus, seine Praxis ein unaufhörliches Reizschutz-Training, und seine Talente entfalten sich in der Dimension des Rezeptiven und Reaktiven. Er ist ein Virtuose der Bewältigung von *information overload* durch reaktive Anpassung. Müde erscheint er, aber unermüdlich; agil, aber nicht aktiv. Der Wissenschaftler muß an Kontinuität und Kontext seiner Arbeit glauben, um die Miniatur, die er am Ornament des Weltwissens anbringt, nicht als sinnlos zu erfahren. Die radikal spezialisierte bürgerliche Wissenschaft funktioniert als physiologische Entladung des Tatenarmen – seine Ekstase am fetischisierten Detail.

Wozu also haben wir Wissenschaft nötig? Dies Problematischwerden von Wissenschaft ist nicht wissenschaftsintern analysierbar. Es geht ja um das asketische Ideal des Wissenschaftlers. Auch sein Wille folgt dem allgemeinen „horror vacui: er braucht ein Ziel“[1] und läßt sich deshalb vom teleologischen Denken verführen. Er produziert Sinn – die Macht des Kraftlosen – durch teleologische Weltinterpretationen.

Der wissenschaftliche Asket traut seinen Sinnen nicht und noch weniger seinem erkennenden Ich. Grausam gegen sich schließt er seine Erkenntnis aus dem intelligiblen Bereich aus und beschränkt vernünftig die Macht der Vernunft. Als ungeheure Zucht zur Objektivität ist diese Selbstverstümmelung der Vernunft aber zugleich ein radikales Anders-sehen-Wollen, eine Revolution der Perspektive. Und dies ist es, was Nietzsche von der an sich selbst irre werdenden Vernunft der wissenschaftlichen Asketen lernt: die Bedeutung der Optik.

> Es gibt *nur* ein perspektivisches Sehen, *nur* ein perspektivisches ‚Erkennen‘; und *je mehr* Affekte wir über eine Sache zu Worte kommen lassen, *je mehr* Augen, verschiedne Augen wir uns für dieselbe Sache einzusetzen wissen, um so vollständiger wird unser ‚Begriff‘ dieser Sache, unsre ‚Objektivität‘ sein.[2]

Hinter jeder Perspektive steht ein Wille, jeder Affekt öffnet ein Auge. Nur ein kastrierter Intellekt wäre frei von Befehl und Begehren.

---

1 F. Nietzsche, *Zur Genealogie der Moral*, III. Abh., § 1.

2 A.a.O., § 12.

Wir gewöhnen uns an Befehle der Macht, halten sie für Argumente und vergessen die Gewalt in der Gewohnheit, bis wir die Gesetze, die uns unterwerfen, als Ausdruck der eigenen Macht empfinden. Das Vergessen des Ursprungs heiligt die Gewohnheit der Macht und sichert ihre Erhaltungsbedingungen. Neuere französische Philosophen haben deshalb das Kunstwort *désassujettissement* geprägt, um dem Widerstand gegen jene Unterwerfung, die das Subjekt formiert, einen Namen zu geben. Sich ‚ent-unterwerfen' hieße dann: das Subjekt austreiben, „dem Herkommen widerstreben"[3] – böse sein.

Entsubjektivierung am Leitfaden des Bösen heißt den Philosophen aber auch, Unmensch zu sein. Seine genealogischen Forschungen bringen ja das Grausame am Ursprung unserer Lebensordnungen an den Tag und erhellen das vernunftlose Substrat der Vernunft, das die Subjekte der Moderne verdrängen mußten, um sich human nennen zu können. „Die Menschheit liebt es, die Fragen über Herkunft und Anfänge sich aus dem Sinne zu schlagen: muß man nicht fast entmenscht sein, um den entgegengesetzten Hang in sich zu spüren?"[4] So wird der Genealoge zum Unmenschen, um die Leichen im Keller des Humanismus zu zählen.

Nietzsche lehrte das *transcendens* der Immoralität in einer entzauberten Welt. Und wer es wagt, in ihr zu leben, wird das Böse als das Unbesiegte, das Tabu erkennen. Wenn der Typus schwächer wird, wächst das Reich des Bösen – auf diese Formel ließe sich die Genealogie der Moral bringen. Und Nietzsche war Philosoph der Kultur in dem genauen Sinne, daß er ihrer schrittweisen Indienstnahme des Furchtbaren nachdachte. Im Eis des Fragwürdigen, im Hochgebirge des Verbotenen hat er die Spuren einer verborgenen Geschichte der Philosophie gesichert.

Seit Nietzsches genealogischer Arbeit gibt es an der Gleichursprünglichkeit von Triebverzicht, schlechtem Gewissen und gesellschaftlichem Bann keinen Zweifel mehr. Mit der zivilisatorischen Entwertung unbewußter Regulationen ist das bleierne Mißbehagen in der Kultur exponential gewachsen. Der seelenvolle, verinnerlichte Kulturmensch als verzweifelter Gefangener im Käfig der Zivilisation – so hat ihn Nietzsche gesehen. So analysiert ihn Freud. Dem Bann der Gesellschaft entspricht der Kerker der Innerlichkeit: das schlechte Gewissen, das sich Tag für Tag am Tabu nährt. „Die Gesellschaft will nicht, daß davon gesprochen wird."[5] Und doch findet das verbotene Wort, die untersagte Rede eine maskierte Form des Erscheinens, nämlich in der Narrheit. Und im Nonsens des Traums. Deshalb kommt es nicht von ungefähr, daß Artemidor in der Krisis der Spätantike und Freud in der Krisis des *fin de siècle* den Traum deuteten.

Der Traum ist das Paradies des Ich, sofern es sich selbst nicht erkennt. Im Traum weiß ich nicht, daß ich es bin. Und böse erscheint dieses Ich, das sich im Traum so vielfältig zu verbergen weiß, dann in der Deutung. Ein Werkmeister des Traums, die Verschiebung, hat Freud zum Begriff der psychischen Bedeutsamkeit geführt. Gemeint ist, daß ursprünglich

3 F. Nietzsche, *Menschliches Allzumenschliches*, Bd. I, § 96.

4 A.a.O., § 1.

5 S. Freud, *Selbstdarstellung*, Frankfurt/M. 9 1989, S. 230.

Indifferentes durch den unbewußten Primärprozeß der Verschiebung die Wertigkeit vom psychisch bedeutsamen Material akquiriert. So verkündet die Traumdeutung das Ende der Harmlosigkeit. Denn der Traum ist der Wächter des Schlafs, der sich von Bedeutungslosem nicht stören läßt. Und regelmäßig zerstört die Deutung eines Traums den Schein seiner Arglosigkeit. Von nun an gibt es nichts Harmloses mehr im Bereich des Seelenlebens.

Flectere si nequeo superos, Acheronta movebo – auf welchen Schauplatz führt das berühmte Motto der Traumdeutung? Freud legt getreues Zeugnis ab vom Titanenaufstand des Verdrängten. „Das seelisch Unterdrückte" kehrt wieder mit gewaltsamem Zwang und fordert vom Subjekt den „Anteil des egoistisch Bösen".[6] Das ist die höllische Eröffnung eines anderen Sprechens; die stets untersagte Rede kommt zu Wort. Und buchstäblich aus der Hölle steigt der Traum auf. Im Herzen der Finsternis aber haust das kopflose Subjekt des Unbewußten, um das sich das Gewebe der Metaphysik spinnt wie der Traum um seinen Nabel.

2. Lob der Zerstörung

In den Zwanziger Jahren waren Freuds Theorie des Destruktionstriebs und Heideggers Konzept der hermeneutischen Destruktion unterwegs zu einem positiven Begriff von Zerstörung. Doch niemand ist hier weiter vorgedrungen als Walter Benjamin in seiner Lehre vom destruktiven Charakter. Der Begriff einer befreienden Zerstörung ist heute deshalb befremdlich, weil ein gesellschaftliches Tabu auf den Formen der Destruktion liegt. Dabei ist nun eines entscheidend: Destruktive Humanität im Sinne Benjamins steht nicht im Zeichen des Todestriebs. Vielmehr läßt sich umgekehrt sagen, daß erst eine Zerstörungslust, die vom gesellschaftlichen Tabu über das Destruktive zur Wendung nach innen gezwungen wird, in Selbstzerstörung umschlägt.

Wer Kritik nur als konstruktive zuläßt, verstellt die Möglichkeit einer heilsamen Reinigung – gerade deshalb huldigt er dann den Fetischen der Reinheit, des Schöpferischen und Kreativen. Das Tabu über die destruktiven Kräfte verdeckt den unauflöslichen Zusammenhang von Schaffen und Zerstören. Wer durch gesellschaftliche Arbeitsteilung zu einer rein aufbauenden Tätigkeit verurteilt ist, kennt die Lust an der Zerstörung dann nur noch als schlechtes Gewissen. Dagegen richtet sich Benjamins Denkbild einer Humanität in Kraft der Zerstörung:

> Der destruktive Charakter kennt nur eine Parole: Platz schaffen; nur eine Tätigkeit: räumen. [...] Zerstören verjüngt, weil es die Spuren unseres eigenen Alters aus dem Weg räumt; es heitert auf, weil jedes Wegschaffen dem Zerstörenden eine vollkommene Reduktion, ja Radizierung seines eigenen Zustands bedeutet. [...] Dem destruktiven Charakter schwebt kein Bild vor. Er hat wenig Bedürfnisse, und das wäre sein geringstes: zu wissen, was an Stelle des Zerstörten tritt.[7]

---

6 S. Freud, *9. Vorlesung zur Einführung in die Psychoanalyse.*

7 W. Benjamin, *Gesammelte Schriften*, Frankfurt/M., Bd. IV, S. 396 f.

Daß alles, was besteht, wert ist, daß es zugrunde geht, respektiert der destruktive Charakter dadurch, daß er es zerstört. Aus dieser Perspektive verwandelt sich die Welt in ein harmonisches Schauspiel. Die bilderlose Zerstörung eröffnet einen leeren Raum, in dem alle Spuren verwischt sind – gerade auch die Spuren ihrer selbst. Was nun in diesen Raum eintritt, ist nah, handlich und liquide. Der destruktive Charakter zerstört damit die Welt der Bequemlichkeit, die von den Spuren der Tradition und ihrer unantastbaren Dinge durchzogen war.

Die Rückseite dieser Humanität in Kraft der Zerstörung ist eine sanfte, willige Dinghaftigkeit. Der Zugang zu ihr ist durch den Wall des Bestehenden verbaut. So ließe sich sagen: Der destruktive Charakter legt die Mauern in Trümmer, auf die das utopische Bewußtsein in dieser Welt stößt. Doch er ist nicht der Melancholiker, der sein Sinnen an diese Trümmer heftet, sondern der Pessimist, der den Weg durch sie weist. „Er ist imstande, dem Leben jeden Augenblick es anzusehen, daß es ‚so nicht mehr weiter geht' – denn wirklich, im Innersten, Verborgnen geht es nicht so weiter, sondern von einem Extrem ins andere."[8] M.a.W.: Weil der destruktive Charakter alles, was der Fall ist, in seinen Extremen wahrnimmt, findet er immer den Ausweg dort, wo es nicht mehr weiter geht.

Tabula rasa, reinen Tisch zu machen, ist die Voraussetzung jeder Neukonstruktion. Der destruktive Charakter hat die Welt gefressen, räumt sie leer und zeigt sie gerade dadurch in ihrer wahren Einheit: Was die Welt im Innersten zusammenhält, ist das Band ihrer Zerstörungswürdigkeit. Im Sinne dieses aktiven Nihilismus definiert Benjamin die „Funktion der politischen Utopie: den Sektor des Zerstörungswürdigen abzuleuchten".[9] So gipfelt sein Nihilismus als Weltpolitik in der großartigen Provokation, die Unmenschlichkeit des destruktiven Charakters als Inkognito wahrer Humanität zu enthüllen.

Die politische und technische Arbeit „greift zerstörend in den Stoff ein, verhält sich abnutzend zum Geleisteten, kritisch zu ihren Bedingungen [...]. Und darum steht der Unmensch als der Bote realeren Humanismus unter uns."[10] Benjamins realer Humanismus bildet sich also streng in der Negation humanistischer Menschenähnlichkeit. Denn gerade der konstruktive Zug der technischen Organisation wird durch den humanistischen Fetisch des Organischen verstellt. Wenn aber Erfahrung und Bildung der humanistischen Tradition zum Hindernis einer Erneuerung der Menschheit werden, haben diejenigen einen strategischen Vorteil, die von den Phantasmen dieser Tradition frei sind. Mit einem Wort: Angesichts des Kursverfalls der humanistischen Erfahrung im 20.Jahrhundert ist es besser, sie gar nicht erst zu haben. Deshalb wird Erfahrungsarmut bei Benjamin zum konstruktiven Begriff. Dem entspricht dann auch die Einführung eines „neuen, positiven Begriffs des Barbarentums".[11]

Die Bonisierung des Zerstörerischen ist ein Leitmotiv in Benjamins Schriften. Sie ist zumeist an die ästhetische Form der Allegorie geknüpft. Der routinierte Gebrauch der Allegorie als stilbildender Form im 17.Jahrhundert hat die dialektische Funktion von Zerschla-

8 A.a.O., S. 1001.
9 A.a.O., Bd. I, S. 1243.
10 A.a.O., Bd. II, S. 366 f.
11 A.a.O., S. 215.

gung, Zerstückelung und Bruchstück meist noch verdeckt. Erst der Allegoriker des 19. Jahrhunderts, Baudelaire, gebraucht die allegorische Intention bewußt in ihrer Zerstörungsgewalt: Wie die Ausstellung der Waren die Dinge aus ihrem alltäglichen Bewandniszusammenhang herausreißt, so greift die Allegorie zerstörend in die organischen Zusammenhänge ein. Doch was sie aus den Lebenszusammenhängen herausschlägt, wird zugleich konserviert. Damit kommt zwar der destruktive Impuls der allegorischen Intention des Barock in Baudelaire zu sich. Doch die Zerstörungswut seines Jähzorns läutert sich erst in den destruktiven Charakteren des 20. Jahrhunderts zur fröhlichen Barbarei der neuen Menschenfresser.

3. Teuflische Beobachtungen

In seinen 1941 veröffentlichten Studien zu ‚Mon Faust' entwirft Paul Valéry ein Szenario der modernen Wissenschaften, in dem die Versuchung durch Erkenntnis so erfolgreich gewesen ist, daß selbst der Teufel dieses Triumphes von ‚bösem' Wissen nicht mehr froh wird. Mephistopheles, der treueste Agent des göttlichen Waltens, verfehlt die Ansatzstellen seines Teufelswerks, seit sich Individuen in der Statistik auflösen, Seelen erlöschen, Menschendenken die Metaphysik zugunsten von Expertimentalphysik preisgibt und den Logos als Maschinensprache entzaubert. Das ist nicht mehr die Welt des alten Adam, auf den sich der Teufel so gut verstand; über ihm schwebt jetzt die Drohung, durch einen Schlimmeren ersetzt zu werden. Deshalb aber erlaubt das Szenario der modernen Wissenschaften eine genaue Inversion der Faust-Geschichte: Faust wird zum Beobachter des Teufels, den er auf einer Reise durch die Neuzeit begleitet.

> FAUST: [...] Während du dich derart in der Trägheit deiner Ewigkeit ausruhtest, dich auf deine Methoden aus dem Jahre Eins verließest, hat der Geist des Menschen, den du selbst aus seiner Unmündigkeit befreit hast!... sich endlich an die Untergründe der Schöpfung herangewagt ... Stell dir vor, sie haben im Innern der Körper, und gleichsam jenseits ihrer Wirklichkeit, das alte CHAOS wiedergefunden...
> MEPHISTOPHELES: Das CHAOS... Jenes, das ich gekannt habe? Das ist nicht möglich ...
> FAUST: Man könnte es dir zeigen...
> MEPHISTOPHELES: Das CHAOS...
> FAUST: Jawohl. Das Chaos, das alte Chaos, jene ursprüngliche Unordnung, in deren unaussprechlichen Widersprüchen Raum, Zeit, Licht, Möglichkeiten und Wirkungskräfte noch unentfaltet lagen...[12]

Der Teufel, des Chaos lieber Sohn, ist antiquiert, seit Wissenschaft seine Ursprungssphäre erforscht. Doch schon der alte Diabolus war im Grunde ein armer Teufel. Niklas Luhmann gebührt das Verdienst, die Tragödie des Teufels als Schlüssel zur Wissensstruktur ausdifferenzierter Gesellschaften erkannt zu haben. Eine tragische Figur nämlich ist der Teufel schon in

---

12 P. Valéry, *Werke*, Bd. 2, Frankfurt/M. 1990, S. 275.

seiner Geburtsstunde. Er ist der Engel, der einer Weisung Gottes zuwiderhandelt und deshalb ausgestoßen wird. Das wäre trivial und völlig untragisch, wenn es mit dieser Weisung – es geht um den Befehl, sich vor Adam zu verneigen, obwohl doch nur Gott selbst verehrungswürdig ist – nicht eine besondere, paradoxe Bewandtnis hätte. Es steht nämlich so, daß der unbotmäßige Engel von der Weisung Gottes besser weiß als Gott selbst. Damit das nicht dem Allwissen Gottes widerspricht, gibt es nur eine elegante Deutungsmöglichkeit: Gott stellt den Engel auf die Probe, der Befehl ist ein Test. Das heißt aber: Der unbotmäßige Engel unterscheidet zwischen der Weisung und dem eigentlichen Willen Gottes. Er entscheidet sich also „für Gott gegen Gott".[13]

Weil er ungehorsam ist, wird er von Gott verstoßen. Damit ist er, weil Gott der Gute ist und ihn aus sich ausgrenzt, der Böse. Die Trennung von Gott, die ihn jenseits der Grenze des Guten setzt, qualifiziert ihn aber zum Beobachter. Und im Grunde kann nur dieser Teufel sehen, wie gut, wahr und schön das göttlich Eine ist. Der Teufel muß nun lediglich auf diesen Trennungsvorgang reflektieren, um den guten Sinn des Bösen zu sehen und seine Verbannung als Belohnung zu deuten: Gott hat mir die Würde des Bösen, d.h. der Beobachtung seiner integralen Einheit verliehen.

Wer das Gute beobachten will, muß sich von ihm abgrenzen, d.h. böse werden. Nun ist Gott aber nicht einfach gut, sondern das Gute schlechthin, die Wahrheit der Letzteinheit. Jeder Unterschied, den man hier operativ zur Beobachtung beibringt, frevelt an der Perfektion. Insofern ist das Diabolon der Name für die verbotene Differenz schlechthin. Die teuflische Beobachtung bringt gerade dort Unterscheidungen an, wo sich eine Letzteinheit behauptet.

Das ist aber ein klarer Fall von Notwehr. Denn Gott selbst ist ja so indiskret, uns ständig zu beobachten – nichts anderes meint seine Transzendenz. Deshalb wächst der unstillbare Wunsch, einmal den Beobachter zu beobachten. Die Theologie hat diesen Wunsch unter dem Titel ‚immanente Transzendenzerfassung' mit großem dialektischem Geschick rationalisiert. Ihr profaner Kern wird von zwei Fragen markiert: Wer unterscheidet? Und: Was unterscheidet die Unterscheidungen Gottes von anderen? Um so zu fragen, d.h. zu beobachten, muß man so riskant abgrenzen, daß hier entstehendes Wissen *per se* als böse erscheint.

Wer die Position des Gottesbeobachters besetzt, ist der Teufel, des Teufels. Rein logisch verkörpert er die Paradoxie einer Unterscheidung des Ununterschiedenen, einer Beobachtung des Unbeobachtbaren weil Einen. Denn es gibt kein Außerhalb der Perfektion; die Welt dieses Gottes scheint unverlaßbar.

> Wie will man da auf eine Möglichkeit des Andersseins hin beobachten? Man kann nur versuchen, sich selbst dagegen abzugrenzen innerhalb von Grenzen, die man selber zieht. Wer dies tut, folgt dem ersten Versucher dieser Art, dem Teufel. Und sei er ein Physiker. Man

13 N. Luhmann, *Die Wissenschaft der Gesellschaft*, Frankfurt/M. 1990, S. 119; vgl. Luhmann, *Gesellschaftsstruktur und Semantik*, Frankfurt/M. 1989, S. 284; *Soziologische Aufklärung*, Bd. 5, Opladen 1990, S. 85 f.

> hat nur die Wahl, eine Grenze zu ziehen, über die hinweg man beobachten kann; aber solange Gott als das moralisch Gute gedacht wird, ist diese Grenze die Ausgrenzung des Guten: das Böse.[14]

Die Paradoxie, den Allesbeobachter beobachten, das Ununterschiedene unterscheiden zu wollen, läßt sich einmal dadurch lösen, daß man mit der Gott/Welt-Unterscheidung operiert und die Perfektion für Gott reserviert, indem man die Welt zum Schauplatz der Korruption herabsetzt. In teuflische Paradoxien verstrickt man sich dann erst wieder, wenn man die Einheit der Welt beobachten will – sei es als gut (Theodizee), sei es als wahr (Geschichtsphilosophie).

Es gibt aber auch eine elegantere, moderne Lösung der Paradoxie durch Iteration: Mephistopheles beobachtet Gott, Faust beobachtet Mephistopheles, Goethe beobachtet die faustische Paradoxie der teuflischen Beobachtung, Valéry beobachtet Goethes Inszenierung der Gottesbeobachtung – und Luhmann sieht, daß Valéry gesehen hat, wie man Paradoxien der Beobachtung durch Iteration auflösen kann:

((((Gott ← Teufel) ← Goethe) ← Valéry) ← Luhmann) ← Bolz

Durch die Iteration von Beobachtungen zweiter Ordnung verliert der systeminterne Beobachter des Systems das Odium, des Teufels zu sein. Der Diabolus existiert dann nur noch symbolisch. Damit emanzipiert sich das Wissen vollends von der Moral.

Das moderne Prinzip der funktionalen Differenzierung führt systematisch den Unterschied in die Einheit der Gesellschaft ein. Nur Differenziertes ist anschlußfähig. Das entübelt das Unterscheiden und wertet den Beobachter auf. Darauf basiert eine Gesellschaft, die den Inbegriff mediengestützter (und Medien machen Störendes akzeptanzfähig) Kommunikation darstellt. Derart säkularisiert wird das Diabolische für die Moderne konstitutiv.

> Wenn wir Gott und Teufel pensionieren und statt dessen mit Struktur gewordenen (und damit: wahrscheinlich gewordenen) Unwahrscheinlichkeiten zu tun haben, müssen wir deshalb mit dem Wiedererscheinen des Unwahrscheinlichen im Wahrscheinlichen rechnen – zum Beispiel mit ‚normal accidents'.[15]

Kommunikationsmedien – also das, was unsere moderne Welt im Innersten zusammenhält – sind durch ihre generalisierende Operation definiert. Und zwar leisten sie, was sie leisten, symbolisch, d.h. verbindend. Beobachtet man aber diese Operation, dann zeigt sich die Generalisierung als trennende, d.h. diabolische. Mit einem Wort: Symbole kann man nur diabolisch handhaben. Und der Diabolus führt nur noch eine symbolische Existenz. Man kann eben Einheit wie Differenz sowohl als Einheit wie auch als Differenz betrachten. Das verleiht den Kommunikationsmedien der Gesellschaft ihre symbolisch-diabolische Ambivalenz. Jede Symbolisierung ist eben auch eine Diabolisierung. Das vergessen die Phantasten

---

14 N. Luhmann, *Soziologische Aufklärung*, Bd. 4, Opladen 1987, S. 244.

15 N. Luhmann, *Die Wissenschaft der Gesellschaft*, a.a.O., S. 194; vgl. Luhmann, *Die Wirtschaft der Gesellschaft*, Frankfurt/M. 1988, S. 266.

der künstlichen Paradiese, die man heute ‚Kommunikationsgemeinschaft' oder ‚wahrheitsstiftender Konsensus' nennt.

> But we'll take our chances
> Because God's stopped keeping score
> I guess somewhere along the way
> He must have let us all out to play
> Turned his back and all Gods children
> Crept out the back door. (George Michael)

Literatur

Benjamin, Walter, *Gesammelte Schriften*, herausgegeben von Rolf Tiedemann und Hermann Schweppenhäuser, Frankfurt/M. 1972 ff.

Freud, Sigmund, *Selbstdarstellung*, Frankfurt/M. [9]1989

Freud, Sigmund, *Vorlesung zur Einführung in die Psychoanalyse*, herausgegeben und eingeleitet von Ilse Grubrich-Simitis, Frankfurt/M. [11]1990

Luhmann, Niklas, *Gesellschaftsstruktur und Semantik*, Frankfurt/M. 1989 (= Studien zur Wissenssoziologie der modernen Gesellschaft, Bd. 3)

Luhmann, Niklas, *Soziologische Aufklärung*, Bde. 4/5, Opladen 1987/1990

Luhmann, Niklas, *Die Wirtschaft der Gesellschaft*, Frankfurt/M. 1988

Luhmann, Niklas, *Die Wissenschaft der Gesellschaft*, Frankfurt/M. 1990

Michael, George, *Listen Without Prejudice*, vol. I, CBS 1990

Nietzsche, Friedrich, *Kritische Studienausgabe (KSA)*, herausgegeben von Giorgio Colli und Mazzino Montinari, München-Berlin 1980

Valéry, Paul, *Werke*, Bd. 2, Frankfurt/M. 1990

Alexander Schuller

Der böse Blick

1. Ambivalenz

Kein Sinnesorgan ist wie das Auge. Seine Dominanz in unserer physiologischen Ausstattung, seine Bedeutung in der Erfassung und Strukturierung unserer Welt, bis hinein in Metaphorik und Mythos, ist unvergleichlich. Sehen und Gesehenwerden sozialisieren uns, plazieren uns, definieren unsere Identität und unser Selbstwertgefühl, begründen die Kategorien, mit denen wir Wissen und Welt organisieren (Husserl 1986). Selbst unsere Sprache, als akustisches Kommunikationsmittel, bewegt sich in optischen Metaphern: Wir beanspruchen Ein-Sichten, auch wenn wir nur An-Sichten haben, aus mancher Ab-Sicht wird nichts, weil wir Vor-Sicht walten lassen. Unsere Träume, ob von John Blake gemalt oder psychoanalytisch gedeutet, sind vor allem Bilder. Bilder, bewegte und stille, bunte und dunkle, schreckliche und schöne, eigene und fremde, sind das Prinzip unseres Lebens. Die von uns erlebte Welt ist optisch. Sie ist bestimmt von meist optischer Werbung, von Fernsehen und Videos. Talkshow und Tagesschau bestimmen unseren Tagesrhythmus. Das Auge ist und entwickelt sich mehr denn je zum „Zentralorgan" des menschlichen Lebens.

Natürlich hören und riechen und fühlen und schmecken wir auch; und es gibt Lebensbereiche, in denen nicht das Auge, sondern das Ohr oder die Zunge oder die Nase oder die zärtlich geführte Hand alles andere, jedes Auge, alle Augen vergessen machen. Natürlich organisieren die Sinnesorgane ihre je spezifischen Erlebenswelten, die durchaus nicht immer und miteinander kongruent sind. Diese Differenzen und Konkordanzen in den jeweiligen sinnlichen Welten mit allen Implikationen – bis hinein in Erkenntnistheorie und Psychodynamik – ergeben eine Phänomenologie der Wahrnehmung. Aber auch eine Soziologie der Sinneswahrnehmung wäre möglich. In welchen sozialen Situationen, in welchen Beziehungen nützen und entfalten wir unsere jeweiligen Sinnesorgane? Welche spezifischen, nach Sinnesorganen differenzierten Wahrnehmungsprofile lassen sich erstellen, die sowohl an Erlebenssituationen als auch sozialen Strukturen orientiert sind? Unsere Sinne werden jedenfalls nicht immer in gleicher Weise und zugleich angesprochen. Sie sind Fangarme, von denen wir mal den einen, mal den anderen, mal zwei oder drei zugleich, aber durchaus unterschiedlich in die Welt hinausstrecken. Und natürlich dominiert das Auge nicht immer. Wer im Konzert noch nie die Augen geschlossen hat oder im Kuß, sollte nie wieder küssen, nie wieder Sibelius hören. Und doch, es kann keinen Zweifel geben, daß das Auge schon rein quantitativ dominiert, daß es unser Leitorgan ist, der stärkste und aktivste unserer fünf Fangarme. Aber das ist nicht das Entscheidende. Das Auge verfügt im Unterschied zu allen anderen Organen über ein Spezifikum, ein Wunder der Natur: den Blick. Alle Sinnesorgane sind rezeptive Organe. Sie nehmen Reize aus der Umwelt auf – Wärme und Gerüche, Farbe und Schall – und leiten sie weiter an das zentrale Nervensystem, das diese Daten dann organisiert. Das alles kann das Auge auch. Der Unterschied ist qualitativ und er liegt in der Tatsache, daß das Auge mit dem Blick über ein offensives Organ verfügt, den „Sehstrahl", wie die Alten sagten. Das Auge nimmt nämlich nicht nur wahr und auf, sondern es handelt und erschafft. Das Auge wird durch seinen Blick zum Demiurg.

Das Auge ist eben beides: aktiv und passiv, demütig und aggressiv, Mann und Weib, der Dionysos in unserem Olympos der Sinne. Das Auge ist zwiespältig: verletzlich und mächtig wie kein anderes Organ, nackt und rätselhaft, von geradezu ontologischer Androgynität. Natürlich kann das Auge hin-sehen und nur aufnehmen: Bäume, Buchseiten, Exponate, die Welt der Gegenstände und Ereignisse. Aber sobald es sich auf den Menschen, den Anderen, richtet, kann es nie nur aufnehmen, sondern muß auch immer sprechen und wollen und handeln – mit wie verschleiertem Blick auch immer. Alle Sinnesorgane sind monologisch, das Auge allein ist dialogisch. Angesprochen, spricht es, ob es will oder nicht. Es bleibt keinem je die Antwort schuldig. Es übt nicht nur Macht über den Anderen, sondern auch über seinen Besitzer aus. Das Auge ist das Bekenntnisorgan schlechthin – der Verräter seines Herrn.

Und das Auge spielt das Spiel der Macht. Wie jedes Sinnesorgan unterwirft es sich den sinnlichen Stimuli und leitet sie weiter an die jeweiligen Gehirnzentren. Das Auge aber und nur das Auge macht den Menschen zum Subjekt. Mein Blick sagt Dir, wer ich bin und mir, wer Du bist. Im Auge erkenne und sage ich, wer hier was zu sagen hat. Ein Blick, ein einziger, kann den Anderen zum Schweigen bringen, in seine Schranken weisen – aber auch beglücken und erlösen. Kein Organ ist so preisgegeben wie das Auge und keines zugleich so anmaßend. Hingabe und Gier sind hier eins.

Das Auge trennt und vereint. Wer mich anblickt, schlägt die Brücke zu mir, nimmt mich an, nimmt mich auf, bestätigt meine Existenz, macht mich zum Partner. Aber zugleich und notwendigerweise distanziert der Blick. Wer mich ansieht, sagt mir auch, daß ich ein Anderer bin, daß wir uns unterscheiden, daß deine Welt nicht meine und meine nicht deine ist. Der Blick ist das Sinnesorgan der Nähe, des Gesprächs und der Gemeinsamkeit – zugleich aber der Differenz und der Einsamkeit.

2. Metaphorik

Das Auge ist in der Sinnesphysiologie Gegenstand naturwissenschaftlicher, also exakter und verobjektivierender Forschung. Der Blick ist das schon weniger, viel zu messen gibt es da nicht, zumindest nicht physiologisch. Das Exakteste, womit man dem Blick beikommen kann, ist die Wahrnehmungspsychologie, aber auch die ist eher trivial. Wichtiger ist das, was der Mythos und die Kunst, das Märchen, die Philosophie und die Lyrik über den Blick gedacht, phantasiert und formuliert haben. Mit dem Blick nämlich beginnt die Geschichte des Subjekts. Wenn das Auge noch Ding, wenn auch lebendiges und menschliches Ding, war, so ist der Blick kein Ding mehr. So sehr die Funktionen, die Bedingungen und Kontexte des Blicks dokumentiert werden können, der Blick selbst ist pure Subjektivität. Der Blick ist daher auch die große, die zentrale anthropologische Metapher. Erkennen und erobern, erzeugen und zerstören, lieben und hassen, trennen und vereinen, erwachen und sterben, liegen in einem einzigen Blick. Erst mein Blick verwandelt den Anderen von einem Gegenstand in ein Subjekt, und erst durch die Blicke der Anderen werde ich, jedesmal neu und jedesmal anders, als Mensch erschaffen. Daher ist der Blick auch so mächtig von Metaphern und Bildern, Assoziationen und Gefühlen durchwuchert.

Im Auge als der Quelle des Blicks wurde schon immer mehr als nur ein Sinnesorgan vermutet. Hinter den sich weitenden und wieder verengenden Pupillen sah man die Pforte zu einer anderen Welt: hinter dunklen Augen die Düsternis, hinter hellen die Härte, hinter großen eine Offenheit, hinter schmalen das Geheimnis. Und so bezeichnete die Umgangssprache die verschiedenen Blicke auch: verschlagen, verträumt, verschlafen oder stechend, bohrend und unterwürfig. Und zur Erinnerung: Von einem stechenden, bohrenden, unterwürfigen Ohr oder einer Nase war noch nie die Rede. Immer war das Auge Grenze, Grenze zwischen dir und mir, zwischen hier und dort, zwischen dem Alltag und der Sehnsucht, zwischen dem Bewußten und dem Unbewußten, zwischen dem Geheimnis und der Offenbarung. Dort, wo dein und mein Blick aufeinandertreffen, dein Auge in meinem, treffen wir selbst aufeinander, aber auch auf unsere undurchdringliche, unerträglich endgültige Ferne. Was dort, jenseits dieser mich erblickenden Augen, ruht, dort hinten in deinem Wissen, in deinen Phantasien, in deinen Projektionen über mich, dort werde ich nie eindringen, es ist das Jenseits. Das alles fokussiert sich natürlich in jener philosophischen Frage: Wie kann ich meine eigene Subjektivität transzendieren, wie kann ich um die Subjektivität des Anderen wirklich wissen? Wie konstituieren sich Subjekte und Identitäten? Die Husserlsche Phänomenologie entspringt dieser Frage, die zurückreicht über den deutschen Idealismus, über Kant bis zu Locke und zu Descartes. Sie ist die anthropologische Grundfrage der Erkenntnistheorie. Zu den Kantischen Fragen, die mit „was kann ich wissen" beginnen, gehört noch eine weitere: „Was darf ich ahnen?" Erst dann sollte man mit jener nunmehr fünften Frage von Kant enden: „Was ist der Mensch?"

Natürlich ist der Blick das Organ der Einsicht, aber er ist eben auch das Organ der Ahnung und der Projektion. Deswegen ist der Brunnen auch die Metapher für das ahnende Auge, in dessen Tiefe sich Vergangenheit und Zukunft, Ängste und Hoffnungen, zeitlos, raumlos, undurchschaubar und unkontrollierbar mischen. So sanft, so schimmernd schön die Oberfläche des Brunnenwassers auch sein mag, dahinter beginnt das Geheimnis: die Gefahr, das Land der Träume, der Alpträume. Bis zum Auge reicht mein Blick, jenseits beginnt *the heart of darkness*. Dieses dunkle Herz ist nicht nur mir, es ist auch dir unbewußt und fremd. Es ist verbotenes Land. Narkissos erblickt sich im Wasser, entflammt, von welchem Eros auch immer, sucht sich und findet sich – im Tode. Der Mythos läßt offen, ob es sich um eine Metapher der Selbst-Erkenntnis oder der Selbst-Zerstörung oder eben um bedes handelt. Sich selbst zu erblicken, ob in Schönheit oder in Wahrheit, ist immer schrecklich. Wer in den Brunnen blickt, sieht zwar nur sich, aber hinter diesem seinem Bild ahnt er Abgründe und Versprechungen. Und die Versuchung hört nie auf, sich in sie hinabzustürzen, sie – beide vielleicht: Abgründe und Versprechungen – zur Erfüllung zu bringen. Wer in den Brunnen blickt und sich zu erkennen versucht, der bringt sich in Gefahr, der stößt an die Grenze von Wirklichkeit und Wahn. Die Selbsterkenntnis beim Blick in die spiegelnde Tiefe besteht darin, nicht auf ihr zu bestehen, mit dem Spiegelbild vorlieb zu nehmen. Der Verzicht, die Bescheidung, das Maß sind die Rettung. Narkissos aber scheitert an seiner Maßlosigkeit. Er ist sich selber, auch in seiner Schönheit, nicht genug. Er will sich auf den Ab-Grund gehen, sich selbst Gott sein. Es ist nicht der Narzißmus, an dem Narkissos scheitert, sondern die Hybris. Wie Daedalos vom hohen Himmel, so stürzt Narkissos vom festen Ufer unter seinen Füßen in den tödlichen Abgrund. Narkissos hat die delphische Forderung „erkenne dich selbst" – als Mitglied deiner *polis* nämlich – pervertiert, indem er sie privatisiert. In seine eigenen Abgründe hinabzusteigen – die Psychoanalyse hat diese Scheu verloren – ist tödlich. Auch Sokrates kann dieser narzißtischen Versuchung bekanntlich nicht widerstehen. So wie der mythische Narkissos ertrinkt, so muß der historische Sokrates den Becher nehmen. Dem Griechen ist die in sich versenkte Selbsterkenntnis, weil sie Gott und das Geheimnis verletzt, Hybris und Blasphemie.

Daneben steht die christliche Sicht. Wer wie Jesus hinabsteigt in den Jordan, sich ausliefert, und – zumindest metaphorisch – ertrinkt, wer diese Welt zu verlassen bereit ist, der kann zu sich, zu seinem wahren Selbst, zu Gott, zur Erlösung finden. Es ist bezeichnend, daß just in diesem Moment Gottes Blick auf Jesus ruht und er in ihm seinen „lieben Sohn" erkennt, an dem er Wohlgefallen hat. Der Blick in die sich spiegelnde Tiefe und das Versinken in ihr ist in der christlichen Tradition eine Metapher der Wiedergeburt und damit der Selbstfindung, vor allem aber der Hoffnung, vielleicht auch – aus griechischer Sicht zumindest – der Ahnunglosigkeit und der Selbstsucht.

Säkularisiert führt der Jungbrunnen diese Deutung weiter. Wer sich im Jungbrunnen versenkt, steigt als sein eigenes Ideal-Ich wieder empor, sein Selbstbild ist Wirklichkeit geworden. Der Narkissos-Mythos und das Sakrament der Taufe sind hier beide ins Banale gewendet. Der Jungbrunnen ist der magische Ort, wo der Wunsch die Wirklichkeit bezwingt.

Überhaupt nicht christlich und auch nicht banal ist das Märchen des Froschkönigs. Das ist eher bedrohlich. Darüber kann auch das Schema des Happy-Ends nicht hinwegtäuschen. Hinter dem gespiegelten Bild der – schönen und unschuldigen – Prinzessin, in mir selbst also, in meiner unsichtbaren Tiefe, ruhen gräßliche und glitschige Unwesen, die jederzeit emporsteigen können, durch nichts als eine vorerst noch glatte Wasseroberfläche von mir getrennt. Der Horror ist omnipräsent, aber am bedrohlichsten dann, wenn ich mich selbst zu sehen, in mich zu gehen wage. Natürlich ist die psychoanalytische Interpretation der Begegnung zwischen Prinzessin und Froschkönig die aufklärerisch indizierte: „Ich verdränge nicht", sondern „ich stelle mich – und werde frei!" Der Frosch wird erlöst und zum Prinzen, und die Abgründe schließen sich wieder. Und doch ist und bleibt der nunmehr erlöste Prinz ein Wechselbalg mit einer doppelten und bedrohlichen Identität. Die psychoanalytische Vermutung also, daß Bewußtsein Macht bedeute und Freiheit, greift daneben. Der Prinz als *alter ego* ist keine gebannte Gefahr, im Gegenteil, das – ständig mögliche – Monster ist jetzt in meinem Haus, in meinem Bett, in meinen Armen. Bettelheim spielt hier falsch. Denn Monster gehören, auch wenn sie sich gelegentlich als Prinzen geben, in den Abgrund, in die Hölle, nicht ins Ehebett.

Das Wasser, die Tiefe, der Brunnen sind die archaischen Metaphern für die Versprechungen und Bedrohungen der Selbsterkenntnis, des Blickes auf sich selbst und dessen doppelten, dreifachen, vierfachen, letztlich unergründlichen Boden. Wer sich erblickt, gerät in die Gefahr, sich zu durchschauen, zu erkennen und in diese Erkenntnis abzustürzen. Der Blick auf sich selbst ist nicht nur ein erhellender, sondern – und das ist der tragische Kern der Brunnenmetapher – ein zerstörerischer, ein böser Blick.

Der Spiegel ist die Metapher der Selbsterkenntnis. Die Epochen des Selbstzweifels, der Selbstsuche und der – zunehmend mißlingenden – Selbstfindung sind die Epochen des Selbstportraits. Dort noch, in den Urzeiten, wo keiner sich zu suchen brauchte, weil er sich hatte, bedurfte es keines Selbstportraits. Aber mit der qualvollen Geburt – zweifellos eine Zangengeburt – des Individuums beginnt die Epoche des Selbstportraits. Rembrandt sucht von Jugend an bis ins hohe Alter sich in seinem Spiegelbild zu finden, immer und immer wieder, jedes Portrait eine Frage, eine Frage nach der anderen und keine beantwortet. Und der Blick des verstümmelten und bandagierten van Gogh, mitten hinein in die angstgeweiteten Augen des Betrachters, zeugen von dieser qualvollen Genealogie europäischer Selbstbesichtigung und Selbstbezichtigung. Das Spiegelbild ist das *alter ego*, der Partner, der Beichtvater, dem ich mich stelle, mich offenbare, der mich sieht und erkennt. Aber dieses intime Gespräch ist zugleich allen, die dieses Selbstportrait sehen, offen und zugänglich. Der geheime Dialog, die qualvolle Selbstsuche ist eine Inszenierung, eine immer neue Maskierung.

Mit dem Wandel vom Wasser, dem abgründigen, von der Tiefe des Brunnens hin zum Spiegel vollzieht sich ein Prozeß der Individualisierung und Psychologisierung des Blicks. Der Spiegel wird zum ständig verfügbaren Portrait: der Wandspiegel, der mich in großen Empfangshallen, in kleinen Cafés, in flippigen Friseurläden in Empfang nimmt, mich ständig kommentiert und lockt, der Toilettespiegel, vor dem ich und in dem ich Wirklichkeit und Wunsch jeden Morgen neu, jeden Abend resignierend zu einem günstigen Kompromiß zu bringen versuche, der Taschenspiegel als Taschenportrait, jederzeit verfügbar, der innige Raum der Selbstbegegnung, das stille Örtchen meiner selbst. Immer mehr spiegelt sich mein Blick und in immer anderen Spiegeln. Die Omnipräsenz des Spiegels in unserer Welt zielt auf die Selbstbespiegelung, die Selbstsuche – und die Selbstdarstellung. Wer sich so oft, zu so verschiedenen Anlässen und in so vielen verschiedenen Bildern sieht, der blickt sich nur noch selten ins Auge, der erkennt sich selbst immer weniger. Der Spiegel spiegelt vor; was er widerspiegelt, ist nicht, was dahintersteckt. Durch unsere Spiegel stürzt keiner so leicht wie Narkissos in die Tiefe – seiner selbst. Immer mehr ist der Spiegel der Ort des erlöschenden Blickes. Da helfen auch nicht die gequälten Versuche eines von Cocteau auf den Weg gebrachten Orphée, durch den Spiegel hindurch alte Mythen aufzuwärmen. Der Spiegel als Grenze zwischen meinem öffentlichen und meinem geheimen Ich, als Antithese von mir und meinem Selbstbild, als Ort der Selbstsuche und Selbstfindung, dort, wo ich mir selbst Auge in Auge gegenüberstehe, verbirgt nichts mehr und gibt nichts mehr preis.

3. Böse Blicke

Die Macht des Blicks zeigt sich in seiner Bedrohlichkeit. Der sanfte, der liebevolle, der gute Blick, sie alle sind nicht zum Begriff gereift. Nur der böse Blick, den gibt es. An dessen begrifflicher Entfaltung zeigt sich seine reale Kraft und seine Herrlichkeit. Nirgends ist der Blick so mächtig wie dort, wo er böse ist. Der böse Blick ist der vollendete Blick. In ihm wird alles zum Anderen, zum Antipoden, zum Ding. Und kein anderer Blick ist affektiv so aufgeladen, voll prangender Subjektivität. Zugleich sind sich im bösen Blick die beiden so nah wie nie. Der böse Blick ist der intimste Blick, der Blick, in dem beide blind ineinander verschmelzen.

Bekannt geworden ist der böse Blick als der exotische Blick, derjenige, den es in anderen Ländern, in anderen Kulturen, zu anderen Zeiten gibt oder gab: bei indianischen Schamanen und karibischen Voodoo-Priestern, auf Sizilien und Borneo, bei Hexen und im Mittelalter. Aber seine Klassifizierung als exotisch ist ein Versuch, ihm auszuweichen. Er ist nicht fort und vergessen, sondern mächtig und hier und trifft jeden von uns. Er hat seine Geschichte und seine Metamorphosen. Er ist wie das Böse selbst wandelbar, aber unzerstörbar. Er kommt aus uralten Zeiten und wilden Ländern, aber er ist *up to date, high-tech* und im Vollbesitz seiner Kräfte. Er handelt, er entscheidet, er differenziert und trennt. Er verändert denjenigen, den er trifft – und dessen Welt.

Der magische Blick

Mit dem magischen Blick begann es, dem Zauberblick. Mit ihm konnte die Macht des einen Subjekts über das andere Subjekt, konnte das Geheimnis Wirklichkeit werden. Der magische Blick entspringt keiner individuellen Laune und keiner Willkür, sondern vollstreckt einen uns alle transzendierenden, unerbittlichen Willen. Der magische Blick ist übernatürlich, ein bißchen vielleicht auch göttlich. Wer über ihn verfügt, ist gesegnet und verflucht zugleich. Er ist der Außenseiter, der Erwählte, der Einsame. Wenn er handelt, handelt er im Auftrag: der Götter, der Gerechtigkeit, des Schicksals. Der magische Blick ist verständlich nur im Kontext eines kosmologischen Ordnungsdenkens. Denn entweder verletzt – blasphemisch, diabolisch also – der magische Blick diese Ordnung, oder er stellt sie wieder her. Sein Bezugsrahmen liegt außerhalb der durch den Blick realisierten magischen Begegnung. In der Welt des Magischen ist der Blick nur eines, wenn auch das intimste und mächtigste Instrument. Er setzt die Geste, den Blick also, für die Tat, und er ist diese Tat in einer magischen Welt auch tatsächlich. In ihm treffen sich Suggestion des einen und Suggestibilität des anderen. Befehl und Gehorsam sind nicht kognitiv und getrennt, sie sind eins. Das Objekt des magischen Blicks ist Opfer und Vollstrecker zugleich. Durch den magischen Blick wird Wille zur Wirklichkeit. Hier gibt es keine konstruierte und instrumentelle Beziehung zwischen Mensch und Welt. Beide sind unmittelbar eins. Es ist spannend, daß diese magische Welt mit dem Totalitarismus, mit den Geständnissen in den Moskauer Prozessen etwa, mächtiger denn je wieder unter uns ist, aber sich nicht als Gegenbewegung, als Alternative zur Aufklärung, sondern als dessen Verkörperung versteht.

Der magische Blick überlebt also bis heute in der situativen Rekonstituierung der archaischen Einheit von Du und Ich, von Glaube und Welt: In der Ekstase, wo Liebe oder Tod oder Einsamkeit den Augenblick aus der Zeit in die Unmittelbarkeit heben. Der Blick des Adolf Hitler und des Baghwan sind deswegen magisch, weil sie getragen sind von einem Kult der Unmittelbarkeit, in dem die Grenzen zwischen den Individuen zerfließen und die „Begegnung" eine neue und symbiotische Einheit herstellt. Der magische Blick ist nicht von dieser Welt. Er feiert einen Urzustand, in dem Ursache und Wirkung, Wunsch und Wirklichkeit, Jetzt und Damals, Hier und Dort noch nicht auseinanderfallen. Er geht zurück vor deren begrifflicher und erlebter Ausdifferenzierung: „[...] as in a flash one glance, an opening of the eyes, discloses a world of co-present qualities spread out in space, ranged in depth, continuing into indefinite distance" (Jonas 1966, S. 136). Subjekt und Objekt sind eins in einer Welt, in der der magische Blick einfällt wie der Schöpfungsblitz.

Der bannende Blick

Der böse Blick ist ein Instrument der Ordnung. Er rückt zurecht, er benennt, er bestraft, er hält fest, was sich zu verändern, was zu vergehen droht, er bringt das Chaos zum Stillstand, er schafft Strukturen. Deswegen war der böse Blick immer auch der Blick, der den Wandel magisch zu bannen versuchte. „Verweile doch, du bist so schön", ist eine magische Formel. Festhalten mit allen Mitteln, Pyramiden erbauen und in ihnen Mumien für die Ewigkeit ausstatten, Jagdszenen in Höhlenwände ritzen, Totemsäulen aus Sequoia schnitzen, den David aus Carrara schlagen, den Schrei auf der Brücke über dem Fjord malen, die Welt festhalten, ihren Lauf aufhalten, oder genauer: die Ewigkeit gegen die Welt von Zeit und Raum stemmen. Der bannende Blick wendet sich gegen das Neue, alle Differenzen, die Verästelung und das Vergehen: So wie der bronzene Poseidon in der großen Halle des Athener Nationalmuseums seit Jahrtausenden im kühnen Schwung den Arm erhebt, unbewegt sich bewegt, so wie seit dreißigtausend Jahren in den Höhlen Frankreichs der Pfeil des Jägers unentwegt im Fluge schwirrt, Sekunden bevor er das Wild erlegt. Der bannende Blick ist voller Angst, getrieben von Angst, Angst vor dem aus den Händen gleitenden, dem Sog der Zeit ausgelieferten Gegenständen, Gefühlen, Menschen, Angst vor dem eigenen Tod, Angst vor Verlust und Vergänglichkeit. Das Bildnis, das Kunstwerk, auch das Foto sollen die Welt nicht dokumentieren, sondern den Tod bannen. Jeder noch so banale Schnappschuß fordert Ewigkeit. Das Hier und Jetzt der Aufnahme bleibt, wie tief es auch im Dann und Dort versinkt, eine feste Burg, ein Sieg, ein Rettungsring.

Und in der Tat, der Zauber wirkt. Das Salisbury des John Constable hat alle sozialen Wohnungsbaumaßnahmen überlebt, die Bäume des Nicolas Poussin rauschen noch immer mächtig über der Route Nationale. Und die Götter der Antike richten noch immer ihren bronzenen Blick auf uns. Erst mit dem Verstummen dieser aus Angst geborenen Bannflüche gegen die Gesetze der Zeit wären wir frei von der Macht des bannenden, des magischen Blicks, entlassen aus Gedächtnis und Geschichte. Aber auch wenn die Karyatiden des Erechtheion zerfallen und Leica bankrott geht, Nikon und Canon und Yashica sind da, fangen uns auf. Und jedes Auge im Sucher bannt jedesmal neu diesen einen zeitlosen Augenblick für alle Zeiten.

Der zwingende Blick

Unsere Sinne sind Organisationen, die nicht nur Umweltreize für spezifische Weltbilder herausfiltern, sondern die auch ihrerseits konkrete Welten erschaffen: Adlerhorste, Biberdämme, Paläste und Städte. Konzertsäle werden nach akustischen, Treppenaufgänge nach optischen Kriterien erbaut. Unsere Sinnesorgane zwingen uns genaue Handlungen auf. Sie reichen als Organisationsprinzip weit hinaus über das jeweilige, wie komplex auch immer gedachte, „Daten-Aufnahme-Verfahren". Sie haben identitäts-, kultur- und welt-konstituierende Bedeutung. Die von uns entworfene Welt entspricht den uns von unseren Sinnen gebotenen Möglichkeiten, aber auch Notwendigkeiten. Die von uns geschaffene materielle Welt ist in einem fundamentalen Sinne die Verlängerung unserer Sinnesorgane (Gehlen). Aber auch unser Gefühl für Zeit, also für Rhythmus, für Raum, also für Proportionen, hat ihre sinnliche Basis. Unsere Erfahrung von Schönheit basiert auf einer – durch Tradition und Sozialisation vielfach variierten – Entsprechung von Wahrnehmung und Welt.

Diese Kongruenz umfaßt alle Bereiche sozialen, intellektuellen und politischen Lebens. Foucault zeigt, daß es sich als ein Instrument sozialer und politischer Kontrolle niederschlägt. In „Überwachen und Strafen" stellt er die Geschichte des bewachenden und des bewachten Blicks vor, die beide, architektonisch ummauert, in der Ausgestaltung von Gefängnissen und Bewahrungsanstalten sich schließlich „konkretisieren": Im Zentrum der langen sternförmigen Gänge steht der Wächter, dessen Blick alles Leben kontrolliert. Generell sind Innenräume, wenn auch nach Funktion und Tradition verschieden, als Räume optischer Verfügbarkeit gestaltet. Der Innendekorateur spricht dann von „funktionaler" Gestaltung. Schulhöfe sind so angelegt, daß nichts Unziemliches sich dem Auge der Pausenaufsicht entziehen kann. In Schulen, in Zügen, in Flugzeugen sitzen wir in Reih und Glied, dem Lehrer, der Stewardeß, dem Schaffner auf den ersten Blick zugänglich. Die Geschichte des Städtebaus ist eine Geschichte von Kultur und Kontrolle in einem. Die präkolumbianischen Baumeister in Mexiko implementierten optisch die Unterwerfung der Gläubigen, als sie ihre Tempel an die Spitze von Pyramiden setzten, hoch über dem Volk, in die Nähe der Götter, ins Geheimnis entrückt. Das Amphitheater fokussiert die Blicke Tausender auf die eine Szene, den einen Mann, verzehren, verfluchen, vergöttern ihn. Die Kanzel in der christlichen Kirche, barocke Treppenaufgänge, das Prinzip der Zentralisation und Zuordnung von

Bauelementen, sie alle schaffen sozial definierte Räume, Handlungsräume, sie betreiben soziale Kontrolle mit optischen Mitteln.

Eindeutig sind auch die Räume des Totalitarismus: der Arbeitsraum des Mussolini, an dessen einem Ende der Besucher eintritt und an dessen anderem Ende er nach unerträglich vielen Schritten am Schreibtisch des Diktators anlangt, das Areal des Nürnberger Parteitagsgeländes, durch Licht und Musik auf den einen entscheidenden, physiologisch kaum noch wahrnehmbaren Führer hin ausgerichtet. Aber auch die Großstadien, die in Los Angeles und in Tokio, in Berlin und in Barcelona und in regelmäßigen Abständen das Colosseum repetieren und in deren weit unten und entfernt liegender Mitte sich Sportler – zunehmend ein Amalgam aus realer Existenz und projektiver Phantasie – von Tausenden von Blicken gesteuert sich selbst vorführen, sind in ihrer Tendenz totalitär. Die alten Plätze, die Piazza della Signoria, das Forum Romanum und natürlich die Agora, organisierten das Gespräch, das Argument, auch den Streit, den Flirt, die Intrige. Der Wandel vom Forum zum Circus dokumentiert ein gewandeltes und eben modernes Politikverständnis: vom Gespräch zur Inszenierung, vom Individuum zur Masse, vom Bürger zum – auch das – Sozialstaats-Klienten. Räume werden geschaffen, die zwischen Masse und Mensch, zwischen Herrscher und Untertan, zwischen denen im Dunklen und denen im Licht unterscheiden. Der Petersplatz ist schon keine Agora mehr. Eher erinnert er in seiner asymmetrischen Struktur und in seiner Fokussierung auf einen Punkt „außerhalb und drüben" an das griechische Theater und den für dieses Theater symptomatischen Wandel vom Kreis zum Halbkreis. Politik wird zunehmend zur Inszenierung. Von seiner Struktur her ist der Petersplatz eine Zange, die den Menschen packt und auf einen Punkt, den Dom, einen zentralen Fixpunkt hin ausrichtet. Hitler in Nürnberg, Stalin auf dem Mausoleum, oben und fern, Mittelpunkt von Tausenden, Zehntausenden, vielleicht Hunderttausenden von parallel geschalteten Blicken. Die Figur selber, ein optischer Hohlraum, mehr Projektion als Wirklichkeit, und gerade dadurch politisch mächtig. Der geführte Blick gerät an seine sinnliche Grenze. Der reale Stimulus verschwindet ins Nichts, der Untertan erbringt mit seiner Phantasie über den Herrscher seine eigene, gewissermaßen kreative Eigenleistung zur Stabilisierung des Systems: Der architektonisch erzwungene Blick zielt auf die Phantasie des Bezwungenen und macht sich diese zum Komplizen der Macht. Die sinnliche Erscheinung wandelt sich zur verinnerlichten Ikone, die auf reale Kontrolle verzichten kann. Sich selbst steuernd unterwirft sich der Untertan dem Blick des Big Brother, des Genossen Stalin, inkorporiert ihn sich und fordert die eigene Verurteilung. Dahinter und insgeheim steht die Metapher des göttlichen Auges, das über allem wacht, alles sieht, alles kontrolliert und alles bestraft – ähnlich wie es die Video-Kamera tut.

Der tote Blick

Auch der böse Blick geht mit dem Fortschritt. Nicht mehr die Medusa oder eine Hexe, kaum noch ein Voodoo-Priester werfen auf uns den bösen Blick. Der böse Blick hat sich modernisiert, ist *high-tech* geworden – und radikal. Er blickt nicht mehr nur an, er blickt hinein und hindurch. Sein Blick ist sogar so böse, daß er alles, was er sieht, zerteilt und zertrümmert und – allerdings nur, wenn er mag – ganz anders wieder zusammenfügt. Der Aufklärungssatellit, der aus Hunderten von Kilometern Entfernung die Handbewegung, die Haarfarbe, das Gespräch, die Umarmung, den Streit dokumentiert, aber sonst nichts hört, nichts weiß, nichts berücksichtigt, das Auge ist maßlos und mächtig, zugleich aber ahnungslos. Der böse Blick realisiert sich hier als blöder Blick. Im technischen, also im toten Blick, spezialisiert sich auch das Auge. Es geht nur noch auf Datensuche. Wissen und Erkenntnis werden nicht nur sekundär, sie werden zunehmend unmöglich. Das erklärt auch die erstaunliche Impotenz der Stasi, die offenbar gerade wegen ihrer Datenfülle die Welt zu begreifen nicht mehr in der Lage war. Wenn der böse Blick in seinen Ursprüngen magisch und lebendig wirkte, die Subjekte also unmittelbar verschmolz, dann ist der technische Blick ein toter Blick, der nicht mehr Subjekte, sondern nur noch Technologien verkoppelt. Das Ultraschallgerät ist nicht der Arzt, das Gewabere auf dem Bildschirm bin nicht ich. Wenn ich und der Arzt über dieses wabernde Bild oder das Röntgenbild, das Computertomogramm, das Kernspintomogramm reden, reden wir über ein Drittes, einen Datensatz, der von einem Vierten, einem undurchschaubaren Gerät erstellt wurde. Der tote Blick verdinglicht die Beziehung, das Gespräch, den Körper, vor allem aber generiert er eine neue, vom Menschen und seinem Bewußtsein unabhängige und sich zudem rapide ausdifferenzierende Welt von Datensätzen, die selbst nur digital und sekundär, als Programm also, visualisiert werden können. Das Subjektive, mein Körper nämlich, der Körper, der mir unmittelbar Freude und Schmerzen bringt, wird seiner Intention nach zwar komplementiert und komplettiert, zunehmend aber relegiert und ersetzt durch den „objektiven" Körper. Der aber ist abstrakt. Über den verfüge ich nicht, ich kenne ihn in der Regel nicht einmal. Die bildgebenden diagnostischen Verfahren haben den Körper wie einen fremden Kontinent durchsegelt, kartographiert, erobert. Sie haben eine neue Welt konstituiert und die alte zertrümmert. Der vom Subjekt zusammengehaltene und als Einheit erlebte Körper, mein Körper eben, verliert sich im Dämmer einer versinkenden Vorgeschichte. Weder der Arzt sieht mich mit seinen noch sehe ich mich mit meinen Blicken. Wir beide sehen meinen Körper mit den Blicken der jeweiligen Technik. Jedes Gerät wirft einen anderen Blick in und durch meinen Körper, jedes Gerät konstituiert einen anderen Datensatz, konstituiert ein neues Körperbild, ein neues Menschenbild.

Jeder Blick auf den Anderen objektiviert, aber nie ganz. Immer bleibt jenes Wissen – vielleicht auch jene Angst, oder jene Hoffnung –, daß auch der Andere mich erblicken und sich mir damit als Subjekt offenbaren kann. Der technische Blick aber ist tödlich. Weder ist er selbst subjektiv – noch sieht oder erkennt oder konstituiert er ein Subjekt. Durch den technischen Blick wird der Mensch in die Welt der Dinge gesogen und verschlungen. Aber auch diese Welt der Dinge ist nicht mehr sinnlich, sondern „konfigurativ". Unter unseren Händen verwandelt sich unsere Welt, verwandeln wir uns selbst in viele kleine Bits. Der technische Blick hat nicht nur das Subjektive in das Objektive, sondern selbst dieses, die Hardware gewissermaßen, in *files,* in Computerbilder, in Software verwandelt. Die Welt ist weich geworden.

Der obszöne Blick

Aber auch dort, wo der böse Blick die Integrität des Blickenden, des Erblickten und der Blicke wahrt, hatte er schon immer einen obszönen Untergrund. In seiner letzten Konsequenz will der böse Blick die Demütigung. Das ist mehr als Gehorsam, mehr als Unter-werfung, mehr selbst als Verfügbarkeit. Demütigung zielt auf die Enteignung des Subjekts, auf Verdinglichung. In dem um das de Sadesche Werk arrangierten Diskurs ist spätestens seit Bataille klar, daß gerade die Perversionen nicht sexuelle – also auf Lust zielende – Inszenierungen sind, sondern anthropologische. Indem sie den anderen zum Gegenstand reduzieren, verkünden sie das geheime, das finstere Menschenbild der Aufklärung. Deswegen werden bei de Sade die Opfer immer wieder anderen und neuen „experimentellen" Bedingungen unterworfen, „vorgeführt", „entblößt". Sie werden einer gnadenlosen Wahrheit zuliebe nicht nur entkleidet, nicht nur mißhandelt, sondern entzaubert. Sie werden auf ihren empirischen Kern reduziert. In der sadistischen Inszenierung ist deswegen nicht klar und kann auch prinzipiell nicht klar sein, wer Opfer und wer Täter ist: die Vorgeführten, die Verführten oder die Verführer, diejenigen, die die Demütigung erleben, diejenigen, die sie durchführen, oder diejenigen, die sie miterleben. De Sade demonstriert das grundsätzliche Dilemma der Aufklärung, daß sie das Verhältnis des Menschen zur Wissenschaft nur als antithetisch begreifen kann.

Insofern betreiben de Sade und Sacher-Masoch eben doch – trotz aller psychodynamischen Differenzen – das gleiche Projekt. Auch im obszönen Blick des Voyeurs wird diese totalitäre Dialektik erkennbar: sowohl die Demütigung seines Objekts – nur in bedingtem Sinne seiner Begierde – als auch seiner selbst, als einem nämlich, der den anderen nur als Objekt sehen kann, ihm auch als Subjekt nicht in die Augen zu sehen wagt. Im obszönen Blick finden Entwürdigung und Selbstentwürdigung, Macht und Ohnmacht, Scham und Schamlosigkeit, Hoffnung und Verdinglichung unauflösbar zusammen. Auch der Voyeur ist wie de Sade, wie Sacher-Masoch, mächtig, muß mächtig sein, weil er so ohnmächtig, muß ohnmächtig sein, weil er so mächtig ist. Denn darum geht es dem obszönen Blick: um Selbstverwirklichung. Und das ist die Definition von Selbstverwirklichung: die Rettung des eigenen Subjekts durch Verdinglichung des anderen. Beim Masochisten ist es evident: Er unterwirft sich, gedemütigt durch denjenigen, den er gedemütigt hat. Der Sadist ist nicht ganz so kompliziert, er überwindet seine Ohnmacht, indem er die Macht des Anderen, seine Unschuld und damit seine Subjekthaftigkeit zerstört. Das anthropologische Dilemma der Aufklärung ist nicht lösbar: entweder Du oder ich.

Die gleiche brutale Alternative läßt sich im von Lenin massenhaft angeleiteten DDR-Jargon formulieren: wer wen? Inwieweit sich die Metapher des obszönen Blicks auch auf das Politische transponieren läßt, ist zweifelhaft. Trotzdem, wer nicht zu nahe an einer psychodynamischen Interpretation bleibt, kann durchaus strukturell Ähnliches erkennen. Auch der totalitäre Staat übt den obszönen Blick. Die Stasi-Akten belegen das. Sie dokumentieren mit besonderer Akribie persönliches, intimes, sexuelles Verhalten. Die „Firma" läßt ihre Inoffiziellen Mitarbeiter Gucklöcher in das Schlafzimmer des benachbarten Dichters bohren und manipuliert sie immer wieder, ihren obszönen Blick durch dieses Guckloch zu zwängen. Dabei entwürdigt die Stasi nicht nur den Beobachteten, nicht nur den Beobachter, sondern auch sich selbst, indem sie das Design für dieses obszöne Experiment überhaupt erst entwirft. Auch das politische Verhör ist obszön. Es findet nachts statt, wo der Mensch bei sich und seinen Träumen ist, und in verbotenen Räumen, und der Scherge braucht zur vollen Entfaltung seines obszönen Blicks jene schon zur Metapher gewordene Lampe. Hinter der versteckt er sich und seine Schamlosigkeit. Der gierige Blick dieser Lampe, der jede Zukkung und jedes Zögern wie im Tierexperiment, wie im OP voll ausleuchtet und objektiviert, nimmt beiden, dem Schergen und dem Gefangenen, ihre Würde. Beide sind Teile einer funktional organisierten, stummen Maschinerie, keiner redet in Wahrheit mit dem anderen. Für den Gefangenen ist das in der Renegaten-Literatur (Rohrwasser 1991), bei Koestler und Silone etwa, gezeigt worden, aber nicht für den Schergen. Dessen Situation unterscheidet sich eben kaum von der de Sades, der, indem er sein Opfer demütigt, es seinem tabulosen und kritischen Blick aussetzt, seine eigene Würde preisgibt. Die schamlose Wahrheitssuche der Stasi ist sehr viel älter als die Wende. In jener exquisiten Akademie der Wissenschaften, die sowohl Berija als auch den Marquis, Eichmann, Masters und Johnson zu ihren *fellows* zählt, steigt die Schamlosigkeit zur Ideologie empor: die Stasi als Sektion für empirische Sexualforschung.

Bachelard zeigt, in diesem Zusammenhang erwähnenswert, wie sehr das naturwissenschaftliche Experiment dem Verhör, wie sehr das Labor der Zelle gleicht. Er argumentiert, daß der Forscher die Natur keineswegs achtet und „beobachtet", wie der Terminus beansprucht, sondern viel eher verachtet und „peinlich befragt", in experimentelle Bedingungen zwängt, in ihr Innerstes eindringt, sie mit dem Elektronenmiskroskop durchleuchtet, sie tödlichen Dosierungen aussetzt, sie also nicht nur unter Anklage stellt, sondern zugleich verurteilt und bestraft – für ein seiner Subjekthaftigkeit und seiner Rechte beraubtes Wesen offenbar legitim. Der Naturwissenschaftler ist nicht der Freund der Natur, sondern ihr Feind und Verächter. Er sieht sie mit bösem Blick.

Der verzerrte Blick

Der böse Blick ist ein Blick des Willens und der Tat, imperial und gelegentlich auch kreativ. Er zielte immer schon auf Veränderung und, utopisch verlängert, Neukonstituierung von – auch satanischer – Welt. Die Apotheose dieses Gedankens ist die Metapher des in Science-Fiction-Filmen und -Romanen häufig verwendeten Laserstrahls, der alles zertrümmert und alles neu erschafft, die permanente – wenn auch technologische – Revolution. Aber diesseits der Metapher läuft ja schon längst der Prozeß der Neu-Erschaffung von Realität. Das Zeitalter der Reproduzierbarkeit des Kunstwerkes wird abgelöst durch das Zeitalter der Reproduzierbarkeit von Wirklichkeit selbst. Inzwischen wird Wirklichkeit schon nicht mehr reproduziert, sondern neu konstituiert. Im Video, und erst recht in der Computer-Simulation, stellt sie sich – zwar nicht aus dem Schaum des Meeres geboren, aber doch ziemlich göttlich – vor. Nahaufnahme und Totale, Schwenk und Fahrt, die kühnste Eisensteinsche Montage sind längst verarbeitete und überwundene Vorläufer zu einer Totalität des Blicks, in dem Zerstören und Erzeugen, Subjekt und Objekt, Ich und Du, Innen und Außen, Wahn und Wirklichkeit synergetisch und unauflösbar verschmelzen.

Der böse Blick kehrt zurück zu seinen Ursprüngen, jener magischen Unmittelbarkeit, die alle Prinzipien von Zeit und Raum, von Ursache und Wirkung, von Hier und Dort aufhebt. Wir sind eingekehrt in die Steinzeithöhlen des Multi-Media-Zeitalters.

Was uns von allen Wänden entgegenflackert, was unsere Trommelfelle betäubt, ist nicht das matte Licht von Kienholzspänen und dumpfes Trommeln, sondern sind Trinitron-Bildröhren mit dröhnenden Gespenstern, die von denen der Urzeit nicht zu unterscheiden sind.

4. Kategorien einer Anthropologie des Blicks

In dem gigantischen Exkurs, den der böse Blick von Steinzeit zu Steinzeit, von Sprachlosigkeit zu Sprachlosigkeit genommen hat, war der Mensch immer dabei. Der Wandel des bösen Blicks hat auch ihn verwandelt und ihn seine Welt verwandeln lassen. Was ist seit jenem sanften, ahnungslosen Aufbruch des Menschen aus der Hochebene Kenias geschehen? Wohin hat ihn das Wunder seines Blicks gelenkt? Wie ordnet dieser Blick ihn, wie ordnet er diesen Blick ein? Was sieht er, wie sieht er? In welche Brunnen blickt er, aus welchen Quellen schöpft er seine Phantasien?

Zwei Stränge hat unser – das abendländische – Auge, zwei Väter. Der eine ist Naturphilosoph, der andere Prophet. Der eine macht Götterbilder, der andere erstarrt zur Salzsäule. Der eine nennt viele Götter mit vielen Namen, der andere seinen einen niemals beim Namen. Der eine sucht das Maß, der andere das Geheimnis. Der eine fürchtet die Nähe zu Gott – die Hybris –, der andere die Ferne – die Sünde. Der eine heißt Paulus und sucht das Himmelreich, der andere heißt Ptolemaios und untersucht den Sternenhimmel. Der eine ermuntert zu immer neuen Entdeckungen, der andere sagt: „Du sollst dir kein Bildnis machen.“ Unser abendländischer Blick hat zwei Augen.

Dieser unser uralter Blick sagt uns, wer Gott ist und was die Welt, wer ich bin und wer Du bist. Was den Blick, in der christlichen Tradition, zuvörderst böse macht, ist die Tatsache, daß er den Anderen nicht als Bruder, als Geschöpf Gottes, sondern als Objekt unter Objekten sieht, für den nur die Gesetze der Wissenschaft, die von Fallkraft, von Stoffwechsel und Psychologie gelten. Erst dadurch, daß jener Andere, den ich verobjektivierend und verdinglichend anblicke (Sartre), sich mir zuwendet und mir ins Auge blickend seine Subjektivität entgegenstemmt, indem er mich seinerseits zu verobjektivieren versucht, erst dadurch entsteht im gegenseitigen und gemeinsamen Kampf gegen die Verdinglichung die gegenseitige und gemeinsame Bestätigung unserer jeweiligen Subjektivität, unserer beider Menschenwürde, die „Humanisierung“ also unserer Beziehung. Ich kann meine Identität nur sichern, indem ich die Identität des Anderen und unsere gemeinsame Humanität in dem immer wieder erneuerten Balanceakt unserer Blicke bestätige. Wenn einer von uns diese Balance verletzt und den Anderen – mit bösem Blick – zum Ding degradiert, verliert er seinen Partner und damit seine eigene Humanität.

Aber dieser, der böse Blick, hat nicht nur seine philosophische, sondern auch seine soziologische und seine psychologische Dimension. Mit dem Blick mache ich das, was Soziologen „Labeling“ nennen. Indem ich soziale Zuschreibungen vornehme, nach Alter, Geschlecht, Schicht – die üblichen Kategorien – „verstatistifiziere“ ich den Anderen.

Auf emotionaler Ebene zeige ich Akzeptanz oder Zurückweisung, ich bestätige und ich frage. Ich eröffne mit meinem allerersten Augenaufschlag die Beziehung und ich definiere sie. Meinen Kollegen definiere ich anders als meinen Sohn, meinen Tennispartner, meine Geliebte. Intensität und Intimität, Distanz und Nähe, Angst, Geborgenheit und Begierde formuliere ich mit liebendem, mit ängstlichem, mit väterlichem, mit tausend anderen für eine Sekunde aufleuchtendem und von keinem Begriff je erfaßtem Blick.

All das hat auch mit Macht zu tun. Wenn ich mein Gegenüber durch meinen Blick zum Gegenstand und er durch seinen Rück-Blick sich mir zum Subjekt erhebt, dann schaffen wir eine „balance of power“. Und wenn ich den Anderen zuordne, dann ordne ich ihn immer auch „über“ oder „unter“. Ich definiere, wer Angst vor wem haben muß, wer Vertrauen zu wem haben kann. Der Blick ist das lebendigste und das intimste Element einer Strategie der sozialen Kontrolle, Fremdkontrolle, aber auch Selbstkontrolle. Eingewoben in ein in seinen Grenzen nicht mehr erfaßbares System von optischen, akustischen, überhaupt sinnlichen Rückkopplungssystemen erfahre ich ständig neu Zuweisung und Definition, Erhöhung und Erniedrigung, Dissonanzen und Assonanzen. Ich sehe, wie ich gesehen werde und zeige, daß ich sehe, wie ich gesehen werde. Und manchmal werde ich ein Anderer, gelegentlich ein besserer. Aber immer bin ich und bleibe ich im Blickkontakt. Nur so erkenne ich Dich, nur so erkenne ich mich, nur so erkenne ich unsere Welt.

Mit meinem Blick beschreibe ich nicht nur Differenz, Identität und Gemeinsamkeit, sondern ordne mich selbst und den Anderen – und dabei brauche ich ihn so sehr wie er mich – ein in Raum und Zeit. Ich blicke den Anderen ja nicht herausgetrennt und isoliert aus Geschichte, Biographie und Situation an, sondern im Kontext, und ich plaziere ihn selbst in diesen Kontext. Ich plaziere ihn als – wie peripheren auch immer – Teil meiner eigenen Biographie, und er plaziert mich in seine. Dabei ist es wahrscheinlich, daß Gewicht und Zeitpunkt dieser Plazierung für jeden ganz und gar anders sind. Trotzdem ist jeder ein Teil des komplizierten biographischen Gewebes des Anderen geworden, wirkt fort als Teil von jenes Anderen Erleben, Problemen und Phantasiewelt. Mehr als jedes andere Sinnesorgan sind es die Blicke, über die diese Vernetzung sich bildet. Einher mit der zeitlichen Plazierung des Anderen geht auch die räumliche, bei Tisch, im Theater, im Abendkleid, aus dem Auto steigend habe ich Dich erblickt. Ich habe Dir einen – unseren – Raum gegeben, denn ich war da, als Du da warst. Vielleicht hast Du mich auch mit einem flüchtigen, verlorenen Blick gestreift und mich so hineingenommen in Deine Welt wie ich Dich in meine. Mit meinem Blick in Deinem und Deinem Blick in meinem schreiben wir unsere jeweilige Biographie, unsere gemeinsame Geschichte, die Geschichte all jener, die wir je, die uns je gesehen haben. Wir konstituieren Gesellschaft.

Wie der Mensch selbst, so bleibt auch sein Blick, unaufgelöst und aufgespannt, zwischen Physiologie und Phantasie, der Zwitter, der Janus, der Dionysos, der sich erkennt, sich findet, sich verliert im Blick des Anderen und der den Anderen mit seinem Blick ins Leben, in den Tod, aber immer in die gemeinsame Geschichte ruft.

Literatur

Bachelard, Gaston, *Epistemologie. Ausgewählte Texte*, mit einer Vorbemerkung von Dominique Lecourt (1971), übersetzt von Henriette Beese, Frankfurt/M.-Berlin-Wien 1974

Bataille, Georges, „Littérature et le mal", in: ders., *Œuvres complètes*, Bd. 9, Paris 1979, S. 171-317

Bataille, Georges, „Le procès de Gilles de Rais", in: ders., *Œuvres complètes*, Bd. 10, Paris 1987, S. 271-573

Baudrillard, Jean, „Pour un principe du mal", in: ders., *Les stratégies fatales*, Paris 1983, S. 257 ff.

Bettelheim, Bruno, *Kinder brauchen Märchen*, übersetzt von Liselotte Mickel und Brigitte Weitbrecht, Stuttgart 1977

Foucault, Michel, *Überwachen und Strafen. Die Geburt des Gefängnisses*, übersetzt von Walter Seitter, Frankfurt/M. 1977

Gehlen, Arnold, *Anthropologische Forschung*, Reinbek b. Hamburg 1968

Gehlen, Arnold, *Der Mensch*, Frankfurt/M. [9]1971

Gehlen, Arnold, *Moral und Hypermoral*, Frankfurt/M. [3]1973

Husserl, Edmund, *Die Phänomenologie und die Fundamente der Wissenschaften*, herausgegeben und eingeleitet von Karl-Heinz Lembeck, Hamburg 1986 (= Husserliana, Bd. 5)

Jonas, Hans, „The Nobility of Sight", in: ders., *The Phenomenon of Life*, Westport Ct., 1966, S. 134-156

Koestler, Arthur, *Sonnenfinsternis*, Neuauflage, Wien 1991

Rohrwasser, Michael, *Der Stalinismus und die Renegaten*, Stuttgart 1991

von Sacher-Masoch, Leopold, *Venus im Pelz*, mit einer Studie über den Masochismus von Gilles Deleuze, Frankfurt/M. 1980

Marquis de Sade, Alphonse Donatien François, „Justine ou les malheurs de la vertu", préface de Georges Bataille, in: ders., *Œuvres complètes*, 2, Paris 1962

Sartre, Jean-Paul, *Das Sein und das Nichts*, Reinbek b. Hamburg, 1962

Silone, Ignacio, *Die Kunst der Diktatur*, Köln 1965

Armin Adam

Die Bekämpfung des Bösen

Eine Anmerkung zur Lehre vom gerechten Krieg

1.

Das 20. Jahrhundert ist durch die Wiederkehr der Lehre vom gerechten Krieg gezeichnet. Die Verbindung von Vernunft und Gewaltlosigkeit hat dem kritischen Druck der Ideologien nicht standhalten können, die doch selber nichts anderes sind als petrifizierte Vernunft. Daß es immer noch Kriege gibt, mag der aufgeklärten Vernunft, die von der Omnipotenz der diskursiven Konfliktbewältigung überzeugt ist, als Skandalon gelten; die diskursive Untermauerung dieser Kriege wirkt demgegenüber als bloß ideologische, als bloß rhetorische Dekoration, die weniger mit dem Krieg selbst als mit dessen Verschleierung zu tun hat. Tatsächlich aber legt die Renaissance des gerechten Krieges Zeugnis davon ab, in welchem Maße ritualisierte Gewalt der Legitimierung bedarf; einer Legitimierung freilich, die angesichts des Tabus, das die Aufklärung über die ‚politische' Gewalt gelegt hat, nur zu deren völliger Entgrenzung führen kann.

Die Lehre vom gerechten Krieg ist eine ganz und gar christliche Lehre: ihr Fundament ist die frohe Botschaft der Liebe, die der Menschensohn gepredigt hat. Nur unter der Bedingung, daß die Verurteilung der Gewalt einstimmig erfolgt, gibt es die Lehre vom gerechten Krieg: als Lehre vom moralischen Ausnahmezustand, den der Einbruch des Bösen in diese Welt auslöst. Wo die Dualität des Menschen vorausgesetzt wird – als eines gemischten Wesens nämlich, das zwei Herren dient – besteht die Notwendigkeit, eine Systematik zu entwerfen, welche die Konflikte innerhalb dieses einen Menschen regeln könnte. Man mag die Doktrin vom gerechten Krieg aus dem Ursprung des Völkerrechts beschreiben – und beschreibt damit doch eher ihre Wirkung als die Notwendigkeit, die ihr Existenz verschafft hat. Tatsächlich läßt diese sich nur vom Schnittpunkt der individual-heilsorientierten und der politischen Existenz des Einzelnen her begründen.

Die Botschaft des Messias zur doppelten Existenz des Menschen war ebenso radikal wie ambivalent: In dem Maße nämlich, in dem die Umkehr der Existenz als Abkehr von den Dingen dieser Welt gepredigt wird, besteht auch die Möglichkeit, daß die Abkehr vom Herrn dieser Welt selbst politisch gedeutet wird. Hierin ist das Christentum, allen verwandten Elementen zum Trotz, eben nicht gnostisch; es bewahrt in der Betonung der Liebe einen sozialen Aspekt, der die Tür zur politischen Sphäre offenhält. Dieser soziale Aspekt hat zu allen Zeiten zu verschiedensten Deutungen Anlaß gegeben, die oft um einen Problempunkt kreisten: auf den Einzelnen projeziert das Christentum den Strahl der Gotteskindschaft. Der Einzelne begegnet im Anderen einem Verwandten, zuletzt vielleicht sich selbst. Der Narzißmus der Gotteskinder spiegelt in der Begegnung mit dem Anderen allererst die Einheit in Gott. Diese Einheit begründet eine soziale, keine politische Ethik.

Es besteht keine Notwendigkeit, die politische Geschichte des Christentums als Sündenfall zu erzählen. Mit seiner Institutionalisierung ist das Christentum jedoch gezwungen, neben der Individualethik Antworten auf Fragen der Politik zu formulieren. Die Schwierigkeit, eine Individualethik in eine Ethik des Kollektivs umzuformulieren, wird in einer ersten Epoche eskamotiert: Weil eine Person für das Kollektiv handelt, können politische Fragen unter eine Individualethik subsumiert werden. Der Inhaber weltlicher Gewalt wird als Sohn der Kirche, als *filius ecclesiae* gemahnt, bei der Ausführung der ihm obliegenden Geschäfte – der Erhaltung einer weltlichen Ordnung – sein Seelenheil nicht zu vergessen. Wenn Ambrosius Theodosius nach dem Massaker von Thessaloniki (390) von der heiligen Kommunion ausschließt, dann geschieht das auf der Grundlage der geltenden Bußdisziplin, die eben auch öffentliche Sünder einbezieht. Das Imperium Theodosius' wird jedoch durch den Akt der öffentlichen Buße nicht berührt.

2.

„Bellum geritur ut pax acquiratur" heißt es in dem berühmten Brief 189 des Augustinus an Bonifatius: Krieg wird geführt, um Frieden zu erlangen. Die Lehre vom gerechten Krieg unterliegt in der Gegenwart einer Fehlwahrnehmung. Sie hat diese zentrale These Augustins ins Eschatologische gewendet: Kriege, das besage die Doktrin vom gerechten Krieg, sind nur erlaubt, wenn sie den letzten, den Weltfrieden brächten. Das 20. Jahrhundert hat in einem Kurzschluß den Begriff des totalen Krieges mit der Lehre vom gerechten Krieg verbunden: demnach setzt die Lehre vom gerechten Krieg dort an, wo beinahe nichts mehr gerechtfertigt werden kann. Insofern wäre die Renaissance der Lehre vom gerechten Krieg ein Zeichen für den Zusammenbruch des Völkerrechts. Diese These übersieht, daß die Lehre vom gerechten Krieg allererst eine Lehre ist, welche sowohl den Einsatz als auch die Mittel politischer Gewalt extrem beschränkt. Die Rede vom gerechten Krieg, oder, in unseren Tagen, vom *just war*, sollte nicht darüber hinweg täuschen, daß die Lehre vom gerechten Krieg nur wenig mit der Rechtfertigung des Krieges zu tun hat.

Wer die Dokumente dieser Doktrin genauer betrachtet, wird feststellen, daß die Fragen nach der Rechtfertigung des Krieges einen vergleichsweise geringen Raum einnehmen. Die Diskussion über die *justa causa*, über den Grund, welcher es Christenmenschen erlauben könnte, Krieg zu führen, tritt zurück gegenüber einer Vielzahl von formalen Erwägungen. Schon das Recht zum Krieg wird nur zum Teil inhaltlich bestimmt. Diese inhaltliche Bestimmung läßt sich im wesentlichen auf das *vim vi repellere* der Digesten zurückführen. Rechtfertigt werden Kriege letztlich nur als Notwehr. Sie können dabei drei klassische Ziele verfolgen: *propulsere hostes, repetere res, ulcisci injuria.* Feinde zurückdrängen, Sachen wiedererlangen, Unrecht rächen; Ziele, deren Formulierung die christliche Doktrin der römischen Diskussion entnommen hat.

Die klassische Formalisierung der Ziele des gerechten Krieges – Ziele, die Gründe sind – diese Formalisierung der *causae* berührt die Normativität der Lehre vom gerechten Krieg selbst. Tatsächlich kann von einer Grundlosigkeit der Lehre vom gerechten Krieg gesprochen werden. Die Gerechtigkeit des Krieges hängt nur im beschränkten Maße von der Gerechtigkeit der Sache ab, die er verfolgt. Die *causa* des gerechten Krieges ist nicht sein Grund, sondern sein Anlaß. Die sogenannte Kausalität, welche die Gerechtigkeit eines Krieges ausmachen könnte, ist in eine Logik der Notwehr einerseits, in eine Logik der Jurisdiktion andererseits eingebettet. Die Lehre vom gerechten Krieg versucht, den Ausnahmefall zu normieren.

Mit der Logik der Notwehr wird ein Element der Zeitlichkeit in die Doktrin vom gerechten Krieg eingeführt, von der dessen Gerechtigkeit ganz und gar abhängt. Die Einfügung der Lehre vom gerechten Krieg in einen Horizont der Zeitlichkeit versucht, durch Mechanisierung das Problem des Willens zum Kriege auszuschließen. Die Zeitlichkeit des gerechten Krieges wird im Begriff des ‚in continenti‘ zusammengefaßt. Ein gerechter Krieg antwortet ohne zeitliche Verzögerung auf geschehenes Unrecht. Nur weil er ohne Verzögerung stattfindet, kann dieser Krieg als Notwehr gedeutet werden; es scheint, als ob so die Störung der christlichen Ordnung in jedem Fall auf den zurückfällt, der den Krieg auslöst. Die *causa* und der gerechte Krieg fallen durch die Auslöschung einer möglichen zeitlichen Differenz auch heilslogisch zusammen. Eine Entschuldung dessen, der den gerechten Krieg führt, wird so möglich.

Was aufs Individuum bezogen möglich scheint, ist jedoch für jene *multitudo,* die nach Thomas von Aquin das Subjekt des Krieges ist, kaum denkbar: kann die Notwehr des Individuums ‚in continenti‘ vorgestellt werden, so führt diese Forderung bei jenen institutionalisierten Individuen, die Krieg führen, in größere Schwierigkeiten. Hier wird deutlich, daß sich die Doktrin vom gerechten Krieg nicht an die großen Kollektivindividuen wendet. Die hochmittelalterliche Lehre vom gerechten Krieg steht im großen Maße in der Tradition der von Augustinus begründeten Personalisierung des Politischen. Nicht die uns bekannten zusammengesetzten Körper namens Polis, Imperium oder Staat visieren die Lehre vom gerechten Krieg, sondern allererst jene Individuen, in denen Autorität Fleisch geworden ist.

Auctoritas, non veritas facit bellum justum. Die Gerechtigkeit eines Krieges hängt weniger von seiner Wahrheit als von der Autorität des kriegsführenden Subjekts ab. Im Grunde der Lehre vom gerechten Krieg ist eine Formalisierung angelegt, die den (gerechten) Krieg über kurz oder lang aus dem normativen Horizont entlassen wird. Die hochmittelalterlichen Lehren legen aus verständlichem Grunde so viel Nachdruck auf die Autorität des kriegsführenden Subjekts: Sie reflektieren den weltgeschichtlichen Prozeß, der auf eine Monopolisierung des Politischen zielt. Die Zersplitterung der politischen Gewalt ist selber Quelle des Unheils. Deshalb fügt sich ein Segment aus dem großen Korpus der Lehre vom gerechten Krieg der Restauration der Kaiseridee an. Der Kaiser wäre das einzige Subjekt, das das Recht zum Krieg, das *jus ad bellum*, innehabe.

Die potentiellen Gegner lassen sich in zwei Gruppen einteilen: Nicht-Christen und Christen. Krieg gibt es im Rahmen dieser kaiserlichen Doktrin nur als Krieg *inter fides et infides,* als *bellum romanum.* Problematisch bleibt immer der Krieg innerhalb der Christenheit. Innerhalb der Christenheit gibt es nur unerlaubte Privatkriege einerseits, oder aber Kriege mit jurisdiktionellem Charakter andererseits. Diese ‚Kriege' führt der Kaiser gegen einen Gegner, der seiner Jurisdiktion unterstellt ist. Wenn der Krieg als Rechtsverwirklichung erscheint, dann kann er in die große mittelalterliche Idee des Rechts als der Ordnung des (christianisierten) Kosmos eingefügt werden. Das ist die wahre Intention der Lehre vom gerechten Krieg: Sie versucht die Welt vorm Einbruch jenes Unheils zu bewahren, das seine Ordnung aufbrechen würde. Dieses Unheil führt heilslogisch den Namen des Bösen.

Die jurisdiktionelle Definition des gerechten Krieges bietet einen großartigen Schutzwall: Sie nimmt thematisch die klassischen *causae* auf, läßt jedoch den Gedanken eines Notwehrrechtes, über das jeder Einzelne verfügen könnte, hinter sich. Die Anarchie, die dieses Notwehrrecht auch bedeuten könnte, wird blockiert durch die Monopolisierung der Notwehr im jurisdiktionellen Akt, für den nur der Kaiser kompetent ist. Der Rekurs auf die politische Einheit der Christenheit, die der Kaiser verbürgt, spiegelt die heilsgeschichtliche Einheit der Christenheit. Die Lehre vom gerechten Krieg ist die Liturgie des Kampfes gegen das Böse.

3.

Als Liturgie des Kampfes gegen den Einbruch des Bösen in diese Welt errichtet die Doktrin vom gerechten Krieg einen doppelten Schutzwall: denn der Kampf, der gerecht wäre, richtet sich gegen das Böse, das sowohl von außen als von innen den Christenmenschen bedrängt. Die übliche Deutung der Lehre vom gerechten Krieg sieht nur den ersten Aspekt, sieht, daß es dem Christen erlaubt ist, Krieg zu führen, wenn ein Anderer die Ordnung der Welt gebrochen hat und sich so als Agent des Bösen erwiesen hat. Interessant aber wird die Lehre vom gerechten Krieg erst, wenn gesehen wird, daß sie sich als Lehre vom verhinderten Krieg, als *kat-echon,* dem Bösen im Christen entgegenstellt. Dessen Hang zum Bösen versucht individuell die Bußdisziplin zu hemmen; die Lehre vom gerechten Krieg, die zeitgleich mit der neuen Bußdisziplin im 12. Jahrhundert einen enormen Aufschwung verzeichnen kann, stellt so etwas wie deren politisches Pendant dar. Nun sind die Beziehungen politischer Akteure – auch wenn sie Christen sind – nicht durch Liebe bestimmt. Wäre es auch sein Wunsch gewesen: das hat das Christentum nicht erreichen können, obwohl ihm mit der typisch mittelalterlichen Tendenz zur durchgehenden Personalisierung des Politischen ein kräftiger Verbündeter zur Hand gewesen wäre. Die Verhinderung einer eigenständigen Politischen Theologie durch Augustinus jedoch hat die Prägung des politischen Bereiches weitgehend römisch-germanischen Vorstellungen überlassen müssen.

Die Lehre vom gerechten Krieg stellt einen Ausläufer der negativen Politischen Theologie des Christentums dar: Sie bedeutet dann den Versuch, wenn nicht das politische *summum bonum*, so doch das politische *summum malum* zu beschreiben. Die Lehre vom gerechten

Krieg versucht jenen Bereich zu umhegen, der den Versuchungen des Bösen deshalb so ausgeliefert ist, weil in ihm nicht verantwortliche Individuen, die um ihr eigenes Heil bangen müßten, sondern zusammengesetzte Personen handeln. Es ist deutlich zu sehen, daß die Lehren vom gerechten Krieg auf eine Entpersonalisierung des Politischen reagieren. Die Diskussion über gerechte Kriege wird unabhängig von den psychologischen Erörterungen geführt, die die Fürstenspiegel bestimmen. Was jedoch auffällt, ist die doppelte Verankerung dieser Diskussion in zwei verschiedenen Disziplinen: der Theologie und der Jurisprudenz.

Die Ausgliederung der Kanonistik aus dem theologischen Lehrgebäude mag als Rationalisierung im Sinne Webers oder Harnacks beschrieben werden; sie bedeutet allererst die Annahme einer eigenen Funktion der theologischen Rechtslehre. Daß sie diese Eigenständigkeit der weltlichen, d.h. römischen Rechtswissenschaft zu nicht unerheblichem Teil verdankt, ist nicht zu übersehen – wie auch nicht zu übersehen ist, daß eben diese weltliche Rechtswissenschaft ihre Unabhängigkeit dem Aufschwung der Kanonistik einerseits, dem weltgeschichtlichen Wandel des Hochmittelalters andererseits verdankt. Weltgeschichtlich bedeutet die (wissenschaftliche) Juridifizierung, die das hohe Mittelalter unter Rückgriff auf die justinianische Gesetzessammlung vollzieht, nicht bloß eine Verstärkung des Amtscharakters der politischen Herrschaft, sondern zugleich die Tendenz zur Entpersonalisierung der politischen Strukturen. Diese Entpersonalisierung aber stellt neue Probleme: Denn sie bedeutet – strukturell wohlgemerkt, nicht historisch – das Verschwinden des christlichen Subjekts als dem monopolistischen Agenten des Politischen.

Mit den beiden Spaniern Sylvester von Prierio und dem Kardinal Cajetan, d.h. im beginnenden 16. Jahrhundert verschwindet ein zentrales Element der Lehre vom gerechten Krieg: die *intentio recta*, die rechte Gesinnung. Sie bezeichnete recht eigentlich den subjektiven Anteil dieser Lehre. Durch die *intentio recta* wird die Lehre vom gerechten Krieg erst zu einer moral-theologischen Doktrin, denn erst die *intentio recta* bindet die Legitimität des Krieges an die Verfassung des Einzelnen.

Der Begriff der *intentio recta* ist durchaus ambivalent; er kann sowohl formalisiert auf die Kriegsziele hinweisen als auch auf die innere Haltung des Kriegsführenden. *Intentio recta* kann bedeuten, daß der gerechte Krieg sich ganz und gar im Rahmen der durch die klassischen *causae* vorgegebenen Ziele bewegt. Kann also bedeuten, daß mit einem Krieg tatsächlich nur die Wiedererlangung von entwendeten Dingen, nicht aber die Eroberung fremder Landstriche bezweckt wird. *Intentio recta* kann aber auch bedeuten, daß der Kriegsführende sich nicht vom Haß treiben läßt. *Intentio recta* ist der moral-theologische Damm, der das politisierte christliche Subjekt davor schützen soll, zum Agenten des Bösen zu werden, das in ihm schlummert. Hier wird der Kern der Doktrin sichtbar: die pastorale Fürsorge für das politische Subjekt.

Es ist kein Zufall, daß zu Beginn des 16. Jahrhundert die *intentio recta* aus der Lehre vom gerechten Krieg verschwindet: das 16. Jahrhundert schließt eine Epoche ab. Dieses Verschwinden spiegelt die Herrschaft der Staatlichkeit ebenso wie das Ende der Herrschaft des theologischen Diskurses. Der Bruch des frühen 16. Jahrhunderts vollzieht, was im 12. Jahrhundert begonnen hat: Die Beziehung der Völker hat im Völkerrecht selbst den Garanten ihrer Wahrheit gefunden. Die schnelle Schwächung der Universalität des jetzt katholisch-theologischen Diskurses rührt nicht nur von der großen Glaubensspaltung, die Europa durchfurchen wird, sondern viel mehr noch von der Stärke eines verselbständigten juristischen Diskurses. Die Lehre vom gerechten Krieg erfährt eine *translatio*: Beim Übergang aus der theologischen in die juristische Dimension verliert sie allererst ihre moral(-theolog)ische Ausrichtung. Möglich wird das, weil ihr Objekt nicht mehr Fürsten sind, die um ihr Heil bangen müßten, sondern Staaten, fiktive Personen, für die im Reich Gottes sowieso kein Platz sein wird.

4.

Die Wiederkehr der Lehre vom gerechten Krieg im 20. Jahrhundert ist durch eine Gewichtsverlagerung gekennzeichnet, die den im frühen 16. Jahrhundert begonnen Wandel abschließt: Sie kennt die *intentio recta* nicht mehr in ihrem System, sondern nur noch außerhalb. Ein Krieg gilt nicht als gerecht, weil sein Subjekt die *intentio recta* hätte; umgekehrt beweist die Führung eines gerechten, d. h. begründeten Kriegs die rechte Gesinnung des Kriegsführenden. Schon die klassische Lehre hatte ihr Schwergewicht auf das *jus ad bellum*, auf die Begründung des Rechts zum Kriege also gelegt. Als integrale Lehre umfaßte sie jedoch auch das *jus in bellum*, fragte also nach der gerechten Kriegsführung. Die Entwicklung der Waffentechnik im 20. Jahrhundert hat einen Widerspruch erzeugt, der die Lehre vom gerechten Krieg hat explodieren lassen: Die Entwicklung der ‚Angriffswaffen' hat das *jus in bellum* an sein Ende geführt. Die moderne Lehre vom gerechten Krieg muß das *jus in bellum* ausschließen, wenn sie noch Kriege rechtfertigen soll.

Die Wiederkehr einer scheinbar normativistischen Argumentation für den zwischenstaatlichen Bereich hat Carl Schmitt als ein Zeichen für das Ende der Epoche des europäischen Völkerrechts gedeutet. Das oben angedeutete Verschwinden der *intentio recta* aus der Lehre vom gerechten Krieg läßt sich in die Reihe der Neutralisierungen einordnen, die die Bildung der neuzeitlichen Staatenwelt kennzeichnen. Insofern deutet die Wiederkehr der Lehre vom gerechten Krieg so etwas wie ein Ende dieser Staatenwelt an. Diese Wiederkehr wird nicht zuletzt möglich, weil die Neue Weltordnung das Element der interstaatlichen Rechtssprechung aufleben läßt. Die Einfügung der Kriegsführung in einen jurisdiktionellen Hintergrund ist unter der Maßgabe von souveränen Staaten undenkbar – auch wenn der große Theoretiker des gerechten Krieges, Vitoria, das versucht hat. Nur wenn die Fiktion der normativen Einheitlichkeit eines allumfassenden Rechtslebens gegeben ist, können Kriege wegen ihres rechtsvollziehenden Charakters gerecht genannt werden.

Der neue gerechte Krieg des 20. Jahrhunderts belebt das hoch- und spätmittelalterliche Schema von der Bekämpfung des Bösen. Die Universalität dieser Weltordnung läßt das Andere notwendig als das Böse erscheinen. Im Kampf gegen das Böse aber gilt: Alles ist erlaubt. Der Ausschluß des *jus in bellum* spiegelt die apokalyptische Besessenheit des 20. Jahrhunderts. Die *intentio recta* des kriegsführenden Individuums wird aufgesaugt durch die Monumentalität der *causa*. Und hier schiebt sich ein neuer Grund in die Lehre ein, ein Grund, der schon bei Vitoria formuliert ist: *(bellum geritur)... quarto, ad pacem et securitatem parandam*. Über die drei klassischen *causae* des gerechten Krieges hinaus sind kriegerische Aktionen erlaubt, wenn sie der Sicherung des – zukünftigen – Friedens und der Sicherheit dienen. Diese Generalklausel soll im 20. Jahrhundert eine ungeheure Karriere machen. Denn sie löst die Doktrin vom gerechten Krieg aus dem reaktiven Horizont. Hatte die Lehre vom gerechten Krieg diesem immer nur negativistische Funktionen zugeschrieben, Reparaturarbeiten in einer von Gott einst geordneten, aber dann verlassenen Welt, so ist jetzt der Weg frei gemacht für gestalterische Funktionen des Krieges.

Das 20. Jahrhundert unterliegt einem Interpretationszwang: Der Hang zur apokalyptischen Deutung von historischen Krisen ist unübersehbar. Dieser Deutungsmechanismus hat eine doppelte Funktion: Zum einen erlaubt er die Aufhebung des moralischen Horizontes, welcher politisches Handeln bestimmen könnte, zum anderen deutet er jede Störung der Ruhe der Welt als ein Symptom für die Anwesenheit des Bösen. Im Effekt ergänzen sich diese beiden Aspekte: Sie führen zu einer Entfesselung des Krieges. Der Kampf gegen das Böse, der jetzt geführt wird, wird der letzte Kampf sein. Die Doktrin vom gerechten Krieg fügt sich in die Logik der Apokalypse ein. Aus souveränen Staaten sind Menschenverbände geworden, deren Politik wieder von der Heilslogik diktiert wird. Diese neue Diktatur erfaßt totalitär: den Menschen und die Kriege, die er führt.

Der Einbruch der Heilslogik in die historisch-politische Welt antwortet auf die apokalyptische Deutung der Wahrnehmung des Anderen. Am Ende der Geschichte wird Gut von Böse geschieden. Mit – im wahrsten Sinne des Wortes – verheerendem Effekt auf den Fortschritt des Menschengeschlechtes: Der Wille zur Einen Welt ist es, der die Menschheit in die Legionen des Guten und Bösen scheidet. Wo sich diese Legionen gegenüberstehen, muß das Völkerrecht versagen, das letztlich nur auf Konstellationen angewendet werden kann, in denen die Wahrheit keine Rolle spielt. Noch einmal mit Hobbes gesprochen, gilt für den Krieg der neuzeitlichen Staatenwelt: *Auctoritas, non veritas facit bellum justum.* Deswegen hat die Neuzeit jenen Teil des Völkerrechtes, der vom Krieg handelt, ganz und gar auf das Recht im Krieg beschränkt. Ein neuzeitlicher Krieg ist in diesem Sinne gerecht gewesen, wenn er gerecht geführt wurde.

Wenn Kriege durch die Betonung ihres jurisdiktionellen Charakters – also durch die Wiederaufnahme des *vindicare injuriam* – rechtfertigt werden sollen, dann muß die Welt als Imperium definiert werden. Denn nur unter der Vorgabe einer einheitlichen Befehlsgewalt kann auch die Einheitlichkeit einer Rechtsordnung gewahrt werden. Die Universalisierung von Werten erzwingt andererseits die apokalyptische Deutung von Störungen in dieser Welt. Die Wiederkehr des Bösen ist der Preis, den die spätmoderne Welt für ihren Versuch bezahlen muß, die Welt dem Gesetz von Menschlichkeit und Fortschritt zu unterstellen. Dieser Versuch erzeugt sich nicht bloß seine Feinde; er ist gezwungen, sie zu monumentalisieren, um sie bekämpfen zu können. Die Wiederkehr der Lehre vom gerechten Krieg bezeichnet das *double-bind* der völkerrechtlichen Aufklärung.

Literatur

Adam, Armin, „Raumrevolution. Ein Beitrag zur Theorie des totalen Krieges", in: *HardWar/SoftWar*, herausgegeben von Martin Stingelin und Wolfgang Scherer, München 1991

Regout, Robert Hubert Willem, *La doctrine de la guerre juste de Saint Augustin à nos jours d'après les théologiens et les canonistes catholiques*, Paris 1934 (Neudruck Aalen 1974)

Schmitt, Carl, *Die Wendung zum diskriminierenden Kriegsbegriff*, München 1938

Schmitt, Carl, *Der Nomos der Erde*, Berlin 1950

V. Der letzte Schrei

Manfred Maengel

Die unreine Quelle

Zu einer Ontologie der Hybris

1. Individualisierung der Devianz

Im Paradigmenwechsel juristischer Machttechniken, wie ihn Foucaults „Überwachen und Strafen" beschreibt, läßt sich der Einschnitt lokalisieren, der den theologischen Diskurs des Bösen durch eine Wahrnehmung ersetzt, die den Delinquenten humanisiert, indem sie ihn in den zivilisatorischen Prozeß der Individualisierung hineinnimmt. Die kasuistische Jurisprudenz hatte, ihrer theologischen Fundierung gemäß, das Verbrechen auf den bösen Willen zurückgeführt, der, weit davon entfernt, Äußerung individueller Dispositionen zu sein, nur der manifeste Ausdruck des latenten, aus der Erbsünde abgeleiteten anthropologischen Bösen sein konnte. Die weitgehend nicht-individualisierende Kasuistik wird, als Wirkung der psychologischen Aufklärung, von einem Wissen abgelöst, das sich methodisch auf die „individuelle Modulierung des Paares Verbrecher/Strafe" stützt.[1] Damit verlagert sich das Interesse von der Bestrafung des Körpers auf die Erforschung der devianten Seele, ein Interesse, das sehr bald in die für das 19. und 20. Jahrhundert typische Faszination durch das Verbrechen einmündete. Von Dostojewskijs Raskolnikoff über Musils Moosbrugger[2] bis zu Genets Querelle reicht das Spektrum einer literarischen Typisierung, die mit der Delinquenz eine gewisse psychologische Exklusivität verbindet. Die Psyche des signifikanten Verbrechers ist Matrix der modernen Seele. Foucault übersieht, daß die individualisierende Kodifizierung des Delinquenten seit dem 18. Jahrhundert, statt ihn auszugrenzen und zu isolieren, eine eigentümliche intellektuelle Sympathetik begründet. Im Prozeß psychologischer Selbstreflexion, der das aufklärerische Projekt der ästhetisch-moralischen Person[3] aufrichtet und gleichzeitig unterhöhlt, hat gerade die kriminelle Devianz einen zentralen spekulativen Stellenwert. In den dunklen Spiegel empfindsam-melancholischer Selbstbetrachtung wirft die Ästhetik des Erhabenen, die Kant für die moralische Würde vindizierte, den langen Schatten amoralischer Größe. Die *melancolia* „brütet Kolosse und Extremitäten aus"

1 Michel Foucault, *Überwachen und Strafen,* Frankfurt/M. 1977, S. 126.

2 Robert Musil, *Der Mann ohne Eigenschaften,* Berlin 1975. Für die intellektualisierende, mondäne Gesellschaft um die Zentralfigur Ulrich bildet der einsitzende Sexualmörder Moosbrugger einen rätselhaften Anziehungspunkt.

3 Die Linie reicht von Shaftesbury bis zu Schillers ästhetisch-moralischen Schriften, in deren Mittelpunkt die „Ästhetische Erziehung des Menschen" steht.

(Schiller), deren identifikatorische Anziehungskraft den hitzigen, juvenilen Machiavellismus des deutschen Sturm und Drang auslöst.[4] Gleichzeitig entsteht in Frankreich eine Literatur des Monströsen im Werk Sades. Offenbar hat die individualisierende Perzeption, die Foucault für den Bereich von „Überwachen und Strafen" rekonstruiert, in der selbstreflexiven Sphäre analoge Machttechniken entwickelt, auf die die pausenlos verhörte Seele mit dem Willen zur Macht reagiert.

Doch wäre es verfehlt, hinter der Sympathetik, in der sich delinquente Grenzüberschreitung und Entgrenzung psychologischer Selbstreflexion verschränken, eine Konjunktur des Bösen zu vermuten. Im Gegenteil, mit der juristischen Individualisierung des Übeltäters im Rahmen angestrengter psychologischer Motivforschung zielte die Humanisierung des Strafvollzugs auf einen Effekt, der Foucaults listiger Machtmaschinerie entgangen ist: das Verschwinden des Bösen. Wenn die Untat in einem Motivkomplex wurzelt, in dem sich verschiedene individuelle Kausalketten überkreuzen, ist der böse Wille nur noch Mystifikation. Das psychologische Interesse an der Genese der Delinquenz ermöglicht eine Analyse des Verbrechens, die nur psychosoziale Determinanten gelten läßt: Vergangenheit, Herkunft, Lebensweise, Intelligenz – Faktoren, die das Böse im Raster „wissenschaftlicher" Erklärungen auflösen. Mit der Entstehung der Gefängnispsychiatrie wird die Abspaltung institu-tionalisiert, die eine Pathologie des Verbrechens von einer Wahrnehmung trennt, der die Untat noch Äußerungsform einer irreduziblen Schlechtigkeit sein konnte. Die in der psychologischen Anamnese rekonstruierte Devianz ist therapierbar, das Böse nicht, weil es mit dem Unheilbaren, „Störrischen",[5] jener unbegründeten und unerklärlichen Widersetzlichkeit seine ganze Kraft zur Differenzierung einbüßt. Im indifferenten Pathologischen von Kants praktischer Vernunftkritik ist das Differentielle des Bösen untergegangen. Das „Reich der Notwendigkeit" kennt nur ein sinnloses Schwanken der Affekte, trostlose Leidenschaften im Aufblitzen der trüben Masse, diesseits der Individuation. Es herrscht die Promiskuität divergenter individueller Strebungen, die alles andere sind als Ausdruck von Individualität – was nicht heißt, daß die kantische Pathologie etwas anderes beschreiben könnte als eine Pathologie der Individuation. Erst im Scheitern der Erziehung, dessen Möglichkeit in der aufklärerischen Pädagogik im Begriff des boshaften „Eigenwillens" indiziert ist, wird ein Scheitern der „ästhetischen" Individuation erkennbar und damit die Unfähigkeit der Aufklärung, das vermeintlich mystifikatorische Böse aus ihrem Diskurs und ihrer Praxis zu verbannen.

4 Man könnte diesem bekannten Zitat aus Schillers „Die Räuber" noch die Maxime des Originalgenies hinzufügen: *aut Caesar aut nihil.* Die ästhetische Kategorie des Erhabenen wird in der Dramatik des Sturm und Drang praktisch im Phantasma viriler Größe, wie sie der historische Machtmensch repräsentiert (siehe dazu vor allem die Stücke F. M. Klingers). Die melancholische Selbstreflexion orientiert sich am Größen-Ideal und seiner souveränen Amoralität. Es fallen Namen wie Alkibiades, Catilina, Cäsar, Borgia etc.

5 Die obstinate Bockigkeit, die jede Kritik abweist, ist für die christlich-theologische wie für die aufklärerische Pädagogik ein sicheres Merkmal des Bösen.

Was in den Texten der bösen Aufklärung, der „Schwarzen Pädagogik“, noch als Eigenwille ruchbar ist, als eine ursprüngliche, unbegründete Anmaßung, ist im Ideal der Therapie, das der psychologische Strafvollzug errichtet, unterdrückt. Aufgabe der gerichtspsychologischen Gutachten ist es, die persönliche Ananke des Angeklagten aufzuzeigen, die unausweichlichen Zwänge, denen er unterworfen war, als er die Tat beging. Verantwortlichkeit, die allein Strafe nach sich ziehen kann, soll so weit wie möglich ausgeklammert werden, um den Anspruch der Notwendigkeit, die den Delinquenten entschuldet, zu bestätigen. Daß überhaupt eine Grenze gezogen werden kann, die einen Schuldspruch jenseits der Notwendigkeit ermöglicht, ist einer Abspaltung zu verdanken, durch die der verdrängte böse Wille nur noch als entstellte Repräsentanz im Bewußtsein der Verantwortlichkeit zugelassen ist. Das Verbrechen aus Zurechnungsfähigkeit ist zwar gewollt, nur darf es das Böse nicht mehr sein, das es gewollt hat. Weder das Tun des verantwortlichen, „freien“ Subjekts noch das des determinierten Pathologen ist böse, wenn man darunter mehr versteht als eine belanglose moralische Disqualifizierung.

2. Widerständigkeit des Phänomens

Wie der Diskurs der „Schwarzen Pädagogik“ zeigt, ist das Verständnis für die Spontaneität des bösen Willens nie ganz verschwunden. Im spinozistischen Pathos der Notwendigkeit wurde ein Denken verschüttet, das die absolute Differenz inmitten der epistemologischen Ordnung als deren ständige Erschütterung denken konnte. Rationalistische Metaphysik und transzendentale Vernunftkritik waren sich darin einig, die Idee der Freiheit aus ihrer theologischen Umklammerung durch das Böse zu lösen. Kant, indem er die Spontaneität der Vernunft verkündete, wollte damit das unschätzbare Privileg der absoluten Differenz der unvernünftigen Gegenmacht für immer entzogen haben. Die Freiheit, statt vom Bösen her gedacht zu werden, ist Attribut der Vernunft, die das Böse seines Privilegs beraubt hat. Dieser Raub der Vernunft ist von der Gegenaufklärung *à la* Hamann als Anmaßung durchschaut worden. Die Gestik von Hamanns sprachkritischer Haltung wiederholt die Einschließung der Vernunft ins Fleisch – nur daß das Fleisch, ganz im Sinne Rousseaus, nun gut ist. Ausgerechnet im Ornat aufklärerischer Noblesse, bei Voltaire, ist die Schmutzspur des enteigneten, seiner Freiheit beraubten Bösen geradezu pyroptisch sichtbar. „Candide“, vordergründig eine Satire auf die Leibnizsche Theodizee, läßt eine Kette von Greueln, Massakern, Katastrophen abrollen, um den Verlust einer bestimmten Sensibilität zu kennzeichnen. Das teleologische Ordnungsdenken hat die Helden der grausamen Abenteuer mit Blindheit geschlagen gegenüber der Eigenwilligkeit, Widerständigkeit der Phänomene, die als negative Zeichen einer positiven Ordnung mißdeutet werden. Die heroische wie lächerliche Anstrengung der Figuren geht dahin, einem verbotenen Gedanken auf keinen Fall Spielraum zu geben: daß der Rhythmus der Destruktionen von einem spontanen, aus der vernünftigen Ordnung fallenden bösen Willen diktiert ist. Der Riß, den das Erdbeben in Lissabon von 1755 im Denken Voltaires hinterließ, erweitert sich im „Candide“ zu einem gnostischen Pessimismus, der allerdings folgenlos bleiben sollte, sieht man vom Werk Sades ab, das die Libertinage in einer Metaphysik der bösen Natur rechtfertigt. Zumindest war Voltaires ruinöse Satire der Hinweis auf den Widerwillen gegenüber einer Aufklärung, die in einer entscheidenden Frage ihre Unfähigkeit zur „Rettung der Phänomene" unter Beweis gestellt hatte, insofern sie mit ihrer Theodizee jede augustinische Rechtfertigung Gottes an Ignoranz gegenüber dem anrüchigen Phänomen, von dem der Fäulnisgeruch des Bösen ausgeht, noch übertraf. Sade zieht die Konsequenzen, indem er die Theodizee umkehrt: Es gibt nichts, was so nachhaltig von der Abwesenheit des Guten überzeugen kann wie gerade die alltäglichen Übel, das Gewimmel von Quälereien, die zahllosen Triumphe des Lasters. In den Zuckungen der Opfer wiederholt sich unaufhörlich Voltaires Erdbeben, um den feinen Riß zu erhalten, der die absolute Differenz des Bösen bezeichnet.

3. Das Subhumane denken

Diese Differenz führt aus allem hinaus, was die Einschließungen und Umschließungen des Bewußtseins ermöglicht und die Felder von Natur und Kultur ausgrenzt, auf denen sich der endlose, gewundene Diskurs der Entsprechungen einschreibt: der Natur entsprechend, der Kultur entsprechend – was selbst für das Böse Sades zu gelten scheint, wenn man lediglich seine Metaphysik der bösen Natur ins Auge faßt. Das Böse wäre dann nicht mehr als *kata physin,* und Rousseau müßte auf den Plan treten, um seine gute Natur gegen eine unverschämte Vindikation zu schützen.

Doch es hieße, das Singuläre der Perversion zu verkennen, die absolut naturwidrig, auf irreduzible Weise *para physin* ist, wenn man die sexuelle Devianz einer klassifikatorischen *psychopathia sexualis* einverleibte; womöglich mit einer machttechnischen Humanisierung des Libertins verknüpft, die dem sadistischen Perversen eine Anamnese seiner Entartung zumutet. Denn die Akteure der Grausamkeit in Sades Inszenierungen sind fiktiv in dem Sinne, daß ihre Existenz aus der Umschließung durch den *anthropos* hinausführt. Jede individualisierende Perzeption verbietet sich, weil Sade weder den unmenschlichen Menschen noch das Humanum in dessen destruktiven Möglichkeiten exponiert, sondern das Subhumane zu denken versucht, das wahrhaft Unheimliche, dessen inkalkulablen, maßlosen Einfluß schon die sophokleische Tragödie konstatierte.[6]

Die von der Theodizee behauptete Substanzlosigkeit des Übels wird von Sade keineswegs geleugnet, nur wird bei ihm die Entwertung, die jede Desubstantiierung impliziert, gegen den Akt rationaler Begründung gewendet. Theodizee oder Geschichtsphilosophie schließen die Substanzlosigkeit in die Substanz ein, was, wie Hegels Konstruktion verrät, zu einer Spal-

6 In der „Antigone" wird der Mensch als ursprünglich *deinos* charakterisiert, ein Attribut, in dem sich Würdigung seiner naturbeherrschenden Tüchtigkeit und das Entsetzen vor seinen inkalkulablen Fähigkeiten mischen. Sosehr *deinos* den Menschen kennzeichnet, seine Singularität, so ist es doch gleichzeitig der Hinweis auf den außermenschlichen Dämon, der die menschlichen Geschicke bestimmt.

tung der fragwürdigen, problematischen Phänomene führt, die auf die Spur des abwesenden Bösen weisen:

> Das ist die List der Vernunft zu nennen, daß sie die Leidenschaften für sich wirken läßt, wobei das, durch was sie sich in Existenz setzt, einbüßt und Schaden leidet. Denn es ist die Erscheinung, von der ein Teil nichtig, ein Teil affirmativ ist. Das Partikuläre ist meistens zu gering gegen das Allgemeine, die Individuen werden aufgeopfert und preisgegeben.[7]

Hegels geschichtsphilosophischer Diskurs liest sich – und nicht nur an dieser Stelle – wie eine Paraphrase libertinärer Machtrhetorik im Stile Sades. Geringfügigkeit des Partikularen, Opferung und Preisgabe der Individuen kennzeichnen den prekären Status der Einzelexistenz, der, so die libertinäre Konsequenz, deren skrupellosen Mißbrauch rechtfertigt. Die für die Geschichtsphilosophie konstitutive Differenz besteht darin, daß die affirmative Seite der Erscheinungen der geschichtlichen Vernunft, dem Logos, zugewendet ist; die Nichtigkeit ist nur die schattenhafte Kehrseite. Gegen die substantielle Affirmation des Leidens durch den geschichtlichen Sinn setzt Sade dessen doppelte Nichtigkeit: An die Stelle des Logos ist die Lust getreten, die keinen Sinn für die Einschließungen, Zuwendungen des Sinns hat. Nicht der kontemplativen Ruhe des Philosophen, sondern der lustökonomischen Apathie des Perversen gilt die affirmative Seite des Opfers, das keinen anderen Grund mehr hat, als den nichtigen Gelüsten einer fragwürdigen Spezies zu dienen.

4. Nullpunkt des Ethos – Herrschaft der Schlechtesten

Die im Werk Sades kodifizierte Unterwerfungsstrategie zielt auf die völlige Ausschaltung jeder Einschließung, die das Partikulare transzendiert. Sades Kosmos ist atomistisch in dem Sinne, daß er nichts anderes duldet als Partikularität. Nur in dieser Immanenz ist die Herrschaft des Perversen möglich, die auf einer Verabsolutierung der Partikularität gründet: Nichts, aber auch gar nichts ist partikulärer als das perverse Interesse. Im hemmungslosen Anspruch der perversen Akteure, jedes Opfer für die eigene und unteilbare Lust sei allein schon durch die Lust gerechtfertigt, gerät Sades Denken an den Nullpunkt der Legitimität, auf dem die Figur einer ins Radikale gewendeten Hybris sichtbar wird. Gegenüber dieser Erscheinung sind die Apologien der grausamen Inszenierungen *kata physin,* gemäß einer bösen, den Untergang ihrer Geschöpfe fordernden Natur, sekundär. Eine kausale Motivation der sadistischen Praktiken würde ihre Abscheulichkeit reduzieren, denn deren Maßlosigkeit lebt von einer ursprünglichen und irreduziblen Anmaßung, die jede Begründung, Einschließung abweisen muß, um die Abscheulichkeit an einem Nullpunkt analog dem *ego cogito* auftauchen zu lassen.

---

7 G. W. F. Hegel, *Vorlesungen über die Philosophie der Geschichte*, Frankfurt/M. 1970, S. 49.

„Überlassen wir uns ohne Unterlaß den monströsesten Lüsten!"[8] Zwar ist es die Stimme der Natur, die diese Maxime einflüstert und den „Organen der Lust" befiehlt, in mörderische Aktion zu treten. Aber sie äfft die Vernunft nur nach, um den kantischen Übergang von der subjektiven Maxime zu allgemeinen, universell gültigen Prinzipien zu verhöhnen, denn es ist ausgeschlossen, daß alle ihr folgen können, weil es eine größtmögliche Zahl von Opfern und nur eine verschwindend kleine Zahl von Nutznießern geben darf. Das Machtideal der streng asymmetrischen libertinären Praxis ist die Unterwerfung aller unter einen einzigen, sie verzehrenden Körper. Die Oralität dieses Ideals ist unverkennbar; der in der individuellen Psychogenese ursprüngliche Akt der Einverleibung korrespondiert mit der Anmaßung, in der sich die Differenzierungen der Perversion verabsolutieren. Sade legt in den Charakterisierungen seiner Akteure den größten Wert auf die Feststellung, daß ihre Herrschaft sich auf keinerlei Verdienste gründet. Die politische Souveränität des usurpatorischen Tyrannen war nie außerhalb der Legitimation durch die Arete; der Tyrann hat Mut, Intelligenz, Ausdauer und Weitsicht gezeigt und damit die Substantialität einer Ethik der männlichen *virtus* bestätigt. Im Gegensatz dazu streicht Sade die Feigheit heraus, die als eine primäre Untugend zu verstehen ist, dem libertinären Selbstverständnis allerdings so wesentlich wie der Lustprimat.

Die Inthronisierung der Feigheit[9] ist folgerichtig, da sich das Böse nur in einer Subversion ethischer Differenzierungen zu erkennen gibt, die den einzelnen einer bestimmten ethischen Wertskala zuordnen. Auf dieser Skala muß der Libertin notwendig die unterste Position einnehmen, im Gegensatz zur gesellschaftlichen Hierarchie, die ihn auf den obersten Rängen postiert, um eine Herrschaft der Schlechtesten zu ermöglichen. Die Verdienste historischer Usurpatoren haben von jeher deren Amoral und Verbrechen entwertet. Diese Macht des Ethos muß gebrochen werden, da das Böse niemals als Effekt einer Willkür in Erscheinung treten kann, die von einer ethisch begründeten Privilegierung eingeschlossen bleibt. Das Böse kann nur vom Ressentiment her begriffen werden. Die Gegenbesetzung zum grundlosen, auf nichts gegründeten Anspruch des Ressentiments bildet die Forderung Kants, daß hedonistisches Glück nur Privileg der Würde sein sollte. Die Gefahr ist zu groß, die von einer grenzenlosen Selbstaffirmation des Würdelosen ausgeht, das sich in seiner Würdelosigkeit gefällt. Wie der psychogenetische primäre Narzißmus kennt die Selbstgefälligkeit des Bösen weder ästhetische noch ethische Valeurs, die seinen maßlosen Anspruch stützen könnten. Die vollkommene Mißachtung des Objekts hat seinen Ursprung darin, daß das Böse keinen Sinn für

8 Donatien Alphonse François Marquis de Sade, *Ausgewählte Werke in 6 Bänden,* Frankfurt/M. 1972, Bd. 1, S. 29.

9 Den Schlußstein der Charakterisierung des Herzogs von Blangis – ein Akteur in den „120 Tagen von Sodom" – bildet, im Gefolge von Attributen wie „falsch, hart, tyrannisch, ungesittet, egoistisch", die ausführliche Illustration seiner Feigheit: „Und bei alledem – wer hätte es gedacht, aber so gewiß ist es, daß die Seele oft sehr schlecht den körperlichen Anlagen entspricht – ein entschlossenes Kind hätte diesen Koloß erschreckt. Sobald er sich nicht mehr seiner Hinterlist und des Verrats bedienen konnte, um sich seiner Feinde zu entledigen, wurde er furchtsam und feige. Allein die Vorstellung selbst des ungefährlichsten Kampfes – auch bei gleichem Kräfteverhältnis – hätte ihn bis ans Ende der Welt fliehen lassen" (ebd., S. 46 f.).

Objektivierungen hat – im Sinn einer quasi-hereditären Blindheit, die in ihrem Spiegel das Nichts erblickt, um es triumphal zu begrüßen –, da jede Objektivierung eine gewisse Kontrolle über die Subjektivität ausübt und sie immer wieder zum Eingeständnis ihrer Nichtigkeit zwingt.

Eine Kontrolle, die von der leeren Subjektivität unbedingt abgewiesen werden muß, weil das Ressentiment nichts mehr fürchtet als die Einschränkung seines unhaltbaren Narzißmus. Wie man die logische Verneinung auf das ontologische Nichts zurückführen kann, so den „Geist der Verneinung" auf die Geistlosigkeit eines ursprünglichen Nichts der Abweichung, auf das der theologische Diskurs verweist.

5. Unwesen und Wesenlosigkeit

Das Böse, sagt Ambrosius, ist „keine ursprüngliche Wesenheit".[10] Diese Formulierung ist zum einen als Rechtfertigung der göttlichen Ordnung zu verstehen, die, gegen die „Pest der Manichäer", die Marcioniten und Valentiner gerichtet, jede Essentialität des Bösen ausschließt. Wenn man das Böse, seine aufdringlichen und unabweisbaren Erscheinungsformen, dennoch nicht leugnen kann, muß man es wenigstens zur Substanzlosigkeit verdammen. Der Konflikt mit dem Manichäismus, der Gnosis, zwingt die orthodoxe Theologie dazu, einen unauflöslichen Widerspruch zu denken: daß die Ordnung eine Abweichung von ihr zuläßt – eine Abweichung, die spontan sein muß, um sich außerhalb des Gefüges ereignen zu können, in einem Außen, das nur in einer dichten Umhüllung, Verkapselung gedacht werden darf: im Inneren des Menschen. Mit der Verortung im Menschen unterdrückt die Theologie die Ortlosigkeit des Bösen, die den göttlichen Kosmos infizieren würde. Wenn jede Ordnung nach Einordnung, Unterordnung verlangt, so ist mit der ursprünglichen Abweichung, der absoluten Differenz im Herzen des Guten, die Inspiration des bösen Willens gegeben, der den feinen (quantenmechanischen?) Ur-Riß erweitern möchte.

Musil illustriert das „Urböse" durch die Geste der Zerschlagung eines Symbols von Ordnung: „Wer kennt nicht die boshafte Verlockung, die bei der Betrachtung eines schönglasierten üppigen Topfes in dem Gedanken liegt, daß man ihn mit einem Stockhieb in hundert Scherben schlagen könnte?"[11]

Schönheit, Glanz und Üppigkeit sowie die kreisförmige Struktur kennzeichnen den Topf, die Vase als kosmisches Ursymbol, das die Geste des Ressentiments herausfordert. Der Stockhieb zielt mit dem Topf auf die verhaßte Ordnung, deren Ästhetik einen fundamentalen Mangel verbirgt: die Zerstörbarkeit. Die Zerstörbarkeit provoziert Zerstörung, um den ursprünglichen Riß eskalieren zu lassen. Destruktivität ist Resultat der Streuung des Risses, der die unzerstörbare Substanz Gottes notwendig von seiner Schöpfung trennen muß.

10 Ambrosius, „Sechstagewerk", in: *Einsichten des Glaubens. Texte der Kirchenväter,* hrsg. von Alfons Heilmann und Heinrich Kraft, München 1968, S. 114.

11 Musil, ebd., Bd. 1, S. 385.

Der theologische Diskurs fördert ein ontologisches Verständnis des Bösen, das den bösen Willen ins Gefolge jener Spur stellt, die aus der Immanenz der Ordnung herausführt. Sades libertinäre „Gegen-Gesellschaft" (Klossowski) ist aus der Wesenlosigkeit dieser Spur abgeleitet, so daß ihre Fiktionalität nur sekundär ein Effekt literarischer Imagination ist. Primär verweist die Fiktionalität darauf, daß das Böse, wie reell auch immer, nie von dieser ursprünglichen Wesenlosigkeit zu trennen ist. Die mediale Spektakularität von Gewaltverbrechen täuscht darüber hinweg, daß es eine Erfahrung des Bösen nicht geben kann, weil es das Opfer in den Status radikaler Vereinzelung einschließt – eine Position, die dem Geschehen jedes Gewicht nimmt. Die Läsionen, psychischen oder körperlichen Verstümmelungen bleiben unerklärlich und aus jedem noch so minimalen narrativen oder explanativen Zusammenhang ausgeschlossen. Das Böse – daher die „Zunahme von Gewalt" und ihre Intensivierung – zielt auf das reine, gedächtnis- und bewußtlose Ereignis außerhalb jeder Ordnung, um die ursprüngliche Geste der Anmaßung zu wiederholen. Der individualisierende Zugriff – die „schwere Kindheit", die „Arbeitslosigkeit", das „Leben in den kalten Vorstädten" – verfehlt mit der ihm eigenen Naivität die ontologische Dimension des Ereignisses, das nur als spontane Abweichung, Ausscheren aus den Kausalketten zu verstehen ist.

Die Wirkung des Phantasmas, das ontologisch zwischen dem Realen und dem Imaginären steht, ist aus der Wesenlosigkeit des Bösen abgeleitet, insofern es stets als die Anmaßung des Imaginären auftritt, das in eine ihm nicht zustehende Realität drängt. Da diese phantasmatische Anmaßung dem Sexualobjekt *eo ipso* anhaftet, kann sich für den Libertin Sades das Begehren nur im Rahmen der strafenden, schlagenden Exerzitien entfalten, die dem Opfer jede Überhebung austreiben sollen. Der Körper, der Begehren weckt, die Schönheit, Anziehungskraft des Sexualobjekts leugnen mit störrischer Boshaftigkeit die Demut, die der körperlichen Realität entspräche: dem Fleisch, das sich im Nu in eine amorphe wertlose Masse verwandeln kann. Am Ende der grausamen Feste steht der Tod, der die Opfer vollständig in ihr kreatürliches Nichtsein zurückführt, um die unteilbare Anmaßung des Akteurs zu bestätigen.

6. Der reine Körper, das unreine Partikel

Es scheint heute selbstverständlich, daß man jede Demut abweisen muß. Die Existenz am Ende des 20. Jahrhunderts steht im Bann eines diffusen Selbstbewußtseins, das sich um so heftiger artikuliert, je unbegründeter es erscheint – wenn es nur in der gelungenen Pose des Selbstbewußtseins in Erscheinung tritt. Wo alles „Leben" verspricht – von der Margarine bis zur Bioenergetik –, die vitale Ganzheit Hochkonjunktur hat, bleibt die abgründige Theatralik dieser Existenz notwendig verborgen. Nicht nur, daß der einzelne sich grundlos aufspielt, jede noch so natürliche Lebensäußerung eine Anmaßung ist; es sind die Einzelheiten, Partikel des einzelnen, die sich mit äußerster Aggressivität in Szene setzen. Die Semiotik der Werbung erzeugt ein Spannungsfeld zwischen dem Hyper-Klassizismus männlicher und weiblicher Körper, der Ganzheit, Einheit und Geschlossenheit signalisiert, und dem Triumph der Körperöffnungen, -einbuchtungen, -zuspitzungen (Mund, Achselhöhle, Haarspitzen etc.).

Der für das männliche und weibliche Modell obligatorische „böse Blick“ droht mit allen Übeln, die aus dem Körper in jedem Moment wie Bolzen herausschießen können. Der riesige Mund, die besprühte Achselhöhle, die gepflegten, liebkosten Haarspitzen sind Geschosse, die den Betrachter zur Demut zwingen wollen, damit die Anmaßung des Partikels freies, ungezwungenes Spiel hat.

7. Anything goes – anything evil

Hybris[12] der Mythologie: die *superbia* und *arrogantia* des theologischen Diskurses sind begriffliche Spuren einer begehrlichen Abweichung, von der die Affekte des Stolzes, des Hochmuts, der Überhebung nur abgeleitet sind. Die moralisierende Redeintention des theologischen Diskurses verstellt die präaffektive Position des wesenlosen Bösen im Zwang, das affektive Wesen zu verurteilen und abzuwerten. Sie schließt das Böse im Menschen ein, als Preis für eine Freiheit, die es, angesichts des Logos, nicht geben dürfte. Mit der „Befreiung“ des Körpers, eingeleitet durch den Rousseauismus, setzt das Vergessen des Ursprungs der Freiheit ein, dieses dunklen Augenblicks im Zögern der Schöpfung. Erst die manische, aggressive Liberalität des zeitgenössischen *anything goes* ermöglicht eine neue Sensibilität, die sich in einem gewissermaßen reaktionären Impetus ankündigt, einer mehr oder weniger offenen Idiosynkrasie gegenüber der Freiheit des anderen. Eine Analyse des in dieser Hinsicht äußerst aufschlußreichen Romanwerks von Nicolas Born[13] könnte zeigen, daß zwar kein rational begründeter Einspruch gegen den grassierenden Anspruch auf „eigenes Leben“ mehr möglich ist, statt dessen jedoch ein Sensorium freigelegt wurde, das die nicht-intentionale Bosheit des anderen registriert, der keine größere Schuld auf sich lädt, als nur für sich und in jedem Moment unabhängig zu sein. Diese Sensibilität ist vom Zeichen besessen, etwa den Spuren, verstreuten Gegenständen der abwesenden Geliebten, die eine schwer zu fassende, sich nur im verborgenen Beben der Dinge artikulierende Bosheit der Absenz und Beziehungslosigkeit bezeichnen. Die Dinge, die Zeichen, die auf eine unmögliche Zugehörigkeit verweisen, sind der Resonanzboden einer schweigenden, völlig unpathetischen Hybris, die weniger Überschwang des anthropologischen Selbstbewußtseins als Ausdruck eines ursprünglichen und präaffektiven Geizes ist. Die wesenlose Abweichung ist zu einer strengen Ökonomie der Selbstbewahrung gezwungen. Kennzeichnend für die zeitgenössische partikularisierende „Anspruchshaltung“ ist das Fehlen einer psychisch-emotionalen Freigebigkeit im Geiz der Grenzziehungen und Unabhängigkeitsbehauptungen. Jede Horrormaske ist schon eine Verdinglichung des Bösen, dessen so universelle wie wesenlose Wirkungen eher die Normalität charakterisieren als den Ausnahmezustand.

12 Im Begriff der Hybris ist der ursprüngliche Zusammenhang von Anmaßung und Gewalt aufbewahrt.

13 Die in den 70er Jahren entstandenen Romane *Die erdabgewandte Seite der Geschichte* und *Die Fälschung*.

Es ist also falsch, in der Hybris, wie die griechische Mythologie nahelegt, den Ausdruck von menschlicher Selbstwertschätzung zu vermuten, die auf des Menschen Gottesebenbildlichkeit gegründet ist. Das Böse, im christlich-theologischen Diskurs, hat mit der Ebenbildlichkeit, auf die sich die Konzepte des Guten stützen, nichts zu schaffen.[14] Der Mensch als *imago dei* steht unter dem Zwang, dem *ordo* zu entsprechen. Das Böse entgeht jeder Ordnung, ist also weniger als eine negative – satanische – *imitatio dei.* Der Teufel ist eine späte Schöpfung, die das Abwesende und Nichtige des Bösen in die den ontologischen Ursprung entstellende, verhehlende Präsenz der Anschaulichkeit bringt und noch dazu das Bedürfnis nach Helden befriedigt. Hat Luzifer etwa keine Verdienste? Nur bösen Willen zu zeigen und kleinen Mädchen ins Ohr zu flüstern genügt nicht, da die luziferische Anmaßung – durch seine wie auch immer negativ bestimmte Größe – gerechtfertigt ist.

8. Jenseits der Legitimation

Sade, mit dem metaphysischen Gespür für das Böse, hat seine Akteure, statt sie zu heroisieren, unmißverständlich als minderwertig deklariert, besser: er hat dazu aufgefordert, die Minderwertigkeit als das wesenlose Wesen des Bösen zu denken. Nur die Maßlosigkeit der Anmaßung treibt die Abscheulichkeit – Maß der Lust – auf die Spitze. Die Formation der mafiotischen Gegen-Gesellschaft ist zutiefst asozial, ohne außerhalb der Gesellschaft zu sein, deren Machtstrukturen das Unternehmen erst ermöglichen. Aristoteles hatte in der Philosophie der Polis den recht- und machtlosen Status des Sklaven als Organon seines Herrn aus dessen anthropologischer Essentialität abgeleitet. Der Herr erfüllt den schon im Begriff des Anthropos gegebenen normativen Gehalt; er ist kraft seiner Beziehungen zur Arete der politischen wie theoretischen Existenz der eigentliche Mensch.

In der Dialektik von Spontaneität und Organisation insistiert Sades Projekt auf einer perfekten und gegen alle Wechselfälle gesicherten Organisation, die dem libertinären Herren die freie spontane Verfügung über die Organe der Lust ermöglicht, auf deren Status die Begehrensobjekte reduziert werden. Die Lustopfer der „120 Tage" sind Sklaven; Aristoteles hatte die Abgründigkeit seiner Legitimation der Sklaverei dadurch verdeckt, daß er gegen die Maßlosigkeit des despotischen Anspruchs die Dämme einer Ethik des Maßes aufwarf: Der Despot, der Herr des Oikos, möge sich gegenüber den Sklaven maßvoll verhalten. Sade übernimmt das politisch-soziale Modell der Sklaverei, um deren eminenten Handlungsspielraum für die Möglichkeiten des Exzesses auszuloten. Die Herren der abgelegenen Schlösser führen vor, was es heißt, die dem Eigentumsbegriff implizite Freiheit der Verfügung auf den Menschen auszudehnen. Prämisse dieser exzessiven Auslegung der Sklaverei ist die Absenz des Ethos.

14 Gregor von Nyssa führt die satanische Subversion der Gottesebenbildlichkeit des Menschen auf einen Primäraffekt des Ressentiments zurück: den Neid (Heilmann/Kraft, ebd., S. 85).

Für Aristoteles war die Erlaubnis, über das Leben, den Körper eines anderen verfügen zu dürfen, durch die ethische Eminenz der Herren legitimiert, die diesen gleichzeitig darauf verpflichtete, vom menschlichen Eigentum keinen exzessiven Gebrauch zu machen. Aus der Charakterisierung der Despoten bei Sade ist jede ethische Spur getilgt, mit der ethischen Haltung auch jede Zurückhaltung. Der Libertin hat nicht einmal *conduite,* er ist, im exzellenten Sinn des Wortes, viehisch. Die szenische Figur des Viehischen ist der maßlose Exhibitionismus, das Suhlen, das eine exzessive Auslegung der Öffentlichkeit ist, die den Körperfunktionen des absolutistischen Souveräns zuteil wurde.

Essen und Trinken des Königs waren in Versailles ein Schauspiel, an das kein Molière heranreichte. Der Libertin stellt noch sein schlaffes Glied zur Schau, um zu zeigen, daß er selbst über eine Ästhetik potenter Männlichkeit erhaben ist. Es gibt keinen Schnitt, den Sade unterließe, um seine Lieblinge von jeder Art der Kontrolle zu befreien, der die Minderwertigkeit, sei es ethisch oder ästhetisch, ausgesetzt ist. Erst das soziale Unwesen des libertinären Subjekts setzt die Wesenlosigkeit frei, die keinen Grund für die Anmaßung, Hybris, weiß als den Abgrund. Wie sich das Auge Batailles vom Himmel, dem Oben, abkehrt, um den Blick in ein offenes, klaffendes Unten des Schädelinneren einkehren zu lassen, löst Sade das Böse von seiner himmlisch-luziferischen Herkunft und stellt damit die Priorität des Unterirdischen wieder her.

Wer aus diesen grundlosen Niederungen kommt, hat kein Recht, empfängt keinen Wert von oben. Es ist der ontologische Pöbel, der sich alles anmaßt, weil er nichts ist. Das Böse ist nur *ex nihilo,* da schon die Spur eines essentiellen Seins ihm eine ethische oder ästhetische Legitimation aufzwingen würde. Dem Grundlosen entfremdet, stünde es sofort im Zwang der Begründung. Aristoteles schlägt seinen Sklaven nur, wenn er gute Gründe dafür hat. Der alltägliche Totschlag in den Straßen – in Berlin, Los Angeles oder anderswo – hat keine, es sei denn, man könnte das Verschwinden des Menschen dafür verantwortlich machen. Verschwinden des Menschen, die düstere Prophezeiung Foucaults – oder war es eine heitere, fröhliche? – heißt: Auflösung der Gattungsgrenzen, auch hier eine Liquidation des Aristotelismus. Der Kentaur ist wieder möglich – und nicht nur als Standardbeispiel für die Willkür der Einbildungskraft.

9. Gilles de Rais: Das legendäre Böse

Die Hartnäckigkeit, mit der das Böse dadurch verdeckt und entstellt wird, daß man es wertet, hält sich am längsten in der bösen Legende. Daß Gilles de Rais – die europäische Legende des Unholds *par excellence* – „nichts als ein roher Kriegsmann, ein brutaler, skrupelloser Feudalherr“ war,[15] dieses Nichts hindert Bataille keineswegs, dessen Fülle hervorzukehren, indem er den Rüpel als „heiliges Ungeheuer“ charakterisiert. Gilles wird erniedrigt, um erhoben zu werden. Die Zwänge, denen Batailles Diskurs folgt, der, immerzu schwan-

15 Georges Bataille, *Gilles de Rais,* Frankfurt/M.-Berlin-Wien 1975, S. 7.

kend, Blaubart abwertet und heroisiert, scheinen das Leben des legendären Anti-Helden selbst beherrscht zu haben. Komisch und rührend Gilles' stets vergeblicher Versuch, mit Schwarzer Magie, unter dem Beistand professioneller Beschwörer, sein Urbild heraufzuzwingen. Es ist offensichtlich, daß er den Teufel als Legitimation brauchte. Deswegen, ausgerechnet, ist Gilles de Rais ein schlechtes Beispiel für das Böse, weil er vom legitimatorischen *horror vacui* erfüllt war, der Angst davor, das Böse könnte nur er selbst sein. Von diesem Selbst sagt Bataille, in bemerkenswerter Beiläufigkeit, daß seine Quellen „unklar" waren. In diesem Trüben zu fischen wäre fruchtbarer gewesen, als Gilles' Herkunft aus einem archaischen Adel herauszustellen. Die adligen Privilegien, die den Verfügungsspielraum gewalttätiger „Selbstherrlichkeit" ermöglichen, knüpfen die Legende an ein trügerisches Oben; das Volk soll bei seiner Hinrichtung zu ihm aufgeblickt haben. Doch sobald das Böse zu einer durchsichtigen Repräsentanz wird, ist die grundlose Quelle nur noch der Spiegel einer szenisch erhöhten Existenz. (Bataille würdigt Blaubart als „Shakespearschen" Helden.)

10. Hybris und Subreption

Nicht von adliger Herkunft, von der Herkunft des Adels, dessen trüben Quellen wäre zu sprechen, nicht nur vom soziologisch-historischen, vom Adel überhaupt, als einer zentralen Metapher, die einen Komplex von Valorisierungen regelt. Im bürgerlichen Protest gegen die Feudalität wurde deren Skandal sichtbar, Herrschaft nur durch Geburt legitimieren zu können. Die Kontingenz der Geburt entzieht sich jeder rationalen Begründung und Integration, mehr noch, der bildhaft-sinnliche Grund ihres Begriffs ist das Unreine, die unreine Quelle schlechthin. Diese Einsicht läßt sich auch am biblischen Mythos ablesen, der in der Strafe des Gebärenmüssens die Verbindung von Ursünde und Geburt verschlüsselt.

Die Figur des bösen Bastards, exemplarisch Shakespeares Richard III., knüpft an das Pathos adliger Geburt das Unwesen der Subreption, die erschlichene Position in der Reihenfolge der Macht, die auf die Reinheit des Bluts gegründet ist. Im Angelsächsischen ist die Kennzeichnung als „Bastard" extreme Verbalinjurie, in der sich die Vorwürfe von Bösartigkeit und Schlechtigkeit verbinden. Der Bastard repräsentiert jene widerwärtige Anmaßung, die schon sein Geborensein ist. Er hat sich nicht nur, später, soziale Positionen erschlichen, sondern schon seine Existenz ist Subreption, eine Erschleichung, die sich in seiner Bösartigkeit realisiert.

Wenn Bataille hervorhebt, an Gilles de Rais sei „nichts Vernunft" gewesen, verweist er indirekt – in der Doppeldeutigkeit des französischen *raison* – auf die Grundlosigkeit des Bösen. Das Fehlen rational faßbarer Beweggründe auf der individuellen Seite korrespondiert auf der sozialen mit der Unmöglichkeit, das feudale Privileg, dem Gilles den exzessiven Handlungsspielraum zu verdanken hatte, anders zu rechtfertigen als durch das Blut. Die soziale Wirksamkeit dieser einzigartigen Mystifikation steht und fällt mit der Ausschließung des Unreinen. Batailles Sakralisierung des vernunftlosen Helden gelingt nur, wenn die Reinheit seines Blutes gewahrt bleibt und die Unreinheit der Quelle geleugnet wird. Zur „tragischen“ Figur wird nur jemand, der im Kern seiner Monstrosität der Spur der Noblesse folgt. Die Anwesenheit dieser Spur entkräftet den Vorwurf der Hybris, denn es ist etwas grundsätzlich anderes, ob ein Metöke oder Theseus einen Lustmord begeht. Adel entschuldet; wo er verschwindet, wuchert, wie das Schicksal des bürgerlichen Bewußtseins zeigt, das schlechte Gewissen.

Über die Abscheulichkeit des bösen Tuns entscheidet nicht das Tun selbst, sondern das Wesen des Täters, dessen Unwesen die Abscheulichkeit erhöht. Das Unwesen verweist auf eine unreine Herkunft, im ontologischen, nicht im sozialen (Schicht, Familie, Milieu etc.) Sinne: Das Böse ist Prädestination, deren Metapher das reine oder unreine Blut ist.

Die unreine Quelle hat keinen Ort, aber sie ist so schicksalhaft wie der Brunnen, in dem Narziß ertrinkt. Mit dem reinen, geweihten Wasser vertreibt man den Teufel, der nur aus einem Pfuhl entstanden sein kann. Hybris, als absolute Anmaßung, ist der Name jener ursprünglichen Geste, mit der sich das Niedere über seine Herkunft hinwegsetzt. Es ist schwer zu erkennen, weil es sich jeder kategorialen Perzeption entzieht. War Gilles de Rais ein Bastard? Erst dann wäre sein Tun, in vollem Umfang und unverzeihlich, abscheulich.

Das Böse, Abkömmling eines subhumanen Prinzips, das den Menschen unaufhörlich in Frage stellt. Freuds Todestrieb, der das Leben verhöhnt.

„Denke stets an das Niedere in dir!“ (Ambrosius) Diese moralisierende, christliche Maxime gekürzt zu einer Aufforderung, die weder moralisierend noch christlich ist: Denke das Niedere!

Literatur

Bataille, Georges, *Gilles de Rais,* Frankfurt/M.-Berlin-Wien 1975

Born, Nicolas, *Die erdabgewandte Seite der Geschichte,* Reinbek b. Hamburg 1976

Foucault, Michel, *Überwachen und Strafen,* Frankfurt/M. 1977

Hegel, Georg Wilhelm Friedrich, *Vorlesungen über die Philosophie der Geschichte*, Frankfurt/M. 1970

Heilmann, Alfons/Kraft, Heinrich (Hrsg.), *Einsichten des Glaubens. Texte der Kirchenväter,* München 1968

Kant, Immanuel, „Kritik der praktischen Vernunft“, in: ders., *Werke in zwölf Bänden,* herausgegeben von Wilhelm Weischedel, Bd. VII, Frankfurt/M. 1968, S. 103–302

Musil, Robert, *Der Mann ohne Eigenschaften,* Berlin 1975

Marquis de Sade, Donatien Alphonse François, *Ausgewählte Werke in sechs Bänden,* Frankfurt/M. 1972

Voltaire, *Erzählungen, Dialoge, Streitschriften,* herausgegeben von Martin Fontius, 3 Bde., Frankfurt/M. 1981

Erik Grawert-May

Die guten und die bösen Winde

Über Goethe, Max Weber, Heavy Metal und die vietnamesische Polizei

1.

Ist der Wind nicht ein himmlisches Kind? Was hat diese durch und durch unschuldige Naturerscheinung mit Gut und Böse zu tun? Gewiß, wenn er zum Orkan wird und Menschen dabei zu Tode kommen, wie es jeweils zu Jahresbeginn auch in unseren Breiten geschehen kann, dann pflegen wir das mit dem weltweiten Klimawechsel in Zusammenhang zu bringen und verweisen selbstkritisch auf die unkontrollierte Naturausbeutung der westlichen Industriegesellschaften. Dreht es sich um auffallende Hochs oder Tiefs, geben wir ihnen Frauen- bzw. Männernamen, über deren geschlechtsspezifische Zuordnung wir streiten. Aber als böse würden wir klimatisch bedingte Phänomene nicht bezeichnen. Das bleibt dem stellvertretenden Polizeidirektor von Ho-Chi-Minh-Stadt vorbehalten, der Ende der achtziger Jahre die massenweise Inhaftierung von Obdachlosen und Prostituierten mit dem „Jahr des Tourismus" begründete. Die von der Polizei durchgeführten Razzien sollten „der Schaffung von Ordnung im Lande" dienen. Zur besseren Illustration fügt er hinzu: „Böse Winde und gute Winde blasen gerade jetzt durch Vietnam, und wir müssen sicherstellen, daß die bösen Winde draußenbleiben" (Berliner *Tagesspiegel* vom 13.12.1989).

Den Statistiken zufolge müssen zur gleichen Zeit in der Sechs-Millionen-Stadt mehr als dreißig Gewaltverbrechen täglich verübt worden sein, was seitens der Polizei auf eine dramatische Zunahme von Prostitution, Schmuggel und Drogenmißbrauch zurückgeführt wurde. Die Schuld daran, die Schuld an der Entstehung der bösen Winde also, gab man den westlichen Videoimporten. „Diese Videos, vor allem die Detektiv-Geschichten, die sexuellen und die Gewalt-Videos bringen den jungen Leuten die falschen Sachen bei. Sie gehören verboten", wird der Polizeioffizier zitiert (ebd.). Auch über die polizeilichen Abhilfemaßnahmen unterrichtet uns die Notiz des *Tagesspiegels.* Sie bestanden nicht vorrangig aus der Inhaftierung, die offenbar in vielen Fällen nur ein vorübergehender Zustand war; das Gros der von der Straße weggeholten Personen wurde in Umerziehungsschulen am Stadtrand untergebracht. „Wir versuchen, ihnen eine neue Ausbildung zu geben und ihnen klarzumachen, daß das, was sie gemacht haben, falsch war. Sobald sie sich ändern, können sie gehen, gewöhnlich nach ein oder zwei Jahren", so noch einmal der Polizist.

Was den Aktionen und Verlautbarungen der vietnamesischen Ordnungskräfte zugrunde liegt, ist nicht nur eine klare Differenzierung von Gut und Böse, sondern auch der Glaube, daß Gutes zu Gutem und Böses zu Bösem führt. Die bösen westlichen Videos lassen böse Winde, die guten Umerziehungslager dagegen gute Winde entstehen. Ein zeitgleicher Vorgang aus dem Nachbarland Vietnams hätte an dieser bestechenden Auffassung jedoch erhebliche Zweifel wecken können. In China nämlich hatte gerade eine von der Regierung gestartete Anti-Pornographie-Kampagne stattgefunden, von der vor allem viele Jugendliche verunsichert worden sein sollen (*Tagesspiegel* vom 14.12.1989). Schulkinder, nicht wissend, was Pornographie bedeutet, hätten ihrem Lehrer Bilder von nackten Säuglingen gezeigt. Die Kampagne stand unter dem Motto: „Räumt auf mit dem Gelben", worauf Millionen von Büchern, Magazinen sowie Filmen beschlagnahmt und zum Teil öffentlich vernichtet wurden. Ausgehend von der Annahme, daß Pornographie den Geist der Kinder schädige, bezogen die Behörden selbst Grundschüler in ihre Aktionen ein, mit dem Erfolg, daß viele von ihnen die Regale ihrer Eltern nach verbotener Literatur durchstöberten. Dabei sollen manche der Kinder sämtliche Bücher mit einem gelben Einband zur Kontrolle vorgelegt haben. Von anderen Familien wird berichtet, die Eltern hätten nur deshalb pornographische Schriften gekauft, „damit die Kinder ihre Hausaufgaben machen und gelbes Material in der Schule vorlegen" konnten (ebd.).

Wieso die Kampagne unter dem angegebenen Motto stand, entzieht sich unserer Kenntnis. Doch wenn in Vietnam *Winde* böse sein können, warum dann nicht in China *Farben* (vgl. auch die *Yellow Press* im Westen)? Was am chinesischen Beispiel auffällt, ist, daß die strikte Zuordnung der Farbe Gelb zu pornographischem Material nicht den gewünschten Effekt hatte. Die Schüler stellten in ihrer Unkenntnis seriöse Bücher unter Pornographieverdacht, nur weil sie einen gelben Einband trugen,, und die in die Enge getriebenen Eltern fühlten sich durch die Kampagne aufgefordert, den Kauf pornographischer Literatur erst richtig anzukurbeln, damit ihre Zöglinge in der Schule etwas vorzuweisen hatten. So trug das Verbot des Gelben zu dessen – vorübergehender – Verbreitung bei.

2.

Die zwei Beispiele aus Asien lassen darauf schließen, daß Arreste und Verbote nicht, wenigstens nicht generell dazu geeignet sind, etwas Gutes anzurichten. Einen ganz anderen Weg, das Böse zu bekämpfen, hat die deutsche Rocksängerin Jutta Weinhold eingeschlagen. In einem Interview mit der Zeitschrift *Cosmopolitan* (11/1989), das die Überschrift „Geil mit Goethe und Heavy Metal" trägt, gibt sie folgende Überlegungen preis:

> Jeder Mensch ist voll mit Aggressionen. Jeder ist potentiell fähig, die kriminellsten Sachen zu machen. Wer aber zum Heavy Metal geht, der kriegt diesen Druckbeat, bis er schreit und tobt, bis er glaubt, daß ihm der Kopf oder der Hals oder sonstwas in Fetzen fliegt. Der Hardrock kann niemand aggressiv machen, der es nicht schon vorher war. In einem Konzert kann das alles raus, bis nichts mehr übrigbleibt für die Straße, für die Kneipe, für zu

> Hause. Auch deshalb finde ich die brutale Musik einfach göttlich. Weil sie so ist, wie der Goethe sagt.

Angesichts der ungläubigen Miene der Interviewerin, Barbara Darius, setzt sie hinzu:

> Der Faust, der ewige Kampf zwischen Gut und Böse, der paßt so gut zum Hardrock. Mephisto: „Ich bin ein Teil von jener Kraft, die stets das Böse will und doch das Gute schafft..." – das ist doch reiner Heavy Metal. Denn die aggressive Musik macht den Kids den Kopf frei, bis sie bereit sind, auch positive Gedanken aufzunehmen. Deshalb habe ich den Spruch umgedichtet: „Hard and heavy ist die Kraft, die stets das Böse will und doch das Gute schafft."

Jutta Weinhold folgt dem Prinzip, daß dem Teufel nur mit Beelzebub beizukommen ist. Wenn alle aggressiv sind, muß etwas Aggressives her, um die Leute von ihren Aggressionen zu befreien. „Nur eine wirklich laute Musik kann die bösen Geister vertreiben", sagt sie, ihre Meinung noch einmal prägnant zusammenfassend. Die Lautstärke allein genügt ihr aber offensichtlich nicht; als deutsche Rocksängerin möchte sie ihr Publikum gegen die Katastrophen stark machen, die ihr zufolge „mit jedem Tage näherrücken". Da muß zur Lautstärke der Musik noch etwas, das ihr eine besondere Qualität verleiht, hinzutreten. Was die Sängerin anstrebt, ist „eine ehrliche Musik, die nicht im Studio zusammengemixt ist, sondern von unten kommt, von der Straße. Aus dem Bauch." Auf die Frage von Barbara Darius, der noch der Satz des Mephisto durch den Kopf gehen mochte: „Deine Texte sind doch aber sehr kopflastig", gibt sie zur Antwort: „Eine gewaltige Musik verträgt auch gewaltige Worte, die verträgt auch den Tiefgang."

Wenn man das Interview ernst-, vor allem die Aussagen der interviewten Person für vollnimmt, was wir eine Weile lang tun wollen, dann zeichnet sich bei den „Kids", die dem Weinholdschen Hardrock zuhören, folgendes Bild ab: Ihre bösen Geister werden zunächst durch die Gewalt der so lauten wie ehrlichen, weil von unten aus dem Bauch kommenden Musik vertrieben, um eine Art mentalen Zustand vorzubereiten, der sich für die Gewalt der Worte aufnahmebereit zeigt. Es handelt sich da um Worte, die um Tod und Zerstörung kreisen, aber auch um die Rettung des Menschen durch seinen Kampf gegen die eigenen Schwächen. Eine Pilgerschaft wird beschworen, die zwischen dem Ekel am Leben und der Würde der Person, zwischen Wahnsinn und Traurigkeit hindurchführt und wohl bestimmte Abschnitte aus der Biographie der deutschen Rocksängerin überhöhen soll. So heißt das Album, das in dem Interview eine Rolle spielt, schlicht „Pilgrimage" und die Tournee, die mit den einzelnen Songs im April 1989 durch den Westen Deutschlands gemacht wurde, „The Metal Pilgrimage Tour '89". Die Pilgerfahrt führte von Bremen über Berlin bis nach Augsburg. Auf jeder der Stationen erklang zu Beginn eine Rockfassung von Motiven aus dem „Fliegenden Holländer". Sie fungierte quasi als Jingle oder musikalisches Symbol der von Jutta Weinhold auf den Namen „Zed Yago" getauften Hardrockgruppe. Im Interview heißt es dazu: „‚Zed Yago' ist die Tochter des Fliegenden Holländers, und sie hat von ihrem

Vater den Fluch geerbt. Genauso haben auch wir, die wir heute in Deutschland leben, von unseren Eltern einen Fluch geerbt."

Mit diesem Symbol aus der romantischen Periode Wagners meint „Zed Yago" sich von der NS-Seligkeit anderer Heavy-Metal-Gruppen abgrenzen zu können. Doch so sehr derartige Anstrengungen zu begrüßen sind, so wenig können die damit verbundenen Hoffnungen geteilt werden. „Ich hämmere ihnen ins Ohr", antwortet Jutta Weinhold auf die Frage, wie sie den „Kids" beibringe, sich nicht von der Nazi-Ideologie beeinflussen zu lassen, sondern ihren Geist zu betätigen, „ich hämmere ihnen ins Ohr, daß sie sich nicht benutzen lassen, nicht in der grauen Masse blind hinter irgendwelchen Heroes hertrotten sollen. Wer denkt, ist sein eigener Hero. Denken macht stolz! Wer denkt, der braucht auch keine Drogen und keinen Alkohol." Abgesehen von dem Stolz, an dessen Stelle bei Denkenden die Demut treten dürfte, mag das stimmen. Der Sängerin, sofern sie nur von sich spricht, nimmt man es jedenfalls ab, daß sie sich auf diese Weise von ihren Drogenerfahrungen lösen konnte. Den Kindern und halben Jugendlichen aber, die sich im Publikum befinden, wird der mentale Weg in der Regel versperrt sein. Dafür sorgt schon die pure Lautstärke des Schwermetalls, das auf der Bühne musikalisch in Aktion tritt. Wenn der Bauch voll ist – und sei es nur mit aus dem Bauch kommender Musik –, kann der Kopf nur leer sein. Im übrigen denkt es sich besser in Situationen der Stille.

„Alle verstanden nur Bahnhof, doch die Stimmung war gut", heißt es in dem von Enzensberger ins Deutsche übertragenen Gedicht „Le beau monde", des Amerikaners Charles Simic (abgedruckt in der *FAZ* vom 30.7.1991). Bei dem Gegenstand, den Simic lyrisch verarbeitete, handelte es sich keineswegs um Songtexte einer Heavy-Metal-Gruppe, sondern um die Rede eines Mannes, der auf einer Seifenkiste stand. Und er redete nicht über romantisch inspirierte Pilgerreisen durch die Trostlosigkeit der modernen Welt, er redete über Marcel Proust, „den großen französischen Autor/... Alle spitzten die Ohren, sogar die Penner./ Die Muskelmänner ließen den Bizeps Bizeps sein./ Es war wie in der Kirche, wenn das Hochamt/ auf Lateinisch gelesen wurde." Ähnlich wird es den Tausenden gegangen sein, die Jutta Weinhold auf ihrer pseudoreligiösen Tournee '89 zugehört haben. Auch ein Gutachten über „Struktur, Nutzung und Bewertung von Heavy-Metal-Videoclips", das der Arbeitskreis Jugendschutz der Landesmedienanstalten im vergangenen Jahr in Auftrag gegeben hatte, scheint das zu belegen. Das Gutachten „basiert auf Befragungen und Studiotests unter 527 Schülern (Altersgruppe 12 bis 20 Jahre) verschiedener Berliner Schulen" und kommt zu folgendem Schluß: Beim Hören der Clips „wird der Musik eine wesentlich größere Bedeutung zugemessen als den Bildinhalten; der Sinn der gesungenen Texte konnte sogar von über 80 Prozent der Befragten nicht wiedergegeben werden, und auch bei dem Rest gehe das Textverständnis über Rudimente nicht hinaus" (*Tagesspiegel* vom 12.12.1990). Wenn aber schon bei Video-Clips die Worte kaum verständlich sind, werden sie es bei öffentlichen Rockkonzerten schon gar nicht sein.

Was unter diesen Bedingungen aus den Aggressionen wird, von deren bedrohlicher Präsenz Jutta Weinhold ausgeht, kann man sich leicht denken. Wo die Musik ihre gewaltige Dominanz entfalten darf, ohne von einer ihr ebenbürtigen mentalen Stärke gebremst zu werden, da fehlt das Gegengewicht, das alles in vernünftige Bahnen lenkt; da bleibt als Aussicht nur die Versicherung der Rocksängerin, der aggressive Energiestau werde sich durch den Einsatz schwermetallischer Klänge während des Konzertes restlos abbauen, bis für Straße, Kneipe und Familie nichts mehr übrigbleibe. Wenn aber die Energietheorie nicht stimmt, wenn Aggressionen, anstatt sich durch das brutale Dröhnen der Heavy-Metal-Instrumente zu verbrauchen, sogar neue Energien wecken, was geschieht dann? Auch das zitierte Gutachten schließt – bei aller Vorsicht in der Zurechnung – eine stimulierende Wirkung der in Video-Clips gezeigten Gewaltdarstellungen nicht aus, falls sie in einen musikalischen Kontext eingebunden sind, der „eine affektive Beziehung zu den Bildern herstellt" (ebd.).

3.

Wir haben bisher stillschweigend angenommen, Bosheit habe etwas mit Aggressionen zu tun. Das taten wir, weil wir den Statements der deutschen Hardrock-Vokalistin gefolgt sind. Allerdings haben wir darüber ihre Kernaussagen vergessen. Um erneut an sie zu erinnern, müssen wir uns vom Getümmel der Rockkonzerte wegbegeben und uns mit Wagner und Goethe befassen. Schon ein kurzer Blick in die Partitur des *Fliegenden Holländers* zwingt uns, eine Behauptung zurückzunehmen, die wir oben aufgestellt haben. „Wer baut auf Wind, baut auf Satans Erbarmen", singt Daland, der norwegische Seefahrer, gleich in der ersten Szene des ersten Aufzugs. Und der Holländer berichtet ihm in der dritten von seiner jahrelangen Irrfahrt: „Durch Sturm und bösen Wind verschlagen, / irr' auf den Wassern ich umher, – / wie lange, weiß ich kaum zu sagen, / schon zähl' ich nicht die Jahre mehr." Nicht nur in Vietnam, auch in unserem Kulturkreis gibt es offenbar eine Bosheit, die bestimmten Erscheinungen des Wetters angelastet wird, nur vermißt man bei Wagner ihren Gegenpart: Vom guten Wind ist nirgends die Rede. Aus der Sicht der Sage, die Wagner musikdramatisch umsetzte, macht das Sinn, gilt es doch, den Fluch, der auf dem Holländer lastet, zu unterstreichen. Erst die treue Liebe Sentas, der Tochter Dalands, vermag ihn davon zu erlösen. Er muß nicht mehr bis auf den Jüngsten Tag hinaus aufs Meer und sich mit Sturm und bösem Wind herumschlagen; kaum in See gestochen, versinkt sein Schiff mit ihm in den Fluten, um ihn kurz darauf wieder freizugeben. „In weiter Ferne entsteigen dem Wasser der Holländer und Senta, beide in verklärter Gestalt; er hält sie umschlungen." Doch bevor diese letzten Anweisungen aus dem Libretto in Szene gehen können, muß Senta sich dem Fluchbeladenen opfern, muß „vor Mitgefühl brechen, um mit seinem Leiden sich zu vernichten", wie Wagner 1852 in einer Anmerkung zur Ouvertüre der Oper schreibt. Senta stürzt sich ins Meer und wird so zu jener „siegprangenden Erlöserin", an deren „rettender Hand" die Hauptperson „der Morgenröte erhabenster Liebe zugeleitet" wird (ebd.).

Der Fliegende Holländer weist bereits den für Wagner typischen Opernschluß auf. Wir sehen – *cum grano salis* – einen frühen Tristan vor uns. Erlösung kann der Held nur von einer Liebe erwarten, welche die Grenzen des Lebens überschreitet, weil sie im Leben selber keinen Platz hat. Die Idee des Opfers aus Liebe, das zum Sieg über den Tod führt, macht uns mit dem Romantiker Wagner bekannt, der sein Personal aus den volkstümlichen Sagenstoffen bezieht und es in eine neuchristliche Ära versetzt. Eine Person wie Senta ist es jedoch nicht, auf die sich Jutta Weinhold kapriziert. Ausdrücklich gibt sie sich als Tochter des Holländers zu erkennen. Nur das symbolische Festhalten an dieser Figur, wenn es denn schon eine aus Wagners Opernrepertoire sein mußte, scheint der deutschen Rocksängerin die ausreichende historische Gewähr dafür zu bieten, daß sich ihr jugendliches Publikum nicht in neue NS-Träume verliert. Wie will sie ihre Zuhörer vom Fluch befreien, ohne sich dem romantisch-neochristlichen Ideal des Erlösungstodes zu verschreiben? Antwort: Indem sie Wagners Oper mit Goethes Fausttragödie kreuzt – so wenigstens verstehen wir das Interview. In ihrem Denken nimmt die Gestalt Mephistos die Züge einer wahren Windsbraut an, einer Braut des bösen Windes, dem zwar der Holländer nur durch den Tod entkommt, dem die Deutsche sich aber ohne Vorbehalte und ohne Angst, vom Meer verschlungen zu werden, anvertraut, weil sie auf die dem Bösen entgegengesetzte Wirkung der bräut-lichen Dienste baut. Indes, geben diese Dienste wirklich guten Wind?

Auf den ersten Blick besticht die Formel, die Jutta Weinhold für sich gefunden hat, da sie die Musikerin von jeglicher Verantwortung für unbeabsichtigte Folgen ihres Handelns freispricht. Wer Heavy Metal als mephistophelische Kraft zum Guten versteht, erteilt den Schwermetallern eine Art Absolution von Goethes Gnaden. Nun ist nicht zu bezweifeln, daß Fausts Pakt mit Mephisto für den Teufel schlecht ausgeht. Das Böse, in dessen Bann sich der Goethesche Held begeben hat, triumphiert nicht, obwohl es alle möglichen Fallen stellt. Fausts Tatendrang, dessen Nachlassen Mephisto dazu berechtigt hätte, seinen Kontrahenten in Fesseln zu schlagen, kommt erst zu einem Zeitpunkt zum Erliegen, an dem sich Faust sicher wähnt, sein Feld bestellt, das heißt, Land für Millionen freie Bürger urbar gemacht zu haben. Seine durch die Sorge erblindeten Augen sehen allerdings nicht, daß er sich statt des Grabens, der die Sümpfe trockenlegen soll, sein eigenes Grab geschaufelt hat. Da Faust aber wenigstens nicht untätig, sondern tätig war, verfällt seine Seele nicht dem Teufel; sie wird von himmlischen Heerscharen, vom Chor der Engel emporgehoben.

Wie vom Fliegenden Holländer wird also auch von Faust im Tod der teuflische Bann genommen. In der letzten Szene des zweiten Teils der Tragödie sprechen die Engel, die bereits „in der höheren Atmosphäre“ schweben und „Faustens Unsterbliches“ tragen, die freundlichen Worte:

> Gerettet ist das edle Glied/ der Geisterwelt vom Bösen:/ Wer immer strebend sich bemüht,/ Den können wir erlösen./ Und hat an ihm die Liebe gar/ Von oben teilgenommen,/ Begegnet ihm die selige Schar/ Mit herzlichem Willkommen.

Es wimmelt in der Szene nur so von holden Knaben, von Müttern und heiligen Büßerinnen; unter ihnen befindet sich auch eine, die „sonst Gretchen genannt“ wird. Das Stück endet mit einer Lobpreisung der Mater Gloriosa, einer Marienartigen Figur, die gleichzeitig als Jungfrau, Mutter, Königin und Göttin Verehrung genießt. Als Verkörperung des Ewig-

Weiblichen, das „uns hinanzieht“, ist sie es auch, die der sonst Gretchen genannten Büßerin die zarte Mahnung erteilt, Fausts Seele voranzueilen – er werde schon nachfolgen. Auch hier also sind wir Zeugen einer Erlösung. Doch hält man diesen Schluß gegen den des Holländers, sind krasse Unterschiede in den Gründen, die zur Erlösung führen, nicht zu übersehen. Goethes ironischer Ausklang mit den parfümierten Chorgesängen erreicht nicht die tragische Süße des Wagnerschen Opernfinales. Zwar duftet es förmlich nach den Rosen, mit denen die Engel Mephisto bewerfen, und man sieht den Teufel nur zu gern darunter leiden; zwar entschwebt „Faustens Unsterbliches“ auf die köstlichste Weise, und man labt sich an der seligen Heiterkeit, mit der er Gretchen, der nunmehr holden Büßerin, nachfolgt; aber Gretchen und Mater Gloriosa wiegen die Senta nicht auf, weil Faust trotz aller Rede vom Ewig-Weiblichen letztlich nicht durch das Opfer einer liebenden Person gerettet wird, sondern dadurch, daß er sich immer strebend bemüht hat. Wobei die Betonung auf dem Streben an sich liegt.

4.

An dieser Stelle wird das Problem des Protestantismus berührt. Carl Schmitt hat von den drei großen symbolhaften Figuren gesprochen, die von der europäischen Dichtung (Cervantes, Goethe, Shakespeare) geschaffen worden seien. Seine besondere Aufmerksamkeit gilt deren Ursprung und Herkunft: „Don Quijote ist Spanier und katholisch; Faust ist Deutscher und Protestant; Hamlet steht zwischen beiden mitten in der Spaltung, die das Schicksal Europas bestimmt hat“ (Schmitt 1956, S. 54). Lassen wir hier die spezielle Hamlet-Deutung des umstrittenen Rechtsphilosophen beiseite und konzentrieren uns auf die Faust-Figur als Symbol deutschen Protestantismus, so werden wir weniger erstaunt sein, Goethes Tragödie in einem Werk zitiert zu finden, das sich wie kein anderes mit den verdeckten religiösen Grundlagen der modernen Welt befaßt: Webers „Der Geist des Kapitalismus und die protestantische Ethik“. Doch ehe wir uns damit auseinandersetzen, müssen wir noch einen zweiten Blick auf die von Goethe ausgeborgte Formel Jutta Weinholds werfen. Was auf den ersten Blick so überzeugend schien, verliert, je näher man die Formel untersucht, den Überzeugungswert. „Ich bin ein Teil von jener Kraft, die stets das Böse will und doch das Gute schafft“, waren die der Rocksängerin so ins Auge springenden Worte des Teufels. Nehmen wir uns die Anschlußstelle in der Tragödie vor. „Was ist mit diesem Rätselwort gemeint?“ entgegnet Faust Mephisto; worauf dieser ihm antwortet: „Ich bin der Geist, der stets verneint!“

Aufschlußreich ist, was Goethe während eines Gesprächs, welches er am 2. März 1831 mit Eckermann führt, in diesem Zusammenhang zu sagen hat. Es geht um die Beschreibung des Dämonischen, das Goethe vor allem in Napoleon verkörpert sieht. „Dämonische Wesen solcher Art rechneten die Griechen unter die Halbgötter“, sagt er. Wir folgen der Darstellung dieses Gesprächs und dem Kommentar, den Hans Blumenberg dazu gegeben hat. Eckermann sei, so Blumenberg, anläßlich Goethes Bemerkung über Napoleon der Einfall gekommen „zu fragen, ob nicht auch Mephisto dämonische Züge habe“, was Goethe jedoch

„sofort und begründet" mit den Worten zurückgewiesen hätte: „Nein, ... der Mephistopheles ist ein viel zu negatives Wesen; das Dämonische aber äußert sich in einer durchaus positiven Tatkraft" (Blumenberg 1979, S. 519). Jutta Weinhold könnte die in Goethes Diktum zum Ausdruck kommende Verteilung von Negativität und Positivität zwar zunächst zur Stützung ihrer Interpretation des Mephistoworts heranziehen, sie käme aber spätestens bei der Frage in Schwierigkeiten, wie denn das Positive an der Tatkraft zu verstehen sei. Denn dieses Positive ist nicht mit dem Gegenteil des Bösen gleichzusetzen; es ist nicht das Gute, auf das sich die deutsche Rocksängerin meint verlassen zu können; es gehört vielmehr dem Bereich des Dämonischen an. Das Dämonische indes birgt Gut und Böse ununterschieden in sich, die schöne Unterscheidbarkeit ist nur ein Traum. Anderenfalls wäre es fraglich, wieso Goethe ausgerechnet Napoleon unter die Halbgötter hätte aufnehmen sollen. Schließlich hat der *Empereur* ganz Europa mit Krieg überzogen. Doch als guter Sohn der Revolution hat er in seinem Land auch den *Code civil* eingeführt.

Blumenberg teilt mit, daß der Dichter aus Weimar den französischen Kaiser in einem „eher ästhetischen Zwischenreich" angesiedelt habe, das weder als metaphysisch noch als moralisch zu bezeichnen sei. In Goethes Übersetzung der Ode Manzonis, „Der 5. Mai", werde Napoleon „nachbildend der ‚Schreckensmann' genannt; aber", so weiter Blumenberg, „er konnte für Goethe niemals den reinen bösen Willen darstellen und niemals den bloßen Mißerfolg des Unglücks hervorgebracht haben. Das Dämonische ist eine gegenüber dem Moralischen exotische Kategorie" (Blumenberg 1979, S. 521). Auch das Politische hat Goethe dem Bereich des Außermoralischen zugeordnet und offenbar rein ästhetisch verstanden. Es ist bekannt, daß er gegen die Erschießung des unschuldigen Duc d'Enghien durch den *Empereur* nichts einzuwenden hatte, sie sogar als Zeichen der Abschreckung gegen eventuelle monarchistische Eiferer für notwendig hielt. Dieser Punkt führt uns zum letzten Akt des zweiten Teils der Fausttragödie zurück. Daß Faust während seines strebenden Bemühens um Landgewinnung Philemon und Baucis, ein altes, ehrwürdiges Paar, von dessen eigenem Grund und Boden vertreibt, fällt für ihn nicht weiter ins Gewicht, handelt es sich doch um jene positive Tatkraft, in der sich das Dämonische vorzugsweise äußert.

Faust ist ein Dämon wie Napoleon, ja, er ist gleichsam Napoleon selbst; er ist ihm jedenfalls näher als uns und Jutta Weinhold lieb sein kann. Gerade weil Goethe das Politische mit dem Ästhetischen identifizierte, konnte der nachrevolutionäre Herrscher der Franzosen quasi die Hauptrolle in seiner Tragödie übernehmen. In einem Gespräch mit Sulpiz Boisserée vom 3. August 1815, zu einer Zeit also, als der französische Kaiser endgültig die Macht verloren hatte, äußert sich Goethe unter anderem zur Vollendung des „Faust" und bemerkt: „Faust bringt mich dazu, wie ich von Napoleon denke und gedacht habe. Der Mensch, der Gewalt über sich selbst hat und behauptet, leistet das Schwerste und Größte" (Blumenberg 1979, S. 522). Auf sehr sprechende Weise kommt darin die Art der Verehrung zum Ausdruck, die Goethe dem Korsen entgegengebracht hat. Sie gilt einer prometheischen Tatkraft, der ein starkes Moment protestantischer Selbstdisziplin beigemengt ist. Ob diese Mischung aus altgriechischem und altdeutschem Behauptungsvermögen Napoleon gerecht wird, soll hier außer Betracht bleiben, uns interessiert allein die Perspektive, aus der heraus Goethe sein Urteil fällt. Wir sehen den Klassiker am Werk, der gegen Ende seines Lebens im Begriff steht, sich Optionen zu öffnen, die er zu Beginn noch abgelehnt hatte. Es geht um Goethes Romantizismus.

Haben wir es mit einem romantischen Faust zu tun? Das wäre übertrieben, doch niemand anderer als Goethe selber gibt zu solchen Übertreibungen Anlaß. Denn der Vergleich, den er zwischen Faust und Napoleon zieht, wird von ihm weit über diese beiden Figuren hinausgetrieben. Im Bestreben, die Attribute des Dämonischen zu kennzeichnen, scheut Goethe nicht davor zurück, den Gott der Christenheit, zumindest dessen Sohn, in die Diskussion zu bringen. Eckermann gegenüber gibt er am 28. Februar 1831 folgende Erklärung zur Gestalt von Christus ab:

> „Die magische Wirkung, die von seiner Person ausgeht, so daß die Gesunden ihm anhängen und die Kranken sich geheilt fühlen, seine Gewalt selbst über die Elemente, so daß die Wut der Stürme und Meereswogen sich vor ihm beschwichtigen: Alles dieses, obgleich in einer überwiegend göttlichen Natur, erscheint dämonischer Art." Unmittelbar anschließend an diesen Satz folgt der über den Korsen: „So war in Napoleon das Dämonische wirksam wie in der neueren Zeit vielleicht in keinem anderen"
> (Blumenberg 1979, S. 522).

Da haben wir sie wieder, die bösen Winde, hier als Wut der Stürme und Meereswogen beschrieben. *Der Fliegende Holländer* scheint inzwischen wieder nähergerückt zu sein, auch wenn *Faust* mit ihm noch immer nicht zur Deckung kommt. In Goethes Begriff des Dämonischen sind Christentum und Griechentum mit dem politischen Heroismus seiner Zeit eine klassizistisch-romantische Verbindung eingegangen, unter deren Schutz das Böse wie das Gute triumphieren können.

Goethe arbeitet mit seiner Dämonisierung Napoleons einer Vergöttlichung des Politisch-Ästhetischen vor, die von Wagner aufgegriffen und, was das Politische betrifft, unter umgekehrtem Vorzeichen, nämlich dem einer revolutionären Anti-Politik, weitergeführt wird. Doch läßt die Dämonisierung von Christus darauf schließen, daß das Christentum nur als Unterform des Dämonischen existiert; seine frühere Verbindlichkeit wie seine romantische Renaissance treten letztlich zugunsten einer Religion positiver Tatkraft zurück, in welcher die klassizistische Begeisterung für die griechische Antike, symbolisiert durch die Lord Byron nachgebildete Euphoriongestalt, auf- und untergegangen ist. Der Verbindung von Helena und Faust entsprungen, blitzt in Euphorion noch einmal eine leicht napoleonische, emphatisch für den Krieg eintretende Heldenfigur auf, deren frühes Ende die traditionsarme Positivität des zum Dämon erhobenen Tatmenschen nur desto drastischer unterstreicht. Mögen bei Goethe selber pan- oder polytheistische Anschauungen zeitlebens Vorrang vor profaneren Deutungen des Weltgeschehens gehabt haben, sein Begriff des Dämonischen und der Akzent, den er auf die positive Tatkraft legt, dürfte neben den bereits genannten Tendenzen der Vergötterung von Politik und Ästhetik auch die einer Vergötterung reiner, positiver Tatkraft an sich gestärkt haben. Wir denken an die zu seiner Zeit aufkommende

Philosophie des Positivismus von Auguste Comte. Für den französischen Philosophen, zugleich einer der Gründerväter der Soziologie, repräsentieren Wissenschaft, Industrie und Arbeit im 19. Jahrhundert das neue Stadium einer Gesellschaft, die sich inzwischen aus den früheren Stadien: dem theologischen und dem metaphysischen, herausbewegt hat. Die im Industriesystem verkörperte Positivität des Wissens und der Arbeit bzw. des Handelns ganz allgemein ist an die Stelle der Religion getreten und entfaltet nun, Goethisch gesprochen, ihr dämonisches Wesen.

5.

Niemand hat dieses Wesen gründlicher analysiert als Weber. In der oben erwähnten Schrift über den Zusammenhang zwischen kapitalistischem Geist und protestantischer Ethik wird die Wirkung verfolgt, die Luthers Kritik am exklusiven Leben der Mönche vor allem auf protestantische Reformbewegungen wie den Calvinismus ausgeübt hat. Der Versuch, das asketische Berufsethos aus den Klöstern auf die Welt – und damit auf die Welt der Arbeit – zu übertragen, ohne an der katholischen Idee der Seligkeit durch gute Werke festzuhalten, hat, folgt man Weber, eine paradoxe, so nicht intendierte Konsequenz gehabt, die namentlich auf die Calvinisten und ihre Lehre von der Gnadenwahl zurückzuführen sei. Im Bemühen um das Wissen, ob sie zu den von Gott Erwählten gehörten oder nicht, hätten sie in Reichtum und wirtschaftlichem Erfolg den entscheidenden positiven Wink des Herrn gesehen. Dazu schreibt Weber:

> So absolut ungeeignet also gute Werke sind, als Mittel der Erlangung der Seligkeit zu dienen – denn auch der Erwählte bleibt Kreatur, und alles, was er tut, bleibt in unendlichem Abstand hinter Gottes Anforderungen zurück –, so unentbehrlich sind sie als *Zeichen* der Erwählung. Sie sind das technische Mittel, nicht die Seligkeit zu erkaufen, sondern: die Angst um die Seligkeit loszuwerden. In diesem Sinn werden sie gelegentlich direkt als „zur Seligkeit unentbehrlich" bezeichnet [...]. Das bedeutet nun aber praktisch, im Grunde: daß Gott dem hilft, der sich selber hilft, daß also der Calvinist [...] seine Seligkeit *selbst „schafft"*
> (Weber 1920, S. 110 f.; alle Hervorhebungen von ihm).

Nach dem Wort „schafft" ist eine Anmerkung folgenden Inhalts eingefügt:

> Man wird an Goethes dem Wesen nach gleichbedeutenden Spruch erinnert: „Wie kann man sich selbst kennen lernen? Durch Betrachten niemals, wohl aber durch Handeln. Versuche, deine Pflicht zu tun, und du weißt gleich, was an dir ist. – Was aber ist deine Pflicht? Die Forderung des Tages."

Fügen wir unsererseits noch einen Spruch desselben Dichters aus dem Interview mit Jutta Weinhold bei, um den Bezug zu ihr nicht aus den Augen zu verlieren und – weil die Gelegenheit günstig ist. „Nimm doch nur", sagt sie zu Barbara Darius von *Cosmopolitan,*

> diesen geilen Goethe: „Feige Gedanken, bängliches Schwanken, weibisches Zagen, ängstliches Klagen, wendet kein Elend, macht dich nicht frei. Allen Gewalten zum Trotz sich erhalten, nimmer sich beugen, kräftig sich zeigen...!" – das kann sich doch jeder glatt an die Wand hängen. Weil er sich dann nie wieder im Leben schwach und hilflos fühlen wird.

Ist die deutsche Rocksängerin eine späte Calvinistin?

Bevor wir die Antwort darauf geben können, wollen wir noch zwei weitere auf Goethe anspielende Stellen aus Webers Schrift zitieren. Sie werden nicht nur unseren Verdacht bestätigen, daß der Goethesche Dämonismus eine Basis im protestantischen Berufsethos hat, sondern auch einen tieferen Einblick in das dämonische Wesen von Gut und Böse gestatten. Ging es Weber auf der einen Seite darum zu zeigen, daß der gläubige calvinistische Asket, obwohl die Gnade Gottes suchend, im Grunde genommen sich selbst die Gnade erteilte und somit die Gefahr heraufbeschwor, daß Gott überflüssig wurde, so ging es ihm auf der anderen darum, die unbeabsichtigten Wirkungen zu ermitteln, die das Umsetzen der Prädestinationslehre in die Lebenspraxis auf die systematische Verbreitung der kapitalistischen Gesinnung unter den asketischen Gläubigen hatte. „Auf der Seite der Produktion des privatwirtschaftlichen Reichtums", lesen wir gegen Ende des Textes, „kämpfte die Askese gegen Unrechtlichkeit ebenso wie gegen rein triebhafte Habgier, – denn diese war es, welche sie als ‚covetousness', als ‚Mammonismus' usw. verwarf: das Streben nach Reichtum zu dem Endzweck, reich zu sein. Denn der Besitz als solcher war Versuchung. Aber hier war nun", fährt Weber fort, „die Askese die Kraft, ‚die stets das Gute will und stets das Böse' – das in ihrem Sinn Böse: den Besitz und seine Versuchungen – ‚schafft'" (Weber 1920, S. 191 f.).

Jeder Leser Webers wird an dieser Stelle etwas stutzig werden, da die Umkehrung des auch von Jutta Weinhold zitierten Mephistoworts keinen Kommentar des Religionssoziologen nach sich zieht. Weber hat tatsächlich, so müssen wir vermuten, in dem Zitat Gut und Böse vertauscht, vielleicht bewußt, vielleicht unbewußt, jedenfalls ohne sich länger dabei aufzuhalten, und wenn wir es recht bedenken, dann hat er gerade durch diese Vertauschung indirekt einen schwer zu überbietenden Beitrag zur Klärung der Faustfigur geleistet. Wie auch zur Lösung der Frage, ob die deutsche Vokalistin nicht doch zu sehr auf Goethes Sätze baut. Folgen wir dem Weberschen Gedanken noch einen Moment lang, damit er deutlicher in Erscheinung tritt. Im Anschluß an das – verwechselte – Mephistowort läßt er sich genauer über die asketische Bewegung der Calvinisten aus:

> Denn nicht nur sah sie [sc. die Bewegung], mit dem Alten Testament und in voller Analogie zu der ethischen Wertung der „guten Werke", zwar in dem Streben nach Reichtum als *Zweck* den Gipfel des Verwerflichen, in der Erlangung des Reichtums als *Frucht* der Berufsarbeit aber den Segen Gottes. Sondern, was noch wichtiger war: die religiöse Wertung der rastlosen, stetigen, systematischen, weltlichen Berufsarbeit als schlechthin höchsten asketischen Mittels und zugleich sicherster und sichtbarster Bewährung des wiedergeborenen Menschen und seiner Glaubensechtheit mußte ja der denkbar mächtigste Hebel der Expansion jener Lebensauffassung sein, die wir als den „Geist" des Kapitalismus bezeichnet haben (Weber 1920, S. 192).

Mit Bedacht setzt Weber den Geist in Anführungsstriche. Es ist ein Geist, der auf jenes ehemals geistliche Element zurückweist, das sich durch die Praxis des Glaubens verflüchtigt hat. Der ursprünglich nach dem höheren Ruhm Gottes strebende Mensch, der in den Stand der Gnade aufgenommen werden wollte, wird schließlich Herr seiner selbst, indem er gegen seinen Willen mit der Gnade auch gleich Gott und den Glauben an ihn verliert. Übrig bleibt nichts als reine, positive Tätigkeit.

Es scheint uns bezeichnend zu sein, daß Weber zum Schluß seiner Schrift erneut auf Goethe zu sprechen kommt und dieses Mal den *Faust* direkt erwähnt, als würde er mit der Erinnerung an ihn die Summe aus der gesamten Arbeit über die Ethik des Protestantismus ziehen wollen. „Einer der konstitutiven Bestandteile des modernen kapitalistischen Geistes, und nicht nur dieses, sondern der modernen Kultur: die rationale Lebensführung auf Grundlage der *Berufsidee,* ist – das sollten diese Darlegungen erweisen – geboren aus dem Geist der *christlichen Askese.* [...] Der Gedanke, daß die moderne Berufsarbeit ein *asketisches* Gepräge trage", schränkt Weber ein, „ist ja nicht neu", um sogleich mit der Erläuterung fortzufahren:

> Daß die Beschränkung auf Facharbeit, mit dem Verzicht auf die faustische Allseitigkeit des Menschentums, welchen sie bedingt, in der heutigen Welt Voraussetzung wertvollen Handelns überhaupt ist, daß also „Tat" und „Entsagung" einander heute unabwendbar bedingen: dies asketische Grundmotiv des bürgerlichen Lebensstils – wenn er eben Stil und nicht Stillosigkeit sein will – hat auf der Höhe seiner Lebensweisheit, in den „Wanderjahren" und in dem Lebensabschluß, den er seinem Faust gab, auch *Goethe* uns lehren wollen. Für ihn bedeutete diese Erkenntnis einen entsagenden Abschied von einer Zeit vollen und schönen Menschentums, welche im Verlauf unserer Kulturentwicklung ebensowenig sich wiederholen wird, wie die Zeit der Hochblüte Athens im Altertum.

Es folgt der so harte wie berühmte Satz: „Der Puritaner *wollte* Berufsmensch sein, – wir *müssen* es sein" (Weber 1920, S. 202 f.).

Sicherlich hat Weber die Vereinseitigung der modernen Kultur nicht mit dem Bösen identifiziert, spricht er doch gelegentlich des von ihm zitierten Mephistoworts nur vom Bösen im Sinne der puritanischen Asketen, nicht vom Bösen überhaupt. Trotzdem setzt er die Entwicklung des kapitalistischen Systems mit einem nicht mehr aufzuhaltenden Prozeß der Entzauberung gleich, dem die moderne Gesellschaft unentrinnbar unterworfen ist. Mit dem Zauber des alten Athens war auch der seiner Wiederbelebung, der des Klassizismus verschwunden. Auch sträubt Weber sich, einen Gegenzauber zu entwerfen; wenigstens hält er wissenschaftliche Aussagen darüber für unmöglich. Von Revolutionen, wie er sie am Ende des Ersten Weltkriegs erlebte, scheint er sich nichts zu erwarten (vgl. *FAZ* vom 29.5.1991). Ebensowenig wäre er von einem Versuch wie dem der Heavy-Metal-Gruppe „Zed Yago", mittels einer gegenreligiösen Pilgerfahrt aus dem Bösen das Gute hervorzuzaubern, überzeugt gewesen. Oder etwa doch? Könnte Jutta Weinhold sich nicht, wenn nicht das Mephistowort, so doch dessen Webersche Verwechslung zunutze machen und für ihre Musik die aus der calvinistischen Glaubenspraxis abgeleitete Erfahrung in Anspruch nehmen, daß, wer von vornherein das Gute will, eher beim Gegenteil des Guten als bei dem Guten selbst ankommt? Läßt nicht die Erfahrung der protestantischen Reformer auf eine Lebensweisheit schließen, die besagt, daß möglicherweise allen unseren Handlungen ein uns nicht verfügbarer Gegenwille immanent ist, der diese Handlungen von ihrem intendierten Ziel abdrängt?

6.

Wer könnte, wer wollte die deutsche Rocksängerin daran hindern? Aber Lebensweisheiten lassen sich nur schwer manipulieren. Wenn wir etwas in unserem Sinn Böses tun und aufgrund der Möglichkeit des Gegenwillens darauf bauen, daß es zum Guten führt, kann es sich ebensogut um eine Ummäntelung des Bösen drehen, dem wir kraft eines unumstößlich guten Gewissens nur freien Lauf lassen. Jutta Weinhold hätte dann nichts weiter als ein schönes Alibi für ihren Drang gefunden, sich ihre Aggressionen aus dem Leib zu schreien. Die pure Existenz der Heavy-Metal-Gruppen könnte dann zu der Vermutung Anlaß geben, es handele sich bloß um ein Phänomen der Renaissance des Bösen, das eine Antwort sucht auf die Entzauberung der Welt in vorgerücktem Stadium. Das Gute würde man bei diesem Phänomen indes vergeblich suchen. Doch, ginge man so vor, geriete man erneut in gefährliche Nähe der manichäisch argumentierenden Staatsinstanzen chinesischer wie vietnamesischer Provenienz und hätte nichts gewonnen, weil Gut und Böse sich eben nicht so sauber auseinanderhalten lassen, wie es uns etwa der stellvertretende Polizeidirektor von Ho-Chi-Minh-Stadt gerne suggerieren möchte.

Der allerdings kann mit seiner Unterscheidung in gute und böse Winde auf eine ähnlich alte – wenn nicht sogar ältere – Tradition verweisen wie die deutsche Sängerin mit ihrem Goethezitat. Weber erwähnt in der „Wirtschaftsethik der Weltreligionen“ ein chinesisches Edikt aus dem 19. Jahrhundert, in welchem „das Vorherrschen schlechter Winde in einer Provinz darauf zurückgeführt wird, daß die Bevölkerung gewisse polizeiliche Pflichten (Auslieferung Verdächtiger) versäumt und dadurch die Geister in Unruhe versetzt habe“ (Weber 1920, S. 441). Der Nexus zwischen gesellschaftlichen und im weitesten Sinne kosmischen Vorgängen ist dabei nach Weber als Teil des Konfuzianismus und seiner Lehre zu verstehen; sie setzt die „Identität von Ordnung im Kosmos und in der Gesellschaft“ voraus. Da ferner die konfuzianische Lebensorientierung auf das Gute im Menschen baut und es als Kunstprodukt kultureller Erziehung betrachtet, liegt es nahe, schlechte Winde durch polizeiliche Maßnahmen in günstige verwandeln zu wollen und sie mit sittlichen Attributen zu versehen, die aus der Erziehungssphäre stammen.

Ist einmal der Gedanke einer Harmonie von Kosmos und Gesellschaft akzeptiert, kann auch die umgekehrte Verbindung hergestellt werden, wie es während der Flutkatastrophe im Juli 1991 der Fall war. Es wurde nicht von den bösen Winden auf ein Defizit polizeilichen Handelns, also von kosmischen auf gesellschaftliche Vorgänge geschlossen, sondern von diesen auf jene. „Die chinesischen Zeitungen vermerken ein Aufleben sogenannten ‚feudalistischen Aberglaubens‘ in den Flutgebieten. Damit sind wohl nicht zuletzt die Volksweisheiten gemeint, die derzeit in aller Munde sind", steht in der *FAZ* vom 1.8.1991 zu lesen. „Man erinnert an das große Erdbeben von Tangshan im Jahr 1976, dem der Tod von Mao Zedong und Zhou Enlai folgte." Das wäre die erstgenannte Verbindungsart, der sich nun die umgekehrte anschließt. „Zudem sei der Name des gegenwärtigen Parteichefs Jiang Zemin wenig glückbringend in einem Jahr des Hochwassers. Sein Familienname Jiang bedeutet ‚Fluß', sein Vorname ‚benetze das Volk'."

Wo Erziehung so viel Macht über das Gute hat und das Gute gleichzeitig als Ziel der Erziehung anerkannt wird, da mag es naheliegen, das Böse durch spezielle Schulen, die sich der Umerziehung zum Guten widmen, aus der Welt zu schaffen. Vielleicht ist so der besondere Appeal zu erklären, den der Marxismus als Plan- und Kontrollsystem auf Gesellschaften mit konfuzianischen Traditionen ausgeübt hat. Auch wird der positivistische Charakter des Marxschen Denkens, der die antichristliche Attitüde ersatzreligiös durchsetzt, seine Wirkung nicht verfehlt haben. Denn der Konfuzianismus ist keine Religion, zumindest keine, die mit einem strafenden Gott im Jenseits rechnet. In dem Erziehungssystem war nur für Fehler, nicht für Sünden Platz. „Es gab das ‚radikal Böse' nicht", bemerkt Weber; genau darauf ist seine These von der Ausschließlichkeit der Entstehung rationaler moderner Kultur in den westlichen Gesellschaften aufgebaut. Es fehlte in Asien eine Bewegung wie jene der protestantischen Reformer, die, jede Güte Gottes ablehnend, sich stets vom Stand der Sünde zu entfernen hatte, um in den Stand der Gnade zu gelangen; damit fehlte das Motiv für die – unbeabsichtigte – Inthronisierung des kapitalistischen „Geistes". Magische Anschauungen, selbst wenn sie bis heute fortbestehen, ändern daran nichts, weil „die Magie keine Heilsbedeutung hat" (Weber 1920, S. 442 ff.). Hätte sie eine solche gehabt, so können wir den Gedanken Webers weiterführen, dann wären die Winde nicht so eindeutig in gute und böse Winde aufgeteilt worden, wobei nur die letzteren als dämonisch galten; vielmehr hätte sich herausgestellt, welche dämonischen Kräfte selbst gute Winde entfesseln können.

Doch werden nicht alle diese Überlegungen hinfällig, je mehr sich eine andere Macht Asiens anschickt, ökonomisch die globale Führungsrolle zu übernehmen? Das Beispiel Japans zwingt uns, das Universum Weberscher Deutungen langsam zu verlassen und anderen Interpretationen Raum zu geben. Allen anstehenden Umdispositionen zum Trotz ist die religionssoziologisch begründete Einsicht Webers jedoch kaum zu hintergehen. Sie wird in dem in sich vertauschten Wort Mephistos, daß, wer stets nach Gutem strebe, stets das Böse schaffe, sinnfällig. Goethes Faustische Tatkraft, aus der Jutta Weinhold nach eigenem Bekunden so viel geile Zuversicht schöpfen zu können glaubt, dient Weber eher als abschrekkende Größe. Ihre dämonische Positivität kommt im Dröhnen der Heavy-Metal-Klänge wahrscheinlich recht treffend zum Ausdruck. So ganz falsch dürfte deshalb der stellvertretende Polizeidirektor von Ho-Chi-Minh-Stadt mit dem Verbot westlicher Videoimporte nicht liegen, auch wenn das einschlägige Berliner Gutachten entsprechende Clips für eher harmlos hält. Ist es doch nicht auszuschließen, daß in dem Vietnamesen die vage Erinnerung an eine mittelalterliche chinesische Erziehungsmaßnahme schlummert, die ein „erhebliches Gewicht auf Tanz und Musik legte". Folgen wir zum Schluß noch einmal Webers Erörterungen über den Konfuzianismus. Als Zweck der Maßnahme wird die

> Bändigung der bösen Leidenschaften hingestellt: Wenn ein Kind bei der Erziehung nicht gut tut, soll man es tanzen und singen lassen. Musik bessert den Menschen, Riten und Musik sind die Grundlage der Selbstbeherrschung. Die magische Bedeutung der Musik war dabei das Primäre: Richtige Musik – d.h. die nach den alten Regeln und streng im alten Maß verwendete Musik – hält die Geister im Zaum (Weber 1920, S. 411).

Eins ist sicher: die Heavy-Metal-Klänge von „Zed Yago" gehorchen diesen alten Regeln nicht. Wer unternimmt es, die präsumtiven Erinnerungen des vietnamesischen Polizisten aus ihrem Schlummer zu erwecken und ihn dazu zu überreden, daß er, wenn die Umerziehungslager schon beibehalten werden sollen, dort wenigstens statt Marxistisch-Leninistischer Parteischulung die strenge, maßvolle Musik aus mittelalterlicher Traditon erklingen läßt? Der Zweck, zur „Bändigung der bösen Leidenschaften" beizutragen, scheint uns jedenfalls eher durch sie als durch den Einsatz von Schwermetall erreichbar zu sein. Für uns im Westen dürfte sie dagegen nicht in Frage kommen; dafür sind wir, wenn nicht dem Fluch des Hardrock, so doch dem Fluch Wagnerscher Opernfiguren, zumindest dem seiner Musik zu sehr verfallen.

Literatur

Blumenberg, Hans, *Arbeit am Mythos*, Frankfurt/M. 1979

Darius, Barbara, „Geil mit Goethe und Heavy Metal. Interview mit Jutta Weinhold", in: *Cosmopolitan,* 1989, Heft 11, S. 42 ff.

von Goethe, Johann Wolfgang, „Faust. Eine Tragödie. Erster und zweiter Teil" (1806/1832), in: *Goethes Werke*, Bd. 3, Frankfurt/M. 1965, S. 5-341

Schmitt, Carl, *Hamlet oder Hekuba. Der Einbruch der Zeit in das Spiel*, Düsseldorf-Köln 1956

Wagner, Richard, „Der fliegende Holländer" (1841), in: ders., *Dichtungen und Schriften. Jubiläumsausgabe in 10 Bänden,* herausgegeben von Dieter Borckmeyer, Bd. 2, Frankfurt/M. 1983, S. 9-51

Weber, Max, *Gesammelte Aufsätze zur Religionssoziologie,* Bd.1, Tübingen 1920

Weinhold, Jutta (Zed Yago), *Pilgrimage* (LP) 1989

Alexander Schuller

Gräßliche Hoffnung

Zur Hermeneutik des Horror-Films

Aus laschem Leben
springt der Stahl, die Sehnsucht, Blut.
Das Schweigen bleibt.

Nara-san

1. Analogien

Die Wiederkehr des Bösen

Das Böse ist wieder da: tatsächlich und phantastisch. Zum Mythos der Aufklärung hatte die Abschaffung des Bösen und die Identität von Vernunft und *the pursuit of happiness* gehört. Aber von Anfang an hatte es eine Ahnung von jener infamen Dialektik der Aufklärung gegeben, die Voltaire in „Candide" schon früh und höhnisch entlarvt hatte. Gerade die Dogmatisierung der Vernunft und ihre Identifikation mit Fortschritt und Moral hatten das Böse – als deren Negation – überhaupt erst für die Moderne aufbereitet. Nur die Vernunft als Glaubensbekenntnis konnte in all jenen, die als Abfall des Fortschritts an den Wegrand der Geschichte gedrängt wurden, das „sogenannte Böse" (Lorenz) erkennen und sie zur Verachtung und Vernichtung freigeben. In den diesseitigen, von Menschengeist erfundenen und von Menschenhand erschaffenen Paradiesen sollte es das Dunkle, das Langsame und das Wirre, alles Komplizierte und Doppelbödige, alle Tränen und jegliche Transzendenz nicht mehr geben. Und doch sind sie alle wieder da, die vielen bösen Träume. Die Welt ist nicht so sehr erobert und dem Menschen untertan als vielmehr verwüstet und verödet. Nicht die Helden von Emile Zola und Jules Verne, nicht der Eroberer, nicht der Erfinder und nicht der positive Held beflügeln den Überbau, sondern die Bilder eines Francis Bacon und die Plastiken eines Giacometti und – zunehmend trivialer – Nosferatu, Rosemaries Baby, Frankenstein und die Zombies. Einer der Herren im Reiche des Trivialen, Stephen King, zelebriert mit überwältigenden Absatzerfolgen den Primat des Perfiden. Und er ist nicht der einzige. Eine Springflut des Bösen rollt auf uns zu, überwältigt uns in Romanen und in Bildern, in Plastiken, in Photos, in Filmen und – zum bequemen Hausgebrauch – in Videos. Wer einen Blick in diese Produkte des Schreckens getan hat, wird sich nicht damit begnügen können, seinem Abscheu Ausdruck zu verleihen und dann seiner Wege zu gehen. Er wird jenseits von Empörung und Enttäuschung nach deren Sinn fragen müssen. Natürlich sind sie fast alle – ob nun

„Friedhof der Kuscheltiere“ oder „Das Schweigen der Lämmer“ – Schund. Aber da sie längst über den kommerziellen Erfolg hinaus zur Oscar-gekrönten und fünffachen Ikone unserer Gesellschaft geworden sind, wird man sie sich wohl genauer ansehen müssen. Der Schund findet sich kaum noch im Abseitigen und Jenseitigen, beim Teufel und in der Hölle, sondern im Normalen und im Alltag, in Dir und mir. Er treibt sich nicht mehr in schweißgeschwängerten Video-Kabinen herum, sondern auf der Höhe der Zeit und als Stütze der Gesellschaft.

Die Vorläufe

Die Dokumentation des Grauens hatte immer schon, sowohl inhaltlich als auch stilistisch, etwas Zwiespältiges. Die Grauen des Krieges, ob in Afghanistan, Jugoslawien oder in Kuwait, oder davor schon in Vietnam, in Korea, in Spanien appellieren nicht nur an den Mitmenschen, sondern auch an den Voyeur, nicht nur an das Gute, sondern auch an das Böse in uns, sie bieten immer auch einen abscheulichen Genuß. So sehr sich die publizierte Öffentlichkeit auch immer wieder über Brutalität in den Medien empört, so sehr genießt sie diesen ins Wohnzimmer gebrachten Duft der weiten Welt. Denn das Grauen ist ja immer auch das Exotische, das Andere, das Gegenstück zur Banalität unseres Alltags. Zugleich sind diese „Dokumentationen“ natürlich organisiertes Material, gründlich geplant und gefilmt, geschnitten und präsentiert. Daran ändert auch nichts der besondere Reiz, den das vermeintlich oder wirklich authentische Material bietet: das verwackelte Bild, die verzerrte Perspektive, ein zu schneller Schwenk. Im Gegenteil, hier steht die eingeschränkte technische Qualität für den erhöhten Realitätsgehalt.

Das Grauen also, das sich als unvermeidbare Fußnote der redlichen Berichterstattung geriert, wird im Dokumentarfilm zur medialen Intention und seit neuestem als „Reality-TV“ zur Vollendung gebracht. Filme, die unter der Maske der journalistischen Wahrhaftigkeit das Grauen präsentieren, haben ihre Tradition. Einer der ältesten, „Mondo Cane“, geriet dann auch prompt zur Serie. In ihm wurden Scheußlichkeiten aus aller Welt zusammengestellt: von ekligen Eßgewohnheiten bis zu sadistischen Erziehungspraktiken. Eines der letzten Produkte dieser Art heißt „Faces of Death II“ und ist natürlich auch in Serie gegangen. Ein Moderator, der sich als Forscher von Todesriten und -mythen vorstellt, führt durch den Film:

> Ich lade Sie wieder ein, mich auf meiner Reise durch die Welt der Toten zu begleiten. Nachdem meine erste Studie abgeschlossen war, stellte ich fest, daß viele meiner Theorien keine Gültigkeit mehr hatten. Mein optimistischer Glaube an ein Leben nach dem Tode ist verschwunden. Mir bleibt nur noch die Hoffnung, daß der Tod möglichst schnell eintritt, ohne die Schmerzen, die große Angst vor dem Sterben ertragen zu müssen.

Mit dieser Pose des Seriösen und des Humanen wird eine wirre Serie von Unfällen, Kriegen, Tierversuchen, Umweltverschmutzungen etc. vorgeführt, wobei die Qualen des Sterbens und das Entsetzen darüber akribisch dokumentiert werden. Bezeichnend ist die Bemerkung, daß der Tod säkularisiert und zugleich, zumindest vom Anspruch her, hygienisiert werden soll. Es bleibe „nur noch die Hoffnung, daß der Tod möglichst schnell eintritt, ohne die Schmerzen, die große Angst vor dem Sterben ertragen zu müssen“.

Die aktuellste Stufe der Verwertung des Grauens ist der fiktionalisierte Film. Er setzt in vielem die Intention und den Stil der Reportage und der Dokumentation fort, bringt sie aber auf den Nenner. Was in Reportage und Dokumentation durch den Ballast einer noch rudimentär verbliebenen Wirklichkeit nicht möglich ist, kann hier frei formuliert und zu Ende gebracht werden. Dabei gibt es zwar Ungereimtheiten, aber unverkennbar bleibt, daß sich hier ein Genre herausschält, das in unserer kollektiven Phantasie eine potente Rolle spielt. Es zeigt sich zudem, daß diese Filme gemeinsame Strukturmerkmale aufweisen – nicht zuletzt haben sie die Funktion, uns mit dem Häßlichen, dem Unsinnigen, dem Bösen vertraut zu machen. Sie fungieren als Gegen-Entwurf zu Aufklärung und Alltag. Sie faszinieren, weil sie kreischender Widerspruch und Vollendung unserer Wirklichkeit zugleich sind. Sie sind das Andere, in dem sich alle – fast alle – wiedererkennen. Ihre leichte Verfügbarkeit, ihr verwahrloster und damit verwahrlosender Gebrauch, die ständige und offenbar unvermeidbare Steigerung der Dosis Brutalität belegen die Funktion dieser Filme als Droge. Was aber, so wäre dann zu fragen, ist die Sucht?

So aufschlußreich die Themen auch sind, die diese Filme ansprechen, so aufschlußreich sind aber auch die Themen, die sie vermeiden. Sie zeigen alles und klären nichts. Gesellschaftstheoretische Erklärungsmodelle für Motivationen oder Verhalten fehlen. Selbst dort, wo der Alltag dramaturgische Funktionen hat, spielen die sozialen Spezifika keine Rolle. Es gibt keine wie immer geartete gesellschaftliche oder gar gesellschaftstheoretische Plazierung des Bösen. Insofern scheint es sich bei diesen fiktiven Filmen einerseits um die „gereinigte“ Fortentwicklung von Reportage und Dokumentation zu handeln, und rückblickend mag die Vermutung gelten, daß der Kern von sowohl Reportage als auch Dokumentation die Apotheose des Grauens und der sozialkritische Impetus kaum mehr als ideologischer Vorwand waren. Andererseits ist aber erkennbar, daß das Böse nicht als gesellschaftsbedingter und damit prinzipiell korrigierbarer Fehler auftritt, sondern als Widerspruch zum Alltag, als Gegensatz zum Diesseits, als Absolutum eben.

Der Stil

Der Horrorfilm ist – wenn man Kriterien der Hochkultur anlegt – ästhetisch anspruchslos. Einige Stilelemente sind immerhin aufschlußreich, auch und gerade weil sie sich an gängigen Klischees des Werbe- und Kriminalfilms orientieren. Dramaturgisch hervorgehobene Momente finden in der geläufigen Metaphorik von Blitz und Donner, von Nacht und Nebel statt (siehe die Filmographie am Ende des Beitrages: VII., VIII., X.).

Die Beleuchtung bevorzugt das Dunkle, die Kameraführung die verzerrte Perspektive, den Blick von unten. Überhaupt spielt die Differenz zwischen oben und unten eine große Rolle. Sowohl in „Der Exorzist“, in „Poltergeist“ als auch in „Shining“ sind Treppen ein zentrales Element des Dekors. Dramatische Ereignisse spielen sich oben ab, hoch über uns, in einer höheren Region gewissermaßen. Der Aufstieg, die Treppe empor, wird oft musikalisch unterstrichen. Ein anderes optisches Element ist das Labyrinth, das besonders in „Shining“ eine zentrale Rolle spielt. Das Kind rast hier in seinem Spielzeugauto durch das Hotel wie durch einen Dschungel. Die Korridore, die Zimmer, selbst der Teppichboden sind im Muster eines Labyrinths organisiert. Auch die dramaturgisch gelungene Schlußszene spielt in einem tief verschneiten Labyrinth aus Büschen und Bäumen. Dabei verweist die immer wieder genutzte Figur des Labyrinths auf die Grafik des Computerchips – auch das offenbar eine sich etablierende Metapher für die Digitalisierung und Komplexität unserer Lage.

Die meisten Filme sind dramaturgisch plump. Die Handlungsabläufe sind inkonsequent, die Motivation unglaubhaft. In „The Evil Dead“ zum Beispiel haben die in einer Waldhütte versammelten Personen ungeheure Angst vor den im Wald tobenden Gespenstern. Trotzdem gehen sie immer wieder hinaus und werden dann natürlich überfallen.

Die Ästhetik

Der Horrorfilm hat seine Vorbilder und seine Vorläufer, seine Ideengeschichte und seinen Diskurs. Er steht in einer langen, nicht immer trivialen Tradition. Die mittelalterlichen und barocken Darstellungen der Hölle etwa sind grausam, erschreckend und abstoßend. Bosch und Brueghel – der Höllen-Brueghel – und Félicien Rops, die Gorgeulen auf Notre Dame und anderen mittelalterlichen Kirchen kannten und zeigten das Grauen. Aber dieses Grauen war eingebettet in eine Theologie, eine Moral, einen Kosmos, in dessen Fülle sich Gut und Böse bedingten und gegenseitig beschränkten. Das Grauen hatte Struktur und Grund und Transzendenz. Es war ritualisiertes und gebändigtes Grauen. Damit unterscheidet es sich von den Comics und Videos, die uns heute verwirren und erschrecken. In ihnen ist das Böse einsam, eindimensional und ausschließlich.

Die Wirkungsästhetik, nicht nur des Bösen, ist zerfleddert. Welche Funktion und welche Folgen diese Filme haben, weiß genau keiner. Schaffen sie Abfuhr, Katharsis und Erlösung oder Angst, Haß und Verzweiflung; befreien oder unterdrücken sie, stabilisieren oder gefährden sie das System, verweisen sie auf einen Kontext, und wenn ja, auf welchen? Das sind bekannte Fragen, aber bezeichnenderweise sind die Antworten, zumindest solange wie sie der empirischen Sozialforschung überantwortet bleiben, unsicher. So bildungs- oder medienpolitisch interessant und sogar wichtig diese Fragen auch sein mögen, so sehr sie für eine moderne Theorie der Mimesis Folgen haben könnten, es geht bei der Flut der schrecklichen Bilder weniger um eine Rezeptions-Ästhetik oder die psychische Verarbeitung und soziale Funktion, nicht einmal um die dahinter schlummernden Archetypen, sondern erst einmal und bescheidener um den Versuch einer Hermeneutik.

Dazu gehört ein hilfreicher Befund aus der aktuell geführten Ethik-Ästhetik-Diskussion, daß sich Visionen und Wahrnehmungen, Phantasien, Ängste und Expressionen – kollektive und persönliche – zunehmend weniger ethisch und zunehmend ästhetisch formulieren. Der Verfall der großen – besonders historischen – Utopien, der Zweifel an Wissenschaft und Vernunft, an der Lösbarkeit, ja an der Begreifbarkeit überhaupt von sozialen, politischen und selbst den eigenen lebensgeschichtlichen Fragen, die Krise der Aufklärung also haben zu einer Ästhetisierung des sozialen und intellektuellen Paradigmas geführt. Das Kognitive wird abgelöst vom Sinnlichen, die Struktur vom Erleben, das Große vom Kleinen. Der Dominanz des Digitalen folgt, so scheint es, eine Renaissance des Analogen. Aber natürlich lauern hinter dieser von den Aufklärern beklagten Regression die alten Ängste, die alten Metaphern und Träume. Wenn nämlich das Kognitive nur eine, eine historisch bedingte Möglichkeit des Anthropos war und zware jene, die das Irrationale und Wilde nie ganz unterschlagen konnte, dann ist auch die hier sichtbar gewordene Wende keine völlige Aufgabe dessen, was Vernunft einst verhieß. Sie ordnet die alten wirren Fragen nur neu.

2. Morphologien

Der Alltag

Alle Horrorfilme thematisieren die Dichotomie von – banalem – Alltag und – dramatischem – Bösen. Dabei erscheint der Alltag als bürgerlich und zunächst auch als bieder und heil, zunehmend aber als phantastisch, doppelbödig und gemein, das Böse, Schmutzige und Vulgäre dagegen aber als das Wirkliche und Potente. Eine vordergründige Lesart dieser Filme wäre, sie als den Aufstand der Unterschicht gegen die Mittelschicht, als den Kampf der Bronx gegen Suburbia zu verstehen, als eine Umwertung aller – *middle-American* – Werte. Das könnte den Haß, der in diesen Filmen – ähnlich wie im *rap* – mitschwingt, einordnen helfen. So sehr also diese Sicht einen Beitrag zu einer Theorie des Sozialen Wandels in den USA liefern könnte, sie unterschlägt eine andere, eine tiefere Ebene. Es geht in diesen Filmen nicht um Protest – so sehr sie dessen Affekte auch ausspielen –, sondern um Erlösung.

In „The Evil Dead" fahren lachende Jugendliche durch einen schönen Nachmittag hinaus zu einer Waldhütte, wo der Schrecken sie alsbald überfällt. In „Halloween" sagt der Sheriff, kurz vor dem ersten Mord: „Dies ist eine verträumte Kleinstadt." Auch „Shining" beginnt pointiert harmlos. In „Friedhof der Kuscheltiere" sind alle jung und gesund und schön. Sie leben am Waldrand, in einem weißen Haus, von lustigem Hundegebell umgeben und sind eine glückliche Familie. Aber Stück für Stück öffnet sich der Untergrund dieser scheinbar unversehrten Welt. Nicht nur in „Poltergeist" herrscht ein zufriedenes Mittelschicht-Klima, ohne Probleme und ohne Ereignisse, auch in „Freitag, der 13." ist die Alltagswelt fröhlich und unkompliziert, eine Apotheose des Belanglosen. Diese Welt – das wird sehr deutlich – lebt in Sünde: Sie hat kein Gedächtnis. Das Böse aber kämpft gegen das Vergessen. Es hat Gedächtnis und Geschichte. Es ist die Alternative, die Chance; es bringt Leben und Bewegung in diese starre und tote Welt von Bürgerlichkeit und Normalität. Das Böse beendet die Amnesie.

In „Dressed to Kill" entpuppt sich der Psychiater – der Hüter des Normalen und Gesunden – als der in Wahrheit Kranke. Die schöne Welt von Ehe, Kindern und Konvention schwebt über einem Abgrund von Perversion und gebrochener Identität. Aber die Wirklichkeit hat nicht nur einen doppelten Boden, sie hat auch ein Ende. In diesen Filmen wird die Bedeutung des Todes, *contre cœur* und bis zur Nekromanie, zelebriert. Das Leben könnte total geil sein, wenn es nicht diese eine hirnrissige Macke hätte: den Tod. Und weil das Leben diesen Defekt hat, wird es selbst zur Hölle (V., XXI.). Trotzdem sagt eine der Hauptfiguren in „Tanz der Teufel“: „Es ist alles normal.“ Das Normale nämlich ist die Hölle und die ist – auf Dauer – bei uns eingekehrt. Alles ist teuflisch, selbst das läppische Fernsehgerät ist suspekt (XII.). Der Gegensatz von Gott und Gut auf der einen, von Teufel und Böse auf der anderen Seite ist dahin. Das Böse steht nicht mehr im Gegensatz zu Gott, sondern zur Gesellschaft. Die Gesellschaft hat das Gute abgelöst, ersetzt, erübrigt, vielleicht ist sie jetzt sogar – *manque de mieux* – das Gute selbst. Jedenfalls ist die Gesellschaft der einzige, der letzte Rest Realität, der uns geblieben ist. Deren Transzendenz – Gegensatz und Apotheose in einem – ist das Böse. Gott und Teufel spielen keine Rolle mehr. Aber nicht nur das Böse ist aus dem – ja längst abgeschafften – Jenseits bei uns eingekehrt, auch der Tod ist jetzt unter uns. Sowohl in „Zombie“ als auch in „Friedhof der Kuscheltiere“ wird gezeigt, daß dieses durch und durch säkularisierte, im Shopping-Center und Kleinfamilie institutionalisierte Leben ein Leben von Toten ist, daß wir alle ziellos schwankende Leichname sind.

Das Chaos

Diese Filme sind – trotz aller noch so heftigen Kamerabewegungen – müde: tod-müde und zivilisations-müde. Diese doppelte Depressivität ist nicht neu. Im Barock, im *fin de siècle*, in allen Endzeiten ist sie da. Ein rabiater *dégout de civilisation*, wie er sich ja auch schon im Konzept der antiautoritären Erziehung – damals politisch – angedeutet hatte, verbindet sich hier mit einem rabiaten *dégout de vivre*. Wenn im *fin de siècle* dieser *dégout* sich bürgerlich, feinsinnig und literarisch gab, dann heute sprachlos und plebejisch. Die Hoffnungslosigkeit ist nicht elegisch, sondern eklig, die Einsamkeit nicht differenziert, sondern dumpf, das Chaos nicht im Kommen, sondern schon da.

In den meisten Filmen spielen Schmutz und Selbstverstümmelung eine Rolle. Differenzierungen und soziale Rituale, Kulturgewinne generell sind als Ballast abgeworfen. Ein Prozeß der Entzivilisierung wird in Bewegung gesetzt und bis zur Kulturfeindlichkeit gesteigert. Oft genug ist das Böse just diese unsere Kultur, von der wir uns aber – auch hier wieder antiautoritär gedacht – befreien müssen. Nur wer diesen ganzen komplizierten Kulturmüll abzuschütteln in der Lage ist (XVI.), der kann zu sich selbst, so wie er ist, regredieren. Die Selbst-Befreiung liegt in der Selbst-Barbarisierung. „The Evil Dead“ zeigt eine solche Zertrümmerung von Regeln, Werten und Verhaltensmustern, die Destruktion aller Maßstäbe. Der Held erschlägt seine zur Dämonin verwandelte Freundin mit der Axt und zerstückelt sie in viele Teile. Danach aber hält er es für angemessen, ihr ein christliches Begräbnis zu bereiten. Der Held von „Tanz der Teufel II“ verfällt, nachdem er seine rechte Hand mit einer Maschinensäge entfernt hat, in ein befreites Gelächter. In einer entstrukturierten, emotional entleerten Welt sind Trauer und Freude keine differenzierenden Kategorien mehr. Das Grundmotiv dieser Welt ist der Verfall, der psychische, der soziale, der moralische (XV.).

Aber nicht nur Soziales, auch Natürliches wird aufgelöst. „Frankenstein Unbound" zeigt eine Erfindung, als deren Folge Vergangenheit und Gegenwart ineinander verschwimmen. Angst und Sehnsucht mischen sich: Angst vor dem Unbekannten, vor dem Bösen, vor der Gesellschaft, die offenbar amorph und undurchschaubar geworden ist, Angst vor der Zukunft, zugleich aber auch eine große Sehnsucht nach Verläßlichkeit (II.). Immer wieder versuchen die Helden, Ordnung in ihr Leben zu bringen, sich selber zu finden (XV.), aber immer wieder, jeder ein Sisyphos, scheitern sie. In diesem Scheitern erleben sie ihre Hilflosigkeit. Sie sind dem Bösen so nackt und schutzlos ausgeliefert, daß sie selbst ihrer Haut entblößt sind (III.). Es fällt auf, daß Einsamkeit weder als die Möglichkeit einer – psychodynamischen – Reifung noch einer – existentiellen – Grunderfahrung erscheint. Kein Freud und kein Heidegger stand hier Pate.

Es geht immer wieder um den Versuch der Rückgewinnung von Vergangenheit, um ein Erinnern dessen, wo wir einst waren und ein Verstehen dessen, wo wir jetzt sind – und um das Scheitern dieses Versuchs. Unweigerlich taucht das einst Verdrängte aus der Vergangenheit auf, nimmt Rache für die Kränkungen, die Zurückweisungen, die Verdrängung, die es erlitten hat. Es fordert Anerkennung und Respekt. In einer verzweifelten Ambivalenz formulieren diese Filme die Vergeblichkeit der Verdrängung und zugleich deren vermeintliche Notwendigkeit. Das Vergangene wird immer nur als das Böse, das Gefährliche, das Unverständliche gesehen, nie als Kontinuität oder als die Chance eines neuen Beginns. Auch wenn die Versuche, die Erinnerung zu löschen, stets mißlingen, werden sie unbelehrbar wiederholt. Der Zwang ist unaufhebbar. Ein häufiges Motiv ist das von Friedhöfen (IX.) und Gräbern (XII.), das sowohl vorwärtsweisend die Angst vor dem eigenen Ende als auch rückwärtsblickend die Angst vor den Toten und ihren Forderungen aufzeigt. Die Friedhöfe sind daher nicht Stätten der Begegnung mit den Ahnen und der Versöhnung, sondern der Abrechnung, der furchtbaren Konfrontation mit unserer Endlichkeit. In diesem Zusammenhang variiert Spielberg das jüdische Motiv, die Grabesruhe der Toten nicht zu stören, in bezeichnender Weise. Er interpretiert es als das Verbot, sich der Vergangenheit zu stellen (XII.).

Das Auschwitz-Syndrom

In der Wiederholung von Erschlagen, Erstechen, Zersägen, im Anhäufen von Leichenbergen, in denen Blut, Abfall und Körperfetzen sich mischen (VI.), zerfallen alle kategorialen Unterschiede von Leben und Tod, von Mensch und Natur, von Mitleid und Abscheu. Die meisten Filme (besonders XVI.) können als eine progressive Bestialisierung gelesen werden. Eine Brutalität überbietet die nächste, bis der Betrachter schließlich dieses Gemetzel als neue Normalität und Norm akzeptiert hat. Die von den Serben aufgeschnittenen und zerstückelten Leiber, wie sie das Fernsehen gelegentlich zeigt, stoßen also auf ausreichend vorsozialisierte und gelassene Betrachter. Der Schock, den die Darstellung der Leichenberge aus den Konzentrationslagern einst ausgelöst hatte, ist heute Anachronie. Menschliches Leben, selbst des nächsten und liebsten Freundes, wird zur *quantité négligeable*. Die in „Zombie" gezeigten Leichenberge erinnern zwar an Auschwitz, nur daß hier und im Jahre 1992 niemand die geringste Regung zeigt. Das individuelle menschliche Leben verschwindet, der Mensch wird zur Kategorie. Das Subjektive verebbt.

Das Sinnliche

Das Sinnliche als die leibliche Manifestation dieses Subjektiven wird Teil des Bösen. Es ist sicher keine spezifisch amerikanische Idiosynkrasie – die meisten dieser Filme sind aus den USA –, aber die enge Verkopplung von Sexualität mit dem Bösen ist eines der Grundmotive (am frühesten in IV.). In „Halloween" wie auch in „Freitag, der 13." sowie in „The Evil Dead" beginnt der Film mit dem Mord an einem sich liebenden jungen Paar. Der sexuelle Akt ist fast immer Auslöser für das Auftauchen des Bösen. In „Dressed to Kill" ist das Sexuelle selbst infiziert. Es löst nicht nur das Böse aus, es ist selbst das Böse. Der sexuell Gestörte, der mordende Transvestit, ist zugleich eine Ikone des Normalen und Gesunden, so als sei Sexualität nur noch gestört möglich. Bezeichnenderweise überlebt in „Halloween" nur ein einziges Mädchen, das sexuell unschuldige nämlich, das Morden des – aus der Vergangenheit übrigens zurückgekehrten – Psychopathen. Sinnlichkeit ist gefährlich, Sexualität tödlich. Diese Filme verbieten nicht nur das Sexuelle, sondern das Animalische überhaupt. Der Körper ist ein offenbar gefährlicher, noch nicht endgültig unterdrückter Freiraum, ein letzter Rest an Natur, den es zu kolonialisieren gilt. Gerade darum, das scheint das *hidden curriculum* zu sein, muß er so gräßlich verstümmelt und vielleicht doch noch und dann endgültig zerstört werden. Diese Filme betreiben die Domestizierung des Menschen, den Kampf gegen die Natur, auch gegen die des Menschen.

Die Wissenschaft

Die Filme repetieren auch die etablierte Ambivalenz gegenüber der Wissenschaft. Sie erscheint gelegentlich als eine Instanz der Vernunft und des Guten, als Gegenmacht gegen das Böse und das Kranke. Sowohl in „Halloween" als auch in „Dressed to Kill" gibt es, als Verkörperung der Wissenschaft, die Figur des Psychiaters, nur in einem Fall allerdings ist er gesund und vernünftig. Die Feindschaft gegenüber der Wissenschaft überwiegt. Diese wird entweder als irrelevant und machtlos (IV.) oder aber als das Böse selbst (I., VII., XX., XII.) dargestellt. Dabei werden die üblichen wissenschaftsfeindlichen Klischees aufgefahren. In „Monsters" raubt die Wissenschaft dem Menschen nur seine Unschuld. In „Frankenstein Unbound", offenbar ein Derivat von H. G. Wells' „Time-machine", erscheint die Wissenschaft schon als das Bedrohliche schlechthin. Buchanan, der Wissenschaftler, sagt, daß er, wie Frankenstein, nur Monstren erschaffen könne. Ihm wird vorgeworfen: „Ihr liebt nur den Wahnsinn, den Wahnsinn des Machbaren." Und die Antwort: „Ich wollte dem Menschen die Macht verleihen, Leben zu erschaffen, um ihn zu befreien von jenem grausamen und unwirklichen Gott. Welcher Mensch hat das je zuvor vollbracht?" Aber dieses von ihm erschaffene Leben wagt er nicht zu zeigen: „Unmöglich. Was ich erschaffen habe, ist eine Abscheulichkeit," die alles verändert und alles zerstört. „Was habt Ihr getan?" wird er gefragt und aufgefordert: „Mach es wieder, wie es war." Und er muß zugeben: „Es liegt nicht in meiner Macht." Die Erfindung in „Frankenstein Unbound" ist zwar eine große wissenschaftliche Errungenschaft, schafft aber ein in seinen Folgen unabsehbares Grauen. Der Wissenschaftler hat keine Moral. Er ist nicht einmal ein Mensch, sondern – wie auch in „Alien" – insgeheim ein Roboter, für den nur Wissen und die Möglichkeiten der Technik zählen. Er ist unfähig, die Probleme in ihrem existentiellen Zusammenhang zu erkennen, erst recht sie zu lösen. Das Böse aber kann nur existentiell, nicht intellektuell bekämpft und besiegt werden. In „Alien" ist es – ein überholtes Klischee – die Frau, die dieses existentielle Prinzip des Handelns verkörpert. Aber nicht nur der Wissenschaftler, auch seine Produkte – ob fantastische wie in „Frankenstein Unbound" oder banale wie in „Poltergeist" – sind gefährlich, unkontrollierbar und, in dem Maße, wie sie technisch gelungen sind, undechiffrierbar. Wissenschaft führt also nicht zu mehr, sondern zu weniger Rationalität. In „Poltergeist" fungiert die Fernsehröhre sogar als Tor ins – irrationale und böse – Jenseits. Jedenfalls sind die Wissenschaften nicht Aufklärung und ihre Produkte nicht harmlose Werkzeuge, sondern Geheimnis und Gefahr. In unauflöslicher Ambivalenz zerstören sich daher in „Frankenstein Unbound" das Monster und die technologische Welt – beides Produkte des Menschen – in einem apokalyptischen Zweikampf.

Das Paradies

So blind und brutal, so vertrackt und verquer, so geschmacklos und gequält diese Filme auch sind, sie berühren zentrale Themen und Ängste unserer Zeit. In Konfigurationen aus Bruchstücken heilsgeschichtlichen – meist christlichen – Denkens drückt sich die Sehnsucht nach einer guten und ordentlichen Welt aus, in der Himmel und Hölle, Gott und Mensch und Teufel, Gut und Böse ihren festen Platz haben. In „Freitag, der 13." versucht ein Mann mit dem nicht zufälligen Namen Christie, das vom Bösen verseuchte Sommerlager zu sanieren. In „Das Omen" opfert sich der Held selbst, um die Menschheit zu retten – allerdings umsonst, denn in der letzten Einstellung erkennt der Betrachter, daß das Böse mächtig weiterlebt. Der Kampf gegen das Böse ist hoffnungslos, die Suche nach Erlösung findet keine Erfüllung. Und das Paradies, das diese Filme imaginieren, ist von unsäglicher Armseligkeit: ein riesiges Shopping-Center, das allerdings als Kippfigur zur Hölle gerät, als Fremde darin einbrechen. Auch die Paradiese sind vor dem Bösen nicht zu schützen, können sich im Handumdrehen in eine Hölle verwandeln. Selbst die Apokalypse findet nicht irgendwann und irgendwo, sondern hier und jetzt statt. Die Toten werden in der Tat auferstehen (XXI.), aber nicht im Jenseits und erlöst, sondern hier und verdammt.

Die Unschuld

Das Motiv der Unschuld spielt nicht nur als sexuelle, sondern auch als kindliche Unschuld eine wichtige Rolle. Bezeichnend ist, daß in diesen Filmen nach einem Retter gerufen wird, aber unklar bleibt, wer er sein könnte. Der Wissenschaftler ist es offensichtlich nicht, in

„Der Exorzist“ war es noch der Priester, der Psychiater erschien eher dubios, selbst das unschuldige, vorpubertäre, blonde, meist im Gegenlicht gefilmte Kind ist es nicht. Die Metapher des Jesuskindleins ist geradezu penetrant offensichtlich. Aber das Jesuskind ist hier kein Heiland. In zwei verschiedenen Rollen wird das Kind vorgestellt. Es ist einerseits das Medium zum Unheimlichen und zum Bösen (II., VI., IX., X., XII.), andererseits aber auch das Böse selbst. In „Das Omen“ ist das Kind die Reinkarnation des Satans. In „Halloween“ sagt der Psychiater von dem inzwischen zum Mann und Massenmörder herangereiften Kind, er sei

> ein hoffnungsloser Fall. Kein Verstand, kein Gewissen und auch nicht das elementarste Differenzierungsvermögen zwischen Leben und Tod, zwischen Gut und Böse, Recht oder Unrecht. Ich traf auf ein sechsjähriges Kind mit einem blassen, farblosen, emotionslosen Blick und den schwärzesten Augen, teuflischen Augen. Ich habe acht Jahre lang versucht, mit ihm Kontakt zu bekommen, dann nochmal sieben Jahre, um zu verhindern, daß er jemals wieder auf freien Fuß gesetzt wird. Ich wußte zu gut, was sich hinter diesen Augen verbirgt – das absolut Böse.

Die hohe emotionale Besetzung des Kindes in diesen Filmen entspricht der, wenn auch zwiespältigen, Apotheose des Kindes in unserer Gesellschaft. Wenn das Kind nämlich nicht nur das Prinzip der Zukunft und der Hoffnung, sondern auch und zugleich das der eigenen Vergänglichkeit darstellt, konzentriert es in seiner Metaphorik viele der Ängste unserer Zeit und dieser Filme. Wenn das Kind das Symbol der Zukunft ist, dann ist es auch das Symbol der Zukunftsangst. Wenn es das Symbol der eigenen Vergänglichkeit ist, dann ist es auch eine Metapher des Todes. Und so erscheint es auch in diesen Filmen, mächtig und bedrohlich, geheimnisvoll und fremd. So, wie diese Filme die Vergangenheit verweigern und mit Angst besetzen, so verweigern sie auch die Zukunft, die für sie eine unaufklärbare Bedrohung darstellt.

3. Der neue Gott

Diese Filme sind anmaßend. Sie okkupieren und mißbrauchen die Phantasie des Betrachters bis hinein in seine sensibelsten Tiefenschichten. Sie rauben ihm seine Autonomie und gelegentlich auch seine Würde. Kein Urteil und keine Differenzierung ist mehr möglich. Was Filme generell betreiben – die Machtergreifung des Bildes –, die Horror-Videos vollenden es. Diese Filme sprechen nicht und argumentieren kaum, sie zeigen nur große und mächtige Bilder. In diesen Bildern ist das Böse ohne Alternative. Etwas anderes gibt es nicht. Aus Türen und Fenstern, aus Steckdosen und Plattenspielern, aus Ohren, Augen und Gliederstümpfen quillt das Blut in der Endszene von „The Evil Dead“ und ertränkt und überwältigt damit den Helden, den Betrachter und die Welt. So sehr der Betrachter sich auch zu wehren versuchen mag, er hat keine Wahl. Er kann sich nur noch ausliefern. Das Schicksal ist unabänderlich und übel (IX., X.). Das Böse bricht über uns herein, blind und fremd. Es ist das ganz Andere, das sich in uns eingenistet hat. In „Das Omen“ ist es der Wechselbalg, dessen

Herkunft und dessen Wesen unbekannt, geheimnisvoll und böse ist. Auch in „Alien" ist das Fremde der Feind, zugleich aber – weil perfekt – böse. In solchen Hinweisen, die in den verschiedenen Filmen immer wieder auftauchen, zeigt sich das Böse als das Göttliche. Das Böse und das Irrationale stehen in diesen Filmen gegen die Vernunft und das offenbar ins Schemenhafte entgleitende Gute. Nicht mit Vernunft siegt das Gute, sondern gar nicht. Siegen kann nur das Irrationale und dann ist es der Sieg des Bösen. Zauberbücher und magische Sprüche werden als Formeln vorgestellt, die die Welt zu begreifen und zu bändigen vermögen. Den Zugriff auf die Wirklichkeit ermöglicht nicht mehr die Vernunft, sondern nur noch die Magie (XVI.). Auch in „Der Exorzist" werden christliche Symbole und Ritualgegenstände – Kreuz, Weihwasser und Gebete – magisch eingesetzt zur Austreibung des seinerseits – und zwar offenbar sexuell – besessenen Satans. In „Der Exorzist" wird auch explizit der Gegensatz zwischen Magie und Wissenschaft formuliert und für die Magie plädiert. Alle komplizierten, anspruchsvollen und wissenschaftlichen Methoden, wie Sprachanalyse, Psychoanalyse und Neurochirurgie, werden als vordergründig und wirkungslos verworfen. In „Das Omen" gibt es sogar nur ein einziges Mittel zur Befreiung von dem Bösen: den Opfertod. Unter Verweis auf Abraham und Isaak bietet auch hier der Vater seinen, wenn auch satanischen Sohn und zugleich sich selbst zum Opfer dar. Eine neue, blutrünstige und blinde Gläubigkeit wird gefordert. In „Poltergeist" sagt die Hexe: „Sie werden alles tun, was ich Ihnen sage, auch, wenn es Ihrem Glauben an die Menschheit und Ihrem christlichen Glauben widerspricht." Und die Antwort lautet so, als hätte es keine dreitausend Jahre abendländische Vernunfttradition gegeben: „Ich verspreche es." Und trotzdem und gewissermaßen als Antwort auf diesen verzweifelten Versuch, durch intellektuelle Selbstaufgabe zur Erlösung zu kommen, sagt das Monster in „Frankenstein Unbound": „Du hast nichts verstanden. Du kannst mich nicht töten!"

Die Welt des Grauens ist eine Welt der unaufgelösten, oft auch unausformulierten Dichotomien. Überall tun sich Gegensätze auf, immer wieder neue. Die Welt besteht aus archaischen und blutrünstigen Göttern, die nicht im Gespräch, sondern nur im stummen und wütenden Kampf miteinander liegen.

Die Toten, das ist das große Motiv in diesen Filmen, erinnern an die Vergangenheit und sind deshalb gefährlich. Gerade deswegen erscheint der Schrei der Toten – „Join us, join us!" – nicht, wie es das Christentum wollte, als Einkehr in das Reich Gottes, sondern als Aufforderung, sich der Vergangenheit zu stellen und damit als Bedrohung. Zugleich aber bleibt gewissermaßen invertiert der christliche Anspruch erhalten, daß das wahre Reich nicht von dieser Welt sei, der Welt der fröhlich-flirtenden, läppischen Alltäglichkeit, sondern daß die Wirklichkeit jenseits, nunmehr allerdings im Reich des Bösen, liege. Das Böse ist das neue Sein, der neue Gott. Alltag und Böses unterscheiden sich dadurch, daß der Alltag banal und kontingent, das Böse aber klar, wirklich und verbindlich ist, daß das Böse dem Kontingenten erst Sinn und Gewicht verleiht (XV.). Das Böse aber ist nicht metaphysisch und transzendent formuliert, sondern immanent und unabschiebbar nah. Wir leben gewissermaßen in Hautkontakt zum Bösen. „In der Hölle ist kein Platz mehr", heißt es in „Zombie", und deswegen seien die wandelnden Toten auch nicht in der Hölle, sondern hier, und deswegen sei diese Welt zur Hölle geworden. Durch den Verlust der Transzendenz ist das Böse nicht mehr „drüben“, sondern „hier“: *l'enfer, c'est l'autrui* (Sartre). Diese Filme sind ein Versuch, das nunmehr und tagtäglich über uns kommende Böse zu fassen, beim Namen zu nennen, zu bannen und damit einer neuen, gewissermaßen diesseitigen Transzendenz zuzuweisen. Aber immer wieder zeigen diese Filme das Scheitern dieses Projekts. Das Böse läßt sich nicht mehr – durch keine wie auch immer geartete neue Kategorisierung – rationalisieren, abschotten und domestizieren. Das Böse ist in unserer Welt, ist zu einem unverzichtbaren Bestandteil dieser Welt geworden. Ohne das Böse versänke unsere Welt in Banalität und Kontingenz. Das Böse ist das neue Prinzip Hoffnung.

Daß gerade aus dem Bereich des Trivialen der wilde und dumpfe Versuch der Rekonstituierung einer, wenn man es so nennen darf, Metaphysik kommt, darf nicht überraschen. Daß Legitimationen schwinden, Komplexitätsgewinne Sinnverluste bringen, daß Konflikte sich nicht mehr gesellschaftstheoretisch – also im Sinne eines Konfliktmodells – erklären oder gar lösen lassen, ist inzwischen durchgesickert. Wohlstands-Vandalismus und Fundamentalismus, politischer Terrorismus, neue Sekten und neue soziale Bewegungen lassen sich zwar als Rückkopplung, nicht mehr aber als systemtreue Lernangebote, als korrigierbare Fehlleistungen erklären. Was wir erleben, ist keine Panne, sind nicht Fehlleistungen des Systems, sondern dessen Entfaltung und Vollendung. Insofern geht die Zeit von Reformen oder Revolutionen zu Ende. Unser gesellschaftspolitisches Paradigma läuft aus. Die archaischen Fundamente schimmern wieder hervor. Alte Metaphern und alte Bilder kehren zurück. Aber nicht im akademischen Überbau, sondern in irgendeinem „Klümpchen Schleim in einem warmen Moor“ (Benn) werden sie wieder gezeugt.

Die Strukturen zerfallen, Entdifferenzierung findet statt. Was einst unter anderen gesellschaftlichen und historischen Bezügen Animismus hieß, kehrt wieder. Alles ist beseelt, aber es ist böse, verschwommen und mehrdeutig. Es schleicht sich ein und unterwandert unser Leben. Das Unbekannte nistet sich in uns ein, wir werden uns selber fremd (I.). Wir selbst sind unser Feind, und unsere Produkte, unsere Waffen und unsere Erfindungen können uns nicht retten. Unsere Rettungsschiffe sind keine. Auch in ihnen nistet das universale und unbesiegbare Böse (I.). Hinter all dem Fremden, dem Geheimnisvollen, dem Schrecklichen steckt keine Erklärung und keine Vernunft. Das Geheimnis ist das Prinzip, das diese Welt zusammenhält, das Sinnlose, das Böse (IV.). Es entsteht grundlos und unerwartet und verteilt sein Erscheinen gewissermaßen als Zufallsstichprobe (XVIII.). Es läßt sich weder psychoanalytisch noch wissenschaftlich noch vernünftig erklären, es ist eine Existenz *sui generis*, eine ontologische Grundtatsache (III.). Und die Brutalitäten, die es auslöst, sind keine Strafe und führen zu nichts. Sie schaffen in uns aber eine neue Ergebenheit, ein hilfloses Schweigen der Lämmer. Das Böse ist das Prinzip, das seine Macht nicht zu legitimieren und nicht zu begründen braucht, das keinen Zweck und keine Geschichte hat, sondern sinn-los sich selbst genügt (XVI.).

Mit kruden Klischees, drastischen Bildern und rasenden Fahrten wird die bittere Botschaft verkündet. In „Halloween“ wird der Triebtäter zwar schließlich erschossen, aber seine Leiche wird nie gefunden. Noch *post mortem* demonstriert der Film den transzendenten

Anspruch. Das Böse hat viele Gesichter. Wenn es sich als das Kranke zeigt, zeigt es nur eine seiner vielen Masken. In Wirklichkeit ist das Böse ewig und unzerstörbar (X., XVI.). In „Frankenstein Unbound" sagt das Monster: „Glaubst du denn, daß du mich je tötest? Aber ich werde dich ewig verfolgen. Ich bin ungebrochen." Nicht mehr Gott und das Gute ist die primäre Kraft, sondern das Böse. Der Diskurs hat sich verteufelt. In „Der Exorzist" muß sich Gott durch die Existenz des Teufels legitimieren lassen. Gott ist zum Derivat des Teufels verkommen.

Die Frage wird so nie formuliert, aber darauf ist in diesem Wust aus bösen Bildern und dumpfen Schreien alles gerichtet: Wo gehöre ich hin? Warum muß ich so leiden und warum gibt es keinen guten Gott mehr? Wer bin ich? Es geht alles durcheinander, aber die Einsamkeit, die Angst, die Hilflosigkeit sind ganz real. Weder die Wissenschaft noch die Gesellschaft, weder Gewalt noch Verstand, weder Gott noch Kind, weder Leben noch Tod sind die Hoffnung. Keiner kann helfen, im Gegenteil, sie alle entpuppen sich als Agenten des Bösen oder bestenfalls als deren Opfer. Alles hat einen doppelten Boden, auf nichts ist Verlaß. Der Mythos der Conquistadores, der Europa ein halbes Jahrhundert vorangetrieben hatte, ist erloschen. Die Wilden, die wir antreffen, sind schreckliche Spiegelbilder unserer selbst (I.). Um uns herum liegen die Trümmer gefallener Götter, übrig geblieben sind nur wir: übermächtig und ohnmächtig in einem. Aber die Kräfte, die wir entfesselt haben, gewinnen Gewalt über uns. Wie bändigen wir sie, wie bändigen wir uns selbst? Unsere Grenzen und unsere Identitäten zerfließen. Wir müssen uns, das sagen diese Filme, wieder in den Griff bekommen – natürlich weder im Jargon der Eigentlichkeit noch in der der Dialektik der Moderne, sondern blutrünstig und terroristisch. Diese Filme erschrecken, weil sie selber erschrocken sind. Sie sind außer Rand und Band, weil sie den Halt verloren haben. In „Das Schweigen der Lämmer" werden alle Identitäten und Differenzen aufgelöst. Es gibt nur noch ein universales Böses, an dem wir alle und archetypisch partizipieren, das uns in einer neuen und grausamen Brüderlichkeit verbindet. Der Exkurs der Moderne hat uns wie in einer großen kreisförmigen Bewegung wieder zu uns zurückgeführt. Zu unserem Schrecken haben wir nicht das Leuchten der Vernunft, sondern das Böse in uns entdeckt (V.), das verdrängt und von der Gesellschaft bislang diffamiert, aber unzerstörbar und jederzeit zum tödlichen Sprung bereit in uns lauert. In einer bezeichnenden Anspielung an „Prometheus unbound" stellt „Frankenstein Unbound" die Verbindung zum Schöpfer des Menschengeschlechts – einem der Schöpfer zumindest – her. Wir werden dort allerdings weniger an einen göttlichen als an einen teuflischen Ursprung verwiesen. Der Mensch entdeckt sich selber als Bedrohung. Das Böse, so scheint es, wird wirklich und lebendig erst durch den Menschen selbst. Nur er inszeniert und vollstreckt das Werk der Destruktion. In dieser in Bildern und Assoziationen formulierten Sicht zittert eine Ambivalenz und eine Angst, aber auch eine große Sehnsucht. In diesen Filmen wird viel gebrüllt und gekreischt. Es ist der verzweifelte Ruf nach einem, nach irgendeinem Halt. In dem Chaos, in den Blut- und Leichenbergen dieser Filme verbirgt sich ein dumpfer und vielleicht auch – wenn einem an dieser Sicht gelegen sein sollte – politisch beunruhigender Hunger nach Autorität. Zuviel ist zu schnell anders geworden, zuviel ist verloren gegangen. Das halten diese Filme nicht aus. Die

Beschleunigung des historischen Prozesses raubt ihnen und uns den Verstand. Irgendwo jenseits von Eigenheim und Teneriffa, jenseits auch alles Bösen muß es doch noch etwas anderes – das ganz Andere – geben: ein Stück, ein kleines unbeflecktes Stück Heimat.

Die Filme versuchen, sich und sich für uns in einer haltlos gewordenen Welt zurechtzufinden. Sie sind das triviale Gegenstück zu jenem anthropologischen Diskurs, in dem die Frage gestellt wird: Was ist der Mensch denn noch, wenn er sich selbst erschaffen kann?

Filmographie

I. *Alien*
Großbritannien 1979, Regisseur: Ridley Scott

II. *Das Omen* (Originaltitel: *The Omen*)
USA 1975, Regisseur: Richard Donner

III. *Das Schweigen der Lämmer*
(Originaltitel: *The Silence of the Lambs*)
USA 1991, Regisseur: Jonathan Demme

IV. *Der Exorzist* (Originaltitel: *The Exorcist*)
USA 1973, Regisseur: William Friedkin

V. *Dressed to Kill*
USA 1980, Regisseur: Brian de Palma

VI. *Gesichter des Todes II* (Originaltitel: *Faces of Death II)*
Japan 1981, Regisseur: Conan Le Cilaire

VII. *Frankenstein Unbound*
Italien 1990, Regisseur: Roger Corman

VIII. *Freitag, der 13.* (Originaltitel: *Friday the 13th)*
USA 1979, Regisseur: Sean S. Cunningham

IX. *Friedhof der Kuscheltiere* (Originaltitel: *Pet Sematary)*
USA 1989, Regisseur: Mary Lambert

X. *Halloween – Die Nacht des Grauens*
(Originaltitel: *Hallowe'en)*
USA 1978, Regisseur: John Carpenter

XI. *Mondo Cane*
Italien 1961, Regisseur: Gualtiero Jacopetti

XII. *Poltergeist*
USA 1982, Regisseur: Tobe Hooper

XIII. *Psycho*
USA 1960, Regisseur: Alfred Hitchcock

XIV. *Rosemary's Baby*
USA 1967, Regisseur: Roman Polanski

XV. *Shining* (Originaltitel: *The Shining*)
Großbritannien 1979, Regisseur: Stanley Kubrick

XVI. *Tanz der Teufel* (Originaltitel: *The Evil Dead)*
USA 1982, Regisseur: Samuel M. Raimi

XVII. *Tanz der Vampire* (Originaltitel: *Dance of the Vampires/The Fearless Vampire Killers)*
Großbritannien 1966, Regisseur: Roman Polanski

XVIII. *Nobody is Perfect* (Originaltitel: *The End)*
USA 1977, Regisseur: Burt Reynolds

XIX. *Tanz der Teufel II – jetzt wird noch mehr getanzt* (Originaltitel: *Evil Dead II – Dead by Dawn)* USA 1986, Regisseur: Samuel M. Raimi

XX. *Monsters I, II, III*
USA 1988, Regisseure: M. Brandon, E. Farino, G. Cannon, B. Gordon, M. Gornick, M. Rezyka, L. Borden, J. Grey, A. Kingsberg

XXI. *Zombie* (Originaltitel: *Zombie – Dawn of the Dead)*
Italien/USA 1978, Regisseur: G. A. Romero

Anhang

Autorenverzeichnis

Armin Adam, wissenschaftlicher Assistent am Geschwister-Scholl-Institut für Politische Wissenschaften, Universität München. Veröffentlichungen zur Politischen Philosophie und Politischen Theologie, z. B.: Rekonstruktion des Politischen. Carl Schmitt und die Krise der Staatlichkeit, 1992.

Norbert Bolz, Professor für Kommunikationstheorie an der Universität Gesamthochschule Essen. Letzte Veröffentlichungen: Eine kurze Geschichte des Scheins, ²1992; Chaos und Simulation, 1992; Philosophie nach ihrem Ende, 1992.

Hans Richard Brittnacher, wissenschaftlicher Mitarbeiter am Fachbereich Germanistik der Freien Universität Berlin. Promotion mit einer Arbeit zur Ästhetik des Horrors. Veröffentlichungen zu Goethe, Schiller, zur Ästhetik des Häßlichen und zur literarischen Phantastik.

Angelika Ebrecht, Dr. phil., Diplompsychologin, wissenschaftliche Mitarbeiterin am Psychologischen Institut der Freien Universität Berlin, danach am Wissenschaftszentrum Berlin für Sozialforschung. Seit 1991 wissenschaftliche Assistentin für Politische Psychologie am Fachbereich Politische Wissenschaft der Freien Universität Berlin.

Erik Grawert-May, Privatdozent für Soziologie an der Freien Universität Berlin. Letzte Veröffentlichungen: Lob der Prüderie, 1991; Die Sucht mit sich identisch zu sein, 1992.

Norbert Kapferer, wissenschaftlicher Assistent am Fachbereich Philosophie und Sozialwissenschaften der Freien Universität Berlin, danach Privatdozent am Otto-Suhr-Institut der Freien Universität Berlin. Habilitationen in Politikwissenschaft und Philosophie. Veröffentlichungen: „Denn eigentlich spricht die Sprache". Die Fährte Heideggers im Poststrukturalismus, 1984; Das Feindbild der marxistisch-leninistischen Philosophie der DDR 1945-1988, 1990.

Heinz Dieter Kittsteiner, Privatdozent für Neuere Geschichte an der Universität Bielefeld. Lebt in Berlin. Wichtigste Veröffentlichungen: Naturabsicht und Unsichtbare Hand. Zur Kritik des geschichtsphilosophischen Denkens, 1980; Gewissen und Geschichte. Studien zur Entstehung des moralischen Bewußtseins, 1990; Die Entstehung des modernen Gewissens, 1991.

Tilman Krause, lebt als freier Journalist in Berlin. Promotion: Mit Frankreich gegen das deutsche Sonderbewußtsein: Wege und Wandlungen des Friedrich Sieburg. Lehrbeauftragter am Fachbereich Geschichtswissenschaft der Freien Universität Berlin.

Hans Körner, Professor am Seminar für Kunstgeschichte der Heinrich-Heine-Universität Düsseldorf. Forschungsschwerpunkte: Kunst des Spätmittelalters im deutschsprachigen Raum; französische Malerei und Kunsttheorie des 17. bis frühen 20. Jahrhunderts.

Manfred Maengel, lebt als Lehrer für Deutsch und Philosophie in Berlin, wo er auch als Drehbuchautor und Schriftsteller arbeitet. Befaßt sich gegenwärtig mit einem Projekt zur Kriegsforschung.

Wolfert von Rahden, wissenschaftlicher Mitarbeiter für Linguistik am Fachbereich Germanistik der Freien Universität Berlin, danach am Institut für Soziale Medizin, Forschungszentrum für Historische Anthropologie der Freien Universität Berlin. Letzte Veröffentlichung: Theorien vom Ursprung der Sprache (Mithrsg.), 2 Bde., 1989.

Susanne Scharnowski, derzeitig Dozentin (DAAD-Lektorin) für deutsche Sprache und Literatur am Gonville and Caius College in Cambridge, Großbritannien. Arbeitsschwerpunkte: Roman und Romantheorie der Frühromantik; Briefroman.

Wolfgang Schild, Professor an der Fakultät für Rechtswissenschaft an der Universität Bielefeld. Arbeitsschwerpunkte: Allgemeiner Teil des Strafrechts; Grundlagen des Strafverfahrens; Philosophie des Deutschen Idealismus; Strafrechtsgeschichte; Rechtsikonologie. Zahlreiche Veröffentlichungen aus den Arbeitsschwerpunkten.

Alexander Schuller, Professor am Institut für Soziale Medizin, Forschungszentrum für Historische Anthropologie an der Freien Universität Berlin. Letzte Veröffentlichungen: Vermessene Sexualität (Mithrsg.), 1987; Der codierte Leib (Mithrsg.), 1989; Gier – Zur Anthropologie der Sucht (Mithrsg.), 1993.

Moritz Schuller, B. A. in Oxford; zur Zeit University Fellowship in Classics an der Yale University in New Haven, USA.

Christoph Schulte, wissenschaftlicher Mitarbeiter am Moses-Mendelssohn-Zentrum der Universität Potsdam. Veröffentlichungen: Um Kopf und Krieg (Hrsg.), 1987; radikal böse. Die Karriere des Bösen von Kant bis Nietzsche, 1988; Deutschtum und Judentum (Hrsg.), 1993.

Falk Wagner, Professor an der Evangelisch-theologischen Fakultät der Universität Wien. Letzte Veröffentlichungen: Geld oder Gott?, 1985; Was ist Religion?, 1986; Was ist Theologie?, 1989.

Personenverzeichnis

Namen von Gestalten, die ausschließlich in den Welten von Mythos und Kunst beheimatet sind und deren Ähnlichkeit mit historischen oder lebenden Personen „rein zufällig" wäre, wurden nicht in das Register aufgenommen.

Abetz, Otto 150
Acker, Kathy 273
Ackroyd, Peter 40, 51
Adam, Alfred 84, 91
Adam, Armin 310
Adkins, Arthur W. H. 24
Adler, Alfred 109, 110, 114
Adolf, Helene 123, 131
Adorno, Theodor Wiesengrund 15, 24, 109, 110, 114, 115, 157, 266, 274
Aischylos (Aeschylus) 17-19, 21, 22, 24
Albrecht, Hans-Jörg 127, 131
Alexy, Robert 117, 132
Alkibiades (Alcibiades) 21, 22, 314
Allen, Thomas William 24
Altwegg, Jürg 152, 162
St. Ambrosius [Bischof von Mailand] 304, 319, 325
Amélineau, E. 237, 242
Améry, Jean [*eigtl.* Hans Mayer] 154, 162
Anders, Guenter [*eigtl.* G. Stern] 43, 51
Anderson, Sascha 156, 157, 163
Andresen, Carl 185, 191, 236, 237, 242
Aner, Karl 70, 72, 91
Angelico, Fra 180
An-Ski *siehe* Rappoport, Schlomo S.
Antidämoniacus *siehe* Bobbe, Johann Gottlieb
St. Antonius [*gen.* der Große] 181, 235-237, 240, 242
Archippos 12
Arendt, Hannah 48, 51
Aristophanes 22, 24
Aristoteles 5, 13, 19-21, 23, 24, 68, 322, 323
Aron, William 86, 91
Augustin(us), Aurelius 6, 7, 9, 65, 304-306, 310
d'Aurevilly, Barbey 177

Bachelard, Gaston 299, 302
Bächtold-Stäubli, Hans 195, 219
Bacon, Francis [Philosoph, 16./17. Jh.] 31, 32
Bacon, Francis [Maler, 20. Jh.] 341
Baghwan, Shree Rajneesh 294
Bailet, Dietlinde Sigrid 274
Baker, Reginald 197
Baldry, Harold C. 12, 24
de Balzac, Honoré 254, 271, 273
Baltrusaitis, Jurgis 76, 91
Bandura, Albert 113, 114
Barbos, Mario Portigliatti 45, 51
Bardot, Brigitte 197, 221
de Baroncelli, Jacques 197
Barrès, Maurice 154, 162, 163
Barth, Karl 7, 9
Barthes, Roland 272, 274
Bataille, Georges 41, 51, 186, 191, 274, 298, 302, 323-325
Baudelaire, Charles 41, 43, 51, 229, 232, 233, 240, 242, 267, 284
Baudler, Georg 76, 91, 183
Baudot, Marcel 150, 162
Baudrillard, Jean 51, 268, 274, 302
Bauer, Max 53
Bauer, Roger 219, 240, 242
Bayle, Pierre 67
de Beausobre, Isaac 237, 242
Bebermeyer, Gustav 182, 191
Beck, Kurt 121, 131
Becker, Gabriele 51
Beese, Henriette 302
Behringer, Wolfgang 123, 131, 195, 219
Bekker, Balthasar 65, 67-69, 71, 72, 89, 92
Beltz, Walter 174, 191
Benda, Julien 154, 162
Benedict, Ruth F. 12, 24
Benn, Gottfried 352
Berija, Lawrentij Pawlowitsch 299
Bernfeld, Siegfried 109

St. Bernhard [von Clairvaux] 174, 175
Bernhard von Caux 28
Benjamin, Jessica 201, 219
Benjamin, Walter 282-284, 287
Bering, Dietz 48, 51
Bernard, Sarah 197
Bernard, Tristan 28, 51
Bernd, Adam [*Pseudonym* Melodius] 56, 58-64, 69, 73, 84, 85, 89, 90
Bettelheim, Bruno 27, 51, 292, 302
Bibring, Edward 66, 91
Binet, Alfred 98, 99, 114
Birkenhauer, Renate 48
Bitter, W. 115
Bizet, Georges 205, 219
Blake, John 288
Blake, William 45, 51
Blasius, Dirk 95, 114
Blatty, William Peter 188, 191
Blaze, Henri 234
Blei, Franz 273
Bleibtreu-Ehrenberg, Gisela 31, 51
Bloch, Iwan 98, 99, 114
Blüher, Hans 155, 163
Blumenberg, Hans 126, 131, 332-334, 340
Bobbe, Johann Gottlieb [*Pseudonym* Antidämoniacus] 71, 90
Bohrer, Karl Heinz 41, 51, 188, 191
Boisserée, Sulpiz 333
Bolz, Norbert 286
St. Bonifatius I., Papst 304
Borckmeyer, Dieter 340
Borden, L. 354
Borgia (Borja), Lucrezia 314
Borgia (Borja), Cesare 314
Born, Nicolas 321, 325
Bornemann, Ernest 260, 274
Bosch, Hieronymus [*eigtl.* Jeronimus (*gen.* Jeroen) B. van Aken] 181, 344
Böschenstein, Bernhard 54
le Bougre, Robert *siehe* Robert le Bougre
Bouquet, Carole 197
Bourdeau, Hélène 230
Bourdeau, Jean 230
Boussel, Patrice 51
Bouyer, Louis 236, 242
Bovenschen, Silvia 30, 51
Boveri, Margret 151, 162
Brackmann, Karl-Heinz 48, 51
Brandon, Michael 354
Brasillach, Robert 149, 156, 163
Brenz, Johannes 77
Bresser, Paul H. 95, 115
Brittnacher, Hans Richard 177, 191
Brockmann, Doris 69, 92
Brueghel (Bruegel, Breughel), Pieter, d. J. [*gen.* Höllenbruegel] 181, 344
Bruno, Giordano 32, 171
Bühler, Theodor 118, 131
Bulgakow, Michail A. 40, 51
Buñuel, Luis 197, 203, 207, 219, 225
Burkert, Walter 24
Burnet, John 25
Butts, Thomas 45
Byloff, Fritz 123, 131
Byron, George Gordon Noël, Lord 40, 51, 182, 183, 334
Bywater, Ingram 24

Caesar, Gaius Iulius 154, 314
von Cagliostro, Alessandro, Graf [*Pseudonym* Chevalier de Seingalt; *eigtl.* Giuseppe Balsamo] 252
Cajétan, Tomaso de Vio, (Cajetanus, Gaetano), Kardinal 307
Calvin, Johannes [*eigtl.* Jean Cauvin] 23, 65, 253, 335-337
Canguilhem, Georges 8, 9
Cannon, Greg 354
Carducci, Giosue 183, 184
Carpenter, John 354
Carson, Anne 19, 24
Casanova, Giacomo Girolamo [*Pseudonym* Chevalier de Seingalt] 251-253, 255, 273
Castel, Robert 95, 114
Catilina, Lucius Sergius 314
von Caux, Bernhard *siehe* Bernhard von Caux
Cazotte, Jacques 40, 51
de Cervantes Saavedra, Miguel 332
Cézanne, Paul 232
von Chamisso, Adelbert 40, 51, 187
Charcot, Jean Martin 102, 114
Chilon [Cheilon] 19
Choderlos de Laclos, Pierre Ambroise François 258-268, 270, 272, 273, 275
Christus *siehe* Jesus Christus
Cioran, Emile M. 40, 51

Clair, Jean 54
Clemen, Otto 59, 90
Clemens V., Papst 39
Coccejus, Johann [*eigtl.* J. Cock, Koch, Koken] 68
Cocteau, Jean 292, 293
Colli, Giorgio 53, 287
Colpe, Carsten 76, 91
Comte, Auguste 97, 335
Constable, John 295
Cooper, Gary 159
Copper, Basil 118, 131
Corman, Roger 354
Courbet, Gustave 232
Crispino, Anna Maria 40, 51
Cunningham, Sean S. 354
Curtius, Ernst Robert 154, 162
Czerwinski, Peter 120, 131

Da Ponte, Lorenzo 273
Damiens [Königsattentäter] 258
Darius, Barbara 328, 335, 340
Darwin, Charles 97, 98, 111, 114, 115
Déat, Marcel 152
Defoe, Daniel [*eigtl.* D. (De) Foe] 253, 275
Delacroix, Eugène 229
Deleuze, Gilles 217, 220, 302
Delvoy, Robert L. 219, 224
Demme, Jonathan 354
Dempf, Alois 126, 131
Denzler, Georg 185, 191
Descartes, René (Renatus Cartesius) 5, 65, 67, 69, 75, 290
Deschner, Karlheinz 171, 191
Diaconoff, Suellen 274
Dieck, Alfred 119, 131
Diestel, Ernst 121, 131
Dietrich, Bernard C. 24
Dietrich, Marlene 197, 220, 222, 223
Dijkstra, Bram 241, 242
Dilcher, Gerhard 126, 131, 132
Dodds, Eric Robertson 4, 9, 12, 13, 19, 21, 24
Dollard, John 111, 112, 114
Donner, Richard 354
Doody, Margaret A. 273
Dörner, Klaus 95, 114
Dorra, Henri 238, 242
Dostojewskij, Fjodor M. 40-43, 51, 313
Dover, Sir Kenneth James 24
Dreikandt, Ulrich K. 179, 183, 189, 191
Drewermann, Eugen 27, 51, 148, 194, 219
Drieu La Rochelle, Pierre 149-163
Droixhe, Daniel 53
Duerr, Hans Peter 128, 131
van Dülmen, Richard 31, 51, 127, 131
Dumont, Franz 45, 52
Dumont, Paul-Ursin 197, 219
Dureux, Adelaïde-Alexandrine 232
Dutz, Klaus D. 53
Duval, Jeanne 232, 233
Duvivier, Julien 197, 221

Eagleton, Terry 255, 274
Ebeling, Gerhard 148
Ebrecht, Angelika 195, 219
Eckermann, Johann Peter 332
Edmunds, Lowell 24
Eicher, Peter 69, 92
Eichmann, Adolf 299
von Einsiedel, Wolfgang 170, 191
Einstein, Albert 108
Eisenstein, Sergej M. 299, 300
Eliade, Mircea 169, 191
Elias, Norbert 128, 131
Engels, Friedrich 97, 99, 101, 102, 115, 148
Engels, Odilo 126, 131
d'Enghien, Louis Antoine Henri de Bourbon, Prince de Conde 333
Enzensberger, Hans Magnus 329
Epiphanios [Bischof von Salamis und Metropolit von Zypern] 237
Erasmus von Rotterdam (E. Desiderius) 84
Erdheim, Mario 87, 91
Erhard, Johann Benjamin 42, 43, 51
Erich, Oswald A. 121, 131
Erler, Adalbert 118, 131
Ernesti, Johann August 70
Euripides 19, 24
Evans, Ernest 10

Farin, Michael 274
Farino, Ernest 354
Farrar, Geraldine 197
Faust, Johannes (Georg) 185-187, 234, 238, 242, 257, 273, 279, 284, 286, 328, 331-337, 339, 340
Fechner, Gustav Theodor 168, 191

Feder, Paul 109
Fehr, Hans 121, 125, 131
Fenichel, Otto 109, 114
Ferguson, John 24
Feucht, Dieter 119, 131
Fiedler, Leslie A. 255, 274
Fielder, F. J. 24
Finley, Moses I. 13-15, 24
de Fiores, Joachim 171
Fischer, Friedhelm Wilhelm 240, 242
Fischer, Paul 119, 131
Flaubert, Gustave 235-237, 239, 240, 242
Fließ, Wilhelm 102, 103
Fontius, Martin 325
Forman, Milos 258
Foucault, Michel 23, 24, 27, 45, 46, 51, 95, 96, 114, 127, 131, 295, 302, 313, 314, 323, 325
Fouché, Joseph, Herzog von Otranto 156
Fra Angelico *siehe* Angelico
Franco, Francisco 161
Franck, Johannes 33, 52
Frears, Stephen 258, 262
Frenzel, Elisabeth 251, 274
Freud, Anna 66, 91
Freud, Sigmund 8, 9, 27, 66, 74, 76, 77, 85-87, 91, 97, 102-110, 114, 115, 117, 131, 199-204, 216, 219, 281, 282, 287, 325, 347
Fried, Johannes 125, 131
Friedkin, William 188, 354
Fritz, Horst 219
Fromm, Erich 109-115
Füchsel, Georg Christian 53
Fuhrmann, Manfred 148

Galilei, Galileo 32, 185
Gall, Franz Joseph 44, 52
Gaßner, Johann Joseph 72
Gaubert, Ernst 240, 242
Gehlen, Arnold 295, 302
Genet, Jean 41, 313
Geraths, Armin 229, 242
Gerhard, Ludwig 65
Gernentz, Hans Joachim 187, 191
Gessinger, Joachim 52, 53
Gestrich, Christof 148
Gewehr, Wolf 123, 131
Giacometti, Alberto 341
Gide, André 155
Giovannini, Fabio 40, 51
Gleichmann, Peter 128, 131
Glockner, Hermann 9
Gnüg, Hiltrud 251, 271, 272, 274
von Goethe, Johann Wolfgang 40, 52, 55, 74, 75, 86, 90, 135, 148, 186, 234, 238, 242, 257, 273, 286, 326-328, 330-340
van Gogh, Vincent Willem 292
Goody, Jack 31, 52
Gordon, Betty 354
Gordon, R. L. 16, 25
Gorgias [von Leontinoi] 22
Gornick, M. 354
Görres, Joseph 189
Gorsen, Peter 180, 191
de Goya y Lucientes, Francisco José 41
Graeser, Andreas 10
Granzow, Brigitte 51
Greene, William C. 24
Gregor von Nyssa 322, 325
Gregor IX., Papst 37
Grell, Chantal 53
Grey, J. 354
Griffin, Jasper 24
Grimm, Jacob 26, 31, 251, 274
Grimm, Wilhelm 26, 31, 251, 274
Groddeck, Georg 85, 91
Groot, Gerhard 28
Grover, Frédéric 149
Grube, Georges M. A. 19, 24
Gruber, Howard E. 97, 115
Grubrich-Simitis, Ilse 287
Gründer, Karlfried 96, 115
Grundmann, Herbert 123, 131
Guibourg, Abbé 176
Gutenberg, Johannes [*eigtl.* J. Gensfleisch] 38

Haag, Herbert 73, 74, 86, 91, 148, 176, 180, 191
Haardt, Robert 236, 242
Haasis, Hellmut G. 43, 51
Habermas, Jürgen 46, 52
Habermehl, Peter 57, 91
Hahlbrock, Peter 227, 239
Haizmann, Christoph 103, 104, 115
Hall, Edith 24
Haller, Raoul 274
Halperin, David 19, 24
Hamann, Johann Georg 315

Hansen, Joseph 30, 31, 33, 34, 52
Hardt, Ernst 236, 242, 273
Häring, Hermann 148
von Harnack, Adolf 4, 9, 307
Harnack, Arvid 151, 163
von Hartmann, Eduard 43, 52, 53
Hartmann, H. 109
Hauff, Wilhelm 187
Hauschild, Thomas 33, 52
Havelock, Eric A. 14, 16, 24
Hebbel, Christian Friedrich 272
Hegel, Georg Wilhelm Friedrich 40, 79, 88, 90, 99, 117, 148, 171, 316, 317, 325
Heidegger, Martin 66, 282, 347
Heiland *siehe* Jesus Christus
Heilmann, Alfons 319, 322, 325
Heinroth, Johann Christian August 44, 45, 52
Heinsohn, Gunnar 30, 33, 52
Heine, Heinrich 87
Heinze, Richard 14, 24
Henkel, Arthur 187, 191
Hennings, Justus Christian 64, 91
Heppe, H[einrich] 31, 53
von der Heyden-Rynsch, Verena 51, 274
von Herder, Johann Gottfried 53, 79
Hermand, Jost 219
Hesiod 11, 15, 21, 22, 24
Hessing, Siegfried 86, 91
St. Hieronymus, Sophronius Eusebius [*auch gen.* Malleus haereticorum] 28
Highet, G. 24
Hillebrand, Bruno 53
Hillis, W. B. 25
Hilmes, Carola 193, 199, 219
Himmler, Heinrich 113
Hinckeldey, Christoph 118, 121, 124, 132
von Hippel, Robert 127, 131
Hirsch, Emanuel 6, 9
Hirschfeld, Gerhard 153, 162
Hirschman, Albert O. 82, 91
Hirzel, Rudolf 24
His, Rudolf 119, 131
Hitchcock, Alfred 354
Hitler, Adolf 109, 113, 150, 151, 153, 294, 296
Hobbes, Thomas 27, 79, 90, 309
Hockerius, Jodocus 66, 91
Hofbauer, Gottfried 53
Hofer, Hermann 149, 156, 161, 162
Höfer, J. 176, 191
Hoffmann, Ernst Theodor Amadeus 40, 52, 187
Hoffmann, Hartmut 126, 131
Hoffmann, Volker 89
Hofmann, Hanns Hubert 126, 131
Homer 11-25, 74
Hooper, Tobe 354
Hoppenrod, Andreas 66, 91
Horkheimer, Max 15, 24, 109, 110, 115, 266, 274
Horney, Karin 109, 115
Hroch, Miroslav 34, 36, 37, 52
Hübner, Kurt 75, 92
Hugo von Auxerre 28
Hurwitz, Siegmund 194, 219
Husserl, Edmund 288, 290, 302
Huxley, Aldous 189
Huysmans, Joris-Karl 176-179, 191, 227, 271-273
Hygen, Johan B. 57, 92

Innozenz III., Papst 36, 37, 173
Innozenz VIII., Papst 29
Innozenz XI., Papst 189
Institoris, Heinrich 28-35, 53, 194, 195
Irenäus [von Lyon, Bischof] 236
Isidor von Sevilla 195
Israel, Abigail 203, 219
von Ivánka, Endre 5, 9

Jacob, Hans 273
Jacobson, Edith 205, 219
Jacoby, Mario 194, 196, 219
Jacoby, Michael 118, 131
Jacopetti, Gualtiero 354
Jaeschke, Walter 148
Jahn, Ernst 110, 114
Jauß, Hans Robert 148, 175
Jean Paul [*eigtl.* Johannes Paul Friedrich Richter] 262, 273
Jeanne d'Arc 186
Jelinek, Elfriede 273
Jerusalem, Johann Friedrich Wilhelm 70
Jesus Christus [von Nazareth] 114, 122, 162, 167-171, 172, 174, 178, 182, 185, 188, 190
Jiang Zemin 339
Johannes [Evangelist] 5, 65, 168, 170, 236
Johannes von Frankfurt [de Francfordia; *eigtl.* J. Lagenator (Flaschner); *auch gen.* J. von Dieburg] 28, 29

Johnson, Virginia Eshelman 299
Jolles, André 186, 191
Jonas, Hans 4, 6, 7, 9, 294, 302
Jones, H. S. 25
de Jouvenel, Bertrand 153, 154, 159
Judas [*gen.* Ischarioth] 161, 162, 170, 171
Jünemann, Joachim 118, 131
Jung, Carl Gustav 75, 76, 91, 92, 109, 115
Jünger, Ernst 155, 162
Jüttemann, Gerd 51-53, 120, 131

Kaiser, Günther 131
Kant, Immanuel 6-10, 32, 42-44, 52, 53, 55-57, 68, 69, 78-86, 88-92, 117, 148, 264, 274, 290, 313-315, 318, 325
Kanzog, Klaus 182, 191
Kaplan, Julius 238, 239, 242
Kassner, Rudolph 51
Kast, Verena 194, 219
Kawalerowicz, Jerzy 189
Keller, Evelyn Fox 30, 52
Kemp, Friedhelm 233
Kertelge, Karl 188, 191
Keynes, O. 51
Kierkegaard, Søren Aabye 6, 9, 253, 267-271, 273, 274
Kindleben, Christian Wilhelm 72, 73, 90
King, Stephen 341
Kingsberg, A. 354
Kingston, Paul J. 153, 162
Kirchheimer, Otto 127, 132
Kirschbaum, Engelbert S.J. 76, 92
Kittsteiner, Heinz Dieter 40, 52, 56, 59, 65, 69, 77, 79-81, 83, 85, 92
Klauser, Theodor 91
von Kleist, Heinrich 255, 273
Klemperer, Victor 47, 52
Kleopatra VII. [*gen.* die Große, Cleopatra Philopator] 229, 239
Kliche, Dieter 53
von Klinger, Friedrich Maximilian 314
Klossowski, Pierre 320
Knabe, Lotte 126, 132
Knauer, Vincenz 29, 52
Knieper, Rolf 33, 52
Kobusch, Theo 148
Koch, Claus 156, 163
Koch, Traugott 138, 148
Koestler, Arthur 43, 52, 299, 302
Kohut, Heinz 201, 219
Kohut, Karl 149, 162
Kolakowski, Leszek 17, 24, 189
Konfuzius [*latinisiert* K'ung-fu-tzu] 338, 339
Koopmann, Helmut 274
Korte, Hermann 128, 132
Koschorke, Albrecht 210, 218, 219
Koschorreck, Walter 118, 132
Koselleck, Reinhart 57, 92
Köster, M. G. H. 72, 73
Kowalsky, Wolfgang 152, 163
von Krafft-Ebing, Richard 8, 9, 98, 99, 115, 216
Kraft, Heinrich 319, 322, 325
Krause, Gerhard 57, 92
Kretzenbacher, Leopold 123, 132
Kris, E. 109
Kubrick, Stanley 354
Kyria, Pierre 197, 219

de La Bruyère, Jean 156
Lakebrink, Bernhard 86, 90
Lambert, Mary 354
de La Mettrie, Julien Offray 262
de La Motte-Fouqué, Friedrich, Baron 51, 187
Landau, Peter 124, 132, 133
Langbein, John H. 125, 132
Langelüddeke, Albrecht 95, 115
Langendorf, Cornelia 51
de La Rochefoucauld, François VI, Duc 156
Lasson, Georg 148
Laubenthal, Klaus 127, 132
Lavater, Johann Caspar 44, 45, 52
Lavrin, Janko 42, 52
Le Bon, Gustave 108, 114
Le Cilaire, Conan 354
Lecourt, Dominique 302
Lee, E. N. 25
Lehmann, Christine 258, 274
Leibbrand, Werner 95, 115
Leibniz, Gottfried Wilhelm 5, 9, 315
Leites, Edmund 254, 274
Leonardo da Vinci 240
Lembeck, Karl-Heinz 302
Lenin, Wladimir Iljitsch [*eigtl.* W. I. Uljanow] 298, 340
Lenz, Jakob Michael Reinhold 257
Lesky, Albin 12, 24

Lessing, Gotthold Ephraim 251, 256-258, 273, 274
Levin, Ira 190, 191, 354
Lewis, Matthew Gregory 40, 52, 187
Lewy, Rudolf 274
Liebel, Hermann 95, 115
Lieberwirth, Rolf 53, 69, 91
Liessmann, Konrad Paul 268, 274
Lloyd, J. 25
Lloyd-Jones, Hugh 14, 15, 19, 24
Locke, John 85, 290
Loewenstein, R. 109
Lohmann, Anna Elisabeth 70, 79, 89, 90
Lombardi Vallauri, Luigi 126, 132
Lombroso, Cesare 8, 9, 44, 52
Loos, Erich 273
Lorenz, Konrad 9, 111, 112, 115
Lorraine, Jean 227, 229, 240
Löscher, Valentin Ernst 63
Lotto, Lorenzo 182
Louÿs, Pierre 40, 193-220
Löwith, Karl 171, 191
Lübbe, Hermann 126, 132
Ludwig XIV., König von Frankreich 125, 132, 176
Luhmann, Niklas 284-287
Lukas [Evangelist] 84, 85, 90, 136
Luther, Martin 59, 64, 65, 84, 85, 90, 335
Lutz, Christiane 27, 52
de Luxembourg-Montmorency, François-Henri [Marschall] 186

Machiavelli, Niccolò 156, 263, 314
Macintyre, Alisdair 15, 20, 24
Macpherson, Crawford Brough 79, 90
Mager, Wolfgang 126, 132
Malewitsch, Kasimir S. 240, 242
Malraux, André 155
de Man, Hendrik 109
de Mandeville, Bernard 81
Mani (Manes, Manichäus) 172
Mann, Gunter 45, 52
Mann, Thomas 40, 52, 155
Mannheim, Karl 47
Manzoni, Alessandro 333
Mao Zedong 339
Marcion (Markion) 4, 9, 172, 319
Marcuse, Herbert 109
Markus [Evangelist] 136, 181
Maria [Mutter Jesu] 46, 174, 176, 187, 204, 205, 240, 331, 332
Marquard, Odo 27, 53, 137, 148
Marsh, Patrick 153, 162
Marx, Erich 196, 220
Marx, Karl 83, 88, 92, 97, 99-101, 109, 110, 115, 135, 148, 171, 339, 340
Maschke, Richard 3, 10
Masser, A. 182, 191
Masters, William Howell 299
Mathieu, Pierre-Louis 230, 232, 233, 234, 238, 239, 242
von Matt, Peter 262, 272, 274
Mattenklott, Gert 17
Matter, Jacques 236, 237, 239, 242
Matthäus [Evangelist] 64, 136, 170, 171
Maturin, Charles Robert 40, 53, 187
de Maupassant, Guy 272, 273
Meier, Georg Friedrich 71, 90
Meineke, August 12, 24
Melodius *siehe* Bernd, Adam
Mérimée, Prosper 197, 205, 219
Messalina, Valeria, röm. Kaiserin 193, 239, 240
Messias *siehe* Jesus Christus
Meyer, Charles 168, 189, 191
Michael, George 287
Michaelis, Johann David 70, 72
Michelet, Jules 176, 191
Mickel, Liselotte 51, 302
Miller, Nancy K. 258, 274
Miller, Norbert 262, 273
Milton, John 182, 183
Mischo, Johannes 188, 191
Moeller van den Bruck, Arthur 152, 163
Mohammed [Prophet] 218
de Molay, Jacques Bernard 38, 39
Molière [*eigtl.* Jean-Baptiste Poquelin] 232
Molina, Angela 197, 225
de Molina, Tirso 251
Moll, Albert 98, 99, 115
Mommsen, Hans 51
de Montaigne, Michel Eyquem, Seigneur 155
Montenegro, Conchita 197
Montespan, Madame de 176
de Montfort, Simon *siehe* Simon de Montfort
de Montherlant, Henry Millon 155
Montinari, Mazzino 53, 287
Moreau, Gustave 40, 227-250

Morel, Benedict Augustin 8, 10
Moritz, Karl Philipp 44, 53
Morrish, Ivor 43, 53
Mourelatos, A. P. D. 25
Mozart, Wolfgang Amadeus 253, 268, 273
Müller, Daniela 123, 132
Müller, Gerhard 57, 92
Müller, Heiner 258, 273
Müller, Johann Gottlieb [Propst] 70, 90
Müller, Konrad 118, 132
Müller, Maria E. 274
Munro, D. B. 24
Münz, Walter 274
Musculus, Andreas 66, 91
Musil, Robert 313, 319, 325
Mussolini, Benito 296

Nabokov, Vladimir [*Pseudonym* V. Sirin] 272, 273
Napoléon I., Kaiser der Franzosen, [*urspr.* Napoleone Buonaparte] 156, 332-334
Nara-san [*Pseudonym*] 341
van der Nat, P. G. 92
Naumann, Bernd 53
de Navacelle, Thierry 220
Nestroy, Johann Nepomuk 272
Neuhaus, Volker 255, 274
Nicolin, Friedhelm 79, 90
Nietzsche, Friedrich 8, 10, 26, 41-43, 53, 79, 84-86, 92, 96, 144, 160, 280, 281, 287
Nilsson, Martin P. 24
Nippel, Wilfried 24
Nitsch, Hermann 180
de Nogaret, Guillaume 38, 39
di Nola, Alfonso M. 168, 191
Nolle, Rolf-Werner 256, 274
North, Helen H. 24
Nösselt, Johann August 72

Ocampo, Victoria 153
Oeing-Hanhoff, Ludger 144, 148
Oerter, Wolf B. 52
Oesterreich, Traugott Konstantin 120, 132
Oestreich, Brigitta 77, 92
Oestreich, Gerhard 77, 92
Onians, Richard B. 24
Origines 65
Orwell, George 48, 53
Osterkamp, Ernst 182, 184, 192
Ostwald, Martin 25
Ott, Michaela 51
Otto, Maria 53

Paczesny, Reinhard 173, 192
Page, D. 24
Pagels, Elaine 4, 10
de Palma, Brian 354
Pannenberg, Wolfhart 137, 138, 148
Paracelsus [*eigtl.* Theophrastus Bombastus von Hohenheim] 186
Pascal, Blaise 154
Parker, Robert 25
Pater, Walter 240
Paulhan, Jean 159
Paulus (Saul) 4-6, 9, 10, 65, 67, 68, 172, 300
Pelagius [Mönch, 4. Jh.] 6, 7, 9
Penderecki, Krystof 189
Perikles 22
Petersen, J. W. 65
Petriconi, Hellmuth 262, 263, 274
Petrus 57, 64, 65
Pfabigan, Alfred 167, 192
Pfaffen, Christoph Matthias 67
Philipp II., König von Makedonien 22
Philipp IV., König von Frankreich [*gen.* der Schöne] 38, 39
Pichler, Cathrin 54
Picht, Barbara 235, 242
Picht, Robert 235, 242
Picot [Moreaus Lehrer] 230
Pircher, Wolfgang 54
Pius VI., Papst 179
Plack, Arno 7, 10, 27, 53
Plank, Frans 53
Platon 4, 5, 7-11, 13, 17, 19, 20, 23, 25, 241
Pleister, Wolfgang 122, 132
Pockels, Carl Friedrich 195, 196, 220
Pöggeler, Otto 79, 90
Polanski, Roman 354
Popp, K.-J. 169, 192
Popper, Karl Raimund 12, 13, 20, 21, 25, 229-232, 239, 240, 242, 274
Poussin, Nicolas 295
Praz, Mario 177, 183, 192
Proust, Marcel 329
Przybyszewski, Stanislaw 172, 177, 192
Ptolemaios 300

Radbruch, Gustav 127, 132
Radisch, Iris 157, 163
von Rahden, Wolfert 32, 43, 44, 52, 53
Rahner, Karl 176, 191
Raimi, Samuel M. 354
de Rais, Gilles 171, 186, 302, 323-325
Rasch, Wolfdietrich 240, 242
Rappoport, Schlomo S. [*Pseudonym* An-Ski] 189-191
Rathgeb, Eberhard 53
Raulff, Ulrich 24
Regout, Robert Hubert Willem 310
Reich, Wilhelm 9, 10, 27, 109, 110, 115
Reik, Theodor 210, 214-216, 220
Reinhardt, Karl 18, 25
Rembrandt [*eigtl.* R. Harmensz van Rijn] 292
Renan, Ary 227, 230-232, 238, 242
Renner, Ursula 240
Reschke, Thomas 51
Révész, Béla 5, 10
Rey, Fernando 225
Reynolds, Burt 354
Rezyka, M. 354
Richard III., König von England 324
Richardson, Samuel 254-256, 258, 273-275
Ricœur, Paul 53
Riedel, Ingrid 194, 219
Ringleben, Joachim 148
Ritter, Joachim 96, 115
Ritzerfeld, Helene 273
Robert le Bougre 28
Roebling, Irmgard 240, 242
Rohde, Erwin 25
Rohde-Dachser, Christa 193, 220
Rohls, Jan 148
Rohrwasser, Michael 299, 302
Romero, George A. 354
Rops, Félicien 219, 224, 226, 344
Rorty, Richard M. 25
Rosen, Harold J. 24
Rosenberg, Alfons 175, 192
Rosenkranz, Karl 53
Roskoff, Gustav 31, 53, 72, 92, 121, 132, 170, 192
Ross, Angus 273
Ross, Sir William David 24
Rother, Karlhans 125, 132
Rousseau, Jean-Jacques 7, 10, 27, 218, 261, 315, 316
Roussel, Roy 262, 274
Rudolph, Enno 80, 92
Rudolph, Kurt 4, 10, 172, 192
Rudwin, Maximilian Josef 121, 132
Ruh, Ulrich 126, 132
Rusche, Georg 127, 132
Russel, Ken 189
Russell, Jeffrey Burton 13, 18, 25, 57, 91, 92
Rutherford, Robert B. 11, 25

Sabor, Peter 273
von Sacher-Masoch, Leopold 40, 195, 216-220, 298, 302
de Sade, Alphonse Donatien François, Marquis 7, 8, 10, 98, 99, 114, 176, 179, 185, 195, 266, 273, 274, 298, 299, 302, 314-324
de Saint-Exupéry, Antoine 155
de Saint-Simon, Louis de Rouvroy 156
de Saint-Victor, Paul 232, 242
Sander, Ernst 273
Sartorius, Joachim 149, 160-163
Sartre, Jean-Paul 300, 302, 352
von Sauter, Heinz 273
Schacht, Roland 197, 219
Schaible, Marlene 182, 192
von Schelling, Friedrich Wilhelm Joseph 148
Scherer, Wolfgang 310
Schickedanz, Hans-Joachim 220, 226, 267, 271, 275
Schiff, Gert 232, 239, 242
Schild, Wolfgang 38, 116-118, 120-125, 127, 128, 130, 132, 133
von Schiller, Friedrich 313, 314
Schlechta, Karl 86, 92
von Schlegel, Friedrich August 267, 269, 274
Schleiermacher, Friedrich Ernst Daniel 10
von Schlichtegroll, Carl Felix 218, 220
Schmidt, Eberhard 127, 133
Schmidt, J. W. R. 28, 29, 53
Schmitt, Carl 14, 25, 49, 308-310, 332, 340
Schnitzler, Norbert 118, 133
Schnürer, Gustav 126, 133
Schopenhauer, Arthur 230
Schreiner, Klaus 118, 133
von Schrenck-Notzing, Albert 98, 99, 115
Schrey, Heinz-Horst 126, 133
Schroeder, Friedrich-Christian 124, 132, 133
Schulte, Christoph 8, 10, 26, 53, 57, 79, 81, 92
Schulze-Boysen, Harro 151, 163

Schünemann, Georg 273
Schünke, Wolfgang 125, 133
Schwartländer, Johannes 117, 132
Schwarz, Reinhard 122, 133
Schwarz, Richard 123, 133
Schwarze, Michael 197, 207, 220
Schweppenhäuser, Hermann 287
Scorcese, Martin 190
Scott, Ridley 354
Segal, Charles P. 16, 25
Seggelke, Günter 127, 133
Seifert, Hans-Ulrich 274
de Seingalt, Chevalier *siehe* Casanova, Giacomo, und Cagliostro, Alessandro
Seitter, Walter 24, 51, 114, 302
Selby, Hubert 40, 53, 272, 274
Semler, Johann Salomo 70-73, 79, 89, 90
Seznec, Jean 235-237, 242
Shaftesbury, Anthony Ashley Cooper, Earl 313
Shakespeare, William 324, 332
Shelley, Percy Bysshe 183
Sibelius, Jean 288
Signorelli, Luca 181
Silone, Ignacio 299, 302
Simic, Charles 329
Simon de Montfort 37
Simon Magus 172, 236, 237, 239
Singer, H. 187, 191
de Sismondi, Jean-Charles-Léonard Simonde 227
Siuts, Hinrich 119, 133
Skinner, Burrhuis F. 111, 112, 115
Skreiner, Wilfried August 123, 133
Skybová, Anna 34, 36, 37, 52
Smith, Adam 83, 85
Snell, Bruno 13, 15, 25, 74, 75, 92
Sokrates 13, 20-22, 291
Soldan, Kurt 273
Soldan, Wilhelm Gottlieb 31, 53
Solmsen, Friedrich 24
Sombart, Nicolaus 155, 163
Sonntag, Michael 51-53
Sophokles 13, 316
Spangenberg, Cyriacus 66, 91
Spee von Langenfeld, Friedrich 38, 69, 92
Spencer, Herbert 97
Spielberg, Steven 347
Spielrein, Anna 109, 115
de Spinoza, Benedict(us) (Baruch) 86, 90, 91, 315
Sprenger, Jakob 28-35, 53, 194, 195
Staff, Ilse 126, 132
Stalin, Jossif Wissarionowitsch [*eigtl.* J. W. Dschugaschwili] 113, 296
Stammler, Wolfgang 123, 133
Starobinski, Jean 189, 192
Staschen, Heidi 33, 52
Staub, Hans 54
Stegbauer, Rainer 119, 133
Steiger, Otto 30, 33, 52
Stein, Gerd 193, 199, 220
Steinbach, Peter 151, 163
Steinbrügge, Lieselotte 233, 242, 254, 275
Steinert, Heinz 127, 133
Steinfeld, Thomas 53
Stendhal [*eigtl.* Marie Henri Beyle] 272, 274
Stern, Jakob 86, 90
von Sternberg, Josef 197, 222, 223
Sternberger, Dolf 47, 53
Sternheim, Carl 272
Sternhell, Zev 154, 163
Stesichoros 235
Stewart, James 159
Stingelin, Martin 45, 53, 310
Storz, Gerhard 47, 53
Strasser, Peter 45, 53
Straub, Eberhard 152, 163
Stroumsa, Gedaliahu G. 5, 10
Sulloway, Frank J. 98, 115
Süskind, Wilhelm Emanuel 47, 53
Swinburne, Algernon Charles 229
von Sydow, Max 188
Sylvester von Prierio 307
Szondi, Peter 54

de Talleyrand-Périgord, Charles-Maurice 156, 157
Taubes, Jacob 171, 192
Teilhard de Chardin, Marie-Joseph Pierre 188
Tellenbach, Gerd 126, 133
Teller, Wilhelm Abraham 70, 72, 90
Tertullian (Quintus Septimius Florens Tertullianus) 5, 10, 237
Tetz, Martin 135, 148
Tetzel, Johannes 185
Thelander, Dorothy R. 275
Themistokles 12, 25
Theodosius I., röm. Kaiser [*gen.* der Große] 304
Theognis [von Megara] 19, 25

Theweleit, Klaus 233
Thomas von Aquin 6, 10, 168, 171, 305
Thomasius, Christian 38, 53, 69, 70, 76, 77, 91, 92
Thukydides 12, 22, 24, 25
Tieck, Ludwig 187, 261, 274
Tiedemann, Rolf 287
Tintoretto [*eigtl.* Iacopo Robusti] 182
Treiber, Hubert 127, 133
Treusch-Dieter, Gerburg 31, 53
Treut, Monika 195, 220
Troschke, Regina 33, 52
Trunz, Erich 273
Trusen, Winfried 124, 125, 133
Twain, Mark [*eigtl.* Samuel Langhorne Clemens] 169, 192
Tylor, Edward Burnett 76

von Unruh, Georg Christoph 119, 133
von Uslar, Werner 95, 115

Valéry, Paul 40, 44, 54, 279, 284, 286, 287
Vanja, Christina 274
Vernant, Jean-Pierre 22, 25
Verne, Jules 341
Vidal-Naquet, Pierre 16, 25
Virgil 14, 24
de Vitoria, Francisco 308, 309
Vollmer, Hans 121, 133
Voltaire [*eigtl.* François Marie Arouet] 315, 316, 325, 341

Wagner, Falk 139, 148
Wagner, Heinrich Leopold 257
Wagner, Richard 240, 241, 329-332, 334, 340
Walch, Johann Georg 60-65, 67-70, 91
Waldes (Valdes, Valdesius, Waldensis), Petrus 36
Walters, Richard H. 114
Watt, Ian 253, 254, 275
von Weber, Hellmuth 127, 133
Weber, Max 95, 307, 326, 332, 335-340
Weinhold, Jutta 327-333, 335-340
Weininger, Otto 241, 242
Weischedel, Wilhelm 52, 264, 274, 325
Weitbrecht, Brigitte 51, 302
Wells, Herbert George 348
Welte, Bernhard 6, 10
Wenz, Gunther 148
West, M. L. 25
Wettley, Annemarie 95, 115
Whaeret 73, 91
Wheatley, Dennis 190, 192
Wiegand, Anke 193, 195, 220
Wieland, Christoph Martin 218
Wiemken, Helmut 181, 192
Wier, Johannes 181
von Wiese, Benno 187, 191
Wilde, Oscar 183, 184, 197, 271, 272, 274
Wilhelm von St. Thierry [Abt] 175
Winkler, John J. 19, 24
Winnicott, Donald W. 201
Witkowski, Georg 52
Wolpe, Joseph 112, 115
Wulf, Christoph 51-53
Wunder, Heide 274
Wurmser, Léon 212, 220
Wuthenow, Ralph Rainer 267, 275

Xerxes I., Großkönig von Persien 17

Yovel, Yirmiyahu 82, 92

Zacharias, Gerhard 173, 175, 176, 183, 192
Zatterin, Marco 40, 51
Zedler, Johann Heinrich 56, 63-66, 67, 90, 91
Zeitlin, Froma I. 19, 24
Zhou Enlai 339
Zimmermann, Albert 121, 133
Zimmermann, Margarete 156, 163
Zola, Emile 196, 220, 341